FOURTH INTERNATIONAL CONFERENCE
OF ECONOMIC HISTORY

QUATRIÈME CONFÉRENCE INTERNATIONALE
D'HISTOIRE ÉCONOMIQUE

ÉCOLE PRATIQUE DES HAUTES ÉTUDES – SORBONNE
SIXIÈME SECTION: SCIENCES ÉCONOMIQUES ET SOCIALES

CONGRÈS ET COLLOQUES

XIV

PARIS · MOUTON · LA HAYE

FOURTH INTERNATIONAL CONFERENCE
OF ECONOMIC HISTORY

BLOOMINGTON

1968

edited by
F.C. Lane

QUATRIÈME CONFÉRENCE INTERNATIONALE
D'HISTOIRE ÉCONOMIQUE

Publié sur la recommandation du
Conseil international de la philosophie et
des sciences humaines,
avec le concours financier de l'Unesco

Library of Congress Catalog Card Number: 62-40077

Printed in Hungary

PREFACE

Since the three previous Conferences of the International Economic History Association had been held in Europe and focused on European history, a special effort was made to give an intercontinental scope to the proceedings of the 4th International Conference on Economic History held at the University of Indiana, Bloomington, Indiana, U.S.A., September 10–14, 1968. In planning its program the Executive Committee of the International Association first solicited suggestions from all its constituent associations and then held planning sessions to which it invited as consultants the proposers of suggestions which it wished to develop. The diversity of the interests of our membership argued for the inclusion of many topics. Desire for cohesion advised limiting the themes. The resulting compromise projected the discussion of eight topics for each of which section the Committee asked one or two scholars to act as organizers for the Conference. Each of the eight sections was allotted time for two to four sessions.

The only Plenary Session came at the opening when the Conference was welcomed by Herman B. Wells, Chancellor and Interim President of the University of Indiana and by Harold F. Williamson, President of the Economic History Association of the United States when it invited the International Association to meet in the United States. Following reports by Jean-François Bergier, Secretary-General of the International Economic History Association and by Ross M. Robertson, Chairman of Local Arrangements, Thomas C. Cochran presented "Recent Trends in Economic History in the United States". It was followed by comments: "An Economist's View" by Albert Fishlow and "An Historian's View" by Stuart Bruchey.[1]

Plans for prompt publication of the proceedings of the Conference were

1. THOMAS C. COCHRAN, "Economic History, Old and New", *American Historical Review, LXXIV*, 5 (1969), 1561–1572; STUART BRUCHEY in RALPH ANDREANO, ed., *The New Economic History: Recent Papers on Methodology* (New York: Wiley, 1970), 135–141; ALBERT FISHLOW and ROBERT W. FOGEL, "Quantitative Economic History: An Interim Evaluation, Past Trends and Present Tendencies", *Journal of Economic History, XXXI*, 1 (March, 1971), 15–42.

made at the University of Indiana. They collapsed only after a staff there had given many hours to retyping, editing, and similar labors in preparing copy for printers. Publications elsewhere in the meantime have made available not only many individual papers but some whole sections. To facilitate the publication of the rest we have decided not to reprint at this late date what we know is already published in readily available form but to cite such publications here as fully as our information permits.

Only six of the eight sections are here represented at all fully. The papers for the section on Demographic History were made into a volume published by the University of Manitoba Press.[2] Also not here represented is the section entitled "Relations between Developed and Underdeveloped Regions" organized by Dharma Kumar. It produced interesting discussion at the Conference but no general written report. For the other six sections the general reports are all presented here, although many of the communications which we originally planned to publish in summary form have been omitted because they have been published in full elsewhere. The places of publication of such omitted items are explained in the introductory notes which precede the six parts into which papers from the Conference have been rearranged in this volume.

Participation in the Congress at Bloomington was indeed worldwide. The global range of the topics discussed would be more strongly emphasized in our Table of Contents if we had included here what has already been published in Manitoba and Mexico. Asia as well as the Americas was more fully represented both by the attendance and by the topics treated at Bloomington than at earlier congresses.

In planning the Conference, the Executive Committee had no effort to shape a uniformity in approach or method. At most some effort was made to understand the relations between different ways of analysing past economic experience. How much they differ is as significant as their points of convergence. So many different places, periods, and ideologies are juxtaposed in this volume that it derives its significance in no small measure from the contrast.

FREDERIC C. LANE
President, 1965–1968

2. P. DEPREZ, ed., *Population and Economy* (Proceedings of section V of the Fourth Congress of the International Economic History Association 1968) (Winnipeg: University of Manitoba Press, 1970, 364pp.).

CONTENTS
TABLE DES MATIÈRES

I

FORMATION AND DEVELOPMENT OF CAPITALISM

II

INDUSTRIAL STRUCTURE IN THE 20th CENTURY

III

TECHNOLOGY AND ECONOMIC GROWTH

IV

TECHNOLOGY, ECONOMY AND ECONOMIC THOUGHT IN THE ANCIENT WORLD

V

CONSUMPTION AND DISTRIBUTION OF INCOME

VI

LAND OCCUPATION, SETTLEMENT AND "FRONTIERS"

I

FORMATION AND DEVELOPMENT OF CAPITALISM

INTRODUCTORY NOTE

In the Executive Committee's planning of the Congress there was general agreement on devoting one section to the Formation and Early Development of Capitalism, and there was discussion of assigning to one of that section's sessions consideration of the conceptual problems involved in defining "Capitalism". We felt a danger however that such a session might fail to increase mutual understanding. In a sizable gathering each participant might be so intent on expounding what the term capitalism meant to him that he would fail to take the necessary interest in the concepts of others. To avoid both semantic battles and misunderstandings during the Congress (an aim which was happily achieved) some members of the Committee met with Felipe Ruiz-Martin, who was asked to be the organizer of Section I, to discuss memoranda on Capitalism which members of the group were invited to prepare and circulate.[1] The resulting memorandum with footnotes indicating disagreements and supplementary views was published in *The Journal of Economic History*, *XXIX* (March, 1969), pp. 5–12, under the title "Meanings of Capitalism". The memo and our discussion of it contributed I believe to clarifying divergent emphases in two regards especially. One concerned Capitalism as a system of production; the other concerned Capitalism as a social system. Regarding it as a system of production, some thought the essential to be that the system of production permit or result in the accumulation of wealth by private investment in buying and selling; others regard as essential that this accumulation result from hiring wage laborers. Regarding Capitalism as a social system, some have in mind a concept under which most societies are more or less capitalistic according to the percent of their total output which was capitalistically produced. Others, probably a majority of those using the term, conceive of societies as essentially either capitalistic or not. Instead of any statistical

1. The memoranda were discussed at a meeting in April 1967 by Jean-François Bergier, Withold Kula, Emmanuel Le Roy Ladurie, Sigismund P. Pach, Felipe Ruiz-Martin and Frederic C. Lane.

determination of the percentage of output capitalistically produced, they seek institutional or cultural determinants and call capitalistic those societies in which the dominant institutions and the dominant spirit favor that kind of organization of production. Approximations of one or the other of these approaches will be found in the following papers. The general report by Felipe Ruiz-Martin which opened this section includes consideration of the historical development of the concept.

Definition of the concept seemed particularly important in connection with answering the question: Did capitalism develop only in Western Europe? Some starting points for answers to that question were presented in papers wich were also published in *The Journal of Economic History*, of March 1969, namely:

– Irfan Habib, "Potentialities of Capitalistic Development in the Economy of Mughal India";

– Subhi Y. Labib, "Capitalism in Medieval Islam";

– Halil Inalcik, "Capital Formation in the Ottoman Empire",

– Yasukazu Takenaka, "Endogenous Formation and Development of Capitalism in Japan".

In this list the absence of China is conspicuous, and the organizers of the 5th International Congress were urged to find means in their program to remedy that deficiency.

The following communications submitted at the Congress are also here omitted in view, as explained above, of their prior publication:

– Ivan Erceg, "Aussenhandel der Nordadriatischen Seestädte als Faktor im Entstehen der Kapitalischen Beziehungen in Österreich im 18. und 19. Jahrhundert", *Vierteljahrschrift für Sozial- und Wirtschaftsgeschichte, LV* (1968), pp. 464–480.

– Herman Freudenberger, "An Exploration in Entrepreneurial Motivation and Action" (Four Entrepreneurs of the Habsburg Monarchy: J. B. Fremmrich, Count J. J. von Waldstein, J. L. Köffiller, W. Mundy), *Explorations in Economic History (formerly Explorations in Entrepreneurial History*, ser. 2) *VII*, 4, pp. 433–450.

– R. M. Hartwell, "Economic Growth in England before the Industrial Revolution", *The Journal of Economic History, XXIX*, 1 (March, 1969) and as chapter 2 of Hartwell's *The Industrial Revolution and Economic Growth* (London: Methuen, 1971).

– Jose Gentil da Silva, "I fattori menetari della storia del capitalism: dai problemi tecnici alla teoria", *Studi Storici, X* (Instituto Gramsci, 1969), pp. 447–468.

– Kozo Yamamura, "The Role of the Merchant Class as Entrepreneurs

and Capitalists in Meiji Japan", *Vierteljahrschrift für Sozial- und Wirtschaftsgeschichte, LVI*, 1 (June, 1969), pp. 105–120.

The general reports and communications are followed by a supplement prepared at the special request of the Executive Committee by Hermann Kellenbenz. Let me express their gratitude to him for putting his extensive knowledge and personal experience with merchants' archives at the disposal of other scholars.

F. C. L.

FELIPE RUIZ-MARTIN

FORMATION ET STRUCTURES DU CAPITALISME (DU 15e AU 18e SIÈCLE)

L'expression «capitalisme» est tardive: Louis Blanc l'utilise en 1848–1850 et Pierre-Joseph Proudhon en 1857; cependant elle ne devient à la mode qu'une décennie plus tard, lorsque les socialistes allemands la répandent; les économistes et les sociologues suivent. Peu à peu le terme acquiert une signification précise: comme mentalité de ceux que le terme désigne, guidés par la recherche rationnelle des profits maximaux; comme méthode de production de biens et de services qui entraîne des relations opposées entre entrepreneurs et travailleurs sur le marché du travail; enfin, cause et effet tout à la fois, comme système politique et social. C'est à travers les expériences et les idéologies de la seconde moitié du 19e et du 20e siècles (d'où les variantes et les divergences entre ceux qui les formulent), que ces notions se précisent. De ce fait, l'application littérale de l'expression aux époques antérieures à la révolution industrielle est jusqu'à un certain point anachronique. Mais dans la mesure où le présent doit inspirer l'exploration du passé, à la recherche d'une des dimensions de l'actuel, c'est-à-dire son origine, ses racines, sa profondeur, il n'y a pas lieu de se priver de l'armature conceptuelle et du vocabulaire en usage pour diriger notre cheminement rétrospectif. Mais il convient de faire preuve de bon sens et de souplesse si l'on prétend à une vision panoramique qui suive un chemin, étape après étape, chacune d'elles étant conséquence de l'antérieure ... et précédant l'immédiate.

La problématique et la terminologie qui se sont développées au cours des cent dernières années jusqu'à se cristalliser en définitions, diverses sinon contradictoires bien que certainement complémentaires, sont adoptées par les historiens en les transposant: il s'agit non pas d'établir des parallèles, mais de préciser des courants. Karl Marx avait déjà renvoyé au 16e siècle le commencement du processus, qu'il voyait même apparaître sporadiquement dans quelques cités italiennes durant le Trecento et le Quattrocento, et dont il se proposait de diagnostiquer l'évolution ultérieure en la reconnaissant et en l'examinant dans toutes ses implications. Mais ce fut Werner Sombart qui, le premier, publia en 1902 un ouvrage spécifique-

ment consacré au sujet dans toute sa complexité et qui fixa, comme un axiome, le commencement du moderne *Kapitalismus* à l'époque de la Renaissance. Quant au fond, les monographies publiées immédiatement après, celles de Strieder, de Hauser, de Sée, et d'autres, rejoignent cette opinion quant au point de départ. Mais au cours de leur recherche, ces auteurs rencontrent des figures de bourgeois riches, c'est-à-dire de capitalistes qui accumulent et gèrent un capital individuel ou des capitaux associés, plutôt qu'un système capitaliste organique et compact.

Le *Geist des Kapitalismus* que Max Weber esquissa, était bien plus celui de minorités (les protestants persécutés) que celui de sociétés globales. Il n'y a pas lieu de s'étonner dès lors, qu'on ait bientôt décelé des témoignages et des exemples de capitalisme dans la Babylone antique, dans le monde de l'Islam sous le règne des Abbassides, dans l'Europe médiévale. Henri Pirenne en 1913–1914 soutint, contrairement à la théorie de Karl Bücher, que parmi les conséquences de la reprise expansive des 11e et 12e siècles, apparaissent ici ou là des «capitaux» et des «capitalistes» contre l'influence assujettissante desquels justement se produit une réaction, aux 13e et 14e siècles.

Les considérations qui précèdent justifient ce qu'a précisé Lucien Febvre: dans les textes, avant que n'apparaisse le terme abstrait de capitalisme, des mots plus concrets sont utilisés comme capital, capitaux, capitalistes; et avant que n'existe un système achevé et complexe, le nombre des individus s'est accru, chacun s'appuyant sur l'expérience des précédents, et finissant par construire le capitalisme jusqu'à sa maturité au cours des 19e et 20e siècles. Une fois de plus ce ne sont pas les mots qui créent les réalités, mais le contraire. Parce qu'avant qu'il n'y ait un capitalisme, il y a eu des capitaux et des capitalistes; l'important est d'établir le rapport entre capitaux et capitalistes, et la continuité de ceux-ci, qui disparaissent, avec ceux-là, qui montent; et d'expliquer les raisons des ruptures et aussi des retours en arrière qui se manifestent en cours de route, en analysant aussi jusqu'où s'est dilaté et a pénétré l'impact de leurs actions et réactions. Sans perdre de vue toutefois le fil conducteur.

Il s'agit de la dynamique d'une croissance en fonction d'un critère; d'une variable peut-être. Quand donc a commencé le mouvement qui, sans solution de continuité, parvient jusqu'à nos jours? Il n'est certes pas illogique de choisir le 15e siècle, comme il en a été décidé pour la 4e Conférence internationale d'histoire économique; ni de prendre comme limite finale les dernières années du 18e siècle, à la veille de la diffusion de la révolution industrielle qui commence en Angleterre. Notre propos ainsi délimité chronologiquement, une question demeure sans réponse: dans les siècles considérés, outre les capitalistes ou hommes d'affaires, concentrés hier ici,

demain ailleurs, s'est-il formé un capitalisme, c'est-à-dire un tout organique avec un ample rayon d'influence? J'ose répondre que oui, et je soutiens que ce fut sous la direction d'un groupe de Génois qui dominèrent financièrement l'Europe catholique et indirectement firent sentir leur poids sur les autres Europes. L'apogée de ce groupe se situe entre 1577 et 1596, bien que son existence et ses effets continueront jusqu'en 1617–1620. Avant et après le capitalisme financier génois, si je ne me trompe, il y a eu des capitalistes plus ou moins forts, plus ou moins intégrés. Avant il y avait des familles de capitalistes, après des groupes de capitalistes. C'est un fait fondamental que ce recul d'un capitalisme, qui est apparu et s'est développé, puis s'est détérioré dans le Sud de l'Europe y donnant lieu, entre autres, nous verrons, à un retour dans le monde rural des puissances seigneuriales sinon féodales, tandis que les capitalistes établis dans les pays du Nord de l'Europe avaient été moins affectés, quoiqu'ils l'aient été tout de même par les troubles.

Il n'y a pas de dynastie de capitalistes, observait Henri Pirenne. Les entreprises des pères ne sont pas poursuivies par leurs descendants au-delà d'une génération; leur place est abandonnée à d'autres, commente Lucien Febvre, «plus habiles à exploiter des besoins jusqu'alors inconnus, à l'aide de procédés et par des méthodes auparavant inemployées; mais les fils de ceux-ci, à leur tour, céderont le champ à d'autres qui les supplanteront comme acquéreurs du capital, comme capitalistes actifs si l'on peut dire, capitalistes en mouvement, en ascension, en pleine puissance bientôt, par opposition à ces capitalistes repus, fatigués, désorientés d'ailleurs par des mœurs et des nécessités nouvelles et qui, préoccupés uniquement de consolider ce qui leur est resté en mains pour en jouir, se retirent pour ainsi dire dans une sorte d'honorariat flatteur et demi-oisif». Fernand Braudel a insisté sur les trahisons de la bourgeoisie qui déserte ses fonctions et se transforme en une aristocratie avec, si possible, des domaines vastes et des vassaux nombreux. Pourquoi ces changements et ces substitutions ininterrompues? «Tout se passe comme si ces capitalistes, rois ou successeurs des rois financiers d'une période économique déterminée, se maintenaient à la tête du monde des affaires tout naturellement, tant que persistent les conditions générales de marché, de trafic et d'existence qui, précisément, servent aux historiens à caractériser cette période; mais, ces conditions se transformant, ils se trouvent incapables, ou moins capables que d'autres, de suivre les transformations inéluctables et de s'y adapter. A leur place, des hommes nouveaux surgissent» (Lucien Febvre). Confrontés aux phénomènes de «longue durée», tous les hommes, même les plus influents et les plus éminents, doivent s'adapter. Il est donc nécessaire de distinguer les périodes de changements structurels. Chacune des ces périodes est suscep-

tible d'être divisée en phases favorables, de tendance expansionnelle, et en phases de sens contraire, de tendance régressive; ceci en accord avec la classification de François Simiand, en phases A et en phases B.

Il convient de distinguer deux périodes entre 1450 et 1790. La première de 1450 à 1668–1670; la seconde de 1668–1670 à 1790. La plus ou moins grande intensité de la tendance à la hausse ou à la baisse, de la phase A ou de la phase B, et l'apparition plus ou moins tôt ou plus ou moins tard de l'une ou de l'autre, sont déterminantes; l'expansion de l'Allemagne, du Portugal et de l'Espagne (de la Castille plutôt que de la Catalogne), au 15e siècle, est antérieure et plus nette parce que ces pays ont ressenti moins profondément la dépression des années 1300 que l'Italie par exemple; la Hollande et l'Angleterre, la France aussi, souffrent moins de la contraction du 17e siècle, parce qu'elles ont été préservées des excès du 16e siècle. Un schéma provisoire, discutable sans doute, pourrait être le suivant:

Première période: 1450 à 1668
Phase A: 1450 à 1586–1609–1616–1621, selon les régions
Phase B: 1586–1609–1619–1621 à 1668–1670
Deuxième période: 1668–1670 à 1790
Phase A: 1668–1690 à 1770
Phase B: 1770 à 1790

Dans ce trend peuvent s'inscrire les fluctuations cycliques que Frédéric Mauro et Pierre Chaunu ont récemment proposées avec de légères divergences, qui tiennent compte non seulement des métropoles, mais aussi des colonies; il se trouve que les altérations de part et d'autre coïncident et sont simultanées. Les «crises» expliquées par E. Labrousse à propos du 18e siècle s'observent-elles ainsi au 16e et au 17e siècles? Les mouvements de Kondratieff, analysés par J. Schumpeter et G. Imbert, ont eu, sous l'effet de multiples éléments, une grande signification; et comme ils n'ont pas eu, soulignons-le, une amplitude égale, même s'ils ont été de même signe de part et d'autre, ils facilitent la compréhension des décalages dans l'espace, des différences géographiques dans la répartition des forteresses des capitalistes, qui donnent le ton en chaque circonstance.

Une constante des capitalistes est leur hiérarchisation, leur stratification par catégories superposées qui s'influencent les uns les autres de haut en bas. Au sommet se trouve un groupe dirigeant, ou des groupes dirigeants, qui, tout en conservant leur primauté, imposent une ligne à la conduite des groupes inférieurs qui, dans la sphère correspondante sont ordonnés verticalement. Cette distribution peut servir de méthode aux chercheurs; après avoir observé les grands qui, bien qu'ils luttent entre eux, constituent un bloc homogène, ils iront étudier les personnages mineurs, ceux de deuxième, troisième ou quatrième ordre, qui servent de soutien à ceux qui sont im-

médiatement au-dessus d'eux. Dans cette superposition, il n'y a pas de pièce inutile, bien que les pièces les plus remarquables soient naturellement celles du sommet de la pyramide. Il est presque impossible de se soustraire au poids qui émane de l'ensemble; mais l'éloignement du centre de l'orbite peut diminuer les répercussions. Ceci explique que lorsque tout l'édifice se détériore et perd de sa densité et de son efficacité, surgissent dans les zones marginales des dissidents qui sont aussi les futurs substituts.

L'animation de la vie matérielle autour de 1450 permet l'éveil de certaines monarchies nationales qui aussitôt favorisent les hommes d'affaires les plus habiles dans la formation de leur fortune patrimoniale; le commerce est leur activité préférée. Ce sont fondamentalement des marchands. Les découvertes des Portugais, si elles furent encouragées par le besoin de trouver des moyens de paiement en numéraire, particulièrement de l'or, aboutirent en fait à des fournitures d'épices; la redistribution de celles-ci se concentra à Anvers et ce fait fit de cette place la principale étape du vieux continent. La laine d'Espagne et les draps d'Angleterre y arrivèrent aussi. Mais c'est peut-être ce qu'il advint de l'alun qui est le plus significatif. De Tolfa et de Mazarron, les expéditions d'alun ne pouvaient se faire directement vers l'Angleterre, la Scandinavie, l'Allemagne, les Pays baltes: il fallait passer par Anvers. Les compagnies les plus importantes étaient représentées dans la cité de l'Escaut. Mais la forte capacité d'absorption de celle-ci n'a pas empêché l'existence de places indépendantes, de marchés séparés. Ces places et ces marchés suivaient attentivement ce qui se passait à la Bourse d'Anvers; mais soulignons-le, ils restaient autonomes et isolés. Il y a des marchands, des capitalistes si l'on préfère, de catégorie cosmopolite; mais il ne manque pas non plus de marchands ou de capitalistes qui limitent leur activité à des zones déterminées et sont entièrement indépendants. La dispersion des initiatives est la règle. Très nombreux sont les capitalistes qui, avec leurs fonds, légèrement augmentés grâce au crédit, font des opérations audacieuses, bien qu'exceptionnelles, et se risquent en dehors des simples échanges; mais personne ne parvient à contrôler les moyens de paiement; ni même à subordonner la Banque. Ainsi, en Castille, qui est en train de prendre un essor remarquable, chaque cité compte, mis à part les changeurs de petite monnaie, un nombre élevé de changeurs dont les installations sont permanentes et qui acceptent des dépôts et ouvrent des comptes avec couverture et même à découvert. L'heure des grandes concentrations n'a pas encore sonné, sans doute parce que la rareté des métaux précieux empêche encore l'assujettissement de leurs remplaçants, la lettre de change en tête, et les trocs en gros et au détail. Cette dispersion se reflète sinon dans le régime de la propriété rurale, du moins dans les exploitations agraires, généralement de petites dimensions, de même que

dans l'élevage; c'est l'époque démocratique, comme l'a montré Julius Klein, de cette institution si caractéristique que fut la Mesta. Et dans le domaine de la draperie, si le *Verlagsystem* se répand, c'est à peine si apparaît le *factory system*, bien que l'artisanat domine encore.

L'arrivée des trésors américains va transformer la situation. Les hommes d'affaires allemands les plus importants tentèrent, et réussirent, à y avoir accès; mais ils se contentèrent d'une participation. Plus ambitieux, les Génois essayèrent aussitôt de capter ces capitaux: ils s'emparèrent de toute évidence de ceux qui arrivaient à l'intention du roi; d'autre part, ils mettaient la main sur la plus grande partie des métaux précieux destinés à des particuliers. Pour parvenir à leur but, les Génois élaborèrent un plan stratégique, une manœuvre tournante puisqu'ils manquaient de disponibilités nécessaires pour réaliser leur but directement. L'entreprise s'amorce en 1528 depuis les positions que les Génois s'étaient acquises dans les cités et villages d'Andalousie (ceci a été récemment demontré en ce qui concerne Séville par Ruth Pike) où, précédemment, ils s'étaient occupés du commerce des articles les plus divers et avaient renforcé leurs situations bien qu'ils n'aient pas amassé de fortunes considérables. C'est une vraie leçon que d'observer leurs manœuvres jusqu'à ce qu'ils parviennent en 1557 à écarter leurs rivaux, même les Fugger; cet objectif atteint, ils font le pas décisif qui consiste à absorber l'épargne espagnole et italienne et vraisemblablement l'épargne portugaise, française et flamande, en offrant, principalement, des titres sur la dette publique qui garantissent un revenu attrayant (près de 10%). Avec cet atout décisif en main, ils fournissent l'or aux trésoreries militaires de Philippe II et se remboursent avec des avantages énormes en argent, cet argent qui arrive à Séville et se disperse à travers toute la Castille (José Gentil da Silva a montré comment et dans quelles proportions), pour ensuite, avec des autorisations de sortie, se disperser en Europe par l'intermédiaire de l'Italie. Cette fantastique combinaison que les Génois trament avec des fils subtils, part de la négociation avec les gouvernants de Madrid des fameux *asientos*, opération qui consiste – jusqu'au commencement du 18ᵉ siècle, comme on dira – à remettre de l'or aux Pays-Bas pour des montants compensés largement avec l'argent recueilli en Castille; les Génois acceptent libéralement les appuis favorables qui sont à leur portée quels qu'en soient l'origine ou le caractère, d'où la pression qu'ils exercent et leur influence sur les divers secteurs de la production et du trafic; ils vont jusqu'à les contraindre par la force à suivre leurs directives. Sans cesser de fréquenter les foires de Lyon, les Génois tendent, à partir de 1579, à renforcer le circuit de la circulation monétaire dans un milieu dont la fidélité leur est acquise grâce à une stricte dépendance; ils créent, avec des prétentions d'exclusivité, les foires dites de Besançon qui se tiennent habituellement

à Plaisance. Les capitalistes génois parviennent ainsi à réaliser un capitalisme génois, dont l'essor se situe entre 1577–1579 et 1596. Car si ce capitalisme se prolongera jusque vers 1617–1621, des symptômes inquiétants se multiplient dès la fin du 16e siècle et dans les premières années du 17e.

Les meneurs de jeu tirent sur les rênes; les sociétés qui, au sein de ce capitalisme, rivalisaient jusqu'à être hostiles les unes aux autres, se fondent alors dans une compagnie financière. Parmi les actionnaires apparaissent quelques étrangers au clan, bien que celui-ci s'assure la majorité des votes pour les décisions importantes. Cependant, comme les difficultés se précisent, une autre compagnie financière se constitue en 1608, plus rigide, avec un statut plein de considérants et dont les membres sont en principe seulement des Génois, afin d'éviter les fissures; ces précautions permettront de résister pendant une décennie encore. Cependant, l'épargne a perdu la popularité qu'elle avait connue dans le deuxième tiers du 16e siècle (C. Vinas y Mey fut le premier qui attira l'attention sur ce dernier point), et seuls quelques rares privilégiés, traditionnels ou nouveaux venus, jouissent de l'avantage d'avoir des excédents et préfèrent les investir en terres, dédaignant les titres: juros de Castille, rentes de Milan, de Naples, de Sicile; surtout, les écus d'or «aux cinq coins» se font rares et les mercenaires acceptent de l'argent, aussi bien dans les compensations que dans les bilans au niveau le plus élevé, compromis qui apparaît autour de 1595 et devient la règle vers 1609: dès lors le capitalisme génois entre en crise. Son effondrement sera officiellement proclamé à Madrid vers 1627; mais depuis quelques dix ans sa faillite était évidente.

Au cours des soixante années de son existence, pendant lesquelles il s'est répercuté du domaine des finances à ceux de l'agriculture, du trafic et des manufactures, le capitalisme génois a marqué la société d'une empreinte qui s'étend dans toutes les directions, bien qu'elle perde progressivement de sa force. Les capitalistes de rangs inférieurs firent en particulier l'expérience de ces énormes conséquences lorsqu'ils furent assujettis et que l'on tira profit d'eux: pour eux, où qu'ils se trouvent, une stagnation décevante au début du 17e siècle qui se précipite vers une chute verticale à partir de 1621, vient marquer la fin de l'euphorie artificielle et exultante de la seconde moitié du 16e siècle; cette euphorie qui avait permis des transformations vertigineuses et avec succès: comme celles de Venise dont l'activité, d'essentiellement commerciale qu'elle avait été, devient manufacturière; de même à Ségovie qui avait été un marché de laines et qui devient un centre industriel dont 76% de la population active est occupée à la fabrication de draps avec quelques organisations du type du *factory system* dès 1570, bien que ses dirigeants utilisent, plutôt que leur propre argent, quelques-uns des moyens de crédit amples et subtils qui sont à leur disposition. Les centres

espagnols, italiens, français et flamands subissent le même sort malheureux. Il en va de même, quoique d'une façon moins aiguë, des centres de l'Europe du Nord et de l'Est. Le «marchand» indépendant qui incarnait un prototype de cette existence facile disparaît d'une façon générale de l'Europe de l'Ouest; quelques-uns abandonnent cette condition par le haut en faisant de leurs descendants des fonctionnaires ou des nobles, faute de pouvoir le devenir eux-mêmes. Quant aux autres, c'est-à-dire la plupart qui connaissent la prison tandis que se vérifie l'importance de leur insolvabilité déclarée, de leur faillite, ils se sont transformés en pauvres «de solennité»; beaucoup d'Espagnols s'enfuient cacher leur honte et pleurer leur peine dans l'immensité des Indes. Il n'est pas étonnant qu'en Castille les changeurs établis publiquement disparaissent à partir de 1602 et que, dans leurs efforts de se soutenir les uns les autres, ils opèrent leur fusion: au point qu'il ne restait qu'une seule banque à Séville dès 1576–1578 et deux à Madrid dès 1586 avec des succursales dans les places clés des provinces: leurs clients habituels avaient disparu. Détail significatif: dans les derniers temps de leur activité, ces changeurs établis publiquement en Castille invitent tous ceux qui ont des bijoux ou des métaux précieux en monnaie ou en barre à venir les déposer dans leurs coffres, en leur promettant la restitution des espèces qu'ils déposent. En Italie, bien que cette péninsule soit moins affectée, les municipalités doivent soutenir leurs banques respectives pour qu'elles puissent se maintenir, à l'exemple de l'expédient traditionnel qu'avait inventé Barcelone en 1401 avec sa *taula:* c'est le cas de Gênes (1586), de Venise et de Messine (1587), de Milan (1597) et de Rome (1605).

Hors de l'Europe, aux Indes, quels effets ont été produits par le capitalisme génois? Lorsque la réponse sera connue, elle nous apprendra qui a agi sur qui (qui a conduit l'autre). Mais si l'on en juge par les indices commodes et pleins de signification, les courbes dressées par Hamilton et par Chaunu, celles des métaux précieux arrivés d'Amérique en Europe et celles du tonnage des navires et de la valeur des cargaisons qui font le trajet entre l'Europe et l'Amérique, le fait que la courbe de Hamilton précède celle de Chaunu au sein d'une nette coïncidence, est un symptôme éloquent. En méditant sur les graphiques en question, l'on s'explique toute la signification des mines du Pérou et la Nouvelle-Espagne, sans oublier leur incidence humaine, l'exploitation des indigènes.

En s'effondrant, le capitalisme génois laissa une carence. Ce sont, une fois encore, des groupes de capitalistes qui, sans remplir ce vide, sont venus jouer les rôles importants; ils agissent cette fois dans le Nord de l'Europe, installés dans tel ou tel port. Leur nombre et leur coexistence marquent leurs limites respectives; cela signifie qu'ils se répartissent les zones d'influence. Chacun de ces groupes de capitalistes du Nord de l'Europe a sa pro-

pre tactique et ses avantages comme ses désavantages. Mais des relations de fond ont-elles existé entre ces groupes? Il semble que la réponse soit affirmative, alors que se prolonge la contraction aiguë des années 1600. Pourtant ces groupes de capitalistes, limités dans leur action, ont été initialement plus locaux et cosmopolites que nationaux; après, lorsqu'ils sont devenus plus nationaux que locaux et cosmopolites, s'est manifesté un relâchement des liens qui existaient auparavant entre eux.

Il est ici essentiel de préciser que les groupes de capitalistes du Nord de l'Europe, en se formant, ont profité, pour s'intégrer, de l'argent qui existe et continue d'arriver en Espagne; ceci confirme l'importance pour de telles entreprises de disposer d'argent comptant qui, dans ces circonstances, est preféré. C'est bien dans cette intention que les rebelles hollandais firent du commerce avec la péninsule Ibérique (commerce dont J. H. Kernkamp a esquissé l'histoire pour les années 1572–1609 dans son livre *De Handel op den Vijand* et qu'a précisé par la suite A. E. Christensen). Avant comme après, les hanséates, les osterlins des documents contemporains, ont employé des procédés identiques avec le même propos, comme il ressort des publications de L. Beutin et de H. Kellenbenz; il en alla de même des Anglais et des Français, ainsi que des Scandinaves; et bientôt des gens originaires de la Méditerranée orientale. Mais comme l'attraction de l'argent espagnol pour ces circuits d'échange n'était plus suffisante, comme le prouvent les bilans disponibles, les groupes capitalistes du Nord de l'Europe mirent en œuvre des moyens plus efficaces et plus rapides; ces groupes capitalistes avaient déjà commencé et allaient multiplier les négociations en Afrique, en Asie et en Amérique, et écouter invariablement les requêtes des indigènes, telles que les émissaires britanniques les avaient entendues lors des négociations d'un traité sur la soie avec les Perses en 1617: les paiements devaient être réglées en réaux castillans. A cet égard, les gens d'Amsterdam se distinguèrent. En se servant des juifs portugais, en surmontant les obstacles et leurs scrupules, ils réussirent un accord astucieux avec la Real Hacienda de Castille qui fut en vigueur de 1627 a 1647. Nous nous heurtons une autre fois avec le numéraire, ce qui confirme la validité de la thèse que nous avons adoptée implicitement pour ne pas nous égarer dans la rédaction de ce rapport et dans laquelle nous persévérons depuis la confirmation quantitative apportée par K. Glamann sur les coûts des flottes qui se rendaient des Provinces-Unies aux Indes orientales: elles avaient à bord essentiellement, à l'aller, des métaux précieux, et en particulier de l'argent.

Il restait en Espagne, entre 1625 et 1650, une importante quantité d'argent thésaurisé. Les personnes encore aisées la tenaient en réserve, sinon cachée, et bien que chaque expédition débarquant à Séville apportât une quantité

d'argent moindre que la précédente, les arrivages des Indes continuaient à se faire. Cette richesse dissimulée dans les coffres des Espagnols a été révélée à maintes reprises; elle a été récemment démontrée chiffres en mains par Bartolomé Bennassar qui a exhumé les testaments et les inventaires notariés après décès d'une localité très significative: Valladolid. Mais comment faire sortir de ses retraites l'argent d'Espagne? Simplement en offrant, dans des conditions particulièrement tentantes, du billon, qui avait en Castille cours légal et une capacité libératoire en toute circonstance. Les primes accordées en supplément dans les échanges d'argent contre du billon, en marge de la loi pourtant déjà généreuse, et dont Earl J. Hamilton a dressé la série, de même que les revalorisations et dévaluations ininterrompues, déconcertantes et apparemment capricieuses du billon, tout cela avait un but prémédité qui aboutissait dans un flux d'argent sortant d'Espagne et des possessions espagnoles en Italie vers les groupes capitalistes du Nord de l'Europe. Les procès d'Inquisition intentés à quelques-uns des juifs portugais constituent des indices dignes de foi qui mériteraient d'être étalés au grand jour pour ne laisser place à aucun doute. Les juifs portugais qui faisaient des prêts en argent à Sa Majesté Catholique aux Pays-Bas, et qui en Espagne étaient généreusement remboursés avec du billon qu'ils y utilisaient pour leurs opérations, étaient des agents des groupes capitalistes du Nord de l'Europe et de leurs avant-gardes.

La distorsion monétaire dont nous avons parlé s'est manifestée dans l'Europe du Sud très fortement en Espagne et dans les provinces espagnoles de l'Italie; elle entretient et aggrave les anomalies précédentes; elle se répercute sur le développement d'une société où quelques rares privilégiés, bien informés, réussissent à prospérer et deviennent d'authentiques potentats, qu'ils soient d'ancienne ou de nouvelle souche; ces derniers se méfient des valeurs mobilières et préfèrent acquérir des terres devenant ainsi de grands propriétaires. Dans le même temps, différence notable, c'est la bourgeoisie qui dirige les destins de l'Europe du Nord; à travers ses compagnies par actions, elle féconde la sève qui monte de l'autre sphère d'influence; jusqu'en 1647, grâce aux juifs portugais; ensuite directement, soit qu'elle entretienne des représentants à Séville et à Cadix, soit qu'elle aille aux sources, c'est-à-dire aux Indes occidentales où elle fonde des établissements. Cette bourgeoisie ne résistera pas à la tentation de la campagne et elle se constituera des domaines. C'est la raison pour laquelle l'agriculture seigneuriale du Midi contrastera avec l'agriculture capitaliste du Nord.

Ces profondes différences dans les structures de l'Europe du Nord et celles du Sud vont se révéler décisives lorsque, pour des raisons démographiques, les subsistances, et le blé en premier rang, vont être particulièrement recherchées et appréciées sur les marchés au cours du 18e siècle. A Cadix,

où s'est polarisé vers 1650 le trafic avec l'Amérique, ce qui donne le ton n'est pas l'or ni l'argent, ni même les esclaves: ce sont les denrées comestibles; et la farine qui s'expédie en tonneaux est la principale compensation de ce qui est importé d'outre-mer. Les indices de prix confirment cette assertion qui prive de son caractère d'impérieuse nécessité l'or du Brésil dont l'importance entre 1720 et 1766 est considérable, de même que celle de l'argent mexicain immédiatement après. Donc cet or brésilien et cet argent mexicain sont importants, mais soulignons-le, ne sont pas essentiels. Lorsque la grande montée de la prospérité s'opérera sur des bases agricoles plutôt que commerciales (ou, à plus forte raison évidemment, plutôt qu'industrielles), la répartition géographique de la propriété foncière va devenir un facteur décisif pour le développement futur en ce moment critique où la modernisation s'amorce en Angleterre et permet à celle-ci de rattraper l'Europe continentale du Nord-Ouest. Cependant que l'Europe du Sud se voit entravée par le vice de sa structure rurale, qui, plus ou moins grande dans telle ou telle région à l'intérieur d'une même juridiction, donne lieu aux différences intérieures ou régionales qui se manifestent et qui s'aggraveront durant le 19e siècle: la Catalogne et le Pays basque en Espagne, le Mezoggiorno en Italie, le Midi en France ... On pourrait multiplier les exemples. La distribution déséquilibrée des profits provenant des récoltes empêche, là où elle se produit, l'établissement de manufactures; et s'il en existe quelques-unes, c'est qu'elles émargent au budget de l'Etat ou sont le fait d'une décision, d'un caprice de tel duc ou marquis. Au contraire, lorsque les cultures et l'élevage sont proportionnés et réguliers et qu'il y a une large répartition des profits, la distribution de ceux-ci réussit à donner naissance à un groupe de capitalistes. Pierre Vilar a mis en lumière la montée du groupe capitaliste de Catalogne, et le «modèle» construit semble valable pour les régions où les conditions antérieures ont été les mêmes. L'Angleterre constitue le cas le plus remarquable: l'accumulation de capitaux provenant de l'agriculture se combine avec celle des capitaux provenant de la circulation commerciale et l'une et l'autre sont réalisées dans une situation de stabilité politique et avec des ouvertures nettement capitalistes, avec une puissante banque officielle qui permet des investissements publics: autant de futures rampes de lancement.

Telles sont les raisons qui ont permis à l'Angleterre de progresser dans les conditions indiquées et d'être à pied d'œuvre pour opérer son décollage, le *take-off* de Walt W. Rostow; celui-ci se fera avec l'industrie du coton entre 1780 et 1830, puis avec la métallurgie, grâce aux stimulatns que représentera la demande des chemins de fer. Pourquoi cette avance de l'Angleterre sur les autres pays qui tarderont à être en état de lui faire concurrence? Si quelque autre pays avait pris les devants, les conditions

propres à l'Angleterre lui auraient-elles suffi? En d'autres termes: les pays qui l'ont suivie, ont-ils dû s'ouvrir à coups de hache leur propre chemin dans la forêt pour parvenir à réaliser leurs espoirs ou bien leur a-t-il suffi de suivre la route tracée par leur brillant prédécesseur?

Nos conclusions doivent tendre à justifier l'orientation donnée à notre propos. Je n'ai rien voulu faire d'autre que tracer simplement quelques coordonnées qui permettent de situer dans le temps et dans l'espace les observations ultérieures d'ordre macro-économique ou micro-économique relatives à l'accumulation des bénéfices et des moyens grâce auxquels des minorités, ici et là, un jour ou l'autre, ont posé les conditions de la production et de la distribution, auxquels dans le même temps s'est conformée la société et qui ont influencé la politique. C'est pourquoi notre effort a consisté particulièrement à situer, d'une part, les centres de gravité qui ont déterminé les mouvements de la conjoncture dont les chercheurs ont montré la similitude des rythmes sur le vieux continent et outre-mer; et d'autre part, à montrer la continuité d'un destin dans un progrès ininterrompu, abstraction faite des ruptures: car on ne saurait discuter le repli matériel des années 1600, même si les acquisitions intellectuelles et techniques de cette période sont évidentes, qui expliquent la rapide remontée du 18e siècle.

Entre le 15e et le 18e siècle, l'or et l'argent qui, si j'ai raison, jouèrent alternativement le rôle directeur, furent pour ainsi dire les seuls instruments de paiement; la lettre de change agit comme moyen pour activer la circulation monétaire bien plutôt que comme remplaçant ou multiplicateur de la monnaie; et c'est à peine si les essais chancelants de papier-monnaie ont eu quelques échos. Le numéraire fut un ressort extrêmement efficace, un instrument de domination pour ceux qui le manièrent avec audace, un moteur partout et chaque fois qu'il abondait, et un frein lorsqu'il faisait défaut. Ce qui reste à éclaircir, c'est le point de savoir si une croissance, comme celle de l'Europe du Sud au 16e siècle et celle du Pérou et de la Nouvelle Espagne, fondée sur l'inflation d'espèces sonnantes et trébuchantes, devait necéssairement aboutir à une catastrophe. Mais il ne semble pas discutable que la piste des écus d'or et des réaux d'argent soit une voie sûre pour qui s'intéresse à la formation et aux structures du capitalisme du 15e au 18e siècles.

Il est révélateur que ce soit l'agriculture qui ait servi de base au 18e siècle; de ce fait, des précisions quant à la rentabilité des petites et des grandes exploitations agricoles et d'élevage, les plantations des Treize Colonies, les moulins à sucre des Antilles et de l'Amérique du Sud, les plantations de café de Java ou la hacienda mexicaine ou encore la facenda brésilienne, et ainsi de suite, représentent des données essentielles pour comprendre le futur.

HERMANN KELLENBENZ

MARCHANDS CAPITALISTES ET CLASSES SOCIALES*

L'exposé suivant part de l'idée que le développement économique de l'Europe a été décisivement stimulé par l'entrepreneur capitaliste. Capitalisme est entendu ici comme un système économique ayant reçu des impulsions essentielles par l'engagement de capitaux. L'interprétation se base sur Werner Sombart et les modifications dérivant de discussions sur les notions de «l'entreprise capitaliste» et de «l'entrepreneur» telles qu'elles ont été créées finalement par Fritz Redlich et d'autres dans leurs discussions avec Joseph Schumpeter. D'après cette définition, l'entrepreneur est l'organisateur responsable et comptable d'une entreprise, en même temps celui qui se charge de tous les risques et périls, et qui souvent – mais non nécessairement – est un pionnier.[1]

La discussion traitera de la période depuis le moment où l'entreprise capitaliste apparaît au Moyen Age pour la première fois jusqu'au milieu du 18e siècle, c'est-à-dire une période au cours de laquelle le type prédominant de l'entrepreneur était le grand marchand. Ce sera la tâche de cet exposé de décrire les relations entre le grand marchand et la société, en d'autres termes la manière dont il participait à la société et influençait les couches sociales.

Il s'agit donc de voir dans quelle mesure les «grands marchands» déclarés comme «capitalistes» se dessinent comme une couche spéciale et comment ils ont influencé la structure de la société.

L'étude commence par une division par régions, parce qu' à la fin du Moyen Age et par la suite, certains centres de l'économie européenne ont déterminé le développement, surtout dans une partie de l'Italie, les Pays-Bas et la haute Allemagne. En même temps, il sera utile d'essayer de faire une division par périodes. Cette périodisation n'est pas donnée de prime abord.

* Supplément, voir pp. 131–149.

1. Comparer FRITZ REDLICH, «Unternehmer», dans *Handwörterbuch der Sozialwissenschaften* (Tübingen/Göttingen: 1959), réimprimé dans *Der Unternehmer, Wirtschafts- und sozialgeschichtliche Studien* (Göttingen: 1964), pp. 171 ff; D.S. LANDES (ed.), *The Rise of Capitalism* (New York: 1966).

Elle dépend, en dehors, du développement de l'action des marchands, de concomitants économiques plus généraux qui servent à l'étude des conjonctures pour trouver les fluctuations séculaires et cycliques du développement économique. Tout d'abord on va donner attention à l'événement que l'on a appelé la «révolution commerciale».[2] Au cours des événements suivants, l'expansion outre-mer des nations européennes forme une césure importante. D'autres aspects importants sont les effets de la Réforme, l'achèvement de l'Etat absolu des princes comme tout le procès de la sécularisation. La considération s'étendra jusqu'à la Révolution Industrielle commençant en Angleterre au milieu du 18e siècle.

Le monde européen du Moyen Age, tel qu'il se formait par la consolidation des groupes sociaux nés après les grandes migrations, était surtout déterminé du point de vue économique, par le secteur agraire et par l'ordre de la *Naturalwirtschaft;* du point de vue politique et social, il était caractérisé par le vasselage et le *Herrschaftsverband*.[3] Sous l'influence des traditions antiques et de l'Eglise chrétienne, les tendances à une structure sociale qu'on trouve dans les tribus furent ajoutées à un système caractérisé par l'inégalité reconnue par tout le monde. L'Eglise s'ajoutait à la structure économique du Moyen Age en devenant le plus important seigneur féodal. D'une part le commerce était fait par les seigneurs ou leurs commissionaires, d'autre part, il était fait par des *Fernhändler* (marchands qui s'occupaient du commerce à grande distance comme les Syriens, les Grecs, les Juifs, les Frisons qui, en qualité de minorités, jouissaient d'une protection spéciale).

Dans ce monde féodal où le secteur agraire dominait, les villes en se développant agissaient comme un principe dualiste. Les traditions de *l'antike Geldwirtschaft* (l'économie monétaire antique) pouvaient le mieux maintenir leur position dans les villes de l'Empire byzantin et de la Méditerranée. Ces traditions et l'autonomie croissante des villes maritimes de l'Italie, notamment celles du sud de la péninsule, de Venise et de Gênes, firent naître de bonne heure des dispositions à une conception de l'économie qui plus tard feront partie des éléments du capitalisme commercial. Un de ces éléments est le contrat de société, dont on peut constater les formes primaires (*prestimo maritimo*, *colleganza* resp. *commenda*, *societas maris* ou *compagna*)

2. Comparer RAYMOND DE ROOVER, «The Commercial Revolution of the Thirteenth Century», *Bulletin of the Business Historical Society*, *XVI* (1942), pp. 34–39.

3. Comparer OTTO BRUNNER, *Land und Herrschaft*, *Grundlagen der Verfassungsgeschichte Südostdeutschlands im Mittelalter* (1959); WALTER SCHLESINGER, *Die Entstehung der Landesherrschaft*, *Untersuchungen vorwiegend nach mittelalterlichen Quellen* (1964); KARL BOSL, «Herrscher und Beherrschte im Deutschen Reich des 10.–12. Jahrhunderts», dans *Frühformen der Gesellschaft im mittelalterlichen Europa* (München/Wien: 1964), pp. 135 ff.

à Venise au 10e siècle et bientôt à Gênes.[4] Au commencement, le type se servant de cet *instrumentarium* est uniquement représenté par des personnes particulières. Mais à partir du 13e siècle, les sources sont telles que l'on peut distinguer plus nettement ces marchands et leurs techniques: on trouve en quantité croissante des factures, des lettres commerciales, des dossiers notariaux et des chroniques. Moyennant les études sur la Toscane, Gênes, Venise et la Lombardie, on peut voir le type du «grand» marchand qui se distingue nettement d'une mentalité étroite et artisanale, représentée par l'artisan qui est lié au corps de métier.[5]

Le cadre des affaires de ces marchands était très vaste.[6] Ils étaient marchands en gros et au détail, ils étaient banquiers; ils s'occupaient du commerce des lettres de change, d'assurance maritime et d'expédition en même temps. Ils créèrent des industries à l'aide du système de *Verlag*, ils utilisèrent les nouvelles possibilités créées par l'application de l'énergie hydraulique sous la forme du moulin à fouler *(Walkmühle)*, de la forge et de la pompe. Ils adaptèrent la production à un marché en expansion du fait d'une population croissante qui défrichait des forêts, des montagnes et s'étendait vers l'est de l'Europe. Ils profitaient des ces liaisons commerciales comme d'un service de renseignements fonctionnant assez vite si on imagine la situation d'alors qui était caractérisée par un nouveau type de navire *(Kogge)* et par le fourgon à quatre roues. Les croisades et leurs exigences en approvisionnements contribuèrent beaucoup à une transition forcée de la *Naturalwirtschaft* à une *Geldwirtschaft* (économie monétaire) surtout dans les villes maritimes de l'Italie. D'autre part, il faut voir le réseau fiscal par lequel la Curie saisissait l'Occident chrétien, ainsi que les foires de Champagne, comme centre important de compensation. Le marchand était forcé d'agir par des correspondants et des agents; il élargissait les formes de la *commenda*

4. Comparer GINO LUZATTO, «Les activités économiques du patriciat vénitien (Xe–XIVe siècles)», *Annales d'Histoire Economique et Sociale* (1937) et *Studi di storia economica veneziana* (Padoue: 1954), p. 125.

5. GINO LUZATTO, «Piccoli e grandi mercanti nelle citta italiane del Rinascimento», dans *Saggi di storia economica in onore e ricordo di Giuseppe Prato* (Torino: 1931), pp. 27–49, réimprimé «Small and Great Merchants in the Italian Cities of the Renaissance», dans Frederic C. Lane et Jelle C. Riemersma, eds., *Enterprise and Secular Change, Readings in Economic History* (Homewood, Ill.: 1953), pp. 41–52; ARMANDO SAPORI, *Le Marchand italien au Moyen Age* (Paris: 1952). Pour Gênes (Benedetto Zaccaria), voir R. S. LOPEZ, «Aux origines du capitalisme génois», *Annales d'Histoire Economique et Sociale* (1937), pp. 429–452; *Genova marinaria nel Dugento, Benedetto Zaccaria, ammiraglio e mercante* (1933); R. S. LOPEZ et T. W. RAYMOND, *Medieval Trade in the Mediterranean World* (New York: 1955).

6. SAPORI, *op. cit.* et YVES RENOUARD, *Les Hommes d'affaires italiens au Moyen Age* (Paris: 1949), ont le mieux analysé ce grand marchand. Comparer aussi JACQUES LE GOFF, *Marchands et banquiers du Moyen Age* (Paris: 1956).

et de la *compagna* à des sociétés familiales; il créa enfin – surtout à Florence – des *sisteme di aziende* complets; il se servait de l'abacus et du brouillon; il développait la comptabilité en partie double[7] et faisait usage du notaire. De cette manière, des entreprises d'une importance universelle naissaient comme celle des Bardi, Peruzzi, Alberti, Acciaioli, et Medici à Florence,[8] de Francesco Datini à Prato,[9] de Pietro Soranzo, ou d'Andrea Barbarigo à Venise.[10]

L'importance de cette nouvelle couche dans la société du Moyen Age avancé en haute Italie et en Italie centrale et son influence sur la situation politique et culturelle ne font pas de doute. On a calculé que cette couche représentait 2 % ou, si on compte la famille entière, plus de 5 % même quelquefois jusqu'à 10 % de la population totale à Florence et à Venise.[11] Elle n'était qu'une minorité, mais elle était la minorité compétente dés ces villes, la couche sociale dominante. L'évolution d'une pensée communale (municipale) est liée étroitement, voire exclusivement, à cette couche. A Gênes la compagna – la réunion des marchands – devient la commune dès 1099; à Venise celle-ci se forme en 1143. A Florence, il y a des luttes violentes entre les Magnati, qui appartiennent à la vieille noblesse seigneuriale, et les Popolani, organisés dans les *arti* qui furent dominés par de grands marchands. Il s'agissait donc d'une lutte entre une nouvelle couche de marchands et une vieille, de la lutte d'un pouvoir politique traditionnel contre un pouvoir politique nouveau. Cette lutte se répéta dans d'autres circonstances à Venise et à Gênes où, cependant, les aristocrates continuaient à avoir le commandement. Mais ils étaient assez prudents pour recevoir les Popolanes ou Optimates les plus ambitieux et les plus importants dans leur cercle restreint.

Dans la phase primaire de la Renaissance à Florence, l'important est que les corps de métier sont parvenus à avoir le commandement au lieu des familles nobles. Les hautes classes bourgeoises s'occupant de l'industrie et du commerce déterminaient ainsi l'avenir de la ville d'une manière plus exclusive. Cette grande bourgeoisie florentine, dont plus tard la tendance à vivre

7. RAYMOND DE ROOVER, «The Development of Accounting prior to Luca Paciolo According to the Account Book of Medieval Merchants», dans *Studies in the History of Accounting* (London: 1956), pp. 114 ff.

8. Sur les Medici, comparer RAYMOND DE ROOVER, *The Rise and Decline of the Medici Bank 1397–1494* (Cambridge, Mass.: 1963).

9. Comparer FREDERIGO MELIS, «Aspetti della vita economica medievale», dans *Studi nell'Archivio Datini di Prato* (Firenze: 1962), p. 45.

10. FREDERIC C. LANE, *Andrea Barbarigo, Merchant of Venise 1418–1449* (Baltimore: 1944).

11. RENOUARD, *op. cit.*, p. 20.

à la manière des nobles est de plus en plus visible, gardait en main les rênes du gouvernement de la ville.

Au cours de ce développement donc et sous l'influence de ce capitalisme commercial, parfois industriel, des couches se sont formées que l'on peut trouver le plus clairement à Florence. Les désignations aristocratie et bourgeoisie ne sont pas claires pendant cette phase du développement. Les limites ne sont pas nettes et précises parce que tous ces grands marchands, comme habitants de ville, étaient des bourgeois et avaient une position importante dans le gouvernement de la ville. D'un autre côté, ils étaient partiellement d'une descendance noble ou, s'ils étaient des parvenus, ils faisaient des efforts pour s'assurer le statut d'un noble, essayant en particulier d'obtenir une seigneurie. De plus, il faut distinguer une couche moyenne composée surtout de l'artisanat moyen et petit, mais de petits marchands aussi; elle était toujours exclue du pouvoir par les grands marchands. Aussi il faut bien distinguer le *popolo grasso* du *popolo minuto* et les *arti maggiori* des *arti minori*. L'importance des onze *arti maggiori* n'était pas la même; les cinq premiers étaient les plus importants – c'est-à-dire ceux qui tenaient les grandes affaires internationales dans leurs mains, les *arti di calimala*, les grands importateurs et exportateurs, ensuite les banquiers et les changeurs, les marchands de laine et de draperie, les commerçants de soie, les épiciers et les médecins. Ce groupe, dès 1308, avait son *tribunale della mercanzia*. De ce groupe se distinguaient ceux qui appartenaient aux dix *arti minori*, les petits marchands, les artisans, et ainsi de suite. [12]

Beaucoup de ces artisans travaillaient avec les grandes firmes et d'une façon ou d'une autre dépendaient des grands marchands. Leur influence se montre d'une autre manière aussi. Leurs capitaux sourtout par le moyen de fonds déposés sortaient de différents milieux sociaux, du clergé par exemple. Cela vient du fait que leur pensée rationnelle, leur goût pour les biens matériels, influençait la société entière y compris le clergé. Les marchands ont contribué de façon essentielle à la naissance d'une couche sociale importante d'une remarquable formation intellectuelle à Florence, couche dont ils faisaient partie eux-mêmes. Toute une série de chroniqueurs et de poètes florentins est sortie de la classe commerçante.[13]

12. Comparer F. ANTAL, «Florentine Painting and its Social Background», dans *The Bourgeois Republic before Cosimo de Medici's Advent to Power: XIV and Early XV Centuries* (London: 1947).

13. Boccaccio, un *abacchista* exercé, descendait de l'état de commerçant et il vivait de l'aisance de son père; quant à Franco Sachetti la situation était semblable, Niccolo Niccoli était marchand pratiquant pour quelque temps, Gianozzo Manetti était comptable chez un banquier au début. HERMANN KELLENBENZ, «Der italienische Grosskaufmann und die Renaissance», *Vierteljahrschrift für Sozial- und Wirtschaftsgeschichte*, *XLV* (1958). pp. 154 ff.

D'une part, la formation d'un milieu intellectuel et moral favorable aux artistes semble être la conséquence d'un changement inconscient. D'autre part, elle sort des efforts que les entrepreneurs devenus riches font pour montrer qu'ils appartiennent à la classe supérieure en déployant du luxe et devenant mécènes. En subventionnant des artistes, des poètes, des écrivains, cette couche produisait des partisans qui – comme le dit Alfred Martin – servait idéologiquement *(ideologische Hilfestellung)* et formait l'opinion publique.[14] La couche précédente à culture cléricale est remplacée par une couche émancipée et caractérisée par la tendance des marchands à être reconnus, par une couche qui ne tirait pas ses autorités des sphères de l'Eglise ou de la chevalerie, mais du monde de l'Antiquité. Pourtant il y eut très vite des désaccords profonds entre la couche des marchands et entrepreneurs et la classe intellectuelle. La nouvelle classe intellectuelle était souvent trop individualiste pour s'adapter, par exemple, à des directives issues du système féodal. C'était des cercles humanistes que la critique venait, critique contre des hommes qui étaient engagés seulement au négoce et qui représentaient souvent une attitude défavorable aux problèmes intellectuels (Salutati, Galateo).

En rapport avec ce développement, la population des villes dominantes de la haute Italie et de l'Italie centrale augmentait vite. Outre la couche supérieure esquissée ci-dessus, le *popolo minuto* s'étendait. D'une part, il se composait des artisans liés au corps de métier de leurs familles, et d'autre part, des ouvriers qui, par le moyen du système de *Verlag* et des manufactures s'établissant, étaient annexés au processus de production dirigé par les grands marchands.[15] L'établissement du système de *Verlag* est lié à divers facteurs que l'on peut analyser le plus clairement dans l'industrie textile.[16] La division du travail jouait un rôle important: la laine passait par une douzaine de mains ou plus, avant d'être transformée en produit fini, c'est-à-dire en draperie. S'y joignaient la nécessité de s'approvisionner en matières premières sur des marchés éloignés – en laine, coton et soie et quelquefois en lin aussi – et la vente du produit fini sur des marchés distants de la production. Ici se montrait la supériorité du marchand sur le producteur lié aux corps de métier, fait dont naturellement diverses formes de dépendance pouvaient naître. La situation à Florence est caractérisée par l'initiative d'un groupe de marchands en établissant l'*arte della lana;*

14. ALFRED VON MARTIN, *Geist und Gesellschaft, Soziologische Skizen zur euräpaischen Kulturgeschichte* (Frankfurt/M.: 1948), pp. 98, 101.

15. MELIS, *op. cit.*, pp. 455 ff. ALFRED DOREN, *Die Florentiner Wolltuchindustrie* (1901), pp. 70 ff.

16. Voir FRIDOLIN FURGER, *Zum Verlagssystem als Organisationsform des Frühkapitalismus im Textilgewerbe* (Stuttgart: 1927), pp. 2 ff., 25 ff.

contrairement à la *calimala* à laquelle les grands marchands appartenaient, il organisait tout le processus de production à Florence et en Toscane. Et avec cela les propriétaires des ateliers, des *botteghe pubbliche*, avaient eux-mêmes la possibilité de devenir entrepreneurs et *Verleger*. Les *lanaiuoli* montrent ainsi une évolution similaire aux *drapers* en Angleterre et aux drapiers des Pays-Bas. La différenciation du système de *Verlag* à Florence monta à un tel degré que quelquefois le *Verleger* disposait des outils des *Verlegten*. Des tensions sociales ne tardèrent pas. Il y eut des années agitées avec le révolte des Ciompi de 1379, qui procura aux ouvriers des privilèges importants, mais que l'*arte della lana* révoqua avant la fin du siècle.

Au nord des Alpes on trouve un processus semblable. Tout d'abord il est le plus visible aux Pays-Bas, dans la région de l'industrie de draps. Bruges, Gand, Ypres, Arras, Douai, Lille et d'autres villes forment le premier centre d'une industrie textile de l'Europe septentrionale produisant pour le marché mondial d'alors. La rôle du marchand qui se procure de la laine anglaise et donne du travail à l'artisan de corps de métier ainsi qu'à la population de la campagne, est étroitement lié à l'essor de la ville du sud des Pays-Bas dans laquelle le marchand dès le début est l'élément dominant au point de vue politique.[17] Contrairement à la situation dans les villes épiscopales, comme par exemple Cambrai et Liège où il y a des luttes sévères entre la population et les seigneurs de ville, dans les villes montantes de Flandres pour garantir l'approvisionnement de la laine anglaise une entente dirige ses attaques contre les efforts d'annexion du côté français, ainsi que contre la noblesse chevaleresque sympathisant avec la France. Les cours d'échevins constituées par le souverain se trouvent dans les mains d'une couche supérieure, les «poorters» qui, pour la plupart, sont des négociants et des *Verleger* en draperie et ont des propriétés territoriales considérables. Ces échevins – au nombre de treize personnes à Gand au 13e siècle – deviennent le conseil municipal qui peut pratiquer l'autonomie, cependant sous la surveillance générale d'un «bailli» du souverain.

Quand, vers 1300, Bruges devint ville d'entrepôt pour la laine anglaise sur le continent, la position de monopole de l'industrie flamande de draps s'affermit encore davantage. La production atteint son sommet à Ypres en 1313 quant 92 500 pièces de draps furent plombées par la contremarque. Une différenciation extraordinaire en spécialités et en qualités s'y ajoutait. L'attraction du marchand hanséatique et italien, ainsi que l'épanouissement des opérations bancaires en rapport avec les foires de Champagne – des

17. FRITZ RÖRIG, *Die europäische Stadt im Mittelalter* (Göttingen: 1955), pp. 57 ff.; RENÉE DOEHARD, *L'Expansion économique belge au Moyen Age* (Bruxelles: 1946), p. 54.

Lombards, des Génois, et enfin des Florentins y participaient – résultent dans la concentration de la prospérité du commerce. Les villes s'embellissent de grands bâtiments, d'hôtels de ville, de halles aux draps et les maisons bourgeoises parées d'un luxe représentatif.

La production et le commerce étaient dans les mains des drapiers et poorters. C'étaient eux qui dominaient le marché d'approvisionnement des matières premières, de la laine et des colorants. Même quand ils étaient maîtres artisans et avaient des commis, les tisserands, les fouleurs, les teinturiers, les tondeurs étaient des salariés. Chaque maître artisan dépendait directement du *Verleger*, qui recevait le produit fait par l'artisan, le contrôlait ou le faisait contrôler et le faisait passer à d'autres pour des transformations complémentaires. Cette division du travail continuait jusqu'au moment où le produit fini, le drap de haute valeur, était à vendre dans les halles aux draps. Le bénéfice principal venait aux *Verleger:* les ouvriers ne gagnaient que peu. Certains ouvriers habitaient dans les maisons des *Verleger*, mais plus rarement en Flandre qu'à Florence le *Verleger* mettait le métier à tisser à la disposition des ouvriers; les ouvriers étaient obligés d'accepter en partie des marchandises au lieu d'argent. Simon Saphir et Wauter Spronck à Gand étaient des représentants de ce type au milieu du 13e siècle et quelques années plus tard, Jehan Boinebroke de Douai, qui a été qualifié de «véritable bandit industriel» par Georges Espinas.[18]

Le fait qu'un luxe exagéré et une politique fiscale sans scrupule ont contribué à aggraver la contradiction entre ces *Verleger* et les patriciens de leurs rentes est évident dans la satire du temps. Et ces contradictions aboutissent à de fortes tensions politiques. Cela commence par la grande révolte de l'an 1280 pendant laquelle, comme plus tard en Allemagne aussi, un groupe de marchands à qui le pouvoir politique et économique était refusé par le cercle restreint des patriciens se met du côté des artisans.[19] Les conflits qui suivent sont graves parce qu'en même temps a lieu la lutte entre la France et l'Angleterre, la France aspirant à annexer le comté de Flandre. Comme résultat des ces conflits les *guildes* détestées disparurent, mais non la dépendance des artisans par rapport aux entrepreneurs. En même temps les artisans arrivèrent à établir une organisation corporative.

Un autre effet du succès des villes flamandes de Bruges, Ypres et Gand était que celles-ci se servaient de leur puissance pour rendre dépendant la campagne et les villes plus petites des environs, pour supprimer la tisserandie rurale. Bruges détruit Sluis, Ypres perd la tisseranderie de Poperinge,

18. GEORGES ESPINAS, «Sire Jehan Boinebroke patricien et drapier douaisien», dans *Les origines du capitalisme*, t. I (1933).

19. RÖRIG, *op. cit.*, pp. 56 ff.

Gand ruine l'économie de Dendermonde.[20] Mais les luttes continuent et finalement les tisserands de Bruges et d'Ypres sont vaincus par les autres corps, et la ville de Gand, dominée par les tisserands, succombe en 1349. Beaucoup de tisserands émigrent en Angleterre et y stimulent l'essor de l'industrie des draps.

Les tensions continuent, et aux dépens des corps une entente double se forme. Le souverain favorisait la tisseranderie rurale car les ruraux travaillaient à meilleur marché.[21] Cela aggravait de nouveau les conflits sociaux et mène enfin à la révolte des tisserands dans les villes en 1379. Par cette révolte Gand et puis Bruges et Ypres tombent aux mains des tisserands mais, avec l'intervention française, ils essuyèrent une grande défaite à Roosebeke en 1382. Le tout finit par l'avènement de la maison bourguignonne, effet qui n'était pas lié seulement à la politique des Bourguignons, mais aussi à la décadence de l'industrie flamande du drap.[22]

Dans la région allemande, dans les villes hanséatiques de la côte, en Rhénanie et en Westphalie ainsi qu'en haute Allemagne, la situation était différente. Ici il n'y avait pas une telle concentration de l'industrie d'exportation. Mais il ne manquait pas non plus de marchands de caractère capitaliste. Rörig a renvoyé au volume des ventes en draperies à Lübeck[23], ainsi qu'à la naissance d'une couche de marchands en gros sédentaires faisant commerce des métaux suédois et allemands, du sel de Lüneburg, du blé, des fourrures et des draps. Cependant il n'y a pas de grandes sociétés de commerce comme à Florence ni de rapports directs avec les grandes activités artisanales et d'exportation comme en Toscane et en Flandre. Mais en tout cas il y a les germes d'une entreprise capitaliste par exemple dans la brasserie à Wismar[24] (avec les Brauknechte et Bräumägde), dans la production de farines et malt à Rostock[25] et dans la construction navale de Stralsund[26],

20. *Ibid.*, p. 61.

21. HENRI E. DE SAGHER, *Recueils de documents relatifs à l'histoire de l'industrie drapière de Flandre*, publiés par les soins de Johan-H. de Sagher, Hans van Werveke et Carlos Wyffels III (Bruxelles: 1966).

22. H. VAN WERVEKE, «Lodewijk van Male en de eerste Bourgondiers», dans *Algemene Geschiedenis der Nederlanden*, Deel III (Utrecht: 1951), pp. 191 ff.

23. RÖRIG, *op. cit.*, pp. 26 ff.

24. F. TECH«EN, Das Brauwerk in Wismar», *Hansische Geschichtsblätter* (1915), p. 275; comparer aussi W. SPIESS, «Fernhändlerschicht und Handwerkermasse in Braunschweig», *ibid.* (1938), pp. 53 ff.; KONRAD FRITZE, *Am Wendepunkt der Hanse, Untersuchungen zur Wirtschafts- und Sozialgeschichte der wendischen Hansestädte in der ersten Hälfte des 15. Jahrhunderts* (Berlin: 1967), pp. 26 ff.

25. FRITZE, *op. cit.*, pp. 28 ff.

26. F. K. OLECHNOWITZ, *Der Schiffbau der hansischen Spätzeit* (Weimar: 1960), pp. 67 ff.; FRITZE, *op. cit.*, pp. 29 ff.

dans la production du sel à Lüneburg[27], et dans les mines de Kopparberg en Suède.[28]

En Allemagne occidentale et en haute Allemagne quelques groupes de grands marchands qui sont des banquiers et des *Verleger* se distinguent plus nettement. A Cologne, Heinrich Quattermart, mort en 1304, montre pour la première fois la manière dont le commerce avec la Flandre et l'Angleterre était combiné avec la possession d'immeubles et l'exploitation des moulins sur le Rhin, comment donc le financement d'une activité artisanale était inclus. Il est caractéristique qu'à l'occasion de la visite d'Edouard III, un groupe de patriciens autour de Johann von Spiegel et Richwin Grin s'empara de la grande couronne anglaise et d'autres joyaux de la couronne par des opérations de prêt. En 1343–1344, un consortium de Dortmund autour de Tidemann von Lemberg se chargea des obligations du roi.[29] L'organisation du commerce de Cologne était caractérisée par des associations entre les différents membres d'une famille, en partie sous la forme d'une participation tacite. En outre, il y avait des unions avec des correspondants sur les places commerciales principales. L'association la plus importante de cette sorte est sans doute l'entreprise des Veckinchusen liant Cologne et Bruges à Venise[30] et se composant de diverses sociétés.[30a]

Jusqu'à présent on sait relativement peu de l'organisation de l'activité artisanale par les marchands au moyen du système de *Verlag*. Kuske y a fait de légères allusions.[31] Dans la ville de Francfort, pourvue d'une deuxième foire en 1330, les marchands perdent vite leur *Raumaktivität* et deviennent des courtiers et des propriétaires de rentes. Seule la *Neuhausgesellschaft* était d'une importance plus grande.[32] La ville frontière de Strasbourg et sa foire n'offraient que l'occasion transitoire de grandes transactions

27. O. VERDENHALVEN, «Die Lüneburger Saline als industrieller Grossbetrieb im Mittelalter», *Diss. phil.* (Kiel: 1951).

28. BERTIL BOËTHIUS, *Koppar Bergslagen fram till 1570 – talets genombrott, Uppkomst, medeltid, vasatid* (Uppsala: 1965), p. 100.

29. LUISE VON WINTERFELD, «Handel, Kapital und Patriziat in Köln bis 1400», *Pfingstblätter des hansischen Geschichtsvereins, XVI* (1927).

30. JOSEPH HANSEN, «Der englische Staatskredit unter König Eduard III (1327–1377), und die hansischen Kaufleute», *Hansische Geschichtsblätter, XVI* (1910), pp. 382–387; LUISE VON WINTERFELD, *Geschichte der freien und Hansestadt Dortmund* (3e éd., Dortmund: 1957), p. 62.

30a. WILHELM STIEDA, *Hildebrand Veckinchusen, Briefwechsel eines deutschen Kaufmanns im 15. Jahrhunderts* (Leipzig: 1921), p. XIV.

31. BRUNO KUSKE, «Die Entstehung der Kreditwirtschaft und des Kapitalsverkehrs», dans *Köln, der Rhein und das Reich, Beiträge aus 5 Jahrzehnten wirtschaftsgeschichtlicher Forschung*, pp. 48–138.

32. Comparer DIETZ, *Frankfurter Handelsgeschichte* (Frankfurt/M.: 1910), pp. 21, 255, 259, 262.

monétaires à un groupe de marchands juifs autour de Vivelin le Rouge conjointement avec un groupe coopérant avec l'archevêque de Trèves.[33] Au 15e siècle se distinguent Johannes Merswin et des membres de la famille von Säckingen. Bâle comme ville de concile attirait des firmes italiennes et à Hermann Offenburg et à Peter Gatz elle offrait l'occasion d'entrer en relations d'affaires avec Sigmund et Frédéric III. Constance, ville de concile et d'industrie toilière, avait son marchand le plus riche en la personne de Luitfried Muntprat dans la prémière moitié du 15e siècle.[34] La révolte des corps de métier contre la couche dominante des toiliers vers la fin de la troisième décennie du 15e siècle fait voir les tensions dans la région de l'industrie toilière en haute Souabe. Cependant les corps de métier d'autres villes n'y participent pas.[35]

Dès le commencement du siècle, Muntprat collabore avec les Humpis de Ravensburg et les Mötteli de Buchorn dans l'entreprise qui, comme Magna Societas, devait exister jusqu'en 1530 environ. Cette entreprise, la plus grande et importante en haute Allemagne du bas Moyen Age, s'occupe de la vente des toiles produites dans la région des villes impériales de la haute Souabe sur des marchés éloignes, mais, en général, sans se mêler directement de la production par le moyen de *Verlag*. La tradition de Ravensburg n'est pas claire. Nous connaissons l'activité des marchands comme *Verleger* à Saint-Gall, surtout celle des Möttoli et Vogelweider, et Hektor Ammann suppose cette activité pour la Diesbach-Wattgesellschaft.[36] Outre cela on peut voir l'activité de Verleger dans l'exploitation des mines. Nikolaus von Watt s'y essaie, sans grand succès. La Diesbach-Wattgesellschaft participait aussi à des exploitations minières – vraisemblablement dans la Forêt-Noire ou dans les Vosges.[37] A Ulm, le commerce des métaux et de la futaine florissait; la futaine surtout favorisait la rôle du marchand comme Verleger parce que le coton devait être fourni de loin. Dans cette région le rôle de *Verleger* est marqué bien nettement, de même à Biberach et à Memmingen, et peut-être plus encore à Augsburg.[38]

En ce temps-là Nuremberg surpassait toutes les autres villes en haute Allemagne. Au 14e siècle déjà il y avait quelques grandes familles provenant

33. HERMANN KELLENBENZ, «Die Juden in der Wirtschaftsgeschichte des rheinischen Raumes von der Spätantike bis am Jahre 1648», dans *Monumenta Judaica* (Cologne: 1963), pp. 208, 212 ff.

34. HEKTOR AMMANN, *Die Diesbach-Wattgesellschaft*, p. 16.

35. ALOYS SCHULTE, *Geschichte der Grossen Ravenburger Gesellschaft 1380–1530*, t. I (Stuttgart/Berlin: 1923), p. 36.

36. AMMANN, *op. cit.*, p. 94.

37. *Ibid.*, p. 95.

38. DIETER FUNK, *Biberacher Barchent. Herstellung und Vertrieb im Spätmittelalter und zur beginnenden Neuzeit, Diss.* (Basel; 1965).

probablement de l'ancienne couche de la »Ministerialität« à qui se joignirent des nouveaux riches, expression de l'activité croissante de la ville; Konrad Gross et Ulman Stromer sont les plus connus.[39] Sous la régence de la maison de Luxembourg, Nuremberg devint le centre politique de l'Empire et, au point de vue du trafic, ell était extraordinairement bien placée, de sorte qu'elle surpasse vite la ville de Regensburg jusque-là dominante. Le commerce de marchandise et les opérations bancaires se lient à une activité de *Verleger* pour la métallurgie dans la région de Nuremberg ainsi qu'en haut Palatinat, dans le Nord de la Franconie, en Thuringe, en Saxe, en Bohème, et à d'autres régions.[40] Cette combinaison marchand et *Verleger* prend des formes plus détaillées dans la première moitié du 14e siècle.[41]

Dès la fin du 15e siècle Augsburg commence à surpasser Nuremberg. On y voit clairement comment des familles devenues riches comme marchands et *Verleger* de tissus se mettent à faire des opérations de crédit avec des princes et développent une activité de *Verleger* minier. Les premiers qui prêtent de l'argent à Sigmund de Tyrol sont les Meuting[42], et pour cela ils reçoivent l'argent tiré des mines cuprifères du Tyrol. Bientôt les Ehem et les Welser, et ensuite les Gossembrot et les Fugger disputent la préséance aux Meuting. Les Fugger surtout élargissent leurs engagements dans les affaires minières[43] et entrent dans l'exploitation des mines cuprifères de Cracovie. En étendant les usines et les fonderies dans la région de Salzbourg, en Carinthie, en Silésie, à Leipzig et en Thuringe, à Ofen et à Pressburg enfin, les Fugger devinrent une puissance internationale financière.[44]

39. WOLFGANG VON STROMER, *Wirtschaft und Politik, Oberdeutsche Hochfinanz 1350–1450*, T. I-III (Wiesbaden: 1970), passim.

40. G. WERNER SCHULTHEISS, *Kleine Geschichte Nürnbergs* (Nürnberg: 1966), p. 53 ff. VON STROMER, *Wirtschaft und Politik*, passim.

41. K. DETTLING, «Der Metallhandel Nürnbergs, im 16. Jahrhundert», *Mitteilungen des Vereins für Geschichte der Stadt Nürnberg, XXVII* (1928), pp. 97–241; F. M. RESS, «Geschichte und wirtschaftliche Bedeutung der oberpfälzischen Eisenindustrie von den Anfängen bis zur Zeit des 30-jährigen Krieges», *Verhandlungen des Historischen Vereins für Oberpfalz und Regensburg, XCI* (1950), pp. 1–186; «Unternehmungen, Unternehmer und Arbeiter im Eisenerzbergbau und in der Eisenverhüttung der Oberpfalz von 1300 bis um 1630»,*Schmollers Jahrbuch, LXXIV* (1954), pp. 561–618; W. KRAFT, «Das mittelalterliche Metallgewerbe in und um Roth», dans *900 Jahre Roth, Festschrift zur 900-Jahrfeier der Stadt Roth* (1960), pp. 155–172; FRITZ SCHNELBÖGL, «Die wirtschaftliche Bedeutung ihres Landgebietes für die Reichsstadt Nürnberg», dans *Beiträge zur Wirtschaftsgeschichte Nürnbergs* (édité par le Stadt Archiv Nürnberg I, Nürnberg: 1967), pp. 294 ff.

42. SCHULTHEISS, *op. cit.*, p. 60.

43. Comparer JAKOB STRIEDER, *Studien zur Geschichte kapitalistischer Organisationsformen, Kartelle und Aktiengesellschaften im Mittelalter und zur beginnenden Neuzeit* (2e éd., München: 1925).

44. JAKOB STRIEDER, «Die deutsche Montan- und Metallindustrie im Zeitalter der Fug-

En rapport avec ce développement, on voit des tensions entre les deux couches principales de la population, entre la couche supérieure et les corps de métier dans les diverses parties de l'Allemagne. Après une première vague de troubles peu après le milieu du 13e siècle, ily a des révoltes tantôt ici tantôt là pendant le 14e et le 15e siècles entiers, des combats pour la part décisive au gouvernement de la ville.

Des marchands et des propriétaires fonciers vivant du commerce à grande distance, du commerce de l'argent et de l'opération en rentes avaient le gouvernement de la ville dans leurs mains. C'était une couche qui, en général, acceptait des arrivistes doués essayant de s'élever au-dessus de leur couche d'origine par exemple par le moyen d'un mariage. Beaucoup de villes, en particulier les grandes, repoussent l'influence des corps de métier et reviennent au système oligarchique. Dans d'autres villes la proportion des forces varie selon que tantôt les corps de métier tantôt les patriciens ont la prépondérance. En ce qui concerne la côte, le mot contesté de patricien est placé le moins. Ici parmi les couches dominantes les changements étaient relativement vifs, ici le marchand parvenu, couronné de succès pouvait assez vite se procurer l'entrée dans le conseil.[45] Mais nous avons aussi des exemples pour l'intérieur, tels le marchand Claus Kreidenweiss de Esslingen[46] et Henrich Göldli de Pforzheim dont la carrière mena à une haute position à Zurich.[47] L'exemple le plus fameux fut l'ascension des Fugger dont l'ancêtre était tisserand dans un village aux alentours d'Augsburg.

Si l'on veut se faire une idée de l'importance numérique de la couche des grands marchands, il est utile de voir des critères de différenciation autres que le contraste patriciens-corps de métier ou le contraste marchands-artisans. Indépendamment de la structure par groupes de professions, il faut tenir compte de la structure de la fortune et des revenus. Malheureusement il n'y a des études sur ce sujet que pour Lübeck et quelques autres villes. Lübeck, ayant 25 000 habitants environ en 1460, comptait alors 5 600 personnes payants et 1 225 personnes qui ne payaient pas (23 % étaient

ger», dans *Das reiche Augsburg, Ausgewählte Aufsätze J. Strieders zur Augsburger und süddeutschen Wirtschaftsgeschichte des 15. und 16. Jahrhunderts* (München: 1938), pp. 119 ff.

45. AHASVER VON BRANDT, *Geist und Politik in der Lübeckischen Geschichte* (Lübeck: 1954), p. 63; RUTH PRANGE, *Die bremische Kaufmannschaft des 16. und 17. Jahrhunderts in sozialgeschichtlicher Betrachtung* (Breme: 1963), p. 113; FRITZE, *op. cit.*, pp. 126 ff.

46. BERNHARD KIRCHGÄSSNER, *Wirtschaft und Bevölkerung der Reichsstadt Esslingen im Spätmittelalter* (1964), pp. 145 ff.; «Gesellschaftliche Unterschichten in den südwestdeutschen Städten», dans *Veröffentlichungen der Kommission für geschichtliche Landeskunde in Baden-Württemberg* (Reihe B, Forschungen 41; Stuttgart: 1967), p. 56.

47. KIRCHGÄSSNER, »Gesellschaftliche Unterschichten in der südwestdeutschen Städten», *loc. cit.*, p. 88.

des fonctionnaires, des ecclésiastiques, des fondations). La couche supérieure payant l'impôt de plus de 770 marks représente 18 %, la classe supérieure moyenne 30 %, la classe inférieure moyenne 38 %, et la couche inférieure pauvre 14 %. Von Brandt a démontré par son étude que la répartition des fortunes et la répartition des groupes sociaux ne coïncident pas. En 1380 le groupe social supérieur formé par la couche des marchands ne faisait que 25 %; la couche des brasseurs et des *Schiffer* faisait 7,3 %; le troisième groupe (artisans, activité commerciale et industrielle auxiliaire) représente 35,4 %; et le groupe des ouvriers qualifiés de l'artisanat et des travailleurs salariés 42 %. Ces derniers pour la plupart n'avaient pas le droit de bourgeoisie. La couche des marchands faisant le commerce à grande distance, vivant de rentes, tenant des places au conseil et au chapitre, comprenait un nombre de 50 à 60 maisons avec 150 à 200 familles par génération. La composition de cette couche était variable; à chaque génération un cinquième était éliminé, et en échange des *homini novi* entraient. Comme investissement de capitaux, ces familles avaient des propriétés foncières aux alentours de Lübeck. Elles ne s'en servaient pas pour devenir des nobles de campagne comme souvent en haute Allemagne. Une disposition à l'isolement se produit en 1399 par la fondation de la *Zirkelgesellschaft.*[48] Si 18 % payent l'impôt de plus de 770 marks (100 000 DM environ), on peut tirer d'autres sources (*Pfundzollabgaben*, achats de rentes) qu'un très petit groupe était à la tête du pouvoir de la ville: douze à peu près. La situation était la même dans la plupart d'autres villes, à Rostock et aux autres *wendische Städte.*[49] Pour le Sud de l'Allemagne on peut le voir par les informations que l'on possède sur Augsbourg[50], Zurich, Constance et Esslingen[51], et par les études de Mauersberg.[52]

48. A. VON BRANDT, «Die gesellschaftliche Struktur des spätmittelalterlichen Lübeck», *Vorträge und Forschungen, XI* (Konstanz/Stuttgart: 1966), pp. 215–239.

49. A. VON BRANDT, «Die Lübecker Knochenhaueraufstände von 1380–1384 und ihre Vorraussetzungen», *Zeitschrift des Vereins für Lübeckische Geschichte, XXXIX* (1950), pp. 137 ff.; J. SCHILDHAUER, *Soziale, politische und religiöse Ausseinandersetzungen in den Hansestädten Stralsund, Rostock, und Wismar im ersten Drittel des 16. Jahrhunderts* (Weimar: 1959), pp. 27 ff.; FRITZE, *op. cit.*, pp. 1, 263.

50. JAKOB STRIEDER, *Zur Genesis des modernen Kapitalismus* (Forschungen zur Entstehung der grossen bürgerlichen Kapitalvermögen am Ausgange des Mittelalters und zu Beginn der Neuzeit, zunächst in Augsburg; 2e éd., München/Leipzig: 1935).

51. HEKTOR AMMANN, «Untersuchungen über die Wirtschaftstellung Zürichs im ausgehenden Mittelalter», *Zeitschrift für schweizerische Geschichte, XLIX* (1949), pp. 305, 356; *L* (1950), pp. 530–567; B. KIRCHGÄSSNER, *Das Steuerwesen der Reichsstadt Konstanz 1418–1460* (Konstanz: 1960); *Wirtschaft und Bevölkerung der Reichsstadt Esslingen, op. cit.*

52. HANS MAUERSBERG, *Wirtschafts- und Sozialgeschichtes zentral-europäischer Städte in neuerer Zeit* (Göttingen: 1960).

Naturellement il y avait des causes internes et externes pour les changements dans les couches dominantes: la retraite de la vie active du commerce, la préférence d'un *Rentnerdasein* – ou les excès d'une activité spéculatrice ou la force des crises politiques et économiques. Pour le Sud et le Sud-Ouest de l'Allemagne on a voulu voir une relation avec la politique de monnaie des villes et des princes.[53]

Quant à Nuremberg, importante ville pour le commerce à grande distance et l'artisanat, faute de rôles des contribuables, on ne connaît pas la situation exacte. Pourtant, du moyen d'autres sources, Wolfgang von Stromer a essayé récemment d'analyser les représentants de la couche dominante de Nuremberg et leur rôle comme groupe.[54] Ces familles savaient demeurer actives dans le commerce, le *Verlegertum* et le gouvernement de la ville. Elles recevaient sporadiquement de nouvelles forces actives des couches des marchands non patriciens. Pourtant la couche commerciale proprement dite était exclue de la participation au pouvoir. Pour cette raison elle formait une deuxième couche, le groupe des *Ehrbaren*, des honorables.[55] A partir de 1370, huit artisans sont reçus dans le conseil; mais ils n'y ont pas d'influence.

Les relations entre la couche supérieure des villes et la noblesse de la campagne n'étaient pas uniformes. A Lübeck, Hambourg et Brême, il n'y avait pas de relations étroites avec la noblesse. En général, on peut dire que les membres de la noblesse vivant dans les châteaux forts soulignent de plus en plus leur distance de la couche supérieure des villes au cours du bas Moyen Age. En Allemagne du Sud, les sociétés de nobles dénient aux patriciens des villes les qualités requises pour être admis aux tournois et commencent vers la fin du 15e siècle à mettre en doute l'aptitude des patriciens à faire des fondations.[56]

En ce qui concerne les forces organisatrices et la volonté personnelle se manifestant dans les corps d'artisans, on ne trouve rien de correspondant.

53. B. KIRCHGÄSSNER, «Währungspolitik, Stadthaushalt und soziale Fragen südwestdeutscher Reichsstädte im Spätmittelalter», dans *Jahrbuch für Geschichte der oberdeutschen Reichsstädte Esslingen* (Studien 11; 1965), pp. 90 ff.; F. BLENDINGER, «Münchner Bürger, Klöster und Stiftungen als Gläubiger der Reichsstadt Augsburg im 14. und 15. Jahrhundert», dans *Archiv und Geschichtsforschung* (Festschrift, Fridolin Solleder; 1966), p. 80 ff.; *Gesellschaftliche Unterschichten in den südwestdeutschen Städten*, pp. 86 ff.

54. WOLFGANG VON STROMER, *Wirtschaft und Politik, Oberdeutsche Hochfinanz 1350–1450, op. cit.*

55. Comparer ERICH MASCHKE, «Verfassung und soziale Kräfte in der deutschen Stadt des späten Mittelalters, vornehmlich in Oberdeutschland», *Vierteljahrschrift für Sozial- und Wirtschaftsgeschichte, XLVI* (1959).

56. Comparer ALOYS SCHULTE, «Von der grossen Handelsgesellschaft zu Ravenburg», dans *Das Bodenseebuch des Jahres 1927, Konstanz et Landschlacht*, pp. 23 ff.

Les unions sont pour la plupart un signe d'affaiblissement. Ce fait est exprimé le plus clairement par la vie de la *Zirkelgesellschaft* de Lübeck comme bénéficiaire de rentes et par l'existence des sociétés des patriciens de la haute Allemagne.

Le règlement du *Mussiggang* était caractéristique. Ce règlement prévoyait que chaque membre devait avoir assez de fortune et de revenus provenant des rentes ou des participations à des sociétés commerciales pour ne pas avoir besoin d'une occupation bourgeoise.[57] En outre les coutumes et le luxe à l'imitation des nobles avait souvent pour effet que les familles dominant jusqu'alors perdaient de la force et, de plus, beaucoup de grands capitaux étaient privés de la circulation économique des villes.

En Allemagne comme en Italie et aux Pays-Bas, cette couche supérieure des marchands, par sa demande de produits de luxe, a donné des impulsions remarquables à la sphère intellectuelle, culturelle et artistique. Les architectes municipaux responsables de la construction des murs d'enceinte et des bâtiments représentatifs des villes sortaient en partie de ces cercles.[58] Martin Beheim, connu comme navigateur et cosmographe, était fils d'un patricien. On ne peut pas s'imaginer l'humanisme allemand sans des personnes telles que Willibald Pirkheimer et Christoph Scheurl de Nuremberg, et Konrad Peutinger d'Augsbourg. Ces hommes avaient le loisir et les moyens pour participer au monde des lettres et des sciences.

Dans la ville du bas Moyen Age, c'étaient les corps de métier qui développaient l'activité politique. Elle se manifestait surtout dans l'exigence d'une participation au gouvernement de la ville et d'une répartition justifiée du produit des impôts. Mais, comme en Italie, il faut voir la différence entre les corporations des commerçants et les corps de métier des artisans proprement dits. Il arrivait souvent que des marchands qui n'appartenaient pas au patriciat et qui étaient exclus du conseil étaient à la tête du mouvement artisanal parce qu'ils avaient le plus grand prestige social. Il arrivait aussi qu'un groupe de patriciens se serve des corps de métier pour combattre les autres. Où les corps de métier étaient les maîtres, les marchands non patriciens participaient le plus souvent au gouvernement.[59] Cela se rattache au fait qu'à cause de leur état de fortune, ils étaient plus vite en état de sacrifier leur argent et leur temps à une activité politique. Ces sacrifices obligeaient les corps de

57. MASCHKE, *loc. cit.*, p. 435.

58. Endres Tucher à Nuremberg était *Ratsbaumeister* de 1461 à 1476. Comparer KARL FISCHER, «Endres Tucher», dans *Nürnberger Gestalten aus neun Jahrhunderten* (Nürnberg: 1950), pp. 29 ff.

59. MASCHKE, *loc. cit.*, pp. 33 ff.; EBERHARD NAUJOKS, «Neue Forschungen zum reichsstädtischen Bürgertum», *Jahrbuch für Geschichte der oberdeutschen Reichsstädte, XII–XIII* (1966–1967), pp. 227–238.

métier pendant le temps de leur domination à reprendre les services des patriciens. La *Zunftverfassung* avait pour conséquence une charge financière et temporelle si lourde que, tout en prétendant au pouvoir, les corps de métier cédaient volontiers la fonction coûteuse et longue de bourgmestre ou les voyages en mission diplomatique aux patriciens ou aux marchands. C'est pourquoi le gouvernement des corps de métier n'a pu se maintenir pur qu'en relativement peu de cas.

Le pouvoir de faire le *Müssiggang* se présentait le plus vite là où les membres des corps de métier étaient parvenus à de grandes fortunes par des activités extraordinaires, par le *Verlagswesen*, par la participation à des sociétés de commerce ou par des opérations de crédit. Cela était possible pour les vignerons en faisant le commerce de vins, pour les pelletiers par le commerce des fourrures et d'autres produits de luxe, pour les corroyeurs par le commerce du cuir, pour les bouchers en faisant le commerce de farine et de céréales. Des orfèvres faisaient le commerce des métaux et des opérations de prêt. L'exemple le plus connu est la transformation des Fugger de tisserand en marchand de draps puis en grand négociant. Il y avait des artisans qui étaient membres de deux corps à Ulm, à Strasbourg, à Bâle, à Zurich, car chaque artisan qui faisait le commerce et qui avait une fortune assez grande pouvait entrer dans un des corps de commerce.

Il y avait ainsi multiples problèmes pour le cadre des corps de métier. Ils ne pouvaient pas se maintenir au pouvoir sans la collaboration de représentants des couches des grands marchands et rentiers et, d'un autre côté, c'étaient toujours ceux qui avaient le plus de succès qui essayaient de passer des couches des artisans aux couches supérieures. C'est pour cette raison que les troubles ne cessèrent pas même dans les villes où il y avait la *Zunftverfassung*.

Reste la question: comment les marchands-capitalistes ont-ils influencé les couches qui travaillaient pour eux hors des corps de métier? On peut le voir dans les villes et au dehors. Les mines, la métallurgie, l'industrie textile et des cuirs, la construction navale et la brasserie offraient des possibilitiés d'organiser le *Verlag* ou de créer des ateliers dans lesquels, sous la direction d'un *Werkmeister*, des ouvriers salariés travaillaient. Cela commence à Nuremberg dans la première moité du 14e siècle et ensuite, on aura de nombreux *Hammerwerke*, *Drahtzieh-*, *Polier-*, *Stampf- und Lohmühlen* qui pour partie travaillaient à Nuremberg, pour partie dans le territoire de la ville.[60] C'est à Nuremberg que le grand marchand Ulman Stromer établit en 1390 son

60. SCHNELBÖGL, *loc. cit.*, pp. 293 ff.; SCHULTHEISS, *op. cit.*, p. 60; «Das Hausbuch des Mendelschen Zwölfbruderhauses zu Nürnberg von 1388–1425–1549», *Mitteilungen des Vereins für Geschichte der Stadt Nürnberg, LIV* (1960), p. 102.

moulin à papier, le premier en Allemagne.[61] L'enterprise travaillait avec plusieurs ouvriers dont quelques-uns au moins étaient obligés par serment pour dix ans, et il y avait un *Schreiber* à part. Dans les villes de la côte, pour prendre un autre exemple, les grands marchands organisaient la construction navale[62] et la brasserie.[63] En ce qui concerne le *Verlag* dans l'industrie textile, la branche du *barchent*, plus que celle du lin ou du chanvre, donnait la chance de faire travailler sur la base du *Lohnwerk*. Dans les régions où l'on cultivait le lin, beaucoup de paysans filaient et tissaient leur propre produit pour le vendre au marché de la ville.[64] D'autres branches organisées par le *Verlag* étaient la *Seidenwirkerei*[65], la tonnellerie[66], et la fabrication de rosaires.

Le développement dans les régions minières mérite un paragraphe particulier. D'après Jacob Strieder il n'y a pas d'autre secteur économique où le capitalisme ait pu pénétrer aussi vite et profondément que dans l'industrie minière.[67] Récemment on a étudié les détails du développement dans les régions des Alpes[68], dans l'Allemagne centrale[69], en Pologne[70] et en Suède.[71] Le terme *Arbeiter*[72] surgit pour la première fois dans la région de l'industrie minière. Ces salariés développèrent de bonne heure les traits caractéristiques du salariat moderne. Parmi ces traits, il faut compter l'insécurité de l'emploi et de l'existence à cause des fluctuations conjoncturelles et des catastrophes. Une vie nomade était caractéristique. En 1364 des mineurs de Kuttenberg se

61. LORE SPORHAN-KREMPEL, WOLFGANG VON STROMER, «Das Handelshaus der Stromer von Nürnberg und die Geschichte der ersten deutschen Papiermühle», *Mitteilungen aus der Stadtbibliothek Nürnberg*, *IX* (1960), pp. 1 ff.

62. OLECHNOWITZ, *op. cit.*, pp. 67 ff.; FRITZE, *op. cit.*, pp. 29 ff.

63. H. ALBRECHT, «Das Lüb. Brauereigewerbe bis zur Aufhebung der Brauerzunft», *Zeitschrift für Lübeckische Geschichte*, *XVII* (12915), p. 76; TECHEN, *loc. cit.*, pp. 263 ff.; FRITZE, *op. cit.*, pp. 24 ff.

64. KELLENBENZ, *Industries rurales*, pp. 859 ff.; 864 ff.

65. WILHELM STIEDA, HILDEBRAND VECKINCHUSEN, *Briefwechsel* (No. 33; Leipzig: 1921), p. LIII.

66. W. STIEDA, H. VECKINCHUSEN, «Hansische Vereinbarungen über städtische Gewerbe», *Hansische Geschichtsblätter*, pp. 112 ff.

67. STRIEDER, «Die deutsche Montan- und Metallindustrie im Zeitalter der Fugger», *loc. cit.*, pp. 150 ff.

68. FERDINAND TREMEL, *Der Frühkapitalismus in Innerösterreich* (Graz: 1954), pp. 52 ff.

69. KLAUS SCHWARZ, *Untersuchungen zur Geschichte der deutschen Bergleute im späteren Mittelalter* (Freiberger Forschungshefte D 20, Berlin: 1958), pp. 13 ff.

70. DANUTA MOLENDA, *Gornictwo kruszowe na terenie zloz slasko -krakowskich do polowy XVI wieku* (Wroclaw-Warszawa-Krakow: 1963), pp. 42 ff.

71. KJELL KUMLIEN, art. «Bergsbank», dans *Kulturhistoriskt Lexikon för nordisk medeltid*, t. I (1956), pp. 481–482; BOËTHIUS, *op. cit.*, pp. 114 ff.

72. SCHWARZ, *op. cit.*, pp. 26 ff.

faisaient engager pour les mines de Crète par le doge de Venise.[73] D'où venaient ces salariés? Ils se recrutaient naturellement en premier lieu parmi les anciens *Gewerken* qui n'étaient pas en état de financer l'appareil technique nécessaire pour surmonter les difficultés liées à l'épuisement ou l'inondation d'une mine. C'étaient les grands marchands qui avaient les moyens de payer les dépenses nécessaires: les marchands de Nuremberg et Augsbourg[74], de Breslau et Cracovie[75], de Leoben et Steyr, de Villach et Klagenfurt.[76] Pourtant il restait un groupe qui se maintenait indépendant et qui pouvait employer des salariés: c'étaient les *Lehenhauer* et les *Gedinghauer*, et dans la métallurgie c'étaient les *Radmeister*, *Hammermeister* et *Reidemeister*.

Le développement économique du bas Moyen Age ne se fit pas de façon continue. Malheureusement nous ne savons pas encore très clairement combien la Mort Noire et d'autres épidémies de peste influèrent le mouvement démographique ni à quel degré d'autres facteurs tel que la contraction de la production de l'argent avait retardé l'expansion.

Les grands changements extérieurs ayant lieu à la fin du 15e et au commencement du 16e siècle ont donné des impulsions extraordinairement importantes à l'évolution économique. D'une part, je pense aux découvertes et à l'expansion économique en rapport avec des réactions différentes sur la structure de l'économie de l'Europe et d'autre part je pense au processus de l'émancipation intellectuelle de la Renaissance qui non seulement a eu pour conséquence le mouvement de la Réforme mais, de plus, a favorisé le développement de l'Etat absolutiste.[77]

A peine le système de l'économie capitaliste avait-il atteint son premier sommet dans les villes italiennes, aux Pays-Bas, dans des parties de l'Allemagne, ainsi que sporadiquement ailleurs – par exemple le Bourges de Jacques Cœur[78] –, qu'une deuxième vague d'activité capitaliste commençait dont les centres étaient d'une part en haute Allemagne et dans certaines régions d'Italie, d'autre part dans la région de la côte atlantique.

73. JACOB STRIEDER, «Werden und Wachsen des europäischen Frühkapitalismus», dans *Propyläen Weltgeschichte*, t. IV: *Das Zeitalter der Gotik und Renaissance, 1250–1500* (Berlin: 1932), pp. 3–36; FRÉDÉRIC MAURO, *Histoire générale du travail. La pré-révolution du travail, 1500–1760* (Paris).

74. STRIEDER, «Die deutsche Montan- und Metallindustrie im Zeitalter der Fugger», *loc. cit.*, p. 152.

75. TREMEL, *op. cit.*, pp. 52 ff.

76. MOLENDA, *op. cit.*, pp. 279 ff.

77. TREMEL, *op. cit.*, pp. 52 ff.

78. ALFRED VON MARTIN, «Die bürgerlich-kapitalistische Dynamik der Neuzeit seit Renaissance und Reformation», *Historische Zeitschrift*, *CLXXII* (1951), pp. 37–64; HENDRICK DE MAN, *Jacques Cœur, der königliche Kaufmann* (Bern: 1950).

En haute Allemagne, Augsbourg et Nuremberg formaient les centres les plus importants. Au cours du 16e siècle les grandes opérations financières en relation avec l'industrie minière et métallurgique gagnent de l'importance. Les grandes transactions financières des Fugger avec l'empereur Maximilien et son successeur Charles V[79], les opérations financières des marchands d'Augsbourg, de Nuremberg et du reste de haute Allemagne[80] facilitent l'accès à l'industrie minière, particulièrement à l'exploitation des métaux précieux et semi-précieux, de l'argent, du cuivre, de l'étain, du plomb et du mercure. Jusqu'au milieu du 16e siècle, l'exploitation et la transformation des métaux occupent une position dominante dans l'industrie minière du monde. L'influence des Fugger et Welser va pour un temps jusq'au mercure d'Almaden, celle des Paumgartner jusqu'au mercure d'Idria. Jusqu'au milieu du 16e siècle les Fugger ont en main l'exploitation du cuivre et de l'argent du Tyrol et de la Slovaquie; en outre, ils transforment de tels métaux provenant de la Carinthie et probablement de l'Allemagne centrale, c'est-à-dire en Thuringe, en Saxe, en Bohême et en Silésie. Le commerce des métaux non ferreux était en main partie des habitants de la haute Allemagne, surtout de Nuremberg, partie des habitants s'élevant de l'Allemagne centrale[81] ou des marchands rhénans aussi.[82] De même qu'en Espagne, les domaines d'intérêt métallurgique de la haute Allemagne s'étendaient au plomb de l'Eifel[83] ainsi qu'aux métaux d'Angleterre[84], et de Pologne où cependant ils avaient des concurrents italiens.[85] Dans la région des Carpathes, après la retraite d'Anton Fugger, on trouve d'autres marchands de la haute Allemagne comme le riche Matthias Manlich, plus tard Wolfgang Paller, David

79. Voir LÉON SCHUCK, *Jakob Fugger, un grand homme d'affaires au début du XVIe siècle* (Paris: 1957); Pour une orientation rapide voir GÖTZ FREIHERR VON PÖLNITZ, *Die Fugger* (Frankfurt: 1960), pp. 55 ff.

80. Voir pour une orientation générale, STRIEDER, «Die deutsche Montan- und Metallindustrie im Zeitalter der Fugger», *loc. cit.*, pp. 119 ff.; *Studien zur Geschichte kapitalistischer Organisationsformen*, *op. cit.*

81. Pour une bonne orientation sur la littérature voir: HEINRICH KRAMM, «Sozialgeschichtliche Zusammenhänge in der städtischen Besiedlung des Westerzgebirges im 16. Jahrhundert», dans *Geschichtliche Landeskunde und Universalgeschichte* (Festgabe für Herman Aubin zum 23 Dezember 1950, Hamburg, s a.), p. 113.

82. GERHARD FISCHER, *Aus zwei Jahrhunderten Leipziger Handelsgeschichte 1470–1650* (Leipzig: 1929), pp. 433, 439 ff.; HERMANN KELLENBENZ, «Die Wirtschaft des Aachener Bereichs im Gang der Jahrhunderte», dans CLEMENS BRUCKNER, *Zur Wirtschaftsgeschichte des Regierungsbezirks Aachen* (Köln: 1967), pp. 473 ff.

83. VOIGT, *Bergbau und Hüttenwesen in der Geschichte des Dürener Landes*, pp. 508 ff.; KELLENBENZ, «Die Wirtschaft des Aachener Bereichs ...», *loc. cit.*, p. 475.

84. M. B. DONALD, *Elizabethan Copper, the History of the Company of Mines Royal 1568–1605* (London: 1955), pp. 47 ff.

85. MOLENDA, *op. cit.*

Weiss et compagnie[86] et ensuite, au commencement du 17e siècle, le Viennois Lazarus Henckel von Donnersmarck et plus tard, comme Srbik l'a montré, quelques Italiens.[87] Dans les régions minières de l'Autriche, comme Tremel l'a montré, il y a toujours des marchands de la haute Allemagne comme entrepreneurs dans la deuxième moitié du 16e siècle.[88]

Entre-temps la société capitaliste d'exploitation minière s'était développée de la société coopérative *(Gewerkschaft)* dans laquelle tous les participants travaillaient eux-mêmes dans les mines. Le travail et le capital s'étaient séparés. Dans la deuxième moitié du 15e siècle au cours d'une grande expansion, se forme la société capitaliste d'exploitation minière avec la part de mine comme un titre au porteur et avec un grand commerce de *Kuxen* à caractère spéculatif. On en arrive à de véritables grandes entreprises et les grands marchands deviennent des producteurs industriels directs. On peut le voir clairement au commencement du 16e siècle dans l'exemple des fonderies et forges, des fonderies et mines unies appartenant aux entrepreneurs de la haute Allemagne et de l'Allemagne centrale dans les pays des Alpes, en Saxe, en Bohême, en Thuringe, en Hongrie, en Espagne. Souvent les maîtres de telles entreprises se joignaient à des consortiums, des syndicats et des cartels.[89] C'est de ce côté que la technique a fortement avancé; et c'est la technique qui favorisait de telles concentrations. La nouvelle couche des ouvriers sans biens, vivant de leur salaire payé à la semaine, augmentait. Il y avait déjà de grandes masses de salariés dans les régions minières de Saxe, de Bohême, de Hongrie, mais surtout du Tyrol. Au milieu du 16e siècle, plus de 7 000 compagnons mineurs travaillaient à Falkenstein près de Schwaz. En ce temps-là le nombre total de tout les compagnons mineurs à Schwaz était de 12 000 personnes environ. A ces ouvriers «professionnels», il faut ajouter les manœuvres ordinaires. En 1532, à l'exploitation souterraine de Falkenstein, 500 à 600 salariés par jour s'occupaient d'élever l'eau de la mine.[90]

En 1528 Joachim Hochstetter offrait au roi d'Angleterre d'améliorer les mines anglaises et irlandaises ainsi que six autres entrepreneurs allemands et 1 000 ouvriers. Les mines étaient proches de la banqueroute. La pénurie de

86. KELLENBENZ, *Unternehmerkräfte im Hamburger Portugal- und Spanienhandel, 1590–1625* (Hamburg: 1954). STRIEDER, *Studien zur Geschichte kapitalistischer Organisationsformen, op. cit.*

87. HEINRICH SRBIK, *Der staatliche Exporthandel Österreichs von Leopold I bis Maria Theresia* (Wien/Leipzig: 1907), p. 35.

88. TREMEL, *op. cit.*, pp. 1, 135.

89. STRIEDER, *Studien zur Geschichte kapitalistischer Organisationsformen, op. cit.*, pp. 3 ff.

90. STRIEDER, «Die deutsche Montan- und Metallindustrie im Zeitalter der Fugger», *loc. cit.*, p. 151.

logement, le travail des enfants et des femmes complètent l'image (au moins en ce qui concerne le 16e siècle). Le système du règlement du prix du travail en marchandises s'y ajoutait, ce qui semblerait un bienfait pour les ouvriers qui avaient souvent des difficultés à obtenir les aliments et les vêtements nécessaires à proximité du lieu de travail. Mais les entrepreneurs leur fournissaient du blé, de la farine, de la graisse fondue, du drap et d'autres *Pfennwert* pour s'enrichir. Les mineurs s'y opposaient et on en venait aux actes de violence. Ils étaient soutenus par les gouvernements et les villes voisines des mines. Des plaintes contre les heures trop longues de travail et contre un salaire insuffisant s'y ajoutaient et à différentes reprises on en est venu à faire grève, surtout en Bohême, au Tyrol et en Hongrie. Dans la Styrie et au Tyrol, pendant les guerres des paysans, les entrepreneurs se joignaient à des contre-alliances.[91]

Jacob Strieder n'a vu qu'un côté du complexe quand, à propos des banqueroutes des 70 maisons d'Augsbourg (1556 à 1584) et des faillites d'autres maisons de la haute Allemagne et de l'Italie de cette période et du 17e siècle, il a parlé d'un écroulement du *Frühkapitalismus* de l'Europe centrale et de l'Europe du Sud.[92] Sans doute les banqueroutes étaient l'expression d'une crise grave et la terminaison d'une phase importante du capitalisme, mais de nouvelles générations et des déplacements faisaient parvenir des forces nouvelles qui n'avaient plus toutefois la splendeur des générations précédentes.[93] Quand, au milieu du 16e siècle, les Fugger se retirèrent des mines cuprifères hongroises, d'autres firmes d'Augsbourg comme les Langnauer, Haug, Link, Weiss, Paller, Steininger, Henckel von Donnersmarck[94], et Rehlinger s'avançaient pour finir par céder l'affaire à des Italiens.[95] Dans l'exploitation des mines cuprifères de l'Allemagne centrale au commencement du 17e siècle, on trouve de nouveaux groupes d'entrepreneurs. Un des groupes les plus importants est *Ilmenauische Saiger- und Messinghandlung*

91. TREMEL, *op. cit.*, p. 73.

92. STRIEDER, «Der Zusammenbruch des Süd- und Mitteleuropäischen Frühkapitalismus», dans *Das reiche Augsburg*, pp. 45 ff.

93. KELLENBENZ, «Unternehmertum im süddeutschen Raum zu Beginn der Neuzeit», dans *Gemeinsames Erbe, Perspektiven europäischer Geschichte* (München: 1959), p. 114; FRIEDRICH LÜTGE, «Die wirtschaftliche Lage Deutschlands vor Ausbruch des Dreissigjahrigen Krieges», dans *Studien zur Sozial- und Wirtschaftsgeschichte Gesammelte Abhandlungen (Forschungen zur Sozial- und Wirtschaftsgeschichte)*, Bd. 5 (Stuttgart: 1963), pp. 336–395.

94. JOSEF KALLBRUNNER, «HANS STEINBERGER, Ein Beitrag zur Geschichte der Montanwirtschaft im Zeitalter Kaiser Rudolf II», *Vierteljahrschrift für Sozial- und Wirtschaftsgeschichte, XXVII* (1934); «Lazarus Henckel von Donnersmarck und sein Kreis», *Deutsches Blut im Karpathenraum, VI* (1941–1942).

95. SRBIK, *op. cit.*, p. 35.

à laquelle, outre Lebzelter de Leipzig, le Néerlandais Mahieu, habitant Francfort, et la maison des Schwendendorfer de Leipzig et Hambourg participaient.

Les Bodeck de Francfort et les van Uffeln de Hambourg, liés par alliance, offrirent leur crédit à différentes reprises. En 1619 cependant, Lebzelter fit faillite.[96] L'usine de cuivre de Schönberg à Graslich en Bohême était dirigée par un groupe auquel Gaspar van Uffeln de Francfort, Michael Heldevir de Cologne, Peter Luls de Hambourg et le conseiller municipal Peter Eulenaeus de Leipzig participaient.[97]

La guerre de Trente ans a fait grand tort à la production de cuivre dans l'Allemagne centrale et dans la haute Hongrie et a provoqué des déplacements importants en faveur de la production suédoise. Des stimulations décisives proviennent du côté de l'industrie des armes néerlandaise. D'une part elle rayonnait sur l'Allemagne occidentale, d'autre part, grâce aux émigrés, elle contribuait à la modernisation de l'industrie métallurgique en Scandinavie et en Russie.

Des entrepreneurs luxembourgeois et belges investissaient au Hunsrück et dans la région de l'Eifel ainsi qu'au Siegerland et même au Westerwald et au Taunus, et ils amenaient des ouvriers comme les de Hauzeur et les Mariot.[98]

Outre cela, la région d'Aix-la-Chapelle[99] et la production de Solingen et Iserlohn jouissaient de liaisons avec l'Ouest.[100] Des marchands de Cologne se chargeaient en partie des liaisons avec les centres commerciaux des Pays-Bas du Nord et du Sud. En Suède l'industrie métallurgique, favorisée par l'expansion sous Gustave Adolphe, était poussée par des Allemands, mais surtout par des Wallons immigrés.[101] Louis de Geer était entrepreneur industriel, mais en même temps marchand et banquier. A côté de lui, De Besche et d'autres entrepreneurs se dessinaient, qui autrefois avaient été actifs dans l'industrie du cuivre et du fer de la région d'Aix-la-Chapelle et qui avaient émigrés, comme les Radermacher et les Momma.[102]

96. KELLENBENZ, *Unternehmerkräfte ...*, *op. cit.*, pp. 229 ff.

97. *Ibid.*, p. 230.

98. ROBERT SCHMITT, *Die Rheinböller Hütte*, *pp.* 10 ff.

99. KELLENBENZ, «Die Wirtschaft des Aachener Bereichs», *loc. cit.*, p. 475.

100. BRUNO KUSKE, «Die wirtschaftliche und soziale Verflechtung zwischen Deutschand und den Niederlanden bis zum 18. Jahrhundert», dans *Deutsches Archiv für Landes- und Volksforschung* (1937), réimprimé dans *Köln, der Rhein und das Reich* (Köln/Graz: 1956), pp. 189 ff.

101. ELI F. HECKSCHER, *Svenskt arbete och liv, Fran medeltiden till nutiden* (Stockholm: 1941), pp. 131 ff

102. *Ibid.*, p. 133; BRUCKNER, *op. cit.*, pp. 271, 275; KELLENBENZ, «Die Wirtschaft des Aachener Bereichs», *loc. cit.*, p. 474.

Un groupement analogue était formé par les Marselis dont tout d'abord les points d'appui commerciaux étaient Amsterdam et Hambourg et qui, partant de là, pénétraient dans les mines cuprifères en Norvège ainsi que dans la fabrication d'armes de la Russie[103], où à côté des Akema et Vinius ou des Russes comme les Stroganov, ils coopéraient à l'industrialisation. Dans la deuxième moitié du 17e siècle, le groupe séphardique des Teixeira et Nunes Henriques d'Amsterdam et de Hambourg participait à l'ouverture des réserves minérales de la Norvège.[104] En Angleterre le capital commercial jouait un rôle important dans le développement de l'industrie métallurgique[105] mais il y a aussi le groupe des *iron masters*. Quant au Sud de l'Europe, il faut voir le rayonnement des capitaux commerciaux italiens sur la région habsbourgeoise[106] et polonaise.[107] Dans la plupart des cas, l'entreprise familiale restait la forme d'organisation commerciale, tandis que l'industrie métallurgique connaissait plusieurs formes d'entreprise qui travaillaient en grande mesure sur la base du *Verlag*. Un exemple typique est le *bruk* suédois.

Pour l'industrie textile nous faisons les contestations suivantes: en Allemagne du Sud pour la production des toiles et de la futaine, à côté des tisserands de ville organisés dans les corps de métier, les tisserands cantonaux *(Gäuweber)* non organisés jouaient un rôle. Par leur existence même, ils effectuaient une régularisation des salaires et en n'étant pas organisés ils étaient réduits au système de *Verlag*. De tels tisserands cantonaux il y en avait dans la région d'Ulm, dans le comté de Burgau, dans les seigneuries Kirchberg, Weissenhorn et Pfaffenhofen. Sous la régie des Fugger à partir de 1525, les tisserands cantonaux de Kirchberg et de Weissenhorn se firent indépendants de ceux d'Ulm. La futaine de Biberach arrivait à prendre de l'importance pour les grandes firmes de Verlag Haug et compagnie à Augsbourg, les Zangmeister à Mimmingen et la Biberacher Handelsgesellschaft (société commerciale de Biberach).[108]

En haute Allemagne les marchands poursuivaient le système de *Verlag* à la manière traditionelle. Dans le Calwer Zeughandelskompagnie on trouvait de nouvelles possibilités pour la fusion de capitaux et de l'organisation tendant à la manufacture.[109] Comme forme spéciale de l'organisation commerciale, les marchands élargissaient le système de *Zunftkauf* dans la région

103. ERICH AMBURGER, *Die Familie Marselis, Studien zur russischen Wirtschaftsgeschichte* (Giessen: 1957), pp. 26, 92 ff.

104. HERMANN KELLENBENZ, *Sephardim an der unteren Elbe* (Hamburg: 1958), p 206

105. DONALD, *op. cit.*, pp. 240 ff.

106. SRBIK, *op. cit.*, pp. 23 ff.

107. MOLENDA, *op. cit.*

108. FUNK, *loc. cit.*

109. WALTER TROELTSCH, *Die Calwer Zeughandlungscompagnie und ihre Arbeiter* (Jena: 1897).

de production de toiles en Allemagne centrale de l'Est.[110] Là, sur un terrain qui n'était chargé de nulle tradition, les formes traditionnelles subissaient le perfectionnement et la rationalisation définitifs. Ce qui naissait par les efforts combinés des *Verleger* et des milliers de tisserands au 16e et 17e siècle en Allemagne centrale de l'Est n'était pas une nouvelle forme d'un système industriel d'entreprise, mais seulement une certaine organisation de la vente; l'ancienne forme artisanale de la production restant toujours la même. Les contrats souscrits par les corps de métier n'étaient pas obligatoires pour tous les membres des corps de métier. Les maîtres artisans aisés essayaient toujours de rester indépendants du *Zunftkauf*.

A partir de la fin du 16e siècle diverses grandes industries se dessinent comme celle des Osterreicher à Augsbourg, celles des Lebzelter, des Schwendendörfer, des Pfinzing, des Viatis et des Peller à Nuremberg, et celle des Koch à Memmingen. Dans la Conféderation helvétique il y avait aussi un fort patronat commercial actif comme *Verleger* dont les centres principaux étaient Saint-Gall, Bâle et Zurich.[111] Dans l'industrie de draps de la Castille, de son centre de Ségovie, et de l'Andalousie, on trouve le *Verleger* et à Ségovie il y avait au moins des dispositions à la manufacture dans la deuxième moitié du 16e siècle.[112] En haute Italie des marchands s'organisèrent dans les régions de la soie spécialement, mais dans les autres branches de textiles aussi, selon le *Verlag*.[113] Certes, en général, ce n'étaient pas de véritables grands marchands, mais plutôt des hommes de province. En France, la plus grande partie du métier de drapier est organisée dans la forme du *Verlag*[114], mais il y a aussi plusieurs entreprises organisées comme manufactures. Celle des van Rabais à Abbeville était la plus fameuse.[115] Aux Pays-Bas la «nouvelle draperie» couvre la partie centrale, surtout celle de Hondschoote, Poperinghe et Armentières[116], avec la forme prédominante

110. G. AUBIN, A. KUNZE, *Leinenerzeugung und Leinenabsatz im östlichen Mitteldeutschland zur Zeit der Zunftkaufe* (Stuttgart: 1940).

111. FURGER, *op. cit.*, p. 587; WALTER BODMER, *Die Entwicklung der schweizerischen Textilwirtschaft im Rahmen der übrigen Industrien und Wirtschaftszweige* (Zurich: 1960).

112. FELIPE RUIZ MARTIN, *Lettres marchandes échangées entre Florence et Medina del Campo* (Paris: 1965), p. XVIII; «Rasgos estricturales de Castilla en tiempos de Carlos V», *Moneda y Cretido, XCVI* (Madrid: 1960), pp. 91 ff.; *La empresa capitalista y la industria textil castellana durante los siglos XVI y XVII* (communication présentée à la 3e Conférence internationale d'Histoire économique à Munich, 1965).

113. BRUNO CAIZZI, *Storia dell'industria italiana dal XVIII secolo ai giorni nostri* (Turin: 1965), pp. 45, 94 ff.

114. HENRI SÉE, *Französische Wirtschaftsgeschichte* (Jena: 1930), t. I, pp. 97 ff., 244 ff.

115. *Ibid.*, p. 247.

116. EMILE COORNAERT, *Un centre industriel d'autrefois. La draperie-sayetterie d'Hondschoote, XVe–XVIIIe siècles* (Paris: 1930); voir pour la bibliographie KELLENBENZ, *Industries rurales*, pp. 848 ff.

du *Verlag* et un prolétariat industriel correspondant dans les villes d'industrie. L'émigration d'une partie des ouvriers aux Pays-Bas du Nord favorisait l'épanouissement de la nouvelle draperie, surtout à Leiden où on trouve le phénomène du grand entrepreneur commercial.[117] La décadence du *Verleger* commercial des Pays-Bas du Nord à partir de la deuxième moitié du 17e siècle favorise l'extension de l'industrie de draps dans la région de Verviers, Eupen et Monschau jusqu'à Düren, grâce à la main-d'œuvre bon marché et sans la gêne des corps des métier.[118] Ce fut l'initiative de plusieurs familles d'entrepreneurs qui au moins en partie étaient des marchands.

En Angleterre, bien avant 1500, il y avait le *clothier* qui en se servant du *Verlag* faisait produire des draps et les vendait lui-même.[119] Il dominait l'industrie textile de la région de l'Ouest de Wiltshire jusqu'à Devon et continuait à être industriel et marchand. Peter Blundell représent ce type de *clothier;* il établissait une manufacture de *Kersey.* A l'Angleterre de l'Est l'industrie textile était dominée par des *putting-out entrepreneurs.* Comme Ramsey l'a souligné pour Wiltshire, «*large scale enterprises and the small free craftsman competed side by side*» et il est typique que Winchcombe de Newbury comme William Sharpe de Malmesbury venaient du milieu des *weavers* montant à la couche des clothiers.[120] Comme sur le continent le caractère capitaliste de l'industrie cotonnière et séricicole était encore plus fort. Les émigrés néerlandais contribuaient à la croissance de l'industrie basée sur le capitalisme et le travail libre.

Dans la papeterie et dans l'imprimerie de nouvelles possibilités pour l'investissement de capitaux s'offraient au marchand. La marche d'un moulin à papier et d'une imprimerie exigeait des capitaux dont le papetier et l'imprimeur, normalement, ne disposaient pas. Les combinaisons du commerce à grande distance et du *Verlag* d'imprimerie commencent avec les Stromer[121], les Wisland, Hürus et Koberger [122] et continuent avec les exemples fameux des Plantins et des Elzevir.[123] Mais ce sont seulement les branches les plus

117. ERNST BAASCH, *Holländische Wirtschaftsgeschichte* (Jena: 1927), pp. 78 ff.

118. KELLENBENZ, *Industries rurales*, pp. 849 ff.; BRUCKNER, *op. cit.*, pp. 320 ff., 362 ff.

119. G. D. RAMSAY, *The Wiltshire Woolen Industry in the Sixteenth and Seventeenth Centuries* (2e éd., London: 1965), pp. 6, 31 ff.

120. Bibliographie, voir KELLENBENZ, *Industries rurales*, pp. 838 ff.

121. LORE SPORHAN-KREMPEL, WOLFGANG VON STROMER, «Das Handelshaus der Stromer von Nürnberg und die Geschichte der ersten deutschen Papiermühle», dans *Vierteljahrschrift für Sozial- und Wirtschaftsgeschichte, XLVII* (1960), pp. 81–104.

122. HERMANN KELLENBENZ, «Die Beziehungen Nürnberg zur Iberischen Halbinsel besonders im 15. und in der ersten Hälfte des 16. Jahrhunderts», *Beiträge zur Wirtschaftsgeschichte Nürnbergs, I* (Nürnberg: 1967), pp. 465 ff.

123. S. H. STEINBERG, *Five Hundred Years of Printing* (Penguin Books, 1955), pp. 127 ff., 129 ff.

importantes. Il y en a d'autres où l'on pourrait démontrer le rôle actif des grands marchands. Les travaux de Forberger[124], Reuther[125], Slawinger[126], Klima[127] et Spiesz [128] fournissent beaucoup d'autres exemples.

Quels étaient les effets de cette couche sur la société? Je les ai déjà indiqués en partie. Je voudrais faire ressortir les traits les plus importants. Ici il y a deux questions: d'une part, de quelle manière la couche commerciale s'adapte-t-elle à la structure sociale existante, et d'autre part, comment contribue-t-elle à son changement du 16ᵉ jusqu'à la moitié du 18ᵉ siècle?

On a déjà indiqué que l'activité des familles marchandes en général allait jusqu'à deux ou trois générations et ensuite, la force créatrice de la famille étant épuisée, elle se retirait dans une vie de rentier, se procurant des fonds de terre et essayant de souligner le nouvel état par l'obtention de la lettre de noblesse. Mais on ne doit pas oublier que certaines familles restent longtemps actives comme marchands et entrepreneurs gardant leur caractère patricien et aristocratique. Cela concerne diverses familles de Nuremberg, comme les Imhoff ou les Viatis-Peller dont l'activité commerciale s'étend sur le 16ᵉ siècle jusqu'au 17ᵉ et même au 18ᵉ siècle. L'activité des Welser et Fugger d'Augsbourg comme marchands va du 15ᵉ siècle jusqu'au 17ᵉ. Dans d'autres familles de la haute Allemagne, on peut voir des analogies. Néanmoins, il est certain que les familles éphémères prédominaient, étant souvent remplacées par des nouvelles familles montantes.[129]

En Italie l'histoire des Médicis est l'exemple le plus brillant pour le changement d'une famille de marchands en aristocrates d'un rang princier. A Gênes les Grimaldi, bien que quelques branches soient passées à la haute aristocratie, ont maintenu plus longtemps une activité commerciale, mais sous une forme distinguée, en effectuant des affaires bancaires internationales.[130]

Dans la région de la basse Allemagne et des Pays-Bas, la combinaison de la région industrielle d'Aix-la-Chapelle-Liège-Maastricht avec le centre commercial d'Anvers est l'exemple le plus intéressant par la combinaison

124. RUDOLF FORBERGER, *Die Manufaktur in Sachsen vom Ende des 16. bis zum Anfang des 19. Jahrhunderts* (Berlin: 1958), p. 211, souligne «dass das Handelskapital überwog».

125. ORTULF REUTER, *Die Manufaktur im Fränkischen Raum* (Stuttgart: 1961), p. 76.

126. GERHARD SLAWINGER, *Die Manufaktur in Kurbayern* (Stuttgart: 1966), p. 25.

127. KLIMA, *Manufakturne obdobie v. Cechach* (Praha: 1955).

128. ANTON SPIESZ, *Manufakturne obdobie na Slovensky, 1825–1928* (Bratislava: 1961).

129. KELLENBENZ, «Unternehmertum in süddeutschen Raum zu Beginn der Neuzeit», *loc. cit.*, p. 114.

130. KELLENBENZ, «Die Grimaldi und das Haus Habsburg», *Vierteljahrschrift für Sozial- und Wirtschaftsgeschichte, XLVIII* (1961), pp. 1–17.

familiale Richterghen-Schetz.[131] Actifs pendant le 16e siècle et jusqu'au commencement du 17e, les Schetz se retirèrent des affaires comme seigneurs de Hoboken et ducs d'Ursel. De même, des familles de chrétiens nouveaux pratiquaient la retraite dans la noblesse comme les Ximenes et les Rodrigues d'Evora.[132] Des émigrés transféraient leurs affaires dans les contrées protestantes des Pays-Bas du Nord, de l'Angleterre et de l'Europe du Nord. Là, au cours du 17e siècle le changement vers la noblesse foncière se produisait fréquemment, le patriciat des régents d'Amsterdam représentant un phénomène spécial.[133] Les Marselis devinrent nobles et propriétaires fonciers au Danemark[134], les de Geer et les de Besche[135] entrèrent dans la noblesse en Suède, les van Uffeln dans celle du Mecklembourg.[136] Un trait caractéristique des pays européens du Nord-Ouest et du Nord devenus protestants est, qu'une activité économique rendait plus facile l'accession à la noblesse que dans les pays restés fidèles à la religion catholique, où un idéal de noblesse était stimulé non seulement par Castiglione, mais encore par Gracian et par les ordres de chevalerie, un idéal reposant sur des traditions plus anciennes, italiennes surtout.[137] Sur le territoire de l'Empire le titre de baron de l'Empire attirait de plus en plus au 17e et 18e siècles les marchands des villes impériales[138] et les éloignait de l'activité commerciale. En outre, surtout dans les villes impériales, l'influence politique et sociale de la couche commerciale se manifestait en rapport avec un groupe nouveau: pendant la période de l'introduction et de la consolidation du droit romain, des juristes provenant souvent des cercles de marchands prêtaient une aide importante à la couche des grands marchands.[139]

Quelles étaient les relations de ces marchands capitalistes avec ce que nous voudrions appeler la couche moyenne? Ils descendaient la plupart de cette couche, mais leur succès économique et leur aspiration à une montée sociale privait bien vite cette couche de leurs forces les plus actives, car avec l'entrée dans le patriciat des villes ou dans la noblesse ayant le droit

131. BRUCKNER, *op. cit.*, p. 621; KELLENBENZ, «Die Wirtschaft des Aachener Bereichs», *loc. cit.*, p. 473.

132. KELLENBENZ, *Sephardim an der unteren Elbe* (Wiesbaden: 1958), pp. 105–107, 135.

133. J. E. ELIAS, *De Vroedeschap van Amsterdam 1578–1795* (Haarlem: 1903–1905), t. I, II.

134. LOUIS BOBÉ, *Personlige Forbindelser, in Holland-Danmark, Forbindelserne mellem to Lande gennem tiderne II* (Kopenhague: 1945), pp. 398 ff.

135. Voir les articles De Geer et De Besche, dans *Svenskt Biografiskt Lexikon, X* (1931).

136. KELLENBENZ, *Unternehmerkräfte ..., op. cit.*, pp. 226 ff.

137. KELLENBENZ, *Der Merkantilismus in Europa und die soziale Mobilität* (Wiesbaden: 1965), p. 103.

138. *Ibid.*, pp. 47 ff.

139. KELLENBENZ, *Das bürgerliche Selbstverständnis.*

d'un feudataire de campagne, ils étaient de la couche supérieure. En outre, la formation d'une couche supérieure moyenne dans le sens des *Ehrbaren* (à Nuremberg) ou notables continuait, formant un trait remarquable de la différentiation de la société. En Scandinavie on peut voir la formation d'une couche de *Standespersonen* qui n'étaient pas des nobles, et les recherches suédoises ont prêté une attention spéciale à cette question.[140] Ceux qui y appartenaient se rangeaient déjà au nombre de ceux de la couche supérieure sans qu'ils participassent aux privilèges d'un des états principaux. Beaucoup de *Brukspatroner* y appartenaient, et aussi les propriétaires bourgeois de terres nobles; en partie il s'agissait de fonctionnaires, mais en partie aussi de marchands ou de leurs descendants. Au Danemark et au Holstein il y a le phénomène que des marchands non ennoblis deviennent propriétaires des terres de nobles.[141]

En outre il faut voir l'influence du grand marchand entrepreneur sur l'élargissement de la couche moyenne. Non seulement dans ses établissements commerciaux, mais encore dans les établissements industriels qu'il fondait, un personnel formé d'ouvriers de métier naissait, qui s'incorporait à la couche moyenne. Le chef-comptable Matthäus Schwarz des Fugger y appartenait, de même que les nombreux commis du 16e siècle dont plusieurs réussirent à devenir des marchands indépendants.[142] Les sociétés d'outre-mer privilégiées, surtout des Pays-Bas et de l'Angleterre, avaient un appareil administratif dont les membres se rangeaient plus ou moins dans la classe moyenne.

S'y ajoutaient les ouvriers de métier dont les marchands actifs comme entrepreneurs avaient besoin de diriger les mines et fonderies, et les manufactures, fondées par eux. On peut voir clairement ce processus dans l'établissement de l'industrie métallurgique en Suède.[143] Louis de Goer allait chercher de tels ouvriers de métier dans l'évêché de Liège. Des maîtres de direction figuraient parmi eux.

Mais l'effet le plus remarquable de l'activité des grands marchands comme entrepreneurs est l'influence sur le développement d'une classe ouvrière. Au 17e siècle autour des fonderies de fer du Hunsrück, de vraies *Hüttendörfer* naissent comme domiciles des ouvriers métallurgistes wallons,

140. STEN CARLSSON, *Ståndssamhalle och ståndspersoner 1700 till 1865* (1949); *Svenskt ståndscirculation 1680–1950* (Uppsala: 1950); TOM SÖDERBERG, *Den namnlösa medelklassen, Socialgrupp två, Det gamla ståndssamhället intill 1770 talet* (Stockholm: 1956), pp. 81 ff., 166 ff.

141. KELLENBENZ, «Ständewesen und Merkantilismus in Schleswig-Holstein und Skandinavien», *Vierteljahrschrift für Sozial- und Wirtschaftsgeschichte*, *L* (1964), pp. 456 ff.

142. REINHARD HILDEBRANDT, *Die «Georg Fuggerschen Erben», Kaufmännische Tätigkeit und sozialer Status 1555–1600* (Berlin: 1966).

143. CARLSSON, *op. cit.*

amenés par l'entrepreneur luxembourgeois de Hauzeur, et des charbonniers fournissant du charbon de bois aux fonderies.[144] La manière dont le salariat textile se recrutait en partie de la sphère des mines décadentes de la Saxe est montrée par Forberger.[145]

Surtout au 16e siècle, la division du travail dans les mines a continué à se développer, comme on peut le voir dans Agricola. En Saxe et à Joachimstal il y a les *Bergmeister* (directeurs des mines) et les *Gegenmeister* (contre-maîtres) sous les ordres desquels les mineurs et le reste du personnel ouvrier travaillaient. Auprès des Fugger au Tyrol et en Carinthie on peut voir que les *Freigrübler* ou *Eigengrübler* (les francs propriétaires d'une mine ou ceux qui possèdent une mine en propre) sont de plus en plus absorbés par les grandes entreprises, sans pourtant que les entrepreneurs capitalistes aient eu sciemment l'intention de les ruiner; mais cela s'ensuivait de la tendance générale de l'évolution de l'industrie minière. Le grand entrepreneur pouvait mieux évaluer la situation du marché et pouvait mieux s'adapter aux fluctuations que le petit entrepreneur qui supportait beaucoup plus mal les baisses subites. De plus, les bénéfices d'exploitation des mines diminuaient continuellement à partir du milieu du 16e siècle, et on ne pouvait compenser la non-rentabilité des mines que par les bénéfices des fonderies et forges et par le commerce de marchandises. Mais pour faire cela on avait besoin de capitaux que le *Freigrübler* ne possédait pas en général.[146] A mesure que l'on agrandissait les mines, des installations techniques pour l'extraction et pour les pompes étaient nécessaires. Dans ces conditions la couche moyenne s'occupant de l'industrie minière disparut de plus en plus. Il est vrai que l'Etat essayait d'aider le *Eigengrüblertum*, mais sans succès marqué. Beaucoup de *Kleingewerken* (petits membres d'une exploitation minière) devenaient ouvriers dans le sens moderne. Un certain petit patronat se maintenait chez les *Fürgedinger* qui faisaient les livraisons de bois et de charbon.

Les *Lehenhauer* (les piqueurs liges) occupaient une place entre les petits entrepreneurs et les salariés. Annuellement ils recevaient une *Lehenschaft* (un fief) dont ils fournissaient les produits au seigneur de la mine à un prix taxé. Sur leurs fiefs ils travaillaient en partie avec les membres de leur famille, en partie avec d'autre main-d'œuvre.

Parmi les mineurs il y avait une gradation de l'inspecteur en chef et maître ouvrier jusqu'au *Truhenläufer* et au *Stollenknecht* qui travaillait dans

144 SCHMIDT, *op. cit.*, p. 11.

145. RUDOLF FORBERGER, «Die Meissner Porzellan-Manufaktur in der sächsichen Manufakturgeschichte», dans *250 Jahre Staatliche Porzellan-Manufaktur Meissen*, s. l., s. a., p. 22.

146. LUDWIG SCHEUERMANN, *Die Fugger als Montanindustrielle in Tirol und Kärnten* (München/Leipzig: 1929), pp. 382 ff.

une galerie. Dans les mines de métaux non ferreux des autres régions, il y avait une gradation analogue à celle du Tyrol[147], c'est-à-dire en Carinthie[148], en Hongrie, dans la région bohémienne et thuringienne-saxonne, ainsi qu'en Pologne[149], de même qu'à Idria et à Almaden.[150] Une concentration d'ouvriers considérable pour le temps était caractéristique. Le travail des femmes et des enfants s'y ajoutait. Au Tyrol, en 1582, la corporation des mineurs de Falkenstein et Erbstollen comptait 4 065 membres.[151]

Le *Gewerkentum* coopératif comme entrepreneur indépendant dans la forme du *Reidmeister*, *Radmeister*, *Hauermeister*, *iron master* pouvait mieux se maintenir dans l'industrie du fer et des produits manufacturés en fer. Pourtant là aussi il y avait des concentrations d'ouvriers comme dans l'industrie minière du haut Palatinat[152] et dans les manufactures fabriquant des armes, comme par exemple à Suhl.[153]

L'autre sphère importante dans laquelle un salariat s'est formé est celle de l'industrie textile. Ici il faut différencier le développement du *Verlag* et de la manufacture. Dans le système du *Verlag* l'artisan appartenant à un corps de métier, et même des corps de métier entiers étaient souvent insérés. Cela se faisait sous la forme de *Zunftkauf* selon la manière de l'Allemagne centrale de l'Est. Outre cela, en haute Allemagne et en Suisse, on employait des *Gäuweber*. C'étaient des tisserands ruraux non organisés dans des corps de métier. Surtout pour le filage, on utilisait l'assiduité domestique rurale, le travail à domicile. Souvent un patronat intermédiaire pouvait se déployer en ayant la possibilité de devenir patronat spécifique, comme les *Zwischenträger*[154] en Suisse ou les *middlemen* en Angleterre.[155] La manufacture mixte était une forme spéciale: une partie du processus se déroulait à domicile et une partie était concentrée dans la manufacture. Là, comme on le voit dans la manufacture lainière de John Winchcombe à Newbury, à Leiden[156], à Abbeville[157], à Linz[158], ou dans des établissements en Saxe ou à Krefeld,

147. *Ibid.*, pp. 385 ff.

148. TREMEL, *op. cit.*, pp. 57 ff., 85 ff.

149. MOLENDA, *op. cit.*, p. 418.

150. A. MATILLA TASCON, *Historia de las Minas de Almadén* (Madrid: 1958), t. I, p. 335.

151. WOLFSTRIGL, p. 86.

152. FRANZ MICHAEL RESS, *Geschichte und wirtschaftliche Bedeutung der oberpfälzischen Eisenindustrie von den Anfängen bis zur Zeit des 30-jährigen Krieges* (Regensburg: 1951).

153. FORBERGER, *Die Manufaktur in Sachsen, op. cit.*, pp. 190 ff.

154. KELLENBENZ, *Industries rurales*, pp. 858 ff., 869.

155. HERBERT HEATON, *The Yorkshire Woollen and Worsted Industries from the Earliest Times up to the Industrial Revolution* (2e éd.; Oxford: 1965), p. 119.

156. BAASCH, *Holländische Wirtschaftsgeschichte*, pp. 107 ff.

157. SÉE, *op. cit.*, t. I, pp. 2, 47, 332.

158. Sur Linz, comparer ALFRED HOFFMANN, *Wirtschaftsgeschichte des Landes Oberösterreich* (Salzburg: 1952), t. I, pp. 107 ff.

des concentrations remarquables d'ouvriers pouvaient arriver. Au commencement du 16e siècle, probablement plus de 100 ouvriers travaillaient à 25 presses dans l'imprimerie des Koberger à Nuremberg.[159]

Ce que j'ai exposé jusqu'à présent se passait en particulier à l'ouest et dans le centre de l'Europe. Dans la sphère de la seigneurie et du «deuxième servage», le développement en était autre. Là, les seigneurs pouvaient employer leurs paysans pour la production industrielle et artisanale. Ce fait a été montré moins par les recherches sur la Saxe[160], et le Brandenbourg que pour la Bohême, la Moravie[161] et la Slovaquie.[162] Les seigneurs devinrent ainsi les concurrents décidés des entrepreneurs bourgeois et donc des grands marchands aussi en tant qu'ils n'arrivaient pas à posséder des terres nobles.

La situation en Russie est un problème spécial. Là, à partir de la deuxième moitié du 17e siècle et surtout à partir de la régence de Pierre Ier, l'Etat se présentait comme entrepreneur; outre cela, des grands seigneurs y étaient actifs. De même que l'Etat, ils disposaient de la main-d'œuvre nécessaire dans les pays serfs.[163]

Les marchands y avaient des difficultés. Mais l'Etat aidait. En 1699 un oukase ordonnait d'employer les condamnés dans les briqueteries sibériennes. Une loi de 1703 obligeait les «fainéants des deux sexes» au travail professionnel. En 1717 la société «Tomiline», fondée pour la production d'aiguilles, reçut l'instruction de chercher ses ouvriers parmi les pauvres et les enfants mendiant dans les rues. A cause d'un décret de 1719, les femmes et les filles condamnées à Moscou et dans d'autres gouvernements par suite d'un délit, étaient forcées de travailler dans l'établissement pour toiles fines entretenu par Andreas Türke et sa société. En 1721 les marchands et les industriels roturiers obtenaient le droit d'acquérir des villages entiers, lesquels devaient fournir le personnel ouvrier pour les entreprises industrielles. Une partie des entrepreneurs attirait les paysans fugitifs aussi. Les entreprises de l'Oural en général étaient situées sur la route que les paysans de la Russie centrale prenaient pour passer dans les domaines libres de la Sibérie. Beaucoup de fugitifs s'arrêtaient dans les entreprises pour reprendre leurs

159. FRIEDRICH BOCK, «Anton Koberger», dans *Nürnberger Gestalten aus neun Jahrhunderten* (Nürnberg: 1950), pp. 37 ff.

160. Comparer FORBERGER, *Die Manufaktur in Sachsen*, *op. cit.*

161. KLIMA, *op. cit.*, pp. 198 ff.

162. SPIESZ, *op. cit.*

163. BERTRAND GILLE, *Histoire économique et sociale de la Russie* (Paris: 1949), p. 760; R. PORTAL, «Manufactures et classes sociales en Russie au XVIIIe siècle», dans *Revue Historique*, *LXXIII* (1949), t. CC I 161–185, CC II 1–23; LASZLO REVESZ, *Der osteuropäische Bauer. Seine Rechtslage im 17. und 18. Jahrhundert unter besonderer Berücksichtigung Ungarns* (Bern: 1964), pp. 285 ff.

forces et pour gagner un peu pour le long voyage. En 1721 il fut défendu de les restituer à leurs propriétaires parce que les fabricants déclaraient que sinon ils étaient forcés de cesser l'exploitation.

Résumons ce que l'on peut constater concernant les rapports des grands marchands capitalistes avec la société européenne depuis le moment où ces marchands capitalistes se distinguent assez nettement jusqu'au 18e siècle. Tout d'abord ils se présentent dans les centres des industries d'exportation en Toscane et en Flandre, en divers endroits de l'Allemagne, surtout de la haute Allemagne. Par la combinaison du commerce de marchandises avec des opérations financières et une activité comme *Verleger*, ils gagnent de l'influence sur l'industrie textile et l'industrie des produits manufacturés en métal, sur les corps de métier et les ouvriers artisans des villes, en outre sur le travail rural à domicile et ils provoquent la naissance d'un salariat dans l'industrie minière. Dans les villes, quoique n'étant pas nombreux, ils occupent une position supérieure appartenant au patriciat. S'ils en restent exclus, ils forment une deuxième couche supérieure, celle des honorables où ils jouent un rôle spécial dans l'artisanat des corps de métier manifestant une attitude révolutionnaire.

Dans la première moitié du 16e siècle cette couche atteint un autre sommet par la montée de l'industrie minière, par l'expansion outre-mer et par le besoin élevé des budgets des gouvernements territoriaux.

A partir de la deuxième moitié du 16e siècle, on peut voir des signes de crise. Les groupes dominant jusqu'alors sont remplacés par d'autres qui n'avaient plus guère la splendeur des marchands précédents. L'influence de l'Etat dans le sens de la conception mercantiliste se fait alors sentir. On le voit le plus distinctement dans les compagnies de commerce privilégiées, dont l'intérêt principal se dirige sur l'exploitation des relations d'outre-mer et en partie seulement sur l'augmentation de la production du pays. Au cours du 17e siècle, les marchands capitalistes de grand style se distinguent encore une fois en Scandinavie et en Russie, mais ailleurs la couche de ceux participant au volume des affaires en marchandises et en argent, ainsi qu'à la production, s'élargit, souvent à cause de la protection des gouvernements mercantilistes. Des princes protestants y participent eux-mêmes pendant un certain temps, des nobles dans la sphère de la *Gutwirtschaft*, de même il y eut une couche croissante d'entrepreneurs qui venaient de l'artisanat, de la production textile, de la métallurgie et des branches nouvelles comme l'imprimerie et la papeterie. Et naturellement, avec ce développement, la classe des ouvriers augmentait.

forces et pour gagner un peu plus d'argent. En 17[illegible] il y eut des émeutes [illegible] propriétaires [illegible] parce que [illegible] ils étaient las de [illegible] spéculation.

Résumons ce que l'on peut conclure [illegible] rapports des [illegible] marchands capitalistes avec [illegible]

[illegible] Tout d'abord [illegible] dans les [illegible] des industries d'exportation [illegible] en Flandre [illegible] en Allemagne [illegible] commerce [illegible] l'influence [illegible] produits [illegible]

[illegible]

[illegible] l'inondation [illegible] par l'exploitation [illegible]

[illegible]

[illegible]

SIGISMUND P. PACH

FAVOURABLE AND UNFAVOURABLE CONDITIONS FOR CAPITALIST GROWTH: THE SHIFT OF INTERNATIONAL TRADE ROUTES IN THE 15th TO 17th CENTURIES

The end of the 15th century was one of the great turning points in European economic history. Until the second half of the 15th century European economic development had tended toward an equalization of the differences in the developmental levels of Western and Eastern Europe. Since about the end of the 15th century, however, the opposite trend began to assert itself to an increasing extent. Rather than diminishing further, the gap between Western and Eastern European development grew larger and more pronounced. Although capitalist relations began to develop in several Western European countries (at varying rates, in several ways, and also with occasional setbacks), feudalism survived. In many respects feudalism actually grew stronger in the countries of mid-eastern Europe, where the outdated rule of the feudal system continued for centuries.

Until recently, international economic historical research was interested primarily in only one side of this developmental process: economic growth in the countries of Western Europe in modern times. However, this process occurred about the same time as the discovery and colonization of the New World and the establishment of the new routes of world trade and was apparently connected with these developments. Therefore, the majority of researchers concentrated their efforts on these sources of Western European economic growth and, preoccupied as they were with the wide range of problems of overseas colonial relations, showed less interest in the middle Eastern European aspects of the topic. Despite this neglect, the interrelationship of Western Europe, Eastern Europe, and the colonial economies (the three main components of early global economy) is one of the most comprehensive subjects in international economic history.

These wide-ranging problems can be approached from several aspects. Studying the changes in the main routes of international trade in the 15th to 17th centuries is one method that can be used. "The shift of trade routes" is a constantly recurring reference in works dealing with the economic history of this period, and it is based on the tacit assumption that it is an unambiguous process. As a matter of fact, this formula covers a great variety of

frequently conflicting interpretations. A major question is whether the discovery of the New World and the substitution of the Cape of Good Hope route for the traditional route of the eastern spice trade marked the starting point of this process.

On the other hand, this practically stereotyped formula glosses over another problem. Emphasizing the changes in the main routes of international trade has tended to partially conceal the more deep-rooted process of shifts in the character and commodity structure of international trade. Yet, the latter was the most important change. In the 15th and 16th centuries the weight of international trade in Europe began to shift increasingly from luxury commodities of the Levant (the "rich trade") to bulky goods for mass consumption. In this period "modern" international trade, stimulated by the inherent demands of the European economy and based on a wider consumer market, began to evolve, gradually overshadowing medieval long-haul trade that had satisfied primarily the luxury demands of upper class (and rich burgher) consumers.

In this paper we shall refer to international trade based on the development of agricultural and industrial commodity production as "modern". This type of trade was derived from the division of labor in the European economy. It exerted a stimulating effect on the European economy in contrast to the "medieval-type" long-haul trade, which was not connected with the development of commodity production and the division of labor in Europe but which fulfilled the demand in European markets for the spices and luxuries of the East.

The character and the main routes of medieval long-haul trade were determined by the predominant role of the Levant trade. In fact, the chief center of medieval world trade was the Mediterranean, which was connected by its sea, river, and land route system with the Northern Italian cities centrally located in the Mediterranean area. The precursor of modern international trade appeared as early as the 13th century, although at this time the rich trade still retained its dominant role. This new development was also felt in the Mediterranean area, but another European trade center, the Baltic-North Sea area, derived the most benefit from it. With the development of commodity production and the expansion of a modern type of trade relations, the relative significance of the Mediterranean and the Baltic-North Sea area shifted in favor of the latter kind of trade. The older rich trade prevailed between the Mediterranean and the rest of Europe, and the trade in mass consumption goods virtually remained in the Mediterranean. Its grain trade – though already of substantial volume in the 16th century – was able to meet, at most, the needs of the Mediterranean area only, and even that was accomplished to a decreasing extent toward the end of

the second half of the 16th century.[1] However, the mass consumption goods of primary production were exported in ever-larger quantities from the Baltic to Western Europe. Atlantic coast shipping in the 15th century carried Baltic grain not only to the Netherlands but also to Spain and, by the end of the century, even to the Mediterranean area itself.[2]

Thus, the bulk of international trade began to move from the Mediterranean to the Atlantic so that Atlantic coast shipping, the principal carrier of mass consumption products of the European economy, increasingly became the main artery of international trade. Accordingly, the shift in the routes of international trade did not begin with the discovery of the New World or the direct sea route to India by Spanish and Portuguese sailors. The basic factor of this process was the internal growth of the European economy, which led to considerable changes in the character and structure of international trade. These changes led, in turn, to shifts in the routes of international trade.

At first, the agricultural exports from the Baltic were handled mainly by the merchants of the German Hanse, who gradually gave way to the Dutch toward the end of the 15th century and especially during the 16th century. The rising trade activity of the Dutch was closely connected to the spreading of new trade relations from the beginning. They became specialists in transporting bulky mass commodities (grain, timber, fish, salt) and thereby gained a considerable technical and economic advantage over the Hansards. The Dutch "discovered" the direct sea route from the Baltic to the North Sea via the Sound; the old route of the Hansards entailed carrying goods from Lübeck to Hamburg overland and there loading them on ships for sea transport farther to the southwest.[3]

While the Dutch became the experts in trading of bulky goods for daily use, the Venetians were – and remained – the specialists of the rich trade. Their dominance in international commerce was tied to the Levant articles and to the medieval long-haul trade. The decline of Venetian trade was not due

1. M. AYMARD, *Venise, Raguse et le commerce du blé pendant la seconde moitié du 16e siècle* (Paris: 1966); and F. BRAUDEL, *La Méditerranée et le monde méditerranéen à l'époque de Philippe II* (Paris: 1949).

2. Around the middle of the 16th century the long-distance corn trade of the Mediterranean amounted approximately to 50,000 tons annually; at about the same time, however, at least double that quantity was shipped via the Sound toward the Atlantic coast. See J. H. PARRY, "Transport and Trade Routes", in E. E. RICH and C. H. WILSON, eds., *The Cambridge Economic History of Europe* (Cambridge: 1966), Vol. IV, chap. 3; R. RYBARSKI, *Handel y polityka handlowa Polski w XVI stuleciu* (Warsaw: 1958), Vol. I, II; and J. A. FABER, "Het probleem van de dalende graanaanvoer uit de Oostzeelanden in de tweede helft van de zeventiende eeuw", *A.A.G. Bijdragen 9* (1963).

3. F. VOLLBEHR, *Die Holländer und die deutsche Hanse* (Lübeck: 1930).

primarily to the opening of a new direct route for the Far Eastern spice trade by way of the Cape of Good Hope. In certain periods of the 16th century (such as between 1550–1570) and in the early 17th century, the old Red Sea route of the spice trade remained competitive and at intervals even flourished.[4] Hence, the decline was principally due to the fact that the character and commodity structure of international trade had changed from one of mainly Levant luxuries to goods stemming from the internal growth and interregional division of labor of the European economy.

The change in the character and commodity structure of international trade, and the resulting shift of the main trade routes, was necessarily related to a change in the intermediaries of this trade. The predominance in international trade was gradually transferred from the north Italian and Hanseatic merchants to the Dutch and later to the English.

When, in the late 15th century, the Dutch ships (along with the Hanseatic, and English ships) took advantage of the corn crisis in northern Italy and penetrated into the Mediterranean sea trade – by importing grain and other commodities and exporting eastern and Mediterranean articles – this meant the pushing back of Mediterranean merchant shipping and a change in the main direction of Atlantic coast traffic. Just as the Mediterranean shipping had expanded to the north Atlantic earlier, now the Atlantic trade began to push toward the south to the Mediterranean.

Another aspect of the development of the modern type of international trade is the increasing production of manufactured goods, primarily cloth, for the use of a greater number of consumers during the 15th and 16th centuries. Though cloth, along with the Levant luxuries, had been an early, important item of medieval long-haul trade (high-quality cloth from Flanders and northern Italy reached the countries of central Europe in the 13th and 14th centuries) it had been available in comparatively small quantities at a high price and thus mainly served to satisfy upper class (and rich burgher) needs. In the course of the 15th and 16th centuries, international trade in cloth multiplied and served an expanding market with larger quantities. The *nouvelle draperie* and later the *sayetterie* of Flanders differed from earlier cloth production in the location of production (the former being shifted from the towns to the country) and simpler, cheaper sorts of cloth (mainly from Spanish wool) were now produced in addition to the fine, high-priced cloth.[5]

4. F. C. LANE, "The Mediterranean Spice Trade", *The American Historical Review, XLVI* (1940).

5. E. COORNAERT, *Un centre industriel d'autrefois. La draperie-sayetterie d'Hondschoote, 16e–18e siècles* (Paris: 1930); and H. PIRENNE, *Une crise économique au 16e siècle. La draperie urbaine et la nouvelle draperie en Flandre* (Bulletin de la classe des Lettres de l'Acadèmie royale de Belgique; 1905).

During the 15th century and most of the 16th century, wool was also exported from England in large, though decreasing, quantities to the Continent (mainly to the Netherlands). While English wool exports decreased, English cloth exports more than doubled in the 16th century[6] as a result of the establishment of the "new drapery", which produced simpler, cheaper cloth for mass consumption.[7]

Throughout most of the 16th century Antwerp was not only the chief distributor of the Portuguese spice cargoes but also the center of the international textile trade. From here Flemish and some English cloth was exported in various directions: from the southern part of the Atlantic coast to Spain and Portugal in exchange for spices, wool, and Mediterranean products; over the North Sea and the Baltic Sea to Scandinavia and the Baltic countries (chiefly Poland) in return for grain and timber; and by continental waterways, primarily the Rhine, to central and southern Germany. With the widening mass consumption trend, the various sorts of cloth imported here were sold partly in the German market itself, partly passed on to middle eastern Europe, and partly to Hungary.[8]

From the last decades of the 16th century on, the center of international trade shifted from Antwerp to Amsterdam. Amsterdam was the chief grain market for western Europe. As early as the 1530–1540's most of the Baltic grain shipments were unloaded here. These shipments supplied the greater part of the consumption in the northern Netherlands, not only of the urban population but also to a considerable extent of the rural population. The grain ships then went on from Amsterdam to the Iberian peninsula and the Mediterranean area.[9] The supply of grain and other primary products from

6. About 1500, some 50,000 bolts of cloth were exported from London, and about a quarter of a century later 75,000 bolts of cloth were exported. By 1540 the exports exceeded 100,000 bolts, and by 1550 they totaled 130,000 bolts. In 1606, the Merchant Adventurers by themselves exported from London nearly 100,000 bolts of white and dressed cloth. See F. J. FISHER, "Commercial Trends and Policy in 16th Century England", *The Economic History Review, X* (1940), pp. 95–117; and A. FRIIS, *Alderman Cockayne's Project and the Cloth Trade* (Copenhagen: 1927).

7. Sir JOHN CLAPHAM, *A Concise Economic History of Britain from the Earliest Times to 1750* (Cambridge: 1949); and E. LIPSON, "The Age of Mercantilism", in *The Economic History of England* (London: 1931), Vols. II and III.

8. J. A. VAN HOUTTE, "Anvers aux 15e et 16e siècles: expansion et apogée", *Annales Economies-Sociétés-Civilisations, XVI* (1961); P. JEANNIN, "Les relations économiques des villes de la Baltique avec Anvers au 16e siècle", *Vierteljahrschrift für Sozial- und Wirtschaftsgeschichte, XLIII* (1956); and GY. SZÉKELY, "Niederländische und englische Tucharten im Mitteleuropa des 13.–17. Jahrhunderts", *Annales Universitatis Scientiarum Budapestinensis de Rolando Eötvös Nominatae* (Sectio Historica; 1966).

9. F. BRAUDEL, *op. cit.*; M. MALOWIST, "The Economic and Social Development of the Baltic Countries from the 15th to the 17th Centuries", *The Economic History Review,*

east European territories linked to the Baltic constituted one of the bases for Dutch trade predominance.

Another factor in Dutch shipping was the trade in west European cloth and other manufactured articles. With the development of the independent cloth industry of the northern Netherlands, Dutch control of the international cloth trade was further strengthened in the 17th century. Despite the unfolding Dutch-English rivalry, almost all the cloth exported by the Netherlands was taken to market by Dutch merchants, while the rising cloth exportation from England, which formerly was handled in the North Sea-Baltic area mainly by the Hanse, was dispatched now by English and Dutch merchants, with the greatest share carried by the latter. Hamburg played a significant role here by becoming part of the Dutch-English trade and thus one of the gateways for English cloth flowing toward middle eastern Europe.[10]

The commercial rise of Antwerp and especially of Amsterdam, which during the 17th century became the chief market of precious metals and colonial products, marked the formation of new arteries of international trade that resulted from the shift of most of the trade to the Atlantic coast. This followed not only from the overseas discoveries but also, to a great degree, from internal development of the European economy and from the development of a modern type of international trade that essentially modified the traditional system of the long-haul trade routes.

Thus, the formula of the shift in the routes of international trade implies two different processes. It is not simply a change in the routes of medieval long-haul trade and the traffic in Eastern spices and Levant articles caused by the discoveries; it also includes the development of a modern type of international trade in mass consumption goods through the internal development of the European economy. The routes of this new trade were necessarily different or did not necessarily coincide with the routes of the older long-haul trade.

Although the two processes eventually became closely intertwined, it is increasingly justifiable to distinguish between them insofar as the shift of the routes of international trade to the Atlantic coasts resulted from the establishment of a modern type of trade relations. The discovery and open-

XII (1959), pp. 59–60; "Z zagadnien popytu na produkty krajów nadbałtyckich w Europie zachodniej w XVI wieku", *Przeglad Historyczny*, *L* (1959); and B. H. SLICHER VAN BATH, "Die europäischen Agrarverhältnisse im 17. und der ersten Hälfte des 18. Jahrhunderts", *A. A. G.* Bijdragen *13* (1965).

10. E. BAASCH, "Hamburg und Holland im 17. und 18. Jahrhundert", *Hansische Geschichtsblätter* (1910), chap. I, *Holländische Wirtschaftsgeschichte* (Jena: 1927); and *The Economic History of England*, *op. cit.*

ing of new sea routes originally were not stimulated by the demands of the new trade, but rather by those of the old long-haul trade (whose goals were to procure the spices of the East more directly and to take possession of the fabulous treasures of the Orient as well).

In the period between the end of the 15th century and the middle of the 17th century, the overseas colonies were not yet tied to the western European economy in the sense of a modern world market based on the division of labor; the beginnings of the latter relationship made their first appearance in the American colonies in this period. During the 16th century Spain and Portugal used the new sea routes to import precious metals, which were acquired from the colonies through the exploitation of the newly discovered deposits by slave labor, and the main commodities of the medieval long-haul trade, such as pepper and other spices. This importing which fit the traditional commodity structure – though of varied volume – was only incidentally supplemented for a considerable time by the agricultural products of the New World, such as tobacco, cocoa, drugs, dyestuffs, and hides.[11]

Sugar cane, the third colonial treasure (behind precious metals and spices), was established in the Spanish-American and Portuguese-American colonies by the first half of the 16th century but did not leave the plantations of Brazil for its worldwide commercial career until the last decades of that century. At that time sugar was still grown on a small scale in the plantations of the Spanish-Caribbean area. The English and French colonies that were established in the Antilles in the first decade of the 17th century were engaged mainly in cultivating tobacco, cotton, and indigo in small-scale economies.

West Indian tobacco, however, was soon challenged by the production of Virginia, the first North American "tobacco colony". Due to the narrow marketing possibilities in Europe at that time, serious overproduction re-

11. In 1594, precious metals (mainly silver) formed 95.6 % of the return cargo sent from the Spanish Indies to Seville. Cochineal made up 2.8 %; hides, 1.2 %; indigo, 0.3 %, etc. In 1609, 84 % consisted of treasure, and 16 % came from other products. See E. J. HAMILTON, *American Treasure and the Price Revolution in Spain, 1501–1650* (Cambridge, Mass.: 1934). As for the cargoes sent from Europe to the colonies, it is obvious that Spanish America and Brazil joined in the demand for western European manufactures, especially for textile goods, as early as the 16th century. See H. and P. CHAUNU, *Les Structures. Structures géographiques* (Paris: 1959), t. VIII: *Séville et l'Atlantique, 1504–1650;* C. H. HARING, *Trade and Navigation between Spain and the Indies in the Time of the Hapsburgs.* (Cambridge, Mass.: 1918); and F. MAURO, *Le Portugal et l'Atlantique au 17e siècle (1570–1670)* (Paris: 1960). However, the formation of modern type relations in the transatlantic trade (in both imports and exports) seems to have been accelerated as late as the period after the Dutch penetration into the Caribbean and after the establishment and development of French and English colonies in this area.

sulted by the end of the 1630's. Dutch merchants took advantage of this situation from the 1640's on as "they came and taught" sugar growing to the English and French settlers of the Antilles.[12]

The decisive change took place a few decades after the middle of the 17th century when the settlers of these islands turned in one generation from tobacco growers into sugar cane planters. As tobacco gave way to sugar, the farming economy yielded to a plantation economy based on slave labor. The typical sugar colonies of the Antilles (Barbados, Jamaica, Martinique, Haiti, etc.) appeared, multiplying sugar exports to Europe and simultaneously developing an increasing import demand for slave labor, cloth, and other manufactured goods. In the smaller British colonies sugar production took on such monocultural proportions that considerable food imports (grain, meat, and fish) were needed. They were supplied partially from England and partially from the North American British colonies (New England and the "bread colonies"). These North American colonies, which at that time had almost no export products available for transatlantic trade, re-exported to Europe part of their sugar imports derived from trade with the Antilles to pay for the importation of manufactured goods.[13]

This transatlantic trade between America and Europe (and West Africa), which grew from the middle of the 17th century and increasingly assumed the character of a modern type of trade based on the division of labor, was initially handled mainly by Dutch merchants but was later taken over by the English who had their own colonies. The English settlements in the West Indies filled an important role in international trade by the end of the 17th century, for they had a greater share in the total imports and exports of England than the rest of its colonies combined.[14] The overall trade with South and North America was expanding so rapidly at that time that English and French shipping were stepped up without a decline in Dutch shipping. However all this developed later than the middle of the 17th century.

While the modern trend in international trade relations began to take shape in the American colonies by the mid-17th century, a comparable change in the colonies in the Far East had not yet begun. Here the methods of the first period of colonization continued, but with some changes. Both

12. G. B. MASEFIELD, "Crops and Livestock", in *The Cambridge Economic History of Europe*, *op. cit.*, Vol. IV, chap. 5; and E. E. RICH, "Colonial Settlement and Its Labor Problems", in *ibid.*, Vol. IV, chap. 6.

13. Sir JOHN CLAPHAM, *op. cit.*, and A. P. NEWTON, *The European Nations in the West Indies, 1493–1688* (London: 1933). Newton's work was reprinted by Barnes and Noble (New York) in 1967.

14. ERIC E. WILLIAMS, *Capitalism and Slavery* (Chapel Hill, N.C.: 1944).

under the Portuguese and during the first one-half century of Dutch rule, the main import items from East India continued to be the traditional spices. It was not until the beginning of the 18th century that coffee, the new product of the Javanese plantations, appeared on the market. However, coffee and tea did not account for a considerable share of the imports of the Dutch East India Company until the middle of the 18th century.[15] The significance of the exports to the Far Eastern colonies (from the point of view of selling manufactured articles) continued to be slight. Goods (mainly weapons and linen) exported by the Dutch to the East Indies were dwarfed by the amount of precious metals exported to purchase imports. Moreover, during the 17th century the English East India Company also exported mainly bullion in exchange for spices and dyestuffs they imported.[16]

Although exportation of west European textiles, primarily English cloth, increased throughout the second half of the 17th century and in the first half of the 18th century, few products of the European textile industries reached the markets of the Far East. On the contrary, a flow of goods in the opposite direction occurred for a long time as Indian cottons and calicoes were increasingly imported to western Europe.[17] These inexpensive fabrics with appealing colors and patterns soon found ready markets with the less well-to-do consumers in England, France, and elsewhere, despite the restrictive measures taken in the interest of the wool industry. Meanwhile, cotton printing and processing also gained ground in England and developed rapidly from the 1770's. In a few decades England eliminated the spinning and weaving handicrafts of India and turned the colonies in the Far East into outlets for the English textile industry.[18] However, this

15. K. GLAMANN, *Dutch-Asiatic Trade, 1620–1740* (Copenhagen/The Hague: 1958).

16. Precious metals accounted for more than three-quarters of the exports by the English East India Company, and the proportions of commodities exported was barely one-quarter even at the beginning of the 18th century. The share of commodities in the exports of the Dutch East India Company was even lower. See *The Economic History of England* (*op. cit.*) and GLAMANN, *op. cit.*

17. In the second half of the 17th century (1668–1670), the proportion of textiles in the total volume of the Dutch East India Company's imports rose to 36 %, and by 1698–1700 textiles constituted nearly 55 % of the imports. (In the first half of the century the percentage was only 14–16 %.) As for the imports of the English East India Company (at least that portion of them consumed in England), they included in 1621 more or less equal amounts of pepper, other spices, and indigo (roughly one-third each); in 1677, however, the share of pepper and dyestuffs was estimated to amount to only about 10 % and that of cotton fabrics to as high as 66 %. See GLAMANN, *op. cit.*, and *The Economic History of England, op. cit.*

18. L. G. SANDBERG, "Movements in the Quality of British Cotton Textile Exports, 1815–1913", *The Journal of Economic History, XXVIII* (1968); A. P. WADWORTH and JULIA DE LACY MANN, *The Cotton Trade and Industrial Lancashire, 1600–1780* (Manchester: 1931).

occurred in a later period. Thus, the new character of international trade with the Far East began to take shape 100 to 150 years later than that of trade with the North American colonies.

In the first developmental period of modern world economy it was not the colonies outside Europe, but the countries of middle eastern Europe that joined the economy of western Europe in the sense of a modern market. They were linked by the ties of an unfolding modern trade—by exports of mass consumption foodstuffs and by imports of mass consumption manufactured items. We will demonstrate this more closely through the example of Poland and Hungary.

Poland (and Lithuania) played an important role in supplying 16th century western Europe through its exports of grain, cattle, and fur. These three commodities accounted for almost 90% of the total western exports of the country to Western Europe around the middle of that century. The cattle and fur exports were carried overland, and the grain exports went by sea (mostly through Danzig). On the average, grain accounted for 66% of Poland's seaborne exports over the 1565–1585 period.[19]

The pattern of Hungary's exports to Western Europe was even simpler. In the middle of the 16th century, the only important commodity other than copper that Hungary exported to the west in considerable quantities was cattle. This single commodity accounted for about 90% of the exports registered in the customs books for the year 1542 and accounted for nearly five-sixths of the total western trade (excluding copper) of the country.[20]

The pattern of imports presents a similar picture. During the middle of the 16th century, cloth accounted for 60% of Poland's total western imports and 48% of the seaborne imports averaged over the 1565–1585 period. Textile goods made up almost 68% of Hungary's total western imports in 1542, including 40% cloth, 15% clothing articles, and 12% linen.

Under such circumstances, what was the balance of trade of Poland and Hungary in relation to western Europe in the middle of the 16th century? The findings of valuable investigations covering almost a century are available for Poland's seaborne trade.[21] Even though the proportions found by

19. A. MACZAK, "Der polnische Getreideexport und das Problem der Handelsbilanz, 1565–1655", unpublished manuscript; "Export of Grain and the Problem of Distribution of National Income in Poland in the Years 1550–1650", *Acta Poloniæ Historica, XVIII* (1968); RYBARSKI, *op. cit.*; and H. SAMSONOWICZ, "Die Jahrmärkte in Polen im 16. Jahrhundert", unpublished manuscript.

20. GYŐZŐ EMBER, *Zur Geschichte des Aussenhandels Ungarns im 16. Jahrhundert* (Commission nationale des Historiens hongrois, I; Budapest: 1960).

21. MACZAK, "Der polnische Getreideexport", *loc. cit.*, and "Export of Grain and the Problem of Distribution", *loc. cit.*

these investigations are likely to be modified when the figures of overland foreign trade are taken into account, it remains true that Poland's balance of trade in western Europe was determined by shipments in the Baltic Sea. In the 16th century the large-scale grain exports of the Baltic ports practically ensured a steady and favorable balance of trade. Calculated as the average of the 1565–1585 period, the annual value of the seaborne imports amounted to only 34% of the exports; thus, the export surplus – discounting the price difference between ports of entry and exit – was 52%.

For Hungary we can rely on the statistical analysis of data drawn from the customs books for the year 1542.[22] According to them, the Hungarian trade balance with western Europe (interpreted within the limitations mentioned above) was also highly favorable since the imports amounted to only 43 to 44% of the export value. Hungary's bilateral participation in the new international trade began in two successive waves. Textile imports were already showing a sharp rise by the middle of the 15th century. In the fiscal year 1457–1458 more than 15,000 pieces of west European, Silesian, and Bohemian cloth and about 10,000 pieces of silk and linen passed the customs office of the frontier town Bratislava, accounting for almost 79% of the total imports handled there.[23]

The rise of Hungarian cattle exports to the west signaled the subsequent upswing of Hungarian foreign trade. During the late 15th century and the first decades of the 16th, Hungarian cattle exports rose to an annual volume of several tens of thousands and played a dominant role in the meat supply of Vienna and the south German towns.[24] The road from (and through) Hungary constituted one of the main routes of the cattle trade from eastern to western Europe. (Also, most of the livestock of the important breeding areas farther to the east was exported through Hungary.) The export merchants drove the cattle from the big marketplaces in the western frontier zone of the country (Szered, Sempte, Galgóc, etc.) to Austria and Moravia. From Vienna it was usually German merchants who took the cattle to Regensburg, Nuremberg, Augsburg, and sometimes even as far as the Rhine-Main area. Therefore, this first important route of the east-west

22. EMBER, *op. cit.*

23. F. KOVÁTS, *Nyugatmagyarország áruforgalma a 15. században a pozsonyi harmincadkönyv alapján* [The trade of western Hungary in the 15th century as reflected in the customs books of Bratislava] (Budapest: 1902).

24. W. ABEL, *Geschichte der deutschen Landwirtschaft von frühen Mittelalter bis zum 19. Jahrhundert* (Stuttgart: 1962); C. L. SACHS, *Metzgergewerbe und Fleischversorgung der Reichstadt Nürnberg bis zum Ende des 30 jährigen Krieges* (Nürnberg: 1922); and S. TAKÁTS, *A magyar tőzsérek és kereskedők pusztulása* [The decline of the Hungarian cattle dealers and traders] (Budapest: s.a.).

cattle trade served primarily the meat demand of the southern German towns.

The other main route of interregional cattle trade connected the breeding area of the Ukranian-Moldavian steppe and the Podolian tableland with the western markets. The main stations along this route passing through Poland were Lwow, Lublin, and Krakow.[25] At Krakow the route forked: one branch led through Moravia and Bohemia via Pilsen and on to Regensburg and Nuremberg and the other went through Silesia to Leipzig, Buttstädt, Frankfort, and Cologne. The principal droving route was the second branch. Poland's cattle exports, the annual volume of which was estimated to have been 40,000–60,000 head during the first half of the 17th century,[26] chiefly supplied the towns of central Germany north of the Main.[27]

While the southern and central parts of Germany were supplied with meat by Hungarian and Polish cattle exports from the eastern European area, the towns of the Baltic-North Sea trade center were supplied mainly by cattle exported from Denmark. This demand showed a large increase in the 15th and 16th centuries and reached an annual volume of 55,000–60,000 head before the Thirty Years' War. About one-quarter of this export volume was absorbed by Hamburg, Lübeck, and the towns north of the Elbe, and three-quarters was driven across the Elbe to feed Cologne and the great consumer center of Amsterdam.[28] Thus, the Netherlands, the chief consumer of Polish grain, acquired its meat supply from Denmark, not from Poland or Hungary.

How did the trade relations of Poland and Hungary develop in the second half of the 16th and first half of the 17th centuries? We can rely here, too, on the results of the investigations made of Poland's seaborne trade.[29] The cloth imports increased at a much faster rate than did the grain exports,

25. RYBARSKI, *op. cit.*; and SAMSONOWICZ, *loc. cit.*

26. M. HORN, *Handel wołami na Rusi Czerwonej w pierwszej polowie XVII w* (Roczniki Dziejow Społecznych i Gospodarczych, 1962).

27. Mention should be made here of the third important overland trade route from Eastern to Western Europe by which fur exports were handled. The furs of the Russian-Lithuanian forest zone were routed through Mogilev, Vilnyus, Warsaw, Gniezno, and Poznan mainly in the direction of Leipzig. Also, a considerable amount of cattle exportation started from the busy markets of Lublin to the west along the Poznan-Leipzig route. See M. GRYCZ, "Handelsbeziehungen der Stadt Poznań bis Ende des 17. Jahrhunderts", *Studia Historiae Oeconomicae* (1967); and J. TOPOLSKI, "The Role of Gniezno in International Trade", *Acta Poloniae Historica, XVIII* (1968).

28. H. WIESE, "Die Fleischversorgung der nordwesteuropäischen Gross-städte vom 15. bis 19. Jahrhundert unter besonderer Berücksichtigung des interterritorialen Rinderhandels", *Jahrbücher für Nationalökonomie und Statistik* (1966).

29. MACZAK, "Der polnische Getreideexport", *loc. cit.*; and "Export of Grain and the Problem of Distribution", *loc. cit.*

and what is more, the import and export increase calculated at current prices indicated substantial differences in volume. Although the value of the rye exports from 1625–1645 was double that of the 1565–1585 period, the volume in the later period was only about 10% greater than in the earlier one; however, due to the "price revolution" there was a rise in grain prices of over 50% between the two periods. A comparison of cloth imports for the two periods shows a 3.5-fold increase in value in the later period, accompanied by an approximately equivalent increase in volume.

Under such circumstances, Poland's sea trade balance remained generally active until the middle of the 17th century. However, there was a tendency toward a declining trend since the export surplus fell to 9% in the 1625–1646 period, as compared to an average of 52% in the 1565–1585 period. Then, in the second half of the 17th century the balance shifted adversely. The price revolution ended, and the stagnant and eventually decreasing grain exports could no longer offset the large-scale importation of cloth and luxuries.[30]

The explanation for this unfavorable development in Polish grain exports around the middle and second half of the 17th century may possibly be found in production rather than in the market relations. The decrease in grain exports can be ascribed mainly to a decrease in yield ratios, which, in turn, can be traced back to the predominance of the "folwark" system of exploiting serf labor and ruining the peasant economies.[31]

For the development of Hungarian foreign trade with western Europe in the period between the mid-16th and mid-17th centuries there are, unfortunately, no research findings available comparable to the data on Polish seaborne trade or to the statistical analysis of the Hungarian customs registers. In this case we have to rely on some fairly numerous but isolated data to outline the principal trends.

It has been established that the dominant share of manufactured goods (primarily cloth) in total imports which prevailed around the middle of the 15th and 16th centuries did not diminish in the following century. Actually,

30. Between 1600 and 1649 the average annual quantity of grain carried through the Sound westward amounted to 68,500 lasts ("last" is an obsolete unit of weight thought to have equaled about 2 tons). Between 1650 and 1699 to 55,800 lasts; between 1700 and 1749 to 31,800 lasts. See FABER, *loc. cit.*

31. In addition to the problems of supply, other conditions occurred which may have reduced the demand in Western Europe for Baltic grain in the second half of the 17th century. 1. From the 1660's until about a century later, England became a corn-exporting country; 2. The cultivation of potatoes and maize was begun in Europe – the former played an important part in the mass-consumption in Ireland and the latter in Spain; 3. A demographic stagnation or decline took place in some countries of Western Europe during the century. See FABER, *op. cit.*; MASEFIELD, *loc. cit.*; and SLICHER VAN BATH, *loc. cit.*

it became even more prominent. The majority of the merchants of the so-called "royal towns" of Hungary were engaged primarily in importing foreign-made goods, especially textiles and hardware. They imported Silesian, south German, and English cloth. The price lists of the tailors' guilds and the accounts of big estates testify to a rather wide use of English cloth ("londis" = "fajlondis") in Hungary, as do the quality seals of English cloth (with the inscription *Honni soit qui mal y pense*) unearthed in excavations both in the so-called royal and Turkish-occupied Hungary.[32]

Amounts of grain exported to western Europe from Hungary remained insignificant. The "allodial" economy of the feudal landowners, which corresponded to the Polish folwark system, began to develop in royal Hungary in the 1530–1540 decade and became quite common in the first half of the 17th century. However, handicapped by inadequate river and sea transportation, the grain from the Hungarian allodial estates could not reach the western European markets and was carried in small quantities to nearby regions such as Austria and northern Italy.[33]

Cattle continued to dominate Hungarian exports to the west. The custom books for 1542 registered the exportation of 27,000–28,000 head of oxen, but by the second half of the 16th century 40,000–50,000 head left the country annually in the direction of Vienna. This commodity was also strongly affected by the price revolution. Cattle prices rose more rapidly abroad than in Hungary, and this ensured sizable profits for Hungarian exporters. No wonder that the major Hungarian landowners and lesser nobility, along with the peasant and burgher merchants of the cattle trading centers in the western part of the country (for example, Trnava, Győr, Magyaróvár), greedily began this business.

From about 1600 on, however, Hungarian cattle exports presented a much more contradictory picture. The peasant-burgher cattle dealers met increas-

32. As early as 1561 an English source surveying the foreign markets of the various sorts of English cloth mentioned Hungary as one of the principal buyers of "kersie" woven in Hampshire. Polish investigations reveal the increased demand in 16th- and 17th-century Poland for the lighter and cheaper sorts of cloth, especially for "karazja" (kersey) made in England and also in Danzig and Silesia. Research also shows the spreading of this demand to other eastern European regions. See *The Economic History of England*,

33. In 1591 a major Hungarian landowner negotiated with a Venetian factor for selling grain. During the negotiations the Venetian received instructions from home "not to buy more grain, as there are hopes that they can get grain enough on the sea route from Gdansk". It appears that the Baltic grain which was shipped on the sea route and carried mainly by the Dutch, was competitive even in Venice with the Hungarian wheat, which was carried mainly overland. See ZS. P. PACH, *Die ungarische Agrarentwicklung im 16.–17. Jahrhundert; Abbiegung vom westeuropäischen Entwicklungsgang* (Studia Historica Academiae Scientiarum Hungaricae; Budapest: 1964).

ing difficulties: the war-time situation at the turn of the century; later, aggressive interference by the privileged cattle trading companies established on the initiative of the Vienna Court; and to some extent, the oppressive, restrictive measures of the Hungarian aristocracy and lower nobility, who, while building their allodial economies, maintained their feudal prerogatives and duty exemptions against their market rivals. However, the cattle trade proved in the long run to be less rewarding for the Hungarian landlords than it had been in the 16th century. The rising prices slowed and finally stopped; the difference between foreign and home prices diminished and had practically disappeared by the middle of the 17th century.[34]

The developing foreign market relations did not favor Hungarian cattle exports. Although the towns in southern Germany showed an increasing demand for meat in the second half of the 16th century, the 1620's and 1630's mark the end of the vigor of the southern German towns. A decrease in population, purchasing power, and meat consumption occurred.[35] Due to such factors, the second half of the 17th century was characterized by impoverishment of the peasant-burgher cattle dealers, the major landowners' retirement from business, and the decline of Hungarian cattle exports. This evidently also led to the deterioration of the balance of western trade and a situation similar to that in Poland, even though the causes were not identical in both countries.

Unlike Polish seaborne grain exports, Hungarian overland cattle exports did not move toward the Atlantic center of the unfolding modern type of international trade but rather toward the southern German towns. However, with the decline of the transalpine routes between northern Italy and southern Germany, these towns themselves fell victim to the shift of international trade routes that occurred during the 15th to 17th centuries.

In the foregoing paragraphs we made two statements:

1. In the first phase of the rise of a modern world economy, the overseas colonies were not yet linked to the western European economies in the sense of a modern world market, that is through the new type of international trade based on the division of labor. The colonies functioned primarily as the sources of the main commodities of the old long-haul trade, such as spices and precious metals acquired by violent or exploitive methods, and as the sources of the so-called "previous" or "primitive" accumulation of money capital.

2. In the period between the mid-15th and the mid-17th centuries, the

34. V. ZIMÁNYI, "Quelques aspects de la régression économique et sociale du 17e siècle", unpublished manuscript.

35. J. SZŰCS, "Das Städtewesen in Ungarn im 15.–17. Jahrhundert", in *La Renaissance et la réformation en Pologne et en Hongrie* (*Studia Historica, 53*; Budapest: 1963).

countries of mid-eastern Europe began to be linked to the expanding western European economy in a modern way through the emerging new international trade, which was based on the development of commodity production. They became the suppliers of mass consumption foodstuffs and the consumers of mass consumption manufactured items.

In conclusion, let us add a third remark. The industries of the advancing countries of western Europe were stimulated – apart from their expanding home market – by the foreign market of middleeastern Europe to step up commodity production, to break through the restrictions of the guilds and craftsmen, and to establish various forms of the putting out and manufacturing systems. The capitalist industries of Western Europe grew and were strengthened largely on the market of middle eastern Europe, which enabled them to absorb increasing proportions of the monetary capital accumulated from international trade and colonial exploitation and to turn it into productive capital. These favorable conditions for capitalistic growth made it possible for western European industry to increase production not only for its home and European markets but also for the overseas markets and for the colonies which needed manufactured exports.

JORJO TADIĆ

LES PREMIERS ÉLÉMENTS DU CAPITALISME DANS LES BALKANS DU 14e AU 17e SIÈCLE

A l'époque dont il sera question cette fois-ci, les pays balkaniques ont été politiquement séparés du reste de l'Europe. Il n'y avait même pas de rapports politiques quelque peu étroits entre ces deux parties de notre continent, sauf que Venise, une des puissances occidentales, détenait certains points sur les côtes de la péninsule Balkanique.

Autrefois, le grand Empire byzantin dominait sur tous ces pays, mais au 14e siècle il a été réduit à des territoires pas très étendus de l'extrême Est et du Sud-Est de la péninsule. C'est justement alors, cependant, qu'ont été formés dans les régions centrales des Balkans un puissant Etat serbe et un Etat bosniaque quelque peu plus petit. Mais, de l'Est, les Turcs menaçaient déjà Byzance et n'ont pas tardé à représenter aussi un sérieux danger pour tous les peuples balkaniques. Après de longues et après luttes ils sont parvenus à les soumettre, et à partir du 15e siècle, approximativement, ils ont établi leur totale domination sur les pays Sud-orientaux de l'Europe, qu'ils réussiront à maintenir plusieurs siècles de suite.

Bien qu'au cours de la période allant du 15e au 17e siècle les pays balkaniques aient été politiquement séparés du reste de l'Europe, ils ont été tout de même durant tout ce temps plus ou moins étroitement liés économiquement aux pays occidentaux. Ces relations se sont renforcées à partir de cette période du Moyen Age dans laquelle l'Europe méridionale et ensuite celle de l'Ouest a assumé un rôle dirigeant dans l'économie mondiale et particulièrement dans le commerce international.

Les pays balkaniques constituaient un riche secteur de diverses matières premières, principalement d'origine agraire et animale. Dans une moindre mesure ils étaient aussi un marché de marchandises européennes, en premier lieu artisanale et manufacturière. A partir de la fin du 13e mais surtout au cours du 14e siècle et dans la première moitié du 15e siècle ont été découverts de riches gisements de différents métaux en Serbie, en Macédoine et en Bosnie, pour la plupart d'argent et de plomb. Tout cela a coïncidé avec la baisse de la production de l'argent dans les pays de l'Europe centrale, ensuite avec une demande constamment croissante de ce métal précieux et de la

pénurie d'argent qui se faisait de plus en plus sentir. C'est alors que la richesse minière de son principal producteur, la Serbie, et plus tard la Bosnie, a intéressé le monde étranger. Cela a accru la production, a activé la recherche et l'ouverture de nouveaux gisements miniers, a renforcé un contact plus étroit avec les marchés extérieurs et l'incorporation d'une partie des Balkans au sein du grand commerce international.

Le rôle d'intermédiaire entre ces pays et l'Occident, en premier lieu de l'Italie, a été assumé par Raguse (Dubrovnik). Depuis le début du 14e siècle, dans tous les centres économiques de quelque importance de la Serbie et de la Bosnie, qui étaient presque exclusivement des agglomérations minières, travaillaient un grand nombre de Ragusains. Vers la fin du même siècle et pendant la première moitié du 15e siècle, dans certains de ces centres se trouvaient au cours d'une même année jusqu'à cent Ragusains et parfois même trois à quatre cents. Plusieurs dizaines d'Italiens étaient, par l'entremise de Raguse, en liaison d'affaires avec la Serbie et la Bosnie.

Le plomb était exporté en grandes quantités jusqu'à Barcelone et Valence mais aussi jusqu'au Proche-Orient, malgré les interdictions de l'Eglise. Il en était de même avec l'argent. Celui-ci était principalement exporté à destination de Venise, ensuite en Italie du Sud et en Sicile, de même qu'au Proche-Orient. De nos jours il n'est pas possible de déterminer même approximativement la quantité d'argent produit alors, mais on est tout de même en mesure de fournir quelques informations qui montreront du moins jusqu'à un certain point quelle était la richesse des mines serbes et bosniaques. Un voyageur français (Bertrandon de la Broquière) a traversé la Serbie en 1433 et a noté que la seule mine de Novo Brdo produit annuellement de l'or et de l'argent pour une valeur de 200 000 ducats d'or. Sur la foi de certaines de mes récentes investigations aux Archives de Raguse je me permets d'affirmer qu'au cours de la première moitié du 15e siècle on a exporté tous les ans, seulement par Raguse, vers tous les coins du monde, jusqu'à 25 000 kilogrammes d'argent. Certaines moindres quantités étaient exportées en Hongrie, d'où elles s'en allaient sur des marchés étrangers, probablement sous le nom d'argent hongrois. Finalement, une grande partie de cet argent restait dans le pays, afin de couvrir les dépenses de l'Etat. Une quantité importante était allouée à l'armée et à l'armement, car précisément alors la force militaire de la Serbie se trouvait en phase de consolidation, ce qui allait parallèlement avec la politique agressive et conquérante des monarchies serbes depuis la fin du 13e jusqu'à la moitié du 14e siècle.

Nous sommes encore peu à jour sur la technique de travail et l'exploitation de ces mines. Toutefois, la gestion économique de ces exploitations, ainsi qu'en général le commerce du minerai sont bien connus d'après les riches

et encore insuffisamment utilisés matériaux des Archives de Raguse. Je ne m'arrêterai qu'à l'argent.

L'exportation de ce métal précieux était principalement orientée vers la Méditerranée, et dans sa plus grande partie se trouvait dans les mains des habitants de Raguse. L'organisation de toutes les affaires était parfaitement semblable à l'organisation du commerce dans les principaux centres commerciaux de l'Italie. Il est bien naturel et tout à fait compréhensible que les affaires des Ragusains, de par leur ampleur et leur intensité ne pouvaient pas se mesurer avec les affaires similaires des grandes entreprises commerciales de Venise, Florence et d'autres villes. Mais elles étaient leurs égales au point de vue de l'association des commerçants, des investissements de fonds dans diverses affaires, des modes de conduite du commerce dans les centres balkaniques et à Raguse, ensuite dans l'entretien des relations avec les marchés italiens et les hommes d'affaires, dans le contrôle du travail de leurs entreprises et agences et la tenue des livres, sur la question de la correspondance et les transactions financières, l'organisation et les assurances des transports, la mise sur pied du service des informations d'affaires, etc. Tout cela était bien naturel vu l'étroite liaison entre les Ragusains et plusieurs centres économiques importants de l'Italie, surtout de Venise. C'est pourquoi les formes opératives d'affaires habituelles en Italie passaient rapidement à Raguse, et par cette ville dans certains autres pays des Balkans, précisément à l'époque où le capitalisme pénétrait dans la vie économique de l'Occident.

Tout cela, cependant, pouvait être transporté dans les Balkans par d'autres chemins également. Les hommes d'affaires d'Italie venaient en contact avec les pays balkaniques également par l'intermédiaire des possessions vénitiennes en Albanie et en Grèce, ainsi que par Constantinople. Mais dans ces possessions vénitiennes on ne trouvait pas de vie économique intense, et par conséquent il n'était ni possible, ni utile d'appliquer les formes d'affaires plus progressives de l'Occident. A Constantinople, par contre, se déployait une vive activité d'affaires parmi les commerçants occidentaux, dont les liens, cependant, ne s'étendaient pas en dehors de la capitale même, en raison de quoi ne pouvaient-ils pas influer plus fortement sur les mouvements et les changements économiques dans les régions intérieures des Balkans.

Une vie économique plus intense influençait la société aussi bien à Raguse que dans certaines parties des Balkans.

A partir de la fin du 13ᵉ siècle, à Raguse commença à augmenter le nombre des hommes d'affaires qui devinrent un facteur dirigeant tant dans l'économie en général que dans la vie communale de leurs villes. C'est dans leurs rangs que s'est formé le patriciat ragusain, qui s'est séparé des autres

couches de la société et est resté à la tête de sa commune, plus tard république, jusqu'aux premières années du 19e siècle (1808). A côté des membres du patriciat, dans la vie économique de Raguse, et même dans les Balkans, étaient très actifs aussi les membres des riches familles bourgeoises, qui par leur force financière et leur position sociale avaient commencé à se séparer de leur propre milieu, comme cela se produisait justement alors en Italie aussi.

Pour nous il est d'un intérêt particulier le fait que des processus similaires se soient produits également dans certains pays balkaniques. Au 14e et spécialement dans la première moitié du 15e siècle, en Serbie et en moindre mesure en Bosnie, a pris naissance aussi une couche de gens du pays qui entretenaient des rapports d'affaires avec les Ragusains, l'Italie et la Hongrie, qui exportaient des matières premières et importaient des marchandises italiennes et d'autres articles d'Occident, pour la plupart des textiles de diverses sortes. Ils abandonnaient leurs lieux de séjour permanents, venaient à Raguse et dans d'autres villes de la côte Adriatique, fondaient des sociétés commerciales et concluaient des affaires, achetaient des marchandises à crédit et empruntaient de l'argent, investissaient leurs capitaux dans des mines, des ateliers artisanaux, des biens mobiliers et immobiliers, et faisaient tout ce qu'accomplissaient les hommes d'affaires des autres pays. Il faut avouer, néanmoins, que leur nombre dans un pays principalement agraire et culturellement en retard n'était pas grand, pas plus que leur société n'était aussi différenciée comme à Raguse ou en Italie. Mais, de toute façon, on peut parler des premières apparitions d'un nouveau système économique et de la formation d'une couche sociale nouvelle, d'où pouvait ressortir, avec le temps, une nouvelle classe. Pour autant qu'il m'est connu, un phénomène semblable ne se remarque pas dans les autres pays balkaniques, sauf, et dans une mesure réduite, à Constantinople.

Ce processus naturel de formation d'un nouvel ordre économique et d'une nouvelle société a été interrompu par l'invasion, les conquêtes et la domination turques. Les Turcs ont anéanti tout un système politique dans les Balkans, ils ont ébranlé dans leurs fondements l'état économique et social préalable, et ont imposé un nouvel état de fait, différent, insuffisamment construit et arriéré. Tout cela a provoqué de profondes perturbations dans la suite de la vie des peuples balkaniques.

Pendant la domination turque, les pays balkaniques ont gardé leur structure économique; ils sont restés une vaste région agricole. Et cependant on y remarque certains petits changements. Ainsi, par exemple, la production minière a été au début assez florissante, mais tout de même pas autant qu'à l'époque précédente. L'exportation de l'argent et des autres métaux dépérissait progressivement, et à partir du commencement du 16e siècle on n'en

parlait presque plus du tout. Par contre l'exportation des produits ou matières premières d'origine animale s'accroissait de plus en plus, en premier lieu de la laine, des cuirs et de la cire, de même que des produits agraires et surtout du blé. Pendant les deux siècles suivants tout entiers, c'est-à-dire au cours des 16e et 17e siècles les pays des Balkans restèrent une des régions européennes les plus importantes pour l'exportation des matières premières et des denrées alimentaires mentionnées, surtout en ce qui concerne leur envoi dans tous les pays méditerranéens. Ce qui montre que durant la domination turque se sont produits certains changements dans plusieurs branches de l'économie et que quelques-unes de celles-ci se sont trouvées renforcées, telles que, par exemple, l'agriculture et l'élevage. Je ne crois pas qu'il faille maintenant m'arrêter sur l'explication des causes de ces phénomènes, c'est pourquoi nous contenterons-nous peut-être uniquement de les signaler. Il s'est produit sous les Turcs une modification notable également dans l'artisanat. En effet, les métiers ont été consolidés et perfectionnés, en comparaison avec l'époque précédente et il y en avait à présent beaucoup plus et de bien plus de sortes; ces métiers artisanaux possédaient maintenant leurs corporations afférentes et travaillaient aussi pour l'exportation.

Simultanément à tous ces faits ont changé également le caractère et le rôle socio-économique d'une considérable partie des agglomérations urbaines, tout particulièrement en Serbie, en Bosnie et en Macédoine. Auparavant c'étaient là presque exclusivement des localités situées à proximité des mines, mais qui sous les Turcs avaient perdu leur importance économique d'autrefois. Maintenant les centres de l'économie devenaient des endroits où résidaient l'administration et l'armée turques, ainsi que certains autres grands bourgs reposant sur d'importants points de communications. Dans d'autres régions balkaniques, par contre, reprenaient de forces les vieilles agglomérations urbaines dans lesquelles jusqu'alors aussi s'étaient trouvés des centres de l'administration et de l'armée. Dès le début du 16e siècle les villes balkaniques ont attiré la population rurale et ce processus a causé une forte urbanisation, de façon qu'en plusieurs endroits ont surgi d'entièrement nouvelles cités dont les habitants se multipliaient rapidement. Tout cela a produit des changements sensibles dans la vie économique et sociale des populations des Balkans, de nouvelles organisations des villes et des modifications dans leurs structure sociale et composition ethnique.

Sous la domination turque se sont produits aussi d'autres changements dans la vie économique des pays balkaniques, dont je ne ferai ressortir que quelques-uns.

Tout le Sud-Est de l'Europe se trouvait, avant l'arrivée des Turcs, partagé entre plusieurs Etats; à l'intérieur de certains d'entre eux existaient les vastes ou petits domaines des divers féodaux. Entre ces formations poli-

tiques, des même qu'au sein de celles-ci se dressaient les frontières douanières situées parfois à une distance de quelques dizaines de kilomètres seulement. C'est ce qui rendait bien plus difficile le trafic des marchandises et augmentait leur prix. Les Turcs, cependant, ont aboli tout cela et n'ont maintenu les barrières douanières qu'aux frontières d'Etat, ce qui, bien entendu, a exercé une grande influence sur le commerce intérieure et particulièrement sur le commerce extérieur, vis-à-vis desquels ont très favorablement agi les conditions politiques normalisées et consolidées dans les Balkans, ainsi que l'unité politique que les Turcs avaient pu rétablir.

Au 16e siècle s'est produite aussi une exportation renforcée des produits agraires et des matières premières d'origine animale, ce qui prouve que l'agriculture dans les Balkans avait été accrue. Je ne fais que mentionner ce phénomène, car je ne puis ici l'expliquer plus longuement et en exposer les principales causes.

Parallèlement à toutes ces manifestations qui révèlent certains changements dans la vie économique, s'est produite aussi une jonction économique plus forte entre la péninsule Balkanique et l'Europe occidentale, et telle qu'on n'en avait jamais connu auparavant. Cela a eu lieu malgré le fait que ces deux mondes se trouvaient justement alors politiquement et religieusement mutuellement divisés, donc idéologiquement séparés et que souvent ils menaient de longues et épuisantes guerres l'un contre l'autre. Du point de vue économique ils étaient réciproquement liés entre eux à cause de leurs différentes structures économiques, qui se complétaient mutuellement et de ce fait dépendaient en quelque sorte les unes des autres. L'importante exportation de diverses matières premières et de denrées alimentaires des Balkans était compensée par une importation aussi considérable de marchandises occidentales, en premier lieu de production artisanale et manufacturière.

Dans ce grand commerce entre le Levant et l'Occident déployaient une très grande activité les marchands des pays de l'Europe méridionale. Dans les contrées maritimes des Balkans c'étaient pour la plupart les Italiens qui se livraient au commerce, et tout spécialement les Vénitiens, qui étaient suivis de près par les Français, sans compter les Anglais, qui eux aussi commençaient à se présenter sur les marchés. Toutefois, dans les régions intérieures, les affaires n'étaient presque exclusivement menées que par les commerçants de Raguse. Comme auparavant aux 14e et 15e siècles, maintenant encore aux 16e et 17e siècles, dans toutes les grandes villes de Bosnie, de Serbie et de Bulgarie se trouvaient de nombreuses colonies de marchands, de manière que plusieurs centaines de celles-ci travaillaient continuellement dans les Balkans. Soit directement, soit par l'entremise de leurs amis d'affaires provenant des rangs de gens du pays ils avaient économiquement

relisées entre elles toutes les régions de l'Europe Sud-orientale situées à l'intérieur du triangle dont les points extrêmes sont représentés par Raguse, Constantinople et Budapest.

Les transports maritimes se trouvaient en grande partie entre les mains des étrangers, mais au cours du 16e siècle ont commencé à apparaître aussi des navires marchands de la Grèce et des îles Egées. Parmi les navigateurs étrangers, une des premières places était tenue par les Ragusains qui, au 16e siècle, disposaient d'une des plus grandes flottes marchandes de la Méditerranée. Ce trafic maritime était assuré également par les Vénitiens et d'autres Italiens, ensuite par les Français et, à partir de la seconde moitié du 16e siècle, par les Britanniques et les Hollandais.

Les paysans et les citadins des pays balkaniques s'occupaient des transports territoriaux. Tous les ans plusieurs dizaines de milliers de chevaux transportaient jusqu'à Raguse et d'autres ports adriatiques diverses sortes de marchandises. C'est ce qui exigeait que des milliers d'habitants des Balkans soient engagés en permanence et très activement dans ces affaires.

Des rangs de ces hommes du pays ont commencé graduellement à se distinguer des particuliers – des musulmans, des chrétiens, des juifs – qui ont commencé à s'occuper de commerce et d'autres affaires. Leur nombre et leur activité se sont accrus depuis la seconde moitié du 16e siècle, lorsque dans toutes les régions des Balkans les villes ont commencé à devenir des centres importants de commerce et d'artisanat. Dans ces centres les affaires étaient menées sur les modèles des usages et méthodes occidentaux, tandis que les entreprises d'affaires étaient similaires à celles de l'Occident. C'était là une conséquence de l'activité des étrangers, et pour les régions balkaniques centrales en premier lieu l'œuvre des Ragusains.

Dans les Balkans, les Ragusains s'occupaient aussi bien de commerce local et de commerce d'exportation et d'importation. Ils possédaient quelque deux cents à trois cents magasins de commerce dans les villes importantes, qui se trouvaient en contact permanent avec Raguse et un grand nombre d'entre eux même avec l'Italie. Par leur intermédiaire on a importé chaque année du 16e siècle et de Turquie, par exemple jusqu'à 7 000 tonnes de froment, environ 800 tonnes et peut-être même plus de laine, plus de cent mille pièces de diverses peaux, ce qui au total représentait une valeur approximative de 600 000 ducats. En même temps (et je ne cite qu'un seul exemple) ils exportaient à destination de la Turquie jusqu'à 35 000 balles de tissus, dont 25 000 étoffes anglaises carisées (kersys). Pendant la guerre turco-vénitienne de 1570–1573, tandis qu'étaient fermées les frontières turques en direction de la Méditerranée, la principale partie du commerce extérieur passait par le port de Raguse (Dubrovnik). A cette époque passaient annuellement dans les deux sens différentes marchandises d'une valeur

globale de plus de 3 millions de ducats. Lorsque dans la première partie du 17e siècle le port dalmate de Split, qui appartenait à la République vénitienne, était très actif, par son territoire on exportait tous les ans de Turquie des marchandises ayant une valeur de 400 000 à 500 000 ducats. A côté de ce port, certains autres ports turcs ont joué aussi un rôle important dans le commerce extérieur avec les régions balkaniques.

Les juifs représentaient un élément très actif et très important dans la vie économique des Balkans. Ils apparaissent au cours des premières décennies du 16e siècle, et immédiatement après ils assuement une partie considérable du commerce extérieur des Balkans. Ils étaient étroitement liés entre eux, de même qu'avec leurs coreligionnaires d'Occident, et un grand nombre d'entre eux se rendaient personnellement en Italie. Etant donné que depuis peu de temps seulement, soit à partir des dernières années du 15e siècle ils avaient commencé à passer en Turquie, ils ont transporté avec eux les méthodes de travail et d'organisation des affaires qui étaient appliquées aussi dans le monde occidental, qui justement à cette époque-là entrait dans le capitalisme.

La production agricole et artisanale accrue, une liaison toujours plus étroite entre le marché balkanique et celui de l'Occident, l'influence des commerçants étrangers et des juifs, les conditions démographiques modifiées et certains changements sociaux, tout cela a agi dans le sens de l'apparition des rangs de la population autochtone d'un milieu d'hommes d'affaires dans les Balkans. Dans toutes les parties de la Péninsule ils prenaient en main le commerce local, régional et extérieur; ils entretenaient des relations avec les étrangers non pas seulement dans leur propre pays, mais encore ils sortaient de la Turquie et en assez grand nombre se présentaient-ils sur les marchés de Venise, d'Ancône et d'autres grandes villes d'Italie. Ces commerçants venaient de Bosnie, Serbie, Bulgarie, Grèce et de Constantinople. Sur la base de matériaux d'archives encore insuffisamment systématiquement examinés, on acquiert l'impression qu'à partir de la deuxième moitiè du 16e siècle s'est manifestée dans les Balkans une couche assez nombreuse de personnes qui en bien de choses rappellent les débuts de la formation de la classe bourgeoise en Occident.

Ainsi les pays de la péninsule Balkanique, au cours d'une période de deux à trois siècles, se sont trouvés par deux fois au seuil d'une transformation économique et sociale qui devait les mener en direction de ce développement que l'Occident poursuivait. Ni la première, ni la seconde fois cela ne s'est réalisé complètement, car il y avait différentes entraves et barrières. Il serait utile de nous arrêter un peu sur les causes de ce phénomène, mais cela est impossible en ce moment-ci. De même, il serait nécessaire que par les forces conjuguées des historiens, et en premier lieu de nous autres

historiens balkaniques, on consacre une plus grande attention à l'étude d'autres problèmes similaires. Il serait alors possible de suivre, entre autre, les influences de l'Europe occidentale sur le développement économique et social d'une région périphérique européenne, telle qu'étaient à l'époque les Balkans. Mais, d'autre part, on verrait aussi que ce monde balkanique d'alors était bien plus étroitement attaché à l'Europe que ne l'avait pensé jusqu'ici la science historique.

SUMMARIES OF COMMUNICATIONS

BARTOLOMÉ BENASSAR

FORMATION ET DÉVELOPPEMENT DES STRUCTURES DU CAPITALISME DANS UNE VILLE BUREAUCRATIQUE

Ce que l'on voudrait démontrer ici c'est que, dans certains cas, la formation des structures capitalistes à l'époque dite moderne a pu se réaliser aussi rapidement et se traduire par une accumulation de capitaux aussi importante dans une métropole administrative que dans un grand centre commercial. Mais l'esprit qui préside à la mise en place de ces structures est alors tel qu'il en proscrit ou en paralyse le développement et les structures ne sont pas plutôt formées qu'elles se fossilisent, puis se dissolvent, au lieu de se développer. Dans de tels cas, en effet, le capitalisme n'est conçu que comme l'instrument, à court ou moyen terme, d'une promotion sociale qui vise à l'identification avec l'ordre nobiliaire ou, si l'on préfère, l'aristocratie.

L'exemple choisi est celui de Valladolid aux 16ᵉ et 17ᵉ siècles: justification de ce rôle; affirmation de l'existence, notamment au 16ᵉ siècle, d'un capitalisme valisolétain dont les marchands ne sont pas les protagonistes essentiels. Il ne s'agit donc pas d'un capitalisme commercial.

Quelles sont alors les conditions de formation des structures capitalistes dans cette ville? La perception de hauts salaires par les fonctionnaires, de revenus élevés par les hommes de loi et les universitaires, éventuellement de gros revenus fonciers, tous ces revenus donnent lieu à des paiements en espèces d'une valeur intrinsèque et d'une stabilité suffisantes pour jouer le rôle de réserve de valeur.

Suit l'étude de ces catégories de revenus: la période de plus forte distribution de hauts salaires est celle des années 1545 à 1559 parce qu'elle cumule les salaires du personnel de la cour (qui abandonne la ville après 1559)

et ceux du personnel de l'Audience qui demeure dans la ville tout au long des deux siècles envisagés. L'ordre de grandeur de ces salaires est précisé. De plus l'Audience explique la présence d'un fort parti d'hommes de loi: avocats, avoués, *solicitors*, dont les revenus sont élevés. (Exemples.)

L'importance des revenus ainsi obtenus fait d'ailleurs qu'une partie notable des capitaux disponibles s'investit dans les achats d'offices: cela annonce déja la stérilisation précoce du capital.

Les revenus des universitaires sont moins importants mais restent notables (exemples). A noter l'existence de riches collèges pourvus de rentes.

Ce sont ainsi plusieurs centaines de personnes, voire plusieurs milliers, qui bénéficient de ces gros revenus. Ceux-ci se traduisent par l'accumulation d'espèces monétaires en or ou en argent comme cela peut être démontré par l'étude des inventaires après décès conservés par les notaires qui révèlent une thésaurisation notable: la disponibilité constante d'espèces en métal précieux est certaine à cette époque.

Une autre condition de formation est l'existence sur place ou l'accès à la ville d'une catégorie sociale capable de faire appel à ce capital et de le rémunérer par un intérêt assez substantiel pour l'attirer. Cette classe c'est l'aristocratie: on trouve dans la ville non seulement 2 000 à 3 000 familles *hidalgas* mais encore et surtout quelques-unes des plus célèbres familles d'Espagne, propriétaires de grands domaines où elles ont leurs châteaux mais qui possèdent à Valladolid, sous la forme d'un palais, une résidence secondaire qui leur permet de passer dans cette ville une partie de l'année (ducs de Medina de Rioseco, d'Albuquerque, d'Osuna; marquis d'Astorga, de Denia, de Viana, de Poza, d'Alcanizes, d'Aguilafuente; comtes de Benavente, de Miranda, d'Osorno, de Ribadavia, de Buendia). Les revenus de ces familles oscillent entre 12 000 et 150 000 ducats, ce qui est énorme même si le patrimoine est quelque peu obéré. D'autres familles titrées, sans implantation valisolétaine, s'adressent également au marché de capitaux de Valladolid: marquis de Santa Cruz, de Tavara, d'Almazan, d'Aguilar; comtes de Monterrey, d'Olivares, de Lemos, etc...

Pourqoui ces grands seigneurs dont les revenus sont si élevés ont-ils besoin d'en appeler à l'épargne des *letrados?* Le train de vie fastueux de la haute noblesse et l'accumulation de vieilles dettes (exemples) donnent une réponse.

Une troisième condition de formation est l'utilisation d'un instrument pui permette de façon satisfaisante et régulière l'emploi des capitaux de la première classe par la seconde. Cet ins trument fut »la rente constituée«, en castillan le *censo perpetuo al quitar*, tel qu'il se présente après 1550, c'est-à-dire lorsqu'il est utilisé couramment par la noblesse: gagée sur des biens fonciers ou immobiliers surtout, mais aussi sur des

valeurs mobilières (*juros* par exemple) la rente porte un intérêt de 7,14 % (denier 14) dans l'immense majorité des cas jusqu'en 1580.

Après 1580 on voit se développer beaucoup le *censo de por vida*, c'est-à-dire la rente viagère. Les modalités de la rente sont variables: cas des rentes sur deux vies, taux d'intérêt différents. (Présentation d'exemples.) De plus, le système traditionnel demeure pratiqué. Mais, à la fin du 16e siècle, les taux d'intérêt sont modifiés dans le sens d'une réduction (appelée *crecimiento de censo*) à la suite de l'intervention de Philippe II qui entend réduire la charge pesant sur sa noblesse: réduction au taux d'intérêt de 6,25 ou 5,55 % (nombreux exemples tels comme le comte de Benavente, d'Osorno, d'Olivarès, le duc d'Albuquerque).

Les documents démontrent que les prêteurs, ceux qui consentent aux grands seigneurs sous la forme du *censo* d'importants crédits (souvent plusieurs milliers de ducats), sont bien, le plus souvent, des *letrados:* magistrats de l'Audience, avocats ou avoués auprès de cette Audience, professeurs de l'Université. La bourgeoisie marchande est faiblement représentée: l'exploitation de l'aristocratie se fait donc par les *letrados*.

Mais ce capitalisme est essentiellement parasitaire: il se borne à exploiter la richesse créée et n'en fomente pas de nouvelles. Les rentes sont fondées sur les patrimoines fonciers des grands nobles mais les capitaux aspirés par ceux-ci ne servent nullement à valoriser ces patrimoines, à augmenter leurs possibilités de production, mais uniquement à éponger des dépenses somptuaires. De plus à cet investissement choisi s'ajoute un investissement souvent imposé: je veux parler des *juros*, c'est-à-dire d'assignations sur les revenus publics, données en paiement par l'Etat à ses créanciers; les inventaires après décès montrent que ces *juros* tiennent une place notable dans les fortunes des *letrados* et surtout dans les revenus des collectivités religieuses et même dans les revenus des aristocrates, ce qui fait que les *censos* sont parfois fondés sur des *juros:* cet investissement imposé est donc l'effet de l'accroissement de la dette publique et de l'aliénation corrélative des revenus publics ordinaires. (Exemples.)

Ce capitalisme parasitaire au premier degré qui, pour l'essentiel, se résumait en un prélèvement de la classe des *letrados* sur celle des grands nobles et sur les revenus de l'Etat aurait pu donner lieu à un capitalisme créateur au deuxième degré. J'entends que, étant donné à Valladolid l'existence de classes riches: l'aristocratie et les *letrados*, les seconds accroissant leur richesse aux dépens des premiers, il aurait pu se faire que s'établisse un deuxième prélèvement, celui-ci générateur d'investissements productifs. La consommation des classes riches étant d'autant plus forte que leur désir de paraître s'ajoutait à la satisfaction de leurs besoins, elle devait favoriser les produits du négoce et ménager à celui-ci des marges bénéficiaires élevées.

Effectivement, il exista à Valladolid une catégorie de grands marchands. (Exemples.) Toutefois ces marchands n'étaient que des intermédiaires entre leur clientèle et les marchands de plus grande taille (Ruiz de Medina, Maluenda de Burgos). De plus, et c'est surtout cela qui nous intéresse, il faut considérer ce que ces marchands faisaient de leurs profits. Or, il apparaît qu'ils thésaurisaient ou bien qu'ils achetaient de grands domaines, ou, pour leurs enfants, des offices, c'est-à-dire qu'ils s'évadaient directement ou non vers le genre de vie nobiliaire. (Exemples.) Ainsi, les profits du négoce, dans la plupart des cas, n'ont servi qu'à permettre l'accès à la classe sociale qui pratiquait précisément le capitalisme parasitaire.

Or, le capitalisme des *letrados* n'eut pas la chance de pouvoir réviser ses choix: à peine formé il fut étouffé parce qu'entraîné de deux façons dans la ruine de l'Etat: d'abord parce qu'alors que les prix montent à la fin du 16ᵉ siècle les taux d'intérêt baissent (voir plus haut); ensuite parce que l'invasion du billon, dès le début du 17ᵉ siècle, va réduire peu à peu et, finalement, ridiculiser le revenu des prêteurs (ou drédirentiers). En effet, la plupart des contrats de constitution de rentes passés au 16ᵉ siècle (en période de monnaie stable) stipulent le paiment de la rente en monnaie de compte (maravédis) et non en monnaie réelle. En raison de l'écart croissant entre la valeur légale du billon et sa valeur réelle, le revenu des prêteurs va être divisé par 2, 3 ou 4. Cette situation, en réduisant ou en annulant les dettes de l'aristocratie, favorisera «la réaction seigneuriale» du 17ᵉ siècle et la concentration foncière qui l'a accompagnée. Elle rabaissera économiquement la classe des *letrados* au moment même où, sur le plan politique, le règne des *validos* choisis parmi les grands nobles diminuera le rôle des *letrados*, encore prépondérants à l'époque de Philippe II. C'est une des conditions de l'avortement du capitalisme espagnol.

Conclusion

Les investissements de la bourgeoisie de fonctions (les *letrados*), par leur recherche d'un revenu régulier, garanti par un taux d'intérêt fixe, sont le prolongement des activités professionnelles de cette bourgeoisie fiui lui valent précisément un revenu régulier et stable. En autorisant pendant des décennies un intérêt élevé des censos (7,14 %) la loi a défavorisé les investissements productifs qui supposaient à la fois un risque, une gestion attentive et des réorientations fréquentes.

Puisque les *letrados* n'avaient pas le goût du risque, seule la Banque aurait pu sauver le capitalisme espagnol en assurant le relais entre investissement parasitaires des *letrados* et investissements créateurs. L'absence de la Banque, alors même que les disponibilités en capitaux étaient grandes, est le signe

d'une insuffisante maturité économique. La castille a reçu trop brutalement, sans préparation, la sollicitation du capitalisme financier.

Appendice

Quelques remarques peuvent être faites à propos de l'exposé précédent. Les unes justifient par des faits les idées émises. Les autres permettent d'esquisser le schéma de la rotation des capitaux telle qu'elle s'accomplissait dans une ville comme Valladolid.

1. Jusqu'en 1620 le billon était accepté au pair de sa valeur légale dans les paiements ou, du moins, la prime sur l'argent (ou sur l'or) était très faible comme le prouvent les travaux d'Hamilton. De plus l'abondance de la monnaie d'or et d'argent faisait que les paiements de quelque importance se réglaient en or ou en argent, les *blancas* ne servant qu'à compléter les sommes (démonstration possible par les sources notariales). Cela explique que, sauf exception, les paiements n'aient pas été stipulés en or ou en argent mais en maravedis (monnaie de compte). L'inflation délirante du billon après 1620 a donc contribué à ruiner les titulaires des *censos* et des *juros* puisqu'ils pouvaient être payés dans une monnaie dont la valeur légale était devenue très inférieure à la valeur réelle (voir prime sur l'argent).

2. La loi réduit le taux d'intérêt par voie autoritaire: les pragmatiques de 1608 et 1621 interdirent la constitution de nouveaux *censos* et *juros* à un taux qui fût inférieur au denier 20 (c'est-à-dire à un intérêt supérieur à 5 %); la pragmatique de 1621 réduisit au denier 20 les *censos* fondés avant cette date. En 1705 le taux d'intérêt devait être porté au denier 33, c'est-à-dire à 3,33 %.

Cette réduction du taux d'intérêt s'ajoutant à la dévaluation de la monnaie de compte a donc ridiculisé le revenu des titulaires de *censos* (et de *juros*). A la longue l'investissement sûr, sans risque, s'avérait ruineux, ne produisait plus que du vent comme l'avait prévu Cellorigo. Les *letrados* sont atteints dans leur puissance économique au moment même où la promotion des *validos* réduit leur rôle politique. Ces phénomènes n'ont pu que favoriser la réaction nobiliaire du 17e siècle et le mouvement de concentration foncière qui l'a accompagnée.

3. La rotation des capitaux peut être résumée sommairement par le schéma suivant:

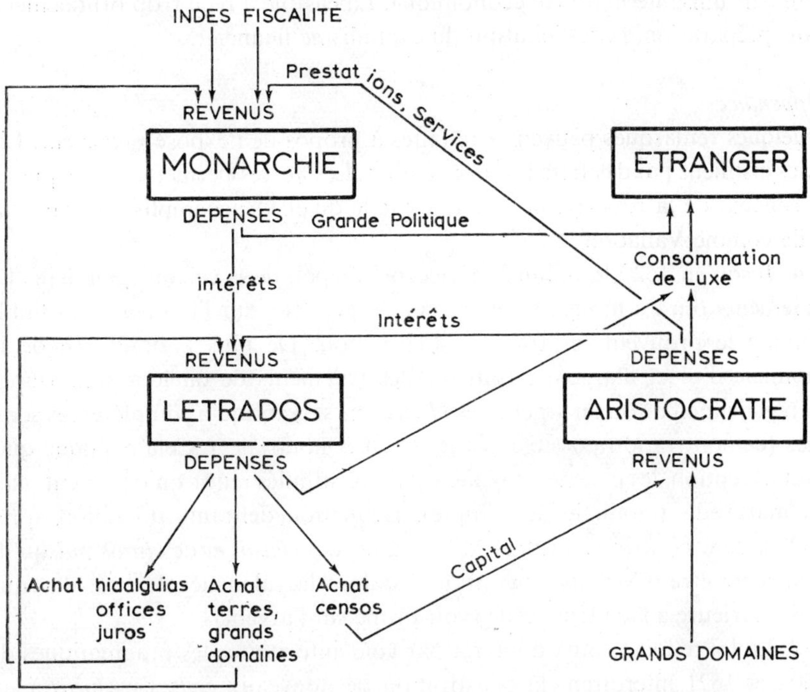

En apparence compliqué, ce schéma est simple. Il démontre que le revenu des *letrados* ne se dirige pas vers des investissements productifs: faute de progrès technique, la terre ne peut rémunérer l'investissement qui se porte vers elle. L'évasion vers l'étranger se fait par l'intermédiaire de la consommation de luxe et de la grande politique. La monarchie récupère, après une rotation qui fait vivre les *letrados*, les sommes un temps perdues. Tout le système repose sur les riches et les paysans qui nourrissent aux deux extrémités le circuit des capitaux.

JEAN-FRANÇOIS BERGIER

«ACCUMULATION PRIMITIVE» ET NAISSANCE D'UN CAPITALISME URBAIN

L'exemple de la Genève de Calvin

Le présente communication ne prétend pas s'inscrire dans le cadre de la grande controverse naguère ouverte par Max Weber sur l'éthique protestante et le capitalisme. Elle voudrait explorer, sur la base de recherches qui sont loin d'être achevées, une situation historique précise et limitée: dans l'espace, une ville – Genève; dans le temps, les années 1540 à 1580 environ, soit les années du séjour de Calvin à Genève ou celles qui suivent sa mort (en 1564) mais où l'empreinte de sa personnalité reste très forte. Peut-être une telle analyse, lorsqu'elle sera parvenue à son terme, permettra-t-elle d'éclairer l'immense problème des liens éventuels du capitalisme naissant et de la Réforme, mais nous nous abstiendrons ici d'entrer dans de telles considérations.

Genève est, au 16e siècle, une ville-Etat d'importance moyenne; sa population stable est, vers 1550, de quelque 15 000 habitants. C'est une cité pratiquement sans campagne: le terroir environnant, à l'exception de quelques villages dispersés, relève presque entier de la maison de Savoie, hostile à Genève, surtout depuis l'expulsion du prince-évêque et de ses représentants, la proclamation de l'indépendance et l'adoption de la Réforme (1535–1536). Genève n'avait pas été étrangère à l'étape antérieure de la formation du capitalisme. Dans la première moitié du 15e siècle, ses foires avaient constitué l'un des grands centres privilégiés du commerce et de la banque européens. La présence, surtout financière, des Italiens y avait été très forte. Toutefois, la ville avait perdu beaucoup de son importance à partir de 1464. Au début du 16e siècle son commerce est encore actif, mais son rôle bancaire a complètement disparu. Au-delà de 1510 se précise un processus de dégradation économique de la cité, dans toutes ses activités, qui se prolonge jusqu'au lendemain de la Réforme. Malgré les efforts d'une génération nouvelle d'hommes d'affaires dynamiques, mais d'origine modeste et sans fortune, Genève est devenue une ville pauvre. Elle ne possède (et n'a jamais possédé jusque-là) aucune industrie.

Or, à la fin du 16e siècle, Genève est de nouveau une ville riche. De puissantes fortunes s'y sont constituées. Il y a donc eu, en l'espace d'un demi-siècle à peine, accumulation «primitive» de capital, puisque entre la richesse du 15e siècle (aux mains d'étrangers principalement) et celle de la fin du 16e, il y a solution presque complète de continuité. Comment s'est faite

cette accumulation? Quels en ont été les entrepreneurs bénéficiaires? Deux questions pour lesquelles il est d'ores et déjà possible d'esquisser une réponse.

Deux facteurs d'accumulation de capital se combinent à Genève dès la fin des années 1540 et donnent à son économie une physionomie très nouvelle: un effort d'industrialisation, destiné à compenser une activité commerciale désormais moribonde; et le refuge des protestants de France et d'Italie, dont la première vague se situe entre 1549 et 1560, la seconde entre 1572 (Saint-Barthélemy) et 1574, et la troisième entre 1585 et 1587.

Les premières tentatives pour créer des activités industrielles (à part l'imprimerie dont l'essor, lié à la Réforme, est antérieur de quelques années) ont lieu vers 1546. Il s'agit d'ateliers de draperie, dus à des initiatives locales privées mais fortement soutenues par l'Etat qui met à disposition des entrepreneurs des locaux, du matériel (foulons) et de la main-d'œuvre (les orphelins et surtout orphelines de l'Hôpital). Le succès de ces entreprises fut d'abord très limité et plusieurs cessèrent leur activité après quelques années. Leur part dans l'accumulation de capital fut donc faible, sinon presque nulle. En revanche, elles avaient ouvert la voie à un secteur nouveau, et contribué par là à renouveler la mentalité économique d'une partie de la population.

Le premier refuge survint précisément pendant cette phase de mutation amorcée (nous éviterons de parler, dans ce cas, de «revolution» industrielle). Le refuge protestant a contribué de façon décisive à l'accumulation de capital à Genève, de deux manières, l'une directe, l'autre indirecte.

En premier lieu, le refuge n'a pas été la convergence vers Genève d'hommes seulement. Il l'a été aussi de techniques de production que les hommes apportaient avec eux, de relations d'affaires que quelques-uns avaient antérieurement nouées dans toute l'Europe (et ceci est très important pour rendre compte du rapide développement capitaliste des décennies suivantes), et enfin de capitaux. Il apparaît en effet que bon nombre de refugiés avaient pu, avant de partir, réaliser tout ou partie de leurs biens et faire virer leur capital à Genève, en général par le moyen de lettres de change tirées sur les foires de Francfort. Les archives notariales témoignent d'un grand nombre d'opérations de ce genre. L'accumulation «primitive» résulte donc d'abord de cette convergence de capitaux.

En second lieu, ces capitaux ont été investis (ou mieux, réinvestis), à Genève. Il y a donc un phénomène brusque et puissant – bien que nous ne puissions espérer l'évaluer quantitativement – d'injection de capital dans l'économie locale. Ces investissements prennent deux formes.

Tout naturellement, d'abord, il s'agit d'investissements industriels: les refugiés (dont une bonne part sont des artisans) reprennent à Genève, dans

la mesure du possible, leurs activités antérieures. Ils se groupent pour unir les facteurs de production: force de travail et capital. Ils sont encouragés par les autorités civiles locales et par l'Eglise, Calvin en tête, qui y voient un moyen d'occuper la masse des nouveaux venus sans qu'ils tombent presque tous à la charge de la collectivité, ce qui n'eût pas été supportable à long terme. De sorte que se créent et se développent rapidement des industries telles que la draperie, la soierie, l'orfèvrerie, et ainsi de suite. Grâce à la qualité des techniques et au réseau persistant de relations, le succès en est presque immédiat, et les profits considérables: en une génération, certains de ces entrepreneurs constituent ou reconstituent des fortunes importantes (les profits sont d'autant plus élevés et l'accumulation d'autant plus rapide qu'il s'agit d'industries de transformation, dans lesquelles la valeur ajoutée par le travail constitue l'essentiel de ces profits). Or, la main-d'œuvre qualifiée est abondante, peu coûteuse.

Mais il s'agit aussi, plus rarement mais sur une échelle beaucoup plus large, d'investissements commerciaux. Une partie des capitaux réfugiés sont drainés par des négociants français, genevois, ou suisses allemands, qui les utilisent dans le commerce des biens de consommation courante, surtout blé et sel. Deux ou trois d'entre eux, prenant Genève pour centre d'activités très étendues (de la Méditerranée à l'Europe centrale) s'arrogent de véritables monopoles des fournitures de ces biens. Un François de la Bottière, un Nicolas Le Fert, un Lochmann, un Obrecht apparaissent, entre 1560 et 1580, comme des entrepreneurs de première grandeur.

Telles sont les articulations majeures du mécanisme d'accumulation de capital, dans la Genève de Calvin. Il importe en terminant de souligner d'une part l'ampleur du phénomène (même en l'absence de chiffres précis), d'autre part l'absence de toute action de freinage dans le fonctionnement de ce mécanisme, contrôlé, encouragé et même alimenté (grâce à des crédits très larges) par l'Etat genevois et calviniste.

JOSEPH C. FUREY and CHARLES K. WILBER

THE TRANSITION FROM FEUDALISM TO CAPITALISM IN ENGLAND

The growth of population and long-distance trade as cause and effect

The growth of long-distance trade and population change have often been cited as the causes of the fall of feudalism and the rise of capitalism. These two factors have been typically treated as forces exogenous to the feudal economic system. They have been utilized to account for the dramatic changes in production and exchange that took place between the 13th and the 16th centuries in Great Britain. This paper will treat these two factors as induced by the mechanism of feudal development.

While it is recognized that the dramatic population decline caused by the Black Death helped to hasten the disintegration of feudalism, the population had been declining before the Black Death due to conflicts and contradictions within the feudal mode of production. Long-distance trade is usually treated as originating in causes outside the economic system that then acted as a dissolvant of feudal relations. This paper will treat the growth of trade as being induced primarily by changes in the productive sphere of feudalism.

The decline of feudalism in England during the 13th and 14th centuries represented the last stage in the disintegration of an antecedent tribal society. The village community was the embodiment of this tribal residue. Feudalism arose only as a result of certain circumstances. In Western Europe, feudal institutions developed because of the failure of certain tribal institutions to perform adequately. Other non-tribal institutions, called feudal, grew up to perform the functions in which the bifurcated tribal societies were inefficient. Thus feudalism was one of several paths leading from tribal society, with collective ownership of the means of production and collective production to the handicraft system (to use Veblen's phrase) with individual ownership of the means of production and individual production. With a continued advance in technology, the handicraft system was replaced by the capitalist economic system with individual ownership of the means of production and collective production. The technical advances (heavy plough, coulter, etc.) of the first century B.C., made possible individual production and the production of a relatively large surplus. When the feudal nobility came into existence, it concentrated and absorbed much of this economic surplus. But its method of acquiring it was based originally on the collective ownership and production of the village community.

Consequently the more powerful nobles were hostile to the development of individual production.

The development of individual property and individual production meant the fragmentation of the village community organization. Efforts on the part of the nobles to stop the tendency toward individual production – made possible by the advance in technology – resulted essentially in the development of serfdom. But the drift toward individual production, social differentiation, and private property persisted, though at a reduced rate, because efforts to take advantage of the new technology led in this direction.

In the 13th and 14th centuries, the feudal system entered a period of crisis. Within 50 years after 1381 serfdom had more or less disappeared in England. In order for the village community to survive a relative social equality of the peasantry had to be maintained. But by the second half of the 13th century, social differentiation of English peasants had proceeded so far that a majority of them were forced to supplement their incomes. A small proportion of the peasants – about 8 or 9% – had prospered and were hiring fellow villagers who had to work for them or for someone else. Economic inequality brought about changes in the village council. The well-to-do gained control of the village councils in the same way that the wealthy merchants captured control of ostensibly democratic town governments.

Private property in land became more and more widespread. Along with the spread of the institution of private property went a decline in the sentiment of cooperation. The leasing of the demesnes of the large manors, which began to grow rapidly after 1280, accentuated the social differentiation. Most of this land was leased to well-to-do peasants and knights with small holdings. Thus much land formerly worked by labor dues was converted to land worked by hired labor. By 1279 in the six counties covered by the Hundred Rolls, only about one quarter of the peasant households had sufficient land so they did not have to supplement their income from outside sources. This illustrates the extent of economic differentiation and hence the disintegration of the village community due to what might be called natural causes.

Moreover, the nobles, by their exorbitant demands, drove the peasants to acts of desperation. They fled the land, refused to pay their dues, formed outlaw bands, conducted uprisings, and many died of famine and pestilence. All of this made demesne farming with servile labor increasingly uneconomical. Thus additional impetus was given to the leasing of the demesnes of the large manorial lords. This meant the end of the economic importance of labor dues and consequently of serfdom and feudalism. Thus the last obstacle to the complete breakup of the village community as a tribal entity had been removed.

As the nobility expropriated a major share of the growing economic sur-

plus from the peasants, their demand for trade goods increased giving impetus to the growth of long-distance trade, of towns, and of the merchant class. The constantly increasing desire for more trade goods led the nobility to step up pressures on the peasantry in an attempt to extract an ever larger proportion of the surplus. This led in the 13th and 14th centuries to declining health standards and in the 14th century a declining population among the peasantry. As the Plague hit Europe in the 14th century, it found a population which due to poor health was extremely susceptible to disease. Sanitation facilities had not kept pace with the growth of towns, and thus the Plague spread rapidly within the cities. Merchants carried the Plague throughout Europe on the new trade routes. The massive death rate brought about a further weakening of the feudal system. As a result of the Peasant Rising of 1381 the nobility was forced to give better terms in their rent and wage bargains. Also they were forced to accept the gradual abolition of serfdom. This increased commutation speeded up the process of social differentiation and gave further impetus to the growth of trade.

The conclusion of this paper, therefore, is that the transition from feudalism to capitalism was due to conflicts and contradictions in the feudal economic system. Population changes were the result of developments and malfunctions in the system itself. The same can be said for the changes in the volume of foreign and local trade. This does not mean of course that population change and foreign and domestic trade had no influence on the decline of feudalism. Obviously they did. But their influence was secondary to the internal developments. In the long run, population change and trade were more the product of internal forces than of external ones.

The developments of the 15th through the 18th centuries largely involved the manner in which a capitalist class was able to develop and wrest the economic surplus from the old landed classes and expand and consolidate its dominance in the economy. With the new and superior capitalist system dominant in England, similar developments on the Continent received an accelerated impetus.

PIERRE JEANNIN

ASPECTS DU DÉVELOPPEMENT CAPITALISTE DANS LES MILIEUX D'AFFAIRES DE ROUEN À LA FIN DU 16e SIÈCLE

Si le concept de capitalisme commercial n'a pas une validité tout à fait satisfaisante, il peut toujours servir pour mettre en lumière les articulations entre une société essentiellement rurale, dont l'économie vivait partiellement en marge du marché, et les activités commandées par une circulation interrégionale et internationale intensifiée des marchandises et de l'argent. Au 18e siècle encore, selon certains historiens, l'épaisseur terrienne de la France serait affectée assez peu profondément par les courants du grand commerce extérieur. Dans une perspective large sur le développement des structures capitalistes au sein de la France d'Ancien Régime, l'accent est souvent mis sur les freinages. Les explications avancées devraient s'appuyer sur une meilleure information concernant la physionomie et l'action des milieux d'affaires. Utilisant principalement les actes du tabellionage de Rouen, la communication se propose seulement d'indiquer une voie permettant de discuter ces problèmes, même en l'absence de sources exploitables par une sociographie quantitative. A partir de dépouillements limités (entre 1576 et 1586) par l'ampleur même du matériel, l'étude préliminaire s'attaché à trois points:

1. la place de Rouen dans la géographie des marchés français et européens;
2. les formes d'activité, pour ce qu'elles révèlent de pratiques capitalistes;
3. la fonction économique du capital marchand et ses implications sociales.

Le commerce de Rouen

Le port et la ville étaient en plein développement dans cette période. Nous n'avons pas de mesure statistique, mais les notaires y enregistrent, pour la seule année 1576, des contrats d'affrètement presque aussi nombreux que ceux de toute la période 1522–1540.

Cette croissance attestée par d'autres indices s'effectuait selon des lignes existant déjà dans la première moitié du 16e siècle: élargissement des activités de la marine normande, importance du trafic avec les Pays-Bas et la péninsule Ibérique. L'expansion était forte dans les relations avec Lisbonne et surtout avec Séville, ce qui prolongeait les entreprises au Maroc, dans les îles atlantiques et sur les côtes américaines. Les échanges se multipliaient avec les marchés du Nord, tout spécialement avec l'Angleterre. La gamme des articles négociés changeait peu (sel, poissons et vins toujours fort im-

portants); le mouvement était vif dans le secteur textile (draps importés et toiles exportées) et dans celui des denrées coloniales.

Le trafic s'amplifiait par la promotion européenne d'une place qui bénéficiait en partie de l'éclatement du marché anversois. Rouen se trouvait alors, malgré les dommages causés par la course, dans une conjoncture exceptionnellement favorable entre les Pays-Bas et la péninsule Ibérique. Outre la colonie espagnole renforcée et l'afflux de Néerlandais refugiés, les nombreux Anglais (plus rarement à demeure) contribuaient à l'internationalisation très poussée de la place, à laquelle les familles marchandes de souche locale participaient pleinement. La présence et la représentation du négoce normand s'affirmaient plus vigoureusement en direction du midi qu'en direction du nord.

Le rayon d'action, vers le dedans du royaume, couvrait tout le bassin de la Seine et s'étendait au-delà: charrois jusqu'en Bourgogne, liaisons suivies avec les pays de la Loire (notamment Tours et Orléans). Grand port du commerce parisien, Rouen offrait aux hommes d'affaires de l'intérieur qui ne s'enfermaient pas dans leurs horizons provinciaux, non seulement un débouché et un centre d'approvisionnement, mais parfois une base d'opérations au-delà des mers. Les relations avec Lyon complétaient le dessin d'un grand réseau à l'échelle nationale; c'est souvent à leur propos que les sources donnent des aperçus caractéristiques sur la pratique des affaires au niveau le plus élevé.

Caractères des entreprises et usages de la place

Sans prétendre fournir un signalement suffisant pour définir le secteur capitaliste et son extension, l'étude des pratiques marchandes est importante pour dessiner en termes économiques et sociaux le profil d'un milieu ouvert et mouvant.

Une densité raisonnable d'actes notariaux permet, en l'absence d'archives d'entreprises, de reconstituer certains réseaux et de situer diverses entreprises par rapport aux types connus en d'autres lieux. On prendra pour exemple une coupe (en 1576) des informations recueillies sur les affaires d'un négociant lucquois de Rouen, Paolo Lamberti, sur ses associés durables et temporaires, sur sa position locale et ses engagements extérieurs. Les dossiers de cas ainsi constitués pourraient être développés; il serait souhaitable qu'ils se complètent avec des inventaires après décès.

A travers des notations plus fragmentaires, on distingue aisément les liens entre certaines formes technico-juridiques où interviennent les notaires et des types d'activité. Les draps anglais étaient apportés à Rouen par des marchands ou des facteurs anglais qui les vendaient directement et faisaient en retour des achats variés; le style des opérations apparaît dans

les transferts des obligations qui servaient généralement de moyens de paiement. La lettre de change existait parfois à ce niveau, avec les flottements résultant du fait que des intéressés étaient itinérants. Son usage était plus habituel entre négociants disposant d'une organisation mieux assise, avec correspondants réguliers, et éventuellement un système de comptes courants. Il faut souligner le développement du change interne pour des paiements commerciaux. Le recours au marché des changes comme source de crédit paraît avoir été plus limité.

Par comparaison avec la vue assez complète des opérations courantes à laquelle nous parvenons, les fonds explorés renseignent moins bien sur les dimensions des entreprises, les ressources et leur emploi et les profits. Mis à part un engagement variable des marchands dans les formes traditionnelles de l'armement maritime (division en parts, intéressement de l'équipage), l'association occasionnelle semble plus fréquente que la société durable. On a de celle-ci des exemples familiaux, mais l'entreprise, en général, reposait principalement sur un individu, dont le poids s'apprécie au nombre de participations variées qu'il juxtaposait, et aux possibilités d'action indépendante qu'il conservait plus que d'autres participants. Cette situation, correspondant au total avec un droit commercial moins évolué que dans quelques centres européens de tout premier plan, était probablement en rapport avec les besoins et les problèmes spécifiques du commerce maritime.

Le capital marchand dans les structures de l'économie et de la société

La vitalité du négoce rouennais était le principal ressort du dynamisme urbain. Mais la constatation des ascensions sociales fondées sur la marchandise soulève maintes questions.

Le milieu socio-professionnel saisi par sa fonction dans les activités d'échange s'ouvrait à tous les niveaux. On pressent, sans pouvoir la mesurer, l'importance de ces franges latérales, en relevant la diversité des conditions sociales de certains intéressés actifs ou passifs (diffusion des parts de navires, prêts à la grosse aventure). Le rôle de nombreux marchands qui étaient aussi fermiers de revenus seigneuriaux ou publics retient également l'attention, bien que le sondage suggère l'esquisse d'une distinction entre des vocations qui tendront ensuite à se spécialiser (le négoce et les traitants).

Les interventions dans le système social de production étaient d'origine spécifiquement marchande dans diverses branches manufacturières. Les contrats de livraison exclusive, même assortis d'avance, plaçaient l'artisan dans la position de façonnier, mais sans lui enlever la possession de son outillage. Dans l'industrie des toiles, la plus importante, Rouen était d'ailleurs le centre d'une région de blanchiment, plutôt que de fabrication. Les prêts à des paysans et les contrats de cheptel indiquent la pénétration, dans

le secteur agricole, de capitaux mobiliers qui ne sortaient pas seulement du commerce; l'étude sur ce point aurait à rejoindre une enquête sur les transactions foncières à mener dans une autre série du tabellionage.

Une coupe de quelques années ne donne guère plus qu'un instantané, un moment dans une évolution sociale de longue durée qui est en cause dès qu'il s'agit d'aller au fond du problème: placements fonciers, promotions sociales accompagnées de repli économique sur les rentes. Il faut du moins retenir que l'acquisition de titres seigneuriaux ne se traduisait pas forcément, à la fin du 16e siècle, par une cessation d'activité dans les affaires.

L'étude détaillée du milieu marchand, qui ne peut se contenter dans les fonds notariaux ou ailleurs des informations strictement sérielles, apporte une contribution indispensable à la reconstitution concrète du climat économique. En la prenant comme cadre de référence englobant des monographies qui couvrent plusieurs générations, il y aurait lieu de s'attacher au renouvellement du personel, pour multiplier les observations sur la mobilité sociale.

ARNOST KLIMA

VARIOUS FORMS OF INDUSTRIAL ENTERPRISES IN BOHEMIA IN THE 18th CENTURY

The 18th century was a very important period for the development of capitalism in Bohemian lands as it was throughout Europe. New forms of economic undertakings were established in the midst of backward social and economic conditions. Feudal relationships predominated throughout the countryside; in the towns, industrial production was in the hands of the guilds.

In the textile industry, which was the foremost craft, the putting-out system was highly extended. These forms existed in the 18th century, but new ones were founded and extended from year to year. These new forms gave rise to the factory system of the 19th century. Knowledge of the various innovations which led to the development of capitalism is important to understand the conditions of that time, and also for the events that followed.

The foundation of new enterprises for a large market demanded a great amount of capital. Therefore, such enterprises in 18th century Bohemia were built mainly by the nobles, the only group in society with capital to invest in industrial undertakings. Since the nobles played such an important role in fostering industrial production, Bohemia experienced greater industrial development than did many of its neighbors. An example of this practice is the factory that Count Johann Josef Waldstein founded on his estate in Horni Litvinov. Begun in 1715, the buildings and equipment cost 100,000 to 150,000 guilders – an enormous sum for that time. Nobles such as Waldstein had several advantages when they decided to establish an industry. The noble enterpreneur could rely on the work of the people who were living on his estate; there were no labor-management disputes in the time of serfdom. By founding his enterprise on his estate, he could freely choose the most convenient place.

At first, the nobles had no experience with management of their enterprises, but they had the ability to solve their problems. They looked for specialists wherever they could find them (usually in the more developed countries) to manage the enterprise, to introduce production technique on more highly developed levels, and to teach their serfs new techniques. In Count Waldstein's factory, there were specialists from the Netherlands and England; in Slavkov and Ivancice at Moravia, the factory of Count Kounic employed a group from Switzerland.

How was production in these enterprises organized? I will cite two different examples. In Horni Litvinov the business was organized in a modern, centralized manner. There were several buildings including spinning mills, weaving sheds, and dyer's works. The production of fine cloth was separate from that of ordinary kinds. Organization of the production led to a detailed division of labor, so that in the year 1727 each worker performed only one function. Production was divided into a great number of operations, some of which could be performed by unskilled employees. This led to increased productivity, representing a new phenomenon in 18th century industry, which remained an important element in the 19th and 20th centuries, too.

In contrast to this centralized production, we also find decentralized production organizations in 18th century Bohemia. Count Joseph Kinsky founded several textile and glass factories on his estate at Sloup during 1755–1765. His organization was different from that of Waldstein in that he did not centralize all production in his buildings but also employed weavers who worked for him at home, although their production was under the control of his foremen. In the year 1759 he built a dyer's works that later developed into the first printing shop in Bohemia. He founded a spinning mill and a weaving shed, and employed 250 people in 1761.

In the glass industry, Kinsky founded two mirror enterprises, a grinding mill, and an organization for the production of artificial pearls. The managers and foremen of his enterprises were foreign specialists; in textile production they came from Saxony, in mirror production from Bavaria (Nuremberg and Furth), and Italy (Naples and Ferrara). Kinsky decentralized the process of production, selling the equipment to his workers and buying their products from them. In the houses on his estate he concentrated only the finishing process and the sale. Even more highly developed industry of a later period did not wholly abandon this form, when small parts of a complicated production process were accomplished by a number of diverse small enterprises and a number of factories produced basic parts which were then combined into complicated products. This form of production probably had begun in the factories of the 18th century.

Under the conditions prevalent in the 18th century in Bohemia, it was not easy for an enterpreneur from the bourgeoisie to found a large industrial enterprise. When J. M. Schmidt from Vienna decided to build a textile factory in Southern Bohemia, he had to enlist the aid of the landowner of the estate where his enterprise was to be located. Schmidt needed his consent not only for the construction of the buildings but also for permission to employ his serfs. (The existence of serfdom was a great obstacle to the development of production.)

When another enterpreneur, Johann Josef Leitenberger, who owned a dyer's works at Vernerice in Northern Bohemia, realized that the scattered form of production was inconvenient, he decided to connect the spinning mill, weaving shed, and printing shop. Since he needed a large source of available manpower, he located his complex in a town where labor was not subordinated by a landlord. Therefore, he began to build a large spinning mill in 1770 in Prague, where he employed 527 people. After the abolition of serfdom he employed specialists to build the equipment for his factories in Sorge, similar to Arkwright in Cromford. His enterprises grew, and he introduced water frames and mule jennys into production in Bohemia.

I. D. KOVALTCHENKO

PECULIARITIES OF THE GENESIS OF CAPITALISM IN RUSSIA IN THE 17th TO 18th CENTURIES

Some definite conditions were necessary for the emergence of the capitalistic system (a system of commodity production based on the application of hired labor) from the depths of feudalism. In the first place this required considerable investment in production, and abundant workers who did not have the means of production and so had to sell their talents. The development of such conditions was a complicated and lengthy process that originally appeared as differentiation among small commodity producers. This led to an unequal distribution of wealth and to the emergence of capitalist relations.

The accumulation of capital in the sphere of trade and usury, as well as the forced mass expropriation of small producers, took a different path. Here, a great role was played by the measures taken by the state such as various privileges, enactment of mass expropriation of small producers, seizure of colonies, and so on. In a historical analysis of the evolution of capitalism it is important to understand the differing stages of this process. Therefore, the following points should be considered.

Under feudalism natural economy and forced labor prevailed. But even at that time part of the produce was sold and some hired labor was used. In the feudalistic period there was also differentiation of small producers, their expropriation, and concentration of wealth. However, these phenomena alone did not introduce capitalism. Although the 17th and the first part of the 18th century witnessed the development of prerequisites for the formation of capitalism in Russia, capitalist relations in this period were unsteady and sporadic and did not shake the feudal economic system. They did not serve as an indication that *the epoch of the genesis of capitalism* began. Rather, the appearance of the manufacturing form of capitalism should be regarded as the beginning of that epoch, for this marked the point at which new relationships began to undermine the feudal system of production.

The principal factors that caused the transition to capitalism, as well as the stages of this transition, were identical throughout Europe. However, the correlation between various aspects of this process and the forms and intensity that it assumed in individual countries were different, depending on specific historical conditions.

The nature of Russia's social and economic development in the 17th and

18th centuries was characteristic of central and Eastern European countries. The essential features were economic development with an emphasis on agriculture and the predominance of serfdom. Feudalism was a great obstacle to the development of prerequisites for the emergence of capitalism in all countries.

In addition to these common factors, there were some specific conditions which were found only in Russia. First, the extension of territory and the variety of environments, economic conditions, and historical traditions, gave rise to different courses of development of capitalism within one country. The predominant role was agrarian. This was characteristic of the western, central, and southeastern areas of Russia. Among these the western area (the Baltic countries, Lithuania, parts of Byelorussia, and the Ukraine) came closest to the sort of origin of capitalism found in other countries of central and Eastern Europe.

Another characteristic feature of Russia was the vast amount of land to the south and the east that was almost uninhabited but fertile. These areas were gradually being settled spontaneously by peasants. This settlement lessened the tensions of serfdom and resulted in its maintenance in the central part of the country, a situation favoring the emergence of various courses of agrarian development.

Russia is also unique in that there were a great number of peasants who were in feudal bondage to the state. They were given more freedom in their economy than the peasants enslaved by landlords. In addition there was a large group of landlords' serfs who paid taxes in money. They had more freedom in their economic activity than did the peasants discharging their tax duties through service on landlords' estates. Late in the 18th century these two categories of peasants amounted to over 60% of the total peasantry of the country. Because of the great number of such peasants in Russia, their farming, as a form of agricultural production, predominated during the entire period of serfdom. Even in the middle of the 19th century, when landlords' farming was most widespread, its area under crops came to 22 to 23%. The peasantry produced the bulk of agricultural output at that time. Thus, the principal basis for the formation of agricultural capitalism was the peasant economy. With the limited development of towns and insignificant urban population, the peasantry conducted small-scale industries.

Finally the system of community farming was typical in most of the Russian territory, particularly in the central, northern, and eastern regions containing the majority of the population. Peasant land was distributed according to the number in a family, irrespective of economic condition. All taxes were proportionate to the land allotments. Both the landlord and the community responsible for the delivery of each member's tax were

interested in the smooth running of the system; therefore it was strengthened by the measures that the landlord and the community took to maintain a minimum economic welfare for all the peasants who had received land. Thus, most peasants in these regions had some economy of their own. This allowed the landlords to base their economies on both the employment of the labor and on the horses and farming equipment of their peasants. These landlords were not interested in developing their economies, and only the abolition of serfdom could lay the foundation for a shift to a capitalistic base.

Among the other features of Russia in the 18th century that we should emphasize was the widespread use of serf labor in manufacturing, which testifies to the lack of necessary conditions for the development of capitalist manufacturing and serves as a vivid example of the subordination of the form of capitalist production to feudalism. These are the main points that distinguished Russia from other countries of central and Eastern Europe. The epoch of the formation of capitalism as such began in Russia about the second half of the 18th century. When a system of capitalistic manufacture serving the home market appeared concurrently, the feudal economic structure began to disintegrate. The establishment of capitalistic manufacturing eventually emerged from the small-scale peasants' industrial production.

J. KUCZYNSKI

FÖRDERNDE UND HEMMENDE KRÄFTE DER ENTWICKLUNG ZUM KAPITALISMUS IN DEUTSCHLAND AM ENDE DES 18. JAHRHUNDERTS

Als Christopher Hill und ich kürzlich in Oxford nach langem wieder zusammentrafen, war die erste Frage, die wir uns gegenseitig stellten: »Beharren Sie immer noch auf Ihrem grundfalschen Standpunkt von vor 40 Jahren?« Es ging damals um die Einschätzung der ökonomischen und allgemein der gesellschaftlichen Verhältnisse in England um 1600 – waren sie kapitalistisch oder feudal?

Ein solcher Streit – bei dem überdies noch jeder der Streitenden behauptet, der andere sei doch sonst ein so kluger und fundiert arbeitender Historiker – ist hinsichtlich der Verhältnisse in Deutschland 200 Jahre später nicht möglich. Es gibt wohl keinen Forscher heute, der meinen möchte, dass um 1800 in Deutschland kapitalistische Verhältnisse, sei es in der Gesellschaft oder auch nur in der Ökonomie, vorherrschten, keinen, der leugnen würde, dass Deutschland damals im grossen und ganzen ein feudales Land war. Es gibt Meinungsverschiedenheiten über die Stärke der kapitalistischen Elemente, auch über die Bedeutung der im ersten Jahrzehnt des 19. Jahrhunderts einsetzenden Reformen für die Entwicklung des Kapitalismus, aber dass vor diesen Reformen kapitalistische Verhältnisse vorherrschten, behauptet meines Wissens kein Historiker gegenwärtig.

Bedenkt man dass in der zweiten Hälfte des 15. Jahrhunderts Deutschland das ökonomisch vielleicht fortgeschrittenste Land der Welt war und dass es in den folgenden 200 Jahren nicht nur hinter England, Frankreich, Belgien, Holland und anderen in der Entwicklung zurückblieb, sondern sich zum Teil rückentwickelte, dass ein Prozess der Refeudalisierung und Verkümmerung einsetzte, dass in Deutschland Tendenzen der Hemmung und Rückentwicklung, die wir auch in anderen Ländern des Kontinents finden, sich mit besonderer Schärfe durchsetzten, dann mag man gar zu der Auffassung kommen, dass die Entwicklung in Deutschland geradezu negativ klassischen Charakter trug.

Zu den wichtigsten Ursachen für diese Entwicklung in Deutschland gehören meiner Ansicht nach der Doppelsieg der feudalen Grundherren über die Bauern und die Städte in der ersten Hälfte des 16. Jahrhunderts, das Scheitern der zentralistischen Kräfte, welches wohl auch grosse Bedeutung für den Niedergang des deutschen Aussenhandels hatte zu einer Zeit, in der die Herausbildung nationaler Staaten und die Entdeckung neuer

Seewege und Kontinente die Entwicklung einer Reihe westeuropäischer Länder stärkstens förderte, und schliesslich – nicht ohne Zusammenhang mit alledem – das Unglück des 30jährigen Krieges.

Der Sieg der feudalen Grundherren brachte, was Engels und Marx so richtig mit dem Ausdruck der Zweiten Leibeigenschaft kennzeichnen, ein ungleich stärkeres Wiederanziehen der im 15. Jahrhundert schon vielfach gelockerten feudalen Fesseln, als es etwa in Frankreich der Fall war. Dass, wie erst kürzlich wieder Hans Heinrich Müller gezeigt hat, in der zweiten Hälfte des 18. Jahrhunderts sich die Produktivkräfte in der Landwirtschaft in diesem und jenem Teil Deutschlands frischer zu regen begannen, hier und dort modernere Methoden der landwirtschaftlichen Produktion eingeführt wurden, kann einige helle Punkte auf dunklem Hintergrunde hervorrufen, doch das allgemeine Bild kaum ändern.

Was das Handwerk betrifft, so wird es wohl niemanden geben, der nicht Justus Möser zustimmt, der 1767 bemerkte: »Fast alle deutsche Arbeit hat zu unserer Zeit etwas Unvollendetes, dergleichen wir an keinem alten Kunststück, und gegenwärtig an keinem rechten engländischen Stücke antreffen. So sehr ist das Handwerk zugleich mit der Handlung gesunken. Die einzige Aufmunterung kommt jetzt noch von den Höfen; und was sollen einige wenige mit Besoldungen angelockte Hofarbeiter gegen Handwerker, die während des hanseatischen Bundes für die ganze Welt in die Wette arbeiteten!« Auch hier wieder der doppelte Vergleich zum Schlechteren: gegenüber der deutschen Vergangenheit und gegenüber der westlichen Gegenwart. Auch hier wieder der Hinweis, dass, soweit wir helle Punkte finden, sie in einer dunklen Landschaft leuchten.

Hinsichtlich der Manufakturen können wir heute auf Grund der neuesten Forschungen – sei es von Forberger und Krüger für Ostdeutschland oder von Reuter, Slawinger und anderen für Westdeutschland – feststellen, dass es sich entweder um Zwangsarbeit in Zucht- und Spinnhäusern, um zerstreute Manufaktur in Heimarbeit oder um subventionierte, mit Verlust arbeitende Betriebe, nur selten um kapitalistische rentable Unternehmen handelte.

Überblicken wir das Bild, das wir heute von den Verhältnissen um 1800 haben, dann hat die Forschung der letzten 100 Jahre das Bild unendlich bereichert und nuanciert gegenüber dem, das Engels oder Marx, Hanssen oder Schmoller ein Jahrhundert vor uns hatten, ohne doch den Grundton oder die Grundkonturen wesentlich zu ändern. Auch was die Gründe und Ursachen der Verhältnisse betrifft, so sind wohl Verschiebungen in dem Gewicht, das man den einzelnen gibt, eingetreten – ich meine zum Beispiel, dass Engels dem geographischen Faktor der Verschiebung der Handelswege zu viel Gewicht gibt, und jeder weiss, dass Schmoller, selbst wenn wir von seiner politischen Hohenzollernlegende absehen, auch die ökonomischen

Verhältnisse in Preussen viel zu günstig gegenüber Bayern und anderen Teilen Deutschlands beurteilt –, im grossen und ganzen aber hat unsere Wissenschaft zumindest im 20. Jahrhundert nichts grundlegend Neues in der Einschätzung der Verhältnisse um 1800 gebracht.

Es fragt sich jedoch: Muss das so sein? Bleiben uns nur noch Einzelerkenntnisse, Nuancierungen und Lokalstudien, die Neues bringen könnten?

Ich glaube nicht. Einmal sind wir weit zurück in der vergleichenden Wirtschaftsgeschichte, allgemein und nicht zum wenigsten in der der Übergangszeit vom Feudalismus zum Kapitalismus. Arbeiten wie die von Pach über die Entstehung der kapitalistischen Grundrente in der westeuropäischen Agrarentwicklung und einige Studien Abels stellen einen Anfang dar. Einen Anfang für das Handwerk und die Manufaktur besitzen wir jedoch noch nicht, nicht einmal einen Anfang vergleichender Studien.

Nur eine vergleichende Wirtschaftsgeschichte aber könnte uns wirklich weiterbringen. Nicht nur würden wir Ursachen und Gründe für Tendenzen und Strömungen durch Vergleiche richtiger einschätzen. Vor allem könnten wir – und das ist das zweite Gebiet, auf dem wir völlig Neues leisten würden – vielleicht zu sinnvollen Modellen des Übergangs vom Feudalismus zum Kapitalismus kommen.

An der Universität von Leningrad liest gegenwärtig Tulpanov über die Politische Ökonomie der Entwicklungsländer. In dieser Vorlesung versucht er Regeln, ja Gesetze des Übergangs vom Kapitalismus zum Sozialismus zu eruieren.

Mir scheint die Frage durchaus berechtigt, ob man ähnliches nicht auch für den Übergang vom Feudalismus zum Kapitalismus versuchen sollte.

Ist es zum Beispiel eine Regel oder gar ein Gesetz, dass in der Übergangszeit vom Feudalismus zum Kapitalismus das Handwerk herunterkommen muss? Ich meine damit nicht, dass es an Bedeutung gegenüber der Manufaktur verliert, sondern dass die Qualität seiner Erzeugnisse allgemein sinkt, wie es in Deutschland der Fall war. Andeutungen über einen Rückgang der Qualität finden wir zum Beispiel auch für Frankreich, die sich jedoch wohl vor allem auf die *chambrelans* und weniger auf die rechtmässigen Meister beziehen. Was Italien betrifft, so hat, wenn auch in geringerem Masse als in Deutschland, zweifellos ein Rückgang der Qualität stattgefunden. Mit dem Sieg des Kapitalismus hob sich dann wieder das Niveau der Kunstfertigkeit und Solidität der handwerklichen Leistung ganz erheblich. So offenbar die Gründe für den Rückgang der Rolle des Handwerks innerhalb der Gesamtwirtschaft sind, so wenig erforscht sind noch die Gründe für den Rückgang der Qualität. Sinkender Reichtum kann eine Mitursache sein, mehr nicht. Denn für Deutschland stellen wir einen weiteren Rückgang der Qualität

auch mit wieder ansteigendem Wohlstand seit dem Ende des 17. Jahrhunderts fest. Welche Rolle spielt die Verwandlung von kleinen und grösseren Städten, in denen Handel und Wandel blühten, in träge Landstädte? Obgleich wir diesen Vorgang sowohl in Deutschland wie in Italien und Spanien finden, ist der Rückgang der Qualität der handwerklichen Produktion in Deutschland wohl ausgesprochener als anderswo.

Auch die vergleichende Manufakturforschung – wir haben jetzt reichlich Material für die einzelnen Länder – wird uns wohl wesentlich weiter bringen. Dabei werden die Phänomene der Zwangsarbeit und Subventionen unmittelbar zum Problem der Rolle des Staates in der Übergangszeit führen. Ist es richtig, wie ich glaube, dass es ein Gesetz der Übergangszeit vom Feudalismus zum Kapitalismus – im Gegensatz zum Übergang zum Feudalismus – gibt, nach dem der Staat eine sehr grosse Rolle, und zwar sowohl hemmender wie auch fördernder Art in der Wirtschaft spielt, weit grösser als in der vorangehenden Blütezeit des Feudalismus wie auch als im Kapitalismus des 19. Jahrhunderts. Ausgesprochenen Etatismus finden wir in England im 16. und 17. Jahrhundert genau wie in Frankreich und Deutschland im 17. und 18. Jahrhundert.

Alle diese Fragen sind auf vergleichender Ebene noch völlig ungenügend untersucht. Allein ihre Beantwortung aber wird uns heute wirklich vorwärts bringen. Nur so wird, meiner Ansicht nach, der Periode wirklichen Fortschritts in Allgemeinerkenntnissen – im Gegensatz zu späteren Einzelerkenntnissen –, die wir in Deutschland zwischen 1850 und 1880 erlebten, ein neuer Aufschwung in der Generalanalyse der Hemmungen und Förderungen der wirtschaftlichen Entwicklung im 17. und 18. Jahrhundert folgen können.

ROBERT MANDROU

STIMULANTS ET FREINS AU DÉVELOPPEMENT DU CAPITALISME EN FRANCE JUSQU'À LA FIN DU 18e SIÈCLE

Cette note présente un simple inventaire des forces qui ont stimulé ou contrarié le développement capitaliste en France à l'époque moderne: le texte donnera à cette présentation une articulation plus cohérente.

Stimulants exogènes et endogènes

Jusqu'à la mi-18e siècle, les stimulations extérieures ont été beaucoup plus importantes que celles suscitées par l'évolution interne ou la politique économique de la monarchie.

Au premier rang de ces stimulants exogènes figure l'extension du commerce extérieur au cours des 16e et 18e siècles: dans la première période, par la participation aux échanges hispano-américains, à partir de Séville; dans la seconde, par suite du développement des colonies américaines (Antilles essentiellement) qui a provoqué un nouvel essor du capitalisme marchand dans les ports atlantiques (par exemple, des trafics triangulaires).

L'esprit d'entreprise capitaliste semble lié en France à ces activités extérieures pendant toute la période moderne. Ce sont les négociants de Rouen, Bordeaux, Lyon, Marseille qui font preuve d'initiatives pour participer aux grands courants d'affaires à chaque époque. Cet esprit d'entreprise est lié au renouvellement des goûts et besoins qui se manifeste au 18e siècle.

En regard, les initiatives de la monarchie pour stimuler les investissements manufacturiers, et même l'essor du commerce extérieur – ce qu'on a appelé le colbertisme –, apparaissent de moindre importance; les incitations impératives, subventions, et exonérations fiscales ont reussi à implanter ici et là des industries manufacturières de luxe (Aubusson et Sèvres) ou des manufactures nécessaires à l'armée (Tulle et Saint-Etienne). La part de ces créations dans le développement capitaliste français reste médiocre.

Par contre, l'essor de l'agriculture française à partir de 1740, fournissant à la masse paysanne un surplus négociable, créant une demande énorme de biens de consommation par l'élargissement du marché intérieur, à bouleversé les conditions économiques, mais les conséquences ne s'en font sentir qu'à la fin de la période envisagée; elles sont plus lisibles au 19e siècle à la veille de la révolution industrielle.

Freinages et handicaps

L'essor du capitalisme marchand s'est trouvé freiné pendant toute la période moderne par des handicaps à la fois géographiques et institutionnels.

Le handicap géographique est le résultat de la dispersion des ports français sur des côtes très longues et surtout de la difficulté de la circulation intérieure, fluviale et terrestre. Il n'y a qu'un seul ensemble d'accès facile: Le Havre, Rouen, et la capitale. Partout ailleurs les relations avec les villes et les marchés de l'intérieur demeurent des expéditions pénibles et onéreuses.

Le handicap institutionnel et social est le résultat du fait que le groupe social bénéficiaire de la rente du sol ne puisse investir ces ressources dans les entreprises commerciales. Les tentatives faites par la monarchie pour inciter la noblesse à commerces au long cours sans dérogeance n'ont pas été un succès. Les principaux possesseurs de revenus abondants ont été des consommateurs, non des investisseurs.

Le handicap institutionnel est le résultat du régime des corporations auquel une bonne partie du royaume est soumis. Cela constitue une réglementation du travail, une limitation de la concurrence, qui entravent l'initiative des métiers et réduit encore la faible élasticité technologique de la production artisanale. De même la réglementation rigoureuse des compagnies de commerce a freiné l'initiative à ces handicaps, ajoutant deux éléments plus conjonctuels, également lourds.

Le freinage financier est d'abord le résultat de la politique financière de la royauté (les besoins des guerres), qui absorbe des capitaux imposants et suscite la prolifération des «partisans», fermiers et agents financiers de la monarchie, dont l'activité, strictement fiscale, est pour l'essentiel parasitaire: affermages des impôts royaux et rentes sur les hôtels de ville en constituent l'essentiel). Le sous-équipement bancaire du royaume a encore accentué ce freinage de circonstance.

Le freinage social est le résultat du prestige du service royal. Les fonctions judiciaires notamment ont detourné dès le Moyen Age la bourgeoisie marchande des ses activités. L'institution de la «paulette» au 17e siècle créant une noblesse de robe a accéléré ce mouvement de désertion des professions commerciales, absorbant sans retour capitaux et personnel.

DANICA MILIĆ

TRIEB- UND HEMMUNGSKRÄFTE DER ENTWICKLUNG DES KAPITALISMUS AUF DER BALKANINSEL BIS ZUM ENDE DES 18. JAHRHUNDERTS

16. und 17. Jahrhundert

In der Periode der Entstehung der kapitalistichen Epoche im Westeuropa vom 16. bis zum 18. Jahrhundert wurde die gesellschaftliche Weiterentwicklung der Balkanstaaten durch den Einbruch und die Eroberungen der Türkei in diesem Gebiet bedingt. Im Laufe von drei Jahrhunderten war die Balkanhalbinsel ein ständiger Kampfplatz. Während die ottomanische Macht im 16. Jahrhundert im Vorstoss war und die Übermacht hatte, wurde im Laufe des 17. Jahrhunderts, nach einer Reihe von Zusammenstössen, das Gleichgewicht zwischen Österreich und der Türkei hergestellt; nach der türkischen Niederlage am Ende des 17. Jahrhunderts, aber, wurde der Kriegsschauplatz auf den Balkan versetzt. Im 18. Jahrhundert kam es zu mehreren Kriegsstreitigkeiten zwischen Österreich und der Türkei, die am Balkan stattfanden und nachher auch zu einem Konflikt zwischen Russland und der Türkei. Im 17. Jahrhundert spielte sich auch der bekannte Krieg von Kandia zwischen Venedig und der Türkei ab, in welchen wieder die Balkanvölker am meisten gelitten haben.

Demzufolge, einer der wichtigen Faktoren, welche den Lauf der geschichtlichen und wirtschaftlichen Entwicklung in diesem Teil Europas erschwerten und verzögerten, stellten die Kriegskonflikte und -zerstörungen, Verheerungen und Krankheiten dar, welche mit unverminderten Heftigkeit über diese Gebiete rasten, besonders über gewisse Teile Serbiens, Mazedoniens und Bosniens.

Dank solch einer geschichtlichen Entwicklung befand sich der grösste Teil der Balkanhalbinsel unter ständiger Herrschaft der Türkei, während sich die nördlichen Teile innerhalb der Grenzen Österreichs und die südwestlichen Teile innerhalb der Grenzen Venedigs befanden. Nur ein kleiner Teil des Gesamtgebiets der Balkanhalbinsel, etwa 1 500 km^2, unter dem Namen von Republik von Dubrovnik (Raguse) bekannt, hatte seine Selbstädigkeit bewahrt.

Durch die Einführung der türkischen Herrschaft auf dem Balkan wurde eine bürokratisch-feudale Ordnung hergestellt, die sich durch ein besonderes, einzigartiges System der Feudalabgaben kennzeichnete. Obwohl die mittelalterlichen Städte am Balkan, zur Zeit des türkischen Vordringens

zum grössten Teil zerstört und entvölkert wurden, entwickeln sich, nach der Befestigung der türkischen Macht, neue Städte und zwar in grösserer Anzahl und in grösserem Umfang als vorher. Die Bevölkerung dieser Städte war mohammedanisch, aus der Türkei eingewandert, oder einheimisch, islamisiert. Es gab auch christliche Einwohner. Die Träger der städtischen Wirtschaft des Gewerbes und des Handels, waren vorwiegend die Mohammedaner, aber es gab unter Handwerkern und Kaufleuten auch Christen, obwohl diese zum grössten Teil Lohnarbeiter und Landwirte waren. In den Städten entwickelten sich die Zünfte, typische Organisationen, vom Orient übertragen. Die Städte sind doch, ohne Rücksicht auf diese Besonderheiten, zu Trägern der Waren-Geld Verhältnisse im 16. und im 17. Jahrhundert geworden. Eine besondere Gruppe der wirtschaftlich tätigen Bevölkerung bildeten die Nationalminderheiten: Juden, Armenier, Zinzaren (Aromunen), Griechen, welche seit dem 16. Jahrhundert, mit der türkischen Armee auch in die Gebiete nördlich des Balkans, in Ungarn und in Österreich, einzudringen begannen. Dort machten sie sich ansässig und trieben Handel, auch nach dem Rückzug der Türken an ihren Stellen verbleibend. Sie entfalteten ihre Tätigkeit besonders nach der Abschliessung der Friedenverträge zwischen Österreich und der Türkei, im Jahre 1699 in Karlovci, in 1718 in Pozarevac und in 1739 in Belgrad. Ihr Handelsgebiet erstreckte sich von Kleinasien bis Mitteleuropa, wo sie die Rolle der Vermittler spielten.

Am Ende des 16. und zu Anfang des 17. Jahrhunderts war Dubrovnik ein wichtiges Handelszentrum am Balkan und die Kaufleute aus Dubrovnik trieben hauptsächlich den Karawanenhandel und gründeten ihre Kolonien in allen grösseren Städten der Balkanhalbinsel. Der Karawanenverkehr war besonders lebhaft auf der Strasse von Dubrovnik nach Sofia. Die Kaufleute aus Dubrovnik kauften Viehzuchterzeugnisse, namentlich die Wolle, und führten sie aus für den Bedarf der westeuropäischen Manufaktur. Dieser Handel förderte die Viehzucht auf dem Balkan, aber der österreichisch türkische Krieg am Ende des 17. Jahrhunderts wischte alles weg. Im Kriege verschwanden die riesigen Schafherden, ihre Eigentümer gingen zuschaden, die Kaufleute und Frachtfuhrmänner flohen über die Save, die Karawanenwege vergrasten.

18. Jahrhundert

Für die Balkanhalbinsel war das 18. Jahrhundert eine, an den Gärungen im türkischen Feudalsystem, reiche Periode, welche zugleich die Keime neuer Erscheinungen in sich trug, welche durch das Anschwellen der Waren-Geld Verhältnisse und die Aufhebung einiger Produktionszweige gekennzeichnet wurde. In dieser Periode wurde dem Handelskapital in diesen Gebieten jene Rolle zugeteilt, die es im 16. und im 17. Jahrhundert in fortschrittlicheren

europäischen Ländern, am Übergang vom Feudalismus zum Kapitalismus, abspielte. Die im 18. Jahrhundert begonennen Prozesse umfassten diese Balkanländer mit viel grösseren Kraft und Breite im 19. Jahrhundert, als die Bewegungen für nationale Befreiung, als ein aktiver Faktor, auch zur Lösung dieser Wiedersprüche, beitrugen.

Wenn man die Ergebnisse der gesellschaftlichen und wirtschaftlichen Entwicklung dieser Periode zusammenfasst, kann man sagen, dass der Entwicklungsprozess der Elemente des Kapitalismus bereits begonnen hat, dass aber noch ziemlich viel Zeit nötig war, damit sich diese Embryonen zu ihren Vollgestalten entwickeln.

Zum Unterschied von den übrigen Ländern, in welchen sich das neue gesellschaftliche und wirtschaftliche System – Kapitalismus – im Schosse der alten gesellschaftlichen Ordnung – Feudalismus – entwickelte, handelte es sich in diesen Balkanländern um den Feudalismus als einen äusseren Rahmen, dessen Träger nicht nur gleicher Nationalität waren wie die Bevölkerungsmasse selbst. Hier verflochten sich die sozialen Elemente mit den nationalen und dieser Umstand gab der ganzen Periode der Befreiungskämpfe seinen Stempel, da in ihr zwei Ziele verfolgt wurden, die nationale und die soziale Befreiung. Ausserdem war das System der Feudalabgaben weit verwickelter als in übrigen Ländern, da es sowohl die Abgaben an den Eroberer, als auch die Abgaben an den Lehensherren in sich einschloss. Eine weitere Schwierigkeit ergab sich daraus, dass die fremden Herren – weil sie zugleich die Träger der Feudalherrschaft waren, kein Interesse für eine weitere wirtschaftliche Entwicklung des Gebiets zeigten, sondern nur für eine möglichst hohe Stufe der Ausbeutung dieser Extensivwirtschaft. Die Methoden der Ausbeutung der abgabenpflichtigen Bauern waren sehr roh und erstickten ihrerseits im Keime jede Initiative der Bauern, jeden Wunsch nach dem grösseren Ertrag, da alles wieder an den Lehensherren ging. Zugleich mussten sie aber auch an grössere Erträge denken, um sich zu erhalten oder gegebenenfalls auch etwas ihren Produkten auf den Markt zu bringen. Ausserdem war die Bebauungsmethode äusserst primitiv, extensiv. Der städtische Markt gab dieser ländischen Produktion keine Anregung, denn zu dieser Zeit übte auch eine ziemlich grosse Zahl von Stadtbewohnern landwirtschaftliche Tätigkeit aus. Die Produkte der Landwirtschaft, aber, standen nicht hoch im Preise und die Kompensation für die Produktion durch den Handel reichte darum nicht aus. Diese Umstände erschwerten, auf einer Seite, den rascheren Anwachs der Wirtschaft und auf der andern, es bestand fortwährend hier die Vermögens- und Rechtsunsicherheit, welche durch Kriege, Vergeltungen, Räuberwesen, Plünderungen und verschiedenen übrigen Formen des sowohl von den Eroberern als auch von den Einheimischen auf die Bevölkerung ausgeübten Terrors, noch verschärft wurde.

Und doch fand, in dieser Periode, dank an erster Stelle dem Interesse einzelner einheimischer Vieherzeuger oder Erzeuger anderer Waren, eine Auflebung des Marktes statt, welche zur weiterwirtschaftlichen Differenzierung unter den Erzeugern der einfachen Warenproduktion führte. Die Warenproduktion verbreitete sich langsam sowohl auf dem Lande als auch in den Städten, wo die Handwerker, mit den Kaufleuten verbündet, die Erzeugung für einen unbekannten Markt anfingen. Zu der Entwicklung der Waren- Geld Verhältnisse trugen durch ihren Einfluss, auch die fremden Kapitalien bei, welche in die nationalen Wirtschaften, vor allem in die türkische und nachher auch in die übrigen, eindringen, obwohl an erster Stelle nur in das Gebiet des Verkehrs. Sie forcieren den Abkauf der Rohstoffe, das Placieren von Industrieerzeugnissen der Militärmanufakturen, die Eröffnung von Wasserstrassen und die Instandhaltung der Landwege. Dank dieser – teils von aussen aufgezwungenen, teils innerlich durch eigene Kräfte hervorgerufenen – Lebhaftigkeit, lebten die Handelsbeziehungen auf und das Handelskapital nahm die Rolle des Stimulus auf sich. Die Städte gewinnen an Bedeutung, zumal da in ihnen eine Veränderung der Struktur der Bevölkerung nach Beschäftigungen und Nationalitäten stattfand.

Die dargelegten Elemente weisen, unserer Meinung nach, nicht nur auf die Bedingungen hin, unter welchen die Keime der kapitalistischen Entwicklung in den Balkanländern entstanden, sondern auch auf die Ursachen der Verzögerung dieser Entwicklung, welche um fast zwei Jahrhunderte hinter der europäischen Entwicklung zurückbleibt und, wenn man noch weitere Folgerungen daraus ziehen darf, dauernde Folgen auch in der Perspektive der späteren Entwicklung hinterliess.

ANNE-MARIE PIUZ

TRAITS GÉNÉRAUX DES FORTUNES BOURGEOISES A GENÈVE AU 17e SIÈCLE

La composition des fortunes d'un groupe aussi dynamique et puissant qu'est la bourgeoisie au pouvoir, l'évolution des éléments qui constituent sa richesse, sont des indices révélateurs.

Révélateurs en premier lieu d'une histoire de fond, d'une histoire des structures économiques de base (fortunes immobilières ou mobilières, part de la rente foncière, du profit d'entreprise, de l'intérêt de l'argent). Mais aussi, en remontant jusqu'à la surface, les mentalités et les cultures sont éclairées par l'origine et l'utilisation de la fortune. Indices significatifs également de la conjoncture longue (fortunes «jeunes», fortunes anciennes).

Grâce à d'importants sondages (en attendant un dépouillement systématique) dans les fonds notariaux, judiciaires et fiscaux, entrepris aux Archives d'Etat a Genève, nous présenterons une étude qui mettra en évidence les points suivants.

La population de la république de Genève (environ 16 000 habitants dans le dernier quart du 17e siècle) est dominée économiquement, socialement et politiquement par un petit groupe d'une cinquantaine de très riches familles.

La fortune de cette grande bourgeoisie est généralement d'origine marchande, constituée principalement par les profits d'entreprises industrielles (soie et dorure), commerciales et bancaires. En outre les inventaires après décès et les actes notariaux révèlent qu'une part très large des revenus bourgeois provient des intérêts rapportés par le crédit ouvert aux artisans et aux paysans de la ville et de la campagne environnante.

Ainsi l'endettement urbain et rural, l'un des problèmes essentiels de l'histoire sociale dont l'ampleur sera mise en évidence par nos futures recherches, constitue pour la bourgeoisie créancière une promesse de prochaines annexions immobilières, attestées d'ailleurs par la fréquence des mises aux enchères de biens grevés d'obligations.

On constate, à ce point, que les investissements immobiliers de la bourgeoisie genevoise sont en ville matière à spéculation alors qu'à la campagne ils représentent le plus souvent un placement de sécurité, de prestige ou simplement de confort.

Enfin cette analyse de la fortune révèle que la mentalité de la grande bourgeoisie d'affaires est encore traditionaliste dans la Genève du 17e siècle: peu de goût pour les risques et les aventures capitalistes. Ainsi on trouve peu de Genevois qui participent aux grandes entreprises commerciales étran-

gères. A quelques exceptions près cependant, deux ou trois grands entrepreneurs vont jouer un rôle particulièrement stimulant dans les secteurs de pointe de l'économie genevoise (industrie de la dorure et grand commerce) à un moment charnière de la conjoncture.

Ces phénomènes sont sans lendemain en tant que réussites individuelles. Ils sont néanmoins des signes précurseurs de l'apparition, assez spectaculaire, du capitalisme genevois sur la scène internationale et de sa participation à l'expansion du 18e siècle.

FLORENCE EDLER DE ROOVER

ECONOMIC AND SOCIAL CONDITIONS IN THE FLORENTINE TEXTILE INDUSTRIES DURING THE 15th CENTURY

This paper is a very brief and tentative sketch of conditions in the Florentine textile industries. One of the reasons for speaking on this subject long before the necessary research is completed is my desire to present some of the problems, to ask questions, and to submit this work to fellow-historians in the hope that they will kindly assist me with suggestions.

There were three important textile industries in Renaissance Florence: (1) the *woolen industry*, which has been assiduously studied, chiefly by Alfred Doren; (2) the *silk industry* about which less information is available in print – there are two publications of the late archivist, Umberto Dorini – but on which I have been working for years and have published one basic study; and (3) the *linen industry* about which we know practically nothing and which has never been the object of any historical research, although references to it are numerous in almost every 15th century diary and family account book.

For the economic and social history of these three industries, there are two major sources: (1) the *catasto* records dating from 1427 to 1481, and (2) the business records, especially the account books, of textile enterprises, which are not easily available, since many are not in the Archivio di Stato but in other public and some private archives. Another source which, contrary to what one might expect, is not very useful for our purpose consists of the guild records. For the woolen industry these form the basis of Doren's classic study. Still another source that has scarcely been used for textile workers but which should prove quite useful is the abundant notarial records. They contain marriage contracts, and acts of sale of real estate and sometimes of implements or tools. The *Arte della Lana* (wool guild) records of legal action against wool workers are extant but those for the silk guild are missing. However, there is considerable material in the records of civic courts that dealt with criminal cases, when the matter was not under the guild's exclusive jurisdiction. Some parish records give precious demographic information. There are also the death records kept by the Office of the Grascia and another set kept by the Arte de' Medici e Speciali. The records of monasteries, convents, hospitals, and other charitable institutions give valuable details on rents and housing of workers. It will not be an easy task to paste all of this information together.

From a demographic point of view, it seems that the families of textile workers were perhaps smaller than those of the more prosperous merchant families. The infant death rate was probably slightly higher. The industrial workers (at least the males) usually married earlier than the representatives of the merchant class. While many workers died young, it is surprising how many lived into their seventies.

What is very surprising to me – although it may not astonish others – is that, while most of the silk and linen weavers lived within the city walls, relatively few woolen cloth weavers did so. They were in the *contado* just outside the walls. Most of the linen weavers wove for households rather than for "putters out". Probably the silk weavers needed closer supervision, since they used precious materials and wove elaborate patterns, but even the female weavers of plain taffeta and satin resided within the walls. The less-skilled wool workers, such as beaters, carders, combers, and cleansers lived mainly within the walls in the Oltr' Arno quarter of Santo Spirito.

A majority of the more skilled workers actually owned property, either inside or outside the city walls. Often they owned a dwelling; and rather commonly they possessed a piece of land *(pezza di terra)* or a vineyard *(vigna)* in the *contado* and occasionally a farm *(podere)* with a dwelling and other buildings.

It is a common theory that the workers lived mostly on a crust of bread. We have some idea of their diet from account books and from the kinds of victuallers to whom the workers owed money, according to the *catasto* reports. Probably the workers had a more varied diet than historians have realized.

Their clothing must have been rough, but they sometimes purchased silks as ornaments: girdles, sleeves, purses, veils, kerchiefs. Some were purchased as gifts or as part of their daughters' dowries.

With regard to wages, the scale varied greatly according to the worker's skill. This was especially true of the silk industry because of the artistry and skill required to produce the expensive fabrics such as brocades and figured velvets. The range was much less, if it existed at all, for weavers in the woolen and linen industries. Certainly the workers were poor, but perhaps their condition was not always as wretched as it is pictured by most historians. I have not yet been able to determine whether the condition of the workers improved or deteriorated after the Ciompi Revolt in the 1370s. There was a decline in wages after 1450, but there was also a decline in prices of food stuffs, so that real wages may have remained fairly constant. The working class certainly suffered most from prolonged periods of unemployment and of dearth. The weavers, contrary to Doren's belief, usually owned their looms, unless they were apprentices or journeymen, but "ownership of the

means of production" did not make them independent, since they did not own the raw material on which they worked nor did they control the marketing of the finished product.

After the data for Florence is collected, it should be compared with data available for other textile centers in Italy and beyond the Alps, not only for the 15th, but also for the preceding and following centuries. I am eager to be informed about articles and books on the textile industry and its workers outside Italy.

V. RUTENBURG

LE PRÉCAPITALISME ET LA RENAISSANCE

Le précapitalisme diffère du capitalisme de la maturité qu'on peut trouver et observer dans l'Europe des 18e et 19e siècles. Le précapitalisme est la production manufacturière primitive qu'on peut rencontrer à Florence, à Sienne, Bologne, Milan et dans une certaine mesure à Venise et à Gênes aux 14e et 15e siècles. La production manufacturière donne une plus-value, qui est supérieure à celle du système féodal. A la campagne est créée la *mezzadria*, une production semi-capitaliste, qui déjà ne rapportait plus de rente féodale.

Sans surestimer cette circonstance, il convient de souligner que l'Italie a ouvert à cette époque une nouvelle étape dans l'évolution de la société européenne. Ce n'est pas seulement dans l'épanouissement quantitatif des forces productrices, mais aussi dans le type qualitativement nouveau des rapports primitifs qu'il faut voir la principale racine de la Renaissance italienne. Le haut niveau de l'économie monétaire, économie de marchandises, relâchait les rapports féodaux et favorisait l'ascension économique et sociale d'une bourgeoisie. La manufacture représentait une profonde brèche dans le système féodal et aidait au développement de la société précapitaliste.

Le réseau étendu du commerce italien fournissait une quantité immense de renseignements et de notions sur les pays étrangers, sur la vie et les coutumes des hommes. Les voyages des Italiens apportaient des notions intéressantes sur la nature, sa diversité et ses manifestations variées. Le développement de l'économie nouvelle ne pouvait pas se passer sans l'étude profonde de l'homme et de la nature. Et cette étude est la source de la culture nouvelle. La culture précapitaliste, la source de la Renaissance italienne.

La cause de l'insuffisance des interprétations traditionnelles de la Renaissance réside dans le sous-développement de l'histoire économique, de l'histoire sociale et de celle des mouvements populaires.

Cependant, quelques travaux ont apporté un matériel très précieux. Il y a trente ans (en 1934), notre historien soviétique Matvej Gukovsni, sur la base du monisme philosophique marxiste, montrait d'une manière convaincante que la Renaissance italienne est un phénomène économique, social, politique et culturel. On peut trouver à cet égard beaucoup d'idées intéressantes dans les œuvres des de nos historiens de la Renaissance, Sergheï Skorzkin et Victor Lasareff. Il y a quatre ans ont été publiées les œuvres de Josef Macek sur la Renaissance italienne, et spécialement sur ses problèmes économiques.

Je voudrais signaler aussi l'ouvrage de H. Roht publié il y a déjà longtemps. Dans son livre, *Le Problème des origines de la Renaissance*, il a soutenu que ces origines sont liées à la décomposition de la société féodale et à l'avènement de la bourgeoisie. Il a indiqué aussi avec raison que la Renaissance fut donc liée à la naissance du capitalisme.

De la même manière, W. U. Fergusson considère la Renaissance comme une période transitoire et la met en rapport avec les débuts du capitalisme; il voit lui aussi les causes de la Renaissance dans la décomposition de l'ordre féodal.

Hans Baron et Eugenio Garin rattachent la Renaissance avant tout au remplacement des féodaux par la bourgeoisie. Armando Sapori est le chef d'école de l'histoire économique de la Renaissance. On peut citer ses œuvres: *Il problema economico, Il Rinascimento, significato e limite* (Firenze, 1953), *L'età della Rinascita, La Renaissance, son esprit et ses limites chronologiques*. Dans *La Renaissance* il a écrit: «Avec l'avènement et le progrès du marxisme ... les phénomènes économiques allaient commencer à prendre une place ... plus importante dans la connaissance de la civilisation» (p. 4). Sapori situe le début de la Renaissance à l'époque des communes: «La bourgeoisie, a-t-il écrit, a fait son entrée dans l'histoire en se substituant à la classe laborieuse née avec les communes» (p. 16).

Je crois qu'à l'époque des communes on peut trouver une communauté populaire d'où la bourgeoisie est absente. On peut néanmoins trouver les fondements de la Renaissance dans l'économie des villes à l'époque communale. Ainsi, la renaissance de l'économie est un phénomène évolutif de la Renaissance et qui ne doit pas être isolé de la Renaissance artistique, scientifique, pédagogique, etc. La Renaissance est un phénomène complexe mais unique.

Le précapitalisme et les manufactures étaient les bases fondamentales de la Renaissance. Le développement de la production artisanale, corporative, ne favorisait pas l'ascension sociale et culturelle de la bourgeoisie des 14e et 15e siècles. Le milieu artisanal, la production qualitative ne suffisaient pas à créer les conditions nouvelles et progressives.

L'évolution socio-économique a engendré une nouvelle forme d'Etat: la république urbaine gouvernée par l'oligarchie patricienne, ensuite par la bourgeoisie des corporations riches *(arti maggiori)*, et puis par le tyran, le seigneur. L'Etat de la Renaissance était la forme d'Etat la plus progressiste de cette époque.

La culture est aussi lié à l'économie: les marchands et les industriels soutenaient l'opinion qu'il fallait s'instruire, parce que l'instruction était devenue la condition indispensable pour la marche prospère des affaires sous la Renaissance; le nombre de lettrés laïcs (notaires, comptables, clercs)

monta rapidement en Italie et se mit au service de la production et du commerce. Ils sont devenus l'instrument puissant de l'épanouissement de la production matérielle et culturelle.

L'humanisme ne représente qu'une partie de l'idéologie de la Renaissance, et il faut distinguer l'humanisme patricien, l'humanisme populaire, l'humanisme bourgeois, etc. L'humanisme, et en général la Renaissance, sont d'inspiration essentiellement bourgeoise. Dans ses différents aspects, la culture de la Renaissance est une culture bourgeoise précoce avec toutes les contradictions d'une époque transitoire.

Le précapitalisme n'est pas la source unique de la Renaissance: les origines de ce phénomène compliqué remontent à l'Antiquité, aux époques médiévale et byzantine. L'Antiquité est la source naturellement la plus importante pour l'Italie. Il ne faut pas parler de l'Antiquité pure, mais des traditions antiques transformées dans les conditions nouvelles de la Renaissance.

On sait la théorie de la Renaissance du 12e siècle (C. H. Haskins, 1927; G. Bertoni, 1933; Mc Ilwain, 1941). Mais comme Jacques Le Goff le montre dans son beau livre, on peut observer au Moyen Age les éléments de la pensée réaliste et laïque, de l'intérêt pour l'Antiquité et la nature. Mais ce n'était pas encore la Renaissance. Comme P. Kristeller et B. Ullman l'ont prouvé, à l'époque de la Renaissance, l'Antiquité était acceptée plus largement et plus profondément qu'à l'époque médiévale. Je crois que seule la Renaissance a assimilé la culture de l'Antiquité dans une civilisation nouvelle. Cette qualité créatrice de la Renaissance tire son origine des conditions nouvelles liées au précapitalisme en Italie. On peut voir cela dans les ouvrages de nos collègues français, américains, italiens et soviétiques. (Jacques Heers, Raymond de Roover, Florence Edler de Roover, David Herlihy, Gino Luzzatto, Armando Sapori, Federigo Melis au sujet de l'économie; Franco Catalano, Villari, Marino Berengo au sujet de la politique; Giuseppe Saitta, Eugenio Garin au sujet de la culture; Lazareff, Golenichtcheff-Kutuzoff, Gukovsni, etc.)

Hippolyte Taine a écrit: «L'art est le résumé de la vie». Et c'est vrai. Mais l'art n'est pas la vie entière. La vie est plus multiple: elle a la culture, la politique et l'économie comme base. C'est pourquoi sans l'économie on ne peut pas comprendre la Renaissance.

WOLFGANG VON STROMER

OBERDEUTSCHE UNTERNEHMER IM KARPATENRAUM 1335–1435

Die Karpatenländer spielten für die Wirtschaft des spätmittelalterlichen Europe eine ausschlaggebende Rolle. Denn damals wurden in den Nordkarpaten, vornehmlich im seinerzeit ungarischen, heute slovakischen Erzgebirge, reichlich Edelmetalle gewonnen. Dadurch war Ungarn eines der wenigen Länder, das – ohne Beeinträchtigung der eigenen Münzprägung und Währung – für das Geldwesen des übrigen Europa dringend benötigtes Gold und Silber zur Verfügung stellen konnte. Einen hohen Anteil an ungarischem Gold enthielten seit 1311 die Florentiner Gulden und Venetianer Dukaten, ebenso – seit 1346 – die rheinischen Gulden. Aus ungarischem Silber wurden die Grossi Venedigs und die Grooten Flanderns geschlagen. Auch vom wichtigsten Gewerbe- und Legierungsmetall der Zeit, dem Kupfer, stammte der wesentlichste Marktanteil aus den Lagerstätten der Karpaten. Die Edel- und Buntmetalle aus den Karpatenländern leisteten daher einen entscheidenden Beitrag zum Ausgleich der Handels- und Zahlungsbilanz zwischen dem nordalpinen Europa und der Mittelmeerwelt, zwischen Abendland und Orient. Das Bergwesen lag meist in den Händen von deutschen Unternehmern, den in den ungarischen (slovakischen) Bergstädten ansässigen «Waldbürgern». Der Edelmetallhandel war nominell Monopol des ungarischen Staates, der seit 1324 die Ausfuhr unbearbeiteten Goldes verboten hatte. Praktisch aber war er zunächst von Italienern beherrscht, die die Schlüsselstellungen der Kameralverwaltung besetzt hatten. In den Fernhandel mit ungarischem Kupfer teilten sich vorzüglich deutschstämmige Unternehmer aus Kaschau und Krakau mit Hanse-Kaufleuten aus Thorn und – für die Wege nach Süden und Westen – mit Wienern und Regensburgern. Kaufleute aus dem Messingindustrie-Revier um die Maas holten sich selbst Kupfer aus Ungarn im Austausch gegen Tuche Nordwesteuropas. Die Mittelmeerwelt lieferte Drogen und Gewürze, Oberdeutschland und die Lombardei aber Barchent, Leinen und Metall-Fertigwaren gegen Erze, Bunt- und Edelmetalle, Vieh, Häute und Waldprodukte aus den Donau- und Karpatenländern.

Politische Rivalität gegen die Habsburger führte im Herbst 1335 die Könige von Böhmen, Ungarn und Polen zusammen. Sie wollten den Sperr-Stapel von Wien umgehen und den Handel ihrer Länder mit dem Westen steigern. Dazu wandten sie sich an die Messestadt Frankfurt und erteilten für Böhmen und Ungarn den Kaufmannschaften von Brünn und Nürnberg,

Schwaben und Flandern, Köln und Huy Handelserleichterungen. Die Entwicklung der Hausmacht der Luxemburger in Böhmen-Mähren, im neuböhmischen Oberpfälzer Montanrevier, in der Lausitz, in Schlesien und Brandenburg liess die Kaufmannschaft der oberdeutschen Reichsstädte auf den Hauptetappen des Handels mit Ostmitteleuropa Fuss fassen – in Prag, Brünn, Görlitz, Breslau und Frankfurt/Oder. Der Krieg Ludwigs des Grossen 1357 mit Venedig ermöglichte den Oberdeutschen unter Führung des Nürnberger Handelshauses Stromeir ein verstärktes Eindringen in Ungarn, vor allem im Edelmetall-Handel, und den Erwerb neuer Privilegien 1357–1369 für Nürnberg, Regensburg, Eger und Amberg, wie für Breslau, Köln, Huy und Aachen. Dank des Sieges Ungarns musste Venedig 1358 den Nürnbergern ermässigte Zollsätze für Edelmetall-Importe zugestehen, denen offenbar auch ein Privileg freien Handels durch Österreich, Steiermark und Kärnten 1358 für das Handelshaus Stromeir diente. 1364, 1370, 1383 konnten die Nürnberger Firmen ihre Vorzugsstellung im Handel mit Ungarn, durch Böhmen und Steiermark-Slovenien durch weitere Privilegien ausbauen.

Die grosse Handelsblockade der Hanse gegen Flandern 1358–1360 ermöglichte Faktoren der Stromeir, als Blockadebrecher in den hansischen Tuchhandel von Flandern nach Westpreussen und Polen einzudringen und für Nürnberg 1361 in Flandern grosse Privilegien zu erwerben. Ein langjähriger Wirtschaftskrieg der preussischen Hansestädte mit Polen veranlasste Kasimir den Grossen, 1365 den Nürnbergern – auf Vermittlung von deren Krakauer Geschäftsfreunden – freien Handel in Polen und Galizien, Krakau und Lemberg zu gewähren. Von dort drangen Faktoren der Stromeir bis an das Asow'sche und das Schwarze Meer vor. Die Handelsprivilegien Nürnbergs in Flandern, Polen, Ungarn, Böhmen, Steiermark und Venedig ergänzten sich. Sie schlossen das System von Handelsfreiheiten zusammen, das Nürnberg seit der Zeit der Staufer angestrebt hatte. Im Gefolge der Nürnberger kamen nun in die Karpatenländer Unternehmer aus Augsburg, Lauingen, Ravensburg und St. Gallen. Zahlreiche Oberdeutsche, vor allem solche mit Erfahrungen aus dem Berg- und Hüttenwesen, die sie im Oberpfälzer Revier und im mitteldeutschen Erzbergbau gesammelt hatten, liessen sich in Krakau nieder.

Neben die grossen Nürnberger Handelshäuser, die seit der Mitte des 14. Jahrhunderts im Handel zwischen den Karpatenländern, Flandern-Brabant, Venetien und der Lombardei dominierten, nämlich Stromeir und Schürstab, schoben sich seit dem letzten Jahrzehnt im Handel mit Silber und Buntmetallen mit diesen Ländern zwei neue Grossfirmen, die Gesellschaften Flextorfer-Zenner von Nürnberg und Kamerer-Seiler von Nürnberg-St. Gallen. Im Kampf des Luxemburgers Siegmund um die ungarische Königs-

krone gegen italienische Gegenprätendenten gelang es beiden Firmen, in Schlüsselstellungen der Berg- und Kameral-Verwaltung Ungarns Fuss zu fassen, wodurch sie massgeblichen Einfluss auf Edelmetall-Produktion und -Export gewannen. Diese Firmen besassen offenbar das um diese Zeit entwickelte Betriebsgeheimnis, durch »Seigern« das im Karpatenkupfer reichlich enthaltene Silber mittels Blei in einem rentablen und allen bisherigen Methoden überlegenen, grosstechnischen »Seigerhütten«-Verfahren zu gewinnen. Das dazu notwendige Blei aber gab es im Karpatenraum nur in der Umgebung von Krakau. Mit Hilfe grosser Darlehen, mit Kölner und Florentiner Kapital, machten daherzunäc hst die Nürnberger Handelshäuser die Krakauer Bleiberg-Unternehmer und den Leiter der polnischen Bergregal-Verwaltung von sich abhängig. Die ungarischen Verfassungsreformen von 1405, deren geistiger Urheber der *comes monetarum aureorum* und ungarische Kammergraf Marcus von Nürnberg war, der Exponent der Gesellschaft Flextorfer-Zenner, verfügten ein staatliches Handelsmonopol für Gold, Silber und Kupfer. Praktisch kam das im Aussenhandel den grossen, konzessionierten Firmen zugute. Marcus von Nürnberg selbst erhielt für ganz Ungarn das Einkaufsmonopol für polnisches Blei, womit er den Polen die Preise diktieren konnte. Polen versuchte 1405 mit einem Blei-Embargo gegen Ungarn und mit Blei-Mindestpreisen zu kontern, konnte aber sein Blei nicht mehr absetzen. Als Marcus von Nürnberg 1406 König Siegmund ein völliges Silber-Embargo gegen Polen verhängen liess, musste dort die Geld-Prägung eingestellt werden. Das Blei-Embargo Polens brach zusammen. Grosse Krakauer Firmen fallierten. Die oberdeutschen Unternehmen – Nürnberger Firmen mit Augsburger, Ravensburger und St. Galler Beteiligten und mit Kölner Kapital – bemächtigten sich der Bleiproduktion Polens, ebenso ihre Florentiner Hintermänner – Agenten der Medicibank – der polnischen Salinen.

Die beteiligten oberdeutschen Firmen besassen damit im Karpatenraum ein Buntmetall-Oligopol und massgeblichen Einfluss auf Produktion und Handel von Edelmetallen, und somit eine starke Stellung auf den Metall- und Geldmärkten und in den Metall-Gewerbezentren Zentraleuropas. Es waren gerade auch diese selben Firmen, die mit der päpstlichen Camera und oberitalienischen Banken in Geschäftsbeziehungen und Informationsaustausch standen und die es verstanden, durch Buch-Kredit und Wechselbrief Schrift-Geld zu schöpfen. Sie hatten Exponenten in einflussreichen Münzmeister-Ämtern, etwa in Buda, Kremnitz und Kuttenberg, in Amberg, Nürnberg, Schwäbisch-Hall und Ulm. Durch das Zusammenspiel all dieser Momente hatten sie eine Schlüsselstellung im zentraleuropäischen Finanzwesen ihrer Zeit, die sie zu Eingriffen in die grosse Politik benutzten. Die Veränderung des Wertverhältnisses von Silber zu Gold und der Kursver-

fall des Silbergeldes 1383–1396 in Oberdeutschland, 1404 in Venedig und Genua ist womöglich mit auf die plötzliche Steigerung der Silberproduktion durch das neue Seigerhütten-Verfahren dieser Firmen zurückzuführen. Vermutlich wirkten sich ihre Massnahmen gegen das Geldwesen Polens 1406 und 1410 auch auf den Geldmärkten Nordwesteuropas aus, die 1407, 1409–1410 durch schwere Krisen erschüttert wurden.

Da die oberdeutschen Grossfirmen im Karpatenraum sich mit ihren wirtschaftlichen Kampfmethoden zugunsten Ungarns und des Deutschen Ordens in deren Auseinandersetzung mit Polen einschalteten, konnten sie ihre Vormachtstellung nicht aufrechterhalten, als der Orden 1410 in der Katastrophe von Tannenberg niederbrach. Mit der Auflösung des Buntmetall-Oligopols 1411–1412 zogen sich auch die Augsburger, Ravensburger und St. Galler wieder aus Krakau zurück. Dort behauptete sich nur das Handelshaus Stromeir bis zu seinem Konkurs 1434. Seine Tochterfirmen, die Gesellschaften Gruber und Reutheimer-Rudolf, führten die Traditionen des oberdeutschen Karpatenhandels und die Betriebsgeheimnisse der Berg- und Seigerhütten-Verfahren weiter, bis die Thurzo und Fugger ihr Erbe antraten.

»Einen detaillierten Bericht über die geschilderten Vorgänge mit quellenmässigem Nachweis brachte ich im Kwartalnik Historii Kultury Materialnej, Jahrgang XVI, Warschau 1968, Heft 4, Seite 641–662 (W. v. Stromer, *Ein oberdeutsches Buntmetall-Oligopol 1396–1412*).«

J. TOPOLSKI

LES FACTEURS DE LA RÉGRESSION DU DÉVELOPPEMENT CAPITALISTE EN POLOGNE DU 16e AU 18e SIÈCLE

Le problème des causes de la régression du développement capitaliste ne peut être résolu que par une analyse comparative dans laquelle il faut prendre en considération non seulement l'histoire économique mais aussi l'histoire sociale, politique et l'histoire des mentalités. Dans chaque région agirent tant les facteurs généraux que les facteurs spécifiques. En Pologne aussi, les différences régionales du développement économique du 16e au 18e siècles furent assez prononcées. En conséquence, je m'efforcerai de dresser d'abord une thèse générale valable pour toute l'Europe et puis, autant que faire se peut, de passer aux explications polonaises tant générales que régionales.

J'ai abordé, d'une manière plus détaillée, le problème du capitalisme européen du 14e au 17e siècle dans mon livre *La Naissance du capitalisme en Europe, 16e – 17e siècles* (Varsovie, 1965).

Voici les principes fondamentaux de la thèse générale. Attendu que le capitalisme dans la vie économique et sociale de l'Europe du 16e siècle présentait un phénomène nouveau, il a fallu dégager un phénomène contemporain susceptible de provoquer le premier. A mon avis ce fut l'accroissement de l'activité économique de la noblesse au 16e siècle, stimulée par une baisse de ses revenus, de sorte qu'il lui était de plus en plus difficile de faire face aux exigences de la vie *more nobilium*. L'activité économique de la noblesse devint le stimulant mettant en marche les processus d'accumulation primitive, d'investissement, de l'économie-argent et partant du passage au capitalisme (ainsi que l'activité économique et productrice de la bourgeoisie et de la paysannerie s'était développé précédemment). L'accroissement de l'activité économique de la noblesse européenne au 16e siècle constituait une tendance générale mais les formes d'activité déployée par la noblesse dépendaient du territoire donné. Ainsi les *enclosures* anglais, le métayage français, le développement de la pisciculture tchèque, l'expansion coloniale espagnole, la réserve seigneuriale polonaise représentent diverses formes d'un même processus.

Les formes d'activité déployées par la noblesse dépendaient en premier lieu des conditions naturelles existant dans le pays donné et du niveau de développement atteint au Moyen Age, spécialement du point de vue de la main-d'œuvre et du marché. Les diverses conséquences de l'activité économi-

que de la noblesse étaient liées à la forme concrète de cette activité. Ce qui nous intéresse le plus c'est l'influence noble sur l'initiative productrice de la bourgeoisie et de la paysannerie et partant sur la croissance économique. Dans les pays où l'activité économique de la noblesse freinait la croissance économique, le développement du capitalisme fut retardé. On observe même dans plusieurs pays, y compris la Pologne, les processus de la réféodalisation.

La réserve corvéable répandue en Pologne eut des conséquences négatives par son influence néfaste sur le développement productif de l'exploitation paysanne ainsi que sur le développement des villes. Les conséquences économiques et sociales du régime de la corvée dépendaient de son caractère et de son dynamisme. En Pologne le régime de la réserve basée sur la corvée se distingua par les caractères généraux suivants:

- des débuts remontants à la fin du 15e siècle;
- la réserve seigneuriale consacrée à la grande culture de céréales;
- les céréales destinées à l'exportation par la Baltique, la plupart par Gdansk vers les pays occidentaux en voie d'industrialisation.

Les réserves furent gérées, directement ou indirectement par les seigneurs eux-mêmes. De même l'exportation se trouvait entre les mains des seigneurs qui, en outre, faisaient des achats chez les Dantzigois. Cet état de choses freina le développement des villes (sauf Gdansk et quelques villes poméraniennes). Le paupérisme des paysans entrava, de sa part, le marché intérieur et par la suite la vie urbaine. Les seigneurs furent, convaincus de la nécessité permanente du blé polonais pour l'Europe occidentale (je caractérise cela comme le «dogme du grenier») même à l'époque de *terms of trade* désavantageux pour eux. En définitive, en Pologne les conditions pour le développement du capitalisme ne furent pas favorables. On observe même le processus de la réféodalisation assez prononcée. L'accumulation primitive ne menait pas à l'accumulation capitaliste. On peut exprimer le schéma polonais par une équation suivante:

$$\Delta A = A_p \rightarrow A_f$$

où A figure l'accumulation globale, A_f l'accumulation réalisée par la noblesse, et A_p l'accumulation primitive. En Angleterre, par contraste, se produisait la situation suivante:

$$\Delta A = \Delta A_t + (A_p \rightarrow A_k) = A_f$$

où A_t figure l'accumulation réalisée par les bourgeois et les paysans, et A_k l'accumulation réalisée dans l'entreprise capitaliste (accumulation capitaliste).

Indépendamment des facteurs structurels notés ci-dessus, il faut prendre

en considération l'influence négative des dévastations dues aux guerres. Dans la deuxième moitié du 17e siècle et la première moitié du 18e siècle les années de guerre furent plus fréquentes que les années paisibles. Pendant la deuxième guerre du Nord la population diminua de 30 à 40 %, pendant la troisième guerre du Nord, de 25 %. En somme, le régime de la corvée et les dévastations dues aux guerres et aux pestes causèrent en Pologne le phénomème de la stagnation et même de la régression économique. La production globale des céréales vers 1790 ne dépassait pas 80 % de son volume de la fin du 16e siècle.

Dans quelques régions polonaises (Silésie, Grande Pologne) la régression fut moins prononcée. Si les dévastations dues aux guerres atteignirent toute la Pologne il faut dégager un autre facteur qui causa cette atténuation. Les différences semblent élucidées si on prend en considération l'existence de divers modèles de la réserve corvéable. Si le modèle du marché extérieur reste la règle générale en Pologne, dans certaines régions (avant tout la Grande Pologne; la Silésie n'appartient pas à cette époque à l'État polonais) domina le modèle autonome stimulé par le marché intérieur plus favorable à la croissance économique.

Au 18e siècle, la Grande Pologne fut la région polonaise la plus avancée sur la voie vers le capitalisme. En Grande Pologne, la population urbaine à la fin du 18e siècle représentait environ 30 % du total. On observe un grand essor de l'industrie textile et alimentaire qui se trouvaient, déjà à ce moment, au début du stade manufacturier. La Grande Pologne posséda une balance commerciale favorable. En somme elle fut plus développée que les territoires voisins de l'Etat prussien. On aurait pu prévoir une influence dynamique de la Grande Pologne sur le processus de développement capitaliste dans toute la Pologne. Or la croissance économique de la Grande Pologne fut brutalement entravée par les partages de l'Etat polonais. La Prusse, en faisant de cette région annexée son grenier, y détruisit avant tout son industrie textile florissante. En conséquence, le développement du capitalisme en Pologne fut à nouveau freiné.

GABRIEL TORTELLA

LIMITED LIABILITY AND INDUSTRIALIZATION IN SPAIN, 1829–1869

This paper tries to describe the introduction of limited liability in Spanish legislation. There is reason to believe that the incomplete and discontinuous way in which it was introduced during the first two thirds of the 19th century was a real obstacle to industrialization in a period when substantial investment in branches such as textiles and metallurgy could have laid the bases for Spanish industrial growth. To be more specific, the key contention of this paper is that limited liability was applied in a way which was not only incomplete but also discriminatory: It favored railroad construction and banking, and excluded almost everything else. The main loser was the industrial sector, which needed heavy capital investments to keep pace with the technological developments of the time.

Spain did not have any systematic company legislation until the *Código de Comercio* of 1829, which was strongly influenced (in this as in other matters) by the Napoleonic *Code de Commerce*. Like its French model, the Spanish *Código* admitted three types of companies: *Colectivas*, *comanditarias*, and *anónimas*. (The *comanditarias por acciones* were also admitted, as in France.)[1] While the *colectivas* and *comenditarias* could be freely created, the *anónimas* (limited liability corporations) had to be approved by the provincial trade court unless they enjoyed some special privilege, in which case they had to be approved by the king himself. Naturally this mistrust towards corporations must be largely attributed to the memories of the "bubble" episodes in the early 18th century, when several corporations failed abruptly after a period of wild speculation and hurt many an optimistic investor.

Memories were refreshed and fears confirmed in Spain during the 1847–1848 crisis, and the precautions against corporations were heavily reinforced by the reactionary government of that time (Narváez was Premier, Bravo-Murillo Finance Minister). A corporation law was issued in 1848 *(Ley de Sociedades por Acciones)* which applied not only to *anónimas* but also to *comanditarias por acciones*, which had such a prominent role in European industrialization during the first half of the 19th century. The 1848 law divided corporations into two groups: (1) Banks of issue, transportation com-

1. An explanation of the French legislation can be found in Rondo E. Cameron, *France and the Economic Development of Europe* (Princeton, N.J.: Princeton University Press, 1961), 33–35.

panies (roads, canals, railroads), and companies enjoying some privilege (typically a legal monopoly); (2) "Companies whose purpose is the public good". Those included in the first group had to be approved by the Cortes; those in the second group required a royal decree. All other corporations were forbidden (Articles 1, 2, and 4 of the 1848 law). This quasi-prohibitive legislation was stiffened by a cumbersome set of procedural rules for its application. The steps a would-be company had to follow to be legally recognized were numerous, long, and expensive. Until the final decision was reached there was no official assurance of what the final outcome might be. To top it all off companies were subject to permanent supervision by the government which could dissolve them without appeal at any time.

This restrictive legislation remained in force for over twenty years. It was however substantially modified immediately after the Revolution of 1854 which swept the Progressive party into power for two years during which several "liberal" laws were issued on economic matters. Among these the railway law of 1855 and the banking laws of 1856 are of interest to us. The railway law was intended as a stimulus to railroad construction: it considerably relaxed the legal requirements for the establishment of railway corporations in addition to giving special facilities to foreign investment in railways, tariff exemptions to importation of railway equipment, government subsidies, and other favorable measures. The banking laws of 1856 (one on banks of issue, the other on investment banks) similarly eased the creation of banking corporations.

The main effect of this legal framework was to direct the country's resources towards railroad construction to the detriment of the manufacturing industries. Since banking and railways were the only two fields in which incorporation was relatively easy, these were practically the only companies whose shares and securities were traded in the national and foreign stock markets, attracted national and foreign capital and entrepreneurship, could use their shares and securities as collateral for loans, and so on. Since the availability of capital and entrepreneurship was rather limited in Europe then, and much more so in Spain, the measures intended to help railways and banks were bound to hurt other activities. Manufacturing industries were particularly affected because railways were absorbing the kind of resources that could have otherwise gone to the former. Furthermore the railway companies bought all of their equipment abroad, taking advantage of the tariff exemption so that domestic industries were even deprived of this backward linkage effect.

These hypotheses are strikingly (though partially) confirmed by the information the *Anuario Estadístico de España* (Spanish Statistical Yearbook) furnishes in its early and unfortunately discontinued serial volumes. This

TABLE 1

Combined volume of paid-in capital in Spanish corporations, 1859–1866 selected sectors (in millions of pesetas)[a]

	(1) Manufactures[b]	(2) Investment banks[c]	(3) Railways
1859	92,3	94,1	343,9[d]
1861	96,0	114,7	517,4
1864	98,4	193,3	654,8
1866	84,6	257,4	698,9

[a] My source does not provide a continuous year-by-year series.

[b] Includes (in decreasing order of quantitative importance): Textiles, mining, gas, metallurgy, navigation, tanning, waterworks, building, and others. Three financial corporations which the *Anuario* included in this group have been excluded. Their inclusion would not appreciably alter the proportions between the figures in columns 1, 2 and 3.

[c] Designated as *Sociedades de Crédito* according to the 1856 law. Banks of issue are, of course, excluded.

[d] Nominal capital.

Source: *Anuario Estadístico de España*, editions of 1858, 1860–1861, 1862–1865, 1866–1867.

information has been summarized in Table 1. From it we learn that the combined volume of paid-in capital in manufacturing corporations stagnated in Spain during the years following the 1855 and 1856 laws, whereas the corresponding figures for banks and railroads not only soared but reached levels several times higher than those corresponding to manufactures (by 1866 paid-in capital in manufactures was 1/3 of that in investment banks and less than 1/8 of that in railways). Furthermore, the main customer of the banking system was the railway industry itself.[2]

The unbalance thus created was a leading factor among those contributing to the 1866 economic crisis which in turn was instrumental in bringing about the Revolution of 1868. Stimulated by government action railway construction proceeded speedily from 1856 to 1866 (the kilometers of track in use increased tenfold during this decade),[3] but the expected profits failed to materialize and companies found themselves unable to repay their debts. Railways had been built ahead of demand; their operation was costly; the

2. This last point is abundantly substantiated in my forthcoming work on the Spanish banking system between 1829 and 1874.

3. From 480 to 4,800. Cf. Jaime Vicens Vives, *Manual de Historia económica de España* (Teide: Barcelona, 1959), 616.

manufacturing industries, one of their most promising prospective customers, had been sacrificed to them. The inability of the railroads to fulfill their compromises struck a heavy blow to the banking system. Many banks dissolved or went out of business in 1866 and subsequent years. After the panic of 1866 a severe depression ensued.

The governments born from the 1868 Revolution tried to overcome the depression by means of laisser-faire economic policies. In the field of company legislation a decree issued in October 1868 repealed the 1848 company law and restored the *Código de Comercio*. In October 1869 a law established unrestricted limited liability for companies "having as their object any commercial or industrial enterprise". A large stumbling block (not the last one unfortunately) had thus been removed for economic growth.

Spain was the third country in Europe (after England and France) to establish unrestricted limited liability. Although France and England did it no more than ten years earlier, the restrictive legislation in these two countries had not been quite as stiff as the Spanish 1848 company law, at least since 1825. Furthermore, this law was all the more harmful since by the mid-19th century Spain would have needed relatively massive doses of investment for its infant industries to be able to compete with their English or French counterparts even in the domestic market.

HERMANN KELLENBENZ

MERCHANT'S ARCHIVES IN EUROPE
SUPPLEMENT *

The adoption of writing as a business technique by merchants during the Middle Ages marks a great change in the economic history of Europe. Up to this time, the ability to write was a privilege belonging mainly to the ecclesiastics. Written records of economic life from periods preceding this adoption are extraordinarily scarce, and our knowledge of early economic history is based almost entirely on chroniclers' reports of political or ecclesiastical events, or occasional letters and documents of secular and church institutions, and on some early correspondence of learned Jews. The real creators of economic history – the merchants – could rarely write. The merchant engaging in distant trade accompanied his merchandise and conducted face-to-face bargaining with his clientele. Since payment was usually in the form of other merchandise, written bills and receipts and detailed records were unnecessary and consequently not used. Thus, our knowledge of business and merchants themselves in this early period is incomplete.

The epoch of the Crusades brought a change to European economic life. Merchants began to learn to write, to establish resident factors and representatives in other countries, and to instruct them by letters that were certified by notaries when necessary. During the same period the bill of exchange came into use, and the double-entry book system was developed. These changes occurred slowly, of course, spanning several generations, and were accompanied by important technological innovations such as the adaptation of the water wheel to power fulling and hammering devices. All these changes facilitated the rise of the large enterprises that characterized the early phase of capitalism.[1]

* Supplement to "Marchands Capitalistes et classes Sociales", see pp. 19–51.

1. YVES RENOUARD, *Les Hommes d'affaires italiens du Moyen Age* (Paris: 1949); JACQUES LE GOFF, *Marchands et banquiers du Moyen Age* (Paris: 1956); RAYMOND DE ROOVER, "The Commercial Revolution of the Thirteenth Century", *Bulletin of the Business Historical Society, XVI* (1942), pp. 34–39; reprinted in FREDERIC C. LANE and J. C. RIEMERSMA, eds., *Enterprise and Secular Change: Readings in Economic History* (Homewood, Ill.: 1953), pp. 80–85; DAVID S. LANDES, ed., *The Rise of Capitalism* (New York: 1966).

This increase in recorded business transactions has given us a much broader picture of economic life, particularly since the records have come from a number of sources. During the later Middle Ages these sources included public and private records, chanceries of the courts and offices of the church, records of the princes, seigneurs, and towns, and letters and accounts of merchants and artisans. The present report will deal particularly with the merchants' archives, which are scattered widely in public and private collections. Researchers in European economic history from the Middle Ages to the Industrial Revolution will want to know how much of this early source material still exists and whether – or under what conditions – it may be used. I would like to mention how the idea for this report arose. It was proposed at the meeting of the Committee of the International Association of Economic History in the autumn of 1966 by Fernand Braudel as a supplement to the section on capitalism. Realization of his suggestion, however, met many difficulties due to dispersion of the material, and vast correspondence was necessary to assemble a first draft of what we might call a rough catalog. This now includes archives throughout Europe. This report will serve as a kind of introduction to the catalog which is now in preparation. Finally, I should like to thank our President, Professor Frederic C. Lane, who encouraged me and who helped me to contact Italian archivists.

Moreover, I should like to stress that the effort to survey available documentation of the activity of merchants has some precedents in several publications of the German Historische Schule der Nationalökonomie such as by Richard Ehrenberg and Heinrich Sieveking.[2] A second impulse came from such historians and archivists as Henry Hauser, Ernest Sabbe, Johannes Papritz, Armando Sapori, Bertrand Gille, Vital Chomel, and Henri Lapeyre as well as from several books on accounting including those by Federigo Melis and Tommaso Zerbi,[3] the last and most complete. Finally, Professor

2. RICHARD EHRENBERG, *Handelspolitik* (Jena: 1900), p. 94; HEINRICH SIEVEKING, "Aus Venezianischen Handlungsbüchern. Ein Beitrag zur Geschichte des Grosshandels im 15. Jahrhundert", *Jahrbuch für Gesetzgebung und Volkswirtschaft N. F. 25*, 3/4 (1901), pp. 299–331, and *N. F. 26*, 1/2 (1902), pp. 189–225.

3. HENRI HAUSER, "Les archives privées et l'histoire. Une source de l'histoire de commerce et des banques, le fonds des faillites", *Annales d'Histoire Economique et Sociale, III* (1931), pp. 542–550; E. SABBE, "Les Archives Economiques", *Archives, Bibliothèques et Musées de Belgique, XI*, 1 (1934), pp. 7 ff.; JOHANNES PAPRITZ, "Studien und Aufgaben der Forschung zur deutschen Handelsgeschichte in Ostmitteleuropa", in *Deutsche Ergebnisse und Aufgaben für den ersten Weltkrieg* (Leipzig: 1943); ARMANDO SAPORI, *Le Marchand italien au Moyen Age* (Paris: 1952); BERTRAND GILLE, in *Revue Historique, CCVIII* (octobre-décembre, 1952), pp. 185–204; VITAL CHOMEL ET HENRI LAPEYRE, *Catalogue des livres de commerce et papiers d'affaires conservés aux archives départementales de l'Isère* (Grenoble: 1962); FEDERIGO MELIS, *Storia della ragioneria, contributo alla conoscenza e interpretazione*

Robert-Henri Bautier[4] of the Ecole nationale des Chartes at Paris, is preparing a publication of the results of his research on the sources of the economic and social history of the Middle Ages.

Let us begin with Italy as the country where literacy in business had its earliest origins. We may start with what is available from the Gran Tavola of the Bonsignori at Siena,[5] from the accounts of Rinieri Fini and his brothers who were in the service of the Francesi in the Champaign fairs at the end of the 13th century, and from Amatino Minucci who served the Farolfi[6] in Southern France. From the big Florentine companies of the 14th century there are generally only fragments remaining, such as from the Bardi, Peruzzi, Gianfigliazzi, Frescobaldi, Alberti, and Acciaiouli.[7] As Raymond de Roover stresses, enough records of the Medici are preserved to give a fairly detailed picture of the rise of their bank and its culmination.[8] Three *libri segreti* which cover the period from 1397 when the Medici bank was established to 1451 were discovered in 1950. Subsequent account books are missing (except for a few rather unimportant fragments), whereas the letters preserved become more abundant. There are, moreover, partnership agreements, balance sheets, and other miscellaneous documents, all preserved in the *Mediceo avanti il Principato* collection in the State Archives of Florence.[9]

Francesco di Marco Datini from Prato has left a rather rich collection,

delle fonti piu significative della storia economica (Bologna: 1950); TOMMASO ZERBI, *Le origini della partita doppia, gestioni aziendale e situazioni de mercato nei secoli XIV e XV* (Milan: 1953).

4. *Les Sources de l'histoire économique et sociale du Moyen Age.*

5. MARIO CHIAUDANO, "I Rothschild del Duecento: la gran tavola di Orlando Bonsignori", *Bollettino Senese de Storia Patria, N.S., VI*, 2 (1935), 40 p.

6. ARRIGO CASTELLANI, *Nuovi testi Fiorentini* (Florence: 1957).

7. ARMANDO SAPORI, *La crisi delle compagnie mercantili dei Bardi e dei Peruzzi* (Florence: 1926); *I libri di commercio dei Peruzzi* (Milan: 1934); *I libri della ragione bancaria dei Gianfigliazzi* (Milan: 1943); *I libri degli Alberti del Giudice* (Milan: 1952); RAYMOND DE ROOVER, "The Story of the Alberti Company of Florence, 1302–1348, as Revealed in its Account Books", *The Business History Review, XXXII* (1958), pp. 14 ff.; L. TANFARII, *Centofani Niccola Acciaisuioli* (Florence: 1563); O. MALTZING, *Das Bankhaus der Medici und seine Vorläufer* (Jena: 1906), pp. 44–55.

8. CAMERANI MAURI, GIULIA, ed., *I documenti commerciali del fondo diplomatico Mediceo nell'Archivio de Stato di Firenze, 1230–1492 Regesti* (Florence: 1951).

9. FRANCESCA MORANDINI, ARNALDO D'ADDARIO, eds., *Archivio Mediceo avanti il Principato, Inventario* (Rome: 1951), Vol. I, filze 1–20; (Rome: 1955), Vol. II, filze 21–50; (Rome: 1957), Vol. III, filze 51–100; (Vol. IV, awaiting publication.) Compare the survey of RAYMOND DE ROOVER, *The Rise and Decline of the Medici Bank, 1397–1494* (Cambridge, Mass.: 1963), pp. 3 ff. and 391 ff. Concerning the Medici-Tornaquinci, compare the Selfridge Collection of the Baker Library, Graduate School of Business Administration, Harvard University.

especially for the years 1390–1410. It contains over 500 account books and about 153,000 letters which Datini received, illustrating the wide-ranging relations of his enterprise, which extended to northern Africa as well as England and the Levant.[10] What remains from the medieval activity of other towns in Tuscany is relatively poor or not yet well known; however, this seems to be truer of Siena and Lucca[11] than of Pisa. Little more than some Fieschi and Spinola papers which primarily concern lands and fiefs has been left from the medieval epoch in Genoa.[12] There are also books of the notaries Antonio Gallo and Benedetto di Santo Stefano, containing records of a painter and of the merchant Giovanni Piccamiglio. These accounts have been edited by Jacques Heers.[13] Finally there exist some Lomellini books.[14] Gino Barbieri mentions the richest merchants at the end of the 14th century in Milan: Giacomino Vismara, Giovanni e Antonio de Lignatiis, Andreotto del Maino, Bolo Resta, Luchino Vismara, Cressino de Monti, Luigi Gallarate, Francesco de Fossato, Rizzardo Resta, and Cesare Borri e Gervasio Resta.[15] Sieveking, Mazzi, and de Roover wrote on the Milan branch of the Medici and their factors, but little has been left from the de Maino and the Borromei; of the latter, the account books from 1421 and 1428 which show that double-entry bookkeeping was fully developed, have been

10. FEDERIGO MELIS, *Sulle fonti della storia economica, appunti raccolti alle lezioni del prof. Federigo Melis a cura del dott. Bruno Dini, Anno Accademico 1963–1964* (Università degli Studi di Firenze, Facolta di Economia e Commercio, Istituto de Storia Economica), pp. 124 ff.

11. For Siena see: *Archivio Storico Italiano, CXIV* (1956), pp. 617–653. For Lucca see: LÉON MIROT, "La société des Raponde, Dine Raponde", in *Etudes Lucquoises* (Paris: 1930), pp. 79–167; and *Bibliothèque de l'Ecole des Chartes, LXXXIX* (1928), pp. 299–389; *Inventario dell' Archivio di Stato in Lucca* (Pescia: 1946, and Lucca: 1961), Vols. 5 and 6.

12. *Archivio di Stato di Genoa, Manoscritti*, 529: *Spinola de Luccoli*; 766: *Acquisti fatti da G.-Luigi Fieschi nel 1493–98*. Compare JACQUES HEERS, *Gênes au XVe siècle. Activité économique et problèmes sociaux* (Paris: 1961), p. 685.

13. Cf. JACQUES HEERS, *Le Livre de comptes de Giovanni Piccamiglio, homme d'affaires génois, 1456–1459* (Paris: 1959), p. 5.

14. HEINRICH SIEVEKING, "Aus Genueser Rechnungs- und Steuerbüchern: Ein Beitrag zur mittelalterlichen Handels- und Vermögensstatistik", in *Sitzungsberichte der Kaiserlichen Akademie der Wissenschaften in Wien, Philos.-Histor. Klasse* (Vienna: 1909), Vol. 162, part. 2; A. LATTES, in *Revista del Diritto Commerciale e del Diritto Generale Obbligazioni, XVI*, parte I, pp. 616–618; RENOUARD, *op. cit.*, p. 106. Heers has found them among the books of San Giorgio, No. 7145. One of them, No. 7146 has the title: *Manualle capsie banchi dominorum Baptiste Lomellini et Joh. de Bracellis et Sociorum Scripto Maiori Parte mey Joh. de Bracellis*. Heers characterizes it as "un livre de caisse, tenu au jour le jour, et qui ne donne d'autres précisions que les noms des clients, la nature des opérations qui sont à l'origine des versements ou des retraits n'est pas indiqué" *Le Livre de comptes de Giovanni Piccamiglio, op. cit.*, p. 6 u. 2.

15. GINO BARBIERI, *Origini del Capitalismo lombardo. Studi e documenti sull'economia milanese del periodo ducale* (Milano: 1961), pp. 49 ff.

preserved.[16] From Venice we know the *libro dei conti* for the Constantinople accounts of Giacomo Badoer, and the letters of Andrea Barbarigo, whereas the Soranzo papers and other merchants' archives which are partly in private hands have not yet been utilized.[17]

In the countries north of the Alps records are scarcer for the late Middle Ages. There exist a few rudimentary records going back as far as the 13th century, such as some pieces of accounts which Gustav Korlén found at Kiel, and the rotulus of a Lübeck *Gewandschneider* described by Ahasver von Brandt.[18] From southern Germany we have the *Handelsbuch* of the Nürnberg Holzschuher from 1304–1307 as the earliest example.[19] For the Netherlands we mention the registers of the Bruges changers Collard de Marke and Guillaume Ruyelle from 1366 to 1369, on which Raymond de Roover worked. In the Ghent archives there are the further correspondence of the Bruges branch of the Medici, published by Armand Grunzweig[20], and the registers of the London branch of the Gallerani of Siena.[21]

16. HEINRICH SIEVEKING, "Die Handlungsbücher der Medici", in *Sitzungsberichte der Kaiserlichen Akademie der Wissenschaften in Wien, Philos.-Histor. Klasse* (Vienna: 1905), Vol. 151; CURZO MAZZI, "La compagnia merchantile di Piero e Giovanni de Cosimo dei Medici in Milano nel 1459", in *Rivista delle Biblioteche e degli Archivi*, XVIII (1907), pp. 17–31; RAYMOND DE ROOVER, *The Rise and Decline of the Medici Bank, op. cit.*, pp. 261 ff.; ZERBI, *op. cit.*, pp. 311–368; WOLFGANG VON STROMER, *Wirtschaft und Politik, Oberdeutsche Hochfinanz 1350–1450*, t. I-III (Wiesbaden: 1970), I: Index Borromei; GEROLAMO BISCARDO, "Il banco Filippo Borromei e compagni di Londra, 1436–1439", *Archivio Storico Lombardo*, 4th series 19. (1913), pp. 37–126, 283–386.

17. UMBERTO DORINI, TOMASO BERTELE, eds., *Il libro dei conti di Giacomo Badoer (Constantinopoli, 1436–1440)* (Rome: 1956); FREDERIC C. LANE, *Andrea Barbarigo, Merchant of Venice* (Baltimore: 1944), and *Lettere di commercio di Andrea Barbarigo, mercante veneziano dal 1400* (Naples: 1951); SIEVEKING, "Aus venezianischen Handlungsbüchern", *loc. cit.*, p. 1490.

18. GUSTAV KORLEN, *Kieler Bruchstücke kaufmännischer Buchführung aus dem letzten Viertel des 13. Jahrhunderts*; AHASVER VON BRANDT, "Aufzeichnungen aus dem Detailgeschäft eines Lübecker Gewandschneiders", *Zeitschr. des Vereins für Lübecker Gesch. u. Altertumskunde* (1964), Vol. 44, pp. 5–34.

19. ANTON CHROUST, HANS PROESLER, "Das Handlungsbuch der Holzschuher in Nürnberg von 1304–1307", in *Veröffentlichungen der Gesellschaft für frankische Geschichte* X/I (Erlangen: 1934).

20. RAYMOND DE ROOVER, "Quelques considerations sur les livres de comptes de Collard de Marke (1366–1369), précédées d'un aperçu sur les archives commerciales en Belgique", *Bulletin d'Etudes et d'Informations de l'Institut Supérieur de Commerce St. Ignace* (April, 1930), pp. 445–475; "Le livre de comptes de Guillaume Ruyelle, changeur à Bruges (1369)", Contribution à l'histoire des finances privés au Moyen Age et à celle de la comptabilité commerciale en Belgique", in *Handelingen van het Genootschap voor Geschiedenis "Société d'Emulation" te Brugge*, dl.LXXVII (1934), pp. 15–95.

21. GEORGES BIGWOOD, *Les Livres de comptes des Gallerani*, ouvrage revu, mis au point, complété et publié par Armand Grunzweig I/II (Brussel: 1962).

For the Hanseatic region there is a group of records including the accounting books of Warendorp and Clingenberg at Lübeck.[22] Those of H. and I. Wittenborg are from Lübeck, too, whereas J. Tolner was a Rostock representative, and the house of Geldersen was established at Hamburg.[23] The papers of Hildebrand Veckinchusen of Lübeck (on the trade from 1397 to 1410 with his brother Sievert in Bruges, Cologne, and Lübeck, with an interesting branch in Venice) are rather voluminous. These papers, which were deposited in the town archives of Reval, are now to be found in Göttingen; they have been published by M. P. Lesnikov.[24] The Veckinchusen books, ten in all, are especially interesting because they show, according to Raymond de Roover,[25] that the deficiencies of their bookkeeping technique contributed to the catastrophe of the Veckinchusen enterprise.

For the 15th century there are few surviving archives from the Hanseatic world and only from merchants who did not belong to the outstanding group: the Danzig commission merchant Johan Pisz (1421–1454) and the Lübeck merchants Heinrich Dunkelgud (1478–1517) and Paul Mulich (1495).[26] The records of the Gorlitz "Kramer" Hans Bruckner (1476–1496) may be added.[27]

Whereas all these Hanseatic documents give evidence of rather conservative techniques and, in their organization, show the individualistic character

22. FRITZ RÖRIG, "Das älteste erhaltene deutsche Kaufmannsbüchlein 1330–1336, von H. Warendorp und C. Clingenberg", in *Hans. Gesch. Bll.* 30 (1925), pp. 12–66.

23. C. MOLWO, *Das Handlungsbuch von H. und I. Wittenborg* (Leipzig: 1910), K. I. KOPPMANN, *Joh. Tolners Handlungsbuch von 1345–1350, Geschichtsquellen der Stadt Rostock* (1885), Vol. I.; HANS NIRRNHEIM, *Das Handlungsbuch Vickos von Geldersen* (Hamburg/Leipzig: 1895).

24. WILHELM STIEDA, *Hildebrand Veckinchusen* (Leipzig: 1921); *Briefwechsel eines deutschen Kaufmanns im 15. Jahrhundert*; CLAUS NORDMANN, "Die Veckinchusenchen Handelsbücher", *Hansische Geschichtsblätter 65/66* (Weimar: 1941); M. P. LESNIKOV, "Torgovija Kniga Ganseiskogo Kupca Nacala XV Veka", *Akademija Nauk SSSR, Istoričeskij arhiv 2* (1958), pp. 134 ff.

25. RAYMOND DE ROOVER, "The Development of Accounting Prior to Luca Pacioli According to the Account Books of Medieval Merchants", in *Studies in the History of Accounting*, pp. 114 ff.

26. W. VON SLASKI, Danziger Handel im 15. Jahrhundert auf Grund eines im Danziger Stadtarchiv befindlichen Handlungsbuchs geschildert, Diss. Heidelberg 1905; WALTER SCHMIDT-RIMPLER, *Geschichte des Kommessionsgeschafts in Deutschland* (Halle/S: 1915), Vol. I, pp. 74–76, 311 ff.; PENNDORF, *Buchhaltung*, pp. 20 ff.; W. MANTELS, *Aus dem Memorial- und Geheimbuch des Kramers H. Dunkelgud* (Lübeck: 1866); FRITZ RÖRIG, "Das Einkaufsbuchlein der Nürnberg-Lübecker Mulichs auf der Frankfurter Fastenmesse des Jahres 1495", *Veröffentlichungen der Schleswig-Holsteinischen Universitatsgesellschaft 36* (Breslau: 1931).

27. SCHULZE, "Ein Kramerbuch aus dem 15. Jahrhundert", in *Neues Lausitzisches Magazin 73* (1897).

of the people of lower Germany, the material from southern Germany shows how merchants there tried to copy what they found to be more modern in the towns south of the Alps. The records preserved in southern Germany are fragmentary. At Ratisbon, there are the books of Matthäus Runtinger and at Munich those of Heinrich Lerer (1451–1455).[28] Ulm has Ott Ruland's *Handlungsbuch*,[29] a booklet which was used by Hans Keller for the Ulm firm Ludwig Rottengatter, and some accounts of the company Jacob Ehinger–Wolfgang Verber. For the history of the Augsburg-Memmingen Company Welser and Vöhlin there are some fragments of account books.[30] The notices written between 1484 and 1506 in an upper German enterprise are not from Hans Paumgartner the elder, who changed his residence from Nuremberg to Augsburg in 1485, but from the Fugger factor Cristof Rogel at Graz. The Nuremberg patrician Wolf Haller, at that time in the service of the Fuggers, collaborated in writing the notices.[31]

The Rothenburg merchant Conrad Ofner left a *Gefallebuch* from 1461 with entries on wool transactions with Nuremberg.[32] We know also of the Venetian *Abrechnung* of Wolf and Balthasar Blum from Frankfurt with Loy Jostenhofer from Tournai and Philip Adler from Augsburg.[33] In a palimpsest of the Jagellonski Library at Cracow, fragments of the book of a Mainz *Gewandschneider* from 1383–1393 were found, and F. Geldner saved 86 folios of the account book of the Speyer printer Peter Drach from palimpsests (1480–1504).[34] Apelbaum wrote on some Basel companies; in addition we know of the *Schuldbuch* of the Basel merchant Claus Stutzenberg from 1441 and of the *Rechenbücher* of the Basel merchant Ulrich Maltinger from

28. FRANZ BASTIAN, *Das Runtingerbuch 1383–1407* (Deutsche Handelsakten Vol. 6–8 Regensburg 1935–1944); PENNDORF, *op. cit.*, p. 35.

29. HASSLER, *Rulands Handlungsbuch* (Stuttgart: 1843; Bibliothek des Literarischen Vereins 1); HANS BRUDER, "Reiserechenbuch des Hans Keller aus den Jahren 1489–1490", in *Zeitschrift für die Gesamte Staatswirtschaft 37* (1881), pp. 831–851; PENNDORF, *op. cit.*, p. 35; K. KOHLER, *Handelsakten der Ulmer Gesellschaft Järber-Ehinger um 1495* (Böblingen: 1968).

30. KARL ROSSMANN, *Vom Handel der Welser um die Wende des 16. Jahrhunderts*, Diss. phil. (München: 1935).

31. KARL OTTO MÜLLER, "Welthandelsbräuche 1480–1540", *Deutsche Handelsakten des Mittelalters und der Neuzeit V* (Stuttgart: 1934); TH. G. WERNER, "Repräsentanten der Augsburger Fugger und Nürnberger Imhoff als Urheber der wichtigsten Handschriften des Paumgartner-Archives über Welthandelsbräuche", *Vierteljahrschrift für Sozial- und Wirtschaftsgeschichte, 52* (1965), pp. 1–41.

32. PENNDORF, *op. cit.*, pp. 33 ff.

33. A. DIETZ, *Frankfurter Handelsgeschichte* (Frankfurt/M.: 1910), Vol. I, p. 271.

34. CARL WEHMER, *Mainzer Probedrucke in der Type des sog. Astronomischen Kalenders für 1448* (München: 1948); FERDINAND GELDNER, "Das Rechnungsbuch des Speyrer Druckherrn, Verlegers und Grossbuchhandlers Peter Drach", in *Archiv für Geschichte des Buchwesens 5* (Frankfurt: 1962), pp. 1–196.

1407–1498.[35] At Constance something remains on the locally limited affairs of the goldsmith Steffen Maignow (1480–1500).[36] Hektor Ammann reconstructed his *Diesbach-Watt-Gesellschaft* from rather poor material, and the same was the case with Schulte's *Grosser Ravensburger Gesellschaft*.[37] Baron Stromer sees in the technical progress in record-keeping a deciding factor for the economic expansion of Nuremberg and other upper German towns at that period, in addition to the factors of new raw material sources and general technological progress. The most progressive town was Nuremberg. However, according to von Stromer's publications,[38] there is not nearly as much documentation as for Italy, for instance. With regard to Switzerland, I will cite the *fonds de commerce* at Geneva: Hektor Ammann gave an early description of a series of registers to be found there, and Bergier used them for his book.[39] For Lorraine there is the *livre de comptes* of the Metz mercers Jean Le Clerc and Jacquemin de Moyeuvre, which has been analysed by Jean Schneider; some Jewish accounting books such as that of Mardoche Joseph may be added, as well as that of the Marseilles merchant Johan Blasi.[40] Beyond taese, as far as France is oncerned we know more details only about the pctivity of the de Bonis at Montauban.[41] The business world of Jacques Cœur has to be reconstructed on the basis of the Procureur Dauvet's Journal.[42]

35. APELBAUM, *Baseler Handelsgesellschaften im 15. Jahrhundert* (Bern: 1915); PENNDORF, *op. cit.*, p. 35.

36. A. NUGLISCH, "Das Geschäftsbuch des Konstanzer Goldschmieds Steffen Maignow (1480–1500)", *Zeitschrift für Geschichte des Oberrheins N.F. 22* (1907), pp. 456–470.

37. HEKTOR AMMANN, *Die Diesbach-Watt-Gesellschaft* (St. Gallen: 1928); ALOYS SCHULTE, *Die Grosse Ravensburger Gesellschaft* (Stuttgart: 1923), Vol. I–III.

38. WOLFGANG VON STROMER, *Die Nürnberger Handelsgesellschaft Gruber-Podmer-Stromer im 15. Jahrhundert* (Nürnberg: 1963); "Das Schriftwesen der Nürnberger Wirtschaft vom 14. bis zum 16. Jahrhundert zur Geschichte oberdeutscher Handelsbücher", in *Beiträge zur Wirtschaftsgeschichte Nürnbergs II* (Nürnberg: 1967), pp. 751 ff.

39. HEKTOR AMMANN, "Genfer Handelsbücher des 15. Jahrhunderts", in *Anzeiger für Schweizerische Geschichte 51 N.F. 18* (1920), pp. 12–24; JEAN-FRANCOIS BERGIER, *Genève et l'économie européenne de la Renaissance* (Paris: 1963).

40. JEAN SCHNEIDER, *Recherches sur la vie économique de Metz au XVe siècle. Le livre de comptes des merciers messins Jean Le Clerc et Jacquemin de Moyeuvre (1460–1461)* (Metz: 1951); J. LOEB, "Deux livres de commerce", *Revue des Etudes Juives, VII*, p. 18; M. SCHWAB, *Livre de comptes de Mardoche Joseph* (1913); DIETRICH HAUCK, *Das Kaufmannsbuch des Johan Blasi (1329–1337). Ausgabe mit sprachlichem und wirtschaftsgeschichtlichem Kommentar* (Saarbrücken: 1965), Vol. I–II.

41. EDOUARD FORESTIÉ, *Les Livres de comptes des frères Bonis, marchands montalbanais du 15e siècle* (Paris: 1890–1894), Vols. I–II; C. CUGNASSE, "Activité économique et milieu humain à Montauban au 15e siècle d'après le registre de Barthélémy Bonis", *Annales du Midi, LXIX* (1957), pp. 207 ff.

42. Les affaires de Jacques Cœur, *Journal du Procureur Dauvet*, éd. M. Mollat (Paris: 1952), Vol. I.

Records from the 16th and 17th centuries are much more plentiful, especially for the main commercial centers. Concerning Augsburg, the Fugger Archives, now at Dillingen on the Danube, and the various private collections of the Augsburg Town Archives contain quite a lot of material.[43] However, they are not complete, and the Fugger Archives have no account books. The Paumgartner family left papers in the Allgäu castle Kissleg which were added to the *Fürstlich Waldburgisches Archiv* at Zeil.[44] Papers of the Rehlinger family are kept at Hainhofen castle near Augsburg.[45] The documentation of the Welser at Neunhof castle near Nuremberg is rather poor (except for some groups of records, for example, an accounting book of 1579), but there are supplementary records to be found in the Archives of Nuremberg itself, as well in the castles of several patricians of the Nuremberger *Landschaft*.[46] Few records of the other upper German towns have survived, especially Ulm and Biberach, and Memmingen, where the bankruptcy of the Zangmeister is a special point of interest.[47]

For the Hapsburg countries our list is rather small. Anton Scheiblin published the *Schuldbuch* for the years 1586 to 1601 of Philipp Leinpämb, a St. Pölten cloth merchant who also dealt in wine, an important agricultural product of the Tullnerfeld.[48] Ferdinand Tremel gave us a description of the *Handelsbuch* of the Judenburg merchant Clemens Körbler, and extracts of

43. HEINZ FRIEDRICH DEININGER, "Zur Geschichte des Fürstlich und Gräflich Fuggerschen Familien- und Stiftungs-Archives zu Augsburg", *Archivalische Zeitschrift 37* (1928), pp. 162–183. Compare J. HARTUNG, "Aus dem Geheimbuche eines deutschen Handelshauses im 16. Jahrhundert", *Zeitschrift für Social- und Wirtschaftsgeschichte 6* (1898), pp. 36–87; JOHANN MEILINGER, *Der Warenhandel der Augsburger Handelsgesellschaft Anton Haug, Langenauer, Link (1532–1562)* (Grafenhainichen: 1911); KARL SCHADLE, *Sigmund Gossenbrot, ein Augsburger Kaufmann, Patrizier und Frühhumanist*, Diss. (München: 1928).

44. KARL OTTO MÜLLER, *Quellen zur Handelsgeschichte der Paumgartner von Augsburg (1480–1570)* (Wiesbaden: 1955).

45. FRANZ JOSEPH SCHONINGH, *Die Rehlinger von Augsburg. Ein Beitrag zur deutschen Wirtschaftsgeschichte des 16. und 17. Jahrhunderts* (Paderborn: 1927).

46. Compare L. FREIHERR VON WELSER, *Die Welser* (Nürnberg: 1917), Vols. I–II; *Eine Urkunde aus Geschichte des Nürnberger Handels* (Würzburg: 1912); LUDWIG VEIT, "Das Archiv des Germanischen Nationalmuseums, eine Übersicht über seine Bestände", in *Anzeiger des Germanischen Nationalmuseums 1954–1959*, pp. 248–255; FRITZ SCHNELBÖGL, "Adelsarchive im Nürnberger Raum", *Mitteilungen der altnürnberger Landschaft X., 3* (1961).

47. DIETER FUNK, *Biberacher Barchent, Herstellung und Vertrieb im Mittelalter und zur beginnenden Neuzeit* (Leinfelden b. Stuttgart: 1965), p. 11; A. WESTERMANN, "Memminger Handel und Handelsgesellschaften um die Wende vom Mittelalter zur Neuzeit", *Memminger Geschichtsblätter 6* (1920); "Die Zangmeister als Memminger Kramer und Grosskaufleute", *ibid. 13* (1927).

48. "Das Schuldbuch des St. Pöltener Tuchhändlers Philipp Leinpämb", *Die Arbeitsgemeinschaft VII, 4* (1931); *VIII* (1932–1933), pp. 12–77, 78–86.

ledgers of the Wiener Neustadt firm of Alexius Funck have been published recently by Othmar Pickl.[49] Source material exists for merchant activities further southeast, east, and northeast, but only a little has been published. The ledgers of the Ljubljana (Laibach) merchant Sigmund Mosbacher are being prepared for publication. András Kubinyi gave us an idea of the contents of the 1525 account book of the Ofen merchant Lénárt Gallniczer, and Ludwig Petry wrote his thesis on the Breslau merchant family Popplau, who left a *Handelsbuch* for the years 1502–1516.[50]

There are Swiss archives of merchants' families of that period, particularly in Zürich and Geneva. Hans Conrad Peyer recently used some of these for his book on Zurich commerce and banking.[51] The Ronco and the Werdmüller ledgers are among the earliest, and the Basel mechant Andreas Ryff (1550–1603) left us a description of his life and commercial activity which is nearly as precious as that of Lukas Rem for Augsburg.[52]

What is the situation in the Mediterranean area for the 16th and 17th centuries? Let us begin with Venice. In publications little exists beyond the letters of the Venetian merchants Michiel da Lezze and Andrea Berengo,[53] which are included in the *Miscellanea Gregolin.* Berengo was not one of the big Venetian merchants. He wrote these letters at Aleppo, most of them in the years 1555 and 1556, to his correspondents at Venice, Cyprus, and Tripoli in Syria; some were written as early as 1553. Of other private archives deposited in the *Archivio di Stato*, not much besides the notaries' volumes

49. FERDINAND TREMEL, "Das Handelsbuch des Judenburger Kaufmanns Clemens Körbler", *Beitrage zur Erforschung Steirischer Geschichtsquellen N. F. 15* (Graz: 1960); OTHMAR PICKL, *Das älteste Geschäftsbuch Österreichs, Die Gewölberegister der Wiener Neustädter Firma Alexius Funck (1516 bis ca. 1538) und verwandtes Material zur Geschichte des österreichischen Handels im 15. und 16. Jahrhundert* (Graz: 1966).

50. *Ibid.*, pp. 11 ff.; ANDRÁS KUBINYI, "A mezőgazdaság történetéhez a Mohács Előtti Budán (Gallniczer Lénárt Számadáskönyve 1525-ből)", *Különlenyomat Agrártörténeti Szemle 3–4* (1964) pp. 371–401; LUDWIG PETRY, *Die Popplau, Eine schlesische Kaufmannsfamilie des 15. und 16. Jahrhunderts* (Breslau: 1935).

51. HEINRICH SIEVEKING, "Zur zürichischen Handelsgeschichte", *Jahrbuch für Schweizer Geschichte 35* (1930; HANS CONRAD PEYER, *Von Handel und Bank im alten Zürich* (Zürich: 1968).

52. W. BODMER, "Der Einfluss der Refugianteneinwanderung von 1550 bis 1700 auf die schweizerische Wirtschaft", *Beiheft 3 der Zeitschrift für Schweizer Geschichte 35* (1930); PEYER, *op. cit.*, pp. 62 ff.; L. WEISZ, *Die Werdmüller* (Zürich: 1949) Vol. I, and for correction PEYER, *op. cit.*, pp. 65 ff.; A. HENSLER-RYHINER, "Andreas Ryff", in *Beiträge zur Vaterländischen Geschichte, Herausgeg. von der Historischen Gesellschaft in Basel, IX* (Basel: 1870), pp. 1–181.

53. F. BRAUDEL, A. TENENTI, "Michiel da Lezze, marchand vénitien (1497–1514)", in *Wirtschaft, Geschichte, und Wirtschaftsgeschichte: Festschrift zum 65 Geburtstag von Friedrich Lütge*, ed. W. Abel *et al.* (Stuttgart: 1966); UGO TUCCI, *Lettres d'un marchand vénetien, Andrea Berengo (1533–1556)* (Paris: 1957).

is of interest for the special economic role of the Venetian merchant houses.[54] In addition to the *Archivio di Stato*, there are several private archives, some of which are mentioned in the book *Venezia e le sue lagune*, which was published in 1847.[55] They are administered in part by the *Sovrintendenza Archivistica per il Veneto*.

In Verona the *Archivio di Stato* preserves ten bundles of the *Compagnia di Negotio* of Tommasino, Gandino, Simone, and Francesco Crotti from Gandino di Bergamo which was established in 1601.[56] In the archives of the Counts Campagna there are 40 bundles, with records on processes and other material. Unfortunately I received only a rather nonspecific answer from the State Archives of Milan concerning the sections where one might find relevant records. These archives are still to be surveyed. There are, however, private archives such as that of the Borromei. The same is true in Bologna where one might find *Notizie, e in Misura Molto Copiosa* in the records of the notaries, in acts on processes, and in the records of some magistrates.

The State Archives of Pisa are rich. They have records on the Alliata, Cilotti, Coletti, del Festa, Fontana, Fabroni-Mazzarosa, Monini, del Mosca, Padricelli, Rau', del 'Horte, Rosselmini, Rosselmini-Gualandi, Vierucci, and Upezzinghi-Lanfranchi-Lanfreducci. The Agostini family has preserved its archives at Pisa, and the Salviati family keeps its records at Migliorino, nearby. *Lo Scarso Materiale* referring to the commercial activity of the Lucchese merchant houses has been recorded in the three volumes of the *Inventario dell' Archivio di Stato* of that town.[57] The papers of the Buonvisi may be mentioned as especially outstanding.[58] At Florence there are, besides the Medici papers, the archives of the Strozzi, Capponi, Guicciardini, Corsi, and Salviati. The collection of the Capponi is to be found in the National Library of Florence.[59] The private papers of the Guicciardini make more than 200 registers.[60] The archives of Siena have documents on the Spannocchi for the 16th century and on the Venturi for the 16th and 17th centuries.[61]

54. Compare *Archivio di Stato*, Venezia, No. 53: Bernardo (1300–1387), 103ter: Correr, 311/4: Contarini, 157: Giovanelli; Secreta (Archivi Propri, Diversi: Balbi, Fontanini, Poloni, Schulenburg, Trevisan, Zendrini); 353; Tiepolo.

55. *Venezia e le sue lagune* (Venezia: 1847), Vol. II, Parte II, Appendice I, pp. 1 ff.

56. MICHELE LECCE, "Compagnie *di Negotio* veronesi agli inizi del seicento", *Economia e Storia* (1959), fasc. 3. f.

57. *Inventario dell'Archivio di Stato in Lucca* (Pescia: 1946), Vol. V; (Lucca: 1961), Vol. VI; Vol. VII, in printing.

58. LAPEYRE, *Une Famille de marchands: les Ruiz* (Paris: 1955), p. 341.

59. FERDINAND BRAUDEL, *La Méditerranée et le monde méditerranéen* (Paris: 1949), pp. 1110 ff.

60. LAPEYRE, *op. cit.*, p. 341.

61. Compare *Archivio Storico Italiano CXIV* (1956), pp. 617–653.

In Genoa, unfortunately, very little remains in public archives regarding famous families such as the Grimaldi, Doria, Fieschi, Spinola, Sauli, Marini, and Pallavicini. The State Archives of Naples preserve *l'archivio Doria* but it contains only papers of private interest and on the feuds involving the family in southern Italy. Besides these, the archives of the *Banco di Napoli* may be mentioned.[62] In Apulia only a few noble families without commercial activities left papers.[63]

In Sicily the archives of the *Corte Pretoriana* at Palermo contained papers of bankrupt families, but they were destroyed during World War II. There is, however, the *Tribunale del Consistorio* which contains direct documentation, and there are some registers of merchants or bankers in the *Archivio della Tresoreria*. In the *Archivio Communale* at Palermo there still exists, according to Professor Trasselli, the *carteggio privato* from 1590 to 1596 of a typographer, Giovan Francesco Carrara. In the State Archives of Palermo the *registro di uscita* of the banker Nicolo Gentile from 1570 and a register of the merchant Silvestro Baldassari from the same year are preserved among others. J. Delumeau gave us a first survey of what might be found at Rome in his thesis.[64]

In Spain and Portugal there is comparatively little left from important merchants' archives. Ramon Carande derived his volumes on the finances of Charles V from the documentation which remains in governmental offices.[65] For the commercial worlds of Burgos and Seville and other places such as Valencia, the Castillan fairs, and Madrid, we have the notaries' archives; in Seville especially there are the records of many acts of the *Consejo de Indias*, and the *Casa de le Contratación;* also the *audiencias* and the archives of the Inquisition.[66] But these are small in comparison to the archives left by the banker and merchant Simon Ruiz at Medina del Campo, which include about 50,000 letters, several thousand bills of exchange, and a series of registers. Henri Lapeyre and Fernand Braudel, with the aid of a group of students, first began to utilize the riches of this collection in the

62. *Passim.*

63. Conti de Ildaris, 18th century, Carte Sylos-Labini 18th century in the Biblioteca Provinciale de Gemmis, Bari; in the Biblioteca Communale of Trani a libro dei conti (1709–1711) of the Arciconfraternita del SS Sacramento (MS A-15) and in San Basilio, Mottola (prov. Taranto) the archives of the duchi di Sangro 17th–18th century.

64. *Vie économique et sociale de Rome dans la seconde moitié du 16e siècle* (Paris: 1957–1959), Vols. I–II.

65. *Carlos V. y sus banqueros* (Madrid: 1949–1967).

66. Compare the publications of Garcia Ramila and Manuel Basas Fernandez, the publications of Enrique Otte and Ruth Pike. Compare HENRI LAPEYRE, "Les Archives de Valence", *Caravelle 6* (1966), pp. 53–71.

University Archives at Valladolid, and gave a new picture of international finances in the epoch of Philipp II.[67]

In Portugal only one merchant's register is known at present: the *livro de rezão* of Antonio Coelho Guerreiro, which has been published by Virginia Rau. This contains the accounts of a man who was an official in the colonial service, and a merchant only for special ventures.[68] Beyond this, there remain only the records of the Inquisition and of the notaries, *tabeliões*, as the Portuguese say.

Relatively little has been preserved in France besides notaries' documents. Even such an important center as Rouen has very poor records.[69] From Marseille we have, for the late 16th and the beginning of the 17th century, the letters of the brothers Antoine and Gilles Hermite; but the information given by them is, because of the role of Marseille in that period, less important than letters of merchants from Venice, Augsburg, or Nuremberg might be.[70] The history of the pigment and spice traders of Toulouse had to be deduced by Caster on the basis of notaries' registers,[71] even though their palaces contributed to the architecture of their town just as the palaces of the big merchants of Antwerp, Genoa, and Venice did. In Bordeaux and La Rochelle, too, there is a lack of full documentation on the merchant houses. For Lyon we have to wait for the publication of M. Gascon in order to see what he discovered. However, records occur where we do not expect them, for instance, those of Gloton at Grenoble.[72] In Paris the National Ar-

67. RAMON CARANDE, "Cartas de Mercaderes (en torno a 1575)", *Moneda y Credito, Revista de Economia* (Junio 1944), pp.13–49; HENRI LAPEYRE, *Simon Ruiz et les "Asientos" de Philippe II* (Paris: 1953); *Une famille de marchands, op. cit.*; VALENTIN VASQUEZ DE PRADA, *Lettres marchandes d'Anvers* (Paris: s. a.), Vols. I–IV; J. GENTIL DA SILVA, *Stratégie des affaires à Lisbonne entre 1595 et 1605* (Paris: 1956); FELIPE RUIZ MARTIN, *Lettres marchandes échangées entre Florence et Medina del Campo* (Paris: 1965), pp. 13–49.

68. *O Livro de Rezão de Antonio Coelho Guerreiro, Prefazio de Virginia Rau* (Lisbon: 1956); compare FRÉDÉRIC MAURO, "Pour une histoire de la comptabilité au *Portugal: le Livre de raison de Coelho Guerreiro*", *Caravelle 1* (1963), pp. 85–110.

69. MICHEL MOLLAT, *Le Commerce maritime normand à la fin du Moyen Age* (Paris: 1952), p. VII.

70. MICHELINE BAULANT, *Lettres de négociants marseillais: les frères Hermite (1570–1612)* (Paris: 1953).

71. GILLES CASTER, *Le Commerce de pastel et de l'épicerie à Toulouse de 1450 environ à 1561* (Toulouse: 1962); *Dieudonné Rinchon, Pierre-Ignace Lievin van Aestein, capitaine négrier: Gand 1733–Nantes 1793* (Dakar: 1964).

72. Compare HENRI LAPEYRE, "Le fonds Gloton des Archives de l'Isère", in *Comité des travaux historiques et scientifiques. Actes du 85e Congrès national des Sociétés savantes, sectiond'histoire moderne et contemporaine* (Paris: 1961), pp. 307–315; "Les Payements des fares de Lyon en 1618–1619 d'après les Archives de la maison Gloton", *Bulletin Philologique et Historique (jusqu'à 1610) du Comité des Travaux Historiques et Scientifiques: Année 1964* (Paris: 1967), pp. 221–230.

chives as well as the *Archives de la Seine* and the *Bibliothèque nationale* surely have treasures.[73] At Nantes there are four registers of Andre Ruiz (Ruys), a group which may supplement the big collection of his relative Simon Ruiz at Valladolid.[74]

In the Netherlands merchants' archives for the 16th century are scarce. From Antwerp we know only one book, that of the printer Plantin, and four registers of the Affaitadi, that big enterprise which started its activity at Cremona and established, with Gian Carlo, a holding with subsidiaries at Lisbon, Valladolid, and Venice.[75] There were other houses which also had remarkably widespread relations: the new Christian or Marrano enterprises of the Mendes, Ximenes, Rodrigues d'Evora, and Alvares Caldeira.[76] They were good representatives of the business world of the 16th and beginning 17th century, but our knowledge about them is rudimentary. Most of their private material was lost during their migrations and therefore the historian is obliged to do what he can with the public archives and the notaries' records. The case is similar with the Schetz[77] whose origins were in the region of Maastricht and Limburg. Related to the van Richterghen at Aachen, they were the largest group of entrepreneurs in the Netherlands during the period of the Fuggers. They rose to Seigneurs of Grobbendonck and Dukes of Ursel. Part of the records of their activities are deposited at Brussels, but this portion contains little information about their businesses during the 16th century. Fortunately, we have the papers left by Thomas de Sampayo,[78] and the records of the *Insolvente Boedelskamer* at Antwerp,[79] which include documents on families such as the Andrea, the Immerseel, the Boussemart and other whose business ended with bankruptcy. Much remains to be done to utilize this material which is important for a realistic picture of Antwerp as an economic center during the 16th and 17th centuries.

This is also true of the materials from the period of economic greatness of

73. The fonds 4B6: Faillites. The fonds AQ.

74. See JEAN TANGUY, *Le Commerce du port de Nantes au milieu du 16e siècle* (Paris: 1956), p. XII.

75. LAPEYRE, *Une famille de marchands, op. cit.*, p. 340; JEAN DENUCE, *Inventaire des Affaitadi, banquiers italiens à Anvers de l'année 1568*; BARBIERI, *op. cit.*, pp. 448 ff.; CLEMENS BAUER, *Unternehmung und Unternehmungsformen* (Jena: 1936), pp. 40 ff.

76. HERMANN KELLENBENZ, Art. "Diego Mendes", in *Dicionario de Historia de Portugal*, Vol. III, pp. 15 ff.; "Die Rodriguez d'Evora in Köln", in: *Portugiesische Forschungen der Görresgesellschaft, 1. Reihe, Aufsätze zur portug. Kulturgesch. 6* (1966), pp. 272 ff.

77. CLEMENS BRUCKNER, *Zur Wirtschaftsgeschichte des Regierungsbezirks Aachen* (Köln: 1967), pp. 62 ff.; HERMANN KELLENBENZ, "Die Wirtschaft des Aachener Bereichs im Gang der Jahrhunderte", in *ibid.*, p. 473.

78. JEAN DENUCE, "Thomas de Sampayo en het Spaansch Legerarchief (1616–66)," *Antwerpsch Archievenblad, Tweede Reeks* 1 (1926), pp. 309 ff.

79. JAN DENUCE, *De Insolvente Boedelskamer* (1927).

the northern Netherlands. Although much was lost during World War II, especially at Middelburg, some material has been preserved in public and private collections. Of special importance are the records of the Amsterdam Town Archives and of the *Economisch Historisch Archief* in The Hague.[80] The records of the large privileged Overseas Companies in the *Rijksarchief* of The Hague also rank among the most important stocks. As yet only those of the East India Company have been examined; those of the West India Company still await investigators.[81] Expansion toward the Mediterranean, infiltration into the Iberian positions, and especially the advance of the Hollanders and Zealanders into north and northeastern Europe are among essential features of the great epoch of the Dutch economy.[82] The actions of the big merchant bankers are known in part from *Rijksgeschiedkundige Publicaties* and other publications. Axel E. Christensen demonstrated, on the basis of the papers of Claes Adriaensz Adrichem van Delft, how navigation to the Baltic was combined with the *Westfahrt.*[83] Klein recently published a book on the *Trippen*, another of the outstanding 17th century families[84] in addition to the de Geer and the Marselis. Louis de Geer, whom Romein called the Krupp of the 17th century, contributed, with the de Besche, the du Rees, the Momma-Reenstierna, the Amya, and the Radermacher families,[85] to the industrialization of Sweden in the 17th century. Thanks to the existence of the archives of Leufsta, which are now deposited at the

80. I. H. VAN EEGHEN, *Inventaris van het Familie-Archief Backer* (Amsterdam: 1954); *Inventaris van het Familie-Archief Moens (behorend tot het archief van het R. K. Jongensweeshuis)* (1955); *Inventaris van het Familie-Archief Bicker* (1956); *Inventaris van het Familie-Archief Brants* (1959); *Inventarissen van de Archieven van de Directien van de Moscovischen Handel, Directie van de Oostersche Handel en Reederrijen, Commissarissen tot de Graanhandel en Commissie voor de Graanhandel* (1961); *Inventarissen van de Familie-Archieven Herhoysen, Hooft, Hooft van Woudenberg* (1960); *Inventaris van het Archief van Regenten en Regentessen van het Deutzenhofje* (1962); W. CLHR. PIETERSE, *Inventaris van de Archieven der Portugees-Israelitische Gemeente te Amsterdam, 1614–1870* (1964); "Lijst van archieven, bewaard in het Economisch-Historisch Archief te s'Gravenhage", *Economische-Historisch Jaarboek 30* (1965), pp. XLVIII–LV.

81. J. G. VAN DILLEN, *Het Oudste Aandeelhoudersregister van de Kamer Amsterdam der Ostindische Compagnie* (s'Gravenhage: 1958); KRISTOF GLAMANN, *Dutch Asiatic Trade, 1620–1740* (Copenhagen/The Hague: 1958). Compare M. A. P. MEILINK-ROELOFSZ, "A Survey of Archives in the Netherlands Pertaining to the History of the Netherlands Antilles", *De Westindische Gids 35* (1954), pp. 1–38.

82. HERMANN WATJEN, *Die Niederlande im Mittelmeer* (Berlin: 19??); H. KERNKAMP, *De handel op den vijand 1572–1609* (Utrecht: 1934), Vols. I–II; J. NANNINGA UITTERDIJK, *Een Kamper handelshuis te Lissabon 1572–1594* (Zwolle: 1904).

83. AKSEL E. CHRISTENSEN, *Dutch Trade to the Baltic about 1600.*

84. P.W. KLEIN, *De Trippen* (Amsterdam: 1963).

85. Art. "De Besche", in *Svenskt Biografiskt Lexikon, X* (1931); A. KROMNOW, Art. "Jacob und Arnold de Rees", in *ibid., XI* (194); HERMANN KELLENBENZ, "Am Stein von

Swedish *Riksarkiv*, we know most of the history of his enterprises, due especially to the publications of Dahlgren.[86] Louis Bobé and Erik Amberger have summarized what little is known about the entrepreneurial activity of the Marselis in Denmark, Norway, and Russia.[87] Unfortunately the private archives of this family seem to have disappeared.

Documentation on northern German, Scandinavian, and Baltic private enterprises of the 16th and 17th centuries is scarce. In the Town Archives of Emden the letter books and protocols of the Kur-Brandenburgische-Afrikanische Kompanie from the end of the 17th century were preserved.[88] Some Bremen account books are mentioned by Ludwig Beutin, and several *Geschäftsbücher* are preserved in Oldenburg and Münster.[89] Surveys of the archives of Luneburg, Hamburg, and the *Wendische Städte* on the Baltic Sea coast from Lübeck to Stralsund are given by Ehrenberg, von Brandt, Thierfelder, and Olechnowitz.[90] But such an important enterprise as that of the Loitz at Stettin and Danzig has had to be reconstructed by Johannes Papritz from very scanty sources.[91] Danzig seems to have poor records, too,

Brömsebro", in *Festschrift Otto Scheel* (Schleswig: 1952), pp. 28 ff; P. SONDÉN, BRÖDERNA MOMMA-REENSTIERNA, "Ett bidrag till den svenska handelns och industriens historia på 1600 - talet, in: *Hist. Tidskr. 31* (1911), pp. 143–180; HERMANN KELLENBENZ, *Unternehmerkräfte im Hamburger Portugal- und Spanienhandel, 1590–1625* (Hamburg: 1954), pp. 203, 233; BRUCKNER, *Zur Wirtschaftsgeschichte des Regierungsbezirks Aachen, op. cit.*, pp. 142, 144; ELI F. HECKSCHER, *Svenskt Arbete och Liv, Från Medeltiden till Nutiden* (Stockholm: 1941), pp. 131 ff.; KELLENBENZ, *Die Wirtschaft des Aachener Raums*, p. 474.

86. E. W. DAHLGREN, *Louis de Geer, 1587–1652, Hans lif och verk på uppdrag af hans ättling Friherve Louis De Geer till Leufsta tecknade af...* (Uppsala: 1923), Vols. I–II; "Louis de Geer", in *Svenskt Biografiskt Leksikon, XI*, pp. 457–476.

87. LOUIS BOBÉ, "Personlige Forbindelser", in *Holland-Danmark, Forbindelserne mellem to Lande gennem Tiderne II* (Copenhagen: 1945), pp. 398 ff.; ERIK AMBURGER, *Die Familie Marselis, Studien zur russischen Wirtschaftsgeschichte* (Giessen: 1957).

88. Compare RICHARD SCHÜCK, *Brandenburg-Preussens Kolonial-Politik unter dem Grossen Kurfürsten und seiner Nachfölger (1649–1721)* (Leipzig: 1889).

89. LUDWIG BEUTIN, "Alte bremische Handlungsbücher", *Bremisches Jahrbuch 34* (1933); KURT RASTEDE, "Aus Geschäfts- und Rechnungsbüchern Oldenburger Kaufleute im 16. und 17. Jahrhundert", *Oldenburger Jahrbuch 42* (1938), pp. 1–40. Only one of them has been published: ED. SCHULTE, "Ein Danziger Kontorbuch des Kaufmanns Jakob Stöve aus Münster (um 1560)", *Hansische Geschichtsblätter, 62* (1938), pp. 40–72.

90. RICHARD EHRENBERG, "Zur Geschichte der Hamburger Handlung im 16. Jh.," *Zeitschrift der Vereins für Hamburg. Geschichte 8* (1886); AHASVER VON BRANDT, "Waren- und Geldhandel um 1560, aus dem Geschäftsbuch des Lübecker Maklers Steffen Holthusen", *Zeitschrift des Vereins für Lübeckische Geschichte, XXXIV* (1954), pp. 54 ff.; HILDEGARD THIERFELDER, "Rostock-Osloer Handelsbeziehungen im 16. Jh., die Geschäftspapiere der Kaufleute Kron", in *Rostock und Bene in Oslo* (Weimar: 1958); KARL-FRIEDRICH OLECHNOWITZ, *Handel und Seeschiffahrt der späten Hanse* (Weimar: 1965).

91. JOHANNES PAPRITZ, "Das Handelshaus der Loitz zu Stettin, Danzig und Lüneburg"/ *Baltische Studien 44* (1957), pp. 73 ff.

if one disregards the kind of material which has been collected by P. Simson in his *Danziger Inventar.*[92] Sources for Reval were better as shown by Gunnar Mickwitz.[93] Most of the northern European merchants were rather traditional in their bookkeeping. This is to be seen with the Malmö merchant Ditlev Enbeck, as well as with Namann Janssen at Flensburg, with the Kalundborg burgomaster Christoffer Faaborg, and the royal Swedish secretary Sigfrid Henrikson Sarffue.[94]

For the 17th century in Denmark there are only a few records of merchants in some places.[95] At Copenhagen we find such records as the account book of Steffen Rode, on cattle trading for 1637–1650, Willem Robins' copy-book from the 1680s and the copy-book of Lave Jansen, a *handelstjener* of Henrik Müller.[96] In addition to the archives of Leufsta in Sweden, the Momma-Reenstierna papers at the *Riksarkiv* were already mentioned.[97] To the extent that commercial activity was combined with industrial production the archives of Stora Kopparbergs Bergslag and other "bruks" must be mentioned.[98] In Sweden there is now a commission making an inventory of the private archives, but the two numbers of the bulletin[99] published by the commission show that there is very little on merchants' archives of the 17th and even of the 18th century. Kurt Samuelsson wrote his book on Stockholm's big merchants without private archives because most have disappeared.[100] The situation in Finland is not much better: Here only some private material for the 18th century has been preserved. In Norway, too,

92. PAUL SIMSON, *Danziger Inventar* (München/Leipzig: 1913).

93. "Aus Revaler Handelsbüchern, zur Technik des Ostseehandels", in *Der zweiten Hälfte des 16. Jahrhunderts* (Helsingfors: 1938).

94. EMILIE ANDERSEN, *Malmøkøbmanden Ditlev Enbeck og hans Regnskabsbog* (Copenhagen: 1954); *Stadtarchiv Flensburg* No. 565; EMILIE ANDERSEN, in *Afhandlinger Tilegnede . . . Axel Linvald* (Copenhagen: 1956), pp. 46–57; BRIGITTA ODÉN, "Ett svenskt köpmansarkiv från senare 1500-talet", in *Vetenskap-Societetens i Lund* (Lund; Årsbok: 1960), pp. 67–73.

95. Compare *Forskellige Arkiver udg af Landarkivet for Nørrejylland 1964*, pp. 236–45.

96. ALBERT OLSEN, in *Historisk Tidsskrift* 1. R. O, pp. 255–281; J. O. BRO JØRGENSEN, *Forsikeringsvaesenets Historie i Danmark indtil det 19. Aarhundrede* (Copenhagen: 1935), pp. 127–133; JOHAN JØRGENSEN, *Rentemester Henrik Müller* (Copenhagen: 1966), pp. 138 ff.

97. H. ROSMAN, "Ett Återfunnet Privatarkiv", in *Personhistoriskt Tidskrift 1898–1899*, pp. 215–218.

98. Compare now BERTIL BOETHIUS, *Koppar Bergslagen fram till 1570-talets genombrott, uppkomst, Medeltid, tidig Vasatid* (Uppsala: 1965), pp. 487 ff.

99. Compare ELI F. HECKSCHER, "En undersokning av svenska privata Affärsarkiv", in *Medelanden från Riksakivet* (1931), pp. 117–137; S. E. BRING, *Källor och litteraturforteckning (Sveriges historia till våra dagar, Femtonde Bind)* (Stockholm: 1945), p. 118; "Kommissionen for Riksinventering av de Enskilda Arkiven", *Bulletin No. 1* (Stockholm: 1963), *Bulletin No. 2* (1964).

100. KURT SAMUELSSON, *De stora köpmanshusen i Stockholm 1730–1815* (Stockholm: 1951).

there are merchants' archives mainly from the 18th century.[101] A list of those which are deposited in the Norwegian *Riksarkiv* has recently been published.[102]

The British islands have a good deal of material, for instance the Johnson papers from 1544 to 1553; the State Papers Supplementary, with the archives of the Levant Company in the Public Record office of London; the ledger of John Smyth, an eminent Bristol merchant of the 16th century, which covers the period 1532–1550; and the Montgomerie and Shawfield papers in Glasgow, from the turn of the 17th century.[103] Much material was lost even here; Lawrence Stone had to write his biography of Sir Horatio Palavicino "in view of the total disappearance of the family archives, from which only three stray documents have survived".[104] On the other hand, much might still be found in private properties. D. C. Coleman wrote his biography of Sir John Banks on the basis of ledgers and journals which are preserved in the residence of the Earl of Aylesford.[105]

With regard to 18th century England, Scotland, and Ireland, the records of Liverpool and London are especially rich; but it is not the intention of this report to go into details for the 18th century. Many places ought to be mentioned which have real treasures of archives of the sort that interest us; besides the British islands, much information has been collected in France[106], Italy, Spain, and central Europe. It is my intention to publish the whole collection of data in a catalog which may have as many as 100 pages. This catalog will contain, too, a list of European merchants' archives that are located in the United States or South America, through inheritance, donation, or purchase.[107] It is my conviction that a better knowledge of this widely

101. For Finland AXEL GRANDELL, *Aldre räkenskapsformer i Finland*, Svenska Handelshögskolan, Helsingfors gives some dates. Kind notice from Professor Sven-Erik Åstrom of Helsinki.

102. For Norway Professor Stein Tveite, Bergen, put a list at my disposal. Forlöbige arkivregistaturer: Privatarkiver nr 1–243, Hoved Katalog (Oslo: 1963), IV + 18 + 243 S.

103. Guide to the contents of the Public Record Office (London: 1963). Bristol Record Society's Publications Vol. XVII (1951): *Records relating to the Society of Merchant Venturers of Bristol in the 17th century*; and Vol. XIX (1955): *Merchants and Merchandise in 17th century Bristol;* J. LATIMER, *The History of the Society of Merchant Ventures of the City of Bristol* (Bristol: 1903); P.L. PAYNE (ed.), *Studies in Scottish Business History* (London: 1967).

104. LAWRENCE STONE, *An Elisabethan, Sir Horatio Palavicino* (Oxford: 1956), p. XIV.

105. D. C. COLEMAN, *Sir John Banks, Baronet and Businessman. A Study of Business, Politics and Society in later Stuart England* (Oxford: 1963).

106. Parts of these documents are already published, for example information regarding Marseilles and Bordeaux.

107. I am grateful to Mrs. Florence Edler de Roover for valuable advice concerning the manuscript collections.

scattered source material will greatly help us in our study of the economic and social development from the late Middle Ages to the Industrial Revolution. Not only will it furnish us incidental details, but it will show us, as Pierre Vilar stressed in his book on the Compañya Nova de Gibraltar, "un document privé, concret, objectif offre de matériaux à l'histoire la plus générale".[108]

108. PIERRE VILAR, *Le Manuel de la Compañya Nova de Gibraltar, 1709–1723* (Paris: 1962), p. 90.

[illegible] with [illegible] in full [illegible] of [illegible] and [illegible] the late Middle Ages [illegible] the Industrial Revolution [illegible] whose [illegible] detail [illegible] their [illegible] as [illegible] in the [illegible] [illegible] de [illegible] d'Italia [illegible] economic [illegible]

II

INDUSTRIAL STRUCTURE IN THE 20th CENTURY

INTRODUCTORY NOTE

The second section of the Congress was organized by Peter Mathias. The first of its two sessions emphasized changes in the industrial structure in the non-centrally planned advanced industrial countries. The growth of centrally planned economies was left to the second session. Related topic concerning the developing countries were among those designated for consideration by other sections of the Congress.

The number of communications that could be presented at one session being restricted, the range of economic experience they cover is limited to case histories of Czechoslovakia, Germany, Hungary, Japan and the United States, discounting the special problems of the war emergency planning of industry. They therefore represent a wide cross-section of experience: "leader countries" and also economies responding to the momentum of industrial changes outside their borders; "super powers" and small countries, both European and non-European.

The communication by Alfred D. Chandler, "The Structure of American Industry in the Twentieth Century: a Historical Outline", is published in *Business History Review*, *XLIII*, *3* (1969), pp. 255–281.

The fact that communications have been organized around national case histories follows the natural logic of detailed research, which in this field, as in most fields of economic history, has been mainly conducted within the confines of separate national economies. Most statistical measurements of changes in economic and industrial structure are also based on national statistics, censuses of production and other nationally based investigations, which make it very difficult to establish comparability among them. Discussions and debate, on the other hand, can range most fruitfully upon the comparative analysis of these case histories (even if, alas, no report of the discussion can be included here). Comparative study in economic history can be the means of attaining the greatest insights into processes of change, understanding the complexity of interrelationships of factors in a situation,

testing hypotheses, and exploding myths. Contrasts between national experiences in developing industrial sturctures and organizations – with their causes and effects – thus become as illuminating as the common features observable among them.

F.C.L.

PETER MATHIAS

ECONOMIES NOT CENTRALLY PLANNED

GENERAL REPORT

Changes in macro-economic structures

As an industrial economy grows and evolves we have been taught to anticipate a steady fall in the relative share (by labor force and contribution to GNP) of the primary sector (agriculture, forestry, fishing), a relative growth in the share of secondary industries (manufacturing, mining, construction), and an even greater growth, in mature economies, of the tertiary sector (services). Such a changing structure, exhibited in national case histories throughout the world, rests in part upon changing demand elasticities with rising incomes. Differential rates of growth in productivity among different sectors have much to do with change on the supply side (the primary sector lagging until the later 19th century and the tertiary sector lagging behind manufacturing industry, despite major technical changes affecting white collar productivity). More generally, the whole evolution of technological change, which breeds a wider and wider range of products with new industries to produce them, underlies the fall in the share of agriculture, which supplies traditional products in their raw state, even through with sharply rising productivity and falling costs. Comparative advantages will modify these changes among the different countries with their varying resource endowments and different specializations (developed particularly through commitments to international trade).

The great conformity to this trend of changing macro-economic structures, measured *ex post facto* by result, nevertheless conceals, through the statistical schematization initially imposed by economists and subsequently endowed by official classifications, much of the importance of the dynamic contribution to the momentum of a whole economy made by the different sectors. For example, a very similar pattern of structural evolution is shown by Denmark and Germany, judged according to this tripartite classification, but the structural evolution conceals important differences between the strategic importance of agriculture in these two countries. Agriculture provided an important base for many industries in Denmark, and the economic potential of agriculture itself was based largely upon the import demand

generated by the nearby major industrial economies of Germany and Great Britain. That is to say, a similar structural evolution, measured *ex post facto* does not necessarily indicate much about the processes of change and the sources of momentum that have brought about that structural evolution. A similar qualification applies to arguments that relate changing aggregate rates of productivity to changing differential levels of productivity among the three economic sectors. The dynamics of innovation and technical change and the whole complex of factors that lie behind rising productivity operate *within* these sectors as much as among them. The differences in the level of productivity between the most advanced and the most backward sectors within agriculture or between the older staple branches of cotton and the artificial fibers sector within the textile industry can be at least as great – at least as significant – as the differences in the level of productivity between agriculture and manufacturing industry in the aggregate. The same is true within the so-called tertiary sector. Productivity differences, the dynamics of competition and innovation, vary intrasectorally (for example, between the small shopkeeper and the supermarket) as importantly as they do intersectorally.

Changes in micro-industrial structures

Within these changes of macro-economic structure, evolving industrial structures have shown equally striking changes. Major growth industries of the 19th century, such as natural fiber textiles, coal, and railways, lose their momentum for propelling the economy and face the declining slope of their logistic curve. The capital goods industries receive greater emphasis, particularly the consumer durable industries, such as vehicles. A new set of pathfinder industries, the new engines of growth, develop: the engineering industries of all branches – such as oil, chemicals, electricals and electronics, artificial fibers, plastics, and so on – come forward to the first rank. Technical progress, increased incomes, and changing demand elasticities lie behind these trends. Patterns in exports from the industrial nations are structured into these changes; the emphasis swings away from simple consumer goods such as textiles toward capital goods, consumer durables, and products embodying the sophisticated technical knowledge of the advanced industrial economies. The revival of international trade since 1945 (compared with that of the 1930s) and the great increase in international trade among the advanced industrial economies have given greater weight to these trends. They have also been associated with the process of foreign investment and the establishment of manufacturing capacity in many countries due to international business. A rising share of trade passes between the affiliates of such firms.

Within this general pattern, certain paradoxes are to be found. The share

of craftsmen, for example, in the German labor force, commonly thought to be declining under the attrition of industrialization, increased from 10% in 1895 to 15% in 1913. Of course, the skills and occupations to be found within the category of craftsmen changed with the years, but it is still surprising that the trend toward larger economic activities should shelter an increase in the particular economic grouping of small business.

Changes in industrial organization

Changes in industrial structure have occurred along with the changes in industrial organization. Another dimension of structural change in all advanced industrial economies in the 20th century has been a trend for the flow of goods and the allocation of resources to become more centralized and centrally determined. Decisions over pricing, output, and capital investment in the 19th century were much more decentralized and fragmented. The representative business unit in most industries (including the most strategic) was small; manufacturing firms were confined mainly to production and bought and sold their raw materials and finished goods through independent merchant houses. Individual entrepreneurial decisions were based largely upon impersonal prices and interest rates over which the owners had little or no control. The great and continuing increase in the size of firms has been accompanied by an increase in concentration, to the extent that many major industries (often the most strategic for continued industrial growth) in all industrial economies have become dominated by a few large integrated businesses. Increasing size and concentration have been associated with the control or ownership of the distributing and marketing organizations (frequently including retailing) and of raw material supply lines, or production. Some forecasters predict (by extrapolating these existing trends which have become increasingly apparent in the international economy) dominance in the near future of a few hundred (or possibly a few dozen) super firms.

Concentration (and the correlated issue of the prevalence or intensity of competition) has proved difficult to measure and has made it even more difficult to assess the implications revealed by statistical investigations. Calculations usually have been prepared according to the schedule of trades in censuses of production, with the market share of the largest firm or group of two or three firms taken as the measure of concentration. Many factors of dynamic importance are concealed by this procedure and its resulting statistics. More revealing (but more statistically elusive) as an estimate of concentration would be the shares of individual *product* markets.

In the United States, where these trends were most significant, the main thrust toward concentration and integration of enterprise occurred during

the decades at the turn of the 20th century. Since 1920, encouraged by anti-trust legislation specifically designed to counter this form of concentration by cartelization, the main trend of the giant firm has been toward diversification of interests and increasing size by expansion across traditional industrial frontiers rather than by increasing the share of these industries, conventionally defined. Dramatically different shares of industry and individual product markets result from such interpretation. For example, two or three firms which, according to census of industry schedules, may have 50% of sales in electrical engineering may possess 100% of the capacity for particular generating equipment or specialized electronic equipment and a very small share in other product markets. The net competitive strength of the firm will rest upon the sum of these many sharply contrasting product markets rather than upon its percentage of an artificial entity called the electrical industry.

With many specialized intermediate products which seldom enter the sphere of public awareness or controversy, 100% monopoly is not infrequent, particularly in industrial economies smaller than the United States. In the United States, due to the dominant trend since 1920 of diversification by large-scale enterprise into multi-industrial firms, the expansion and growing importance of the few large firms have been more important than the increase in the traditionally measured concentration of industry.

In most statistical counts of concentration the import and export pattern is usually ignored. Most studies have also been confined to individual national economies, concealing international patterns. Usually only wholly owned (or over 50% holdings in) subsidiaries are counted as part of the parent firm. Statistical measurements of concentration thus do not reveal certain essential truths. The reality is not in doubt: the largest firms have become increasingly strategic in mass production and mass distribution in the 20th century, and with this, concentration has increased, with a strategic significance greater than the statistics indicate. The giant firm or group of firms has usually been strongest in the growth industries of the 20th century listed above – those most important for the whole momentum of industrial progress in an advanced economy. While the rise of the large firm has acted as an umbrella for the growth of a mass of smaller component makers and subcontractors (as in motor vehicles or aircraft) in the engineering trades, economic power and initiative has also come to the few oligopolists. Minority holdings in other companies, trading investments and trading arrangements, known market leadership, and the weight of a parent super-firm based overseas, all add to the strategic position of the larger firms, quite apart from their potential claims on the best managerial talents, access to more capital, better information, and closer relations with government. In addition, the inter-

national position of the largest companies shows a concentration in the growth areas of the host economies that endows their position with a greater importance than their percentage of productive capacity indicates.

Similar industries have been leading this development in most countries. Some, such as oil, chemicals, motor vehicles, and mining, have been propelled by vast capital requirements to cover formidable research and development costs, advancing technology (which means ever lumpier capital investment to take advantage of the full economies of scale that long production runs give), the overheads of international distributing organizations to handle the servicing and maintenance of sophisticated products, or a worldwide search for raw materials. But other industries (such as tobacco) that also head the list internationally for concentration and scale of production within a single firm do not have their evolution dictated by the same logic. Textiles throughout the world have been on the trailing edge of the process, although now a spate of mergers (often under pressure from large firms in the chemical and artificial fibers industries) is beginning to produce a familiar industrial profile.

Very little work has been done by economic historians to explore the implications and the important dynamics behind these much-studied aggregative statistical surveys. The strategic forces at work in these trends need to be explored in relation to their concrete historical context to test universal hypotheses and blanket observations. The comparative study of these trends in different countries will expose many paradoxes. The following notes raise some of these issues.

Contexts favoring concentration

The situations in which cartelization and concentration have been a response have varied greatly between countries, as have the effects of the process. In the United Kingdom cartelization and concentration before 1945 came most strongly in times of falling prices, squeezed profits, and excess capacity, such as between 1875–1900 and 1920–1935. Often cartelization was a defensive reaction in large, established industries under pressure and was reluctantly undertaken to hold prices if possible and make life tolerable for the least efficient, highest cost firms in the group; in fact, such mergers were often a largely negative response to hard times and industrial inefficiency. In the United Kingdom in the 1930s concentration developed (not exclusively) in the older giant industries, such as cotton and shipbuilding, contracting under government encouragement. In other countries, like the United States, Germany, and Japan, cartelization and mergers characterized the young, vigorously growing new industries at an early stage in their evolution and was associated with rationalization, technical innovations, rapid export

growth, and other evidence of rising efficiency imposed on the distribution system as well as within production. Recent mergers in Europe have been of the latter sort, but commonly encouraged by the competition of the subsidiaries of powerful foreign firms (particularly American); this is a feature which was not present in late 19th century United States or Germany, where their industries were leading the world. The role of the banks has also varied greatly between countries. Bankers were often brought in as brokers or advisers in the United Kingdom rationalization schemes (particularly those undertaken before 1939 in circumstances of depression, if not bankruptcy), but great investment banks did not promote or manage the process as in the German or eastern European context. Banks tended to be prominent in the processes of industrial investment in circumstances where capital markets were poorly developed (where the context was unfavorable for the emergence of a true public market in industrial securities) and where technical change had made capital investment lumpy at the time when modern industry was first becoming established. In turn, the prominence of the banks probably encouraged rationalization and concentration among their client firms more than in a context such as in Great Britain, where the banks had less influence.

Reasons for the growth of concentration

Explanations for increasing size and concentration have been equally varied: economies of scale, sharing the overhead costs of research and development, head-office and staff departmental overheads of sales organizations, retailing interests, and so on, have been favorite internal explanations. Government encouragement, both in depression times and in the attempt to safeguard national economic strength against foreign competition, has often been present, and war, with enforced rationalization and massive public contracts concentrated upon certain industries, has favored the rise of the large firm. Mergers and concentration have commonly resulted from attempts to create countervailing power against the invasion of foreign firms or the creation of large-scale interests among direct competitors, suppliers, or customers. The inability of existing independent distributors to manage the mass distribution of products has been another influence, as has the inability of manufacturers to maintain cartels and other less formal means for collective action. The internal dynamics of firms exploiting the financial resources available to them also creates an acquisitive instinct.

Rising research and development costs in science-based industries and the desire to counter the leverage of rivals of great size have probably been the greatest stimuli since 1945 – that is, concentration for growth and for efficiency rather than as an aspect of the economics of depression. Increasing

scale and concentration do appear to have operated with a ratchet effect in many economies. The larger firms have shown a greater staying power and a greater ability to survive difficult times, and thus the attrition among them has been less than among smaller firms. In smaller economies the trend to growth in scale has produced greater concentration in recent decades; however, only in the United States does this appear to have been offset by diversification of interests in the largest firms.

Industrial organization and competition

Much evidence (and even more argument) supports the thesis that the changes in industrial structure and organization have resulted in the curtailment, if not the elimination, of competition as an effective force in non-centrally organized economies. Certainly the large corporations in oligopoly situations have led the retreat from uncertainty. Price agreements, price leadership, and other aspects of this context have given some security from the external pressures of price competition. It is possible that competitive forces (broadly conceived) exist with greater influence than the structural analysis suggests. Empirical studies of the actual behavior of firms are needed, and they should be distinguished from theoretical, universalistic hypotheses on the one hand and studies of opinion and erasstion on the other.

Competition other than price competition (by new products or the development or threatened development of substitute products) and sometimes the invasion or threatened invasion by equally powerful firms in other industries (as the oil firms have moved into chemicals) or from abroad have had this effect. Fear of government interference, either through formal legislation against restrictive practices or monopoly, which now exists in most industrial economies, or fear of government reaction as an important monopoly buyer of products or supplier of essential services can be important. The influence of government has been expanding with these trends in industrial organization: a more activist economic policy, national economic planning in one mode or another, and simply the power of the public sector have been expanding in all advanced economies. The paradox exists between government encouragement of (or even request for) cartelization and merger in some industries and at the same time an equivalent set of government devices that discourage the process in other industries.

The revival of international trade levels since 1945 has made imports a greater competitive force. Worldwide movements through international agencies for abolishing quota restrictions, lowering tariffs, and establishing free trade within economic blocs (notably the Europe Economic Community) have widened the marketing areas within which effective industrial competition operates. This trend has produced paradoxes of its own. Tariffs against

imports, in the absence of measures against the movement of capital and businesses, induced the invasion of foreign-based firms which established manufacturing capacity in their main export markets. To date, the emergence of the main European economic blocs, facilitating mobility of capital and enterprise among participating countries, has proved less important for national companies within the area than for American investment from outside it.

Does the market, particularly for the large firm selling consumer goods, remain more influential than the evidence about structural changes implies? Firms in a structurally more competitive situation may be less competitive operationally than the monopolist who fears the presence of a foreign rival. The traditional form of analysis in economic theory relating to competition and monopoly (exemplified in the work of Mrs. Joan Robinson[1] and Professor E. H. Chamberlin[2] about oligopoly situations) and endowed with a long tradition of assumptions about the pure monopoly position as contrasted with the perfect competition assumptions has as its empirical counterpart the structural analysis of the degree of monopoly in an industry. The new forms of competitive pressure upon the actions of a firm, which are not exactly correlated with the structural analysis of the number of firms in an industry, escape this analysis and do not find much emphasis in the more recent studies of J. K. Galbraith.[3]

In many commentaries collective action, cartelization, and mergers (the process of concentration) are seen as evidence for success in moving out of competition. This may be so, but they may also be evidence for exactly the opposite. For example, the formation of regional trade associations has usually been a response to increased competition or the reaction of smaller local firms to the larger enterprise establishing itself across the national market. Cartelization, collective action, merger by manufacturing business, and the move toward integrated enterprise have often come in response to (or, in turn, have invoked) equivalent moves among rival groups or among the distributive trades or by the state. The growth of large-scale retailing, for example, represents an ability to establish or to threaten to establish countervailing manufacturing capacity. A large public sector, if it includes the capacity for major capital goods purchasing (for, say, power and light, public transport, and telecommunications) quite apart from more specialized military purchasing, can act as a catalyst for collective action by suppliers in the private sector. When changes in industrial structure are countervailing

1. J. ROBINSON, *The Economics of Imperfect Competition* (London: 1964).

2. E. H. CHAMBERLIN, *The Theory of Monopolistic Competition* (Cambridge, Mass.: 1962).

3. J. K. GALBRAITH, *The New Industrial State* (Boston, Mass.: 1967).

reactions to the collective action of other groups in the economy, they cannot be read as simple evidence for contracting out of competition. Competition will no longer operate atomistically through individual firms but will operate among different groupings. The question then is transposed to how effectively and with what consequences do these competitive pressures apply.

Within the largest corporations, particularly the super-firms in international business, increasing size and diversity have been associated with increasing decentralization of authority among divisions and subsidiary companies. Within budgetary limits and compatibility with the strategic interests of the group as a whole, local autonomy of this sort has internalized competition within the corporations. Much investment has also been made in the new managerial sciences to increase efficiency.

The decentralized structure adopted for the larger firms in recent decades has institutionalized the process of diversification and expansion – equating it with the maintenance of managerial efficiency. Supporting this has been the discovery (unaccepted as an absolute truth in many industries but gaining ground as a relative truth in the face of demonstrable facts) that managerial skills are non-specific and that the man who can organize the production or marketing of ball bearings efficiently can do the same for ice cream or air transport. (That is, if there is a mystery in the medieval sense, it is not the mystery of steel or cotton but a specific mystery of management itself.) Diversification has thus become a policy to capitalize on a firm's investment in managerial expertise, supported by a complementary pressure to capitalize on its investment in the overhead costs of research and development. As a firm invests in research which is more fundamental and less applied to a specific process so the stream of potentially employable knowledge becomes less specific and more able to fertilize a widening range of productive interests. In short, the interrelationship of managerial expertise and research expenditure overheads have encouraged diversification. The conglomerate firms represent a very new strategy of industrial growth with a dynamic element of its own.

Supporting this trend, with important implications for the nature of competition in advanced industrial economies, have been changes in the sociology of demand that accompany the rising real incomes. A consequence of affluence has been that consumers can switch demand easily when most of their purchasing is of non-essentials, or at least of a non-standardized package of goods. The rise of imports of finished manufactured goods in all countries with high levels of real income is evidence of this new instability of consumer demand. The awareness of comparative advantage by consumers, heightened by imports and the great commercial influence of large-scale independent retailing interests, means that consumers (and retailers) will

and can switch their patronage, and this greatly increases the effectiveness of potential competition among manufacturers.

Can conclusions be drawn about the effect of size upon efficiency? If the new logic of many industries with very high and increasing overheads means that costs can be reduced only through longer and longer production runs leading to monopoly or oligopoly, will this imply a different general relationship with government? How effective are efforts of international cartelization (for example, in the chemical industry) and what countervailing powers operate there?

Technical change and growth

Changes in industrial structure and organization have also been intimately involved with developments in the processes of innovation and technological change. The springs of invention and initial innovation are by no means monopolized by the largest companies. The discovery of terylene is a famous example, but the evolution of special steels, new metal alloys for the aircraft industry, electronic inventions, and many other fields show the resilience of the small organization as breeding grounds for new products and processes. But subsequent research and development costs have become so great that the large firms have tended to dominate the launching of new products onto nationwide and world markets. Developmental improvements in mass-produced goods have followed the same course. High levels of investment in research and development (directly by firms and through links with academic and public research facilities) has also internalized the process of innovation in a large degree. Firms can produce their own flow of new products. Built-in innovation thus becomes another aspect of the environment in which the larger companies operate, in contrast to the earlier position where firms were largely dependent upon external agencies in which operated beyond their control or initiative.

The successful record in technological change of the new forms of industrial organization is apparent: many of the growth industries embodying the advancing edge of technical change are the province of the large or superfirm in international business. The rate of industrial progress and accession to new technology in Europe since 1945 has been enhanced by the influx of American capital, manufacturing capacity and expertise in new growth sectors such as electronics, computers, telecommunications, motor vehicles, and oil. Equivalent diffusion of technology and skills has taken place between the United States and European industrial economies and the rest of the world. The international corporation, in fact, has become an influential agent for the spread of advanced technology and managerial skills across the world and is a relatively new and important phenomenon of the 20th

century. Where the establishment of manufacturing capacity is not involved, the flow of licenses and patent rights embodies a similar process of diffusion.

The emphasis of political action is also shown by the papers on Czechoslovakia and Hungary. International cartelization led to the concentration of industrial capacity upon the western areas of Czechoslovakia, increasing the dual economy characteristics of regional imbalance with the agricultural eastern regions; however, in Hungary a similar process affecting industries such as electrical engineering may have increased the economic advantages through the division of labor and specialization of function. The main impetus of the Czechoslovakian economy after 1918 came from the effort to create, through foreign trade, substitutes for the great internal home market of the old Austro-Hungarian Empire.

At what price does this mechanism for the international spread of new technology operate? Fears for the preservation of national economic sovereignty have been loudly expressed in nations such as France, Canada, the United Kingdom (advanced industrial economies) and by most other countries receiving foreign capital and enterprise. To what extent has the successful international grafting of sophisticated technology been restricted by its requirements for a particular commercial and political context? What conditions have restricted it (compared with other means of seeking the same ends) to the limited advanced enclave of a dual economy? What conditions have been necessary to allow this conduit to successfully naturalize the transmitted skills and techniques (as with the Di Tella enterprise in Latin America)? To what extent is technological advance a self-generating process also transmitted by the international corporation? To what extent (and under what conditions) does it remain confined to the countries of origin of those super-firms controlling most research expenditures? What inadequacies are there in the mix of new techniques that are transmitted by this mechanism?

Changing industrial structures have been important enough in the 20th century to deserve more study than they have received from economic historians. Recent trends in research and methodology in economic history have emphasized quantitative research. This has tended, by implication, to depress the extent of research in such fields as institutional studies, economic policy, organizational structures and administrative developments. Yet, studies of the residual in growth, flowing from changes other than increasing inputs of capital, labor, and resources have emphasized the contribution of factors not directly quantifiable in equivalent terms. Doubtless the more important of such factors are technical change, education, and the like, but organizational and administrative developments and changes in structure condition much of the effectiveness of labor and capital inputs, entrepreneurship, and technical change itself.

ABRAM MILEYKOVSKY

COEXISTENCE OF TWO SYSTEMS AND TRANSFORMATION OF SOCIAL STRUCTURES

Social structures can be transformed through revolutions which overthrow an obsolete system of social relations. Revolutions play the role of history's locomotives by accelerating the evolutionary process. Armed uprisings, resolute mass political actions of new classes, and social forces attacking the foundations of an older society are not the only weapons of a revolution. The essence of a revolution is its creative activity. This creativity indicates the significance of revolution as a necessary step in the evolutionary ascent of humanity along the staircase of social progress. A revolution most deeply affects sound development when it changes the method of production of material welfare, the method that determines the social and political structure of a society and finally its entire spiritual life.

The British bourgeois revolution of the mid-17th century did not affect the social structure of the world as deeply as did the Industrial Revolution of the 18th century, which resulted from the bourgeois revolution. The Industrial Revolution clearly demonstrated the advantages of the capitalistic method of production of material welfare. The Industrial Revolution of the 18th century created the material prerequisites for the final liberation of society from the feudal tangle, and for the establishment of economic and political domination of the bourgeoisie. The political economy of Adam Smith, which played an enormous role in the spiritual development of humanity, became the scientific foundation of the social requirements of the bourgeoisie, then a historically progressive class.

The 18th century British revolution did not cause deep tremors in the political life of that country but caused great changes in the social structure of the rest of the world. The development of the British economy strongly influenced the maturation of the American revolution in 1776–1783 and of the French in 1789–1793. Farmers, businessmen, and merchants in the American colonies took advantage of the struggle waged by George III and the feudal nobility against the bourgeois parliament to end the attempts of the throne and the court camarilla to establish obsolete feudal rules in North America. At this time France was chained by feudal regimentation

and a corrupt court that acted with no thought to the future. The upsurge of the revolutionary mood in France's third class was encouraged by both the Revolutionary War of the American colonies, the vigorous development of the British economy and changes in its political system.

Thus, the 18th century shows that not only explosive social revolutions but even the coexistence of different methods of production give rise to accelerating forces acting toward social progress and historical development. Although capitalism was a historically *ascending* system, it *undermined* the foundations of feudalism in the entire world.

The coexistence of capitalism and feudalism during a lengthy transitional period established a peculiar competition between the two systems. Capitalism won this competition partially because of the decay of feudalism and its inner contradictions. In addition, the vividly manifested economic advantages of capitalism and the chain reaction of bourgeois and bourgeois-democratic revolutions showed the inevitability of victory for the new social system, and the revolutions acted as the catalytic agent which sped the decay of feudalism. The menacing ghost of those revolutions forced feudalists to accomplish bourgeois reforms and to accept conditions dictated by the ascending class, especially after it became dominant and won revolutions in a number of countries.

Feudal Russia, which undertook the role of the "European gendarme" and inspired the Holy Alliance that attempted to revive the feudal system and restore the rights of feudal monarchies, could not protect itself from the example and ideas of the West. In 1861 the czarist government carried out a partial reform from the top to prevent a revolution from the bottom. In Japan, too, strict insulation from the rest of the world for two centuries and the reign of the Shogans still did not save feudalism from crisis due to outside influence that accelerated the victory of the "Meiji Revolution" in 1868.

However feudalism and capitalism had many similar features despite the many disparities. Economic power of the ruling class in both systems was based on private ownership of the means of production. Thus, capitalism could fairly easily compromise with feudalism and, in doing so, it retreated from the ideals of the bourgeois-democratic revolutions (including personal freedom). Capitalism's inability to complete the mission of social progress was manifested quite vividly in the colonial system. Here the metropolitan bourgeoisie made the generic and tribal nobility of feudalism their social foundation, preserving and supporting feudal exploitation methods whenever these did not hinder an effective use of capital.

Capitalism did not overcome feudalism, did not eliminate archaic social structures, and did not manage to reorganize fully the world economy.

Everywhere that capitalism evolved outside the industrially developed countries of western Europe, North America, Australia, and New Zealand, it became entangled in a network of feudal, oppressive, and primitive communal relations. Capitalism did not destroy the social forms that had become obsolete, but it tried to employ the most barbarous precapitalistic exploitation methods. People in these areas suffered not so much from capitalism itself as from its insufficient development. It was not a coincidence that such countries became the weakest spots in the world capitalist economy.

In these countries socialist revolutions led by the working class had to undertake the task of solving the problem of democratic and social transformations supposedly accomplished by the bourgeois-democratic revolution. This helped the working class gain the hegemony role even at the time of the bourgeois-democratic revolution in Russia (1905–1907), which resulted in a short-term counterrevolutionary victory and was a severe school for the revolutionary party then being established under the leadership of V. I. Lenin. The great October Socialist Revolution, which introduced a new era in the development of humanity, was given impetus by numerous factors. These included the emergence of the general democratic trend toward socialism and away from the semi-feudal monarchy of the Romanovs and the corrupt court camarilla; the struggle of peasants for land against landlords who were attempting to preserve the traditions of serfdom; and the movement of colonial peoples for liberation from national and social oppression through the efforts of the workings class. The October Revolution placed the working class in the center of the epoch, and the workers thus became champions of social progress. This role could not have been filled by the imperialistic bourgeoisie which had become a reactionary force.

The impact of the socialist revolution in Russia upon the destiny of the entire world was not immediately clear even to discerning historians. Of course, scientific comprehension of objective laws governing a historical process requires a long period of time. Such laws must express themselves so clearly that it is possible to distinguish them from accidental manifestations. Nevertheless, class positions held by the majority of Western historians were decisive.

The attitudes of the feudalists and the Church toward bourgeois revolutions show how far the consciousness of the ruling class lagged behind the reality of social evolution. At the same time as the execution of Charles II of Britain in 1649, other feudal monarchs believed this event to be a historical accident. They began to comprehend the regularity of bourgeois revolutions which threatened them only after the same fate befell Louis XVI in 1792. Even then, they continued to hope that they could reverse the historical trend. Feudal reactionaries and the Church believed that the old regimes

were permanently reinstated after the Congress of Vienna approved the principles of Legitimism and recognized the rights of the Bourbons. This gave support to the Spanish branch of the Bourbon dynasty, which had been overthrown by revolution, and to other unstable thrones. The illusions caused by this epoch of restoration were not dispersed until the Revolution of 1848. The corona of grandeur of feudal traditions (which later became a popular topic in operetta and variety shows) was finally obscured by subsequent revolutions.

The rejoicing bourgeoisie had some grounds to regard capitalist rules as natural and eternal ones as did the classicists of political economy, Smith and Ricardo. However, the working class began to lose the ability to objectively estimate the course of events when it entered the world arena. The French historians Guizot, Thierry, Thiers and their followers, who had initially established that the struggle of the classes is the moving force of social development, had rejected their own discovery to avoid recognizing the historic rights of the rising working class. Hegel, the genius who had discovered the revolutionary dialectics of the historical development of the world, did not make the conclusion since he feared a people's revolution according to his own scientific analysis. Instead, he stated that the absolute ideal was embodied in the Prussian monarchy. Only Marx and Engels – leaning on classic political economy, discoveries of the French school of history, German philosophy, and brilliant flashes of vision by Utopian socialism and continuously keeping to scientific conclusions – managed to determine the historical place of capitalism in social development and to forecast the inevitability of a socialist revolution. Thus, just as Darwin discovered the laws of evolution in the vegetable and animal world, Marx and Engels discovered natural-historical laws of social development.

The revolutionary victory in Russia, ensured by political guidance of the scientific theory of Marxism, was the most convincing confirmation of the accuracy of this theory. Ideologists and defenders of capitalism did not wish to recognize this obvious fact and consoled themselves for some time with the idea that the revolution in Russia was a historical accident – a result of the specific conditions of its development. However, it is impossible to ignore facts. The new socialist revolutions in Europe, Asia, and Latin America have convincingly shown that the 1917 October Revolution was not a historical accident.

It is becoming even more difficult to deny that the revolution in Russia had marked the beginning of the transitional period from capitalism to worldwide socialism. At the same time it has become obvious that hopes for restoring old systems in countries where socialist revolutions have won are illusionary. Coexistence of capitalism and socialism is gradually being per-

ceived as a historical necessity. Such coexistence of the two antagonistic systems gives birth to new laws governing world developments. These laws will eventually lead to the breakdown and transformation of the established social structures and charges in the make-up of world economy and the economic and social structures inside individual countries.

The socialist revolution in Russia reflected the deep crisis of the capitalist system of world economy and the historically ripe necessity for changes in its structure. Competition in the struggle for markets, sources of raw materials, and spheres for investing capital, being based on power politics which considered wars for partitioning the world a normal part of international relations, led inevitably to worldwide slaughter and hurled the world economy into chaos. Capitalism demonstrated its inability to manage the world economy in the interest of social progress for all humanity. The socialist revolution in Russia, which spread under the banner of the struggle for peace and withdrawal from the imperialist massacre, served as an appeal for the establishment of new international relations that would ensure fraternity of all the nations. Thus, it was not the socialist revolution that gave birth to the crisis of world economy but the crisis itself that was an important factor in the chain of events which stirred the revolution.

The imperialistic states responded by intervening in the victories of socialist revolutions. However, this "Holy Alliance" of the imperialistic powers, as distinct from its predecessor of a century previous, could not list any essential successes in the struggle against revolution. The union of monarchs who joined forces against the bourgeois revolution managed to return the throne of France to the Bourbons at least temporarily and to restore feudal regimes for a relatively long period of time in some places.

The campaign of 14 states against the young Soviet republic was a complete failure. The economic blockade against the Soviet states was also abortive. Lenin's forecast that a country as large as Russia could not be excluded from the world economic system without undermining the strength of the system also came true. Diplomatic recognition of Soviet Russia followed the defeat of the intervention and blockade and established Russia in the system of states ranked as great powers; this led to the resolution of many international issues.

The economic crisis of 1929–1933 (when not a single imperialist power ignored the possibility of using the Soviet market) clearly demonstrated that it is essential for capitalist countries to maintain economic relations with the Soviet state. The role of the Soviet Union in the entire system of world relations had radically changed at that time, with this new development later resulting in important changes in the entire structure of world economy.

A new regularity appeared in the 1930's. Imperialist contradictions in the struggle for partitioning territories, markets, and spheres of influence became so acute that class antagonism, the basic conflict between the two systems, was pushed into the background. It became more apparent that the aggressions of fascist powers, which were waged under the banner of anticommunism, were using it only as a tactical method for concealing claims for world domination. This put on the defensive the imperialist states which were threatened by the aggressions. World War II began between the various imperialist powers despite all their agreements about joint actions against the Soviet Union.

Fascist aggression threatened the peoples of the developed capitalist countries for the first time in the history of imperialism and forced the ruling quarters of the states that had hoped to spearhead aggression against the Soviet Union to ask for support from the socialist state in order to save themselves from those who laid plans for world domination. The formation of a coalition against Hitler was not a chance occurrence in the development of history. It manifested the beginning of qualitative changes in the entire system of international relations. Fascism showed the extent of the degeneracy of the imperialist structure of world economy into its most offensive form. The people of the occupied European countries became eye witnesses to the fact that fascist aggression had placed them at the level of colonial countries. It deprived them of their future and threatened to enslave them for centuries. The people of the colonies concluded that the defeat of fascism, which had created a new variety of colonialism in Europe, the center of metropolises, would make it impossible for metropolises to preserve their colonial empires that for centuries had been based on racial doctrines and regimes of military occupation similar to that used by fascism.

Countries that suffered the most from the fascist occupation proved to be the weakest links in the imperialist system for they were the precise sites of the rupture of society by the new socialist revolutions. It became impossible to preserve colonialism after the defeat of fascism and the discrediting of the ideology of racism, since colonialism's kinship with fascism was manifested in disputably. Toward the end of the war it was already clear that the post-war system could not be set up without the participation of the Soviet Union. This very fact excluded the possibility of an imperialistic world and the appearance of a system of treaties of the Versailles-Washington type that set up prerequisites for the relative stabilization of capitalism after World War I.

However, the most reactionary imperialistic forces, much like the Bourbons, learned nothing and understood nothing from the defeat of fascism in World War II. Aggressive groups in the United States continued thinking

in terms of empires. They hoped that the United States, possessing great economic power, monopolistically owning the atomic bomb, and having established a network of military bases throughout the world, would be able to revive capitalist systems in countries where they were overthrown by the revolutions which occurred to fill the "vacuum" in the colonial world by taking the positions lost by the metropolises.

However, the strategy, which had planned to destroy socialism, the workers' national liberation movement, by means of an atomic blitzkrieg, had suffered a defeat due to the strategic victories won by the Soviet Union in the economic competition of the two systems. The Soviet Union, upon developing atomic energy and being the first to enter the space age, liquidated strategic advantages that the imperialist camp had hoped to use for a military victory over socialism. It became evident that a major war in this new situation would be abortive and equal to suicide. The world system of socialism, having withstood the economic blockade of the imperialist states in the 1940s and 1950s and rallying on the basis of international division of labor into a capable, living, economic society, became a powerful center that attracted all anti-imperialist forces.

The example of fraternal cooperation of socialist countries served as a strong stimulus to the development of national liberation movements and marked the downfall of the colonial system of imperialism. The fulfillment of socialism's international duty with respect to colonial peoples resulted in the establishment of a joint front of social revolutions and national liberation movements. This brought about a change in the entire structure of world economic relations and international relations. A number of colonies (as well as semi-colonies) have chosen to break away from imperialism and to make major social transformations, with the building of socialism as their final goal. This has shown that other links may break in the chain of imperialism and has demonstrated the inability of imperialists to hinder this historically inevitable process through war.

It was becoming evident that the economic victories of socialism du ring peaceful coexistence by the two systems are making particularly favorable conditions for progressive social transformations. The "third world" countries, while remaining within the framework of economic laws of the world capitalist market, are increasingly becoming a subsystem that manifests new laws governing their development. This subsystem, which is trying to break away from the international capitalistic division of labor, is drawing more and more toward establishing multifaceted relations with the world socialistic system. Economic relations of the third world countries with socialist states are continuously undermining the monopoly of imperialist powers in deliveries of machines and equipment; this makes it impossible

for them to dictate the conditions for loans and credit, to employ the device of economic blockade, to hinder the development of heavy industry concentrated in the state sector, and to use the method of punitive operations against young states that are nationalizing the property of foreign monopolies and are carrying out major socio-economic transformations. Experience has shown that third world countries cannot solve their radical economic and social problems without support from world socialism. The logic of the liberation struggle forces them to organize multifaceted cooperation with the socialist world. Many third world countries are purposely maintaining the policy of positive neutrality, while some others, which had been forced into military blocs, are actually repudiating the fulfillment of their commitments.

The centripetal tendency is gaining importance in the third world. This was clearly manifested at the 1964 International Geneva Conference on Trade and Development when a "group of 77" was formed, that is, an organizational foundation was laid to express and defend the common interests of the third world countries. The centripetal tendencies are also manifested in the third world's growing attempts to set up common markets in order to organize the international division of labor throughout large regions.

The cold war crisis and the needs of the scientific and technical revolution established the prerequisites for the growth of multifaceted economic and cultural relations between capitalist and socialist states. Already it is possible to speak of the continuously growing system of worldwide economic ties which are strengthening economic foundations for peaceful coexistence and cooperation between the two systems. The infrastructure of global economy is being crystallized. The organizational foundation for the solution of a number of world economic and political problems through cooperation of the two systems is also being set up on the basis of the United Nations.

In addition, essential changes are occurring in the social structure of individual capitalistic countries under the influence of the coexistence and competition of the two systems. The successes of the planned economy in the Soviet Union in the 1930s when the economies of capitalist countries were paralyzed by economic crises and their growth was hindered by a clear-cut tendency toward stagnation made it necessary to readjust the entire capitalist economic policy on the basis of the Keynes theory. The system of indicative planning and economic programming could not have been implemented in the capitalistic countries during the postwar period without the experiences of socialism being utilized. Working people in the capitalist countries could not have been successful in their struggle for improvement of their living conditions without the victories achieved by socialist countries. Their level of social demands is determined to a large extent by principles that were set forth and realized by scientific socialism. The ruling classes

would have never made the concessions to the workers' movement that were made after World War II if it were not for the existence of the socialist system and for the necessity to reply to the so-called "challenge of socialism". The prerequisites had been set up for the peaceful development of socialist revolution in the developed capitalist countries due to the coexistence and competition of the two systems.

The coexistence of the two systems is having a definite influence on social structures in the socialist countries as well. During the first years of the Soviet state, Lenin pointed to the necessity of utilizing the experience of developed capitalist countries. Technical-economic tendencies are manifested more or less equally under different social systems. It is quite natural that socialist countries borrow from the production experience of the most developed capitalist countries, which are still ahead with respect to the level of economic development. Even the macro-economic models of production growth in capitalist countries are sources of useful experience. They generally assume systematic production growth, which is impossible in view of the cyclical nature of capitalistic economic development. This planning can be carried out by socialism. That is why scientific forecasts of production development that take into account the tendencies of scientific and technical progress worked out by Western economists are so closely studied in socialist countries.

Development of production forces in the industrial capitalist countries is not the only source of experience used by the socialist countries. The values of bourgeois democracy that resulted from revolutionary gains by the working people (the definite milestones of world socialist progress) are also of a certain importance for the socialist countries. Socialist counties are very interested in activities of trade unions and workers' and other progressive democratic organizations. The use of this experience has a definite significance in the formation of social structures under socialism. Political superstructure is no mere mechanical cap on top of the social base. There is more to its content than the ideas of the ruling class. The most advanced people in capitalist countries are making a big contribution to cultural development, a contribution that forms the common fund of the spiritual values of humanity. But the influence of capitalism upon socialism like the effect of socialism on capitalism, by no means results in a convergence of capitalism and socialism. The realistic interaction and competition between the two antagonistic systems has become the main form of class struggle during this period of transition from capitalism to socialism.

NIKOLA VUČO

L'INTERVENTION DE L'ÉTAT ET LE CHANGEMENT DE STRUCTURE DU CAPITALISME

L'ampleur croissante de l'intervention de l'Etat dans la vie économique des pays capitalistes a soulevé des opinions diverses au sujet de l'influence que cette intervention a sur le changement de structure du système capitaliste, spécialement dans la phase contemporaine de son évolution. Le problème qui se pose est de savoir dans quelle mesure et dans quel sens ces changements ont lieu. L'auteur a seulement l'intention de poser certains problèmes afin d'éclaircir ce phénomène que l'on considère comme l'un des plus caractéristiques du capitalisme contemporain.

Aperçu historique

La question du degré jusqu'auquel le gouvernement doit prendre des mesures pour régler les problèmes économiques d'un pays a commencé à être discutée activement au temps du mercantilisme. Les idées mercantilistes sur l'importance du rôle économique de l'Etat se sont formées sous l'influence des facteurs économiques de l'époque. Le degré de l'intervention variait d'un pays à l'autre, suivant les nécessités économiques et la force du gouvernement central. Les mercantilistes préconisaient l'intégration de l'Etat dans le domaine de la production, dans le but de former une structure économique qui répondrait le mieux aux demandes du marché extérieur. Les méthodes de l'intervention se multipliaient progressivement avec une ingéniosité croissante.

Même à l'époque du libéralisme économique, propagé par l'école classique de l'économie politique, et du principe sacro-saint du «laisser faire», l'engagement de l'Etat en matière économique n'a pas cessé de fonctionner. L'action de l'Etat, quoique dissimulée, se manifestait avec une importance de plus en plus grande. On sait que les doctrinaires de l'école historique allemande ont attribué à l'Etat un rôle suprême dans le domaine économique.

Avec la révolution industrielle l'action économique de l'Etat devient encore plus efficace. L'industrialisation en tant que facteur de croissance économique, son importance dans la lutte entre les grandes puissances européennes et mondiales pour la conquête du marché, son rôle comme

élément de base de toute action politique et militaire, sa signification comme indicateur de la capacité productive d'une nation, tous ces facteurs, pour ne citer que ceux-là, ont posé à l'Etat le devoir de stimuler l'industrialisation et de poursuivre une politique de défense industrielle. L'aide de l'Etat revêtait des formes diverses: subventions, dégrèvements fiscaux, commandes, etc. On sait combien le gouvernement a activement participé dans la révolution industrielle en Prusse au 19e siècle, au Japon et dans d'autres pays. A la Première Conférence Internationale d'Histoire Economique, dans toutes les contributions sur l'industrialisation, l'importance du rôle de l'Etat est fortement soulignée.

Non seulement les historiens, mais même les économistes contemporains, adeptes de l'économie appliquée et fervents explorateurs de la croissance économique à travers l'histoire, considèrent que toute la structure de l'Etat est destinée à déterminer les conditions de la croissance économique du pays et à atteindre les décisions les plus importantes de cette croissance. D'après Simon Kuznets, c'est le système industriel, non pas ses effets révolutionnaires, qui a donné au rôle de l'Etat une importance stratégique dans sa politique d'encouragement économique.[1] François Perroux considère également qu'à côté d'autres tendances, la tendance à l'expansion de l'économie publique et quasi publique après l'industrialisation a un sens particulier dans le contexte historique à chaque pays, et que la distinction du «public» et du «privé» a profondément varié.[2]

Au cours du 19e siècle, devant les problèmes sociaux tels que le renforcement de la lutte de classes, les mouvements ouvriers et les révolutions l'intervention de l'Etat devenait prédominante. La conception marxiste que l'Etat bourgeois est l'instrument de la classe au pouvoir a été à cette époque répandue et largement acceptée dans les milieux progressifs.

La première guerre mondiale a renforcé énormément l'engagement de l'Etat dans la vie économique. Nombreux sont les pouvoirs donnés aux gouvernements. Certaines fonctions obtenues pendant les hostilités sont restées après la guerre dans la compétence de l'Etat, d'autant plus que son intervention était grandement nécessaire à cause de la stagnation du capitalisme pendant la crise économique de 1920–1921 et la reconstruction de l'économie endommagée pendant la guerre. Le mouvement ascendant du cycle économique de 1923–1929 a temporairement réduit l'intensité de l'intervention de l'Etat par le renouvellement des anciennes institutions et par l'application des principes traditionnels de l'économie politique. Mais

1. SIMON KUZNETS, «The State as a Unit in the Study of Economic Growth», *The Journal of Economic History, XI* (1951), pp. 28, 39.

2. FRANÇOIS PERROUX, «Prises de vue sur la croissance de l'économie française de 1780 à 1950», *Income and Wealth*, Series V, p. 43.

même certaines institutions ainsi que la politique économique, n'ont pas revêtu leurs anciennes formes, ni la même application qu'elles avaient avant la guerre.

Le grand tournant dans le sens d'une intervention continue et grandissante de l'Etat a commencé avec la crise économique de 1929–1933. Les effets de la crise au point de vue économique, social et politique, ainsi que la profonde dépression qui a opprimé le monde capitaliste après la crise, sont trop bien connus pour être répétés ici. Le problème essential consistait à renouveler le processus de la reproduction sur une échelle agrandie. Le capital privé n'étant capable de le faire, il restait à l'Etat d'intervenir. Quoique le capital privé renonçait difficilement à ses prérogatives, manifestant très souvent une résistance à l'intervention de l'Etat (exemple du New Deal), il était en dernier lieu forcé de l'accepter dans son intérêt personnel. La conception de J. M. Keynes à ce sujet est bien connue.

Au cours de la crise économique et des années qui l'ont suivie, il ne s'agissait pas d'une restauration des anciennes formes de l'intervention de l'Etat, dont l'application dans le fonctionnement du processus de la reproduction capitaliste avait avant un effet plus ou moins «neutre». La réalité exigeait, au contraire, l'engagement actif de l'Etat dans le but de soutenir et de stimuler le développement de la reproduction. De nouvelles conceptions économiques, telles que la primordialité de la demande effective, le renforcement de la consommation par des mesures appropriées, l'abandon des principes anciens de l'économie politique (stabilité monétaire, équilibre budgétaire, par exemple), ne pouvaient être appliquées sans l'engagement actif de l'Etat.

La deuxième guerre mondiale a encore plus fortement augmenté le rôle économique de l'Etat. A côté de certains changements institutionnels et du renforcement de l'appareil bureaucratique, on remarque une expansion rapide des idées interventionistes. Cette tendance s'est manifestée surtout dans les pays gouvernés par les partis social-démocrates, dont la politique consistait, entre autres, à restreindre l'activité du capital privé. Les grands problèmes de la reconstruction économique, surtout dans les pays de l'Europe occidentale, gravement endommagés par la guerre, exigeaient l'introduction de nouvelles formes de contrôle et l'application des mesures adaptées aux nécessités économiques nouvelles.

Problèmes à discuter

On admet généralement que la tendance vers une intervention économique de plus en plus large de l'Etat dérive du processus même de la concentration de la production, c'est-à-dire de la socialisation de la production. La concentration industrielle, l'élargissement de la division sociale du travail,

l'augmentation de l'interdépendance des activités économiques, exigent cette intervention. Il s'en suit que le rôle économique de l'Etat devient de plus en plus important au cours du développement de la concentration de la production. Ce phénomène était évident avant la guerre, et il l'est encore plus actuellement, étant donné l'augmentation de la concentration dans les pays capitalistes développés. D'autre part, la concentration de la production et la centralisation de la propriété des biens de production ont effectué des déplacements importants dans la structure même des classes sociales en réduisant relativement le nombre des propriétaires des biens de production.

L'élargissement des fonctions économiques de l'Etat, considéré à long terme, a pour effet un rétrécissement continue de l'activité du capital privé. On assiste, d'après Schumpeter, à une «évaporisation» de l'essence économique de la propriété privée. Les effets de l'intervention de l'Etat à court terme sont très variés suivant les conditions économiques et politiques existant dans chaque pays. En tous cas, l'Etat n'a pas l'intention de changer les cadres institutionnels de l'économie capitaliste, mais d'assurer la stabilité de la croissance économique.

Indépendamment de cette intention, les mesures de l'intervention se reflètent profondément sur la structure même du capitalisme concernant le caractère de la propriété privée capitaliste. Le résultat de cette intervention est double: d'un côté on assiste à la désagrégation de la propriété capitaliste privée, et de l'autre côté à la formation de la propriété d'Etat sur les biens de production. Avec l'agrandissement de cette propriété entre les mains de l'Etat, le processus de la socialisation des biens de production se poursuit incessament.

Dans certains pays capitalistes la propriété d'Etat s'est énormément agrandie au cours des dernières décennies. La réglementation administrative a envahi presque tous les aspects de la vie économique: problèmes sociaux, impôts, implantations immobilières entre autres. La plupart des services publics sont nationalisés: chemin de fer, transports maritimes et aériens, de nombreuses entreprises industrielles, construction aéronautique. Aux entreprises publiques est attribuée la source même de l'activité: charbon, électricité, gaz, pétrole, énergie atomique, etc. Avec la nationalisation du crédit, l'Etat dispose d'un instrument essentiel d'intervention.

Cette étatisation économique se déroule surtout dans les pays de l'Europe occidentale. On considère que dans ces pays la propriété publique des biens de production embrasse un tiers de la vie économique. En Allemagne occidentale, par exemple, un tiers de la valeur de la propriété de production appartient à l'Etat. En France en 1936 il y avait très peu d'entreprises d'Etat, tandis qu'après la guerre leur nombre a augmenté rapidement par la nationalisation. Récemment on a recensé au total 125 entreprises publiques. Elles

groupaient en 1965 environ 1 060 000 salariés, ce qui représente environ 5,4 % de la population active. Même aux Etats-Unis, où le secteur privé est généralement contre l'intervention de l'Etat, le secteur public a passablement augmenté. La lutte entre l'initiative privée et les tendances étatistes représente un aspect de la contradiction caractéristique du capitalisme américain contemporain.

La concentration des biens de production et la socialisation de ces biens ont pour conséquence le développement des formes monopolistiques d'Etat et la transformation de ces monopoles en monopoles capitalistes dont les profits sont utilisés par les monopoles d'Etat, par les organes et le pouvoir de l'Etat.[3] Le rôle de ces monopoles varie d'un pays à l'autre, mais il est toujours grandissant et dans beaucoup de cas devient prédominant. C'est surtout l'effet du niveau des prix du secteur public qui est dominant quand il s'agit d'entreprises nationales jouissant du monopole de production dans les branches auxquelles elles appartiennent.

Ainsi, un étatisme rigide a fini par s'instaurer, où l'administration, franchissant largement les limites de son rôle réglementaire, intervient en fait dans la vie quotidienne des affaires. L'intervention de l'Etat est double: par la réglementation d'abord, et par le rôle de client principal du marché. Le rôle de l'Etat-client est considérable dans les pays dont la plupart des services publics, sans compter les besoins de la défense nationale, sont nationalisés. Possédant la majeure partie du capital reproductif (sources naturelles, équipement, installations militaires, énergie, etc.), l'Etat a une part grandissante dans le processus de l'accumulation du capital. S. Kuznets a trouvé que la part du gouvernement dans l'accumulation du capital domestique (GDCF) a atteint depuis la seconde moitié du 19e siècle jusqu'à nos jours, dans certains pays développés (Japon, Australie, Etats-Unis, Suède, etc.), un pourcentage allant de 35 à 50 %.[4]

Suivant F. Engels, l'Etat est obligé de prendre la gestion sur la production. Dans la mesure où l'Etat devient propriétaire des biens de production, il devient autant «un capitaliste idéalement total ... le représentant officiel de la société capitaliste ... la machine capitaliste ...».[5]

Cette conception que l'Etat bourgeois est une machine capitaliste, que l'Etat toujours et partout sert automatiquement les intérêts de la classe au pouvoir, est aujourd'hui abandonnée par certains marxistes contemporains.[6]

3. J. KRONROD, «Structural Changes in Contemporary Capitalism and the Problem of Cyclic Crisis», dans PAUL M. SWEEZY, *Has Capitalism Changed?* (Tokyo: 1961), p. 128.

4. S. KUZNETS, «Quantitative Aspects of the Economic Growth of Nations», *Economic Development and Cultural Change* (1960), Paper V, p. 49.

5. F. ENGELS, *Anti-Dühring*.

6. SWEEZY, *op. cit.*, p. 87–88.

Il est incontestable que le système d'exploitation est maintenu, que l'Etat *en général* est au service de le classe au pouvoir, mais l'expérience nous montre que d'autres classes sociales peuvent forcer l'Etat à faire des concessions en leur faveur. Il suffit de citer la force grandissante des organisations ouvrières, leur rôle excessivement important dans les pays capitalistes. L'Etat bourgeois devient de plus en plus le régulateur des relations entre le capital et le travail.

Dans la phase actuelle de l'expansion étatiste, il s'est formé dans les pays capitalistes développés une économie sous la forme d'une coexistence entre le secteur public et le secteur privé. Mais cette coexistence est loin d'être égale, puisque l'activité du secteur privé se trouve de plus en plus sous le contrôle de l'Etat. Les instruments dont l'Etat dispose pour limiter l'activité du capital privé sont nombreux (par exemple, fixation du salaire, contrats collectifs, contrôle des investissements), mais l'instrument le plus efficace est sans aucun doute la politique fiscale de l'Etat. Il suffit de citer les effets des impôts directs sur le revenu au point de vue de l'orientation de l'accumulation et la stimulation de la reproduction sur une échelle agrandie, leur effet sur le taux d'autofinancement, ce qui effectivement rétrécit les limites de la libre activité du capital privé. Le capital privé est de moins en moins libre dans ses décisions en ce qui concerne ses affaires; ses biens de production, quoique propriété privée, exercent de plus en plus une fonction sociale. La forme légale de cette propriété ne change pas en général, mais sa fonction économique change substantiellement.

Le phénomène important dans le domaine du crédit est l'énorme superstructure du crédit de l'Etat, tellement immense que dans certains pays il atteint presque le total du revenu national annuel, et dans d'autres il excède même ce total. Avec ses recettes budgétaires, ses emprunts et ses dépenses, l'Etat est devenu le facteur décisif dans le domaine de l'investissement. Les dépenses énormes de l'Etat (armements, travaux publics, etc.) donnent une plus grande possibilité à l'Etat d'influer sur le cours du marché et de contreparer aux fluctuations des demandes du secteur privé.

Les dépenses de l'Etat ont une grande influence sur le niveau de l'activité économique et sur les fluctuations des cycles économiques. Aux Etats-Unis les dépenses totales de l'Etat (fédéral et gouvernements locaux) étaient en 1927 seulement environ 11,2 milliards de dollars, tandis qu'en 1957 ces dépenses montaient à 125,4 milliards.[7] En France depuis 1958 l'effort d'investissement public, évalué en francs constants, a doublé pour la construction de logement et pour les affaires culturelles, triplé pour l'éducation nationale, quintuplé pour l'infrastructure en fait des routes, de ports, de canaux, ce terrains d'aviation, décuplé pour la santé publique et pour les

7. *Historical Statistics*, p. 722.

sports, multiplié par seize pour la recherche scientifique, pour en noter quelques-uns. On considère que la socialisation de l'investissement est un des remèdes pour assurer dans les pays capitalistes la stabilité économique au niveau du plein emploi.

L'activité de l'Etat dans la vie économique se manifeste de plus en plus dans la participation et la répartition du revenu national. L'Etat agit sur le changement des proportions existant entre les éléments fondamentaux du revenu national, et entre certains secteurs de l'économie nationale. La forte proportion du prélèvement fiscal sur le revenu national témoigne que le rôle économique de l'Etat se trouve en extension. Dans le but d'orienter le cours de la croissance économique, certains pays (France, Suède, Hollande, Norvège) ont adopté une action très large de planification. Dans ce domaine il s'est formé tout un système d'intervention de l'Etat basé sur les théories scientifiques et enrichi par l'expérience du passé. Certains auteurs soulinent spécialement le rôle important de l'Etat en ce qui concerne la formation du personnel scientifique. Nombreux sont les institutions publiques et organismes spécialisés qui ont pour devoir de suivre le cours de la croissance économique et la quantification des buts économiques dans les cadres de la politique économique.

De ce qui précède on peut dire qu'on est en présence de la création d'un capitalisme d'Etat. Les phénomènes de ce capitalisme portent l'empreinte des contradictions sociales existantes, desquelles ils dérivent. Ces phénomènes sont tous en relation directe avec le nouveau rôle de l'Etat dans la vie économique et sociale. L'Etat capitaliste lui-même est l'incorporation d'une profonde contradiction: d'un côté il est l'instrument de sauvegarde du système capitaliste; de l'autre côté il est en même temps un organisme par lequel se réalise la socialisation de la gestion du processus économique.

SUMMARIES OF COMMUNICATIONS NATIONAL CASE STUDIES

IVÁN T. BEREND

HUNGARY

The special features of Hungarian industrialization in the opening years of the century strongly determined industrial structure, the forms of industrial enterprise, the concentration of production, the size of the factories, and the emergence of industrial monopolies, bringing about the appearance of many peculiar traits.

The noteworthy *ratio of small and large industry* may be cited as one of the most striking features of Hungarian industrial structure during the early years of the century. In 1880 factory workers (110,000 workers) made up 21% of the total number of industrial workers; in the early 1910s, this ratio had increased to more than 50% (563,000). On the basis of the division of workers, manufacturing industry barely surpassed small-scale industry; however, three-quarters of industrial production came from manufacturing industry, while small-scale industry provided for no more than one-quarter. Nevertheless, the share of small-scale industry in the industrial structure was remarkably large. This was all the more conspicuous since whole branches of industry fully retained their small-scale industrial character in an unchanged form.

Small-scale industry actually kept its role in an essentially unaltered form from the turn of the century. Curiously enough, in the years preceding World War I at the time of rapid industrial growth, small-scale industry kept abreast of the spectacular expansion shown by the manufacturing industry, and advanced at an equal rate. However, the contribution of large industries to the national income remained approximately three times the share of small-scale industry. For another two decades there was no change in the prewar importance and role of small-scale industry. In these decades industrial development in Hungary decreased, and the yearly average indus-

trial growth of approximately 1% certainly could not bring about any noteworthy change. In the interwar period small-scale industry still employed nearly one-half of the total industrial labor force (45%), while producing only one-quarter of industrial production. This ratio did not change even during the boom brought by World War II.

The veritably unshakable position of small-scale industry, which continued practically until the 1950s, was obviously closely related to the backwardness of large industry. To the very end small-scale industries, paying extremely low wages, could compete with manufacturing industries producing small quantities of goods. This phenomenon is inseparable from the *existing highly concentrated manufacturing industry* of relatively small volume.

Long-preserved agrarian character, a typical trait of development in Eastern Europe, the remarkably late start of industrialization, and a preponderance of foreign investments and influence in establishing larger industries left a wide scope to small industries. This also led to only one-tenth of the population being engaged in crafts at the turn of the century since a lack of noteworthy handicraft industry and a lack of previous orientation toward manufacturing had allowed industry, created chiefly by the inflow of foreign capital, to become highly concentrated.

The existing plants of big industry totaled no more than 0.9% of all industrial concerns at the beginning of this century. More than one-half of all industrial laborers worked at these factories (in 1910, 51%). In the opening years of the present century, more than 75% of the factories employed hardly more than 25% of industrial workers, while 3.8% of the factories employed $33\frac{1}{3}$% of all industrial workers. The factories employing over 1,000 workers, considered as giant establishments by Hungarian standards, employed 25% of all industrial workers. Among the 2,300 factories in Hungary there were 41 such concerns.

The high degree of concentration deserves attention since the industrial structure of less-developed Hungary was superior to countries of Western Europe that were much more advanced industrially. In fact, this high concentration against a background of industrial weakness was accompanied by structural features that are worthy of special attention. Slightly more than one-half of the workers of big industries were employed proportionately in the two extreme categories; the other one-half found work in lower middle-sized factories employing 101 to 1,000 workers.

All this indicates that in the opening years of our century the structure of big Hungarian industries did not follow the pattern of pyramid-like growth, where factories of increasing size and decreasing number are built on a wide base of minor categories of industrial works. Industrial structure

resembled a pyramid: over a wide base the middle parts were "fragmentary", but the peak rose intact. In other words, there were few factories in the middle category within big industry.

To a great extent, these phenomena were caused by the absence of gradual industrial development and a gross lack of consumer-goods industries. The level of concentration played an important part in the eventual vigor and rapid rate of technical and industrial development in the first decade of this century. The giant concerns founded by fusion and by investment of foreign capital, representing 2 to 3% of the total of big industry, became one of the most important factors of industrial expansion and technical transformation.

This circumstance gave a special character to the cartels which came into existence about the turn of the century and steadily gained ground. However, in this case the spread and role of cartels did not arise primarily from the inner processes of industrial and general capitalist development or follow from the presence of an adequate level of maturity; rather, they resulted to a great extent from the considerable foreign ties of Hungarian industry but still more from the very existence of the Austro-Hungarian monarchy.

Therefore, nearly 60% of the operating cartels were so-called common, Austro-Hungarian combinations. In the majority of instances, these agreements were not restraining or parasitic forces appearing well-developed at a stage of industrial maturity. Actually, they were the products of industrial expansion acquiring, in most cases, the greatest power and influence in the branches where technical advancement showed the most far-reaching progress.

World War I brought considerable changes in the situation and development of Hungarian industry. Branches of industry which had been quite important began to decline. Although branches of light industry, expanding rapidly under conditions of national independence and the protection of the customs system, counterbalanced set-back or stagnation in other branches, they could bring about only a very moderate industrial development, amounting to a yearly average of 1%. The slow rate of industrial development caused almost no change in the position occupied by industry in the national economy and was accompanied by the conservation and stiffening of industrial structure.

The most obvious feature of unaltered structure was the degree of concentration developed before World War I, which did not undergo any essential change in the interwar period. Plants of moderate size, with manpower of 101 to 500 laborers, employed more workers than at the beginning of the century (38% instead of 36% of all workers in big industry). In the same period the number of workers employed by factories with manpower of

over 500 workers sank from 38% to 32%. The ranks of middle-sized factories, of which there were few at the beginning of the century, were swelled by the foundation of numerous textile, paper, and other factories. This process of decentralization was associated with technical stagnation.

In these decades few large concerns were founded, no vertical or horizontal combined facilities were built or enlarged, and there was no general industrial expansion comparable to that seen in the opening years of the century. Consequently, the sharp structural polarization observed in large Hungarian industries in the period before World War I was visibly reduced. In the 1920s and 1930s the previously described decentralizing process was counterbalanced by considerable centralization and fusion of works, chiefly in heavy industry. However, the mode of expansion by the largest giant concerns essentially differed from the process seen in preceding decades. In this case the expansion of giant plants was not accompanied by any technical progress in production; on the contrary, expansion and extensive fusion served primarily to protect markets.

Negative forms of market protection also may be observed in the function of rapidly spreading cartel agreements. Whereas on the eve of the new century there were 100 cartels in Hungary, before the outbreak of World War II their number rose to 357. Monopolies were mostly agreements of *désintéressement* which provided for the closing down of several factories within a branch of industry or restricting their output to the benefit of a few leading firms. Instead of promoting production and improving technique – relatively rare occurrences in that period – monopolies were instruments of stagnation and defensive market arrangements.

Thus, in the second quarter of this century, Hungarian industry was marked by a structural rigidity associated with an increasing structural lag following a slow bginning.

WOLFRAM FISCHER and PETER CZADA

GERMANY

This paper uses a macro-economic and quantitative approach to describe and analyze the changes in German industrial structure. Since the material available is scattered and insufficient, no systematic survey can be conducted, and most of the answers to the questions raised remain ambiguous. Nevertheless, recent economic research as carried out by W. G. Hoffmann and his collaborators (growth), Rolf Krengel (capital and productivity), Helmut Arndt (concentration) and Theodor Beckermann (crafts) allows some insights into changes in the elements of the German economy and their possible causes.

One result is that German economic development, in spite of political catastrophes and their economic consequences, seems to fit neatly into the general trend of highly industrialized countries. Though greatly disturbed by two world wars and their aftermaths, the German economy swung back to what may be called its "normal" pace in an astonishingly short span of time. This "normalization" was particularly quick after World War II. Following World War I, only the years 1924–1929 can be regarded as "normal", since the rest were disturbed by inflation, depression, and dictatorship.

Some overall characteristics of the German economy

The changing distribution of the labor force between the three sectors results in a decrease in the share of primary production from more than 50% in 1850 to about 40% in 1900 and to just 10% today. At the same time, the share of secondary production rose to nearly 50% in 1965, and the share of the services rose to about 40%. The German economy's main difference from that of Great Britain is the relatively late and still not as rapid decrease in agricultural employment; the main difference from the United States, Canada, or Sweden is a somewhat lower level of occupation in services.

The explanation for these slight differences may be found in the peculiar structure of the German industry. Productivity gains seem to have been considerably higher in industry than in other sectors (though an exact measurement of productivity remains difficult). If Hoffmann is right, the share of industry in the formation of the GNP rose from 22% in 1850 to 40% in 1900 and to 63% in 1965; the share of agriculture dropped from 45% to less than 6%; the share of services seems to have remained stationary. In Germany the migration of labor from agriculture is still mainly to

the benefit ofindustry, and only partly to that of services; industry loses little of its labor force to the tertiary sector. The United States and Canada seem to have reached a level where workers leaving industry have superseded agricultural workers as a source of manpower for services and commerce.

There have been two periods of a particularly rapid shift in the employment structure of the German economy: the years around the foundation of Bismarck's empire (1865–1875) and those following World War II (1950–1960). Hoffmann and others have tried to calculate the "structural effects" of these migrations of the labor force, that is, their contribution to actual growth, and have produced the figures of 21% for the period 1850–1913 and 14 to 17% after World War II. At present this effect seems to be decreasing again.

Structural changes within the industrial sector

Interestingly enough, the "structural effect" of the labor shift from sectors of lower to higher productivity cannot be stated statistically within industry. A possible explanation is that industrial statistics distinguish between branches of industry and thus measure only interindustry migrations, while the shift of the labor force into higher sectors of productivity could have taken place mainly within the branches or even within single firms.

Typical structural changes have occurred, however, in the distribution of the labor force between consumer-goods and capital-goods industries, the share of the former having fallen from 52% in 1882 to 29% in 1963. The same drift is revealed by an estimation of the contribution of both groups of industry to the GNP. In 1907 the value added by consumer goods was still one and one-half times as much as that of the capital goods industries; in 1960 it reached only half the level of the capital goods. In this respect Germany conforms to other Western nations. The development might even be somewhat more marked since the growth of capital goods was forced particularly during the wars and before World War II, and both postwar Germany inherited great capacities for producing investment and goods in spite of destruction.

These capacities might have helped the German industrial structure to adapt to the changes in the commodity structure of international trade which increased following World War II. Western Germany is strong in the production of machinery and transportation equipment, both expanding groups in international trade. Rising export quotas and a nearly continuous active balance of trade are an expression of favorable terms of trade for Germany.

The falling demand for certain raw materials has, however, affected at

least one important branch of German industry adversely. In the coal mining sector the wars and their aftermaths clearly created overcapacities. Between 1924 and 1933, and since 1958, mining has tried to adapt to decreasing demand by reducing its capacities and by increasing its productivity. Nevertheless, production still exceeds demand and the "structural crisis" of coal mining will persist for some time to come.

Other industries facing similar difficulties belong mostly to the consumer-goods sector such as textiles, grain milling, and agriculture. The changes suggested by market conditions have actually been retarded in most of these cases by an economic policy which aims at a socially smoother and politically less violent adaptation to market conditions. This includes some help to endangered industries by subventions (for the reduction of capacities) and by "structural crisis cartels" which can fix prices and sale quotas.

Apart from the contraction of structurally weak branches, there seems to be astonishingly little change in the relationships between industries. As Hoffmann, Bombach and others have stated, the distribution of *capital stock* as well as the wage and productivity structure remains nearly constant over long periods. This again seems to conform to international developments. As yet, no sufficient answer can be given to the question of the role of technical progress in structural change. Though technological change obviously plays a great part, no reliable methods have been found to measure its effect on specific industries.

Some results can be given, however, in respect to financing investments. The share of self-financing rose steeply during and after both world wars to a rate of about 50% in the 1950s. Since 1958, however, the share has been decreasing, partly due to changing market conditions such as a higher rate of saving combined with increasing competition in buyer's markets and partly to a deliberate economic policy of the federal bank and the federal government. Again, almost no information exists about differences between branches.

The process of concentration

Here, also, we restrict ourselves to quantitative aspects, omitting spectacular individual cases of concentration such as the formation of the *I.G. Farben* and the *Vereinigte Stahlwerke* trusts in the 1920s or the de- and reconcentration in the steel industry after World War II. Statistically, the trend is not as clear as one would assume from the famous cases. There are concentration tendencies in mining, the iron and steel industry, non-ferrous metal products, the chemical, paper, and leather industries. In mining, for example, the share of the 30 biggest production units doubled, and the share of the 10 biggest pits trebled between 1907 and 1939. In the same period the number

of production units was reduced by two-thirds. This process was clearly a consequence of rationalization; in other fields the underlying reasons are not as obvious and in many branches no important concentration processes are recognizable. After World War II concentration generally diminished at first; since the mid-fifties it has risen again. In 1960 the turnover of the 10 biggest firms in about half of the 30 industrial branches under investigation exceeded 37%. The highest degree of concentration is reached in the oil industry (92% of all turnovers for the biggest 10), the tobacco industry (85%), and in transportation equipment (70%), while in clothes and textiles the big ten reach only 7% of the turnover of the branch. Methods of measuring concentration are particularly debatable. What seems to be concentration can also be growth and vice versa, and economists as well as statisticians dealing with the problem differ considerably as to interpretation of the figures.

Crafts and structural change

Since crafts in Germany have their own organizations and own censuses, it is possible to separate their development from industry proper. The main results are as follows: the labor force in crafts has been growing at a slightly higher rate than the population, but at a somewhat lower rate than the whole labor force since about 1950. The share of crafts in the labor force was 10.6% in 1895, 11.6% in 1926, and 15.5% in 1949. In 1963 it was 15.1%. The share of crafts in the labor force of the secondary sector was 27.3% in 1895, 29.3% in 1926, and 36.2% in 1949. In 1963 it was down to 31.5%. In absolute terms the number of persons employed in crafts is still growing and reached four million in the federal republic in 1963. In the late 1950s the number of persons employed in crafts overtook the total of those in agriculture, while the value added in crafts has been higher than in agriculture since the early 1950s.

While maintaining or even raising its economic position German crafts underwent considerable structural change and fluctuation. A "concentration process" also took place in this field. In 1895 a workshop employed an average of 1.9 persons, in 1926, 2.8; in 1939, 3.3; and in 1963, 5.9. The growing average size of the workshop is a consequence of the decrease in their number, particularly of one-man shops, and a rise in the number of employees. This development is reinforced by a growing capital intensity (capital input per worker). The result is a continuous rise in labor and capital productivity in the crafts.

Beneath these general trends there are considerable differentiations among the various branches. The crafts in Germany comprise both declining and quickly growing branches. Some declining trades managed to recover their

growth by adapting themselves to new tasks (such as the rural crafts which took over maintainance of agricultural machinery). Great fluctuations can be found in declining as well as growing branches. Workshops close and others are founded. The rate of craft enterprise fluctuation between 1956 and 1963 averaged 9.5% of all existing craft enterprises. This seems to indicate a high degree of flexibility among craftsmen. This flexibility may decline in the long run, since the higher capital input per workshop is an incentive to continue existing shops and a barrier to new establishment, but for the time being there is still a considerable reservoir for fluctuation. In 1963 more than 200,000 one-man workshops were still operating and 275,000 workshops had fewer than five employees.

KEIICHIRO NAKAGAWA

JAPAN

The industrial structure of a country reflects the nature of entrepreneurial performance which is largely conditioned by the magnitude of economic opportunities relative to the readily available amounts of scarce resources. Thus the *zaibatsu* business combines that dominated the industrial society of prewar Japan also were an inevitable consequence of entrepreneurship encouraged by the unique prevailing economic environment in prewar Japan.

At the start of industrialization, wide entrepreneurial opportunities were open to the Japanese since rapid industrialization was a paramount need. But, the accumulation of capital resources was not enough to cope with the problem of building sizable, efficient business units that could compete in the world market. Only those who had already accumulated capital either through commercial activities in pre-industrial society or economic transactions closely related to the new government could effectively take advantage of the new economic opportunities.

The system of joint stock enterprises was introduced at an early stage of industrialization, but the normal functions of the stock exchange market could not be developed until the end of World War II. This was both the cause and the effect of the emergence and development of the *zaibatsu* business combines. In other words, the industrial experience of modern Japan was similar to that of 19th century North America, where immobility of capital and a rapidly expanding domestic market were major causes of the emergence of big enterprises. In Japan, however, opportunities for each industry were not as large as those in North America, mostly because of the limited size of the national economy, and growing business firms could not be confined within a single entrepreneurial activity. Naturally, they diversified into various fields of industry, commerce, and finance that were generally not related to one another, and they gradually grew into *zaibatsus*, business families with diversified entrepreneurships. In short, unlike its counterpart in 19th century America, a Japanese business enterprise could not grow too large in a single industrial field.

The lack of experience in foreign trade prior to the process of industrialization added another feature to the industrial structure of modern Japan. In England, for example, the commercial revolution was achieved far in advance of the industrial revolution; in Japan, the two revolutions had to be executed almost simultaneously. Powerful trading organizations were urgently

needed to export native products in order to acquire foreign exchanges, which would be used mainly to purchase industrial machinery and raw material abroad. Creation of gigantic international trading firms was an inevitable result because they themselves had to perform the functions of foreign exchange dealers, insurance brokers, and even shipping firms.

However, Japan lacked any staple commodity that could be traded in quantities large enough to warrant the operation of such gigantic trading firms. Therefore, businessmen had to engage in trading all kinds of goods in whatever world markets were available. General merchants, called *sogo-shosha*, thus were a necessary outcome of such a process, a sharp contrast to highly specialized trading firms in England.

These general merchants acquired subsidiary firms to secure goods to be exported. They often helped establish new industrial companies on the basis of the most advanced industrial technologies that their overseas branches had scouted from industrial centers of the world. At the same time they supplied products of these industrial firms to the domestic market whose taste for foreign goods they had cultivated. Thus the *sogoshoshas* became the core of the *zaibatsu* business combines, simultaneously playing the role of import-substitutors and industrial innovators.

ALICE TEICHOVÁ

CZECHOSLOVAKIA

The Czechoslovakian Republic arose from the ruins of the Austro-Hungarian Empire following World War I. During the two decades of her existence, from October 28, 1918, until the Munich Agreement of September 30, 1938, and the dismemberment of the Czechoslovak state in March 1939, Czechoslovakia remained a politically and formally independent country which neither owned colonies nor was a colony herself. The political and economic system of this new state in the heart of Europe was, however, influenced by complicated financial and diplomatic relations due to Czechoslovakia's location. As a part of Central and Southeastern Europe Czechoslovakia belonged to an area which – though not territorially divided among the victors of World War I – became one of the three most important world markets (the British Empire, South America, and Central and Southeastern Europe) for capital export by great world powers of the Entente (see Tables 1, 2, 3).

This transfer of interest to the area of Central and Southeastern Europe was, doubtlessly, also related to the loss of the Russian market after the October Revolution and the confiscation and nationalization of foreign investments by the Soviet government. The United States found favorable opportunities for placing their long-term credits in Central and Southeastern European countries, and British and French investors hoped to find in this area a substitute for their losses in Russia. An interesting aspect of these changes in the structure of long-term capital investment is the attitude of the most important financial and business groups toward Central and Southeastern Europe between the two wars. Although they accepted the political reality of the existence of the succession states, combines like Schneider-Creusot, Imperial Chemical Industries, Solvay, Unilever, and others regarded the territory of Central and Southeastern Europe as a compact sphere of their economic interests.

The most far-reaching structural changes in the economy of Czechoslovakia took place after the establishment of the independent Czechoslovak state, since previous efforts to establish a specific Czechoslovak economy had just begun in 1918. Previously, the Czech lands (Bohemia, Silesia, and Moravia) and Slovakia were an integral part of the economic structure of the Austro-Hungarian empire. About 70% of the total industrial capacity of the former Austro-Hungarian monarchy remained within the territory of the new Czechoslovak state. After 1918 the relatively highly-developed Czechoslovakian industry was faced with an immensely diminished home market

TABLE 1

Long-term investments of the three creditor states in 1930 (excluding state loans and short-term investments)

Countries	Own currencies	Czechslovakian Crowns	Percentage of total investments
	On a world scale		
Great Britain	£ 3,726	611,064	100
U.S.A.	$ 15,675	517,275	100
France	Frs 72,000	100,800	100
	In Europe		
Great Britain	£ 300	49,200	8
U.S.A.	$ 4,282	141,306	30
France	Frs 40,000	56,000	60

Annual average value of Czechoslovak Crowns in 1930: £ 1 = Kčs 164; $ 3 = Kčs 100; Frs 76 = Kčs 100.

Source: Computed from R. I. I. A., *Problems of International Investments*. Figures given in millions.

TABLE 2

Long-term investments of the U.S.A. (excluding war loans)

Areas of the world	1913	1930	1935
Canada	$ 750	$ 3,942	$ 3,764
Central America	50	276 }	897
Mexico	1,050	695 }	
South America	100	3,042	2,937
Europe	350	4,929	3,543
West Indies	100	1,233	1,107
Africa	—	118	132
Asia	205	1,023	820
Oceania	—	419	405
Total	2,605	15,675	13,605

Source: Computed from R.I.I.A., *Problems of International Investments*. Figures given in millions.

TABLE 3

Distribution of British foreign investments, 1913–1930

Areas of the world	1913 (%)	1930 (%)
British Empire	47	59
U.S.A.	20	5
South America	20	21
Europe	6	8
Rest of the world	7	7
Total	100	100
Millions £ total	(4,000)	(3,726)

Source: Computed from Robert Kindersley, "British Overseas Investments," *Economic Journal*, 1933.

that was unable to absorb its products. The problem of finding export markets remained one of the most pressing questions of the Czechoslovak economy since the country had to export at least 30% of its total production in order to survive.

As a result of this development Czechoslovakian businessmen competed vehemently on the home market and also for entry into world markets. Competition was, at the same time, notably influenced by disproportions in the economic structure of Czechoslovakia. It was particularly affected by the sloping fall from west to east in industrial development, an inheritance from Austria-Hungary, which was not alleviated by further development (see Table 4).

The market problems of the Czechoslovakian economy and the stiff competition resulting from them considerably influenced the structure of the major industries and the banking system. Until 1929 an exceptionally rapid process of concentration took place in the Czechoslovak economy. Although tendencies toward monopolies were noticeable in the Czech lands beginning with the 20th century, concentration, monopolistic practices, and cartelization decisively affected almost all branches of Czechoslovak industry during the 1920s. Long-term investments by foreign financial groups who allied themselves with the most influential banking and industrial combines of Czechoslovakia accelerated this process.

The relatively high degree of concentration and the strong movement toward formation of combines in banking and industry attracted foreign capital investment since the pyramidal structure provided opportunities to form wide-reaching connections within Czechoslovakia's economy. It also

TABLE 4
Occupational distribution of population in Czechoslovakia 1910–1930

Area	Year	Total %	Agriculture Forestry Fisheries %	Industry and Trades %	Other branches %
Czechoslovakia	1910	100.0	42.0	34.1	23.9
	1921	100.0	39.6	33.8	26.6
	1930	100.0	34.7	34.9	30.4
Czech lands	1910	100.0	34.4	39.9	26.7
	1921	100.0	31.6	40.0	28.4
	1930	100.0	25.6	41.4	33.0
Slovakia and Sub-carpathian Russia	1910	100.0	63.5	17.4	19.1
	1921	100.0	61.8	16.5	21.7
	1930	100.0	58.5	17.8	23.7

Sources: *Statistická příručka ČSR*, IV (Praha, 1932).
Statistická ročenka ČSR (Praha, 1937).

provided favorable conditions for further capital expansion through subsidiaries of Czechoslovakian banks and industrial combines within the economies of Southeastern European countries. Other structural factors in the economy of Czechoslovakia attracted the interest of investors: a comparatively cheap labor-force; relatively stabilized political conditions of a bourgeois-democratic system; the strategic and geographical position of the country; and the fact that Czechoslovakia was one of the seven greatest armament suppliers and one of the ten largest producers of industrial goods in the world of that time.

Last but not least, the influx of foreign capital together with the acceleration of concentration was consciously supported by the Czechoslovak government in accordance with the orientation of its foreign policy towards the Entente powers, particularly France. At the same time the Czechoslovakian government, with the active support of Czech bankers and industrialists, tried to achieve political and economic consolidation by complicated capital transfers, utilizing Entente capital investments to dislodge German and Austrian economic influence from key positions.

In this sense state policy and intervention backed the new Czechoslovak economic structure with its official program of nationalization (meant to

strengthen the indigenous economic elements and not to be confused with either socialization or liquidation of private property). It also enacted a number of special laws such as the Nostrification Act, a bill concerning joint stock companies, and banking bills. In addition, article 297 of the Versailles Peace Treaty contributed to the implementation of the Czechoslovakian economic policy of capital transfers by enabling the government to confiscate capital investments by German nationals in railways, mines, iron and steel works, and spas. The Czechoslovak Land Reform Bill of 1919 was also in line with this economic policy, since it envisaged the expropriation of large landowners in this area who were mainly of German, Austrian, or Hungarian origin. Property exceeding 150 hectares of cultivated land and 250 hectares of uncultivated land was to be dissolved. This was, however, realized only to a limited extent, mainly in the frontier regions – and there almost exclusively for strategic reasons. Otherwise, the Land Reform Bill did not make any essential changes in property relations. Structural changes in agriculture were more concerned with the optimal rentability of large farms and the penetration of finance capital into agriculture, thus including agriculture in the general economic processes of concentration, monopolization, and cartelization.

Research in the archives of Czechoslovakian banks and industrial concerns shows clearly that as a result of the victory of the Entente in World War I, a number of principal changes in the capital structure of the Czechoslovak economy reduced the formerly decisive Austrian and German sphere of influence and strengthened Czech financial and industrial interests. These revitalized Czech interests joined together with strong financial groups from Great Britain, France, Belgium, and the United States. About one-quarter of the Czechoslovakian economy between the two wars was in the hands of foreign investors through direct shares. 68% of these represented Western European capital (British, French, Dutch, and Belgian). Capital participation of Western European financial groups penetrated mainly into the centers of the biggest banking and industrial combines of Czechoslovakia (see Tables 5 and 6).

The Czechoslovak iron and steel industry was the most highly concentrated, not only within the national economy, but also on an international scale. Three combines, "the Great Three", with decisive British and French and considerable German participation, controlled about 90% of the iron and steel production of the country. Within the international steel cartel the Czechoslovakian industry had the most comprehensive and compact monopoly structure. The Czechoslovakian chemical industry was essentially dominated by one combine, the largest in Central and Southeastern Europe after I. G. Farben. It was called *Spolek pro chemickou a hutní výrobu* and

TABLE 5A

*Direct foreign long-term investments in Czechoslovak industry and banking, December 31, 1937**

Origin of foreign investment	%
Great Britain	30.8
France	21.4
Austria	13.1
Holland	8.8
Germany	7.2
Belgium	7.1
Switzerland	4.5
U.S.A.	3.5
Italy	2.2
Sweden	0.9
Hungary	0.5
Total	100.0
West European long-term investments	68.1

* Total foreign investments Kčs 3,191,904.000 (Foreign investments amount to 27% of the total capital investments in Czechoslovak industry).

Source: A. Teichová, *Foreign Investments in Czechoslovakia between the Two World Wars* (monograph in print).

TABLE 5B

Direct foreign investment in industry and banking of Bohemia and Moravia (German occupied territory), December 31, 1940

Origin of foreign investment	%
German Reich	47.0
England	34.0
Switzerland	7.0
U.S.A.	4.0
France	1.5
Slovakia	1.3
Sweden	1.2
Other states	4.5
Total foreign investments	100.0

Source: *Archiv Státního úřadu statistického – Koncernové Šetření.*

TABLE 6

Foreign long-term investments in Czechoslovak industry as percentage of the total share capital in the various branches of industry, December 31, 1937

Branches of industry	Percentage of total share capital
Mineral oil and synthetic fats	97
Mining and metallurgy	64
Electrotechnical industry	52
Chemical industry	46
Engineering	40
Textiles	29
Building materials	22
Glass, porcelain, ceramics	18
Food industry	17
Paper industry	16
Commercial companies	9
Transport companies	5
Insurance societies	26
Banking	15
Industry as a whole	32

Source: A. Teichová, *Foreign Investments in Czechoslovakia between the Two World Wars* (monograph in print).

was linked with the Belgian Solvay Company. The same was true of the Czechoslovakian synthetic fats and mineral oil industries, for example, Czech Schicht Works as part of the worldwide Unilever combine. The engineering industry, in which the well-known Škoda Works held a leading position, played an important role in the economic structure of Czechoslovakia. Through the substantial shares held by Schneider-Creusot in the Škoda Works, French influence penetrated into the whole field of engineering in Central and Southeastern Europe.

During the world economic crisis, the process of concentration continued due to the economic ruin of small, financially weaker enterprises and the fusion of banks. The state aided this process by laws enforcing combination and syndicalization and by bank acts. At the same time the catastrophic decrease in exports affected mostly the branches of light industry (textiles, ceramics, glass, and so on), which had been the backbone of Czechoslovakian exports (Table 7). This brought about a shift from light to heavy

TABLE 7

Changes in exports of European countries between 1928–1937 (1928 = 100)

Country	1929	1930	1931	1932	1933	1935	1937
Czechoslovakia	96.6	82.5	61.9	34.6	35.4	49.4	66.5
United Kingdom	100.8	78.8	50.1	36.3	44.4	59.7	73.2
Germany	109.8	98.0	78.2	46.8	50.9	58.9	81.4
France	96.2	82.2	58.4	37.9	45.5	50.4	47.0
Italy	102.2	83.3	68.1	45.7	52.3	56.7	71.8
Belgium / Luxemburg	103.0	84.5	74.9	47.9	58.4	67.2	99.5
Netherlands	100.2	86.6	66.0	42.7	47.0	57.5	79.2
Switzerland	99.0	83.8	64.2	38.0	45.8	65.4	72.3
Sweden	115.2	98.6	66.6	41.2	56.4	78.2	120.8
Austria	99.0	83.6	58.5	31.5	35.4	54.3	73.6
Europe Total	103.3	88.3	64.3	41.4	48.2	59.9	76.2

Source: J. Svennilson, *The Growth and Stagnation in the European Economy*, pp. 312–313.

TABLE 8

Index of Czechoslovak industrial production between 1924–1937 in percentage

	1924	1929	1937
Industry as a whole	100.0	100.0	100.0
Mining	12.6	11.0	10.5
Electricity	1.5	2.0	2.9
Metallurgy and engineering	17.9	23.0	25.3
Chemical industry	4.7	5.0	6.4
Mining, electricity, metallurgy, engineering, and chemical industries	36.7	41.0	45.1
Other branches of industry	63.3	59.0	54.9
Textile industry	23.9	21.0	21.5

Source: Jan Vachel, *Postavení československého hospodářství ve světě v letech 1918–1965* (Praha, 1967).

industries in the structure of the Czechoslovakian economy (Table 8). These changes particularly emphasized the strong participation of big banks in industrial enterprises, transport, and trading companies, one of the characteristic features of the structure of Czechoslovakian economic life. In this way, the big banks (above all the Živnostenská Banka) often stood in the center of holding companies that wielded a controlling influence through a complicated net of relations of various degrees of financial dependency. Therefore, the role of the banks cannot be underestimated in an analysis of the changes in the structure of the economy of Czechoslovakia.

The comparatively high degree of concentration in the structure of the Czechoslovakian economy is reflected in a similarly strong movement towards cartels, legally recognized and supported by the Cartel Bill of 1933. Czechoslovakian cartels were partners in most of the existing international cartel agreements; thus, the Czechoslovak economy was, to a great extent, integrated into the cartel structure of the world's most important producers before World War II.

The changes in the structure of the Czechoslovakian economy outlined here developed against a background of increasing competition in Europe (especially in Southeastern Europe) between West European and German economic interests which reached its peak on the eve of World War II. Czechoslovakian economic development was forcefully interrupted by the Munich Agreement and by the ensuing dismemberment of the Czechoslovakian state. The German occupation of the Czech lands brought about a coercive intervention in the structure of the Czechoslovakian economy that was directed toward its transfer to the German economic sphere and its integration into the German war machine.

This lecture summarizes some of the results contained in my monography, *Foreign Investments in Czechoslovakia between the Two World Wars.*

III

TECHNOLOGY
AND
ECONOMIC GROWTH

INTRODUCTORY NOTE

This section was organized by Arnost Klima with the collaboration of Rondo Cameron into three sessions:

1. The Relations of Science and Technology;
2. The Diffusion of Technology;
3. Education and Economic Growth.

Among the Communications omitted here because by now already published elsewhere in full were:

E. G. West, "Resource allocation and growth in early nineteenth century British education", *The Economic History Review*, *XXIII*, 1 (April 1970), pp. 68–95 and discussed in *Ibid.*, *XXIV*, 4 (November 1971), pp. 624–632.

Gary M. Walton, "Obstacles to technical diffusion in ocean shipping, 1675–1775", *Explorations in Economic History*, *VIII*, 2 (Winter 1970/71), pp. 123–140.

A. E. Musson and Eric Robinson, a presentation of highlights from their *Science and Technology in the Industrial Revolution* (Manchester University Press and Toronto University Press: 1969).

Prepared for this Section of the Congress although not presented there was:

D. C. Coleman, "An innovation and its diffusion: the 'New Draperies'", *The Economic History Review*, *XXI*, 3 (December 1969), pp. 417–429 and discussed in *Ibid*, *XXIV*, 2 (May 1971), pp. 258–261.

The papers presented here are arranged in an order suggested by their content.

F. C. L.

BERTRAND GILLE

PROGRÈS SCIENTIFIQUE, PROGRÈS TECHNIQUE ET PROGRÈS ÉCONOMIQUE

RAPPORT GÉNÉRAL

L'histoire des techniques est encore jeune: c'est sans doute la raison pour laquelle elle s'insère encore mal dans les disciplines voisines, l'histoire des sciences d'un côté, l'histoire économique de l'autre, bien que des travaux importants aient ouvert la voie.

La notion de progrès technique est entrée assez tardivement dans l'horizon de recherches des économistes. L'école classique anglaise n'y porte encore qu'une faible attention et la borne presque exclusivement au domaine des machines. J.-B. Say, cependant, souligna d'abord les liens entre science et production, et, plus tard, distingua bien invention et innovation, liant fortement progrès technique et accroissement du capital. Marx insista tout particulièrement sur les problèmes de la technique, mais sans les intégrer à proprement parler dans un système global cohérent. Ce n'est qu'entre les deux guerres que Schumpeter fit pénétrer le progrès technique dans la théorie générale.

Les scientifiques étaient trop pénétrés d'une science pure pour s'occuper véritablement de technique. Cette attitude, dont certains situent l'origine chez les Grecs, fut sans doute, dans une certaine mesure, réciproque, les techniciens rejetant volontiers dans un monde purement intellectuel des curiosités scientifiques dont ils se plaisent à nier l'intérêt pratique.

Le 19e siècle a, dans son ensemble, aboli ces exclusives, atténué les oppositions, établi les indispensables contacts. Pour de multiples raisons, qu'il serait trop long d'exposer ici, le progrès technique est passé, de nos jours, au premier rang des préoccupations des peuples. Espérons qu'un historien voudra bien se pencher sur cette lente évolution dont nous voyons aujourd'hui l'aboutissement.

Une explication globale fait intervenir quatre notions distinctes qui ont chacune leur individualité propre:

1. Le progrès scientifique, certainement le mieux connu parce que le plus étudié;
2. L'invention, qui a ses règles propres, sa logique particulière, son histoire;

3. L'innovation, toute différente de l'invention, mais nécessairement liée à elle. «L'entrepreneur dynamique», écrivait M. Perroux, «innove économiquement en faisant passer dans la réalité du marché l'invention technique, ou, plus largement, la combinaison nouvelle»;
4. Le progrès économique (ou la croissance), notion plus large encore, dont l'innovation n'est que l'une des composantes.

Ces divers phénomènes sont naturellement liés les uns aux autres. Ces liens peuvent être étudiés dans une analyse statique, particulière à un système donné (structure des connaissances scientifiques, structure technique, structure économique) ou dans une perspective dynamique tendant à replacer l'évolution technique dans l'ensemble des mouvement économiques.

Ces liens peuvent être étudiés sous plusieurs aspects: constance ou caractère épisodique, étendus sur deux, trois ou quatre de ces phénomènes, sens de la domination. Les rapports entre les phénomènes sont différents selon le temps et, à l'intérieur d'une même période, entre secteurs d'activité. La définition d'un niveau technique général, d'un système technique global, n'implique pas nécessairement des relations identiques, dans tous les secteurs, entre les phénomènes cités. Le lien central, entre invention et innovation, constitue une relation permanente. Par contre, les autres relations ont nécessairement beaucoup évolué. On a longtemps discuté des relations entre science et invention. Les rapports entre innovation et croissance commencent à faire l'objet d'études et de recherches attentives de la part des économistes et des historiens.

Progrès scientifique – Invention

C'est l'une des relations qui, de nos jours, paraît la plus élementaire, encore qu'on n'y ait porté souvent que peu d'attention. L'autonomie réciproque de la science et de la technique a fait couler beaucoup d'encre. Aux époques où les systèmes scientifiques sont remis en question, où les problèmes essentiels se fractionnent, il semble que l'apport de la technique à la science ait été fondamental (comparer l'école d'Alexandrie, à l'époque hellénistique, les «ingénieurs de la Renaissance», les fondateurs de la science moderne qui, de Galilée à Monge, furent presque tous des techniciens). Lorsqu'un système scientifique nouveau se constitue, l'aide de la science à la technique est essentielle: les découvertes de la fin du 18e siècle purent seules donner naissance à l'industrie chimique.

A vrai dire, les liens entre science et technique ont été constants à travers toute l'histoire. L'une ne peut exister sans l'autre. Il semble cependant qu'on doive distinguer deux niveaux principaux.

Il existe des techniques élémentaires qui ont pu naître et se développer sans connaissances scientifiques précises: il serait fastidieux de les énumérer,

elles viennent immédiatement à l'esprit. Ce développement s'arrête précisément au moment où se posent des problèmes dont la solution exige une connaissance scientifique plus poussée. Les techniques du textile sont ainsi parvenues à une certaine mécanisation sans apport scientifique. La fonte au coke est née en dehors de toute explication scientifique.

Au-delà, seul le progrès scientifique peut soutenir le progrès technique. La machine à vapeur ne serait pas apparue sans la connaissance de la pression atmosphérique, l'industrie chimique ne serait pas née sans les découvertes de Lavoisier et de Priestley. Le progrès scientifique intervient de façon épisodique, au début, comme pour franchir un obstacle, de façon constante par la suite, et dans les techniques dont le support est nécessairement scientifique.

Cette division est commode sans doute, mais inévitablement arbitraire. Il est en effet souvent difficile de dissocier les parts respectives d'une science pure et d'une technique pure. Une typologie de l'invention, qui nous manque, ferait apparaître des liens infiniment plus subtils et plus complexes, dans la mesure même où le terme d'invention est ambigu. C'est bien plutôt la démarche de l'inventeur qu'il conviendrait d'étudier.

L'invention suppose d'abord la connaissance du niveau technique déjà atteint. Un grand nombre de légendes courent encore souvent sur l'origine de certaines inventions. Notons que presque toutes les inventions de la révolution industrielle anglaise sont le fait de personnes déjà engagées dans la production.

Dans la mesure où des connaissances scientifiques sont nécessaires on doit faire intervenir le niveau général de culture de la population. C'est dans ce sens que l'on doit comprendre, par exemple, la mise au point par Lenoir, vers 1860, du moteur à explosion à gaz ou la découverte, en 1879, du procédé Thomas-Gilchrist par ces deux personnes qui suivaient régulièrement des cours du soir. L'invention n'est plus alors que l'étape finale d'un long processus, que la combinaison définitive d'un certain nombre d'éléments antérieurement et progressivement apparus.

Si l'histoire des techniques sort aujourd'hui des limbes, l'histoire de la technologie demeure encore à faire dans son ensemble. Les liens entre science et technique sont ici fondamentaux. Dès lors qu'une technique veut dépasser le niveau des cas particuliers et veut se généraliser, elle est obligée de rendre compte d'une manière scientifique des divers phénomènes qu'elle met en jeu.

La théorie des leviers, la théorie des roues dentées (et d'une manière plus générale des systèmes de démultiplication de forces) avaient déjà attiré les Grecs de l'Antiquité. La liaison entre la technique et les sciences de la nature, au moins dans un certain nombre de domaines, domina longtemps le progrès technique. On sait toute la richesse du mécanisme à cet égard.

C'est à partir du 16ᵉ siècle qu'une technique théorique commence à naître vraiment, peut-être plus comme un vœu que comme une réalité, dans la mesure où elle devait s'appuyer sur un système scientifique cohérent. Les progrès de la technologie furent lents, comme précisement la formation de la science moderne, mais sûrs dans la mesure où savants et techniciens étaient en fait les mêmes personnes. Le cheminement, de Galilée à Roberval, à Blendel, à Euler, nous est encore très mal connu. L'établissement de tables, tables pour la navigation, tables pour le tir, fut pour beaucoup dans la création tout à la fois d'une technique raisonnée et d'une science plus concrète.

Les historiens devraient se pencher sur le développement de la théorie de la résistance des matériaux, encore fruste au 16ᵉ siècle, de la théorie du navire, qui prend consistance au 18ᵉ siècle, avec les travaux d'Euler. En bien des cas, la technologie n'arriva à sa maturité qu'au moment où la technique correspondante touchait à sa perfection: la théorie des machines thermiques ne fut présentée qu'au milieu du 19ᵉ siècle. Dans certaines techniques plus complexes, la mise au point de la théorie put ouvrir de nouvelles voies de recherche technique: citons la théorie du cycle à quatre temps de Beau de Rochas. Plus on avance dans le temps, plus la théorie scientifique soutient la théorie technique: la mécanique des fluides en est un exemple frappant.

Invention – Innovation

Le lien entre invention et innovation présente de multiples aspects à travers toute l'histoire. La pression peut venir d'amont ou d'aval. Il est donc nécessaire de considérer plusieurs situations possibles.

Premièrement l'invention est parfaitement autonome. En fait il y en a peu d'exemples, du moins à notre connaissance. Il peut se produire le fait que l'invention, au moment où elle est faite, ne réponde ni à un besoin technique ni à un besoin économique. Le joint de Hooke n'a été utilisé industriellement que le jour où l'on a conçu des voitures automobiles à traction avant. Certaines recherches de Réaumur, qui buta du reste sur des difficultés scientifiques insolubles de son temps, ne purent être reprises que dans la seconde moitié du 19ᵉ siècle.

Deuxièmement l'invention conduit à l'innovation et contraint en quelque sorte l'entrepreneur. Cette situation n'est concevable que dans la mesure où l'entrepreneur est différent de l'inventeur. Les inventions de Bessemer, de Thomas et de Gilchrist entrent dans ce cadre.

Troisièmement l'innovation souhaitée, qui suscite l'invention, est beaucoup plus fréquente, au moins à partir d'une certaine date. L'invention est alors véritablement le fait de ces personnes intégrées dans la production dont nous parlions plus haut. On peut même dire que la seule connaiassnce

du besoin économique, et il en est de constants comme l'accroissement de la production ou l'abaissement des coûts de production, ou même la seule connaissance de difficultés techniques à un stade donné de la production, sont génératrices d'inventions.

Dans cet ordre d'idées, le progrès technique né de besoins militaires présente un aspect particulier sur lequel il a déjà été beaucoup écrit. Ce problème rejoint celui d'inventions réalisée dans certaines industries et transférées à d'autres industries, moyennant certaines mises au point: ainsi en a-t-il été du coke, passé des malteries à la sidérurgie au début du 18e siècle.

L'apparition de la pression économique sur l'invention constitue en fait la véritable révolution industrielle qui apparaît au 18e siècle. La démarche de Darby utilisant le coke, de Cort imaginant que le puddlage, est tout autre que celle de Colbert ne cherchant qu'à «perfectionner» les arts et métiers et important de l'étranger des techniques que l'on dit nouvelles et qui ne viennent en réalité que d'autres traditions techniques. D'un côté il y a bien invention et innovation, après un stade plus ou moins long de «développement», de l'autre il n'y a que diffusion. Plus on avance dans le 19e siècle, et l'on mesure ainsi le rythme du progrès technique, plus cette pression de l'économique sur le technique est vive: ainsi en fut-il de Fourneyron établissant sa turbine aux usines de Pont-Saint-Ours, en 1827, ou de Krupp subventionnant Diesel.

Notons enfin l'importance des structures sociales. Au-delà du simple fait du luddisme, dont on a des exemples au 16e siècle avec les grèves d'imprimeurs, avec la machine à tricoter les bas, les habitudes de travail, dont certaines ont un support social, comme la crainte du chômage technologique, jouent un rôle important dans cette liaison entre invention et innovation.

Il peut exister, semble-t-il, plusieurs types d'innovations, nettement differenciées.

L'innovation de compensation apparaît pour lutter contre certains phénomènes de localisation industrielle (disparition ou manque de matières premières): ainsi en a-t-il été de la fonte au coke ou de la découverte du caoutchouc synthétique ou du sucre de betterave. De même le manque de charbon a conduit nécessairement à la recherche de nouvelles sources d'énergie, encore que, dans ce dernier phénomène il y ait eu intervention d'autres facteurs de production.

L'innovation marginale (que d'autres voudraient appeler innovation latérale), se place le plus souvent sur le plan individuel et particulier, et résulte généralement d'un calcul élémentaire: l'invention du marteau-pilon, l'adoption de l'air chaud dans les fourneaux, la récupération des gaz au gueulard sont autant d'innovations marginales. D'autres se situent sur un plan encore plus réduit (la prise directe en matière automobile, due à Louis

Renault). C'est qu'en effet, dans la plupart des cas il s'agit d'abaisser les coûts de production (consommation moindre) ou de répondre à une difficulté technique partielle. Certaines industries se prêtent mieux que d'autres à ce type d'innovations.

L'innovation structurelle est destinée à rétablir dans un processus de fabrication l'équilibre de capacité productive entre les diverses techniques utilisées. Le puddlage est né pour répondre à une production accrue de fonte. Le forgeage au laminoir est destiné à transformer en fer marchand une production plus considérable de fer brut. Les exemples de ce type d'innovations sont nombreux et constants dans l'industrie textile anglaise du 19e siècle.

L'innovation de type global fait intervenir d'autres notions et, en particulier, celle de croissance et de progrès économique. Elle relève d'une anticipation globale d'un groupe d'entrepreneurs. Elle est rarement isolée et doit se combiner avec tout un complexe d'autres innovations (en particulier des innovations de type institutionnel). Elle fait intervenir plus souvent des structures collectives. Rostow a bien indiqué, parmi les éléments de la croissance, la propension à l'innovation. Les débuts de la croissance anglaise, à la fin du 18e siècle, viennent bien du passage d'un système technique à un autre système technique représenté par l'ensemble des inventions du 18e siècle anglais.

Innovation – Croissance

Ce dernier type d'innovation fait donc intervenir le progrès économique dans son ensemble. Nous n'insisterons pas sur un problème qui a déjà fait l'objet de nombreux travaux.

Selon un auteur français, on appelle «progrès technique la variation relative de la productivité globale, dans un domaine donné, entre deux époques données». La productivité globale étant définie par le rapport:

$$R = \frac{\text{production}}{\text{facteurs de production}} = \frac{Q}{F}$$

Si on appelle

R_1 la productivité à l'époque T_1

R_2 la productivité à l'époque T_2

le progrès technique est mesuré par l'expression:

$$\frac{R_2 - R_1}{R_1}$$

La définition de la productivité est celle retenue par l'O.E.C.E. en 1950: «La productivité est le quotient d'une production par l'un des facteurs de la

production ... La productivité du travail est le quotient de la production par la durée du travail.»

Toute la difficulté réside dans le choix des mesures et dans leurs définitions exactes.

On est même arrivé à distinguer, comme nous l'avons fait nous-mêmes, le «progrès de la technique» (invention) et le «progrès technique au sens économique du terme» (innovation). Dans les pays anglo-saxons, la terminologie montre une évolution dans la conception du phénomène lui-même: il y a *technological change* d'un côté et, de l'autre, *technological advance* ou *technological progress*.

L'état de la technique appliquée à une activité économique donnée est décrit de plus en plus fréquemment sous forme d'une fonction de production. C'est une équation de formule générale:

$$P = f(a, b, \dots n)$$

où P exprime la quantité produite et $a, b, \dots n$ les quantités de facteurs de production $A, B, \dots N$ qui ont été nécessaires pour fabriquer ce volume de marchandises. Le niveau technique d'une branche se définit par son *horizon technique*, en «fonction moyenne de production» et une série de fonctions particulières de production caractérisant chacune une entreprise déterminée ou un «secteur» dans la branche.

Il y a progrès si la technique nouvelle (et l'on peut adopter la manière de voir de Schumpeter qui attribue à l'innovation le sens très large d'une «combinaison nouvelle», non seulement dans le processus de la production proprement dit, mais aussi dans le domaine de l'écoulement du produit sur le marché, de l'approvisionnement en facteurs, de l'utilisation des biens quels qu'ils soient, et ainsi de suite) est plus efficiente que toutes celles déjà connues, et si elle déplace l'«horizon technique» de la branche. Il y a ensuite diffusion dans la mesure où l'innovation n'est plus le «monopole» d'une firme, mais s'étend à toute la branche.

Dans la réalité de la production, le progrès technique se manifeste selon des modalités beaucoup plus variées que ne le feraient supposer les concepts d'accroissement de la productivité réelle ou de la relation fonctionnelle entre les facteurs et les produits. Du point de vue micro-économique, ces différentes modalités incluent:

1. L'accroissement des dimensions de l'entreprise pour la production du même produit à l'aide des mêmes facteurs de production. La productivité de certains facteurs est alors croissante puis décroissante. C'est le phénomène des «économies et déséconomies d'échelles».
2. Les substitutions entre facteurs à l'intérieur de chacune des deux grandes catégories, capital et travail, pour la production d'un même produit.

3. L'introduction de nouveaux facteurs pour la production des mêmes objets (nouvelles machines, modifications dans la composition du personnel ouvrier, arrivée de certains spécialistes ...).
4. Un changement dans les qualités ou même dans la nature des produits fabriqués par l'entreprise (par exemple la substitution de l'acier au fer à la fin du 19e siècle).

Du point de vue macro-économique, on peut considérer:

1. La variation du volume d'investissement nécessaire non seulement à l'intérieur de la branche, mais dans les relations entre les branches d'une économie. C'est ici qu'interviennent les calculs de rentabilité.
2. D'une manière plus générale l'évolution technique est principalement une variable endogène, orientée dans des directions déterminées par des forces économiques.

L'analyse dynamique peut permettre d'établir un certain nombre d'étapes qui seraient schématiquement les suivantes:

1. En période d'innovation simple, individuelle: tendances monopolistiques et accroissement des taux de profit.
2. En période de diffusion: baisse des prix ou modifications de qualité correspondant à une utilité supérieure.
3. Il faut faire intervenir en troisième lieu la notion de système technique (ce que les historiens ont en fait appelé, d'un terme peu approprié, la «révolution industrielle»). Il y aurait là début de croissance économique chaque fois qu'un système technique se substitue à un autre.

Constitution d'un nouveau système technique, progrès technique global et croissance économique paraissent donc étroitement liés. On en a comme l'image dans l'évolution des moteurs: tout moteur ne peut dépasser un certain stade de perfection, c'est-à-dire puissance réelle par rapport à une puissance téorique. Pour aller au-delà, il faut concevoir un autre moteur: on est passé de la roue de moulin à la turbine hydraulique, de la machine à vapeur à la turbine à vapeur, du moteur à piston au moteur à réaction, et ainsi de suite. Chaque fois qu'un système technique arrive à sa perfection, il y a stagnation. Le renouvellement du système provoque un démarrage de la croissance.

Les schémas qui vont suivre ne sont encore que des hypothèses de travail: la recherche historique dans ces domaines n'est pas encore assez poussée pour permettre un tableau d'ensemble ayant quelque valeur. Ces schémas doivent faire intervenir tout à la fois les groupements d'éléments et le sens des dominations.

Le stade des liaisons triples

Liaisons entre les trois premiers éléments. L'invention joue donc un rôle médiant. Il s'agit de montrer dans quelle mesure elle se lie aux deux éléments

qui l'encadrent. La pression vient du progrès scientifique. Tel est le cas de l'industrie chimique qui n'a pu apparaître sous une forme moderne qu'après la constitution de la chimie moderne. Mais ce lien, nous l'avons dit, n'est pas constant. La pression vient aussi des nécessités économiques, soit par suite de la disparition ou du coût trop élevé d'un facteur de production, soit par suite d'une demande accrue, dans les deux cas, en définitive, par suite de l'élévation des coûts de production. Il est possible aussi que l'invention naisse d'un déséquilibre entre les facteurs de production: nous avons dit qu'au 18e siècle, la course entre filature et tissage avait largement contribué à l'évolution des techniques textiles.

Le lien entre les trois éléments intervient donc dans la mesure où le progrès technique suppose nécessairement le progrès scientifique. Il s'agit presque toujours d'inventions partielles. Les mécanismes de l'invention sont de type individuel: recherche d'un profit net additionnel, capital frais pris sur le produit, charges rejetées sur autrui. L'inexistence de certains risques, ou pour mieux dire la minimisation de certains risques se trouve compensée par un monopole provisoire. La propagation verticale du progrès technique se fait plus rapidement que sa propagation horizontale.

La fondation d'une entreprise par un chimiste, Kuhlmann, l'appel par une autre à sa direction d'un chimiste de profession, Clément-Desormes à Saint-Gobain, montrent parfaitement l'étendue des liens sur les trois premiers éléments, avec, dans le premier cas une pression de la science, dans le second une pression économique.

Liaisons entre les trois derniers éléments. C'est moins l'inventeur qui compte que l'entrepreneur qui décide et opère la jonction entre familles d'innovations. L'innovation joue alors le rôle médiant. Le temps de Watt est passé, c'est désormais Boulton qui crée ainsi pour la première fois l'industrie de la construction mécanique. Une entreprise se fonde pour la diffusion des inventions et cherche, également, à pousser le progrès technique: elle embauche alors un inventeur, Watt.

Il s'agit alors à proprement parler moins d'innovation que de diffusion, moins d'inventions partielles que d'innovations globales. Les efforts collectifs prennent de l'importance, les monopoles temporaires s'évanouissent. Le conditionnement des petits groupes prend de l'importance. L'intervention de l'Etat est manifeste: l'investissement individuel doit s'accompagner d'une investissement public (tout aussi bien la constitution d'une infrastructure économique que du développement de l'enseignement pour aboutir à un certain niveau de culture générale scientifique). La propagation horizontale est plus rapide que la propagation verticale.

Le phénomène se produit donc lorsque se trouvent réalisées deux conditions primordiales, semble-t-il. Il paraît nécessaire, d'abord qu'un niveau

scientifique général ait été atteint. Les ajustements entre les innovations et les inventions se feront alors beaucoup plus rapidement. C'est le technicien, engagé dans la production, qui invente, mais il le peut précisément parce que son éducation scientifique a atteint un certain niveau. Nous reviendrons un peu plus loin sur cet important problème. Ensuite il est indispensable qu'on ait une masse d'inventions disponibles. Il ne suffit plus alors que de les raccorder, de les compléter et il paraît que prennent alors une importance exceptionnelle non les innovations d'ordre purement technique, mais celles qui touchent à l'organisation générale de l'économie (formules institutionnelles, innovations comptables, organisation du travail, etc.).

Notons que c'est peut-être à ce stade que jouent certains éléments qu'historiens et économistes doivent nécessairement faire entrer dans les schémas: structures sociales, accumulation du capital. Nous pensons qu'il y a encore beaucoup à chercher dans un domaine où les travaux sont cependant déjà très abondants (comparer en particulier la révolution industrielle anglaise et celle, beaucoup moins étudiée, de la fin du 19e siècle; de même que l'on pourrait suivre attentivement l'évolution actuelle, une étude par secteurs serait indispensable).

L'effacement des rôles médiants

L'analyse de la période contemporaine doit se fonder sur deux observations primordiales, qui ressortent d'une évolution des structures. Tout d'abord, et le fait est absolument évident, progrès scientifique et progrès technique sont désormais nécessairement liés: l'intervention des calculs opérationnels dans le domaine de l'organisation économique montre que la science a même largement débordé le champ de la technique pure. Sauf en quelques cas limités, dont l'importance devient de plus en plus négligeable, il n'y a plus de possibilité d'invention majeure en dehors de connaissances scientifiques étendues.

De même, innovation et progrès économique ne peuvent plus aller que de pair. L'innovation devient une des composantes du progrès économique. Il convient de remarquer que l'essor de la recherche technique, qui exige des coûts fixes croissants, tend à faire disparaître l'initiative individuelle.

Les distinctions que nous avons établies entre les divers éléments tendent alors tout naturellement à s'effacer. Premièrement, il y a une disparition de l'invention en tant qu'entité distincte. L'invention disparaît et s'efface par l'importance que prennent les deux éléments qui l'entourent.

Le progrès technique ne peut plus se faire en marge de la science, comme cela s'est produit, en général, jusqu'au milieu du 19e siècle. Nous verrons comment s'abaissent les frontières entre science et technique. L'évolution s'est faite plus ou moins rapidement selon les secteurs économiques. Dans

la mesure où progrès scientifique et progrès technique sont désormais étroitement imbriqués, l'entreprise va commencer à faire de la recherche fondamentale. C'est toute l'histoire des laboratoires d'usines qu'il faudrait étudier et qui serait passionnante à plus d'un égard. En 1880, Fayol installe dans son laboratoire de l'usine d'Imphy des savants, Dumas et Boussingault. Il y aurait là une recherche intéressante et importante à faire: elle n'est encore qu'esquissée. C'est d'ailleurs l'époque où la technologie se développe d'une façon définitive: Péclet a repris la théorie des engrenages, Carnot livre la théorie des machines thermiques, un peu plus tard Osmond va faire naître la métallographie.

Le progrès technique n'est plus une somme d'inventions fractionnées mais apparaît comme le résultat de recherches globales. En quelque sorte, on cherche une innovation grâce, au moins en grande partie, à la science fondamentale. Dès lors l'invention proprement dite perd sa signification.

Deuxièmement, il y a une disparition de l'innovation en tant qu'entité distincte. Nous aboutissons là aux formes les plus contemporaines qui traduisent des structures dont certaines ne sont encore qu'embryonnaires. «L'innovation industrielle est à la merci de la science pure dont elle ne peut pas influencer le cours», déclarait, il y a peu de temps, le directeur scientifique d'une très grande firme. C'était penser qu'au stade actuel, le sens de la pression vient de la science. Il ne serait pas impossible de supposer que l'initiative appartienne un jour à l'économique. Essayons encore de classifier.

L'économie a suivi plusieurs stades. Dans la mesure où l'invention se trouvait distincte de l'innovation, on devait attendre, et attendre même parfois plusieurs inventions, pour que l'innovation devînt possible. C'est ensuite l'exemple d'une firme et les résultats qu'avait donnés un monopole temporaire qui entrainaît la diffusion et par là le véritable progrès économique.

L'entreprise peut aussi commencer des recherches dans ses propres laboratoires «aussitôt que l'on croit discerner des possibilités d'application dans une direction qui pourrait être intéressante». Citons le cas du Dr Holst, créateur et premier directeur des laboratoires Philips. Il s'est lancé dans l'étude des décharges à travers les gaz aussitôt après les premières expériences de Franck et de Hertz, puis dans l'étude de l'état solide après les travaux fondamentaux de Peierls, Block, Brillouin, Heisenberg, enfin dans la physique et l'instrumentation nucléaire après les découvertes de Joliot-Curie et de Fermi. Parfois la recherche appliquée est en avance sur la recherche pure: les laboratoires industriels établissent alors des résultats scientifiques en partant de données empiriques. Mais, dans la mesure où l'économie ne veut pas subir les aléas du progrès scientifique, elle tend de plus en plus à installer la recherche fondamentale dans ses propres laboratoires. La jonction est

alors faite directement entre progrès économique et progrès scientifique (comparer les recherches sur les propriétés physiques du tungstène dans les laboratoires Philips).

Dans la mesure où l'investissement nécessaire à la création de laboratoires développés dépasse les possibilités des entreprises, apparaissent alors des laboratoires professionnels (comparer en France l'I. R. S. I. D. pour la sidérurgie, ou le C. E. R. C. H. A. R. pour le charbon; c'est dans les laboratoires de l'industrie du bâtiment qu'ont été étudiées les «maladies de la pierre»).

Dans nos sociétés modernes, l'Etat se préoccupe sans cesse davantage du progrès économique général. Il se doit donc de relier de façon plus efficace progrès économique et progrès scientifique. D'où la création d'institutions nouvelles où s'établissent les liens indispensables? Il y a des institutions souples, comme aux Etats-Unis. Un récent rapport devant l'O. C. D. E. marquait bien qu'il n'y avait aucun ministère spécialisé, aucune planification. On trouve seulement des agences spécialisées (énergie atomique A. E. C., espace N. A. S. A.) et des organismes de coordination ou plutôt de conseil (President Science Advisory Committee, Federal Committee on Science and Technology, Office of Science and Technology; de là également les relations, surtout financières, mais qui créent une pression, entre industrie et universités).

Ensuite des institutions plus autoritaires peuvent conduire à une planification plus ou moins stricte: création de ministères de la recherche ou de la technologie. «La recherche, notaient les auteurs du Ve plan fançais, par essence même comportant un risque fondamental, l'organisation de la science pour un gouvernement consistera à mieux apprécier la portée et l'intérêt de ce risque et à en prendre consciemment la responsabilité en vue d'atteindre des objectifs culturels, sociaux, économiques ou militaires bien définis.» Ou encore: «Le premier réflexe d'une nation qui veut conserver des avantages sur les points qu'elle considère comme essentiels à son indépendance est de chercher à comprendre les relations de la recherche et de l'économie, et de déterminer les critères qui font que certains travaux scientifiques pourraient être plus générateurs d'expansion que d'autres.»

Toute cette évolution s'est naturellement traduite sur des plans humains, intellectuels ou institutionnels. Ici encore nous ne disposons pas d'études approfondies, sauf en quelques secteurs assez limités. Nous nous attacherons à l'exemple francais, qui est peut-être exceptionnel, au moins dans sa logique.

Au départ, il y a l'étonnante organisation de Colbert. L'Etat se préoccupe de progrès technique, d'ailleurs moins de progrès technique au sens strict du terme que de diffusion des procédés techniques utilisés à l'étranger. Le privilège attaché aux manufactures est tout à la fois d'ordre économique

(subventions, privilèges fiscaux, etc.) et d'ordre technique. On institutionnalise le monopole ou le quasi-monopole provisoire que conférera plus tard à l'entrepreneur dynamique l'innovation. A l'époque de Colbert, le rôle de l'Etat est considérable; dans sa pensée il ne devait être que provisoire tout comme le monopole que donne l'innovation individuelle.

Notons également l'interférence entre science et technique au sein même de l'Académie des Sciences où savants et techniciens se côtoient, dont les tâches sont aussi bien d'ordre scientifique que d'ordre technique (description et perfection des arts et métiers, machines approuvées).

Au cours du 18e siècle, la plus grande partie du progrès technique se fait en dehors du contact avec la science. Par contre les liens sont étroits entre progrès technique et progrès économique. L'invention se faisant surtout en Angleterre, c'est la diffusion qui est importante et, une fois encore l'Etat joue un grand rôle (inspection des manufactures, missions, aide à l'industrie). L'Etat prend conscience de son rôle technique et se donne les agents capables d'assurer son efficacité dans ce domaine: les grandes écoles techniques fournissent un personnel auquel tout rôle directement économique n'est pas interdit (ponts et chaussées, mines, constructeurs de navires, écoles militaires). Le progrès technique se fait hors de la science, ces écoles se situent donc hors de l'Université (il en est de même en Allemagne pour l'école des mines de Freiberg).

L'information technique est également à l'ordre du jour: les galeries de machines, centres de démonstration des nouveautés techniques, avaient été envisagées dès le 17e siècle. Le «cabinet de Vaucanson» se forme à la fin de l'Ancien Régime et se trouve être l'amorce du Conservatoire national des arts et métiers, en passe de devenir la grande école technique pour le secteur privé.

C'est Monge (issu d'une école militaire) qui eut l'idée de donner aux écoles techniques d'Etat une base scientifique commune. L'unité des connaissances scientifiques devait conduire à la pluralité des techniques, d'où le nom d'Ecole polytechnique. Son équivalent privé devait voir le jour en 1829, sous le nom d'Ecole centrale des arts et manufactures, créée à la fois par des savants (le chimiste J.-B. Dumas, le physicien Péclet) et des ingénieurs.

La diffusion généralisée des connaissances scientifiques dans les écoles techniques françaises, comme dans les écoles industrielles allemandes serait à étudier de plus près. C'est là, en effet que s'établissent les liens entre science et technique. On y verrait aussi dans quelle mesure le progrès technique fait pression sur le progrès scientifique.

Nous ne possédons aucune étude sur cet homme nouveau du 19e siècle qui s'appelle l'ingénieur. C'est lui, et là le lien s'établit avec le progrès économique, qui progressivement, au 19e siècle, prend la direction des entreprises. Ainsi se trouvent en contact progrès scientifique, progrès

technique et progrès économique. Son rôle, l'étude de ses décisions, la nature de ses anticipations sont au cœur de notre problème.

Passé le milieu du 19e siècle l'instauration des laboratoires d'entreprises, sur lesquels nous insistons à nouveau, donne une nouvelle dimension à ces relations entre les divers éléments. C'est le début de toute l'évolution moderne dont l'aboutissement est l'insertion dans les plans de développement économique d'une planification scientifique: nous l'avons signalé plus haut. Alors naissent des problèmes nouveaux.

La recherche fondamentale coûte de plus en plus cher. Il devient nécessaire d'opérer des choix. Faut-il donc introduire la notion de rentabilité du progrès scientifique et ne travailler qu'en fonction d'un progrès économique? Dans les budgets consacrés à la recherche aux Etats-Unis, la part de la recherche fondamentale est passée, entre 1956 et 1967, de 6,3 à 12,6 %, la recherche appliquée de 19,8 à 20,7 %, le développement (zone de l'industrialisation de l'invention), de 65,4 à 62,4 % et l'équipement de 8,5 à 4,5 %. Ces chiffres appellent quelques réflexions.

Ils ne rendent pas compte, tout d'abord, parce qu'ils sont globaux, des choix imposés à la recherche fondamentale. Il serait intéressant d'avoir des renseignements plus différenciés. En second lieu, ils montrent l'importance de cette notion de développement. «Dans le processus de la création technique, il apparaît de plus en plus nécessaire de distinguer deux stades. Le premier nous conduit à une réalisation effective, mais qui ne répond pas encore aux conditions de la production: coût trop élevé, nécessité d'inventions complémentaires. Ce stade est celui de la recherche technique (il aboutit généralement à la prise de brevet). Le second stade conduit au seuil de la réalisation industrielle: il est de plus en plus communément qualifié de développement.» On voit, par les chiffres, l'importance énorme du coût du développement.

Le second aspect est d'ordre institutionnel ou politique. C'est celui de la place des entreprises dans la recherche fondamentale ou appliquée et de leurs relations avec l'Etat qui, pour des raisons évidentes de coût, doit prendre de plus en plus à sa charge le financement de la recherche dans son ensemble. En 1966, aux Etats-Unis, l'Etat fournissait 62 % des crédits, l'industrie 33 %, les universités 4 %: l'industrie utilisait 69 % de la totalité des crédits, l'Université 13%.

Cette courte note n'avait pas pour but de résoudre les problèmes, de répondre à toutes les questions. Le champ de la recherche dans ce domaine est extrêmement vaste, il n'a encore été que peu exploré. Il serait indispensable que des centres de recherches, suffisamment équipés, dotés en personnel capable, mettant en jeu diverses disciplines, soient créés. Les maigres équipes actuelles n'y peuvent suffire.

PART I: TECHNOLOGY AND PROGRESS

DOUGLASS C. NORTH

INNOVATION AND DIFFUSION OF TECHNOLOGY

A THEORETICAL FRAMEWORK

The development and diffusion of new techniques represents the major source of increasing productivity and a consequent growth in per capita real income in the Western world. While economic historians have stressed technological change as the major source of economic growth, they have not developed a theory of the innovation and diffusion of new techniques. The objective of this paper is to suggest the elements of such a theory.

From society's viewpoint a new technique should be introduced when it results in a shift in the production function so that the same output can be produced from lower production factor inputs. This positive social rate of return upon a new technique, however, is not the determining factor in its introduction, since the innovator tends to introduce a new technique when it is profitable to him. Why should the private rate of return diverge from the social rate of return? Historically, the answer is that imperfect product and factor markets, together with ill-defined property rights, resulted in a large share of the gains from an innovation accruing to individuals or groups other than the innovator. It is the thesis of this paper that the development of more perfect markets, reinforced by the institutional rearrangement of property rights, led to an increase in the social rate of return and to the "capture" of a greater share of the social rate of return on an innovation by the innovator. This increased return to the innovator was responsible for the acceleration of innovation and its diffusion in the Western world.[1]

In succeeding sections of this paper I shall examine the sources of imperfect markets; the way man may modify his institutional environment to increase the social rate of return upon an innovation; and the ways the

1. The intellectual origins of the theory presented in this essay stem from the extension of economic theory to a theory of the state and to the organization of property rights. See in particular W. J. BAUMOL, *Welfare Economics and the Theory of the State* (Cambridge, Mass.: 1952); J. M. BUCHANAN, G. TULLOCK, *The Calculus of Consent* (Ann Arbor, Mich.: 1962); HAROLD DIMSETZ, "Toward a theory of property rights", *American Economic Review, 2* (May, 1967), pp. 347–359. Some of the argument was anticipated by Joseph Schumpeter. See in particular his volume *Business Cycles* (New York: 1939), Vol. I.

institutional environment was modified so that these returns could be captured, that is, make the private rate approach the social rate. Also, I will explore briefly the evolution of patent laws in England as an illustration of the model; finally, I will briefly delineate some of the loose ends yet to be incorporated in the theoretical framework.

If all markets were perfect, then prices would differ only by the costs of transportation and, similarly, innovations would be diffused throughout the system instantaneously. In fact, however, transaction costs (the costs of operating an economic system) not only lead to wide price differentiation between markets but also may prevent markets from being formed at all. Two major sources of transaction costs are the uncertainty resulting from a lack of information and the inability to exclude non-participants from sharing in the benefits or costs of a transaction between two parties – that is, external effects (sometimes called neighborhood or side effects).

Information is costly, and the degree to which all possible prices are known is a function of the expenditure on information. Market imperfections resulting from such uncertainty can be reduced by developing institutions to increase information when it becomes profitable to do so. The long history of the development of institutions to reduce uncertainty and increase information includes most of the development of intermediaries in trade, finance, and so on, not to mention the more general sources such as price currents, informational advertising, insurance companies, stock and commodity exchanges, and future markets.

External effects exist because property rights and their enforcement cannot, or have not, been defined or enforced in such a way as to exclude non-participants from sharing in the benefits or costs of a transaction. External effects exist when a dam built for hydroelectric power reduces the likelihood of flood damage downstream, when pirates or privateers prey upon the shipping countries, or when a new invention can be freely appropriated by anyone. Institutions developed to internalize these externalities include taxes on downstream beneficiaries of flood control; police, military, and naval forces to eliminate thievery or piracy; and patent laws to give the inventor a share of the gains that others receive from using his invention.

Both of these sources of transaction costs can be illustrated by the spread of a particular innovation. In the development of the cargo carrying sailing ship, the flute was a major advance that represented a clear break from the combination military vessel and cargo carrier of earlier times. It was developed by the Dutch in approximately 1595, but its introduction on various commodity routes in the world was determined by the growth of large-scale, regular, efficient markets among trading areas and the elimination of piracy and privateering on that route. This innovation traded reinforced

construction (which could support the weight and recoil of cannons as well as the weight of other armaments and of complex rigging) for cargo space, simplicity of handling, and the consequent smaller crew size. The result was apparent in dramatically lower costs of operation. Such a ship was immediately useful in the Baltic, where a large-scale regular trade existed and piracy and privateering had been eliminated. However, since the ship was designed for the bulk carriage of commodities in large volume and was relatively defenseless, the likelihood of underutilization and the costs of protection (or of insurance) on routes such as the Mediterranean sea vitiated these cost savings and delayed the introduction of ships of this general type until larger regular markets had been developed and piracy and privateering had been eliminated or reduced.[2] Thus, changes in social organization were required (the development of efficient trading markets and military elimination of piracy or privateering) before the social and private rate of return upon the capital investment in the flute could be raised sufficiently to make it profitable. It is clear that changes in potential benefits and costs made it worthwhile to reorganize social institutions so that these potential gains could be realized.

Transaction costs of a given magnitude exist at any moment in time because the perceived cost of improving information or excluding third parties exceeds the perceived benefits. Changes in the perceived benefits or costs will lead men to develop institutions and reorganize or enforce property rights so that these gains can be realized. The growth of such institutions and the development and enforcement of property rights led to the acceleration of innovation and its diffusion. The factors that contributed to disequilibrium in the system, and the consequent institutional modifications, were: (1) the growth in the size of markets that increased potential gains from an innovation and reduced transaction costs (since they exhibit the characteristics of economies of scale), and (2) the reductions in the costs of organizing new institutions or modifying property rights. This last point requires elaboration.

The degree to which man can influence his institutional environment with respect to raising the social and private rate of return on innovation varies with the level at which he operates. For example, for the individual, the size of the market and the degree of perfection of factor and product markets are given, and he has no control over his environment; however, as we move to forms of voluntary group action, he may be able to modify his

2. For a discussion of changing shipping efficiency, see DOUGLASS C. NORTH, "Sources of productivity change in ocean shipping, 1600–1850", *Journal of Political Economy*, *LXXVI* (October, 1968), and in *Les Grandes voies maritimes dans le monde* (Paris: 1965).

environment. The formation of a joint stock company to reduce the imperfections of the capital market is a case in point. A higher level of control can be achieved by the ability to use the coercive power of government either to improve markets or to undertake the policing and regulation of markets. It is important to note, however, that costs are involved in forming voluntary groups (the costs of organization and of reaching agreements) or in resorting to collective action by government (the costs of enacting the necessary governmental policy and of being subject to coercive control). These must be weighed against the added benefits.[3] Reduction in the cost of forming voluntary organizations or in getting government to undertake such activities will also encourage the development of new institutional forms to internalize externalities.[4]

Thus, in the organization of economic activity, man faces a set of alternative ways through which he may reap the potential gains inherent in an innovation. He can undertake activity as an individual; he can form a voluntary association; or he can appeal to government to underwrite the innovation. The greater the degree of imperfection in the market, the greater the net benefits of shifting away from individual and group action toward government support. Where all of the gains of an activity can be realized by the individual, there is no point in undergoing the cost of forming an organization or the costs of subjection to governmental coercion. Only when his net gains from the activity can be increased by some alternative will the individual turn to other ways of organizing activity, thus giving rise to forms of business organization or government action to attempt to reap otherwise unattainable gains.

So far, the argument has explored the general way in which the organizational mode of an economic system will tend to be modified by changing benefit–cost relationships. But the heart of the issue is the development of property rights so that private and social rates of returns can be equated or, at least, the gap between them narrowed. One alternative in the modern world is the creation of another mode of organization (the Marxist world says "mode of production") in which planning guides the exploitation of innovations and provides its own forms of incentives; however, historically, the Western world expanded by enabling individuals or groups to capture the gains that resulted from their undertaking improvements in efficiency. The development of private property through the ownership of land contributed to the growth of property rights and the breakdown of the manorial

3. See BUCHMANN, TULLOCK, *op. cit.*, Part 2, for a discussion of these costs.

4. This very terse description of a complex issue will be elaborated in a forthcoming essay by the author.

system. (The commutation of obligations of the serfs and the enclosure movements may be put in a consistent theoretical context when considered as a part of this process.) But the focus of our concern in this essay is the development of rights over intellectual property that made it profitable for private individuals to innovate new ideas or to adapt innovations from elsewhere.

It is important to understand the difference between the rate of innovative activity that will occur in the absence of the ability to capture externalities and the rate that will occur if these externalities can be internalized. Innovation could and did occur when no property rights protected the innovator. However, the only kind of innovation that would have occurred is that in which the costs (or risks of losses) were so small that the private rate of return exceeded them. Any innovation involving substantial costs (or the possibilities of large losses) would not occur until the private rate of return could be increased sufficiently to make the venture worthwhile. For example, an improvement in a manufacturing process might occur by accident or by trial and error, but no research would be undertaken as long as the benefits from such an improvement were immediately available to all other manufacturers and the costs of research were greater than the manufacturer's private gains from it. However, the ability to keep the improvement secret or to maintain a monopoly or exclusive patent rights would have so increased the potential private profits that much higher research costs could have been accepted and the improvement would have occurred at an earlier time.[5] Innovation involving significant research costs would seldom, if ever, be worth the risk without some form of protection to internalize a significant share of its gains.

Innovation will be encouraged by modifying the institutional environment so that the private rate of return approaches the social rate of return. Prizes and awards provide incentives for specific inventions but do not provide a legal basis for ownership of intellectual property. Patent laws provide such protection. The forms of organization that have emerged since the end of the Middle Ages encourage this internalization so that the potential social rate of return can be realized by groups or individuals. The development of these organizational forms in the context of the imperfect factor and product market that existed has resulted in the evolution of a system of property

5. A logical corollary of this model is that where the nature of the industry prevents the private innovator from capturing a larger share of the social rate of return by secrecy, monopoly, or patents, that industry's productivity gain will occur at a much slower pace than in other industries where the gains can be internalized. Agriculture has been a specific case in point until the 20th century when government systematically undertook the research.

rights to define the gains from innovation and to see that they accrue to the individuals who undertake such innovation.

An illustration of the argument with respect to the evolution of patent rights in England in the 16th and 17th centuries follows. First, patent rights are used here only as an example of the larger context in which property rights evolved to internalize the gains from innovation. It should be stressed that nothing in this argument implies that patent rights alone were responsible for equating private and social returns to innovation because patent rights were only inconsistently enforced and the degree to which they acted as an incentive was probably very imperfect. They are, however, illustrative of the evolution of property rights whereby innovators realized greater gains and thus increased the private rate of return on innovation. The evolution of the patent system in England is well known. However, too often it is told in the context of the evils of monopoly privilege or in terms of Elizabethan England's desire for growing self-sufficiency in a mercantilist world. Therefore, scholars (with the exception of Schumpeter) do not appear to have realized the significance of this development.[6]

The granting of patents to royal favorites or to some English nobility to replenish their depleted fortunes has obscured the larger picture of the role of patents in developing a system of property rights instrumental in encouraging innovation and its spread (particularly from the Continent to England). England possessed a number of important advantages in the early development of property rights and their application to innovation. It had a degree of centralized political power and authority which facilitated the exploitation of a potentially large market area. However, it is important to emphasize that this was not an area of competitive product markets and that consideration of the patents as grants of monopoly privilege that replaced competition is an oversimplification. The multiple small, local markets were protected against intrusion by special privilege. The fairs and markets were created through royal grants; merchant guilds had exclusive rights within towns; craft guilds eventually developed along with the merchant guilds and sometimes replaced them. All of these reflected a hodgepodge of local markets dominated or controlled by monopoly privileges. In a society of local markets, exclusive franchises, and privileges, the ability of individuals or voluntary groups to succeed with innovations or

6. It may be, as Lipson and others have asserted, that the development of monopoly patents was aimed exclusively at the objective of English self-sufficiency, but its consequences were of a larger magnitude. It is the argument of this paper that they were of prime importance in the development of the English economy. For an exception to the general view, see HAROLD G. FOX, *Monopolies and Patents: A Study of the History and Future of the Patent Monopoly* (Toronto: 1947).

improvements was limited if not impossible. Only the collusive efforts of individuals with the Crown could achieve the coercive power to develop such product markets. In this context the granting of exclusive privileges by the Crown, either for commercial ventures overseas (such as the Merchant Adventures and the East Indian Company) or for attracting foreigners with new manufacturing processes to England, was a crucial part of the internalization of externalities. When the potential rate of return upon these activities was raised, they became worthwhile. The system of property rights resulting from this internalization ultimately became a part of the legal system of the society.

In 1331 early encouragement and protection were given to John Kemp, a Flemish weaver, to come to England with his servants and apprentices and other members of the Weaver's Mystery. The franchise given them to undertake weaving not only protected them in the English market but also bypassed the stringent laws which forbade working without having served a regular apprenticeship. In other words, the grant provided them a product market and protected them from the imperfections of the factor market as well. Royal authority was subsequently extended to other cloth manufacturers to establish factories in other parts of England. This policy of encouraging foreigners to bring in new innovations from the continent was extended to many other areas including mining, metal working, silk manufacturing, ribbon weaving, etc. Of the 55 grants of monopoly privilege made under Elizabeth I, 21 were issued to aliens or naturalized subjects.[7] These included privileges for making such products as soap, machines for dredging and draining land, ovens and furnaces, oils, leather, grinding machines, salt, glass, drinking glasses, force pumps for raising water, and writing paper. Various processes (including methods for tempering iron, milling corn, extracting oil from rapeseed, and dressing, dying, and calendering cloth) were also introduced.[8]

It is clear, however, that by the end of Elizabeth's reign a changing benefit–cost pattern of economic activity was emerging from the widening of domestic markets, the growth of voluntary organization in the form of the joint stock company (which spread risk and reduced the imperfections of the capital market), and the growing cost of the coercive aspects of patent monopolies that blocked entry of voluntary groups to these growing markets. The 17th century witnessed such a transformation in the celebrated case of

7. FOX, *op. cit.*, p. 50.

8. A partial list of the monopoly patent grants is given in E. W. HULME, "The early history of the English patent system", reprinted in *Selected Essays in Anglo-American Legal History* (Boston: 1909), Vol. 3.

Darcy v. *Allin*, which reflected the striving of voluntary groups to break one of the more flagrant Elizabethan monopolies. The Statute of Monopolies reflected the fundamental change in organization between Crown monopoly and voluntary group organization and institutionalized the internalization of the benefits from innovation so that they became a part of the legal system of the society. Thus, the rewards of innovating were no longer subject to royal favor but were guaranteed by a set of property rights imbedded in the common law. The subsequent political upheavals of the 17th century led to a political structure which further reinforced the property rights of voluntary groups in internalizing the gains from economic activity in a society where factor and product markets had sufficiently developed to favor this expansion.

The object of this essay has been to suggest a new theoretical framework to explain the rate of innovation diffusion. Actually, its goal is really broader, since it seeks to reconcile the approach of the economic theorist with that of the institutionalist in analyzing historical problems. The theoretical framework is a promising one, but it is still in embryonic form, and explicit recognition must be accorded some of the loose ends which require a further elaboration of the theory.

This theoretical framework does not encompass the growth of pure scientific knowledge which underlies most innovation in modern times. Early development of pure scientific knowledge was probably not directly connected with specific economic incentives although in more recent times the growing awareness of its potentialities for economic application has induced investment in pure research. This very brief schematic outline of a theoretical framework does not delve into political structure and decision making. Clearly, however, a theory of the state is necessary to complete the above theoretical framework, since this is one way the institutional environment can be modified. Historically, the effectiveness of the state's control over the economic environment (in effect the infrastructure of the state) and the formal or informal methods through which its policies are altered (as a result of political pressure of its constituents) will affect the degree of possible control of the economic environment that can internalize externalities and the costs of organizing alternative forms of economic institutions. Exploring these issues and integrating them into the framework of this paper is simply beyond the scope of this brief essay.

Economic institutions are, of course, formed for other purposes than the internalization of externalities. They are also formed to raise the private rate of return above the social rate – that is, as barriers to economic progress. The passage of tariff legislation and the formation of pools and cartels are

common examples.[9] Incorporating such asocial institutional developments into the theoretical framework requires an explicit theory of political decision making.[10] I have not discussed the cases of external diseconomies arising from the behavior of firms which results in costs to others, such as the classic examples of air and water pollution, but these pose no particular problem for the theoretical framework of the essay.[11]

Finally, two additional points must be made: (1) the objectively ascertained benefits and costs do not influence people to attempt to adjust the institutional structure as much as does their subjective perception of such benefits and costs, which may or may not coincide with the actual conditions, and (2) people's taste with respect to government intervention or participation will influence their behavior even though their perception of benefits and cosst may suggest a different solution.

Despite the many unresolved problems briefly discussed in this final section, it is my conviction that the suggested theoretical framework offers great promise of an explanation for many problems of economic history superior to those currently in vogue. A forthcoming series of studies by the author will attempt to unravel some of these problems.

9. The formation of a monopoly may or may not fit this case since there is no *a priori* reason why a monopoly should not be equally willing to innovate and, under certain circumstances, be better able to capture a greater percentage of the social returns than a competitive firm.

10. For a suggestive beginning, see ANTHONY DOWNS, *An Economic Theory of Democracy* (New York: 1957).

11. See BAUMOL, *op. cit.* A major set of problems revolves around the theory of public goods, as yet unresolved.

SUPPLEMENT TO PART I
COMMUNICATIONS ON TECHNOLOGY AND PROGRESS

LÁSZLÓ MAKKAI

CONTRIBUTION TO THE THEORY OF INNOVATION AND OF DIFFUSION OF NEW TECHNIQUES

My communication suggests a historical sequence of technological development that corresponds to the main socio-economic formations of world history. First, man applies tools instead of using his hands; next, transmitting mechanisms instead of using his arms; later he uses prime movers instead of his muscular strength; finally he substitutes automation and cybernetics for directing and controlling mental activity. We may consider this gradual replacement of human activity by technology as an "externalization of internalities", that is, the separation of physical movements from the human body and their transmission to the so-called "second nature", the world of techniques. The succession of these externalizations is biologically determined by the very structure of human working activity – hence its irreversibility and its driving force, since each step forward lays the groundwork for the next one.

Setting aside the first stages for the moment, I will consider the externalization of human muscular strength into prime movers, realized for the first time by the waterwheel. The far-reaching significance of this invention lies in the fact that it did immediately initiate the next step, the externalization of human programming activity, since machinery separated from direct human driving force simultaneously ceases to be directly manageable and requires a mounted steering mechanism. Nevertheless, the application of such a mechanism to the waterwheel was delayed throughout a millenium until it appeared in the 10th century as the camshaft. Through this simple but ingenious device the waterwheel, used up to that time only for grinding, became a universal engine applied to many tasks such as fulling, tanning, ore crushing, hammering, blowing, and sawing operations.

The camshaft mounted on a waterwheel that moved pounders appeared for the first time about A.D. 1000 in Provence. Three hemp-breaking mills and four fulling mills were reported by 1064. Their spread beyond the frontiers of this territory had begun in the second half of the century and reached Catalonia, northern Italy, England, and western Germany not earlier than the 12th century. Since all early mills mentioned above were possessed by monasteries, we may suppose that monks were the inventors of the camshaft. The very nature of this invention excludes any other solution, since the technical principle of the camshaft, the one-cogged wheel, was in all probability borrowed from the treatise of the Roman engineer Vitruvius, well known since the 9th century in the French monasteries. Since only monks were able to study ancient manuscripts and thus to apply ancient devices to their mills, we have only to ask why they had not done it sooner.

The best way to approach this problem is to consider in which sector of production the new technique appeared. As hemp-breaking and fulling mills are under discussion, it is obvious that the sector was that of textile production. Thus, the necessity of this innovation must have first appeared in the textile production of the monasteries in southern France. Neither spinning nor weaving activities were practiced within the walls of the contemporary monasteries of western Europe; wool and hemp as well as yarn and clothing were produced and furnished by tenants. Only one phase of textile production, fulling, was consistently represented among the many craftsmen in the monasteries.This was practiced by so-called *famuli*, servants deprived of any sort of economic independence and living in the state of celibacy. They were slaves or children of slaves provided with house and ground *(servi casati)*. Therefore, at this time, fulling was a hard, manual labor thrown upon slave manpower.

However, slave manpower in western Europe was about to disappear during the Carolingian age through the transformation of slaves into serfs, while the availability of imported slaves ceased as great military expeditions were suspended against eastern Europe, the chief source of outside slave manpower. Synodal decisions as well as individual protests against export of slaves directed to Moslem Spain in the middle of the 9th century indicated that the French ruling class was alarmed by the growing shortage of slave labor. Nevertheless, the process could not be stemmed. In 962 the traditional formula of listing slaves among accessories of granted estates appears for the last time in a royal charter. Some decades later the slave trade flourishing via the valley of the Rhône come to an abrupt end due to the formation of the new east-European Christian states, which were already able to protect their subjects from being enslaved by foreigners. At about 950 the Arab

dirham, chief currency of the slave trade up to this time, disappeared from eastern Europe.

It is obvious that this change greatly affected Provence, where replenishing of the decreasing slave stock was made possible by transit trade for a longer time than elsewhere in France. While other regions were gradually adjusting to the diminution of slave manpower, its sudden disappearance was a shock for Provence; a pressing challenge that demanded an immediate response. The solution was application of the camshaft to the waterwheel, designed as a substitute for manual labor in hemp breaking and in fulling, which previously had been carried out by slaves.

Although technical progress was the direct result of the sudden break up of the slave trade in Provence, it had been prepared by the fundamental change in the labor conditions of western Europe. The effort to maintain the demesne cultivated by slave manpower (which had guaranteed landlords' direct control over the economy in spite of the irresistible tendency towards independent farming by liberated slaves) became the inspiration for a series of technical innovations destined to supplant slave manpower, such as the grinding mill, horse collar, and horseshoe. These were the first steps toward the decisive technical change embodied in the application of the camshaft to the waterwheel.

Grinding and fulling mills, as well as subsequent sawmills and iron mills, became normal accessories of the demesne, and what is more, they served not only as a direct substitute for lost slave manpower but also as an indirect means to maintain the demesne through the milling dues imposed on people living under the jurisdiction of a monastery or a feudal lord. Expensive establishments such as mills do not pay if used only for the needs of the demesne; therefore peasants were forced to employ them by way of taxes. This system, called *banalité* increased the dependence of the peasant tenants on the demesne and thus widened the base from which new mill techniques could develop and spread vigorously. *Banalité* appeared in France at about the end of the 10th century at the same time that the camshaft was being applied to the waterwheel, a coincidence which is by no means accidental. Similarly, the creation of lay brothers in monasteries, the recruiting of a special monastic manpower to substitute for slave and servile labor, served from the beginning of the 11th century as an organization of work destined to become the workshop of new mill techniques. The enormous forges of Cistercian monasteries were in all probability the birthplaces of the iron mill.

Thus, we may conclude from the history of medieval mills that technical externalization and socio-political internalization (represented by technical innovation, transformation of labor conditions, and diffusion of new tech-

niques) are interdependent but evolve autonomously. None of them can individually provoke fundamental changes in economic life. Without social preconditions technical innovations do not spread. Without technical maturity social transformations do not lead to new modes of production. Epochal changes in economic history result from privileged societies in which technical externalization coincides with labor conditions favorable to the diffusion of new techniques.

JOHN U. NEF

IMPACT OF WAR ON SCIENCE AND TECHNOLOGY

In 1910 Norman Angell launched a book called *The Great Illusion*, which was widely distributed and translated into many languages. He sought to demonstrate to businessmen and statesmen everywhere that in modern war the victors stood to lose as much as the vanquished. War would ruin both sides.

Time has caught up with this thesis rapidly, yet the illusion of war as a beneficial force persists. It was strengthened at the very time that Angell wrote his book, on the eve of World War I, under the influence of the German economic historian Werner Sombart. According to Sombart's thesis, war among the Europeans and their descendants, at least since the Renaissance, had been an economically constructive force – a principal factor in industrial, commercial, and financial progress, as progress is measured by the yardsticks of economists. Large-scale economic enterprise, power-driven machinery, and mass production all owed much to modern war, Sombert argued, because of the concentration of capital, the standardization of products, and the stimuli to technological invention which the preparation and the waging of war had fostered.

My *War and Human Progress*[1] attempted to demonstrate that Sombart's thesis for the entire period of from the early 16th to the early 20th century was both misleading and basically false. During that period I suggested the destructive consequences of war outweighed the constructive influences. Economic developments that transformed man's condition took place mainly in spite of wars and because of new limitations on warfare. War has been the shadow of industrialism, rather than its cause.

In the words of a leading English historian, *War and Human Progress* shows "that the industrial revolutions of both the Elizabethan and of the Napoleonic periods were developed not in warring Europe but in peaceful England, that the invention of gunpowder and of many other weapons of war was a by-product not of military need but of peaceful industry; and that certainly pure and possibly even applied science has flourished most in peace and least in war ... [*War and Human Progress* has demolished] Sombart, learnedly, logically, completely".[2] Other reviewers

1. Cambridge, Mass.: 1950. (Reprinted Russell and Russell, New York, 1968.) Also in paperback by Norton, 1968.

2. HUGH TREVOR-ROPER, "War no stimulus", *The Sunday Times* (London), September 2, 1951, p. 3.

in the United States and Europe, as well as in Great Britain, agreed with him.

Since the publication of that book in 1950, my studies have uncovered further non-military forces behind "capitalism", "industrialism", and the "civilization" that facilitated the conquest of the material world. The economy of abundance that began to supersede the economy of scarcity for the first time in the mid-19th century,[3] was mainly a result of peace. Since 1914 when Sombart's thesis began to circulate, the nature of warfare has been revolutionized by the advent of new weapons. Suddenly, within the lifetime of the generations who fought two world wars, it has become possible to kill tens of *millions* of people simultaneously. It has become feasible to destroy more persons in several *days* than the eighty millions or so who died as a result of all-out war in the ten *years* from 1914 to 1918 and from 1939 to 1945. The difference in the possible scale of organized war today and in the past is so overwhelming as to constitute a difference in kind. For the first time in history, the road to total war has become the road to annihilation. All-out war has become collective suicide.[4]

There are those who hold, nevertheless, that this change in the nature of war is proof of the *constructive* character of organized conflict! If their attention is called to the weakness of Sombart's thesis, they either brush aside the evidence or say that, while war may have been mainly destructive before 1914, the experiences of two world wars have proved how economically constructive war has become.

Let us consider these views. Would initiative and progress languish, would happiness necessarily diminish, if total war, nationalism, racism, and hatred should cease to play a major role in history and were replaced by less dangerous outlets for man's belligerent instincts?

There are various kinds of invention. Their differences are important when considering the relationship between war and human progress. The inventions of the artist and the craftsman who seek to create enduring works must be distinguished from those of the experimental scientist, and his invention has to be distinguished from that of the engineer. The scientist seeks truth about the nature of the physical or the biological universe. He is concerned with time, space, motion, and matter, not with human quarrels and conflicts. Nor is he interested *as a scientist* in the practical uses to which his discoveries are put. This objectivity and independence offer him great opportunity.

In speculating about the physical or the biological universe, he creates

3. NEF, *op. cit.*, pp. 357 ff.

4. Compare NEF, *United States and Civilization*, 2nd ed. (Chicago: 1967), pp. 389, 393.

inventions in the sense that he constructs in his mind images concerning particular aspects of these universes; these images have to be established as true in the light of tangible evidence. Scientific invention is less concerned with results that will endure in and of themselves, than with concepts that may serve as stepping stones to more advanced concepts.[5] Unlike the great artist, unlike even the true craftsman, the great scientist creates in the hope that, as a famous Victorian economist expressed it, a pupil "in due course ... will render [his results] obsolete".[6]

In recent times the word "invention" has come to be used most commonly in connection with yet another kind of inventive genius – that associated with technological progress. As the phrase is widely used today, it covers invention for the sake of practical efficiency, the invention of devices for multiplying output, diminishing labor costs, and increasing the speed and decreasing the expense of transport and communication. Men who invent such devices, men such as Thomas Edison or Alexander Graham Bell, are resourceful and enterprising. But, as engineers, their inventive purposes are different from those of scientists as well as artists.

The interdependence of scientific and technological inventions, which has become increasingly important since the 18th century in bringing about the conquest of the material world, remains to be fully unravelled. Speaking generally, greater dependence of practical inventions upon scientific knowledge (and, indeed, upon scientific progress), brings more spectacular "technological progress".[7] Since the dependence of technological progress upon science was greatest during the technological revolution of World War II, it is not surprising that, viewed superficially, scientific progress should be often attributed to the stimulus of organized warfare.

In considering this view, several observations would seem to be of primary importance. The provision of weapons has always tried man's ingenuity, and war has always been to some degree a source of constructive technological invention. However, the magnitude of the technological progress attributable to the demands of war has changed since 1914. The constructive technological consequences of war have increased, as statisticians might say, in geometrical progression.

But, the potentially destructive consequences have followed a like progression. Unless mankind masters war, this destruction will outweigh the constructive consequences, as it has always done since the Renaissance revolution in the art of war, but to an overwhelmingly greater extent.

5. It was the distinction between art and science by Victor Hugo, in his long essay on Shakespeare, which first interested me in this subject.

6. J. M. KEYNES, *Essays in Biography* (London: 1933), pp. 253–254.

7. Compare NEF, *The Conquest of the Material World* (Chicago: 1964), Chap. 7.

The prevalent and popular concept that the two world wars have been a great stimulus to the inventive *scientific* mind requires careful scrutiny. The possibilities inherent in nuclear fission were revealed during the first third of the 20th century, before and after World War I, by a few scientists of genius. (Notable among these were Rutherford, the Curies, Bohr, and Louis de Broglie.) The basic discoveries were all made by persons working quietly, without publicity, and often without adequate financial support, before the sciences had the public acclaim they have since acquired. None of these persons made their discoveries for the sake of building more powerful weapons of war. War was not a stimulus to their scientific work.

They were doubtless aware of the powers inherent in their achievements. Great scientists, in their pursuit of truth, have never been ignorant of the dangerous consequences that might follow from particular scientific discoveries. This was the case as far back as Newton, Boyle, Napier, and even Leonardo da Vinci.[8] However, beginning in the 18th century the scientist's pessimism toward the actions of humanity diminished temporarily (as did that of many other people). This growing optimism led to a willingness to make scientific results freely available to foster technological progress in the hope mankind might find ways of putting an end to war rather than the prospect of creating bigger wars.[9]

Before the entry of the United States into World War II, the practical possibilities for the release of new sources of energy inherent in recent scientific discoveries were well known to the scientific community, which then existed in comparative quiet and intellectual seclusion. I can document this fact from my experience. I had contact with the scientific community at that time through my friendship with Frank R. Lillie, who had been dean of the faculty of biological sciences at the University of Chicago and was president of the National Academy of Sciences for two terms. I think it was in 1940, when I was completing a book in which I discussed the economic future, that he spoke to me of the probably practical consequences of recent discoveries in physics. (They were then, of course, only possibilities.) On one of our regular Sunday morning walks, Lillie told me of the new atomic source and I immediately put a reference to this in the book I released for publication soon afterwards.[10]

When the United States entered the war at the end of 1941, a group of eminent experimental scientists under the leadership of the late Enrico Fermi decided to devote themselves to finding whether a chain reaction of sufficient magnitude could be obtained from nuclear fission to permit the manufacture

8. NEF, *War and Human Progress*, *op. cit.*, pp. 118, 121–124, 192–199.

9. NEF, *The United States and Civilization*, *op. cit.*, pp. 33–37.

10. *Ibid.*, 1st ed., p. 39.

of bombs of almost infinitely greater destructive power than any previously available. The considerations behind that decision have been recently described by Fermi's pupil and associate, Herbert Anderson. There can be no doubt that the decision grew out of the war and that it speeded up the practical use of nuclear power. Yet it is equally clear that nuclear power would have been used soon if there had been no war, but mainly for ends different from those which were given priority because of the immense sums invested by the United States government in the war project. Anderson remembers that, before the war, Fermi told him: "If you work with me in this field, some day you'll be president of the Uranium Corporation of America and you'll make lots of money!"[11]

The philosophical question that confronts us is whether it was in the best interest of human happiness to have scientific research move in the directions prompted by war, and to have technological progress, under the impetus of such scientific diversions, accelerated to the extent that it has been. On both counts, a distinguished scholar who occupies a position of great authority in the American scientific community,[12] has recently written with reservations. "The stupendous technical achievement in defense made during World War II", says Dr Caryl Haskins, "was ... widely believed to be one of science ... In fact, of course, it was for the most part nothing of the kind. It was, instead, a tremendous effort of application, conducted with almost unbelievable effectiveness and skill and on a scale never realized before, but nonetheless an enterprise basically of technology rather than of science, of technology drawing upon scientific resources slowly built up over many earlier decades."[13]

What were some of the consequences for *scientific* invention from this stupendous effort in the *application* of scientific resources? What were the consequences for human welfare? The increasing concern of governments with new kinds of armaments, and the enormously increased expenditures on armaments that accompanied the employment of scientists in war work and in the preparation for war since 1945 have made science dependent as never before on government support. Government service still requires a type of nationalistic outlook and dedication that cannot be considered as altogether objective and independent where works of the mind are concerned.[14] Scientists have become, to a higher degree than ever before, the ser-

11. HERBERT ANDERSON, "Science in the Defense of Human Dignity", in NEF, ed., *Towards World Community* (The Hague: 1968), pp. 21 ff.

12. As president of the Carnegie Institution of Washington.

13. CARYL P. HASKINS, *Report of the President of the Carnegie Institution, 1965–1966*, p. 12. Compare pp. 12–14.

14. *Towards World Community*, *op. cit.*, pp. 92–98.

vants and agents of governments. Such service often diverts them from the disinterested search for truth, and disinterestedness is essential for pure scientific invention.

Furthermore, the growing expenditures on "science" in recent years have been accompanied by radical changes in the nature of scientific research. The scientific revolution of the 17th century and subsequent increasingly rapid development of modern science until World War II were the work of individuals of genius. Although they derived intellectual stimulus from fellow scientists and from many other sources including technological inventors, each scientist did his own work. Each was his own master, or, to put it more accurately, was the dedicated servant of scientific truth. More recently the tendency has been toward group research, where teams of scientists work together. The work of one is dependent on that of the others. The loss of a member of the group requires replacement by another with the same special training, a background that the other members of the team seldom possess. Some of the older scientists, like my friend Louis Leprince-Ringuet, the pupil of Maurice de Broglie, deeply regret this trend towards collective investigation since they see it as a blow to creative invention hitherto characteristic of the experimental sciences.

In short, it is by no means certain that the purely scientific capital, which is being drawn upon so heavily for practical purposes, is being fully replaced. It has been suggested, moreover, that a wise statesman can obtain more helpful advice from scientists who retain their independence of governments.[15] If political policy is ever to be of disinterested service to humanity,[16] that suggestion will have to carry weight.

There can be no doubt that the conquest of the material world caused by wholesale application of scientific resources to technological progress, partly under the impact of war, has been recently increased. But, are we now progressing too rapidly for man's happiness? Might we be better off if the pace encouraged by peace had been maintained? Rapid change is widely treated as an unmitigated blessing (and the public is encouraged to regard it as such). These rapid changes themselves may encourage total war. Even if the world escapes such a confrontation, the uprooting caused by the technological revolution of the past quarter century may have contributed to a malaise among the younger generation. This malaise has become apparent, for example, in the United States. Therefore, perhaps human efforts could be more fruitfully directed to preparing society everywhere for the social

15. James H. Douglas, manuscript of address to the University of Chicago Trustees Dinner, January 11, 1967.

16. *Ibid.*

convulsions involved in the application of the physical and biological sciences, rather than to a helter-skelter promotion of newly invented devices for turning out more products in abundance, and even for altering human biological structure.[17]

If there should be total war, my theory that destructive consequences would outweigh the constructive consequences of these armed slaughters, as I stated in *War and Human Progress*, would be doubled and redoubled. What would be the use of conquering the material world technologically and moving into outer space, if the conquerors lost their base on the planet they inhabit? The two world wars can be considered to have produced economic progress only if, as a result, we are able to once and for all put an end to the use of organized war as a policy instrument; if the nations, the races, and the classes renounce forever use of the new weapons men have discovered and are discovering.

The conclusions I reached years ago, on the basis of my knowledge of European history before 1939, have not been rendered obsolete by the past thirty years. Rather, they have been reinforced as a result of that history. As the 20th century draws to a close, war, which has been the shadow of industrialism rather than its cause, threatens to become an eventual industrial nemesis.

17. Dr. Haskins raises this question effectively concerning recent developments in biology, as well as in the physical sciences. "Too much emphasis cannot be laid", he writes, "upon the importance of preparing a society to meet such issues long in advance." (*Report of the President of the Carnegie Institution, 1965–1966*, pp. 18–29; *1966–1967*, pp. 33–34.)

MIKULAS TEICH

SCIENCE AND TECHNOLOGY IN THE 20th CENTURY

Perhaps the term scientific-technical revolution reflects most succinctly the relationship of science and technology in the 20th century. In spite of the many divergent views which have been expressed it is, on the whole, generally agreed that knowledge of nuclear energy and automation belong to the most essential features of the scientific-technical revolution.

In respect to nuclear energy, I have, so to speak, erected a wall between the two stages of its historical development. The second stage contains work on the practical use of nuclear energy and ends with the dropping of atomic bombs on Japan in 1945; the first stage comprises fundamental research dating from the turn of the century.

During these periods, our ideas of the structure of matter, space, and time began to undergo such a change that this process has been called a scientific revolution, namely the relativity-quantum revolution in physics. One of its immediate consequences was the gradual experimental and theoretical elucidation of the properties of electrons and photons, giving rise to electronics, a special scientific-technical discipline of decisive importance for the development of radio engineering. Between the two world wars it became apparent that the theory that short waves were unserviceable in radio engineering was groundless. This eventually led to the invention of radar.

In the autumn of 1940 with the Battle of Britain reaching its peak, a British scientific mission of servicemen and scientists gave the secret of the cavity magnetron, a device which emitted short centimeter waves, to American representatives. This was an immensely precious gift inaugurating collaboration of British and American scientists in this field, the British authorities taking an exceptional interest in this project, no doubt for military and political reasons since the United States was not yet at war. The work on radar contributed to theoretical and practical mastery of automation by electronic mathematical machines, widely applicable in the sphere of material and mental activity.

The first step in the utilization of mathematical machines to regulate work operations is construction of a mathematical model and a program of operations that they are to control. Elaboration of a model or a program depends upon knowledge of the particular components of the given work process. Thus, the historical roots of automation may also be found in the efforts of F. W. Taylor and others who, at the turn of the century, tried to

determine the "model" pattern of the laborer's work or output. The principles proclaimed by Taylor and others began to be realized in a big way before World War I, when Ford initiated production of the well-known Model T. One of Ford's main pillars of production was standardization. Use of standardization has risen noticeably since the turn of the century, at first especially under the impact of electrical engineering and then due to increased claims on quality control of munitions during World War I.

The theory and practice of statistical control was emerging from this base beginning of standardization and technical control, oriented toward sampling inspection procedures and statistical process control. Moreover, in the 1930s, the general theory of random processes began to influence these fields. During the course of World War II, through this theory, mutual interests between operational research, communication technique, and automatic regulation were established. The great success of radar in the war confirmed the views of Norbert Wiener (which he had formed on the eve of World War II) about the possibility of utilizing electronic devices to construct computers.

The scientific-technical revolution is a social and historical phenomenon which has to be integrated within the larger historical context of a whole epoch. Some economists point to the necessity of differentiating between the extensive and the intensive stages of growth in the development of capitalism. Extensive growth took place in the course of the Industrial Revolution with the gradual emergence of numerous branches of industries. Thus, a relatively well-developed material and technical basis for the industrialized capitalist society was set up during the 19th century. A certain part in this process was played by science and technology whose effectiveness, however, regarding productivity of labor was relatively lower in comparison to expenditures on production which were growing extensively. Scientific-technical progress in this extensive growth stage was obviously conducive to absorption of capital.

At the turn of the 19th and 20th centuries, tendencies appeared in numerous countries indicating transitions from extensive to intensive growth. The effects of science and technology and of other factors such as organization of labor, from the aspect of productivity, were becoming relatively greater when compared to expenditures on production which was now also growing in depth. In this stage of intensive growth, science, technology, and labor organization were helping to free capital which created a relative abundance of funds. Therefore, capital could be exported from these countries, mostly to backward nations.

It is sometimes asserted that the great economic crisis in the 1930s was a factor of prime importance in the transition from extensive to intensive

growth. This crisis preceded World War II, which, in its turn, tremendously accelerated the course of the scientific-technical revolution. The possibility of practical use of nuclear energy (even though for destructive aims) was demonstrated. Also, among other innovations, quantitative data derived from mathematical analysis of relevant factors on the basis of the theory of probability and statistics, began to be utilized in decision-making, particularly in the conduct of militiary operations. During the war it also became clear that principles of operational research could be useful in peacetime to analyse production processes and other social and economic phenomena by means of highly efficient mathematical machines based on electronic devices. The same needs which initiated the construction of atomic bombs led to efforts to utilize radio electronic communication techniques for the construction of radar and for the elaboration of the principle of anti-aircraft fire. From these roots the theory and practice of automatic regulation were emerging, accompanied by cybernetics as a new scientific-technical branch of higher automation.

On the basis of what I have briefly set forth I believe that the scientific-technical revolution included profound changes in technology stemming from increased knowledge of structure and processes of an inorganic nature (and, perhaps, of an organic nature as well), extending from the turn of the century to the present. I further believe that the scientific-technical revolution has occurred in two phases, and that the second phase is, as yet, incomplete. These phases are: (1) from the end of the 19th century to the end of the third decade of the 20th century; and (2) from the beginning of the fourth decade of the 20th century into the future.

PART II: EDUCATION AND ECONOMIC GROWTH

MARY JEAN BOWMAN and C. ARNOLD ANDERSON

HUMAN CAPITAL AND ECONOMIC MODERNIZATION IN HISTORICAL PERSPECTIVE

Education combines with other factors of production to determine the pace and the patterns of economic growth. That proposition has become virtually a dogma. But there are various sorts of education, and each combines in diverse mixtures with other factors as growth unfolds. There are also educational effects of economic growth, which acquire form in the varied patterns of human learning; unfortunately, education has less often been seen or analysed as effect than as cause.

It is possible to systematize these complex interrelationships in economic models, which are to be used as tools for analysing development through historic or real time, even though much of the material for such analyses would be supplied by sociologists or historians who themselves have little interest in either economic analysis or economic history. The topics and questions that provide the structure of this paper are oriented, sometimes only implicitly, to selected economic models. To sharpen the exposition, indeed, questions or hypotheses are stated in far more unqualified form than the evidence at our command would warrant.[1]

The presentation is not theoretically elegant, however, for several reasons. First, many economic models embody only a low order of theorizing. For example, conventional econometric analyses of growth that utilize estimates of changes in quality of the labor force or inputs of services by human capital provide little insight into development processes. Second, in some instances a theoretical construct is feasible but has not yet been produced, and it would absorb undue space if we stopped to formulate such a construct in this paper. The manner in which literacy facilitates development (to be dealt with in the first section of this paper) is a prime example. Third, to present certain elegant theories here for readers who are not familiar with the orig-

1. A considerable variety of sociological theory and empirical findings underlies this paper, but we have tried to focus mainly on economic topics for this audience. We have cited only a small part of the relevant work by others or ourselves; much additional research is mentioned in the footnotes about writing that is cited.

inal formulations would take too much space. (Salient examples are the Becker-Mincer, related treatments of on-the-job training, and the recent theories dealing with the international flows of human skills.) Most of the familiar "growth theories" are not mentioned, for they have little pertinence to the problem in hand.[2]

Our discussion has four main sections:

1. The extent of literacy in early industrialization and hypotheses about its contribution. We contend that there was far more literacy in the early stages of the modern economic history of Europe (and Japan) than commonly is assumed. We are persuaded that a moderate spread of literacy is necessary, though it alone does not suffice to bring about sustained growth.

2. The part played by economic decision in the diffusion of schooling and training. Here the emphasis is on explaining how education diffuses, not on what it contributes to development.

3. The economics of institutional adaptation in the transformation of practical education. Special attention is directed to the development and metamorphosis of institutions for technical (nonliterary) training and to the historic role of private-venture schooling and training.

4. Communication, know-how, and the shaping of men to participate in change. This concluding section draws together a few main ideas, not all of which were dealt with in the first three sections. Had space permitted, we would have examined the migration of know-how. Economic historians have emphasized the perennial and universal influence of imported skills, and today the many studies of the so-called "brain drain" are extending our knowledge in this sphere.

Literacy in early "modernization"

Achievement of the agricultural foundation in crops and methods of cultivation underlying European civilization owed virtually nothing to literate men.[3] Neither the invention of the horse collar nor improved sail riggings profited from the reading of books. However our interest lies in the emergence of sustained industrial development. In that culmination of centuries of development that accompanied the transition from medieval to modern economy, how widespread did literacy have to be to consolidate the impulses

2. For a fascinating discussion of pre-Smithian writers on the development and diffusion of human skills as a means of economic progress, see E. A. J. JOHNSON, "The place of learning, science, vocational training, and 'art' in pre-Smithian economic thought", *Journal of Economic History, XXIV* (June, 1964), pp. 129–144 and reprinted in M. FRIEDMAN (ed.), *Readings in the Economics of Education* (Paris: 1968).

3. B. H. SLICHER VAN BATH, *Agrarian History of Western Europe, 500–1850* (London: 1963).

toward growth? Does that experience supply any guidelines for the aspiring nations of today?

Judging from an admittedly superficial survey of recent books, we conclude that there are still economic historians who believe that the initial Industrial Revolution was carried out by an English population in which few besides clergy and merchants were literate. Other historians with little special interest in economic history (and some economic historians) have been suggesting that a broad distribution of literacy and schooling underlay the emergence of the modern European economy.[4] Recent investigations of the Meiji transformation in Japan and of pre-19th century Russia are giving us a new perspective on early European events.[5]

Since much of this evidence has been summarized elsewhere, a superficial summary can serve here.[6] Programs of lay education have been identified in northwestern Europe as early as the 13th century, and the growing literacy of laymen in several succeeding centuries has been documented. A large proportion of London merchants were literate by the mid-14th century. Various legal documents and bills for services testify to substantial proportions of literate artisans then and in the next century; these proportions become impressive as we move into the 17th century in England. Before the middle of the 19th century, over half the workers in English and French cities had some competence in reading and writing. The spectacular expansion of the United States' economy during the 19th century surely is connected with the fact that nearly every white male in the North was literate before we became a nation. The proportion of French grooms who could not sign their names declined from 71% in the late 17th century, to 53% by the late 18th century and to 22% by the 1870s; for brides the percentages were 86, 73, and 34. The economic historian will have to systematize in his own context many kinds of indirect evidence supplied by historians with different interests.

4. C. A. ANDERSON, "Patterns and variability and diffusion of school", in C. A. ANDERSON and MARY JANE BOWMAN, *Education and Economic Development* (Chicago: 1965), chap. 17. See also the summary of historical statistics by R. A. EASTERLIN, "A note on the evidence of history", in *Ibid.*, chap. 22.

5. See the chapters by H. PASSIN, A. KAHAN in *Education and Economic Development*, *op. cit.*, and R. DORE, *Education in Tokugawa Japan* (London: 1966).

6. Since this paper was completed we have seen the page proofs of Jack Goody's (ed.) volume which is to be entitled *Literacy in Traditional Societies*. (The book was published in Cambridge, England, in 1968 by the University Press.) This volume also includes eight papers on literacy in non-Western situations. One of these papers, "The measurement of literacy in pre-industrial England" by R. S. Schofield is generally consistent with our analysis and upholds the utility of marriage register signatures as an index of literacy; he apparently is unaware of most of the materials we cite in this paper and in earlier works.

For example, it has been pointed out that men striving for reforms in English society wrote in the vernacular and that during the 16th century handbills pertaining to political controversies were scattered in the streets. In the mid-16th century the Crown had attempted to interdict the reading of the Bible by ordinary men. Many legal disputes arose from efforts of the clergy to maintain strict control over teachers; in Gloucester in 1410 there was a protest because private-venture teachers had cut tuition charges from 40 to 12 pence per quarter.[7]

A cross-section analysis of the world's countries in the 1950s led us to a conclusion that seems to be upheld also by the historical evidence: a literary rate of around 40% is necessary (though not sufficient alone) as a supportive base for sustained economic growth. Additional literacy (or its equivalent in elementary schooling) appears to bring little additional economic growth until literacy reaches 70 to 80%. Using data for a one-generation time span, we found that earlier levels of national income predicted literacy levels of the 1950s better than earlier literacy predicted 1955 per capita incomes.[8]

During recent years many countries in the "third world" have been forcing the pace of educational expansion. Hence, countries moving into sustained economic expansion today will have higher, not lower, levels of literacy than did the countries that developed in an earlier period.[9] This occurs partially because literacy has become more of an end in itself for national policy to a degree not found anywhere in earlier centuries. Also, the productive organizations of today are built upon more complex systems of information communication and storage than those undergirding the slower transformations of the first industrial revolution. Although higher levels of literacy will be required for technological diffusion today, the higher literacy is unlikely to yield prompt or impressive economic results without a complex

7. These illustrations are given in more details with sources in ANDERSON, *loc. cit.* See also J.-C. TOUTAIN, *La Population de la France de 1700 à 1959* (1963), chap. 4.

8. M. J. BOWMAN and C. A. ANDERSON, "Concerning the role of education in development", in C. GEERTZ, ed., *Old Societies and New States* (New York: 1963), pp. 247–279.

9. The study of technical assistance in efforts to circumvent deficiencies in local human capital among the currently underdeveloped countries suggests that much of the historical evidence should be viewed also in terms of intercountry diffusion of education and employed skills. Italian and Dutch manuals were translated into English; English lads were apprenticed into Italian workshops; Flemish weavers were enticed to England, and Hugenot refugees were welcomed there; and stolen plans brought by Samuel Slater helped found the textile industry in the United States. These illustrations reemphasize that a commercial revolution preceded the industrial revolution. Details of this kind of transfer of skill, mostly for a later stage in European development, can be found in R. E. CAMERON, *France and the Economic Development of Europe 1800–1914* (Chicago: 1961), pp. 41, 50, and 54.

auxiliary and complementary culture resembling that of the pace-setting countries.

Literacy became important for economic advancement before the appearance of scientific technology. As more sets of historical data exemplifying this generalization become available, our problem increasingly will become one of finding out just *how* literacy and schooling operate to foster economic progress. The quantitative studies of human capital in advanced economies have sensitized us to the economic importance of that factor in modern production. But as we discern how high levels of literacy and schooling were several centuries ago in the home of the commercial and industrial revolutions, we must ask whether human capital added to raw labor is a more important factor for growth today than it was formerly. The following three hypotheses suggest some inquiries about education in the process of development about which economic historians could enlighten us.

1. Not uncommonly a historian will mention that there was a demand for people to keep accounts, write letters, and so on. But would that demand have included one-third to one-half of the workers? How many more individuals with those skills, if any, were needed for an industrial economy than for a commercial economy?[10] Perhaps that additional proportion was not large for the countries that industrialized early, but it might be sizable for countries seeking to industrialize rapidly today or for those with more central direction of development projects. We suspect that the important feature here is more organizational than technological. The organizational transformations both depend upon and encourage diffusion of literacy, but they are poorly indexed by employment of scribes and bookkeepers.

2. A second hypothesis would put greater emphasis upon diffusion of the capability of reading rather than upon ability to write or to cipher. Widely diffused ability to read permits greater diversification of communication channels and media. As economic transactions and organizations – and their political-social counterparts – become more extended, the volume of depersonalized transmission of information grows.[11] Literacy further facilitates the storage of information in diverse form, which keeps information accessible to larger proportions of the population whatever their activities. Practical handbooks were among the first products of the presses, and their proliferation and wide utilization were as impressive in Tokugawa Japan as in Elizabethan England. No less important, though in ways seldom noticed

10. Apparently this differential is being reduced; that is, the date for a steady growth in literacy is being pushed earlier as more of the historical data are accumulated.

11. However, even today its mediation through face-to-face interaction remains essential.

by economic historians, was the prominence of pamphlets and books about strange and distant places (often imaginary). Attrition of localism through fictional as well as true reports surely contributed to the emergence of the nonlocal economy, which was the essence of the commercial revolution. For some countries religious motives for acquisition of literacy must also be emphasized; Weber's Protestant ethic hypothesis cannot be wholly refuted. His emphasis on inventions in accounting as the basis for new forms of organization is less often mentioned.

3. These various outcomes of literacy change men's perceptions of the alternatives in action that are open for choice. What literacy adds primarily is awareness of nonconventional and nontraditional possibilities within any sector – of new ways to do things; however, it also adds an awareness of a wider range of possible jobs or careers. In trying to decide how important literacy is for accelerating the pace of economic change, it is not important to determine whether literacy is required for the job. Literacy and even meager schooling can affect the kinds of jobs that men seek, can encourage them to innovate in their work, or make it easier to adapt to changes introduced by employers or by more capable fellow workers. To be sure, most literate men display these traits only slightly, just as most university graduates do little intellectual reading apart from their work. But elementary education enlarges the pool from which society can draw the individuals who play at least a corporal's part in change. The stimuli to innovation operate, in turn, at successively higher levels of school as a society's norms for schooling rise in step with growing complexity in the content of written communications.

It is important to reiterate that the correlation between economic success and schooling among the members of any society is an inadequate index to the aggregative developmental effects of education. Income differentials for groups with varying amounts of education cannot be taken as precise measures to the societal benefits from education. If we are dealing with a rigid élitist society, the controls and constraints exercised by those in positions of privilege and power will tend simultaneously to block many potential contributions of education to growth and to magnify observed income differentials between the better and the less schooled. In a more open society, on the other hand, the potential contributions of education will be more fully realized, and artificially maintained diseconomic differences in incomes will be swept away. Thus, too casual a treatment of income differentials associated with schooling as measures of societal returns to education tends to exaggerate the importance of schooling precisely where rigidities inhibit its potentials and to understate societal returns where open opportunity allows schooling its maximum contribution to change.

The correlation between literacy and kind of work is not very high, and it probably was even more tenuous in earlier centuries.[12] Scattered data for a few of the now-developing countries indicate that the correlation is unimpressive for societies just beginning to modernize.[13] Nevertheless, individuals having more than average schooling do typically adopt a distinctive pattern of life, and we assume this was the case in former generations. The pattern has been well described for some non-white groups in South Africa: "The illiterate in the community tend to form a group with mutual interests and conservative outlook. As boys, they will have played and fought together while herding stock, at a time when many of their contemporaries were attending school. As youths, they are recruited from the village, in groups, by the Native Recruiting Corporation, for work in the gold mines, and, not having had their awareness developed by education, their experiences while away on tours of work do little to alter their conservatism .... On the other hand, the people with some education prefer to seek employment in industries rather than the mines and, having had their perceptibilities sharpened by education, they are usually greatly influenced by the experiences of town life."[14]

Economic choice and the diffusion of schooling

Some of the ways in which education becomes part of the development process were described in the previous section. Many of the same forces determine the antecedent diffusion of education, influencing the rate of diffusion and the social channels through which it flows. Although this mutuality of education and development may be accepted, skepticism is

12. A flood of recent publications is providing an impressive array of evidence relating to the complex ways in which literacy and schooling (along with other investments in human capital, such as extension programs to bring the findings of locally adapted research to farmers) contribute to transformation in the agricultural sector of the economy. But conclusions must be made cautiously, for illiterate peasants can add greatly to the output of crops if incentives reach them. If an agricultural revolution did precede the industrial one in Europe, what part did literacy or various forms of instruction play in it? The recent investigations in agricultural history by B. H. Slicher van Bath suggest that we may be able to identify localities and individuals possessing greater alertness and greater responsiveness to market incentives than did their neighbors even if they were not more literate. His *Een Samenleving onder Spanning* (1957) gives some mid-18th century literacy figures for a district in the Netherlands (displaying local variation in literacy rates on pp. 151–157) and the number of teachers and people in other occupations in different districts at the end of the 18th century. He also gives the ratio of each occupation (including teachers) to inhabitants for individual communities at the same period (p. 170).

13. ANDERSON, *loc. cit.*, pp. 322–324.

14. M. WILSON *et al.*, *Keiskammaboek Rural Survey* (Pietermaritzburg: 1952), Vol. VIII, cited in *Education and Economic Development*, *op. cit.*, pp. 316–317.

often expressed as to whether men knowingly invest in schooling for economic rather than for noneconomic reasons. Reference to evidence among our contemporaries that bears upon this question has been uncommon, however, and use of historical evidence is rare indeed.

If we wish to understand economic development in earlier generations, our models must allow us to explore contrasting patterns of diffusion of education within and among key subpopulations. Firm conclusions presuppose dated observations and historical sequences. Essentially we are suggesting a combination of Hägerstrand's models for diffusion of innovations and the decision theories that economists have been applying to investments in human resources.[15] In one variant or another the latter theory states that investment will be made in education as long as the present value of the future stream of earnings exceeds the present value of what must be sacrificed to obtain those earnings. The model does not *explain* the demands in labor markets for people possessing superior training or the sources of the expenditures (whether direct or as foregone income) for acquiring that training. The model does possess some verisimilitude with how people actually behave, and it does illuminate some essential components in economic change. It helps us to understand what in Europe is often called the "social demand" for education. Such a model admittedly does not recognize attitudes toward education "as a value in itself."[16] This limitation in the model is an actual advantage in empirical studies, for it allows us to test the extent to which differentials in amounts of schooling among subpopulations or rising levels of educational attainment over time may be attributed to explicitly economic considerations. A tautological model would not be helpful.

Another limitation in the conventional applications of the model lies along a different dimension: the assumption that individuals possess accurate knowledge of the alternatives open to them. Education surely is one of the goods or services whose purchase is distinctively sensitive to disparities among purchasers in knowledge of the outcome of different choices (investments). The more generalized formulation that follows facilitates organization of the discussion.

Let S_{itj} be the proportion of a dated age cohort (t) of a subpopulation (j)

15. For a brief presentation see T. HÄGERSTRAND, "Quantitative techniques for analysis of the spread of information and technology", in *Education and Economic Development*, *op. cit.*, chap. 12.

16. This latter attitude is close to, though distinct from, the historic religious motive for literacy. A balancing of economic and various other motives can be found in L. STONE, "The educational revolution in England, 1560–1640", *Past and Present*, *XXVIII* (1964), pp. 41–80.

who acquired the increment of schooling (*i*). We may think of *S* as being a function of the four factors (omitting subscripts in the present discussion) listed below:

C: costs of schooling for the given cohort and subpopulation;
R: expected or perceived earnings (or other occupational advantages) to be obtained by that cohort from the specified schooling;
B: anticipated noneconomic and nonoccupational benefits;
A: total resources of the given subpopulation available to pay for the schooling of the cohort.

Each variable is really a set, and the first three require further specification.

C (costs). Costs commonly are divided into (1) direct costs, and (2) the earnings given up while attending school or being an apprentice. Total direct costs commonly exceed those paid by the individual because they include public subsidies for the support of schools. The importance of this distinction varies; for example, T. W. Schultz has remarked that the distinction between social and private direct costs was tenuous in 19th century American communities in which individual families were intimately involved in determining the amount of public expenditures on schools. Likewise, in early British economic history the bulk of the direct outlays on schooling was carried mainly by the subpopulations who were the beneficiaries. A similar situation can be found in some developing countries today, where local communities pay much of the cost of even elementary schools through local rates or taxes combined with direct fees. Contemporary fashions in ideas about the state's obligations to pay the costs of development often blind us to the frequency with which payment of school costs and receipt of that schooling have been closely linked in the past.

Enough analytical work has been done and a sufficient number of historical examples documented to entitle us to suggest to economic historians that they search for data with which to explore the incidence of costs and of benefits entailed in medieval church schools. One could suggest some ways to find out how guild support of training in literacy and arithmetic was favored or inhibited in accordance with the sources from which apprentices came or with the stipulation that literacy be a prerequisite to apprenticeship in the more lucrative trades. There is more work to be done on the finances of 17th century English charity schools. Among other questions, how often and for which sorts of children were charity schools an elaborate search operation for talent that could be directed into other schools of higher quality (though also perhaps demanding supplementary fees from parents)? Many English historians have pointed out that educational opportunities were

broadened because the local community was supporting its own school; viewing its school as a collective possession, local leaders were comparatively generous in admitting boys and even girls from humble families.

It was not a discovery of mid-19th century industrial cities that the usefulness of children in the parental business, of their earning capacity, will regulate the levels of school attendance. If workshops could be shut down to get all possible hands into the harvest fields (as Heaton reported for the early wool towns of England), one should not be surprised that attendance could be affected by making the school calendar more flexible. Such circumstances must be taken into account when estimating or explaining the total input of resources into a year of schooling per pupil.[17] Explanation of enrollment rates calls for a different analysis. In turn, still another procedure is needed to explain why attendance lags markedly behind enrollment. Even today in the United States rural boys are absent more often in the spring and the autumn terms than in the winter term.[18] Urban jobs are less seasonal, and foregone earnings per school day are therefore unaffected by adjustments of the school calendar to free children for seasonal labor demands. Urban enrollment rates depend to a greater degree upon wage rates at the margin for year-round jobs open to youth. As is widely known, in the late 18th and early 19th centuries the Sunday schools of England often supplied several hours of secular instruction on the Sabbath day. There is evidence that the more canny working-class parents sent their children into those Sunday schools that provided the best instruction (often for a fee) because the pupils from those schools were known to obtain better jobs. Thus far, historians of agriculture have paid only passing attention to the effect of changes in farming practices upon the schooling choices made by rural parents. The impact of urban working and living conditions upon schools has received slightly more attention among English historians, but it is still only as an incidental topic. There are signs, however, that this situation is beginning to change.[19]

R (expectations for occupational and earning opportunities). The effects of schooling on a man's working life include not only the monetary reward

17. Lewis Solomon of the University of Chicago is currently following up on the analysis of these problems begun in his doctoral dissertation concerning capital formation by expenditures on formal education in 1880 and 1890.

18. Ronald Hansen drew these facts to our attention.

19. See Solomon's work on capital formation by expenditures on formal education in 1880 and 1890. A first step was taken by ALBERT FISHLOW "Levels of 19th century American investment in education", *Journal of Economic History, XXVI* (December, 1966).

from investment in human capital but also job satisfaction that may not be reflected in earnings. True rate-of-return estimates can seldom be made from data available from earlier periods. However, exploration of the archives has barely begun, and we may expect much information about how people in the past calculated what might be gained from spending more time in school. A particularly crucial kind of evidence is that revealed indirectly by the supply responsiveness of private-venture instruction. Even when occupations requiring more than average schooling brought only modest advantages in earnings, they often established emulation patterns for status mobility and in other ways facilitated response to emerging economic opportunities. If we also include job satisfactions, we can envisage a multidimensional perception of opportunities – an expected incremental utility function, to use the technical terminology.

Presumably the value of R will reflect existing differentials in occupational status and incomes as related to schooling, but we need evidence of how visible those opportunities were for specified subpopulations and how relevant they were to their interests. For example, could children of non-property owning peasants see themselves as able to move, by means of schooling, out of the vicious circle of rural poverty? Even within the context of an economic decision model, it is necessary to make use of the sociologist's evidence about social mobility and the human geographer's studies of the flow of information or attitudes through space and among (or within) status levels of the society. It seems reasonable to conclude that education diffuses in patterns that reflect the visibility of opportunities. We expect that new perceptions of the gains to be realized from schooling will follow the more flexible rather than the more rigid segments of the social structure. In turn, education will contribute to loosening that structure except when the effect is inhibited by narrow status constraints placed upon utilization of the schools.

Kahan summarized a large fund of data for 18th century Russia, which showed, for example, that peasants who experienced contacts with the city were more likely to obtain schooling and to become industrial workers than those who did not.[20] He also summarized the data on the literacy of military conscripts, among whom literacy rose from about one-fifth in 1880 to two-thirds in 1913. For contemporary Mexico, Goldblatt shows that urban literacy and school enrollment rates in cities experiencing rapid expansion are less buoyant than might have been expected; presumably innumerable migrants into cities continue to live in a world of limited horizons despite the high returns of schooling that are visible in their

20. See KAHAN in *Education and Economic Development*, *op. cit.*

immediate vicinity.[21] Employment of young children is associated with geographic variations in rural enrollments, but variations in opportunity costs do not adequately explain differential lags in urban enrollments. One could speculate that hiatuses in information fields and slowness in closing such gaps are as important as opportunities for children to earn money in explaining how the spread of schooling is linked with economicadvancement.

We are by now familiar with the tendency of economic development (or retardation) to become localized; there are growth nodes and spatial multipliers. In dynamic centers the incentives to acquire useful training and the surplus income to support nonuseful or consumption education are greater than in areas that are developing slowly. Thus, a century ago those English counties with the highest literacy not only had lower rates of early marriage and less employment in agriculture, but they also had larger savings per capita than areas with lower literacy rates. These kinds of geographic disparities in economic levels tend, as has long been known, to persist over long periods. For example, a reanalysis of old data on literacy for the departments of France revealed a spatial pattern that persisted from the late 17th century to the late 19th century.[22]

In the kind of historical studies we are discussing here (as in prescriptions for educational policy in the third world today) one should not make hasty assumptions as to what kinds of education are the most practical. In Western history literary schooling has always been extremely utilitarian for its main patrons, the clergy. Not everyone realizes how zealously the merchants fostered literacy along with auxiliary subjects ranging from foreign language to navigation. In these matters the example of the great merchants was followed by the lesser ones, by artisans, and by apprentices to both. The fact that (as previously mentioned) much of the output of presses from the first consisted of how-to-do-it manuals testifies to the tangible incentives that led increasing numbers of active men to master what was in those books – or to write them.

The users, sponsors, and founders of schools often came from the same social group. This correspondence is dramatically demonstrated by Jordan's tabulations for 15th and 16th century England, which show the mounting volume of endowments for education from merchants and from others in all segments of the society. It is reported that during the period 1600–1660 there were about 850 secondary schools sending boys to the two universities of England – surely evidence both of widespread interest in education and of

21. P. GOLDBLATT, "The geography of youth employment and school enrollment rates in Mexico", in A. M. KAZAMIAS and E. H. EPSTEIN, eds., *Schools in Transition* (Boston: 1968), pp. 280–294.

22. ANDERSON and BOWMAN, *op. cit.*, pp. 331–340.

a vigorous economic life supporting the schools. For at least some English counties it is possible to trace, decade by decade, the thickening network of places in which boys (and sometimes girls) could find an accessible school. Surely no less impressive and cogent evidence could be found if scholars were to search the archives in other countries. Again Japanese parallels are startling; there were close links between religious and commercial interest, as in the use of the abacus in temple courses.

Understandably, economic historians devote more time to tracing developments across geographic rather than through social space, though one is as important as the other. Popularization of the more headline-worthy findings of sociologists studying social stratification has fostered the erroneous conclusion that in past centuries school places were preempted by children from the upper strata. Yet, it would seem that opportunities, even when scantiest, were widely if erratically and unevenly distributed. At the end of the 14th century it had been explicitly announced that children of villeins were to be allowed to attend school, and again in 1541 there was an explicit refusal to bar poor boys. As mentioned, local allegiance to schools often favored poor local boys over more well-to-do ones from other towns. In the early 17th century a large fraction of Oxford students were of plebian and often quite humble origin. In England, at least, educational opportunities were not closed to children from the populace. Today, of course, workers' children do not hold their proportion of places in schools beyond the compulsory age, yet, several centuries ago a significant proportion of the comparatively small elite and upper middle strata originated in working class and peasant families. At the same time men have never ceased to warn of the dangers to be expected if commoners are educated to aspire to levels above their station. Fear of flooding the white-collar job market did not emerge first in our day nor even in the 19th century.[23]

The processes by which the simplest sorts of school lessons were spread among many kinds of families recurred in due course for secondary school and for universities. This diffusion was more sluggish in some countries than in others, and ideological resistance to diffusion of opportunities was stiffer in some countries. In some places aspiring groups were more skillful in wedging open the doors of the schools. We can be confident that in broad outline these processes were similar over large areas of Europe and that the same processes were found wherever economic development took root in the earlier decades of our western expansion. But even where the documenta-

23. Again, to save space, the reader is referred to the many citations on these topics to be found in *Education and Economic Development*. An inventory of schools for one English county (with dates of founding) is to be found in D. ROBSON, *Some Aspects of Education in Cheshire in the Eighteenth Century* (Manchester: 1966).

tion is comparatively plentiful, it is rarely possible to demonstrate as basic a relationship as between educational and economic changes.

B (nonpragmatic benefits). Even writers who emphasize an explicitly economic determination of demands for schooling will insert the caveat that "there are also consumption returns." But how important are these latter motives? In which subpopulations are they most prevalent? Does the variation in strength of those motives over time parallel that in the economic motives? Is the incidence among social groups similar? Are pragmatic and consumption motives mainly complementary, or are the latter a respectable camouflage for economic motives? Whatever the motives, to what degree are they heightened or dampened by economic development?

During the early modern centuries in many countries of Europe a distinct educational program designed to cultivate gentlemen emerged and flourished. No doubt, looking backward from our present nonclassical mood, we exaggerate the element of sheer ornament in that education. Schools maintained for quite avowedly status motives also contained boys who saw a more utilitarian use for the lessons. As with judging our own fellow students, it would be difficult to separate these motives.

More familiar, however, is the power of religious motives and policies to foster literacy and learning, a linkage that is not solely Western. The power of such motives has varied within economically leading groups from one society to another. As in other patronage situations, we can be confident that the reasons clergymen fostered such learning and controlled its content often were quite incongruent with the incentives of their pupils in seeking that instruction. Where mission schools have been the only ones available, as in much of Africa in this century, that discrepancy could be dramatic. Not even in colonial New England was the aim to free men from the bonds of ignorance rooted solely in piety.

Perhaps we might say that the salience of the religious motive among the sponsors of schools is measured approximately by the degree to which reading was separated from other subjects. Indeed, a minor theme in educational history relates to the varying inclusion of writing with reading in elementary instruction. Writing and especially ciphering were often taught only to those who were willing to take part of their instruction in a second school. Closely related is the division of subjects between boys and girls; religious motives – and status considerations for daughters of gentlemen – commonly favored allowing girls to learn only to read.

No one has yet given us a historical mapping of school subjects among schools and types of pupils. Nor do we know how to relate such evidence to economic aspects of education. Not to be overlooked in this connection

is the strong moral element that pervades popular schooling in most societies. Its aim, often quite avowedly, is to produce a disciplined work force for new economic tasks – and to reduce poverty. The rising bourgeoisie sought to instill the utilitarian virtues on which they prided themselves in the children of the poor, their apprentices, or their workmen. This theme runs through the controversies about charity schools in 17th and 18th century Britain. It even constitutes part of the debate in the United States of the 1960s over the economically optimum balance between general and vocational education. It permeates the anxious experiments with school programs for Negro children in our cities.

This category *B* of non-pragmatic benefits is broad embracing many "residual" motives for attending school beyond the status, religious, and moral themes discussed. For example, expansion of college attendance among American girls "because that is where the best men are" affects the supply response of women in labor markets throughout their lives. Though other residual items cannot be dealt with here, one basic human trait must be mentioned: curiosity. Does economic change stimulate and diffuse curiosity and turn it toward implementation by schooling or is curiosity aroused by schooling and then utilized in economic activity? One reason for favoring the first interpretation is the pervasive prominence of tales about distant places or melodramatic accounts of the vagaries of human conduct. From the earliest days of the press fiction has been a popularity leader.

A (ability to pay). The interaction of this factor with others must be taken into account in any empirical inquiry about the diffusion of education. It involves the interactions underlying the income elasticities of demands for schooling that have been estimated recently in various contexts. It is difficult to unearth historical data amenable to such measurements; yet, analysis of even crude data in this way would be rewarding.

Rising levels of income give more scope for noneconomic inducements to devote resources to education. On the other hand, to what extent does rising income shift interest toward economic returns, at least in certain stages of development? What are the effects of these various conjunctures of circumstances upon the price and the relative availability of schooling for various groups in the society? Did price rationing of schooling become more or less important in Britain during the 19th century? What were the effects of that rationing upon the social status patterning of human resource development? To explore a different set of factors: is there evidence that the emergence of new techniques, industries, and occupations is accompanied by an initial rise in opportunity costs of attending school – with resulting lower enrollments from the less-advantaged populations? James Mill, for

example, has often been accused of holding strongly class-bound ideas about education. Schooling did become segmentalized in new ways. Separate and independent educational activities did emerge among workers, and this occurred partly because earlier workingmen's institutes were taken over by the clerks. Might one suggest that rapidly rising economic benefits of schooling, outrunning the supply of school places, played a major part in this take-over? Were there similar developments in other countries? Whatever the answers to these particular queries, we can see that not all the changes in the educational situation should retrospectively be called progressive. Nor did all of them encourage the spread of active curiosity.

Until such questions are formulated and tested in diverse historical settings, the many incidental examples will continue to seem unsubstantial. Many feedback processes have linked different types of education with one or another economic activity. However, most of the subtle facilitating and inhibiting conditions remain to be traced. Our existing fund of evidence mainly demonstrates that the effort by economic historians to enrich this area of research would be productive.

The economics of adapting institutions designed for the formation of human resources

Among the most interesting and fundamental topics in economic history are those relating to the diverse methods by which societies carry out the development of human skills. The economic model used to discuss the diffusion of schooling can be used again; here it will aid in identifying the basic similarities in human capital formation that underlie the various national institutional settings. When we look at costs (or expected returns or ability to pay) in the present application of the model, we must consider not only the viewpoint of the recipient of the training but also the viewpoint of those who provide that education. The latter is extremely important. Indeed, it is indispensable to an economic historical analysis of the diverse institutional arrangements that have evolved for transmission of skills, both general and specialized.

The preceding sections of this paper have dealt mainly with literacy and with general education, without specifying the content. In the present section, however, particular attention must be given to training for separate vocations; for example, we have to consider to what extent technical-manipulative training is separated from or grouped with verbal-mathematical instruction within the same training agency.

One way into the problem would be to start by categorizing the loci of education: family, day school, indentured apprenticeship, other on-the-job instruction, private tutors, and so on. But these categories are not clearly

visible in practice; indeed, a fascinating theme in the history of human resource formation is the way they shade into, complement, or displace one another. Agencies for instruction emerge and change by interaction and accommodation among economic calculations, traditional pedagogic practices, labor market structures, and attitudes about social status. It is useful to distinguish four dimensions in analysis of institutions of human resource development:

1. Degree of separation between responsibility for making certain that children are educated and the actual provision of that education;
2. Degree of specialization of the agency that provides training for a particular skill, not only among occupations but also among skill components within a given occupational package of skills;
3. Kind and duration of attachment of the learner to the person or agency supplying the training, including his post-training obligations in partial or total payment for the training;[24]
4. Degree to which the costs of training are paid by third parties (neither learner nor supplier of training).

As an illustration, let us identify the features of the private-venture school in ideal typical form along the foregoing dimensions.

1. Responsibility for making certain that the individual is educated rests with the family, but someone else is called upon to supply the training.
2. The range can be from highly specialized to provision of varied educational and training services by the same agency. (This is not an identifying trait to distinguish the pure type of private-venture schooling, but it is an important variable within that type.)
3. Payment for instruction does not require the trainee to render services to the trainer after the instruction has been completed.
4. There is no subsidy or third-party support.

In days before the spread of the common school and the emergence of elaborate educational systems, private-venture schooling was quite specialized, sometimes even to the extent of separating the place of teaching reading from that for teaching writing and both from the classroom for ciphering. Arising in part from the same circumstances that favored the segmentalizing of instruction, the distribution of children's time between training and work was weighted heavily toward the latter, that is, a large part of all schooling was part-time. However, private-venture schooling need not be either part-time or segmentalized.

The more closely circumstances approximate the assumption of no subsidy

24. On this topic see M. J. BOWMAN, "From guilds to infant training industries", in *Education and Economic Development*, *op. cit.*, chap. 6.

by third parties, the more sensitive private-venture schooling will be to what people want and what they are willing to pay for out of their own funds. This responsiveness to client preferences is little disturbed by the introduction of a subsidy if the sponsoring group and the users of schooling correspond (as in the example of 19th century rural American schools discussed earlier). In such situations the distinctiveness of the third party may be so blurred that it makes the distinction of little use. More important, the effects of subsidization depend upon the extent to which subsidies are very general or are stipulated for particular kinds of training. A proposed extreme type of generalized subsidy is now a topic of controversy in several countries: publicly financed certificates that a family may use in paying for whatever public or private schooling it prefers for its children.[25] In earlier generations in England there was much illegal conversion of school endowments into subsidy of education for only certain kinds of pupils (such as middle-class offspring in grammar schools). Those cases would be illuminated by examining this subsidy process in both a market and a political framework.

Private-venture schooling has rarely (if ever) been the only training, or even the only schooling, available. Nevertheless, to survey what was taught in such schools and to identify the pupils would show what kinds of education people were willing to finance with their private funds. Sometimes private-venture schooling was a complement to and sometimes a substitute for subsidized schooling. At certain times and places classical learning has been the most profitable for the private teacher to supply. An extreme case is Confucian education, given the integration of that ethic with government and its adaptability to the examination system. Parallel in some respects was classical schooling for prospective colonial officials aspiring to enter Oxbridge. But in general private-venture schools found only a limited clientele for the classics; it was other sorts of "book learning" that yielded profits to school proprietors. Also, conventional schools, however supported, have often been surrounded by clusters of private teachers supplying useful auxiliary skills that for various reasons were judged to be inappropriate to the standard school curriculum. It is not accidental that the regular schools were slow to offer technical-vocational courses or that when they finally did so it was usually under public or some sort of collective auspices. That kind of education is very expensive. Moreover, only after the occupational structure has become complex does it seem useful to give such training in schools rather than in the production agencies.

There is not space here to review the technical pedagogical reasons why

25. For a detailed examination of the merits of this kind of arrangement, see M. FRIEDMAN, in *Readings in the Economics of Education, op. cit.*, pp. 881–893.

formal instruction has been predominantly bookish.[26] Under certain circumstances – namely, when labor of children is valuable, when few technical-manipulative skills call for more than modest literacy (if any), and when there are many apprenticeship alternatives – there is little inducement to simulate technical operations in schoolrooms. Several generations ago, as in our own day, the teacher supply situation did not favor moving technical instruction into schools. Over much of the world and notably in western Europe teaching was a side occupation of the clergy; it was not difficult to divert part of their time to teaching literacy materials. On the other hand, it is both costly and a major challenge to human ingenuity to organize instruction in diverse skills within a classroom separate from the work place when the knowledge in question includes manipulative skills of a high order that are usually possessed only by individuals engaged in the occupation. To be candid, this bundle of problems relating to technical education has been only partially solved in all countries; failure to resolve the difficulties explains much of the turning and twisting observed in Soviet educational policy over the last third of a century.

One identifying feature of private-venture schools (in contrast notably to apprenticeship) is that payment for instruction normally does not include service by trainee to trainer after the completion of instruction. (The pupil might, of course, be a servant to tutor or master during the period of training.) We are familiar with the contemporary stipulation in many nations that in return for scholarships students must teach or work in the civil service or buy their release from this indenture by repaying the loan. In this kind of arrangement we are moving along dimension 3 toward a different kind of economic arrangement for producing human resources.

At the extreme opposite of the pure type of private-venture schooling is the situation in which the trainee is permanently attached to the household in which he is trained and to which he will contribute his lifetime production. This arrangement we may call "attachment learning". If the arrangement is maintained by force, we have peonage or slavery. (Sometimes, to be sure,

26. A meticulous analysis of the advantages and disadvantages of formalized vocational education in advanced economies will be found in R. GREGOIRE, *Vocational Education* (Paris: 1967). The considerations affecting the utility of vocational schools are explored also (with more attention to the developing countries) by PHILIP J. FOSTER, "The vocational school fallacy in development planning", in *Education and Economic Development*, *op. cit.*, chap. 8 (reprinted also in *Readings in the Economics of Education*, *op. cit.*, pp. 614–630). A systematic presentation of factors determining the comparative advantages of providing various kinds of training in schools versus providing that training on the job is included in MARY JANE BOWMAN, "Decisions in Vocational Education; an Economist's View", in CARL J. SCHAEFER and JACOB J. KAUFMAN, eds., *Vocational-Technical Education: A Prospectus for Change* (Boston: 1968).

such servitude has been relatively privileged, as with Greek slave tutors in Roman households.) Where markets for particular skills are limited and the training in those skills paid for by the subsequent users of their products or services, "free" men will usually have chosen to remain attached since they have no economically comparable alternative. Preindustrial illustrations of this last situation are numerous and can be found in the attachment to a religious order or a secular household. But attachment learning remained viable and sometimes important through the course of the commercial and industrial revolutions. Discussion of those situations is perhaps best combined with an examination of relevant material within the other dimensions specified.

A contract that qualified the attachment learning arrangement by limiting the duration of apprenticeship indenture would constitute a contracting out of part of the responsibility for ensuring that a child received an education. Depending upon whether we look at this from the time of making the contract or subsequently, attachment learning can be located at different places on dimension 1: separation of responsibility for ensuring that a child is educated from the actual giving of the instruction. A closely related consideration is the scope of such contracts. Thus, an apprenticeship contract might or might not include provision that the learner be given education in the 3 R's; if that provision is inserted, the master in turn has the option of doing the teaching or of subcontracting for it to be done (as by a scrivener). This subcontracted instruction is not attachment learning, and it may be indistinguishable from a private-venture classroom situation. Thus, specialization to manual or to white-collar instruction by the dispensers of training (dimension 2) is not a defining characteristic of attachment learning, however important some of the variations in this respect may be. A distinctive element of attachment learning is the fact that once the arrangements are made the provider of the training may claim the returns from the increased productivity of the trainee for a specified period of time (in the extreme, for a lifetime). Because he is entitled to claim that future repayment, the instruction that he supplies is an investment from the instructor's point of view; he is acquiring property rights in some human capital even though the latter is embodied in a trainee. This arrangement for attachment learning becomes more important under two conditions: 1. the prospective trainee is unable to forego current earnings in order to have a greater earning potential later and 2. the capital market for investing in training human resources is imperfect. In the light of even our abbreviated discussion, it is easy to see why attachment learning was important in earlier generations and why it remains viable in advanced economies.

We have not yet discussed third-party subsidization of the costs of training

(dimension 4) in connection with attachment learning. That subsidization is negligible with the one important exception of when training occurs in enterprises producing mainly for the state. State-subsidized attachment learning was closely associated with armament production in the western transition to modernity. It probably is comparatively more prominent where modernization begins late and particularly in countries without a period of colonial subjection. In early Meiji Japan and in the late 18th century Russia men were imported from more advanced countries in order to incorporate their skills and to transmit those skills to nationals of the importing countries. A large part of the costs were charged to military or quasi-military accounts. It may be impossible from this distance in time to ascertain how clearly the allocation of costs and benefits of this training process was thought through by officials. However, the Japanese investment of state resources in training projects was indisputably deliberate; indeed, top-level Japanese men earned local-scale incomes while foreign instructors were paid international prices during their Japanese sojourns. Whether the training in Japanese enterprises was attached learning did not depend on contracts between parents or trainees and instructor; the decisive fact was that for some period the only outlet for employment of the new skills was in those enterprises where the training had been received. One impressive development in Meiji policy was to loosen such attachments and to encourage private initiative in diffusing skills into new enterprises, especially those whose production was of direct military utility. Economically speaking the attachment feature was incidental in both Japanese and Russian governmental decisions.[27]

Attachment learning is not economically incidental where production that is associated with the attachment learning occurs in a market economy. In this matter history presents two distinct variants. The first was the medieval indentured apprenticeship, which began as an almost pure type but underwent many adaptations with the spread of factories in Britain and after transplantation to the American colonies. The other variant is the system of adoption. This is a system of long standing in the Orient, and the Japanese version is worth brief examination.

The prototype situation was the adoption of a boy as a prospective son-in-law with the expectation that he would take over the family business.

27. If we identify the state with the whole society, learning anywhere may be said to yield its return to the state or to the population at large (of which the individual trainee is a member), and hence can be considered as attachment learning. Even the subsidized common school then becomes attachment learning. At this point we must begin again, determining how the global household of the entire society fosters institutions for the development of human resources – an infinite regression.

Though the theoretical model was based on Western small family economies, it is not frivolous to apply it also to non-Western families. The Western arrangement by which an apprentice became for a period a member of the master's household is not greatly unlike the Japanese situation in respect to the educational features, the point of our interest. The comparison becomes somewhat clumsy when we ask about post-training repayment, about who made the investment and who received the return. In Japan the attachment was for life, and after a period the trainee became a member of the master's family in the fullest sense. The question of whether the post-training service by the younger man exceeds post-training wages sufficiently to repay the master's investment is obscured by an identity of post-training family affiliation and inheritance.[28]

In the Western context the prototype of attachment learning is apprenticeship in its old form. Without summarizing that history, three analytical points may be made.

1. From medieval times to the 19th century repeated efforts were made to enforce the obligation of apprentices to serve their master for a term, but these attachments weakened and were shortened. Working toward that outcome was the progressive result of intolerance of any sort of bondage. At the same time the market was offering progressively better and more diversified opportunities for employment. New efforts were made to tighten regulations against the pirating of apprentices and to enforce their continuation in the service of their masters (at low pay) for some years after they had acquired the skills of journeymen, but attempts to enforce such rules broke down. Instead, it increasingly became the practice to pay masters for the privilege of receiving apprentice training. Investment in the development of skills shifted from master to trainee (or his family).

2. Meanwhile the spreading factory system brought an enlargement in the scale of production that organizations and changes in the kinds of skills demanded. The traditional apprenticeship system could not accommodate either of these changes, and two developments resulted. First, there were diverse movements in the direction of the vocational school, whether under private sponsorship or with public support. Second, there came to be a more explicit reliance upon short-term learning for the lower grades of skill within the work place; thus, by aiding their mothers in the textile mill children learned the job. But some mill owners perceived that it was important to give the most alert youth assistance in studying a vocation outside

28. The Japanese life-commitment system, which is so extensively reported, cannot be traced from these Meiji policies, and neither, for that matter, can it justifiably be regarded as a "feudal survival". Insofar as it exists, it is a 20th century practice, despite its familistic aspects.

the mill in one or another school ("sandwich" programs). Some employers also supported schools for general education of child workers during released time within the environs of the mill.

3. One feature seems to have persisted through all these changes in England. Perhaps because England started with an apprenticeship system that had emerged in a largely illiterate society, there was little connection between training in literacy and in vocational skills – except where literacy was a core requirement for the vocation. This inheritance fostered a segmentation of responsibilities and of institutions for developing human resources. For reasons into which we need not enter here, England remained content with that segmented training system until our own day. The century-old contrast between the British worker who "knows his steam engine" and the Saxon who knows how to work along with an innovative entrepreneur haunts England today.[29]

In New England the story was different. There the apprenticeship system was affected from the start by a mood of resistance against interfering with free men. Labor was comparatively scarce; literacy was widespread; and schools were comparatively well supported and patronized. Out of that milieu came "the undifferentiated American".[30] He might not be intimate with the steam engine or at home in mathematics or at the drawing board, but he was partially knowledgeable in many trades. Frankel concluded that this environment conditioned the techniques that were caught up in American industrialization, for it also fostered disinterest in the higher levels of manual skill.[31] Though one must be wary of historical romancing, presumably that climate encouraged the innovations out of which we developed the land grant colleges and the pragmatic orientation of the sciences that have given American society much of its dynamic force. But from these conditions also emerged the persisting American sense of cultural inferiority.

To recognize that attachment learning has been important in the most varied settings, right up to the present time, may suggest new ways of looking at economic history. Even for one country it would be a vast enterprise to trace the evolution of institutional arrangements, with all the varying mixtures of work and learning, the varying allocation of costs (and returns) between trainer-employer and trainee, and the varying arrangements for balancing those costs and returns. We have drawn upon a small fund of evidence, and we have worked out some theoretical schemes for the ordering

29. On this theme, see BOWMAN, "From guilds to infant training industries", *loc. cit.*, pp. 105–106.

30. This phrase comes from D. J. BOORSTIN, *The Americans* (New York: 1958).

31. MARVIN FRANKEL, "Anglo-American productivity differences: their magnitude and some causes", *American Economic Review*, *XLV* (May, 1955), p.111.

of that evidence in economic terms. We now suggest that several situations have been and will be important in the shaping and encouragement (or discouragement) of educational and economic development. They are:

1. The family system and the ways in which it becomes related to early institutions for the formation of skills;
2. The degree of early public or state involvement in on-the-job training, whether for military or other uses;
3. The state of the technology of work at the time a nation moves toward modernization, along with the sources of that technology and the methods for nourishing it;
4. The stage at which national or collective agencies assume responsibility for building an educational *system* (and the depth of that commitment) and the mixture of populist and elitist orientation of that system.

It would be premature to draw any conclusions about historical determinism. Some institutions (such as Japanese adoption) have persisted through spectacular political and economic transformations, usually accompanied by slow waning of the traditional arrangements. Other institutions (such as apprenticeship) have been altered so greatly that there is a historic abyss between older and modern variants. But by one route or another a situation has emerged in which on-the-job learning occurs increasingly in large-scale organizations (whether private or public). And that training comes to presuppose growing amounts of prior education in school.

In our day there is a rapid obsolescence of high-level skills, which necessitates continuous retraining spread over a large part of the working life. The ways in which and the extent to which these needs are being met, thereby sustaining the technological dynamism, differ in important ways. But the premium on variants that allow for the greatest flexibility in utilizing and in successively upgrading human skills is of an order of magnitude unmatched in the past. Because so much happens in each man's working life, there is a closer (not a looser) relationship between learning and work than existed in earlier generations. We need to understand better how various countries have arrived at functionally similar arrangements. We need to identify the more flexible and serviceable arrangements that will be adopted widely tomorrow. In seeking a broader understanding of one main theme in economic history, union of efforts among disciplines can only be beneficial.

Communication, know-how and the shaping of men for change

If we wish to understand how human resource formation and economic development are interrelated, we must focus on what induces, sustains, or dampens change. At any point along the path of history, the actors and decision makers will see only a small segment of that path. The pace of

change, as measured by the meterstick of a man's working life, is mirrored in the ways in which human skills are formed. This is true for whatever arrangement for training we are examining, whether in schools or at work or whether formally laid out or the incidental learning-by-doing that is so large a part of some kinds of economic activities. There is far more incidental learning-by-doing when men are faced in their work with repeated injections of new techniques and new products and with continuous new problems. Despite diverse paths of development, certain basic questions may be raised about every sequence. Our aim is to delineate how various mixtures of human resources and modes of their formation evolve from, and in turn contribute to, the shaping of socioeconomic structures and processes in different historic junctures. But we wish also to identify characteristic accelerations or retardations in the pace of social change that may be attributable to particular educational arrangements. Are there certain arrangements for forming human skills that characterize situations of rapid growth but that are absent from situations of economic stagnation?

We suggest, first, that there is more likely to be a vigorous development of human resources, and that those resources are more likely to be utilized productively, when the social structure of a society is open. Such openness or flexibility supports the development of information fields and communication networks that attenuate geographic and social status distances. The spread of seemingly favorable attitudes and information will not induce or reinforce the diffusion of education unless the recipients perceive meaning and utility in what comes to them. But this last condition affects the rate and direction of communication itself as well as its utilization. An important question for comparative history is the extent to which well-integrated rather than segmentalized information fields may exist even within unfavourable institutional constraints. A parallel question relates to the role of education in social mobility. Rates of vertical mobility may be less variable among societies or in different historical periods than we conventionally assume. The variation may be as much or more in the instruments or means for mobility as in the rate. In particular, education may be considerably more important, relative to other means of mobility, at some periods than at others.

Second, there are scale effects and agglomeration effects upon economic growth flowing from expansion of the fund of human capital, and those effects in turn stimulate education and training. All these effects are tied into communication networks; they foster initiation and more rapid spread of innovations. A few of these effects were commented on earlier with respect to the diffusion of literacy and of education. But there are agglomeration effects also in the face-to-face stimulation among men who are on the forefronts of change, irrespective of how much schooling those men have had.

Neither Passin's "portents of modernity" in Tokugawa Japan nor the scientific coffeehouse circles of 18th century England would have been possible without intimacy among knowledgeable men who shared in the excitement of change. The importance of "critical mass", in educational programs is recognized often today, such as in arguments for building "programs of excellence" in African universities. The same issues underlie controversy about concentration versus diffusion of resources among universities in the United States, for these issues also underlie much of contemporary wrangling about "brain drain".

Third, major economic change cannot occur without impressive migrations of human capital that bring skills and know-how from other societies. There is no definite historic beginning of such movements; the first industrializing country, England, was a heavy debtor to several other societies. The special Japanese arrangements have already been mentioned. However autarchic in appearance, Soviet industrialization rested upon large amounts of foreign skill purchased with scarce wheat. No major economic advances will occur in the future without major accompanying flows of skilled men.

Fourth, a dynamic economy can be initiated and sustained only through the efforts of men at many social levels who embody both conventional learning and technical manipulative skills. The emergence and development of a complex economy depend upon a wide diffusion of the tools for communication, storage, and retrieval of knowledge. But it depends no less upon the know-how that grows out of participation in practical affairs, the knowledge that spreads only among men with technical feel. We are not reiterating the empty formula that "youth must be taught to value manual work". One thinks rather of Schumpeter's innovative entrepreneurship, which he insisted was linked mainly to processing and technical rather than to commercial activities. Whether or not we grant general applicability to his ideas, Schumpeter's entrepreneurship is manifested dramatically in the recent transformations of American and of Japanese agriculture.

SUPPLEMENT TO PART II
COMMUNICATIONS ON EDUCATION AND ECONOMIC GROWTH

CLAUDE FOHLEN

INSTRUCTION ET DÉVELOPPEMENT ÉCONOMIQUE EN FRANCE AU 19e SIÈCLE

La question du rapport entre le degré d'instruction d'une population et son niveau de développement économique est capitale dans le monde moderne, où les nations dites «sous-développées» souffrent à la fois d'une instruction et d'une industrialisation insuffisantes. Replacée dans le cadre de la France du 19e siècle, la même question devrait fournir une explication du retard économique et de l'absence de «take-off». Cependant, dans l'état actuel de la documentation, il n'est pas encore possible de fournir une réponse sûre, et ce que ce bref exposé se propose, c'est simplement d'apporter une contribution. La question sera envisagée de deux points de vue différents: celui du niveau d'instruction des masses, celui de la compétence technique des entrepreneurs.

Niveau d'instruction des masses

L'instruction des masses n'est devenue un souci dominant en France que vers la fin du 19e siècle. Au moment de la grande poussée d'industrialisation, entre 1830 et 1870, l'enseignement primaire est confié aux communes et à l'Eglise, chacune avec les moyens dont elles disposent, sans obligation ni gratuité. Dans un tel système, les classes populaires sont défavorisées au profit des classes moyennes.

Plusieurs méthodes permettent de contrôler la progression de l'instruction primaire: *le degré d'instruction des recrues*, au moment de l'incorporation dans l'armée. Entre 1827 et 1877, le pourcentage des illettrés régresse de 58 % à 15 %, en chiffres absolus de 157 000 (sur 272 000 recrues) à 41 000 (sur 277 000).

Le degré d'instruction des conjoints, mesuré par le pourcentage des hom-

mes et des femmes capables de signer leur acte de mariage. Ces chiffres ne portent que sur une période courte, de 1854–1855 à 1866–1870. Pour les hommes, la proportion de ceux capables de signer passe de 68,4 % (du nombre total des conjoints mâles) à 75 %; chez les femmes, de 52,6 % à 62,3%. Ces chiffres sont les seuls qui permettent de faire une comparaison entre les hommes et les femmes.

Le nombre d'élèves fréquentant les écoles primaires, garçons et filles. Il passe de 1,3 millions en 1829, représentant environ 25 % de la population d'âge scolaire, à 4,5 millions en 1866, soit environ 90 %. La progression la plus rapide a eu lieu de 1830 à 1848, après quoi l'accroissement s'amortit.

La répartition géographique du degré d'instruction, telle qu'elle est fournie par l'autorité militaire, au niveau des conscrits. D'une année sur l'autre, une constante se dégage: l'avance du Nord-Est de la France, correspondant, en gros, aux anciennes provinces d'Alsace, Lorraine, Franche-Comté et partie de Bourgogne, sur le reste du pays. Cette répartition n'est pas indifférente, car le Nord-Est est l'un des secteurs les plus progressifs en matière d'industrialisation, si on le compare à la Bretagne, très en retard en matière d'instruction, ou au Sud-Ouest. Cependant d'autres régions industrielles, Flandre, Normandie, région parisienne, région lyonnaise, n'apparaissent pas dans les zones particulièrement «éclairées». Il est vrai que le Nord-Est représente la portion industrielle la plus avancée et la plus dynamique.

Une relation existe donc entre le degré d'instruction et celui d'industrialisation, mais des études plus poussées sont nécessaires pour préciser les rapports entre les deux facteurs.

Compétence technique des entrepreneurs

Dans un pays centralisé comme la France, où l'appareil bureaucratique n'a cessé de se développer depuis le 17e siècle, l'accent était mis davantage sur la formation de serviteurs de l'Etat, civils et militaires, que sur celle d'entrepreneurs. En outre, la classe des entrepreneurs est encore trop mal connue pour qu'il soit possible d'esquisser des conclusions sûres. Il faudrait, en particulier, faire une étude sociologique portant sur un groupe varié d'entrepreneurs et étudier leur formation professionnelle, leur niveau d'instruction et de culture. Quelques études sont en cours, sur les mines en particulier, mais sont encore trop incomplètes. A défaut, on peut fournir les indications suivantes:

Les grandes écoles de l'Etat, Ponts-et-Chaussées, Mines, Polytechnique, ont formé peu d'entrepreneurs, mais surtout des serviteurs de l'Etat dans l'administration, l'armée et les services techniques.

Les cadres industriels sont surtout le produit des *Ecoles des arts et métiers*, *Ecole centrale des arts et manufactures*, *Ecole centrale lyonnaise* et quelques

autres écoles régionales situées dans les régions industrielles (telles que Mulhouse et Lille).

La formation commerciale, considerée comme un peu dégradante par rapport aux humanités, fut assurée par des écoles fondées sur le type de l'Ecole supérieure de commerce de Paris, ouverte en 1820 par un groupe de négociants et dirigée par l'économiste Adolphe Blanqui.

Le degré de pénétration de ces institutions dans les milieux industriels reste à définir.

Ce papier a soulevé plus de questions qu'il n'en a résolues. Il tend à suggérer, néanmoins, qu'un système d'instruction inadéquat peut expliquer les caractéristiques du développement industriel de la France au 19e siècle: sa lenteur, son retard, par rapport à d'autres pays.

ARNOŠT KLIMA

THE ROLE OF EDUCATION IN THE FORMING OF SKILLED WORKERS IN BOHEMIA OF THE 18th CENTURY

The relationship between education and economic development, or economic growth, is one of the important problems of historical science. In my contribution I should like to show the connection between schooling in the broadest sense and the problem of the skilled worker.

In the transition from guild production to the modern factory in the 18th century, the need for skilled workers was great. Whilst the journeyman had to learn his handicraft with the craftsman for several years, a change occurred with the beginning of the manufactories. The division of labor enabled the employment also of unskilled workers. But the number of skilled workers had naturally to grow much faster than in the guilds. The new form of production enabled workers to gain skill in some parts of the production process much more easily than in the guilds.

As the textile industry played such an important role in the first stage of the new factory system, we find this problem particularly here. The owners of great enterprises had to supply them with a sufficient number of skilled workers. And they needed them fast. Therefore they had to install first of all courses for spinning and weaving. In Bohemia we know of such a spinning and weaving school from 1755 at Potstejn. But they were established in other places, too. The spinners from the surroundings attended such a course for several weeks. They learned to spin here a smooth yarn, and the weavers to weave from this smooth yarn fine linen. The results were very good. This was a very simple form of schooling but we know that it persisted for a long time. Especially in certain stages of economic development in some countries it was used to ensure quickly the needed skilled workers for the industrial production, where there existed a great shortage of them. It was rather a way of gaining a certain skill than of imparting education as such. With economic development, the need for more skilled workers in the manufactories was one of the reasons why the government of the enlightened absolutism agreed to a proposal for a school reform which aimed to enable all the youth to learn to write, to read and to count. Such a school reform was carried out in the Bohemian Lands in the year 1774. All the young had to attend school from their sixth to their twelfth year. The schools were subordinated to the government. In those elementary schools the children learned to write, to read, to count and the foundations of agriculture. Before 1780 in

Bohemia 1,900 such schools were established. The fact that the attendance at these schools was compulsory for all children is important. Therefore we can say that at the beginning of the new century all children in the Bohemian Lands were able to write, to read and to count. When we take into account, that this was the time when new complicated machinery was introduced in the factories, we see how correctly the situation was estimated by those who carried through the school reform. Only in such a way was it possible to gain workers who could be incorporated into the development of the industrialization of the country.

At the same time another school reform was realized. It was the establishment of industrial schools (Industrialschulen). In Bohemia they were established in the seventies of the 18th century. Children learned there not only to write, to read and to count, but also to spin, to weave, to sew, to cultivate the silkworm, the bee and arboriculture. The aim was to give the youth not only literacy but also the foundations of production in those branches that were most important for the country.

I think that there is a correlation between education and economic growth. The one stipulates the other and each is not possible without the other. Those countries whose governments were aware of this connection between education and economic development could more easily carry out industrialization at the beginning of the 19th century.

In this connection I should like to point to Bohemia. It seems not to be an accident that in the 17th century J. A. Comenius elaborated an educational system on the basis that all children had to attend the school that had to be established in each town and village. This plan was not carried through, but the tradition led to its realization in more convenient times and in a more developed economic situation.

I think it was not by chance that at the same time that the school reforms at the end of the 18th century were realized, the government solved the problem of the internal customs and tried to create a unified economic territory, which was so important for the establishing of the internal market and for economic growth.

At the beginning of the 19th century Bohemian industry was at the threshold of industrialization. The first water-frames and mule-jennys were introduced in the manufactories and in 1814 the first steam-engine. Technical progress showed that education in the Bohemian lands lagged behind and that the economy entered a new stage with the beginning of the 19th century.

It was evident that the development of the economy would demand people who would be educated enough for the management of modern industry. In 1798 a proposal to establish a College of Technology similar to the Ecole

polytechnique in Paris founded four years before was submitted to the court commission for education. The reason given for the foundation of such a college was the need to improve Bohemian industry. This was, according to Professor F. J. Gerstner, the only way to preserve Bohemian industry against the enormous increase of English industry, which was based on important technical and chemical inventions and threatened to push out Continental industry from all markets.

The College of Technology was established in Prague 1806 and was the first institution of this kind in the Habsburg monarchy. It played an important part in the education of engineers and managers of industry. It was one of the reasons that Bohemia was one of the most economically developed parts of the Habsburg monarchy.

ULRICH TROITZSCH

ZUM BILDUNGSWESEN IN DEUTSCHLAND IM ZEITRAUM VON 1800–1850

Für die Betrachtung des Schul- und Bildungswesens in der ersten Hälfte des 19. Jahrhunderts erscheint ein Rückblick auf die schulischen Gegebenheiten des 18. Jahrhunderts notwendig und sinnvoll. Zu Beginn des 18. Jahrhunderts existieren im deutschsprachigen Raum hauptsächlich zwei Schultypen. Da die Elementarschule lediglich Kenntnisse im Lesen, Schreiben und Rechnen vermittelt, die Gelehrtenschule hingegen vor allem die klassischen Sprachen pflegt, regt sich in dem mehr und mehr erstarkenden Bürgertum (Kaufleute, Gewerbetreibende und Beamte) der Wunsch nach Schaffung eines neuen Schultyps, der im Lehrplan mehr die sogenannten »Realien« (z. B. Kaufmännisches Rechnen, Zeichnen, Messen und Naturlehre im weitesten Sinne) berücksichtigen soll.

Auf Vorläufern wie Christoph Semler (1669–1740), der den Begriff »Realschule« prägt, und August Hermann Francke (1663–1727), dem Begründer des Halleschen Waisenhauses, basierend, eröffnet im Jahre 1747 Johann Julius Hecker (1707–1768) in Berlin eine »Oeconomisch-Mathematische Realschule«, in der neben den traditionellen Fächern auch die technologische Unterweisung ihren Platz findet. Diese neue Schulform verbreitet sich in erstaunlich kurzer Zeit im deutschsprachigen Raum. Nebenher entwickeln sich auch die sogenannten »Industrieschulen« (der Begriff »Industrie« ist hier im Sinne von »Gewerbefleiß« zu verstehen), die Elementarunterricht und Unterweisung in manuellen Fertigkeiten zu verknüpfen suchen.

Auch an den Universitäten zeigen sich Veränderungen. Die Naturwissenschaften etablieren sich und 1727 richtet Friedrich Wilhelm I. von Preußen an den Universitäten Halle und Frankfurt an der Oder Lehrstühle für »Kameralwissenschaften« ein, die ebenfalls Nachahmung finden. Im Jahre 1777 veröffentlicht der Göttinger Professor für Ökonomie Johann Beckmann (1739–1811) eine »Anleitung zur Technologie« und gliedert letztere als neues Lehrfach in den Rahmen der Staatswissenschaften ein. Bis in die Mitte des 19. Jahrhunderts bestehen von nun an in den staatswissenschaftlichen Fakultäten der meisten deutschen Universitäten Lehrstühle für Technologie. Die Gedanken Heckers geraten gegen Ende des 18. Jahrhunderts in die Gefahr geistiger Verflachung und die praktischen Fächer, getragen vom utilitaristischen Denken jener Zeit, gewinnen mehr und mehr Raum. So setzt um die Jahrhundertwende eine Gegenströmung ein, die unter dem Na-

men »Neuhumanismus« zahlreiche Anhänger findet. Ihre Umsetzung in eine tiefgreifende Bildungsreform findet diese geistige Bewegung durch Wilhelm von Humboldt (1767–1835), der 1809–1810 als Chef der »Sektion für Kultur und Unterricht im Ministerium des Innern« in Preußen wirkt. Er ist der Schöpfer des neuhumanistischen Gymnasiums und der Berliner Universität (gegründet 1810), an der die Einheit von Forschung und Lehre zum Prinzip erhoben wird. Für Humboldt sind Schule und Universität Bildungs- und nicht Ausbildungsstätten. Aus diesem Grunde akzeptiert er nur ein dreistufiges Bildungsystem, nämlich die von den Ideen Johann Heinrich Pestalozzis (1746–1827) getragene Volksschule, das Gymnasium mit der Reifeprüfung als Abschluß und die Universität. Allerdings werden die Humboldtschen Vorstellungen nicht in vollem Umfange verwirklicht, die Realschule behauptet sich und gewinnt in der zweiten Hälfte des 19. Jahrhunderts sogar verstärkt an Bedeutung, aber dennoch liegt hier eine der Wurzeln für die bis heute andauernde Entfremdung zwischen den Geisteswissenschaften und der sich entwickelnden Technik.

Aus dem eben Gesagten läßt sich erkennen, daß ein technisches Bildungswesen sich nicht aus dem Geiste des Neuhumanismus sondern parallel zu ihm entwickeln mußte. Ausgangspunkt für die in der ersten Hälfte des 19. Jahrhunderts einsetzenden Bemühungen zur Schaffung eines technischen Schulwesens bildete der technisch-wirtschaftliche Rückstand gegenüber England, den man durch die Heranbildung von Technikern und technisch vorgebildeten Gewerbetreibenden aufholen wollte.

Anregend auf die Entwicklung der technischen Lehranstalten in Deutschland wirkte ohne Zweifel die 1794 in Paris gegründete Ecole polytechnique, wobei vor allem deren Pflege der mathematischen Wissenschaften als Grundlage des Ingenieurwesens als vorbildlich galt.

Die ersten Lehranstalten, die das kennzeichnende Attribut »polytechnisch« im Namen führen, entstehen in Prag (1806) und Wien (1815), den beiden ältesten deutschen Universitätsstädten. Beiden Anstalten gemeinsam ist, daß sie aus bereits bestehenden Schulen hervorgehen, deren Wurzeln im 18. Jahrhundert liegen, daß ihnen eine Realschule zur Vorbereitung vorgeschaltet ist und daß ihre Lehrpläne Praxis und Wissenschaft gleichermaßen zu berücksichtigen suchen. Unterschiedlich hingegen ist ihre Organisation. Während das Studium in Prag schulisch straff gegliedert ist, herrscht in Wien völlige Lernfreiheit.

Die dritte polytechnische Schule – ebenfalls Keime der späteren »Technischen Hochschule« in sich tragend – entsteht 1825 in Karlsruhe durch Zusammenlegung einer »Bauschule« und einer 1807 gegründeten Ingenieurschule nach Pariser Muster. 1832 wird diese Lehranstalt umgeformt und besteht nun aus einer Vorschule, der zwei mathematische Klassen folgen

und schließlich fünf besondere Fachschulen (Ingenieurschule, Bauschule, Forstschule, Höhere Gewerbeschule und Handelsschule).

Die Lehranstalten von Prag, Wien und Karlsruhe dienen als Modell für Neugründungen in Darmstadt (1836), München (1827), Dresden (1828), Stuttgart (1829), Hannover (1831) und in anderen Städten. So unterschiedlich wie ihre Namen (technische Lehranstalt, polytechnische Schule, polytechnisches Zentralinstitut oder höhere Gewerbeschule) sind auch die Strukturen dieser Schulen, was geforderte Vorbildung, Studiendauer, Lehrplangestaltung und Studienziel anlangt.

Bemerkenswert ist die Entwicklung in Bayern, wo im Jahre 1833 ein geschlossener Zug technischer Schulen eingerichtet wurde, der gleichberechtigt neben dem bestehenden Schulwesen stand. Er setzte sich zusammen aus der Elementarschule, der Gewerbeschule, der Polytechnischen Schule und der »Technischen Hochschule«, letztere allerdings ohne eigene Organisation, sie bestand aus Teilen der kameralistischen Fakultät der Universität München sowie der Akademie der bildenden Künste und der Landwirtschaftsschule Schleißheim.

In Preußen verlief die Entwicklung – dank eines Mannes – völlig anders und kaum beeinflußt von den oben beschriebenen Vorgängen. Peter Christian Beuth (1781–1853), seit 1818 Leiter der Abteilung für Handel und Gewerbe im Finanzministerium, bestimmt bis 1845 maßgeblich die wirtschaftliche Entwicklung Preußens.

Er ließ bis zum Jahre 1835 zwanzig Provinzialgewerbeschulen (Schuldauer zwei Jahre) einrichten, die als berufsvorbereitende Anstalten auf der Elementarschule aufbauten. Begabte Absolventen konnten anschließend das 1821 von Beuth begründete und geleitete »Technische Institut« (seit 1827 »Gewerbeinstitut« genannt) besuchen, welches vor allem der Ausbildung von künftigen Gewerbelehrern dienen sollte. Da Beuth jedoch eine Forderung des gesamten Gewerbestandes im Auge hatte, regte er ebenfalls im Jahre 1821 die Gründung des »Vereins zur Beförderung des Gewerbfleißes in Preußen« an, dem jeder Interessierte beitreten konnte. Auch die von Beuth umgeformte »Technische Deputation für das Gewerbe«, der Fachleute aus Handel und Gewerbe als Berater angehörten, setzte er als Mittel zur Gewerbeerziehung ein. So entstanden in den Räumen des »Gewerbeinstituts« – für jedermann zugänglich – eine Bibliothek, eine Maschinensammlung (Originale und Modelle) sowie eine Produkten- und Fabrikatesammlung. Für die letztere wurden Laboratorien zur gutachtlichen Prüfung eingerichtet. Eine Kupferstecherei fertigte Konstruktionszeichnungen an. Für das Studium von Handel und Gewerbe im Ausland wurden Reisestipendien vergeben. Bis zur Jahrhundertmitte läßt sich im technischen Schulwesen Deutschlands eine gewisse Haupttendenz erkennen, nämlich der unaufhaltsame Zug zur

Fachschule. Mit fortschreitender Entwicklung der Technik tritt der Gedanke einer universellen technischen Ausbildung zugunsten fachspezifischer Studiengänge zurück. Nach der Revolution von 1848, die für das gesamte Bildungswesen eine Zäsur darstellte, setzen in den meisten deutschen Territorien Reformen ein, die zu annähernd vergleichbaren Schulformen führen. Zum einen entwickeln sich zahlreiche polytechnische Schulen zu wirklichen »Technischen Hochschulen«, die nach der Reichsgründung den Universitäten gleichgestellt werden und sich wie diese auch stärker der Forschung widmen, zum anderen besteht das Polytechnikum alter Art weiter als Ausbildungsstätte für den Fachschulingenieur und mündet schließlich in unsere heutige Ingenieurschule.

KOJI TAIRA

EDUCATION AND ECONOMIC DEVELOPMENT IN JAPAN

The rate of Japan's economic growth during the Meiji period (1868–1912) is a controversial subject. According to early work by the Hitotsubashi Institute of Economic Research, the net national product grew at more than 4% per annum during the period of 1880 and 1910. New evidence suggests that the Hitotsubashi estimates tended to underrate agricultural output during these years by a factor of from 30 to 80%. By taking a conservative figure of 50% and adjusting the net national product accordingly, one finds that the rate of growth is reduced by one full percentage point. Allowing for the population increase of around 1% per annum during the period in question, one arrives at about 2% as the growth rate of net national product per capita. Economic growth of this order, though respectable, certainly cannot be regarded as particularly rapid, contrary to the widespread impression that Japan's economic performance was spectacular.

The educational level of the Japanese population rose slowly, even haltingly, during the first twenty years of the Meiji period. The rate of elementary school attendance by the school-age children of both sexes increased from less than 40% in the 1870s to nearly 100% by 1910. In 1910, however, only half of the gainfully employed persons claimed that they had completed elementary education. If one half of those who either had never gone to school or had not finished elementary education were "literate", the literacy rate among gainfully employed persons in 1910 was 75%. At the end of the Tokugawa period, which preceded the Meiji, according to R. P. Dore's estimate, the school attendance rate may have been 40% for boys and 10% for girls. Allowing for the secular rise in school attendance which occurred during the Tokugawa period and for the lower labor force proportion of women than men, one may say that at most 30% of the gainfully employed persons were literate at the end of the Tokugawa period. Therefore, one may suppose that during the Meiji period the literacy rate of the labor force rose from 30% to more than 70%.

Bowman and Anderson suggest that a literacy rate of around 40% is a necessary base for sustained economic growth and that additional literacy adds little to economic growth until a level of 70–80% is reached. Significantly, traditional Japan prepared a labor force with literacy close to the required threshold for modern economic growth. The progress of education during the early 40 years of modern Japan, while presumably adding little to

immediate economic growth, was necessary for preparation of a new economic breakthrough during the ensuing periods.

In view of the type of economic growth that occurred prior to 1910 and of the kind of economic structure that existed during this period, it is not difficult to suppose that formal education, though no doubt desirable in its own right, could not have played a great economic role. The Japanese economy then was predominantly agrarian. Even in 1910, more than 60% of gainfully employed persons were engaged principally in agriculture. The primary sector produced nearly 50% of the national product. At the same time, more than 70% of the labor force in manufacturing was centered in establishments with no more than five employees. Many of the farm households supplemented their income with earnings from non-agricultural activities. Necessary skills were generated through training within the family such as in farming and family enterprises of all kinds or through apprenticeship in crafts and small-scale commercial activities. The large-scale factories were found predominantly within the textile industry, where young obedient girls with dexterous hands were the mainstay of the work force. When economic growth occurs mainly in the small-scale, labor-intensive, traditional sectors, formal education emphasizing general sophistication tends to be largely irrelevant to daily work and life.

The vigor of the traditional sectors and small-scale enterprises during the Meiji period was due largely to market incentives, freedom of occupational choice, individual initiative, and resource mobility, which were greatly facilitated by the removal of institutional barriers to economic activities undertaken by the Meiji government. The Meiji Restoration (1868) was not a "bourgeois" revolution in the full sense of the term, but it certainly was a revolution in favor of market economy and private enterprise liberating individuals and households from the previous feudal restrictions on property, status, and mobility. At the top of the political hierarchy, men and positions were reshuffled and reorganized according to ability. Similar changes were effected throughout the Japanese economy and society to varying degrees. The new atmosphere which accented achievement was an open invitation for everyone to utilize his talents and resources optimally. The integration of the whole economy as one market system, the constitution of the whole country as one socio-political system, and the constant stimulus of the world market and foreign ideas fostered a more rational allocation and a more intensive utilization of manpower and resources. Indeed, there is much to be said in favor of the view that Meiji economic growth was largely "neoclassical".

At first, the Meiji government entertained a grandiose illusion of almost immediate universal literacy. Under the system of education instituted in

1872, the whole country was divided into eight university districts, each of which was in turn subdivided into 32 secondary school districts with 210 elementary schools to each secondary school. Elementary education had two cycles, four years in each. Secondary education also had two cycles, three years in each. Finally, these 14 years of elementary and secondary education were crowned with 4 years at the University. Various levels of special and technical schools were envisaged, though not emphasized, for those who would not qualify for the course leading straight to the University. This grand scheme was a great failure from the beginning. Since the government had no resources to meet the requirements fully, the cost of the elementary education was to be borne by various localities and the parents of the school-going children. This gave rise to a number of riots in poorer parts of Japan, resulting in the destruction of hundreds of schools.

Next, the government began experimenting with more realistic principles and methods of education. The whole matter was very unstable in the 1870s and 1880s. Severe deflation that occurred in the early half of the latter decade reduced school attendance. New school ordinances of 1886, the Imperial Constitution of 1889, and the Imperial Rescript on Education in 1890 finally stabilized the purposes and organization of the educational system of Japan, and the rapid economic expansion (beginning about 1886 and lasting ten years) helped ease the burden of education for the government as well as for the ordinary Japanese households. During the first twenty years of the Meiji period these experiments with the school system were particularly deficient with respect to vocational and professional training. Remedies began with public subsidies to vocational schools in 1892 and became firmly established by the ordinance for vocational and professional schools issued in 1899.

When the first Kuznetz Cycle, which rose from its trough in 1886 and peaked in 1897, was phasing out into the second Kuznetz Cycle in 1910, the average Japanese household was twice as affluent as in the 1870s and all of its children were in school. The modern sector of the economy, having learned the art of survival behind the ubiquitous traditional sector for the past 40 years, was apparently able to come forward and forge ahead about this time. With the passing of the Meiji Era in 1912, a new industrial age dawned on Japan.

IV

TECHNOLOGY, ECONOMY AND ECONOMIC THOUGHT IN THE ANCIENT WORLD

INTRODUCTORY NOTE

Papers concerning the economic life of Antiquity have formed a part of all the congresses and have generally been published in separate volumes. In planning the Fourth Congress an effort was made to further the integration of our discipline by linking such studies more closely with some of the other papers. It was suggested that the historians of the Ancient World focus on one of the topics being treated in the Congress by students of other periods, namely technology. The planning was initiated by Igo Diakonoff who enlisted Harry W. Pleket. The resulting papers are here placed immediately following those discussing technology and culture in more abstract terms or more recent times with the hope that the juxtaposition may stimulate a little that use of the comparative method to which Harry W. Pleket refers. His comment is modestly placed in his footnote 113: "... medieval historians and, more generally, students of any preindustrial society would do well to remember that in ancient history a good deal of work has been done and is still being done on problems which frequently recur in their fields".

F.C.L.

PART I
TECHNOLOGY AND THE FOUNDATION OF CIVILIZATION

V. M. MASSON

SOME PROBLEMS OF THE NEOLITHIC AND URBAN REVOLUTION
GENERAL REPORT

From the beginning, the level of technological development played an important role in human history. Anthropologists, confused by recent discoveries of an endless diversity of hominids in Africa, are now using the existence of stone tools in appropriate layers as one of the chief criteria for ascribing various bone remnants to the human species.

New archaeological finds and the introduction of new research methods open vast possibilities for reconstructing the relationship between technology and life in the period when humanity first began to lay the foundations of civilization. This crucial time had two key movements that summarized the intricate complex of factors that directed and stimulated progress. These were the development of the food-producing stage and the formation of civilization proper, or the early stratification of society. These two qualitative boundaries were determined by Morgan-Engels and were called the Neolithic revolution and the urban revolution by V. G. Childe.[1] The mutual dependency of the technological level and social development have become enormously more complex; these early stages are therefore especially important for the study of the basic patterns in which various phenomena appear in a pure form, unobscured by already functioning, highly developed structures. Much information about these crucial early stages is provided by studies of the ancient civilizations of the Middle East, Mesoamerica, and Peru.

Let us consider the first of these two advances. We understand that the

1. V. G. CHILDE, *Man Makes Himself* (London: 1941).

Neolithic revolution consisted of radical changes in the sphere of economy: the basic occupations changed from food-gathering and hunting to farming and cattle breeding (combined in various proportions). The majority of authors object to the use of the term "revolution" here because recent data indicate that there was a gradual – and not instantaneous – transition to the new forms of economy. (Of course, it is necessary to distinguish the first appearance of domesticated plants and animals from their widespread use as an economic base.) In Mesoamerica this transition required about 2,700 years (5200–2500 B.C.); in Peru, about 2,600 years (3800–1200 B.C.); and approximately the same length of time in the Middle East (9500–6500 B.C.). The early period of the Neolithic revolution was the time of the appearance and accumulation of quantitative prerequisites for the qualitative change. The fact that this accumulation required a considerable period of time should by no means confuse us. The industrial revolution continued for about a century – and even longer in individual countries. Taking into account the acceleration of the rate of historical development, it is not difficult to imagine that a period of 3,000 years is not very long, if it is considered not from the viewpoint of our jet-propelled society but in comparison to nearly 2 million years since *Homo habilis* first worked with stone in Eastern Africa.

The transition to farming and livestock breeding was conditioned by a favorable ecological background and by gradual changes within human society itself. A sufficient level of engineering skill, the embryo of positive knowledge developed during hunting and gathering, and a considerable population density, which hindered extensive use of hunting grounds, may all be considered among the latter category. Only the combination of these two complex factors led to the formation of the new type of economy. Early farming cultures formed later in some areas identified by geobotanists as hypothetical centers of farming, such as Abyssinia, Indochina, China, and Hindustan because of poor development of factors of the second type. Now it is possible to speak of three models of Neolithic revolution. The near-Asian development of a farming and livestock breeding economy from an earlier hunting-gathering economy is noted for two variants: development primarily into farming or primarily into livestock breeding. The Mesoamerican pattern is characterized by the development of a farming economy (from a previous highly specialized economy of gatherers) which arose from the hunting crisis caused by paleoclimatical shifts. Marine hunting and fishing and its associated settled mode of life originally had a favorable effect but later became regressive with respect to the establishment of the farming economy. This is characteristic of the Peruvian development.

Unfortunately, both in Peru and Mesoamerica the tools of this interesting

epoch have not been studied sufficiently. The situation for research is slightly better in the Middle East, where scaling and flint industries were fully developed. Professor S. A. Siemienov[2] of the Soviet Union has developed a special method of functional analysis of tools by studying the traces of work remaining on them. This method was widely used by his pupil G. F. Korobkova in her analysis of Mesolithic and Neolithic complexes in Central Asia, and its use has made it possible to draw a number of interesting conclusions.[3] Basically, the techniques used in producing the tools characteristic of such early farming complexes as Jeitun (6000 B.C.) were fully developed even earlier in the prefarming Mesolithic epoch (for example, scaling industry, microlithoidy, and inserting technology). Even the main tools of farmers, sickles or reaping knives, although more common after the Neolithic revolution, were invented earlier. The same phenomenon can be observed in several cultures in Asia. The earliest forms of grinding and digging tools (as shown by the existence of dugouts) appeared there before the general adoption of the farming and livestock breeding economy.

Thus, the level of technology (that is, the nature and degree of development of tools achieved in this era) was one of the prerequisites of the Neolithic revolution. However, technology itself did not cause the change. In regions of Eurasia – Afghanistan, for example – the same scaling industry was dominant for a long time without altering the traditional food-gathering economy. This is especially important because these areas were regions where the native cereals should have stimulated the early development of farming. There is reason to suppose that the possibilities of an extensive hunting-gathering economy had not been exhausted there due to a low population density. The same factors explain the occurrence of some delay in the Neolithic revolution in America as compared to the Old World. The primeval hunters, who arrived in America comparatively late, had the almost unlimited possibility of expanding their hunting grounds until they reached Tierra del Fuego, – and this required no less than 20,000 years.

The Neolithic revolution had a tremendous impact upon society. Although the clatter of hoes of the first farmers in the Kurdistan mountains announced the laying of the foundations of civilization in Asia, a long period of time was required to develop potentialities of this new way of life. I offer in the present paper a three-phase outline of economic development from the

2. S. A. SIEMIENOV, *Prehistoric Technology* (London: 1964). A translated version, with a preface by M. W. Thompson, was published by Barnes and Noble (New York) in 1964.

3. G. F. KOROBKOVA, *Tools and Economy of Neolithic Tribes of Central Asia*, author's abstract of thesis (Leningrad: 1966).

appearance of farming to the formation of an early class society, an outline based on new archaeological data from the Asian continent.[4]

The first period is one of a rudimentary, new economy still containing vestiges of the strongest trends in the older economy and culture and clearly illustrating the positive effects of the Neolithic revolution. Jericho, Jarmo, Jeitun, and Catal-Huyuk belong to that period. The relevant data reveal that the transition to the new economy was first apparent in the population growth facilitated by the appearance of a stable food supply. In fact, it was the first population explosion; hamlets of settled farming tribes appeared in considerable quantities almost everywhere in the Middle East. In Southern Turkmenia, for example, where appropriate relics have been studied thoroughly, the aggregate area of known settlements of the Jeitun type amounts to about 4 hectares, while the area of hamlets of the following early Neolithic period totals almost 80 hectares.

When the new economy appeared, a number of new types of production began to be developed, including earthenware crafts and the building of clay huts. There was also apparently a growth in the well-being of society and an increase in leisure time, which facilitated the development of decorative arts. Sanctuaries decorated with expressive frescoes and reliefs appeared, but the society of that time was not able to allow itself the lavishness of monumental architecture. Thus, the direct consequences of the Neolithic revolution included the potential for all these changes.

The correlation between technology and the condition of society is still more clearly expressed in the urban revolution. The word „revolution" is objected to by a number of researchers in this usage just as in the term "Neolithic revolution". However, I agree with one of the newest researchers, R. M. Adams, that this term is the most convenient for the description of the phenomena.[5] But I disagree with Childe in determining the criteria of the urban revolution. He includes among the criteria, for example, the existence of a class structure of society and the introduction of a written language. In such an interpretation the urban revolution blurs the distinction between a primeval regime and the early class society. It seems to be more correct to interpret the urban revolution as the process of transforming a highly developed settled farming culture into the economic and cultural foundation of the early class society. The formation of ancient Eastern civilizations and the appearance of the first class structures are the direct

4. V. M. MASSON, "From appearance of farming to formation of an early class society", *VIIe Congrès international des sciences préhistoriques et protohistoriques: les rapports et les informations des archéologues de l'U.R.S.S.* (Moscow: 1966).

5. R. M. ADAMS, *The Evolution of Urban Society* (Chicago: 1966).

results of the urban revolution. The urban revolution is characterized by an intensive development of handicrafts (special areas for artisans appear in the hamlets), the growth of exchange into regular trade, and the appearance of a significant quantity of excess production devoted in part to monumental construction. All these phenomena are vividly demonstrated in the formation of large settlements with a developed system of fortification in the centers of agricultural districts, which at the same time served to concentrate handicraft manufacture and trade. Settlements of this type did not exist at the previous stages of development, and it is more proper to call them towns. The urban revolution was by no means an instantaneous phenomenon like a political coup. It was a process, as was the Neolithic revolution, although it did not take as long a period of time as did the latter. If we consider late Obeid as the beginning of the period and the third or fourth Uruk its end, the urban revolution in Mesopotamia required about 700 years. About the same length of time is indicated by the materials on southern Turkmenia where in recent years there have been special excavations of the monuments of the local urban civilization dating from the middle of the third to the beginning of the second millenium B.C. According to calculations made by T. V. Blovatskaya, the process of separation of handicrafts from farming, that is, the formation of the characteristic element of the urban civilization, required some 500 years in continental Greece.[6]

The level of technology and the degree of productivity development were the most important prerequisites for the urban revolution. Qualitatively, the technological level achieved by early artisans corresponds almost completely to the level of productivity of the early class society at the first stages of its development.[7]

The separation of handicraft from farming and its establishment as an independent branch of the economy constitutes one of the determining phenomena of the urban revolution. The technological development of a number of industries (for example, the appearance of casting molds, two-stage kilns, and metallurgical furnaces) was the background prerequisite for making handicraft into a special socio-economic category. With the development of metallurgy, the manufacture of new forms of tools and weapons was advanced. Here, the technology of manufacturing, and not the composition of alloys (which is frequently determined by the nature of ores), played the most important role. The requirements of a society in which the most well-to-do families are grouped and intertribal clashes are frequent stimulate the division of the manufacture of jewelry and arms into separate industries.

6. T. V. BLAVATSKAYA, *Achaean Greece* (Moscow: 1966).

7. V. M. MASSON, "Formation of early class society in the ancient east", *Voprosy Istorii*, *V* (1967).

At the same time the handicraft of this period was quite different from the earlier diverse and often well-developed industries, which should be called primeval or domestic handicraft. It is possible to note three stages of development of domestic production, which ultimately consisted of specialized types of handicraft. The archaic economy revealed during excavations of the Jeitun settlement in Southern Turkmenia is a typical picture. This completely excavated Neolithic hamlet consisted of 30 small, one-room houses, each appearing by its size to belong to a couple. A small yard and auxiliary premises surround every house. The tools found indicate that domestic manufacture in Jeitun was decentralized. Practically every family was engaged in manufacturing flint tools and weapons for their personal use, processing hides, tanning, and woodworking. Neither internal nor external exchange seems to have played any noticeable role. Later, the technological progress of a number of industries (development of metallurgy, earthenware manufacture, weaving, etc.) led to the appearance of skilled professionals whose specialization became possible due to increasing surpluses produced by members of the community who farmed and bred livestock. Archaeologists have found the houses of such earthenware professionals (Arpachiyah) and metal workers (Kuro-Araks culture in the Caucasus). It is most probable that the skilled professionals working here served the needs of all the members of the community and were themselves members of the community. But it is also possible that internal exchange was beginning to take place at this stage. During the epoch of the urban revolution, when a still higher technological level and specialization of handicraft was achieved, there appeared entire workshops where several professionals worked, and thus the peculiar "quarters of artisans" were formed. The area of the "quarters of potters" in Altyn-Depe, one of the early urban settlements in Southern Turkmenia, exceeds two hectares. Mass production from such workshops is closely linked with exchange, both internal and external. As exchange developed into regular trade, the products could be marketed.

The existence and growth of surplus produce in the economy as a whole was the foundation of this evolution. Childe has repeatedly cited this finding.[8] R. M. Adams is correct in noting that the growth of surplus produce in farming and the increase in population are the chief causes of the urban revolution.[9] The archaeological relics of the period clearly indicate the existence of surplus products and the associated possibility that the efforts of the society were directed into channels for satisfying needs other than economic ones. This is demonstrated by the appearance of monumental

8. V. G. CHILDE, *New light on the Most Ancient East* (London: 1952).

9. ADAMS, *op. cit.*

architecture, chiefly temples, as a symbol of a new epoch. The sanctuaries in Catal-Huyuk differed only slightly from the conventional houses, but in Mesopotamia the temples were built on huge platforms, with each new construction larger than the last. Remnants of a temple complex measuring some 50 meters on the face have been discovered at Altyn-Depe in Southern Turkmenia. Numerous temple centers in Peru and Mesoamerica are so well known that some researchers view them almost as the characteristic feature of the New World.[10]

Such tremendous success was explained to a great extent by the progressive farming technology. In the Middle East, the area of the most ancient civilization, this is exemplified by irrigation. In Southern Turkmenia the first small canals appeared, as early as the beginning of the third millenium B.C. The system of multiple irrigation of fields was the lever that moved the entire society. Irrigation served to ensure the harvest against drought, and, according to observations made by H. Helbeck, the individual grains of plants in the irrigated areas of Mesopotamia were bigger. The larger grains plus the greater planting density led to grain yields as high as 36 times the yield obtainable without irrigation (from economy accounts by Schumer).

The technical equipment of farmers of the urban revolution period was not much advanced over that of their Neolithic predecessors. A wooden hoe, with or without a stone bit, was the main tool. Despite the development of metallurgy, metal agricultural tools from that time are unknown. Probably a primitive plough of a type used by the Russian peasants was employed, but its role should not be overestimated. The plough, although eventually a common tool, was still used chiefly for marking furrows; heavy working of the ground was done by the worker armed with a hoe. This ancient tool, famed in Schumer's writings, was the real creator of the ancient Eastern civilization.

In principle, the picture of the correlation of technology and society during the urban revolution period reminds one of the correlation determined for the Neolithic epoch. Technological discoveries and inventions preceded the social changes and were their material basis and determinant. But again the techniques alone, without favorable socio-economic conditions, would have been useless and could not cause the urban revolution. Thus, for example, the Caucasus had a developed metallurgy as far back as the third millenium B.C. due to the abundant supply of ores, but urban civilization developed there only with the Urartu domination in the eighth and seventh

10. R. J. BRAIDWOOD, GORDON R. WHILEY, eds, *Courses Toward Urban Life* (Viking Fund Publication in Anthropology, No. 32; Chicago: 1952).

centuries B.C. The following example is illustrative. Tribes from the territory of Central Iran came to the territory of Southern Turkmenia and assimilated with the local population late in the fourth millenium B.C. This fact is established not only by drawings on earthenware but also by the appearance of a new anthropological type in Southern Turkmenia. However, the potter's wheel, predominant in earthenware manufacture in Iran at that time, was not used in local earthenware manufacture, which merely borrowed the motifs of murals. The Southern Turkmenian society, which was developing by slower rates, gradually began mass production of earthenware about the middle of the third millenium B.C.[11]

This example determines to a considerable extent our general conclusion as well. On the basis of the available data, the correlation between technology and society is both clear and contradictory. Technology, as a rule, shows the way; under different conditions, however, it is does not always evoke effective action. Such is the case with premature inventions. Clay was discovered and baked in as early a period as the late Paleolithic – we know some figurines of that time which can be called terra-cotta. But this discovery was of no value to hunting tribes. This technique of using clay was rediscovered in the epoch of Neolithic revolution with the mass introduction of vegetable food into man's permanent diet. Earthenware manufacturing became a growing industry, ranging from pots and tools to construction panels. The wonderful properties of metals were discovered at a number of places (Catal-Huyuk, As-Sawwan) during the first days when society had turned to the farming and livestock breeding economy. But the initial and sporadic use of metals for making ornaments had no noticeable effect on the manufacture of tools. The efficiency of tools provided by the stone and flint industries and the labor consumption necessary to manufacture those tools and weapons probably completely satisfied the early farming societies at that stage of their development.

The reverse relationship, in which technology depends on social change, has more results. The society, stimulated by material prerequisites, achieves a level which requires technological shifts because of the new problems that it faces. As a rule, a social demand is successfully filled. This happened to the manufacture of weapons and ornaments at the latest stages of the primeval society, during which property, inequality, and armed struggle were destroying a dying society. Archaeologists are most aware of this from their excavations of the tombs of chieftains and of their wives and concubines.

11. G. N. LISITSINA, *Irrigated Farming of Aeonolithic Epoch in Southern Turkmenia,* (Moscow: 1965).

The previous ideas are by no means a full solution to the infinite divergences of the problem in question. The problem needs both further theoretical development and much study of ancient technology by the modern methods used in natural sciences. Only such studies of the mass of archaeological materials from all cultures and regions will create a reliable basis for historical generalizations.

ROBERT MAC C. ADAMS

EARLY MESOPOTAMIAN IRRIGATION

SUMMARY

There has never been any question that irrigation agriculture was the main feature of the subsistence base on which early Mesopotamian civilization developed during the late fourth and early third millenniums B.C. However, the extent and character of the early irrigation systems – and hence their effects on social and economic institutions – cannot be understood merely through the deductive application of generalizations derived from other parts of the world or from later periods when conditions were demonstrably different. The improper extension of such generalizations has, in fact, led to a number of widely accepted stereotypes which distort and obscure both the subsistence economy and the crucial determinants of change in Sumero-Akkadian society.

Only for the very end of the third millennium, during the hegemony of the Third Dynasty of Ur, are textual sources sufficient in range and number to permit an appraisal of the irrigation regime and its role in subsistence. Even then, the available data (much of it still unstudied and unpublished) heavily emphasizes conditions around certain urban centers where important archives have been found and fails to provide a balanced regional picture. Traditional archeological findings from protohistoric and historic time periods, emphasizing ceramic typology, fine arts, and monumental architecture to the virtual exclusion of a concern with problems of subsistence and demography, also are of little assistance. At least under present circumstances then, primary importance attaches instead to studies of changing patterns of ancient settlement that may be reconstructed from archeological surface reconnaissance. Although not equally applicable to the reconstruction of early irrigation systems, such studies have been undertaken in recent years not only in the historic core areas of political dominance but in some of the geographically more peripheral areas of the Mesopotamian plain as well.

Several regional variants emerge from these studies. In Southern Sumer the closing centuries of the fourth millennium witnessed an apogee in rural settlement, with the placement of small clusters of villages and minor towns indicating the presence of numerous braiding or anastomosing channels which are the natural regime of streams in floodplains. Presumably, some of the main cult centers of later times had already attained considerable size, but there is no evidence of deformation of settlement patterns in their vicinity which would imply the emergence of new forms of political control.

Dynastic institutions make their first appearance in the historic record early in the third millenium, and at precisely that point there is a radical shift in overall patterns of settlement. Certain centers rapidly achieved full urban size while outlying clusters of towns and villages suffered from a progressive atrophy, clearly implying that urban population growth took place primarily at their expense. Some evidence suggests the construction of axially branching, larger-scale (but still relatively small) canal networks as an intermediate step accompanying urbanization in parts of the heartland of ancient Sumer; but, in general, the step seems to have been taken quickly from a prevailingly rural pattern to a highly nucleated one in which agriculture was confined to enclaves around the major city-states. Textual and archeological evidence confirms the rising importance of militarism at this period. Increasingly serious and chronic warfare in turn helps to explain the emphasis given to marked concentrations of population, with consequent abandonment of large, formerly productive areas, in spite of attendant difficulties in supplying the urban population and maintaining agricultural production with relatively primitive means of communication and transport.

Proceeding northward from Sumer into Akkad, a trend toward urbanization during any part of the third millennium is much less in evidence. A major proportion of the population remained in small towns and villages, and such communities continued not only to thrive but even to be newly founded in considerable numbers. On the northeastern periphery of the alluvium, around ancient Eshnunna, there was even a vigorous expansion in the frontiers of settlement during the first half of the third millennium that had no counterpart in Sumer. Here, during the time that the politically organized state made its first appearance, the basic territorial unit was not a city surrounded by fields intensively cultivated by its own populace and separated from similar units by large buffer areas given over only to herdsmen and semisedentary folk. It consisted instead of overlapping systems of towns and villages in which the forces tending toward nucleation were much weaker. Subsistence in these towns and villages is not well understood, owing in part to the comparative archeological neglect of smaller settlements and in part to the rarity of early written records within them. Possibly, however, they were characterized by a less locally specialized, more nearly balanced mixture of farming and herding on the part of their component corporate groups and administrative units. This would be at least consistent with the reduced pressures for intensive development of lands within reach of major population centers.

Still a third regional variant is to be found in the easternmost extension of the Mesopotamian alluvium, the land of ancient Elam. Although also a frontier region in a geographic sense, the pattern of urbanization here cor-

responded closely to that in Sumer rather than in Eshnunna. Nevertheless, a striking difference can be inferred from the elaboration of symbiotic relationships with transhuman groups of pastoralists who ranged upward into the higher mountain valleys during annual summer migrations.

This review of conditions in different parts of the alluvium underlines the diversity of historical and ecological processes that were responsible for the earliest development of civilized, urban society. To say that irrigation agriculture provided the essential subsistence base does not provide a paradigm of related economic and demographic features that applies uniformly to all regions. The one common aspect of these regional variants is, in fact, in a sense a negative one. Until long after the time period considered here their scale remained generally small, the investment of labor and capital in them was low, and their requirements for bureaucratic, despotic management were essentially non-existent. An explanation of the genesis of state society which relies on these features collapses accordingly. Of course, this does not invalidate, and in fact rather emphasizes, other contributions of irrigation to state formation including especially the encouragement it offers to processes of internal differentiation and social stratification, as well as to the growth of redistributive institutions.

The most urgent need at present is not for grandiose theories that focus only on a few variables but for empirically oriented studies of both ancient and modern subsistence practices in relation to the socio-economic institutions in which they are embedded. Of particular importance are problems of local and annual fluctuations in productivity that might be conducive to the growth of social classes. Also crucial is the unrecognized role and variety of subtle adjustments that might be grouped under the rubric of semisedentism. Themes of this kind will demand the attention of the specialist during the years ahead.

PART II
TECHNOLOGY IN THE GRECO-ROMAN WORLD

HARRY W. PLEKET

GENERAL REPORT

It seems to be a generally accepted truth that the ancient Greeks and Romans did not excel in technical knowledge or applied science. Ancient machines (devices powered by so-called prime movers[1] other than muscular power of man and animals) were few; those that did exist were either toys[2] developed by that rare figure, the engineer-philosopher, or, to the extent that they managed to break through the ivory tower of his "laboratory", devices that do not seem to have been used on any significant scale. Those devices that were powered by man or animals (for example, apparatus and instruments for raising water) were not numerous either, compared with what the ancient world produced in other branches, and their use was late and by no means universal. The principles of the gear and the screw had been discovered but their application was far from common.

I am not sure that the ancients would have been happy with the above statement on the general mediocrity of their world in technical matters. To be

1. On "prime movers" see R. J. FORBES, *Studies in Ancient Technology* (Leiden: 1955–1964), vol. II, pp. 1, 78 ff.

2. Compare, for example, with Archytas' mechanical dove and the Alexandrian automata. According to Pappus the art of those who contrive marvellous devices is a section of mechanics in which the mechanicians employ air pressure, ropes, and cables to simulate the motions of living things. See M. R. COHEN, I. E. DRABKIN, *A Source Book in Greek Science* (1948), p. 184. To this category belonged the altars described by Hero on which two figures poured a libation, apparently by their own efforts (the principle used being the expansion of and pressure exerted by hot air), and the automatic opening of temple doors when a fire was lit on the altar. (Here, too, the principle was the same as that of the automatic libation, combined with a complicated system of ropes and pulleys.) Vitruvius groups these kinds of "inventions" together under the heading of "useless objects that flattered the senses by amusing the eye and ear" [X. 7. 4; compare also with paragraph 5: "*quae sunt ad deliciarum voluntatem*" (that serve for our amusement)].

really acceptable both to them and to ourselves our generalization, like so many others, should be properly qualified. First, there is a good deal of evidence to show that some Greeks were by no means hostile to *téchnē*. A comprehensive study of the word *téchnē* and its derivatives is still non-existent, as far as I know.[3] Such a study should consider both the literary and the epigraphical sources in order to present a sociologically differentiated picture. For the moment I can do no more than cite a few pieces of evidence chosen at random. I begin with Anaxagoras' well-known dictum that "man is the wisest of living creatures because he has hands" *(diá to cheíras échein phronimōtaton eínai)*.[4] All creatures have their share in mind *(nous)*. It is the physical structure that determines the quality of the mind. Baldry[5] rightly notes that we have here "the notion of man as a tool-using animal whose superior achievement ... consists in what we now call 'technical development'". Unfortunately, we do not know how Anaxagoras elaborated his view.[6] For Aeschylus, Prometheus'fire is the teacher of all *téchnē (didáskalos téchnēs pásēs)*. The gradual invention and development of the *technai* are indispensable for the progress of human civilization.[7] Both the science of numbers and mining belong to these *téchnai*. "Pure" science and crafts are equally important.[8] The 4th century tragedian Antiphon exclaims proudly and self-confidently, though unfortunately in an unknown context: "By our *téchnē* we are able to subdue those forces (or creatures) which by nature are superior to us" *(technei kratoumen hōn iphusei nikōmetha)*. Our hands enable us to overcome our natural physical inferiority to animals.[9] Through

3. The study by M. ISNARDI PERENTE, *Techne: Momenti del pensiero greco da Platone ad Epicuro* (Florence: 1966), was inaccessible to me. For the early Greek period see R. SCHAERER, *Episteme et Techne: Etude sur les notions de connaissance et d'art d'Homère à Platon* (1930).

4. DIELS-KRANZ, *Fragm. der Vorsokratiker*[5], II, Anaxagoras B 102. Aristotle emphatically rejected Anaxagoras' view. In his view, of course, reason and wisdom come first; the hands are an organon that obeys the commands of logos; their position is secondary; compare also with Anaxagoras, 59 B 21 b [*sophiai* (wisdom, skill) *kai technei*].

5. BALDRY, *The Unity of Mankind in Greek Thought* (1965), p. 29. On the importance of the hand in Greek thinking see also W. SPOERRI, *Späthellenistische Berichte über Welt, Kultur und Götter* (Basel: 1959), pp. 148–152, and F. LAMMLI, *Homo Faber: Triumph, Schuld, Verhangnis* (Basel: 1968), pp. 32–35.

6. In the light of Anaximander's and Thales' technical achievements (sundial; olive press) it is by no means inconceivable that Anaxagoras also "used his hands" for other purposes than the making of a globe.

7. AESCHYLUS, *Prometheus* 506; compare J.-P. VERNANT, "Prométhée et la fonction technique", in *Mythe et pensée chez les Grecs: Etudes de psychologie historique* (1965), pp. 185 ff., esp. 193; LAMMLI, *op. cit.*, p. 99, n. 147.

8. Compare with VERNANT, *loc. cit.*

9. See F. HEINIMANN, *Eine vorplatonische Theorie der Techne* (Mus. Helv. 18; 1961), pp. 105 ff., esp. p. 118, n. 60; LAMMLI, *op. cit.*, pp. 146, n. 347, and 147, n. 355.

our hands we mold and shape our mind, so to speak. The results of this process of molding and shaping are the products of *téchnē*.[10] A similar emphasis on the important function of the hands and the invention of *technai* is to be found in a passage from Diodorus (I, 8)[11] where Prometheus is replaced by *chréia* (need) as the teacher of all things, among which the *technai* are to be counted, that can promote community life. Man is a gifted student because he possesses hands. Hands enable a man to materialize his intelligence and thereby to create civilized community life. Seneca's ninetieth letter testifies to Poseidonius' positive view of the *technai*, at least in their initial stages: the philosophers are creditied with the rise of technology.[12] An equally positive view of the rise and products of the "*artes* = *technai*" is taken by Vitruvius who sees in the fertile interplay of hand and thought the main cause of the inventions made by man in the course of his history "... from the construction of buildings they progressed by degrees to other crafts and disciplines and they led the way from a savage to a peaceful civilization".[13] In his introduction to the final book of his work Vitruvius shows a positive attitude toward machines and instruments: "Our fathers developed the comforts of life by their inventions".[14]

On the other end of the scale we have the commoners who in their epitaphs and dedications pride themselves on their *téchnē*. They range from the Paphlagonian slave Atotas who worked in the Athenian silver mines and proudly advertised his *téchnē* in his epitaph[15], to the Lycian stonecutter

10. It is perhaps not entirely fortuitous that Antiphon the tragedian was employed at the court of Dionysius, the 4th century B.C. tyrant of Syracuse. Elsewhere [*Acta Historiae Neerlandica, II* (1967), pp. 6 ff.; compare also Mnemosyne (1963), p. 443] I have stressed Dionysius' strong interest in *techne* and *technitai* (Diodorus XIV. 42. 1). He engaged at high salaries a great many experts from all parts of the world to ensure the manufacture of weapons. In the process several war engines and ballistic devices were invented. Dionysius, the restless organizer and innovator, must have appreciated the spirit embodied in Antiphon's slogan. However, for all his technological interest, Dionysius did not direct the skill of his technitai to agriculture, good processing, or manufacture. A century later the Ptolemies (above all Ctesibius) supported the research of the so-called Alexandrian engineers in military technology. The social function of their technological devices was again equally nonexistent; see M. I. FINLEY, "Technical Innovation and Economic Progress in the Ancient World", *Econ. Hist. Rev., XVIII* (1965), pp. 29 ff., esp. p. 37; see also LAMMLI, *op. cit.*, pp. 71 (for a judicious discussion of Statius' panagyric on Domitian as a road builder who subdues nature for the benefit of the people) and 115, n. 226 (tyrants-technai).

11. See SPOERRI, *op. cit.* (see n. 5), pp. 148 ff.

12. Ep. 90. 7–13; 20–25; S. BLANKERT, *Seneca over natuur en Posidonius als zijn bron*, Diss. (Utrecht: 1940).

13. VITRUVIUS, *De architectura*, II. 1. 6.

14. *Ibid.*, X. 1. 4.

15. *Technai d'outis erize* (IG II² 10051); S. LAUFFER, *Die Bergwerkssklaven von Laureion*, vol. II, p. 199 ff. ("An Kunst nahm es keiner [mit mir] auf").

Paion who pretends to have been "*lainourgōn téchnēi kállistos*" ("supreme in the stonecutter art").[16] An Athenian potter explains that it is proper for the wise to be skillful, clever craftsmen and that he who has *téchnē* has a much better life.[17] There is, I am sure, abundant epigraphical evidence for a study of the mentality of ancient craftsmen and their views on *téchne* and labor, though it has never been collected systematically.[18] This admittedly haphazard collection of evidence shows at least one thing: large groups in ancient society would have been seriously insulted by the common opinion about the mediocrity of the ancients in the field of technique. The crucial point, of course, is that *téchnē* primarily refers to the activity of skilled craftsmen, to the merits of whom our museums and excavations largely testify, and (with the partial exception of Vitruvius) not to mechanical technology.[19]

The nine volumes of R. J. Forbes' *Studies in Ancient Technology*[20] abun-

16. G. E. BEAN-HARRISON, *JRS 57* (1967), p. 43, n. 8.

17. A. E. RAUBITSCHEK, *Dedications from the Athenian Acropolis* (1949), n. 224 (ca. 500 B.C.).

18. Some material in E. M. STAERMAN, *Die Krise der Sklavenhalterordnung im Westen des römischen Reiches* (Berlin: 1964), pp. 114 ff. Unfortunately Staerman seems to assume that glorification of labor and technical skill did not emerge until the late 1st and 2nd centuries A.D., that is, in a period during which the slave owners tried to offset the increasing lack of interest of the slaves in their affairs by more humanitarian legislation and a rather paternalistic ideology. The slave owners did not succeed in so reconciling the slaves with their increased exploitation. In order to reverse the downward trend of productivity the slaves were transformed into coloni and thereby rediscovered the joy of working. Throughout her book Staerman fails to distinguish between a structural and a chronological approach. Instead of assigning the evidence for a positive attitude toward labor and technical skill to a narrowly limited period, and interpreting this attitude as a reaction upon the slaveholder's ideology and as a result of the transition from slavery into colonate, it would be well to realize that inscriptions in which commoners express their *philergia* (love of work) do not belong to one period. A comprehensive account of all the evidence will, I am sure, show that pride in one's work and skill is as old as work and skill itself. See JEANNE ROBERT, *REG* (1967), p. 282; L. ROBERT, *Stèles funéraires de Byzance*, pp. 160–62; *Hellenica, XIII*, p. 38; *SEG, XVIII*, p. 456.

19. Vitruvius (to some extent) and Poseidonius are concerned with building, mining, weaving, baking, and farming. Poseidonius ascribes the invention of certain tools to *viri sapientes*. However, he presumably showed no sympathy to certain advanced contemporary techniques like glass blowing and hypocaust building. Where exactly Poseidonius drew the borderline between "philosophical inventions" and vulgar arts I am not sure, but perhaps it was between *ta anagkaia* (the necessary items) and *tryphe* (luxury; compare with PLATO, *Politeia* 369 a–373 d; *Nomoi* 677 a and LAMMLI, *op. cit.*, p. 52). How exactly Poseidonius defined these two concepts we do not know, but it is perhaps not unreasonable to assume that the *vitrearius* belonged to the realm of *tryphe:* he was not a true *vir sapiens* but rather a citizen of Plato's *tryphosa polis*.

20. *Op. cit.*

dantly show what ancient craftsmen and artisans achieved in their often primitive workshops. The aesthetic quality of their products is, in M. I. Finley's words, "psychological, not technological".[21] The artisans were proud of their skill; they were not driven by a constant desire to improve their technique systematically and scientifically. They were proud of their tools and their ability to handle them, but they were not bent on either improving these themselves or adopting improvements excogitated by others. In the course of time small improvements, taught by the experience of generations of ancestors, were made to existing tools; but there were "few signs of mechanical improvements in the routine process of agriculture".[22] Those innovations that are reported to have been made were used in limited areas only.[23] A good example is provided by the ancient methods of threshing. The oldest method was to have the grain trod out by animals; another possibility was the use of an animal-driven threshing sledge, "an obvious improvement on the ancient method of treading out the grain with animals".[24] This sledge was considerably improved by adding wheels: the so-called *plostellum punicum* was a small wagon with wheels and a driver mounted upon it. Columella (2.20.4) who in other respects was by no means uninterested in efficiency, writes: "If you have few teams (of horses) you may hitch them to a threshing sledge . . . "; the implication is that if a farmer had enough cattle or horses, the "obvious improvement" was not practiced.[25] As to the *plostellum*, it was probably rarely used outside Spain, where it had been developed by the Carthagenians.[26] One can imagine an ancient

21. *Loc. cit.*, p. 30.

22. K. D. WHITE, *Agricultural Implements of the Roman World* (Cambridge: 1967), pp. 13–14; see also G. E. FUSSELL, A. KENNY, "L'équipement d'une ferme romaine", *Annales* (1966), pp. 306 ff., esp. p. 323.

23. CH. PARAIN, "Le problème de la diffusion réelle des progrès techniques dans l'agriculture romaine", in R. GÜNTHER–G. SCHROT, ed., *Sozialökonomische Verhältnisse im alten Orient und im klassischen Altertum* (Berlin: 1961), pp. 228 ff., works back from a study of agricultural implements in the preindustrial period to antiquity. He not unreasonably assumes a continuity in the use of tools in agriculture. From this approach the striking fact emerges that certain improved or newly developed tools (*e.g.*, the *ventilabrum*, threshing sledge, oil press, plough, flail, and scythe) described by ancient authors were used only in limited areas. North Italy and Gaul take first place; central and southern Italy were (and still are) backward technically.

24. WHITE, *op. cit.*, p. 155.

25. Compare in the same sense with H. DOHR, *Die italischen Gutshofe nach den Schriften Catos und Varros* (Köln: 1965), pp. 127–128.

26. WHITE, *op. cit.*, p. 156. "Although its rotary action will have made it more efficient than the *tribulum*, the absence of any reference in Columella's lengthy treatment of threshing methods (2.20.3–5) would imply that it had not found favour in Italy"; on the *plostellum poenicum* also DOHR, *op. cit.*, p. 128.

peasant priding himself in his epitaph on his zeal, his love of work *(philerjia)* and showing on his tomb-relief his agricultural implements;[27] but one should not jump to the conclusion that the man was therefore interested in technology. Striking parallels to the attitude toward threshing implements are available in the case of oil presses. From A. G. Drachmann's study it appears that millstones and their cores were improved by craftsmen in the course of time so that the efficiency of the presses increased.[28] On the other hand, little practical use seems to have been made of a completely new type of oil press described by Pliny and Heron of Alexandria, the so-called screw press. This press is admirably discussed and reconstructed by Drachmann in his recent work on mechanical technology in the ancient world:[29] "They are easy to work . . . there is no need in them for a beam nor for a very heavy stone nor for string ropes: they are free from all that and press with a strong pressure and the juices come out altogether."[30] Hero compares the screw press, in which the screw has to be turned now and then to renew the pressure, with the lever press. In Italy archaeologists seem to have unearthed lever presses only, though the new and more efficient type was known there, as shown by a Southern Italian fresco. In North Africa only a few screw presses have been found; the majority of the African oil and wine presses belong to the old type.[31]

There is nothing to show that the Sophists and all those who had a positive view of human hands and *technai*, and who therefore could tempt us into believing that they were Denis de Rougemont's precursors ("penser avec les mains") had a real interest in mechanical technology and in the development of labor-saving and labor-replacing devices. In a series of very subtle articles the French scholar J.-P. Vernant once more has made the point that, if, for example, Protagoras has a positive interpretation of *téchnē*, we should beware of assigning to 5th century words what in our world is inter-

27. The number of epitaphs for peasants is small; in a recent survey in ROBERT, *loc. cit.*, pp. 282 ff.; Pliny the Elder's anecdote on the freedman G. Furius Chresimus (*N. H.*, 18. 41–43) reveals the successful farmer's pride in his implements.

28. A. G. DRACHMANN, *Ancient Oil Mills and Presses* (Copenhagen: 1932); see also FINLEY, *loc. cit.*, p. 29.

29. A. G. DRACHMANN, *The Mechanical Technology of Greek and Roman Antiquity* (Copenhagen: 1963), pp. 126 ff.

30. HERO, *Mechanica* III, 19; see also PLINY THE ELDER, *N.H.*, 18., 317.

31. Compare with F. KIECHLE, "Das Problem der Stagnation des technischen Fortschritts in der römischen Kaiserzeit", *Geschichte in Wissenschaft und Unterricht*, *XVI* (1965), pp. 89 ff.; PARAIN, *loc. cit.*, pp. 232–233. Significantly enough, as FINLEY acutely pointed out (*loc. cit.*, p. 33; contra L. EDELSTEIN, *Journ. Hist. Id.*, *XIII* (1952), pp. 573 ff., esp. p. 583), Pliny knew no inventor's name, though in general the ancients had a passion for recording names of inventors (*profoi heuretai;* compare also with LAMMLI, *op. cit.*, p. 146, n. 352).

preted as a proper technical mentality. The Sophists' views on *téchnē* should be interpreted within the context of their own Weltanschauung: "Il n'y a pas une pensée technique, immuable ... qui s'orienterait comme la nôtre, en fonction d'un dynamisme spontané, vers le progrès. Chaque système technique a sa pensée propre."[32] Protagoras' positive view of *téchnē*[33] stems primarily from his belief in the "république des artisans" as opposed to what has been called the "république des paysans".[34] The artisan deserves his place in Athenian democracy. Both Plato and Protagoras agree that in the system of exchange of products and services, without which a city cannot exist, the artisans are indispensable.[35] We all know that Plato (and for that matter Aristotle, too) nevertheless gave the artisans an inferior position in their *politeia*. Protagoras was more consistent. He provided the ideology[36] for the actual position of the artisans in Athenian democracy. However, it should be borne in mind that the artisans did not participate in civic life as artisans but as human beings who have their share in *aidōs* (respect for the opinion of others) and *dikē* (justice).[37]

32. J.-P. VERNANT, "Remarques sur les formes et les limites de la pensée technique chez les Grecs", in *Mythe et pensée chez les Grecs, op. cit.*, pp. 227 ff., esp. pp. 228 and 233.

33. *Protagoras* 324 c–d; VERNANT, "Remarques sur les formes", *loc. cit.*, p. 209.

34. I borrow this expression from R. Goossens' paper "La république des paysans", RIDA IV (1950) (*Mélanges F. de Visscher*, t. III), pp. 551–577; compare with CL. MOSSÉ, *La Fin de la démocratie athénienne* (Paris: 1962), p. 369 and P. VIDAL-NAQUET, "La tradition de l'hoplite athénien", in *Problèmes de la guerre en Grèce ancienne* (sous la direction de J.-P. Vernant; Paris–La Haye: 1968), pp. 161 ff., esp. p. 170.

35. VERNANT, "Remarques sur les formes", *loc. cit.*, pp. 209–210, 214–215. In "De l'aspect éthique des origines de la monnaie grecque", *Revue Historique 212* (1954), pp. 209 ff., E. Will presents a searching analysis of the views of Plato and Aristotle on the function of the exchange of goods and services in a community. They admit that because of the inequality of, for example, a shoe and a house, a generally accepted standard of value is indispensable. In principle *chreia* (need) is the standard; for without *chreia* there would be no exchange. In actual life, money is that standard: it is the *hypallogma tes chreias* (the exchangeable representative of demand).

36. I am aware that this may be considered a provocative statement; see M. I. FINLEY, "Athenian Demagogues", *Past and Present 21* (1962), pp. 3 ff., esp. p. 9, who distinguishes between an "articulated democratic theory" and "notions, maxims, generalities". This seems to be a case of fighting over words. The fierce criticisms of oligarchical authors on the one hand and Protagoras' myth (for example) on the other make it sufficiently clear that from the fundamental belief in the political equality of the citizen a series of coherent democratic ideas was derived (such as sortition, pay for political functions, and jury courts). Naturally the Athenians did not begin to write up an elaborate democratic theory that was subsequently applied consistently to reality. With the advance of radical democracy, discussion started on the most striking characteristics of that democracy. This may well have led to the rise of a democratic ideology – that is, a coherent set of notions and values, either orally handed down or written down in lost treatises.

37. PROTAGORAS, 320 e ff.

Protagoras compared the world of men, with their manifold technical *dunameis* (potentialities), with the realm of the animals each species of which is endowed with a specific *dunameis*. This means that Protagoras' thoughts on technique are embedded in a rather static overall picture of *nature*. By exercising his *métier* the artisan (the *technitēs*) obeys the principle which governs *nature*.[38] It was *natural* that a shoemaker satisfied the need *(chreía)* of a carpenter and vice versa. Society was a carefully balanced system of needs and services. A man who exercised his craft, one who exerted the *dunameis* which nature had given to him, provided a service rather than setting out to boost production as much as possible.[39] Such a *Weltanschauung* in which the words "static" and "balance" play an essential role is not conducive to a mentality that wants to subdue nature and subsequently indulges in the construction of complicated machines to boost his production.[40]

38. VERNANT, "Remarques sur les formes", *loc. cit.*, p. 214, aptly comments: "Dans sa production, l'artisan voit... sa propre activité *se naturaliser*" (italics added for emphasis). In early Greek medicine *technē* denotes the whole medical activity. The physician aims at restoring the *dikaia phýsis* (normal, natural situation). There is a distinct aversion to the use of instruments and a clear preference "möglichst nur die Hände zur Hilfe zu nehmen; und immer wieder wird das ‚Naturgemasse' (*kata physin kikaiatate physis*) hervorgehoben und gefordert" (F. KUDLIEN, "Wissenschaftlicher und instrumenteller Fortschritt in ihrer Wechselwirkung in der antiken Chirurgie", *Südhoffs Archiv für Geschichte der Medizin und der Naturwissenschaften 45* (1961), pp. 329 ff., esp. p. 330). Those *mēchanēmata* which are accepted owe their acceptance to their being old and *kata physin* (according to nature). *Technē* does not tame physis, it obeys; see G. H. KNUTZEN, "Technologie in den hippokratischen Schriften *Perí diaítēs oxeōn, Perí agmōn, Perí árthrōn embolēs*", *Abh. Akad. Mainz* (1963), No 14, *passim* and LAMMLI, *op. cit.* pp. 36–37. In later Hellenistic times instruments are increasingly used in orthopedic chirurgy: "Spezialmaschinen ... alle von kompliziertem, technisch hochentwickeltem Bau; man spürt das Streben nach immer grösserer technischer Vervollkommung" (KUDLIEN, *loc. cit.*). Oribasius' 49th book is the main source for this phenomenon. DRACHMANN, *The Mechanical Technology*, *op. cit.*, pp. 171 ff., discusses the main medical "machines". It is presumably not fortuitous that this development occurs simultaneously with the inventions of the Alexandrian engineers. The physician was enough of a *technites* to be attracted by their experiments and constructions.

39. Compare n. 35.

40. An important passage on the popularity of *technē* in Athens is provided by *Thuc* I. 142 where Pericles is said to be confident about Athens' chances in the war against Spart. because "all that relates to the navy, is a matter of *technē*"; and *technē* is inseparable from continuous innovations (*Thuc*. I. 71). Remarkably enough *technē* here is military, naval "technique"; the "republic of the marines" shows great flexibility of mind; it experiments with new naval techniques; but the flexibility of the "republic of the marines" (a variation on Max Weber's version of the Greek polis as an association of warriors) does not include a kind of alertness for technological innovations in the field of production. The republic of the warriors is not a republic of producers. Compare with VIDAL-NAQUET, *loc. cit.*, esp. pp. 171–172, and 175. An equally interesting, though much later piece of evidence is

Plato and Aristotle had the odd idea that an artisan should only exchange his products for those of his colleagues. Exchange within the limits of a man's natural need was according to nature. To produce for a market was *chrēmatistikē* ("the art of money-making") and therefore despicable.[41] It seems improbable that the leading Sophists and the *technítai* themselves would have subscribed to this kind of armchair wisdom. "Time is the costliest item of expense" is reported to have been a Sophist's saying;[42] artisans and businessmen are unlikely to have rejected the wisdom of "*pecunia non olet*". However, the crucial point is: Which methods were used to make more

provided by the sacred law of Antiochus of Kommagene who had built and fortified his city and palace and had improved the water supply for his subjects: *Hópla* (tools), *organa* (implements) and *réchanōmata* (mechanical devices) have contributed to that; they are the instruments of the *téchnai euandreias* (*euandreia* means both abundance of good men and manly spirit). There is a strong emphasis on craftsmanship and its ethical and aesthetic implications; once again the productive aspect of *technē* has been neglected. Compare H. DÖRRIE, *Der Königskult des Antiochos von Kommagene im Lichte neuer Inschriften-Funde* (Göttingen: 1964), pp. 42–43.

41. ARISTOTLE, *Politica* 1257 a.6; 1258 a.10; compare also *Eth. Nicom.* V. 5.6 ff. with E. Will's commentary in *Revue Historique* (*loc. cit.*) where Will anticipates many of J.-P. Vernant's views on the Greek ideas about labor. Plato's and Aristotle's criticism on market trade implies that the latter was a common phenomenon in 4th century Athens. K. Polanyi's thesis (in KARL POLANYI, CONRAD ARENDSBERG, and HARRY W. PEARSON, *Trade and Market in the Early Empires* (Glencoe, Ill.: 1957), chap. V; now also available in G. DALTON, ed., *Primitive, Archaic and Modern Economies* (New York: 1958), pp. 78 ff.) that 6th and 5th century B.C. Greece hardly knew what market trade was and that a market economy was nonexistent is untenable. See G. E. M. de St. Croix's remarks in *Econ. Hist. Review, 2nd series, XII* (1960), pp. 510–512. This does not, of course, detract from the great value of the conceptual framework built up by Polanyi for the study of ancient economy. In general it may perhaps be said that generalizations about a single economy of the Greek world should be avoided. First, one should differentiate according to periods (as Polanyi does). Second, within the same period one should differentiate geographically. In heavily underdeveloped areas and in remote villages the system of exchange through price-fixing markets may have been unimportant or even nonexistent whereas at the same time it may have functioned in big cities and ports (Athens, Peiraeus). Third, the very conception of "market mechanism" needs qualification and explanation; see for example, DALTON, *op. cit.*, pp. 312 ff., particularly the following quotations from Polanyi's article, "On the Comparative Treatment of Economic Institutions in Antiquity with Illustrations from Athens, Mycenae and Alalakh", pp. 316–317, 319: "As a wealth-creating organ the agora was not a determining factor of growth... The market place was primarily a social and political institution providing facilities for the people's livelihood. The market mechanism as such did not create the well-known 'economic' obstacles to welfare which are summed up under protectionism." "The agora, which today is falsely regarded as the germ of an institution capable of linking up with similar entities *to form a market system of limitless scope* was in its origin nothing of the sort." (Italics were added for emphasis.) In short, the very use of the word "market" may well entail a whole series of undesirable connotations.

42. DIELS-KRANZ, *Fragm. der Vorsokratiker*[5], Antiphon, fragm. 77.

money? The probable answer is that the production was stepped up by increasing the number of workmen, and possibly by a kind of division of labor.[43] Technological devices that could have made production both cheaper and quicker were not applied.

Even if Protagoras and the other authors I mentioned above had had a genuine interest in mechanical technology, it may be doubted whether they could have dominated the scene in opposition to a great many other philosophers who took an unfavorable view of applied science. The burden of philosophy weighed heavily on ancient science. Many adhered to Plato's view that those philosophers who employed mechanical aids and arrangements constructed from them for the solution of geometrical problems, should be despised.[44] The philosopher relied on his *logos* (reasoning); experiments were too often welcomed only inasmuch as they confirmed preconceived theories. There was "clear, almost total, divorce between science and practice".[45] The majority of ancient philosophers preferred a respectful attitude

43. In a well-known passage (*Cyropaedia* 8.2.5) Xenophon tells us that in a small village "the same man makes couches, doors, ploughs, and tables and often he even builds houses, and still he is thankful if only he can find enough work to support himself. In big cities, however, one trade can easily support one man, because the demand is bigger. A man specializes in shoemaking, and even that trade is split up in several operations: cutting, sewing, assembling". It is true that Xenophon's purpose is to show that specialization (division of labor) improves the quality of the final product, but in Xenophon's text there is a close correlation between the volume of the demand and the subsequent division of labor ("enough work, bigger demand"). Is it misleading to argue that the entrepreneurs introduced specialization in their workshops because they wanted to satisfy an increasing demand? I would not argue, of course, that division of labor was practiced on a large scale throughout the ancient world for that purpose; but it may just be possible that in a few large centers, like Athens, it has been introduced in some branches of "industry". Finley's (see "Athenian Demagogues", *loc. cit.*) and Vernant's ("Remarques sur les formes", *loc. cit.*, pp. 211–212) views on this passage were anticipated more than 40 years ago by H. Bolkestein, whose interpretations are now easily accessible in the English translation: *Economic Life in Greece's Golden Age* (Leiden: 1958), pp. 59–60, of his original Dutch study.

44. PLUTARCH, *Life of Marcellus*, cap. 14. It has been generally assumed that the tunnel of Eupalinos on Samos was the result of practical application of Pythagorean geometry. A recent study (J. GOODFIELD–ST. TOULMIN, "How was the tunnel of Eupalinus aligned?". *Isis 56* (1965), pp. 46 ff.) suggests that the problem facing Eupalinos was one of practical engineering rather than one of geometrical theory. The tunnel was in fact built along one of the few lines by which one can climb up the rugged hillside; probably a series of posts on the ground was the line of constant direction across the mountain. A vertical shaft just outside the ancient entrance, through which light came down, possibly enabled the builder to keep to the line inside the tunnel.

45. FINLEY, "Athenian Demagogues"; for a brief and acute account on the basic characteristics of ancient science, see W. J. VERDENIUS, "Science grecque et science moderne", *Revue Philosophique, 152* (1962), pp. 319 ff.; compare also with F. JÜRS, "Bemerkungen zum

toward nature to attempts to subdue her and make her forces subservient to men. This attitude is admirably illustrated by the famous Delphic answer to the Cnidians who tried to cut a canal through their peninsula: "Zeus would no doubt have made your peninsula an island had he wanted to".[46]

naturwissenschaftlichen Denken in der Spätantike", *Klio 43–45* (1965), pp. 381 ff. There is an endless discussion about whether the Greeks were or were not "experimental". Neugebauer writes about the modern myth that the Greeks developed theories without resorting to experiments: *The Exact Sciences in Antiquity* (Providence: U.S.A.), p. 152. He points to Galen and Ptolemaeus; others add Philoponus, who argued against the doctrine that the speed of a falling body is proportional to its weight: "this is completely false; and this may be confirmed more forcibly by actual observation than by any sort of verbal demonstration" (compare with G. E. R. LLOYD, "Experiment in early Greek Philosophy and Medicine", *Proc. Cambr. Phil. Soc.* (1964), pp. 50 ff., esp. p. 62); but it may still be true to say that the ancient experimental method was rudimentary, and that experiments were rarely the starting point för modifying existing theories and seldom led to new conceptual schemes. CL. PRÉAUX, "Sur la stagnation de la pensée scientifique á l'époque hellenistique". in *Americ. Studies in Papyrology* (*Essays in honour of C. B. Welles*), Vol. I (1966), pp, 235 ff., has recently shown how Aristotle stuck to old conceptual schemes and opposed the new theory of heliocentrism put forward for moral and emotional reasons by others on the basis of systematic observations of the movements of the planets. This attitude, however, did not prevent him from criticizing the Pythagoraeans for not adapting their reasoning to observed facts! D. Gigon has recently emphasized Aristotle's failure to link mathematics with physics and biology to make ancient science more exact and thereby to create the possibility of jumping from theory to technical applications ("Plinius und der Zerfall der antiken Naturwissenschaft", *Arctos IV* (1966), pp. 23 ff.; compare also with LAMMLI, *op. cit.*, pp. 61–62 and 144, n. 335). Even an eminently practical scholar like Heron of Alexandria does not seem to have approached his mechanical problems by calculation. He tried empirically to make effective machinery by combining the five basic machines (wheel and axle, lever, pulley, wedge, and endless screw) but he could hardly compute machinery (compare with R. J. FORBES, "The Ancients and the Machine", *Arch. Intern. d'Histoire des Sciences, 28* (1949), pp. 919 ff., esp. p. 921).

46. HERODOTUS, I. 174; compare VERDENIUS, *loc. cit.*, p. 330; LAMMLI, *op. cit.*, pp. 47–48, b2, and 121, n. 250. Admittedly the idea that man ruled over nature and that nature should serve the interests of man does occur in Antiquity (compare XENOPHON, *Memorabilia* 4,3 compare with LAMMLI, *op. cit.*, pp. 48–49; p. 117, n. 235; p. 124, n. 257). GIGON, *loc. cit.*, has a series of interesting reflections on why nevertheless "die Antike den Sprung von der Theorie zur technischen Praxis nur in wenigen Sektoren unternommen hat; davon dass sie die Technik planmässig zur Verbesserung der materiellen Lebensbedingungen herangezogen hätte, kann überhaupt keine Rede sein". Most recently G. E. R. Lloyd has offered a very subtle interpretation of "Plato as a Natural Scientist", *JHS 88* (1968), p. 78 ff. In spite of Lloyd's subtlety I still feel that Timaeus 68d is strong evidence for Plato's dislike of experiments. There is a wide gap between God, who has knowledge and power, and man, who basically is and will remain incapable of finding out the truth. It may be true that Plato, and for that matter other philosophers as well, occasionally did not object to certain concrete experiments (compare Lloyd's discussion of the Timaeus-passage) but his overall attitude certainly was and has been felt to be detrimental to the making of *systematic* experiments.

Plato's criticism implies that there were philosophers who did combine their abstract thought with the practice of mechanics. The author of the Peripatetic treatise *Mechanical Problems* was one of these philosophers. He was struck by the miraculous fact that by the use of special instruments a small force under certain conditions can move a larger weight. In this respect he shares the mentality of the sophist: the latter made "the weaker cause stronger" *(ton hēttō logon kreittō)* through his rhetorical *téchnē*; the former used his mechanical *téchnē* to bring about that "the smaller and weaker forces become superior to the bigger and stronger" *(ta elattō kratei tōn meizonōn)*. This achievement was *thaumasion* (strange, astonishing), and the author's main purpose was to *explain* this. He did so by representing all mechanical processes as the results of a number of basic instruments (lever, pulley, windlass, wedge). In their turn these instruments were all said to derive from the circle. "Cette démonstration fixe d'avance les limites au-delà desquelles cette *téchnē* ne doit pas s'aventurer."[47] But there is something else which even more precluded the development of an unlimited *téchnē*. The Peripatetic author defined *téchnē* as something which in a way is *para physin* ("contrary to nature") and in doing so he perhaps unconsciously showed that same respectful attitude toward nature which was on record in the Delphian oracle to the Cnidians. In his definition of *téchnē* the author apologized, so to speak, to nature for his work. Lämmli rightly says: "Ganz besonders eindrücklich präsentiert sich die den Griechen hemmende Scheu vor der Physis, wenn selbst der Verfasser ... der 'Mechanischen Probleme' die Mechanik als eine Art Paraphysik definiert, mit deren Hilfe es durch die 'unnatürlichen' Mittel der *Téchnē para tēn physin* gelingt, die Natur gewissermassen zugunsten des menschlichen Nutzens zurechtzubiegen und zu überlisten."[48]

Hero of Alexandria adopted this coherent system of basic instruments of the Peripatetic author. He merely added a number of rather primitive calculations to solve the problem of moving a heavy burden with a small force by means of these instruments.[49] It is worthy of note that Vitruvius in the introduction to his tenth book on machines preached without any misgivings the following message: "All machinery is generated by Nature and the revolution of the universe guides and controls ... Our fathers ...

47. VERNANT, *loc. cit.*, p. 236.

48. LAMMLI, *op. cit.*, pp. 64–65.

49. Outside the realm of the five basic instruments, in the field of ballistic and pneumatic machines, the powers of physis are hardly calculated at all. Such machines are *thaumata* (miracles): "La machine réalise donc une maîtrise sur des forces physiques qui échappent au contrôle rigoureux de la raison" (VERNANT, *op. cit.*, p. 240). According to Drachmann (*op. cit.*, p. 91) Hero did not know how to compute the power of the endless screw.

took precedents from Nature; imitating them and led on by what is divine they developed the comforts of life by their inventions."[50] Nature was regarded as sovereign; the engineer respectfully followed her while drawing strongly on his *logismos* (calculation, reasoning). It is true that *empeiria* was not absent but it was a matter of ineffectual observation. The two rarely joined in order to formulate exact physical laws. Measuring and calculating were the undeveloped spots in the conceptual system of the philosopher-engineer. Vernant has acutely observed that in ballistics and pneumatics the forces of nature were hardly measured at all. The principles of energy stored in compressed air and steam were well known, but "neither the machines nor the forces they harness, nor the effects have been calculated".[51] As a result, all pneumatic instruments and machines remained toys. *Logismos* could not control them. However different the mentality of ancient scientists and engineers may have been from that of the post-Cartesian counterparts, it remains a fact that by combining theory and practice[52] the ancient engineers[53] produced a number of remarkable devices. Descriptions of them are available in their treatises and in that of Vitruvius. The following points which illustrate the interplay between technology and society deserve mention:

1. Of the five main powers of wedge, lever, pulley, windlass, and screw,

50. VITRUVIUS, *De Architectura* X. 1.4.

51. VERNANT, *op. cit.*, p. 240; compare also with n. 49.

52. Compare, for example, with Pappus, apud COHEN, DRABKIN, *op. cit.*, pp. 183–184; "The mechanicians of Hero's school tell us that the science of mechanics consists of a theoretical and a practical part. The theoretical part includes geometry, arithmetic, astronomy and physics, while the practical part consists of metalworking, architecture, carpentry, painting, and the manual activities connected with these arts. One who has had instruction from boyhood in the aforesaid theoretical branches, and has attained skill in the practical arts mentioned, and possesses a quick intelligence, will be, they say, the ablest inventor of mechanical devices and the most competent master-builder." Pappus summarizes his views as follows: "Such, then, is the nature of mechanics, which is both a science and an art" (*ibid.*, p. 185); see also VITRUVIUS, I. 1.1–2, where the author advocates a combination of theory and practical skill for the architect. After the foregoing it is not surprising to learn that in Roman sources "philosophus" sometimes acquires the meaning of "building expert" or "technician" (R. MACMULLEN, *Soldier and Civilian in the Later Roman Empire* (Cambridge, Mass.: 1967), p. 34.

53. FORBES, *op. cit.*, Vol. VII, p. 140, asserts that the Peripatetic philosopher Straton of Lampsacus who experimented with a vacuum space (COHEN, DRABKIN, *op. cit.*, pp. 245 ff.) wrote a book on mining tools and techniques. This would be a rare and therefore a most welcome example of a philosopher who was interested in tools and wrote about them. However, in F. Wehrli's interpretation (*Straton von Lampsakos* (Basel: 1950), p. 70) the title of Straton's lost work *Peri tōn Metallikōn* points to a pharmacological treatise. J. SCHNAYDER, "Technologisches in den Werken Theophrasts", *Eos* 52 (1962), pp. 259 ff. was inaccessible to me.

the first four were undoubtedly known and used long before the theoreticians began to write about them. The author of *Mechanical Problems* mentions the compound pulley in connection with house building.[54] He points out that by means of compound pulleys and windlasses great weights are moved in the building trade. B. Gille[55] notes the use of the windlass and the pulley from the 6th century onwards, both in the theater *(deus ex machina)* and for loading and unloading vessels. The lever was used in oil presses and in the *kēloneion* (swing beam), the Egyptian *shadouf* consisting of a bucket attached to the end of a lever.[56] The *kēloneion* is on record in an Athenian inscription from the 5th century.[57] One gets the impression that in many respects the craftsmen had already helped to achieve operations which were otherwise impossible or possible only through excessive effort. It may have been that the engineers improved the devices used by the craftsmen, but I see no way of determining exactly which contributions were made by whom.

2. Even if we assume that the devices used for lifting heavy objects were considerably improved by the engineers, we must proceed to point out that they were by no means used on a large scale. Vitruvius[58] contrasts, for example, building cranes and watermills which "seldom come to hand" with objects "we have in hand everyday" such as chariots, wagons, millstones and bellows. Since his work is intended to be read by specialized readers, we may assume that Vitruvius believed that cranes and watermills were only rarely used. For ordinary houses of one storey, no cranes were used, according to Drachmann: "They had to be procured for temples and public buildings."[59]

3. Both Hero and Vitruvius are convinced of the great value, nay, even necessity of their devices.[60] However, they do not recommend them to achieve greater productivity or economy of effort.[61] Hero believes that his

54. *Mechanical Problems*, Problem 18; compare with DRACHMANN, *op. cit.*, pp. 15–16.

55. B. GILLE, in *A History of Technology* (Oxford: 1956), vol. II, p. 630.

56. FORBES, *op. cit.*, Vol. II, pp. 32 ff.

57. Hesperia 30, 1961, 26 ff.; for the *keloneion* in Egyptian agriculture see A. SWIDEREK, *La Propriété foncière privée dans l'Egypte de Vespasien et sa technique agricole d'après P. Lond. 131 recto* (Wroclaw: 1960), pp. 58 ff., 84 ff., 96 ff.

58. VITRUVIUS, X, 2; X 1, 6; compare with my article "Technology and Society in the Greeco-Roman World", *Acta Historiae Neerlandica II* (1967), pp. 1 ff., esp. p. 10, n. 2.

59. DRACHMANN, *op. cit.*, p. 145; compare with FORBES, *loc. cit.*, pp. 922–923; "A certain amount of machinery such as cranes was introduced in the building crafts but no efficient solution for hauling heavy materials was found."

60. VITRUVIUS, X, 1, 2; X, 6, 4 (*infinitae utilitates*, for water-drawing machines); 7, 4 (*utilia et necessaria*); 9, 7; HERO, *Mechanica* I, 34 (DRACHMANN, *op. cit.*, p. 49); II, 4–5 (*ibid.*, 55 ff.).

61. This point, made by Finley (*loc. cit.*, pp. 34–35) for Vitruvius, is valid for Hero as well.

devices will be "of great use in the handling and lifting of burdens".[62] It is worthy of note that a special device described and constructed by Hero to move a weight of 1,000 talents with a power of 5 talents belongs to the realm of theory.[63] Neither his complicated, if labor-saving, cogged wheel mechanism (the *baroulkos*) nor his device that resulted from a combination of the lever, the pulley, the axle and wheel, and the screw, were more than theoretical examples.[64] In the case of the *baroulkos* it is important to note that at the end of its description Hero added the specific advice: "... if we do not want to use toothed wheels, we wind ropes round the axles and wheels."[65] Drachmann[66] aptly remarks that that was the actual method, as described by Vitruvius (10,2). I will omit the technical details of Vitruvius' description of "hoisting machines" in 10,2 but would like to emphasize his final sentence: "... but if a greater wheel is placed either in the middle or in one of the outer ends, it may have a swifter effect on the work without a capstan by treading men."[67] Archaeological reliefs show that men walking in a treadmill did in fact power the ancient building crane.[68] Hero and Vitruvius were both convinced of the need of some sort of device to be used for lifting heavy blocks. Indeed, the lifting of heavy blocks to the top of a building is an operation "which would otherwise [be] impossible or possible only by excessive effort".[69] Instead of using a capstan and saving manpower, Vitruvius preferred the treadmill. As to the endless screw, engaged in the teeth of a wheel and enabling a single man to lift a 1,000 talents easily, it is appropriate to remember Drachmann's words: "At this time the endless screw was not used for cranes and hoists. Instead of multiplying the engines the contractors would multiply the manpower; what one worker could not do was done by ten or twenty or fifty workers pulling together under the command of an overseer."[70] In this context the well-known anecdote told by Suetonius of

62. *Mechanica* I, 34 (DRACHMANN, *op. cit.*, p. 49).

63. *Mechanica* I, 1; II, 21 (*ibid.*, pp. 22 ff., 82 ff.).

64. *Mechanica* II, 29 (*ibid.*, p. 89 ff.).

65. *Mechanica* I, 21 (*ibid.*, p. 83).

66. *Ibid.*, p. 32.

67. VITRUVIUS, 10.2.7 (*ibid.*, p. 146).

68. See the illustrations in the *Oxford History of Technology*, Vol. II, pp. 637 (fig. 578); pp. 660 (fig. 603).

69. "All in all, it is correct to say that for Vitruvius the sole aim of technical advance (apart from aesthetic considerations) is the achievement of operations which are otherwise impossible, or possible only by excessive effort" (FINLEY, *loc. cit.*, p. 35). I had made the same point simultaneously; see *Acta Historiæ Neerlandica II* (1967), p. 24; compare with Vitruvius X, 1, 5 who writes that without the construction of wagons and ships, transport would have been impossible.

70. DRACHMANN, *op. cit.*, p. 91.

Vespasian[71] deserves a place: "When an engineer offered to bring some large columns to the Capitol for a small fee Vespasian rewarded him substantially for his invention but did not have the work carried out, arguing that the engineer should not let him take the bread out of poor people's mouths." Forbes[72] assumes that the mechanism referred to was one driven by water power, but there is nothing to this effect in Suetonius' text. It is equally possible that our mechanic had constructed a complicated cogged wheel system of the kind invented by Hero. However this may be, it is clear that in this instance a social factor (excess manpower) impeded the use of a labor-replacing machine.

The above picture holds good for the methods and devices used for raising water.[73] Just as the ancients were sensible and practical enough not to have their heavy marble blocks pushed forward on an incline by manpower,[74] similarly they improved upon the bucket attached to a rope. This primitive first stage was followed by a combination of bucket and lever (the *dia cheiros* method of the *shadouf*).[75] In the third stage pots or hollow compartments were attached to the rim of a vertical waterwheel geared to a horizontal wheel turned by man or animal. This method presupposes the invention and development of the gear-wheel, probably to be dated to the beginning of the Hellenistic era.[76] We first encounter this *sakiyeh* in a 2nd century papyrus. Whether it became a frequently used device in the Roman period[77] is hard to tell. It may be true for Egypt but Vitruvius mentions the manpower-driven waterwheel ("wheel of pots" and "compartment-wheel" in Forbes' terminology) in his discussion of rarely used machines (see above).[78] However,

71. SUETONIUS, *Life of Vespasian*, p. 18.

72. *Op. cit.*, Vol. II, pp. 96–97.

73. *Ibid.*, pp. 32 ff. has an excellent discussion of the various methods of raising water.

74. On the use of sleds for dragging loads see HERO, *Mechanica* I, 21–22 (DRACHMANN, *op. cit.*, p. 47) and the reconstruction in *Revue Archéologique* (1966), fasc. 2, pp. 245 ff., esp. 270–271.

75. See n. 56 and 57.

76. FORBES, *op. cit.*, vol. II, pp. 32–34; on the gear-wheel see DRACHMANN, *op. cit.*, p. 203.

77. FORBES, *loc. cit.*; compare with M. SCHNEBEL, *Die Landwirtschaft im hellenistischen Ägypten* (München: 1925), pp. 71 ff. and SWIDEREK, *op. cit.*, pp. 84 ff. and 96 ff., who shows that the organa ("implements") used in *P. Lond. 131* were *shadoufs* and Archimedean screws (and not *sakiyehs*). The *sakiyeh* was technically more complicated than the screw but had the advantage that it could be driven by animals; the screw was driven by manpower, namely human feet. In Egypt the screw seems to have been used more widely than the *sakiyeh*. Manpower was apparently no problem; nor were those devices applied primarily to save manpower. The objective was rather to avoid the extreme difficulty of manual methods. In fact Vitruvius (X.4) does not even mention the possibility of an animal-driven waterwheel; he has it turned by treading men.

78. VITRUVIUS, X.4.

the so-called Archimedean screw, driven by manpower (with the feet and not with the help of a crank, a device unknown to ancient engineers)[79], was in fact used in Egypt for purposes of irrigation. Diodorus adds that Archimedes was credited with the invention of this screw and that it was also used for draining mines: "An enormous amount of water is thrown out, to one's astonishment, by means of a trifling amount of labour."[80] In addition to screws, large compartment wheels were used in mines; they were worked by treadmills moved by two, three, or even more men. It was only in medieval times that animal power was used underground for draining purposes.[81] Antiquity surely saw the passage of the stage in which each bucket of water was carried by an individual man.[82] There was an awareness that some methods for raising water were labor-saving, though admittedly this was an "astonishing" fact to the historian Diodorus. This awareness progresses in Cato's advice, for example, not to waste labor and to keep slaves occupied all the time. But it does not reach the fourth stage in which manpower becomes redundant. To this stage belong the waterwheels, which could be used both for raising water and providing power to grain mills, and the windmill. The latter has been described by Hero, and Drachmann has shown, in contrast to Forbes, that Hero's description is not a later addition to the manuscript.[83] Water-driven grain mills, though known in the 1st century B.C., were not used on any significant scale until the late Imperial period. Typical examples are the Arles mill (4th century), the mill at Tournus, and the early Byzantine mill on the Ianiculum at Rome.[84] The record is late and hardly impressive; the windmill had never been used in Antiquity. To explain the rare and late use of grain mills scholars have pointed out that such mills require a constant and abundant supply of water and that this requirement was rarely met. I do not think this explanation at all satis-

79. Compare FORBES, *op. cit.*, Vol. II, p. 38; on the crank see also L. WHITE, *Medieval Technology and Social Change* (Oxford: 1963) pp. 103 ff., 160, 167.

80. DIODORUS, I. 34; V. 37. The words "to one's astonishment" are significant. Ingenious devices, like the water raising screw, were *thaumata* (miracles); see n. 49; for the Archimedean screw see also STRABO, XVII, 1.30.

81. For animals working a chain pump underground in medieval times see FORBES, *op. cit.*, Vol. VII, p. 218.

82. However, hand bailing in relays remained common just as did the transport of ore to the surface with relays of slaves; compare *ibid.*, p. 211 (quoting PLINY, *N. H.*, 33, 21, 71) and p. 208. From Forbes's studies one gets the impression that in the Hellenistic Roman period in rich mines both drainage machinery and hoisting apparatus have been increasingly used. But they did not oust the older methods and, as said in the text, were not ousted themselves by animal power. Once again the ancients went halfway to avoid the extreme difficulties of manual methods.

83. DRACHMANN, *op. cit.*, p. 206 (with further references).

84. See my survey in *Acta Historiae Neerlandica, loc. cit.*, pp. 11 ff.

factory[85], but even if it were, it would not suffice to account for the neglect of the windmill. Wind is available everywhere, though I realize that all countries are not as windy as my own!

Another example of great labor-saving value is the by-now-well-known mechanical reaper, described by Pliny the Elder and Palladius and recognizable on several archaeological reliefs.[86] Both the literary evidence and the reliefs show that its use was probably restricted to the large estates in Northern Gaul. Palladius and Pliny strongly emphasize the labor-saving aspect of this machine. Palladius adds that "this machine is useful on open places or where the ground is level and in areas where the straw has no economic value". The latter information has been particularly emphasized by some scholars. They argue that "special conditions prevailing both in regard to the size of agricultural units and to supplies of manpower tended to favour the use of labor- and time-saving methods of production".[87] To lump two such entirely different factors together, in my view, creates confusion. Open plains where the ground is level surely were available in a great many areas outside Gaul (Greece, Egypt, North Africa, Sicily, Italy). Pliny admittedly says that the reaper was used on Gallic latifundia but this is by no means tantamount to saying that it could be used on latifundia *only*. Even if that were so, the machine still could have been used on a large scale outside Northern Gaul. I do not see how the "growth habit of autumn-sown wheat elsewhere in the Mediterranean areas"[88] could have worked against the use of the reaper outside Gaul. Could the Gallic specimen not have been adapted to different situations? In other words, the manpower argument seems to me the really decisive factor. In Gaul there probably was a shortage of agricultural labor, especially of casual labor at harvest times. There is, at least, nothing in our sources which contradicts this; and the literary sources mention the reaper within the context of *raritas operarum* (scarcity of laborers) and the saving of *hominum labores* (manpower) by means of *unius bovis opera* (energy of one ox).[89] Perhaps we are now in a position to explain what delayed the adoption of water-driven grain mills in the later Roman Empire. The late A. E. R. Boak has recently written a study entitled *Manpower Shortage and the Fall of the Roman Empire in the West*. The question whether the manpower shortage was due to a decline

85. *Ibid.*, p. 13, note 2; see in the same sense FINLEY, *art. cit.*, p. 36.

86. The best and most recent discussion is to be found in K. D. WHITE, *op. cit.*, pp. 157 ff.; see also "Gallo-Roman Harvesting Machines", *Latomus 26* (1967) pp. 634 ff.

87. K. D. WHITE, *op. cit.*, p. 172.

88. *Ibid.*, p. 171.

89. White's arguments against RENARD, *op. cit.*, p. 170, are identical with mine, *loc. cit.*, p. 15.

in the population (Boak) or to a faulty division of labor (A. H. M. Jones "the excessive number of idle mouths")[90] is irrelevant here. Regardless of the reason, there was a manpower shortage on the labor market. Therefore, is it entirely by chance that during the later Roman Empire, a period of manpower shortage, it is evident that the watermill was used for grinding corn? The corollary of all this is, of course, that the presence of a plentiful supply of manpower in Antiquity is generally an important factor in any attempt to account for the little headway made by labor-replacing and/or labor-saving machinery.[91] I expressly avoid the term "slavery" here. I readily concur with the views expresssed by F. Kiechle on the interrelationship between slavery and technology in the Roman Empire as expressed in an article in 1965.[92] The theory that slaves were too stupid and disinterested to be able to manage technologically advanced devices can no longer be supported. Columella[93] recommends the employment of slaves for skilled jobs such as vinedressing, and the number of skilled laborers that were slaves is great. The notion of the abundance of manpower, comprising both slaves and other forms of dependent labor and free laborers, is merely quantitative. Qualitatively slaves were not inferior to free craftsmen, and qualitatively technology, in the sense of refined craftmanship, did advance, as shown by Kiechle's examples.

However, the manpower argument should not lead us toward a mono-causal explanation of the technological stagnation in Antiquity. The use of the mechanical reaper did not extend to areas outside Gaul in spite of a shortage of manpower prevailing in the entire Western Empire. Similarly, manpower shortage did not induce the ancients to revoke Vespasian's verdict on the hoisting apparatus of the 1st century A.D. Why had this invention, whatever it may have been, not been put into practice in a time in which the *plebicula* might well have decreased? Why had Hero's windmill never been welcomed as a serious contribution to the solution of labor problems? Why must we wait until the Middle Ages before the energy produced by the watermill is utilized in industrial processes?[94] It is clear that the manpower argument alone will not answer these questions. I would like to repeat an earlier suggestion[95] here and draw your attention to the very complex problem of the mentality of the leading social groups. We have already pointed

90. On these problems see M. I. FINLEY, *JRS 48* (1958), pp. 156 ff., (with the quotation from A. H. M. Jones on p. 159).

91. On the importance of the manpower factor see also my article, *loc. cit.*, p. 13 ff.

92. See n. 31.

93. COLUMELLA, I. 9.4–5.

94. See L. WHITE, *op. cit., passim.*

95. *Acta Historiae Neerlandica, loc. cit.*, pp. 17 ff.

out that most ancient philosophers had strong objections to the practical application of scientific theories. Well known and particularly illustrative of this mentality is Archimedes' point of view as expressed by Plutarch: "he regarded the work of an engineer and every art that ministers to the needs of life as ignoble and vulgar".[96]

It would be unwise to project *a priori* the view of a small select group of philosophers onto the leading strata of society. Seneca's categorical condemnation of man's desire for material gain, in which progress in technology is said to be rooted (*Ep.* 90), is more likely to be a reaction against, than a reflection of, social realities. Greek and Roman aristocrats certainly had been dominated by profit-seeking motives. How otherwise can we explain Aristotle's invectives against *chrēmatistike* (the art of making money)? However, to avoid falling into the trap of the time-honored slogan "Human nature remains the same"[97] it is necessary to point out that the way in which that motive was satisfied is essential. I have no doubts that the ancient way was different from the post-Cartesian and, if we may believe Lynn White, from the medieval way as well. Archimedes' view, I submit, was widely shared by the ancient upper classes. It is the anonymous 4th century A.D. author of the pamphlet "De rebus bellicis", admirably edited and commented upon by E. A. Thompson, who provides the best evidence: "It is universally agreed that in the technical arts (among which we include the invention of weapons) progress is due not to those of the highest birth or immense wealth or public office or eloquence derived from literary studies but solely to men of intellectual power (which is the mother of every excellence), depending as it does on a happy accident of nature."[98] The literary-rhetorical, semi-philosophical pattern of education was not conductive to a genuine interest in technology.[99] The same anonymous author contrasts this attitude

96. PLUTARCHUS, *Life of Marcellus*, cap. 14; compare with LAMMLI, *op. cit.*, p. 65.

97. See R. C. van Caeneghem's excellent article "Psychologische Geschiedenis", *Tijdschrift voor Geschiedenis 78* (1965), pp. 129 ff. for a welcome discussion of the value of the slogan "human nature remains the same".

98. E. A. THOMPSON, *A Roman Reformer and Inventor* (*Being a New Text of The Treatise* "De rebus bellicis", *with a Translation and a Commentary*) (Oxford: 1952), Preface, p. 4.

99. In this respect it is worthy of note that the aristocracies which increasingly came to dominate political life in the Hellenistic-Roman city-states counted many well-known rhetors, sophists, and philosophers among their members. Epigraphical (see M. N. TOD, *JHS* (1957), pp. 132 ff. (with L. Robert's comments in *REG* 1958, p. 197 ff.); L. ROBERT, *Hellenica IV*, pp. 115 ff.; *XI–XII*, p. 283, n. 4, p. 485, n. 1; *L'Ant. Class. 35* (1966), pp. 395 ff.; J. POUILLOUX, *REG* (1967), pp. 379 ff.; C. P. JONES, *H. St. Cl. Ph. 71* (1966), p. 205 ff. and literary (*e.g.*, Philostratus' *Life of the Sophists*) sources amply testify to this phenomenon, which deserves a fully documented study. L. Robert has recently pointed out that the verbosity of a great many city-state decrees from the Hellenistic-Roman period reflects the

with that of the barbarians, who are credited with a flair for technology and the invention of technical devices.[100] Is it entirely fortuitous that the mechanical reaper had been developed among "barbarian" frontier tribes?[101]

The economic component of the ruling class's mentality should not be neglected in this respect. To put it bluntly, the ancient economy was a prestige economy, not an investment economy. This possibly rather provocative statement finds, in my view, striking illustration in passages from the Roman agronomist Columella and the polymath Pliny the Elder. It would be demonstrably false to argue that the Roman agronomists – Cato, Varro, Columella – showed no sensitivity to profit making. Their works are full of practical hints about the quality of the soil, the (non-) profitability of certain crops, the labor-forces to be used, and so on.[102] However, M. I. Finley's words on Cato's agricultural advice are noteworthy: "All this is cheese-paring; it is not economic rationalism."[103] Finley also correctly

thorough literary-rhetorical training of the political leaders (*REA* 62 (1960), p. 325). An interesting study could and should be made of those typically rhetorical and philosophical terms which are on record in inscriptions (compare, among other things, ROBERT, *Hellenica XIII*, pp. 177–178; *Revue de Philologie* (1967), p. 11, n. 2). E. LE ROY LADURIE, *Les Paysans du Languedoc* (Paris: 1966), has explained the static character of the rural economy of Languedoc by pointing to "un immobilisme technologique enveloppé, porté par toute une série de blocages culturels (p. 640); "sainteté" and "gloire" were more important than economic expansion.

100. *Ibid.*, Preface 4: *minime a rerum inventione, natura opitulante, habentur alienae;* on the theme of the technological contributions made by the "barbarians" see L. WHITE *Speculum 15* (1940), pp. 141 ff.

101. The same can be said about the wheeled plough, apparently, if we may believe PLINY, *N.H.*, 18. 172, developed in *Raetia;* see K. D. WHITE, *op. cit.*, pp. 139–140 and L. WHITE, *op. cit.*, pp. 42 ff. Compare also with P. R. L. Brown's interesting remarks in "The Later Roman Empire", *Econ. Hist. Review* (1967), pp. 327 ff., esp. pp. 336–337, on the failure of the Romans to "develop a 'Northern' agrarian society as an alternative to that of the Mediterranean" and in general on the *damnosa hæreditas* which the Mediterranean was for the rest of the western Empire.

102. For Columella's concept of the profitability of a farm see, *e.g.*, I. 8.8 (the manager of an estate should keep in repair and store twice as many tools as the number of slaves required, "for the loss in slave labor exceeds the cost of articles of this sort"). Compare with K. D. WHITE, "The Productivity of Labour in Roman Agriculture", *Antiquity 39* (1965), pp. 102 ff. Columella knows that labor costs money. He has definite criteria with which to determine how many laborers were needed on an estate. Those laborers should be fully employed, but there was no attempt to bring down their number and to use labor-saving machinery instead. For Columella the best method of threshing is with the flail: it threshes the grain with less waste than when animals are used to tread out the grain (2.20.3). However, the best method is expensive in terms of man hours. White rightly says: "So long as there was a plentiful supply of labour there was no pressure to introduce labour-saving machinery."

103. *Art. cit.*, p. 40.

pointed out that we would look in vain for a trace of, for example, the Gallic reaper, the screwpress, and the watermill in the manuals of Varro and Columella. Even if it could be argued that the Latin agronomists were not only sensitive to but also dominated by considerations of economic rationalism[104], this would not seriously affect our case. Columella criticizes contemporary estate owners so frequently and consistently that the conclusion obtrudes itself: Columella, for all his supposed sensitivity to economic activities, was a rather lonely man. Columella brilliantly describes the prevailing mentality of 1st century A.D. landowners "who for various reasons abandon their most beautifully planted vineyards before they reach the age of bearing, some shrinking from the yearly expense and thinking it the first and surest income to have no outgo at all ... Some consider it a fine thing to have extensive rather than well-tended vineyards. I have known a very great number also who were convinced that their land must be cultivated, whether by good means or bad". Pliny the Elder corroborates this description: "... nothing can be less profitable than to cultivate your lanp to the fullest extent *(optime)*." He praises the ancestors whose highest wisdom was to

104. Judging from his recent paper "Pline le Jeune et les problèmes économiques de son temps", *Rev. Et. Anc. 69* (1967), pp. 62 ff. I would not be surprised if this would be the main thesis of Prof. Martin's studies on the agronomists. In this judicious article Martin rightly contrasts the mentality of Pliny the Younger and Columella with that of the great majority of 1st century A.D. landowners. Pliny and Columella are convinced that viticulture pays well provided the landowner is interested in the subject, supervises the operation himself or leases the land to coloni, and is prepared to invest money in the vineyard. Martin may well be right in distinguishing between "propriété latifondiaire" (*e.g.*, Trimalchio) and "grande propriété" (Pliny the Younger; this distinction is sadly overlooked by K. D. WHITE, "Latifundia", *Bull. Inst. Class. Stud. 14* (1967), pp. 162 ff.), but his views on Pliny (III, 19.4 and 7), in which he finds an awareness of the economic importance of investment, seem overly subtle. The *pulchritude iungendi* (III. 19.2) and the feeling that the new lands produce a *reditum sicut modicum ita statum* seems more important than the meteorological point in Chap. 4. Pliny's tendency to buy good slaves instead of chained ones (Chap. 7) must be accounted for on ethical rather than on economical grounds. Columella, supposedly Pliny's mo (on thisdel point Martin and White agree), recommended the use of chained slaves in vineyards. These slaves were both strong and quick-witted but also unruly and consequently they worked in chains under the supervision of a monitor. Columella adds that an honest man (*homo frugi*) of equal quickwittedness will, of course, do everything as well as the unruly bad slaves. the use Pliny rejected of chained slaves and prefers to buy good honest slaves (*frugi mancipia*); for the latter he had to pay more; apparently unruly (and intelligent) slaves were cheaper than honest ones who were equally intelligent. Pliny's slaves cost more because they were more reliable. Pliny's criterion was ethical, not that of "un exploitant agricole". Instead of talking too quickly about an investment mentality, scholars would do better to ponder the views of the modern economist Schumpeter, as quoted by FINLEY, *art. cit.*, pp. 40, 38.

spend as little as possible *(ut quam minimum esset impendii)*.[105] The significance of the saying "nothing ventured, nothing gained" would have been entirely lost on landowners with this kind of outlook. These two passages show that the average landowner was not inclined to adopt better agricultural methods or to employ or purchase labor-saving devices that involved an initial outlay. It was simply considered not worthwhile to install a watermill for mechanization and cutting down the work of grinding corn, as long as it cost 500, 750 or 1,750 denarii more than a horse mill, donkey mill or handmill.[106]

These passages relating to the mentality of the average landowner are the more important, since throughout Antiquity agriculture remained the basis of economic life. Finley and I have simultaneously and independently emphasized this point.[107] Naturally there were important centers of trade[108], such as Ostia and Alexandria, but in terms of the taxes paid by the various sectors of economic life, commerce and business were relatively unimportant even in the big trading centers. Admittedly, in recent studies[109] on specific

105. COLUMELLA, IV, 3; PLINY, *N. H.*, XVIII, 30, 36, 39, 43; on these passages compare with J. J. M. TAEYMANS, *De Naturalis Historia van C. Plinius Maior als bron voor de economische geschiedenis van de Romeinse Koningstijd en Republiek*, diss. (Leiden: 1962), pp. 140–141. In general Pliny was convinced that a farmer, who wants to cultivate his land well, should be prepared to work as hard as possible: *profecto opera, non impensa, cultura constat* (indeed husbandry depends on labor, not on expenditure, 18.43). The Loeb text reads: *profecto opera impensa cultura constat* (husbandry depends on expenditure of labor). The Teubner text seems preferable here. Quite apart from the fact that most manuscripts read *non impensa*, it may be said that Pliny himself tended to distinguish between *opera* (the farmer himself, his family, or other people who are interested in agriculture) and *impendium* (slaves, wage laborers, and *a fortiori* expensive implements); the latter should be kept down as much as possible. The case of C. Furius Cresimus illustrates the principle (18.41–2). The emphasis is on the zeal and devotion of the worker(s). Admittedly Furius had *ferramenta egregie facta* (iron tools of excellent make) such as "heavy mattocks, ponderous ploughshares and well fed oxen"; however, the financial aspect of these high-quality implements is not considered at all by Pliny.

106. Compare with L. A. MORITZ, *Grain-Mills and Flour in Classical Antiquity* (1958), pp. 102, 138.

107. FINLEY, *op. cit.*, pp. 40–41; PLEKET, *loc. cit.*, p. 23.

108. As to the use of hoisting machinery for loading and unloading vessels in the harbor see J. ROUGE, *L'Organisation du commerce maritime en Méditerranée sous l'Empire romain* (Paris: 1966), pp. 160 ff. After analysis of the devices, described by Vitruvius, he concludes: "Ces engins furent réservés à des emplois bien déterminés et ... seule une petite partie des quais en était pourvue, celle ou venaient aborder les marchandises pondereuses et peu maniables" (p. 165). In this area it seems particularly appropriate to say that the results achieved by means of hoisting machinery would have been unobtainable with manpower alone.

109. *E.g.*, those by L. Ruggini on the interaction between commerce and agriculture in the later Roman Empire (references and a short discussion in BROWN, *loc. cit.*, pp. 327 ff., esp. 341–342 with n. 4 on p. 341).

regions of the Roman Empire there is a tendency to emphasize the role of towns, bureaucracy, and army as consumers of agricultural products and thus as factors promoting the growth of agriculture. Since these products have to be transported to the urban areas, trade is likely to have been stimulated by this process. However, in many cases this will have been short-distance trade over land because long-distance transport was prohibitively expensive and the only effect will have been that an undetermined number of people found a mode of existence in this branch (the phenomenon of the grower who markets his own products should not be underrated). The function of the towns in any pre-industrial, agrarian society is extremely hard to assess and even harder to quantify.[110] The cities (especially the more numerous inland cities) were fed by the countryside and, in that sense, constituted a market for the agrarian sector. But this is not tantamount to saying that the average inland city as a consuming entity promoted or guaranteed the growth of agriculture. The whole concept of economic growth in a marginal agrarian society may well be misleading rather than illuminating. Growth may well have been merely a function of demographic expansion and may have expressed itself through the enlargement of the cultivated area rather than through the improvement of the yield of that area or of the ratio between profit and investment. Sometimes the structure of landed property in the Roman Empire was such that the estate owners (and not the small farmers) benefited from such growth. A far-reaching aspect of this type of growth was the way in which estate owners utilized their increased wealth; this will be discussed later.

Cities, which were centers of long distance trade, are a different matter. The Campanian cities that functioned as centers of a flourishing wine-trade up to the end of the 1st century A.D. and that have been admirably described by Rostovtzeff determined the prosperity of the *Hinterland*.[111] It is essential to note that the Roman government, with the exception of a short-lived attempt of the emperor Domitian, did nothing to prevent the rise of provincial viticulture, which conquered the local markets and thereby contribut-

110. It seems worthy to note that in E. Le Roy Ladurie (*op. cit.*) the cities as a factor in the economic life of the pre-industrial, predominantly rural society of Languedoc are almost absent. This may well be due not so much to the inadvertence of Le Roy as to the fact that the role of the cities actually was of minor significance for a long time (compare also with L. Bergeron's valuable review in *History and Theory* 7 (1968), pp. 367–376).

111. According to Bergeron the "déblocage" of the immobile rural economy of Languedoc was brought about by the expansion of viticulture, commerce, and manufacture. The new city-bourgeois, whose mentality had changed with the introduction of a new educational system, seems to have played a predominant role in this process. Thanks to the cities the rural area has been incorporated in a new economy in which products were exchanged over long distances. The parallel with Campania is obvious.

ed to the decline of the Campanian wine trade. Even in the heyday of that trade Petronius' Trimalchio quickly invested his profits from the wine trade in as much land as he could buy; his ideal was to be able to walk from Campania all the way to Southern Italy on his own land. "Gentleman" and "landowner" were synonyms. Money made in commerce was quickly invested in land.

What did the wealthy actually do with their funds acquired either in commerce (and subsequently invested in land) or in agriculture? A probable answer is that some was used for buying still more land;[112] some was hoarded; and some was spent in benefactions to the population. The benefactor – *euergétēs* – is a central figure in ancient society. The *euergétēs* economy is basically a prestige economy[113], though it must be conceded that according to modern economic standards the numerous donations of the ancient *euergetai* can be regarded as "investments". By giving money for statues, public buildings, new pavements of the streets, and so on, the benefactor, presumably unintentionally, created employment for urban craftsmen. However, benefactions were not "investments" inasmuch as they did not promote or accelerate the production of goods. Landowners did not consistently strive to increase the yield of their lands; they did not use the technological possibilities, though in the long run technological improvements might have been less expensive than large groups of slaves and/or free laborers. These landed magnates were wealthy anyway, and they did not utilize elaborate technical devices to become even wealthier. I am not preaching a sermon here and, accordingly, I do not censure this attitude. I am fully satisfied if this picture of the mentality of the upper strata of ancient society is acceptable and contributes to a better understanding of

112. PLINY, *Ep.* X. 54, 55 well illustrates the fact that the only conceivable *negotium* for *pecunia otiosa* was to add to one's estates by purchasing more land; compare also with Columella's words: "Some consider it a fine thing to have *extensive* (italics added for emphasis) rather than well tended vineyards." For this and the following paragraphs I heavily draw on my article in *Acta Historiae Neerlandica* (*loc. cit.*) to which I refer the reader for more details. I will not repeat the references given there.

113. In an attempt to describe the prevailing mentality of the land-owning class in Languedoc, Bergeron (*loc. cit.*, p. 375) writes about the "consommation dans un mode de vie ostentatoire aux multiples aspects", which precluded the use of capital for purposes of investment in order to raise the productivity in any branch of economic life. Le Roy's book has shown once more that the ancient historian, who is interested in the study of ancient society and mentality and their interrelations, cannot do without the comparative method (compare, for example, with the work of M. I. Finley, P. Vidal-Naquet and M. K. Hopkins); on the other hand medieval historians and, more in general, students of any pre-industrial society would do well to remember that in ancient history a good deal of work has been done and is still being done on problems which frequently recur in their fields.

why technical innovation and economic progress in Antiquity were two unconnected conceptions. The first, if available, did not lead to the second. In general it seems true that urban civilization was paid for by the peasants: agriculture footed the bill. Towns became prosperous because of the low standard of living of most of the population. In turn, these low standards explain why mass production was virtually unknown in Antiquity: the marketing prospects were hardly engaging! Ancient industry was basically a matter of a few workshops, where production could be increased only by increasing the number of workmen. Kiechle[114] has drawn attention to the fact that, where technical progress is recorded, it was directed toward the production of luxury items: hypocausts, glassware, Arezzean *terra sigillata* with relief decorations. The *Befestigungsschraube* has been used mainly for the production of luxury metalware. For these things there was a market. The aristocrats showed interest in and thereby encouraged the production of luxury items. Although Seneca and Posidonius may have argued that the *vitrearius* (glass-blower) was clear proof of the wickedness of technique,[115] the leading circles happily bought his products. Incidentally, it has recently been suggested that, quite apart from the attitude of the upper class and the economic infrastructure of society, the ancients simply did not have the technical means to produce labor-saving implements: "Für die Dampfmaschine waren Rohre und Befestigungsschrauben aus Eisen nötig, die erst 1,600 Jahre später hergestellt werden konnten."[116] However, Kiechle has pointed out that the ancients did know the *Befestigungsschraube* but used it for other purposes. There is no point in denying the technical underdevelopment of the ancient world in certain branches, but this is not so much a factor which can be used to explain the absence of labor-saving devices as a phenomenon which should be explained itself or at least correlated with other phenomena.

In conclusion I would say that most technical advances made in Antiquity were in the field of banausic occupations and on the handicraft level. R. J. Forbes, in his excellent contributions to the subject, has provided us with a mine of information on what was achieved in this sphere. The insights gained by the ancients in natural science and mechanics were applied only in a fitful, halfhearted manner to the construction of labor-saving instruments. On one hand it may be said that labor-saving devices such as the lever, pulley, and waterwheel were certainly used, and in the field of war

114. *Loc. cit.*

115. See n. 19.

116. A. G. DRACHMANN, *Grosse Griechische Erfinder* (1967), 48, quoted and accepted by LAMMLI, *op. cit.*, p. 142, n. 327 a.

machinery in particular, the results achieved would have been quite unobtainable with manpower alone; but on the other hand we find a distinct attitude of disapproval toward the use of labor-replacing instruments (the watermill, reaping machine, and cogged wheel) in the civil sector. The following instance relating to the cogged wheel is typical. The Romans certainly deserve praise for their achievements in land surveying, as is clearly shown by the ancient treatises on this subject as well as by recent developments in aerial photography. Moreover, highway construction and the placing of milestones made this skill a necessity. The Alexandrian school of engineers had employed a complicated system of gearwheels as the transmission mechanism of a "hodometer", a carriage that measured the distance traversed as it moved and passed on the result to the coachman.[117] But Roman land surveyors failed to make any use of such a first-rate time- and labor-saving device. We are informed by a passage in the *Historia Augusta*[118] that the emperor Commodus left a hodometer in his legacy. The reaction of Pertinax, the successor of Commodus, is highly significant; he speaks of carriages "which measure the distance travelled and tell the time, and other articles that were designed for the indulgence of his vices".[119] Is this one more example, as in the case of Dionysius of Sicily, of the despot's predilection for spectacular technological applications as the outcome of a conscious opposition to the cultural ideals of his environment? At any rate, Pertinax won the day with his opinion that the hodometer was to be classed as a vice and was therefore to be condemned. The best known land surveyors of Antiquity measured everything by hand, for the same reason that other labor-saving devices were nearly always prevented from getting beyond the research stage, or only passed it at a very late period.[120]

Appendix: A technological revolution in Roman agriculture?

J. Kolendo has recently written a stimulating and thought-provoking article,

117. COHEN, DRABKIN, *op. cit.*, pp. 342 ff. (Hero of Alexandria). Vitruvius also describes this discovery, *De Architectura* X. 9. 1–4, and even calls it *non inutilem.*

118. SHA, *Life of Pertinax* VIII. 6.

119. *(Vehicula) iter metientia horasque monstrantia et cetera vitiis eius convenientia.*

120. It is very significant that the "astronomical machine" fished up from the sea near Antikythera has a transmission system of "gear wheels" (for the Antikythera discovery compare with E. MORPURGO, "De Astronomische Rekenmachine van de Grieken", *Hermeneus 35* (1964), pp. 213 ff., 226 ff. (with bibliographical references). DRACHMANN, *op. cit.*, p. 32, rightly observes that except in water mills and in the Antikythera instrument we nowhere find gear-wheels used in practice. Nor was the Antikythera instrument a universally employed labor saver, and we have seen how much time and trouble were needed before the water mill found a certain acceptance. But in the end it achieved a minor victory that was altogether denied to the hodometer.

"Le travail à bras et le progrès technique dans l'agriculture de l'Italie antique", *Acta Poloniae Historica* (18) 51–62 1968. In this article he refers to his forthcoming book, in Polish, on *Le Progrès technique et le problème de la main-d'œuvre dans l'agriculture de l'Italie antique*. In this book he argues that a kind of "technical revolution" took place in Roman agriculture between 100 B.C. and 100 A.D., the period in which human labor is said to have been replaced to a considerable extent by animal power. According to Kolendo the introduction of the harrow ("la herse", *crātis*) is of crucial importance here: "La herse élimina l'emploi de la houe pour l'émottement de la terre après le labourage et pour le recouvrement du grain." Though Kolendo promises a detailed discussion of the problems relating to the harrow in his book, it may be surmised from the evidence presented in his article that his thesis that the technical revolution in Roman agriculture was necessitated by an increasing shortage of slaves in the early Empire is hardly convincing.

Admittedly, there is evidence to show that the harrow *(crātis)* was used in Italian agriculture but it does not warrant the conclusion that its use was so general and widespread that it eliminated "l'emploi de la houe" and thereby replaced human labor. The breaking of the clods after the first plowing is a labor-consuming job. The ancient agronomists were aware of that. Varro, Columella, and Pliny all recommend repeated plowing. This would either make the *occatio* (breaking of clods after plowing) almost superfluous or reduce it to an absolute minimum. Pliny (*N.H.* 18,180) says that, if necessary, the *occatio* should be done *crate vel rastro* (with a framework or a rake). Similarly Vergil (*Georgica*, I, 94) writes about the small farmer who breaks the clods *inertis rastris* and draws bush harrows. Varro (*De re rustica* I, 29) also recommends a second plowing to break the clods (*Offringere glaebas;* cf. I, 32). After the sowing the farmer should plow a third time with a special plowshare to cover the seed in ridges. Varro specifically adds that on farms which were not very large, any large clods left on the ridges were broken up with hoes. The implication seems to be that on large estates no hoeing was done. Varro's report does not enable us to say that the small farmers in Italy used manpower for breaking the clods. Varro is only concerned with clods on ridges, which were made with a special plow after the sowing. The use of an animal-drawn harrow was simply out of the question here because it would have leveled the field and destroyed the ridges. However, in I.31 Varro deals with the digging or plowing of new vineyards: this operation should be followed by the *occatio: occare, id est comminuere, ne sit glaeba. Quod ita occidunt, occare dictum.* This sentence suggests "they crush the ground" as Varro refers to human labor. In fact the very wording *(vineas novellas fodere aut arare)* strongly suggests that the

author was not interested in the problem of saving manpower.[121] So far we have noticed that the harrow was a known implement but that its use was not specifically recommended by the agronomists on the basis of its labor-saving effect. Pliny's *vel (crate vel rastro)* hardly betrays any excitement at all. A technical revolution in Roman agriculture is hardly compatible with such a lukewarm attitude. Vergil's wording suggests to me that the peasant himself (and *not* animal force) may have drawn the harrow. If that is true, the labor-saving aspect surely becomes less dominant. Moreover I am not convinced that the *cratis viminea* is used by Vergil's peasant to break up the clods. The latter seems to be done with the hoe; the *cratis* may well have leveled off the field.[122] Actually Columella explicitly tells us (II.17.4) that a thoroughly plowed and hoed piece of land should be leveled by drawing a brushwood drag over it *(inducta crate coaequabimus)*. This is the only place where Columella (a contemporary of Pliny the Elder) mentions the *cratis* at all. Like all other agronomists he strongly emphasizes the importance of repeated plowing (II. 4,1–2) as a means of avoiding the occatio, but when in II. 17,3–4 he talks about establishing new meadows he writes that in the third year, after a thorough plowing and after the sowing of vetch mixed with hay seed, the clods must be broken with hoes *(glaebas sarculis resolvemus)*. In several other passages (II. 10.5; II. 10.26; II. 12.1 ff.) the use of the plain verb *occare* (or the noun *occator*) does not answer the

121. For a similar indifference, compare with Columella II. 2. 13: *quae vel aratro fieri potest* (n.b. *vel*). Remarkably enough in the preceding paragraph 12 Columella mentions the *vilitas operarum* (cheapness of labor) as an essential factor. However, the problem there is how to handle the stones in a particularly stony field: one either gathers up the stones and piles them up on parts of the field or one will have to bury them in a deep trench. The latter is only to be recommended if labor is cheap! In his chapters on the planting of vines (III. 13. 3–4), Columella points out that the distance between the rows depends on whether the man who cultivates the vines wants to use the oxen and plough or the mattock: *vel aratro vel bidente*. Again he is clearly not affected by the problem of labor costs. Those farmers who set their vines at such intervals that the ground may be broken up by diagonal and cross ploughing are certainly not praised by Columella for bringing down labor costs. In fact they are hardly praised at all: "This sort of vineyard is not to the advantage of the farmer, except where, in very fertile soil, the vine is of large growth." In IV. 4.2–3 and IV. 5 he advocates the loosening of the trenched ground of the vineyard by frequent digging (*crebris fossionibus*). The digging is supposed to pulverize the soil. The *aratrum* is not even mentioned. He also points out that the number of times that the ground is hoed (*bidentibus*) should be limitless, since the more frequent it is, the more beneficial it is. At this point Columella again becomes aware of the problem of labor costs (for that is what *impensae* possibly means here) and propounds a compromise: once a month a *fossio* (from March to October) will do. The awareness of the problem of expenses does not lead to the rejection of the mattock in favor of the plough.

122. See in the same sense K. D. WHITE, *op. cit.*, p. 147.

question of whether animal-drawn harrows or hoes were used. Even if it could be shown *(quod non)* that the evidence from Pliny is unequivocal in stressing the unique importance and the labor-saving function of the animal-drawn harrow *(cratis)*, we would have to face the fact that his contemporary Columella seems hardly aware of this "technological revolution" in Roman agriculture. Columella surely is interested in efficiency but in his own peculiar way. Labor-saving implements did not arouse his interest.

Human labor also played an important role in another agricultural operation: the covering of the broadcast seed. As Kolendo points out, the Romans used several methods. They threw the seed in the furrows *(ulci)* and covered it with earth (Columella, II.4.11). The latter was done with the hoe. The second method was to sow in ground that was well prepared and leveled in advance and subsequently to cover the seed in ridges with *tabula(e)* [board(s)] attached to the plowshare (Varro, I.29.2; Columella, II.4.8; Pliny, 18, section 180). A third method was to plow a field with a heavy plow as described by Pliny 18.172,[123] to throw the seed in the furrows, and to draw toothed harrows *(crates dentatas)* over the furrows to break the clods and to cover the broadcast seed.

Kolendo is right in asserting that the addition of two wheels to the heavy plow was a recent invention (not the use of the toothed harrow) made by the farmers of *Rœtia Gallia*. However, the plow which Pliny mentions in connection with the toothed harrow is just one out of a series of four, all of which he describes. This heavy plow, equipped with a special blade, was to be used only in *culta terra* et *fere nova*. These two restrictions (plows of various patterns; geography) do not seem to support Kolendo's conclusion that "l'emploi de la herse était, selon Pline, très répandu". [italics added]. The use of the *cratis dentata* was a possibility, not a generally accepted and applied method. Pliny's contemporary Columella does not mention the *cratis* in this connection. As said before, he once describes the *cratis* (presumably the brushwood harrow) as an implement which was used only for leveling the surface of a plowed field.[124] There is another point: Pliny emphasizes the fact that the heavy plow was drawn by teams of two or

123. PLINY, *N.H.*, 18. 172: "*Latior haec quarto generi et acutior in mucronem fastigata eodemque gladio scindens solum et acie laterum radices herbarum secans; non pridem inventum in Raetia Galliae duas addere tali rotulas* (or: *ut duas adderent tali*), *quod genus vocant plaumorati; cuspis effigiem palae habet. Serunt ita non nisi culta terra et fere nova; latitudo vomeris caespites versat, semen protinus iniciunt cratesque dentatas supertrahunt. nec sarienda sunt hoc modo sata, sed protelis binis ternisque sic arant.*"

124. In *N.H.* 18.180 Pliny again mentions the *cratis*. Since the context is important, I give the whole passage: "*Aratione per traversum iterata occatio sequitur, ubi res poscit, crate vel rastro, et sato semine iteratur hic quoque, ubi consuetudo patitur, crate contenta vel tabula aratro adnexa – quod vocant lirare – operiente semina.*" The first part of the

three pair of oxen. Columella is also in favor of tilling the land deeply (II.4.23 ff.), but he realizes that certain farmers, led by Cornelius Celsus, "shrunk from the expense which is undoubtedly greater in the case of larger cattle" and "used small ploughs, which could be operated with oxen of smaller size". Celsus seems to represent a rather large number of estate owners (IV.3.3) whose primary concern was to cut down expenses, whereas Columella emphatically asserts that large investments, followed by careful working of the ground and careful handling of the crops, would give a good return. Incidentally, scholars have suggested[125] that the heavy plow from the north could not have been used in Mediterranean agriculture because the sun would have baked out the moisture the clods contained. However, Pliny for one restricts the use of this plow to *culta terra et fere nova.* Such terra was no more and no less available in the Mediterranean than in the north. Furthermore Columella's above-mentioned description of the mentality of Cornelius Celsus *cum suis* shows that to Celsus' mind it was only the size and the number of oxen (and not climatological considerations) that militated against the use of the heavy plow. Finally, the desiccation of the soil is not of paramount importance since most wheat was sown in the autumn and plowing, therefore, would have been done during the relatively moderate late summer or early autumn.

sentence has been discussed in the text; the final part of the sentence deals with operations after the seed has been sown. *Hic quoque* would seem to refer to the *occatio* which here follows upon the sowing. Now, as Kolendo points out, *occatio* has two meanings: "*l'émottement de la terre après le labourage*", and "*le recouvrement des emblavures*". The function of the *tabula,* attached to the plough, is precisely to cover the broadcast seed in ridges. This method is used when the seed has been thrown in a field which had been leveled off before ("*Cet instrument servit à enfouir la semence jetée auparavant sur la surface nivelée du champ*", KOLENDO, *loc. cit.*, p. 55). The *cratis contenta* seems to have been used for the same purpose – namely, the covering of the seed; it is a "well tightened brushwood harrow". It was not supposed to break heavy clods – that operation belonged already to the past and had been described in the first part of the sentence – but to cover the seed and presumably to level the field. K. D. WHITE, *op. cit.*, p. 149, however, reads *crate dentata,* unfortunately without any discussion of the textual problems; *dentata* is an emendation of the manuscripts reading contenta (compare with the *apparatus criticus* of C. Mayhoff's Teubner edition, Vol. III, p. 192). K. D. White translates: "This second ploughing is also repeated after the seed has been sown, by means of a toothed harrow (*crate dentata*) ..." (*op. cit.*, p. 149). He compares this passage with 18.172 (see n. 123). However, in 18.172 a heavy iron harrow is appropriate enough. After the ploughing, the harrow is supposed to break the heavy clods and to cover the seed (tantamount to leveling off the ground). In 18.180 there is no need for a *crate dentata.* Moreover contenta seems also preferable on the basis of the time-honoured dictum "*lectio difficilior potior*".

125. Compare with J. L. TEALL, "The Grain Supply of the Byzantine Empire, 330–1025", *Dumbarton Oaks Papers 13* (1959), pp. 89 ff., esp. p. 129 (with further references).

All this tempts me to conclude that many farmers (in spite of Columella's warnings) certainly did not work with the type of plow described by Pliny (18.172), and consequently that the heavy toothed harrow, which apparently was used in close connection with the heavy plow, was by no means a common and widespread implement.[126] One further passage from Columella illustrates my point. In II. 10.26 he advises the peasant on how to plant medic clover (lucern). After repeated plowing, hoeing, and fertilizing the seed should be sown at the end of April, "when you have done so, the seed should be covered at once with wooden rakes *(ligneis rastris)*... After the seed is sown the place should not be touched with iron; and so, as I have said, it must be hoed with wooden implements and repeatedly freed of weeds". The supposed allergy of medic for iron cannot have prevented the farmers from using a *cratis viminea* for the purpose of leveling the field and covering the seed. Why, then, does Columella not mention this possibility? Presumably because the use of harrows (both the heavy toothed harrow, designed to effect the double task of breaking up the clods and leveling off the field and the light brushwood harrow which reduces the surface to a fine tilth and covers the seeds with a thin layer of loose earth) was not as common and widespread as Kolendo assumes.[127]

126. K. D. WHITE (*op. cit.*, p. 149) infers from 18.180 (but compare with n. 124) "that the use of the heavy animal-drawn harrow enabled the farmer, where local custom allowed, to cut down on the exhausting labor of repeatedly ploughing the fallow". It may be that Pliny himself found the saving of labor so obvious that he did not mention it explicitly as the decisive motive for using this method; whatever his personal feeling may have been, the restrictive clause *ubi consuetudo patitur* should not be forgotten nor should we forget that his contemporary Columella frequently emphasizes the importance of repeated ploughing. Apparently it did not occur to him (or it did not interest him!) that the labor could be cut down by applying the method described by Pliny. The mere existence of a certain technique does not imply its wide-spread use. Modern parallels from the era of our "technological revolution" are risky here.

127. The suggestion of FUSSELL, KENNY, *loc. cit.*, p. 206, that Cato's four *crates stercorariae* were harrows used to "plough manure" in the ground is ingenious but perhaps improbable. The large number induced the authors to suppose that these were very light brushwood harrows, drawn by human force, and used at the same time as transport boards for the manure. They use the *crates dentata* from Pliny 18.172 as a parallel. However, Pliny does not say that the toothed harrows were used to plough manure into the ground; moreover, even if it were possible to use Pliny's heavy harrows for this purpose, this does not imply that Cato's supposed light-weight harrows (which were so light that the peasants themselves could draw them) could have done the same job. Consequently I feel that *cratis* = *basket* is a safer interpretation here.

FRANZ K. KIECHLE

TECHNICAL PROGRESS IN THE MAIN PERIOD OF ANCIENT SLAVERY

The view that the use of slave labor was an impediment to technical progress was originated by Karl Marx. In his *Das Kapital*, he declared that with slave labor, "only the crudest, clumsiest tools could be used, tools that for the very reason of their unsophisticated clumsiness could not easily be ruined."[1]

Frequently this view has been repeated *verbatim* by more recent Marxist authors. In 1959, Zubov[2] pointed out "the limited possibility of technical development under the conditions of the slaveholding society" and "the necessity of supplying the slave with only the most primitive and often most unwieldy tools". In 1965, Schrot[3] interpreted this assumed state of affairs as the result of a secret class struggle; "The methods of exploitation had degraded the slave to such a degree that he was usually prepared to conduct a permanent latent class struggle, e.g. by ruining tools and by ill-treatment of livestock." This view was sometimes carried to absurd lengths, as when Held,[4] in the same year, argued that a technical innovation such as the wheel-plow could not have been entrusted to slaves. Somewhat less simple although still based on the same premises is Lilley's[5] conjecture that "the Greeks had carried technology about as far as could be done in an economy based on slave labor. The Romans ... could do no more therefore than exploit, sometimes in new contexts and on a larger scale, the techniques they had learned from the Greeks".

The opposite point of view is, of course, taken by Westermann[6] who stated, "the conclusion that the use of slaves in the handicrafts prevented the development of improved technical procedures must also be rejected because there is no warrant for the belief that a system of complete free labor would have changed in the slightest degree the development of the industrial techniques from that course they actually followed in Antiquity." He received support from Starr[7] who declared: "the attempts, again, to explain the low level of ancient technology by the deadening influence of slavery fall far

1. *Das Kapital I* (Ges. Werke Bd. 23; Berlin: 1962).
2. V. P. ZUBOV, *Das Altertum 5* (1959), p. 231.
3. G. SCHROT, in *Neue Beiträge zur Geschichte der Alten Welt II* (Berlin: 1965), p. 121.
4. H. HELD, *Das Altertum 11* (1965), pp. 223 ff.
5. S. LILLEY, *Men, Machines and History* (1965), p. 40.
6. W. L. WESTERMANN, *The Slave Systems of Greek and Roman Antiquity* (1955), p. 120.
7. C. G. STARR, *Journal of Economic History, XVIII* (1958), p. 29.

short of the mark." Recently, Africa[8] expressed a similar view, also drawing upon evidence from Negro slavery in the southern states of the U.S. before the Civil War. Slave labor is quite practical in industry", he observed, "and slaves were successfully employed in iron-works and textile factories in the American south before the Civil War."

In view of such contradictory arguments in the scholarly literature there can be no doubt that the question of whether or not slavery influenced ancient technical progress, and what effects it had, cannot be settled by axiomatic statements or conceptions formulated through deductive procedure. The necessary approach delves into precise details and examines individual courses of development in the trades and applied technology. Methodologically, it is permissible to integrate such isolated findings into a general view only as a second step of the investigative procedure.

There seems to have been a considerable number of slaves in the most economically advanced *poleis* of classical Greece. In the heyday of the Hellenistic world, too, slave labor may be assumed to have played a noteworthy role.[9] There was a major increase in slavery in the 2nd century B.C. which preceded its greatest expansion in ancient times, not only in Italy and Sicily, but in regions on both sides of the Aegean Sea and elsewhere.

If slavery had caused stagnation of technical progress, either because slaves took no interest in their work or because of the excessive supply of cheap human labor, this stagnation should have been most marked in the centuries after Rome's rise to world power, the period from the 2nd century B.C. to the 2nd century A.D. In these three hundred years the retarding influence of a supply of cheap human labor and the postulated economic indifference of the slaves should have taken effect. Technological development in the *Bas-Empire* with its reduced number of slaves, in an era when free or semi-free labor already prevailed, can no longer decisively answer this question. Consequently, we first must investigate whether there are signs of technological stagnation or a deadlock in an applied technology that was infected by slave labor in the late Republican and early Imperial periods.

Ten years ago, in the interesting work, *Grain Mills and Flour in Classical*

8. TH. W. AFRICA, *Science and State in Greece and Rome* (1968), p. 95.

9. Compare W. L. WESTERMANN, *RE Suppl., VI* (1935) pp. 931 ff.: "Wahrscheinlich wird sich das Zahlenverhältnis" (scil. im Vergleich zur klassischen Zeit) "der Sklaven gegenüber der freien Bevölkerung nicht sehr verändert haben, weder in den von griechischer Auswanderung und Kolonisation durchdrungenen Gebieten noch in den älteren griechischen Hauptpunkten an der Ägäis ...", and W. TARN, *Hellenistic Civilization* (1952³), p. 105: "Of the number of slaves in Greece, or their proportion to the free population" (scil. during the main period of Hellenism) "nothing is known ..."

Antiquity, L. A. Moritz[10] convincingly criticized the "common belief that grain mills were rotary, and remained essentially unchanged, throughout classical Antiquity". He also showed that the washboard-like hand operated pushing quern of classical Greece remained, in principle, the common mill in the 3rd century B.C.[11] However, in the Hellenistic *mola trusatilis* the oblong upper grinding stone was fastened to a lever and, through it, flexibly fastened to the rear end of the surface of the lower grinding stone. During milling it was moved to and fro by means of this lever. It was a mill that "will ... fit into its natural place in the Hellenistic history of millings as a non-rotary lever mill of the kind familiar from Olynthus".[12]

Then, in the 2nd century B.C., allusions to rotary querns driven by animal power such as those that have become generally familiar from the excavations at Pompeii and Ostia suddenly appeared. The first reference appears as a penalty threat to a slave in Plautus' comedy *Asinaria* which played in 184 B.C.[13] Since Plautus had worked as a laborer at the hand-operated Hellenistic pushing quern, we may expect him to be interested in technical improvements within that trade.[14] Explicitly, and with its subsequently common name, *mola asinaria* (ass mill), the rotary quern is soon mentioned by Cato,[15] together with the *mola trusatilis*, as part of the equipment necessary on a landed estate. It is significant that all the literary and pictorial evidence clearly shows that the *mola asinaria* was driven by asses[16] or by horses.[17] Even the miserable milling slaves in Apuleius' novel did not turn the rotary querns themselves; even there it was done by asses.[18] Apparently human beings were only subjected to such work as punishment, as indicated by Plautus' allusion in his comedy *Asinaria*. When the social revolutionary-minded Circumcelliones in late-Roman North Africa harnessed rich land-

10. Oxford: 1958.

11. Compare V. GORDON CHILDE, *Antiquity*, *XVII* (1943), p. 21: "In Classical Greece the normal corn-grinding implement attested archaeologically was som esort of push quern in which the upper stone was pushed to and fro and not rotated."

12. MORITZ, *op. cit.*, p. 66.

13. Vers 708 ff.

14. SUETON, *De poetis* (ed. Rostagni), p. 20: "*Plautus ... qui propter annonae difficultatem ad molas manuarias se locaverat.*"

15. *De agr.* 10.4; 11.4.

16. Compare, for example, *Anth. Lat.* I 103: "*Cum possis parvo sumptu conducere asellum, qui soleat teretes volvere rite molas...*"

17. As "*segnipedes dignique molam versare*" Juvenal (*Sat.* 8.67) characterized old horses. Naturally the freshest and best horses were not used for trudging around rotary mills.

18. *Metamorph.* IX 11: "*Ibi complurium iumentorum multivii circuitus introquebavt molas ambage varia nec die tantum, verum perpeti etiam nocte prorsus instabili machinarum vertigine lucubrabant pervigilem farinam...*"

owners who had fallen into their hands to rotary querns, it was seen by Augustine not as degradation to the level of slaves, but to that of animals; "*Quidam patres familias honesto loco nati*", he writes, "*iuncti ad molam et eam in gyrum ducere tamquam iumenta contemptibilia verbere adacti sunt*".[19]

Although the list of authorities could be continued, the instances cited should show adequately the absurdity of the terms "slave quern" or "animal quern" in referring to those querns that are invariably called *molae asinariae* or *molae iumentariae* in ancient sources.[20] At first, considering widespread contrary notions, the evidence seems to be paradoxial since human labor was replaced by animal labor in corn milling during the 2nd century B.C. when slaves in the lands controlled by Rome were more abundant and cheaper than ever before. The ample supply of slaves in the 2nd century B.C. did not prevent the invention (or, at any rate, the general adoption) of the rotary quern driven by animal power. Animal labor was even cheaper than human labor, especially in view of productivity, and this consideration apparently prevailed with those businessmen who established the combined milling and baking trade in Rome. According to Pliny the Elder this did not happen before the time of the third Macedonian War.[21]

This trade created large-scale enterprises side by side with the smaller ones, familiar from Pompeii, which generally consisted of one milling room and one baking room. Even in the small town of Pompeii we know of a baker, P. Paquius Proculus, who had risen to the position of a *duovir* and therefore must have been a wealthy man.[22]

Of course, in this context we must mention M. Vergilius Eurysaces who is known from his curious sepulchre in the Via Casilina at the Porta Maggiore in Rome. According to the inscription on his sepulchral monument he was a "redemptor" and "apparitor", that is, a contractor and a public official.[23] Relief tableaus on the monument corroborate the conjecture that his public function consisted of the large-scale production of bread for the city proletariate of Rome by order of the *annona*. Generally speaking these reliefs show, as Michael Rostovtzeff wrote, "a typical picture of a big business concern of the late Republican or early Imperial period in which scores

19. *Epist.* 185, 4, 15 = CSEL 57, p. 14.

20. Thus, for example, H. JACOBI, *Saalburg-Jb. 3* (1912), p. 84, or, more recently, LILLEY, *op. cit.*, p. 40, who asserts that in the Roman period "even the driving of querns by animal power considerably decreased, slaves doing the work instead".

21. *Nat. Hist.* 18, p. 107: "*Pistores Romae non fuere ad Persicum usque bellum. Annis a.u.c. super* DLXXX *ipsi panem faciebant Quirites mulierum id opus maxime erat.*"

22. CIL IV 222; compare A. MAU, *Pompeji in Leben und Kunst* ([2]1908), p. 499.

23. The word "redemptor" indicated one who undertook a task for a financial renumeration. Compare R. LEONHARD, *RE* I A 1 (1914), p. 447.

and perhaps hundreds of workingmen, both slave and free, were engaged".[24]

In view of this impression it is interesting to note that on those reliefs we find not only two of the currently common rotary querns, driven by asses, of course, but also the earliest evidence of a kneading machine kept in motion by a horse trudging around it in a circle. Several examples of such a kneading machine have also been found in Pompeii. Inside a cylindrical vessel of lava-stone with a diameter of 18 to 24 inches, wooden blades turned around a vertical axis on different levels while from the inner wall of the vessel fixed wooden staffs protruded into the interior of the cylinder. These staffs tore the dough from the blades whenever it began to stick to them. The result was undoubtedly a thorough kneading of the dough.

That such a kneading machine was frequently used by bakeries in the Imperial period is shown by the fact that the jurist Paulus[25] mentioned it among the possible equipment of a bakery. The earliest record of this kneading machine is to be found, as I said, on the frieze of the sepulchre of M. Aurelius Eurysaces whose business operated during the culminating period of ancient slavery. Even then, his corn mills were driven by asses and the kneading machine by a horse. Regardless of the situation on the slave market, a calculating businessman used animal labor when it was more productive than human labor. Thus, Cato Maior, in spite of the ample supply of slaves in his time, pointed out again and again that the cheapest worker was the ass.[26]

This fact becomes even more interesting when we look at the late history of the kneading machine. It disappeared with the end of Antiquity and did not reappear until the later Middle Ages. Then, it took the form of lever kneading machines that almost, as a matter of course, required manpower. Both the rather simple lever kneading machine pictured in a Hebraic cookbook (circa 1400) and again in Scappi's cookbook (1570) and the more complicated kneading machine with transmission gearing designed by Branca in 1629 were hand-operated.[27] Moreover, as their operation consisted of whipping the dough with a lever, they were undoubtedly less efficient than the Roman rotary kneading machines.

24. *The Social and Economic History of the Roman Empire* (1957²), Vol. I, p. 32. The importance of slave-labor in this firm was also pointed out by R. E. L'Ast, VDI (1963), 2, p. 105.

25. *Sent.* 3.6.64.

26. PLINIUS, *Nat. Hist.* 18.44: "*De terra cariosa execratio Catonis abunde indicata est, quamquam praedicere non cessat is, quidquid per asellum fieri potest, vilissime constare.*"

27. For particulars see F. M. FELDHAUS, *Die Technik der Vorzeit, der geschichtlichen Zeit and der Naturvölker* (1914, Neudruck: 1965), pp. 574 ff.

The technical equipment of the *pistores* in the time of the Roman Empire exemplifies that too simple an approach to the whole problem can be misleading. In this case the facts seem to be contrary to what would have been expected through deductive reasoning. The rotary quern and the kneading machine that appeared in the culminating period of ancient slavery are both driven by animal power; the kneading machine driven by animal power disappeared with the end of the ancient slaveholding society, and when a device serving the same purpose reappeared at the end of the Middle Ages and in the 16th and 17th centuries, it was operated by human muscular strength.

Considering this, one cannot help asking whether the difference between slave labor and free wage labor has had any influence on the development of applied technology. There are other examples to show that the problem is more complicated than is commonly assumed. There is, for instance, the *terra sigillata* production of Arezzo in the period of circa 30 B.C. to 25 A.D. Their quality and fame was due to a combination of several techniques, all of which had been known previously. The red glaze had been developed from Hellenistic methods used in Asia Minor after 50 B.C., but the vessels were at first decorated using the Barbotine technique or with appliques. Relief vessels made from molds appear in the contemporary glazed pottery of Asia Minor. In Etruria negative molds had been used long before, both for the serial production of terra-cotta reliefs and to produce vessels.[28] This growth was nothing more than a progressive intensification and utilization, in accord with market demands of processes already known. But the commercial adoption of newly-developed products, or the adoption of cheaper methods of productions, are also a part of technological progress. Therefore, a discussion of the *terra sigillata* production of Arezzo is relevant in this paper.

Terra sigillata was first produced at Arezzo by M. Perennius Tigranus, an entrepreneur from Asia Minor, and a number of slaves imported from Asia Minor. Tigranus seems to have been only the proprietor and head of the factory, an entrepreneur "who possibly never has made a relief vessel himself; for his personal taking-part in the work would, if at all, be expected in the early stages of his factory. But for this time we know his workers or name which they give in very correct slave nomenclature: Cerdo Perenni by Cerdo M. Perenni, Nicephorus Perenni, Philemo Perenni, Pilades Perenni".[29]

28. Compare G M. A. RICHTER, *Stud. Etr.* 10, S. 63.

29. H. DRAGENDORFF, *Arretinische Reliefkeramik* (1948) 35; vgl. dens., "Firmenstempel und Künstlersignatur auf arretinischen Reliefgefässen", in *Festschrift A. Oxe* (1938), pp. 1–8.

Slaves trained in arts-and-crafts produced and maintained the artistic quality of the Arretine *terra sigillata*. They achieved standards of workmanship that would have been difficult for an unskilled slave motivated solely by fear to attain. In combining this artistic standard with the requirements of mass production they developed and used a manufacturing method that, as R. Knorr[30] pointed out, had "despite all difference a certain similarity with the work of a compositor ... For like a printer ... the *sigillata* potters put the several small decorative elements (letters, parts of ornaments, parts of plants, animals, human figures and figures of gods) concavely into the still unbaked molds by means of convex punch types in ever varying arrangement". The selection of the punch types used in preparing the negative molds, the actual making of these punch types, and the elements of artistic decor were the work of slaves trained in the arts-and-crafts, as their styles and name marks show.

Also spectacular was the rise of glass production in the 1st century B.C. and the 1st century A.D. In Egypt glass had been known as early as the Middle Kingdom as a material used in making jewelry. However, for two thousand years glass production remained stagnant at this stage. People neither knew how to cope with the natural pollution of glass, nor did they advance in the processing of glass beyond a primitive shaping technique, the so-called sand grain technique. After some preparatory steps in the Ptolemaic age, the blowing of glass by means of a glass pipe seems to have been invented in Syria although not before the middle of the 1st century B.C., perhaps only in its second half. The possibility of artificially decolorizing glass by adding a small amount of manganese dioxide (manganese ore) during the smelting was also not discovered before the second half of the 1st century B.C., probably in Alexandria.

These discoveries resulted in a rapid advance of glass production, both in methods and price reduction, and therefore, in more widespread product distribution. Technically, glass production advanced so far "that at a very early time, about 100 A.D., all glass-processing techniques were known in principle. Further development could only take the way of stylistic change and of refining one or other of the techniques".[31] In the first thirty years A.D. blown glass was produced in Syria, Alexandria (mainly for export), Southern Italy, and Rome itself. Little is known about the structure of this trade. At the first glance, the craftsmanship of the many ancient glass products that have been preserved points toward the "master shop" as the natural business unit. On the other hand, however, the glassworks excavated near

30. *Terra sigillata-Gefässe des 1. Jh. mit Töpfernamen* (1952), S. VII.

31. O. DOPPELFELD, *Römisches und fränkisches Glas in Köln* (1966), p. 17.

Wilderspool in England show that a great number of glass furnaces with partially diversified functions could belong to one glassworks. We are best informed about the Sidonian glassworks of the early Empire, because their concave molds into which the vessels were blown in series bore stamps as did the molds used in the production of *terra sigillata*. These stamps enable us to ascertain product distribution. Vessels produced by Ennion, who seems to have been the greatest Sidonian glass producer of the 1st century A.D., were found in Egypt, Cyprus, Italy, Southern Russia, and elsewhere.[32] Other Sidonian glass makers, too, exported their articles, for example, Meges, Iason, and Neikeios.[33] Elsewhere the situation was probably similar. For instance, articles from the workshop of the two Firmii, Hilarius and Hylas, have been found in Rome, Central Italy, Gallia, and occasionally in Pannonia. This certainly was no small business.[34]

Obviously, factories played an important part in glass production in the Roman Empire. Again the question of the social status of the employees arises. From the marks of the Sidonian relief vessels, Westermann has inferred that free citizens predominated there. But these marks name the owners of the firms, who, of course, were free citizens of Sidon, or perhaps also the craftsmen who made the negative molds. They do not tell anything about the glassblowers who actually made the relief vessels. We are dependent on conjectures for information about them, and it is a reasonable assumption that in the 1st century B.C. and in the 1st century A.D. slave labor played an important part in the production of glass. Thus, we again come to the conclusion that slave labor did not impede the outstanding advance and manifold development of glass making in those two centuries. It is even possible that this development, with its technical innovations, was achieved largely on the basis of slave labor.

Progress in the construction of oil and wine presses in the 1st century B.C. and the 1st century A.D. was given a whole paragraph in Pliny Maior's *Naturalis Historia*. It reads (18.74): "In old days people used to drag down the press-beams with ropes and leather-straps, and by means of levers; but within the last hundred years the Greek pattern of press has been invented, in which a screw-shaped shaft is being turned ... Within the last twenty-two years a plan has been invented to use small press-beams and a smaller press-house, the shorter screw shaft in these presses runs straight down in the middle, the planks on top of the grape-skins are pressed down from above

32. F. M. HEICHELHEIM, "Roman Syria", in Tenney Frank, ed., *An Economic Survey of Ancient Rome* (1959), IV^2, p. 189.

33. Compare D. B. HARDEN, *JRS* 25 (1935), p. 181.

34. Gummerus, *RE* IX 2 (1916), pp. 1490 ff.

35. *RE Suppl.* VI (1935), p. 1021.

with full pressure ..." This account shows the author's delight in technical progress. The screw press exerted direct pressure on the material to be pressed but was by no means ideal for commercial pressings because it lacked steady pressure and needed to be readjusted by hand. This press, which was presented by Pliny as a last innovation, was portable, and therefore, it appears, mostly used in smaller press-houses for private requirements. However, means soon were found to utilize the female screw to achieve steady pressure in heavy presses.

The result was the so-called "hero press" described by Hero (*Mechanics*, III, 21), in which the screw shaft hung down swinging freely, and therefore always vertically, from the press beam, with a screw thread at its lower end. A stone weight which provided the steady pressure was screwed up through a hollow wooden shaft which served as a female screw. Such stones have been found at excavations. They had a considerable weight, up to 5,500 English pounds.[36]

We cannot discuss here all the stages of the development of presses from the Hellenistic age to the time of the Roman Empire. Generally, there was a certain amount of experimentation until optimal forms were attained in the direct screw press for smaller jobs and in the hero press for industrial pressings. In Northern Africa and the Middle East there was no further progress until the introduction of modern European technology (in fact, there was even scattered retrogression to simpler and less effective patterns). In Europe, too, presses of a similar kind were used until the advent of the Industrial Revolution. The termination of the development of ancient presses at the end of the 1st century A.D., therefore, was a natural development and not a sign of stagnation due to the indifference of slaves.

These examples from several trades, which are representative of developments in many others, show that although slave labor undoubtedly played an important role, considerable technical progress was achieved exactly during the culminating period of ancient slavery. In this late Republican and early Imperial period, developments in several cases almost reached the limit set to technical progress before the rise of modern science. Thus, we conclude that the progress was achieved empirically from day-to-day working experience by men who actually participated in production or were at least connected with it. Of course, there were certain signs of stagnation in these centuries, but it is interesting that we find them not as much in technology as in the commercial exploitation of previous inventions. A well-known example of this is the slow and lengthy inadequate utilization of the water mill. At the beginning of the Augustan age Vitruvius (X 5.2) described it in

36. A. G. DRACHMANN, *Ancient Oil Mills and Presses* (1932) p. 97.

a feasible and technically mature shape. His account is the earliest mention of the undershot water mill. A little later, but still in the Augustan age, the first allusion to the overshot water mill appears in the famous epigram of Antipatros of Thessalonike,[37] in which he explains what a relief this invention brought to the maid servants on a landed estate.

Both literary and archaeological sources are silent during the next two centuries about the use of the water mill. No traces of it have been found in the ruins of Pompeii, Herculaneum, or Ostia; only rotary mills driven by animal power were discovered. However, when the gigantic water mill plant of Barbegal near Arles in Provence was built in the second half of the 3rd century, it showed such perfection that it is unlikely that the water mill had not been used in the interim.[38] But, it is fairly certain that it was not used in urban bakeries during these centuries. Antipatros' epigram as well as a remark by Pliny Maior indicate that at first the water mill was used on landed estates primarily to meet the estate's needs. It superseded the hand mill operated by slaves. Thus, slave labor does not seem to have stood in the way of its introduction, and the landowners, too, seem to have been quite prepared to substitute anorganic power for slave labor.

More extensive use of the water mill may have been prevented at first by the rigidity of the miller-baker trade in the Roman Empire, which would have been split into its two components by the introduction of the new invention. It would be inappropriate here to examine the causes of this surprising tenacity in following the beaten track. The efficiency of the *mola asinaria* was considerably lower than that of even the simplest water mill and the *pistores* do not seem to have suffered from over-capacity. Traian and Hadrian tried to induce enlargement of these works through statutory benefits.[39] The situation in North Africa does not appear to have been essentially different, for Apuleius[40] tells us that the beasts had to go around the rotary mills even at night to produce the necessary flour. Thus, it was not that the ancient civilizations had no need for the water mill; it simply was not adopted by the urban bakery trade in the 1st and 2nd centuries A.D. But the reason for this was not the existence of slave labor, since slave labor did not power the water mill.

37. *Anth. Pal.* IX 418.

38. Compare F. BENOIT, *Rev. Arch.* 15 (1940), p. 79: "Une telle installation n'était point une tentative isolée: l'ampleur de cette usine, la distribution du courant dans seize ateliers, l'adaptation du mécanisme aux niveaux différents du terrain montrent bien au contraire que cette construction est la resultante d'une savante théorie et de multiples applications."

39. GAIUS, *Inst.* 1, 34.

40. *Metamorph.* IX 11 (s.o.)

Another delaying influence was the fact that horses were harnessed in the same way as oxen in Antiquity, and thereby were deprived of a good deal of their efficiency. Since slaves never drew carriages in Antiquity, the common draft animal was generally the ox.[41] But the strength as well as the pace of oxen is modest, and Roman slave owners would have preferred to travel more quickly overland. Moreover, the end of Antiquity did not bring an improvement in the harnessing methods. In Central Europe the modern yoke developed by the horsemen of Eastern Europe did not displace the ancient yoke before the 11th century;[42] in the Byzantine Empire the ancient yoke was retained until the fall of Constantinople in 1453;[43] and in the Middle East even longer. Therefore slave labor cannot be regarded as the sole cause for its retention in Antiquity.

It is true that in late Antiquity the development of technology, too, showed curious signs of stagnation that cannot be explained by saying that science and applied technology had not yet found their way to each other in those days. For, as I said, great technical improvements had been achieved in a purely empirical way from day-to-day working practice during the previous centuries. However, from the 2nd century A.D. we find strange symptoms of an embryonic general stagnation in this regard. Besides the retention of the ancient harness there is, for example, the obvious lack of the windmill in Antiquity, although Hero had already constructed a fan wheel as a prime mover,[44] and the windmill could easily have been developed from the water mill described by Vitruvius. In fact, the European windmill may have been developed from the water mill in the late Middle Ages[45] and not from the windmill with horizontally turning wheels that has been used in Iran since the 6th century.

Slavery cannot be used as the main explanation for these manifestations of stagnation because it began a marked decrease in the 2nd century A.D. Since a number of trades had achieved commendable improvements before that time, the prevailing impression of a general stagnation in the field of applied technology beginning in the time of the Antonines could even lead to the unlikely conclusion that the decrease of slavery actually halted technical progress.

Of course, we need not dwell on this misleading speculation. But it reveals the difficulties that the observation of actual development puts in the way

41. Compare A. BURFORD, *Econ. Hist. Rev.* XIII, 1 (1960), p. 3.

42. M. BLOCH, *Rev. de Synthèse Hist.* 41 (1926), pp. 94 ff.

43. Compare C. LEFEBVRE DES NOËTTES, *L'Attelage* (Paris: 1931), p. 92.

44. *Pneumatica*, I 43.

45. This view was maintained, at any rate, by LYNN WHITE, *Medieval Technology and Social Change* (1963), p. 87.

of a solution to our problem. It is impossible to attempt a solution in a paper like this. (An attempt, however, will be made before long in a larger work.) At any rate, it should have become clear how unsatisfactory it is to attempt to explain certain manifestations of stagnation in technology, especially in late Antiquity, by the role slaves played in ancient methods of production.

E. STAERMAN

DIE SOZIALE STRUKTUR ROMS UND DIE MÖGLICHKEITEN ÖKONOMISCHER UND TECHNOLOGISCHER ENTWICKLUNG

ZUSAMMENFASSUNG

Die Möglichkeiten ökonomischer und technologischer Entwicklung eines gesellschaftlichen Systems sind, im grossen und ganzen, von dessen Struktur determiniert. Sie bestimmt auch die Hierarchie der Produktivkräfte, an deren Spitze nur in einigen bestimmten Fällen, z.B., in der modernen Epoche, die Technik in eigenem Sinn steht. In anderen Fällen spielen die leitende Rolle andere Komponenten der Produktivkräfte: erstens, die Produktionsmethoden und die Organisation der Arbeit, zweitens, die Arbeiter selbst, ihre Gewandheit, Kenntnisse, Ziele, ihre Psychologie. So war es in manchen vorindustriellen Gesellschaften, und auch in Rom. Deshalb, wäre es methodologisch unrichtig die Gesetzmässigkeiten moderner Entwicklung auf das römische sozial-ökonomische System zu übertragen.

Die Produktivkräfte sind eng mit den Produktionsverhältnissen verbunden. Zu den letzten gehören die Eigentumsformen und, in den Klassengesellschaften, die von ihnen bestimmten Formen der Exploitation. In den ersten Klassengesellschaften bestimmt die Technik nur in einem gewissen Masse die Eigentumsformen, deren Ausbildung auch von anderen Faktoren beeinflusst wird: das geographische und historische Milieu, die sozialökonomischen Verhältnisse zur Zeit des Überganges von Klassenlosen- zu Klassengesellschaften, die Wechselbeziehungen und die Möglichkeiten der sich konstituierenden Klassen. Die antike Eigentumsform entstand in folgenden Umständen: die kleine Produktion war die zweckmässigste, aber, wie jede kleine landwirtschaftliche Produktion, musste mit einer oder anderen Art von Gemeindeverhältnissen verknüpft sein; die ursprünglichen Gemeinden waren schon mehr oder weniger zersetzt und in die Stadt vereinigt; die Möglichkeiten des Verkehrs mit anderen Staaten und Völkern waren gross genug, um die Entwicklung des Handwerks, des Handels und der gesellschaftlichen Arbeitsteilung, die ökonomische Ungleichheit, und die Schärfe der sozialen Konflikte zu stimulieren; die dem Adel gegenüberstehenden Schichten wurden so stark, dass der im Laufe dieser Konflikte entstaneden Staat zu ihrem Werkzeuge wurde, und eine Reihe entsprechender Massnahmen, die den Charakter der antiken Eigentumsform und des Stadt-Staates bestimmten, durchführte. Ihre wichtigsten Folgen waren die Wechselbeziehungen des Staats- und Privateigentums der Bürger, die Gleich-

berechtigung der letzteren und die Unmöglichkeit der Ausbeutung der Mitbürger, was die antike Sklaverei zum wichtigsten und sich stets entwickelnden Element des ganzen Systems machte.

Da die *Polis* manche Merkmale einer Landgemeinde hatte und zugleich eine politische Organisation der Eigentümer und Bürger bildete, war sie zur selben Zeit eine Form der Produktionsverhältnisse und ein Staat, so dass ihre ökonomischen und politischen Funktionen eng verbunden waren und einander unterstützten. Auch die Verbindungen der Bürger mit dem Staat waren doppelter, politischer und ökonomischer Natur. Dieselbe Zweihaftigkeit war auch anderen Verbindungen der antiken Welt eigen, wie z.B. zwischen den Herren und peculiabesitzenden Sklaven, Patronen und Freigelassenen, Grundbesitzern und Colonen, Mietern und Lohnarbeitern. Der Typ der Verbindungen unterschied dieses System von anderen, wo, wie, z.B. in den sich auf Privateigentum basierenden Gesellschaften, die ökonomischen und politischen Verbindungen getrennt sind, oder, wie in den Gemeinden, die nur Kollektiveigentum kennen, sie, im Gegenteil, gar nicht oder nur schwach differenziert erscheinen.

Während der Blütezeit des Stadt-Staates herrschte die kleine freie Produktion, und an der Spitze der Produktivkräfte standen die Arbeiter, die Eigentümer und Bürger, und Krieger waren, was das Ideal des »harmonischen Menschen« und den Progress durch die Entwicklung der gesellschaftlichen Arbeitsteilung, Spezialisierung und Qualifizierung der Produzente vorbestimmte, wobei die Technik diesen Elementen untergeordnet war. Die Möglichkeiten einer solchen Produktionsweise waren begrenzt, einerseits, durch die Entwicklung der mit der Arbeitsteilung verknüpften Waren-Geldwirtschaft, anderseits, durch die Expansion, die in der Natur des Stadt-Staates lag, da dessen Aufgabe, die Bürger als Eigentümer zu erhalten, oder, wenigstens ihnen Existenzmittel zu sichern, immer wieder neues Land und Zufluss von Beute erforderte. Die Expansion, jedoch, könnte nur teilweise die ökonomische Ungleichheit der Bürger mindern und verschärfte sie von neuem im Laufe der Zeit, da die Kriege zur Bereicherung des einen und Verarmung der andern führten.

Die Akkumulation der Produktionsmittel im Besitz einer Gruppe von Eigentümern und der Ruin mehrerer anderer schuffen Bedingungen, die scheinbar eine grosse Ähnlichkeit mit denen, die der industriellen Revolution vorangingen, hatten. Auch die hellenistische Wissenschaft war in derselben Zeit schon in der Nähe der Schaffung von Maschinen angelangt. Dennoch fand die industrielle Revolution in Rom nicht statt. Den Grund dafür sieht man im »kulturellen Klima«, das der praktischen Anwendung der Wissenschaft ungünstig war; in der Verachtung die die Freien gegenüber der Arbeit und praktischen Tätigkeit zeigten; in der Billigkeit der Sklaven, die die Maschi-

nen ersetzen konnten; im Mangel an Interesse bei den zur Arbeit gezwungenen Sklaven an ihrer Tätigkeit, was mit der Maschinenindustrie unvereinbar war. Jede dieser Meinungen hat etwas für sich, aber kann auch bestritten werden.

Anscheinend muss man nicht von einzelnen Elementen des Systems, sondern von deren Struktur im ganzen ausgehen. Der Charakter ihrer Grundverbindungen machte es unmöglich einen bedeutenden Teil der Bürger aller Existenzmittel zu berauben und der unbegrenzten Ausbeutung preiszugeben, was eine Vorbestimmung und Folge der industriellen Revolution in Klassengesellschaften ausmacht. Dieselbe Struktur bestimmte auch die Wechselbeziehung zwischen der Vergrösserung der Produktion und der Entwicklung der Sklavenhalterwirtschaft in ihrer typischen Form von mittelgrossen Villen und Werkstätten.

In dieser Periode traten die Methoden und die Arbeitsorganisationen an die Spitze der Produktivkräfte. Sie förderten bedeutend den ökonomischen Fortschritt, waren jedoch, durch die Eigenart des Klassenantagonismus, durch weitere Entwicklung der Waren-Geldwirtschaft, und die Struktur selbst der Stadt und des Staates limitiert. Eine weitere Vergrösserung der Sklavenhalterbetriebe erwies sich als ökonomisch unvorteilhaft und politisch für die herrschende Klasse gefährlich. Im Rahmen der antiken Eigentumsform konnten die entstandenen Widersprüche nicht überwunden werden. Aber ihr Verfall kann nicht als ein absoluter Verfall der damaligen Welt im ganzen betrachtet werden. Im römischen Kaiserreich coexistierten mehrere verschiedenartige Eigentum- und Produktionsformen. In denen, die mit der antiken Form nicht verknüpft waren (die freien und unfreien Gemeinden, der ausserstädtische Grossgrundbesitz von erblichen Pächtern bebaut) entwickelten sich die Produktivkräfte weiter. Ihr Fortschritt geriet in Widerspruch mit denjenigen Produktionsverhältnissen, die in der antiken Stadt und im Staate verkörpert waren. Die ökonomischen und politischen Verbindungen konnten auch jetzt nicht weder völlig getrennt, noch vollständig verschmolzen werden, da nicht nur die Stadt, sondern auch der Staat, als Oberbesitzer eines grossen Teiles des Bodens und umfangreicher Staatswirtschaft, nicht nur ein politischer Überbau, sondern auch Teilnehmer und regulierende Kraft der Produktion und Distribution war. Dabei wurde diese Kraft zur Konservation abgelebter Verhältnisse verwendet.

So kann man sagen, dass auch in der antiken Welt die Produktivkräfte in Widerspruch mit den Produktionsverhältnissen gerieten, obwohl dieser Widerspruch sich in einer eigenartigen Form äusserte, die von der Eigenart der Struktur bestimmt war, die auch die Möglichkeiten und Wege der ökonomischen und technologischen Entwicklung determinierte.

PART III
ÖKONOMISCHES DENKEN IM ANTIKEN GRIECHENLAND

ELIZABETH CHARLOTTE WELSKOPF

SEINE ENTWICKLUNG IN DER BEZIEHUNG ZUR REALITÄT DER KLASSISCHEN »POLIS«

Das ökonomische Denken im alten Griechenland war auf das engste *mit der ökonomischen Struktur und der Entwicklung der »Polis« verbunden.* Zur Zeit der Entsehung der *Polis* nahm es eine allgemeine öffentlich wirksame Form an, es begleitete die revolutionierenden Veränderungen, suchte sie zu steuern, widersetzte sich der Auflösung, das alles im heftigen Widerstreit der Meinungen über den möglichen und den richtigen Weg. In einigen Punkten gelangten die griechischen Denker bei der tiefgreifenden Analyse der historisch begrenzten Erscheinungen zu allgemeingültigen Einsichten. Die Diskussion zur Zeit des Aufstiegs und der Blüte der athenischen Demokratie förderte das Denken und erlaubte seine Öffentlichkeit bis zu jenen Grenzen, die die reaktionäre Intoleranz des Demos und der Aristokratie vom Beginn der Krise des Staatswesens an durch die politisch begrundeten Asebieprozesse[1] gesetzt hat. Ökonomisches Denken zeigt sich uns in der Dichtung, in den Gesetzen, in der Philosophie, in Streitschriften, in Reden. Wir sind uns bewusst, dass die Überlieferung, die wir besitzen, sehr lückenhaft ist. Im folgenden versuche ich, die Stellungnahme einiger wesentlicher Repräsentanten zu folgenden für Struktur und Entwicklung der *Polis* massgebenden Problemen zu umreissen.

Allgemeine ökonomische Entwicklungsstufen – Arbeit – Hauswirtschaft *(oikonomikē)* und Geld-Erwerbs-Wirtschaft *(chrematistike)* – Reichtum und Armut – Arbeitsteilung und Abhängigkeitsverhältnisse – Arbeit und Musse – Methoden der Betriebsführung. Ich beschränke mich auf die Aussagen aus der Welt Athens und Ioniens, da uns Sparta die Erfolge der geistigen

1. Vgl. hierzu HEINRICH SIMON, *Eusebeia und Philosophie, Neue Beiträge zur Geschichte der Alten Welt* (Berlin: 1964), pp. 275 ff.

Anstrengungen seiner Bürger seit dem 6. Jahrhunderts, nicht mehr überliefert hat.

Die griechische *Polis*, in ihrer klassischen Periode die höchst entwickelte Lebensform der damaligen Welt, gab ihren Bürgern bereits die Möglichkeit des Überblicks über ökonomische *Entwicklungsstufen*. In Dichtung und Legende verwobene Konzeptionen der Entwicklung finden wir in den homerischen Epen[2] und bei dem Bauerndichter Hesiod[3]. Auf tragische Verkettung und Vernichtung folgt bei jedem der beiden die Aussicht und der Wille zu Selbstbehauptung und Aufstieg, hier des Grundbesitzers, dort des Bauern. Solon[4] betrachtet die Periode des Übels als – im wesentlichen durch sein eigenes Wirken – abgeschlossen und meint, eine auf dem Nebeneinanderbestehen von Grundbesitzer und Bauer basierende Entwicklung seiner *Polis* voraussehen zu können; praktisch geben seine Reformen dem Kaufmann Spielraum[5]: Thukydides und seine Zeit bedeuten einen Kulminationspunkt

2. Eine Rückerinnerung an Menschen mit riesenhaften Kräften erscheint in der Ilias jeweils im Zusammenhang mit dem Steinewerfen im Kampf, vgl. MAX TREU, *Von Homer zur Lyrik*, *Zetemata*, Monographien zur klassischen Altertumswissenschaft, H. 12, (München: 1953), p. 30 – *Ilias* V 303, XX 286. – Was in unserem Zusammenhang wesentlich erscheint, ist die Klage über den männermordenden grossen Krieg (*Odyssee* 3/103–112, 14/68–69, 14/237–239, 19/260, 24/426), der durch seine verhängnisvollen Wirkungen sich von den ständigen erfolgreichen kleineren Raubzügen 14/222–234) ebenso abhebt wie von der erfolgreichen friedlichen Wirtschaft auf dem Gute des Odysseus (14/432–450). In der Wirkung auf den Hörer bzw. Leser erscheint der Kampf um Troja als eine enorme verhängnisvolle Überanstrengung verbündeter Gemeinswesen der Griechen, aus der man mit schweren Verlusten hervorgegangen ist, um sich endlich wieder der einträglichen eigenen Landwirtschaft und einer den Kräften angemessenen Piraterie und Wanderung zu widmen. Insofern scheint mir die Ilias den Untergang der mykenischen Welt und Macht dichterisch zu spiegeln, die Odyssee aber den Neuanfang, der zur Polis tendiert.

3. HESIODOS, *Erga* 109–201. Zu der Sage von den absteigenden Zeitaltern bei Hesiod und ihren indischen Analogien vgl. ADALBERT SCHOELE, *Zeitaltersage und Entwicklungstheorie*, Diss. (Berlin: 1960). Hesiod nimmt die Übel und Nöte des »eisernen Zeitalters« nicht als Endpunkt der Geschichte hin. Sein Appell an den Bauern, sich durch unermüdliche Arbeit selbst zu helfen (*Erga* 458–459, 574–581) und seine Hoffnung auf die Götter, deren Generationenfolge in der Theogonie ethisch nicht absondern aufsteigend bis zu dem gerechten Zeus gesehen ist, sind Ausdruck einer optimistischen Auffassung der Zukunft nach dem historischen Tiefpunkt, der erreicht scheint. Er ruft den gerechten Zeus an, um neue Gerechtigkeit unter den Menschen zu bewirken (*Erga* 235).

4. Solon (fr. 10/3) sieht die grossen Männer als Gefahr, die die Polis zugrunde richten. Er selbst hat diese Gefahr in Schranken gewiesen und das Gemeinwesen gerecht geordnet, so dass die Polis weiter leben wird (fr. 3).

5. Vgl. hierzu E. CH. WELSKOPF, »Elitevorstellungen und Elitebildung in der hellenischen Polis«, *Klio*, Bd 43–45 (1965), pp. 53–54. Das Verbot der Schuldknechtschaftsverträge förderte den Sklavenhandel, den vermutlich die höchsten Gewinne bringenden Handelszweig. Auch die übrigen dem Solon zugeschriebenen Massnahmen kamen dem Kaufmann durch die Förderung des Exporthandwerks, der landwirtschaftlichen Exportkulturen und durch die Stabilisierung des inneren Marktes zugute.

der damit eingeleiteten Entwicklung und verstehen sich selbst so. Das geschichtliche Bewusstsein hat sich geklärt; der Geschichtsschreiber[6] sucht die Stufen von den nur ihre Notdurft befriedigenden Sammlern bis zu den sesshaften, Mauern bauend, durch Seehandel reich werdenden Städtern zu analysieren. Das Athen des Perikles ist für ihn der Höhepunkt der Geschichte schlechthin. Das der Realität in einigem entsprechende Bild, das wir bei Thukydides finden, wiederholt sich in den die Vergangenheit betreffenden Zügen bei Platon[7] und bei Aristoteles[8], doch machen die Denker des 4. Jahrhunderts früher Halt, da sie die Katastrophe des perikleischen Athen nicht nur erlebt haben, sondern auch schon als Folge einer gefahrbringenden Politik der Seefahrt und des Handels zu erkennen glauben; der Höhepunkt der Geschichte rückt für sie zurück in die archaische *Polis*, zumindest bis Solon. Bei Platon wiederholt sich bemerkenswerter Weise der Mythos von den absteigenden Zeitaltern in säkularisierter Form als Reihe der Zersetzungserscheinung in Generationenfolge von dem Höhepunkt der »wahren *Polis*« an,[9] deren Verfassungen immer schlechter werden – bis durch Platon und seine Freunde wieder ein neuer Umschlag herbeigeführt werden soll. Keiner der uns bekannten griechischen Denker geht mit seinen Hoffnungen über die Polisform hinaus, wenn auch die Hoffnung, dass die *Polis* selbst einen neuen expansiven Siegeszug erleben könnte, von Euripides bis Sokrates lebendig ist. Dieser Siegeszug hat sich in einer vollig anderen Weise realisiert als die Denker ahnen wollten; die *Polis* alter Struktur wurde dabei das Opfer.

Aufs engste verbunden mit solchen Veränderungen der Entwicklung selbst und mit den Vorstellungen über Entwicklung sind die Konzeptionen der Gesetzgeber, Dichter und Philosophen über *Arbeit*, Reichtum und Armut. Die Einstellung zur Arbeit, auch zur materiellen Arbeit ist zu Beginn in den Mythen[10] und in den homerischen Epen noch positiv. Die homerischen Aristokraten können selbst Waffen, Ruder, Pflug und Axt führen.[11] In Gleichnis und dichterischer Gestaltung wird auch noch die Arbeit des Armen, des Sklaven, selbst die des schweissbedeckten Tieres geehrt.[12] Für den Skla-

6. THUKYDIDES, I 2–15.

7. PLATON, *Politeia* 2. Buch, 369 B–372 D, *Nomoi* 3. Buch, 676 A–682 E.

8. ARISTOTELES, *Politika*, 1252 a, 1253 b, 1256 a, 1290 b, 1291 a.

9. PLATON, *Politeia*, 8. Buch, 544–569.

10. Der Herakles-Mythos wertet die Arbeit des Bezwingers der Wildtiere. In den Mythen von Sisyphos und von den Danaiden erscheint das Wissen um die Qual vergeblicher Arbeit.

11. *Odyssee* 2/403–404, 4/652–653, 5/243–257, 8/34–36, 9/103–104, 17/180–181, 18/370–374, 24/225–226, Ilias XII 445–466, XVIII 541–543.

12. *Ilias* XII 433–435, XVII 742–745, *Odyssee* 14/5–14.

ven Eumaios ist Arbeit Trost in seinem Kummer.[13] In dem Werk Hesiods erscheint die Bauernarbeit zwiespältig, als göttlicher Fluch[14] geboren aus der Angst vor der Armut,[15] zugleich aber als Ehre und einzige Rettung des Bauern. Mit einem gewissen Krampf betont er, dass sie nicht verächtlich mache.[16] In den dem Solon zugeschriebenen Gesetzen wird die Ausbildung zum Handwerker gefördert. Der von Sophokles mit einem Schauer und fast mit Ehrfurcht ausgesprochene Lobpreis menschlicher Werke[17] ist zugleich ein hohes Lied der Arbeit. Eine veränderte Lebensauffassung des begüterten Mannes tritt in dem Vers des Ion von Chios hervor, der Trinken, Spielen und das Gerechte denken (denken – nicht praktisch durchsetzen) als Inhalt eines schönen Lebens besingt.[18] Dieser Auffassung stand die andere entgegen: sei nicht untätig, auch dann nicht, wenn du reich bist.[19] Thukydides[20] lässt seinen Perikles die Anstrengung, der Armut zu entgehen, als Bürgertugend preisen. Was vom armen Freien selbst gescheut und verachtet wird, ist die abhängige Arbeit.[21] Die grossen Philosophen im 4. Jahrhundert äussern sich abwertend über die schwere Arbeit,[22] auch die Überarbeit, die den Menschen körperlich und geistig verkrüppeln muss.[23] Mit wachsender Arbeitsteilung und der Trennung der Klassen hat sich die Einstellung zur Arbeit differenziert.

Reichtum ist bei Homer Reichtum an Land, Vieh, Pferden; der Besitzer ist stolz auf die eigene Leibesfulle. Aber Reichtum erscheint auch schon[24] in Gestalt des Goldes, der wertvollen Textilien, des Weines, der Frau, des Sklaven, mit unbekümmerter Freude gepriesen. Die Dichter und Denker fassen Reichtum hier und in der Folgezeit von zwei Seiten her mit ihren Fragen: wie wird Reichtum erworben und wie wird Reichtum angewandt? Der Räuber[25] wird – in der Odyssee – geachtet, nicht der Kaufmann.[26]

13. *Odyssee* 14/62–65.
14. HESIODOS, *Theogonia*, 226, *Erga* 47–49.
15. HESIODOS, *Erga* 299–300, 394–404.
16. HESIODOS, *Erga* 289–313.
17. SOPHOKLES, *Antigone*, 334–355.
18. ION VON CHIOS, I, 15–16.
19. Aus den Sprüchen der sieben Weisen, dem Thales von Milet zugeschrieben.
20. THUKYDIDES, II 40, 1–3.
21. XENOPHON, *Apomnemata* II, 7.
22. PLATON, *Politeia*, 2. Buch, 372 E.
23. ARISTOTELES, *Politika*, 8. Buch, 1337 b 11–15, 1342 a 22–23.
24. *Odyssee* 2/338–344, 14/222–253.
25. *Odyssee* 9/40–42 und 45–46, 14/222–234 und 244–253, 14/263–265. Aristoteles betrachtet den Raub unkritisch als Produktionszweig, *Politika* 1. Buch, 1256 a. Platon reiht »Sklavenhändler« und »Räuber« jedoch in die Reihe der Schimpfworte gleich Dieb, Einbrecher, Tempelräuber ein, *Politeia* XVI 344 B.
26. *Odyssee* 8/159–164.

Hesiod[27] scheut Handel und das spekulative Risiko, er will sich auf Fleiss und traditionelle Sorgfalt in der Produktion verlassen, um sein Gut zu mehren. Solons Gesetz dienen samt und sonders der Bereicherung und der politischen Gleichberechtigung des athenischen Kaufmanns, doch erwähnt der Staatsmann eben diesen Stand in seinen politisch-ökonomischen Rechenschaftsberichten überhaupt nicht. Ich halte Solons Schweigen über Kaufmannsinteressen, Kaufmannsreichtum, fűr innenpolitische Diplomatie.[28] Die Korinther beschuldigen die sich bereichernden Athener der rastlosen Tätigkeit und Aggressivität. Sie seien dazu geboren, weder selbst Ruhe zu haben noch sie anderen zu lassen.[29] In den thukydideischen Reden des Perikles aber wird der Geldreichtum[30] selbstbewusst gepriessen: Geld ist Athens Basis, sein Vorteil und die Stütze gegen Sparta. Die Polemik des Grundaristokraten hiergegen treffen wir in der pseudoxenophontischen *Politeia;* Seefahrt und Geld zwingen zu der verhassten Demokratie und machen den Herrn vom Sklaven abhängig.[31] Im 4. Jahrhundert hat unter den Philosophen allein Xenophon[32] noch den Mut, die Wirkung des Geldes zu bejahen. Mit der Nichtachtung angestrengter Tätigkeit, mit der Untätigkeit seitens der Reichen setzt auf der anderen Seite die Anklage gegen den schwelgerischen, faulen Reichtum schon bei Heraklit[33] ein und setzt sich bei Herodot fort.[34] Platon und Aristoteles verdammen niedriges Genussleben.[35] Sie verdachtigen auch die *chrematistike*[36] als ein die Gemeinschaft der *Polis*

27. HESIODOS, *Erga* 306–310, 394–404, 635–638, 650, 682–686.

28. Vgl. WELSKOPF, *loc. cit.*, p. 54.

29. THUKYDIDES, I 70, 8–9.

30. THUKYDIDES, I 141. Auf den Vorteil einer gefüllten Schatzkammer für die Kriegsführung lässt Thukydides auch auf der anderen Seite Archidamos hinweisen (I 80).

31. Pseudoxenophontische Politeia. Die Abhängigkeit des Herrn vom Sklaven (A 11) sieht der anonyme Verfasser wohl durch die Einrichtung der *Misthopherountes*, möglicherweise auch durch jene Sklaven entstehen, die mit der von ihnen hergestellten Ware zum Markt geschickt wurden. Eine ökonomische Abhängigkeit des Herrn von der Initiative seiner Sklaven wird dadurch begründet.

32. XENOPHON, *Poroi*, IV 4–9.

33. Herakleitos über den Reichtum der Bürger von Ephesos als ihrem Verderben fr. 128 a.

34. Herodotos über verweichlichenden Reichtum, 8. Buch 26. PLATON, *Politeia*, 4. Buch 422 A, *Nomoi*, 11. Buch, 919 B–C, ähnlich ARISTOTELES, *Politika*, 1. Buch, 1257 b 40–41, 1258 a 1–10. Platon lobt jedoch den ererbten Reichtum, der vor Versuchungen schütze, *Politeia*, 1. Buch, 331 A–B.

35. PLATON, *Politeia*, 3. Buch 407 A, 5. Buch 458 A, 7. Buch 535 E, 8. Buch 564 B–D, *Nomoi* 6. Buch 779 A, 7. Buch 806 D, 807 A–B; ARISTOTELES, *Nikomachische Ethik*, 3. Buch, 1118 a 23–24, 1118 b 1–8.

36. PLATON *Nomoi*, 4. Buch, 740 D–705 B, 5. Buch, 741 E; ARISTOTELES *Politika*, 1. Buch, 1257 b, 1258 d.

zersetzendes Element, Platon in seiner leidenschaftlichen, noch auf tatsächliche Umkehr zu archaischem Leben gerichteten Art, Aristoteles in eindringenderen, theoretischen Analysen, deren Fragestellungen heute noch für uns von Interesse sind. Das gute Leben,[37] Ziel der *Polis*, ist für Aristoteles Reichtum an materiellen und geistigen Gebrauchswerten; er geht damit über Platons bescheidene »wahre *Polis*«[38] hinaus, will auf der anderen Seite in den Grenzen mittlerer Vermögen bleiben, die eine sorgenlose Beschäftigung mit Politik and Wissenschaft erlauben.[39] Der »wahre Reichtum«[40] besteht für ihn in den durch Tausch ergänzten Gebrauchswerten. In der vom Gebrauchswert sich lösenden verselbständigten Entwicklung des Tauschwertes, in seiner Geldform, in dem sich selbst mehrenden Wert, dem Kapital der Form nach, erkennt Aristoteles die unvermeidliche End- und Grenzenlosigkeit und damit nicht nur die Tendenz zur Auflösung der *Polis* als politischer Form, sondern auch die Auflösung ihrer Ethik, die Umkehrung aller Werte.[41] Der Reichtum also ursprünglich bedenkenlos in allen Formen gesucht und anerkannt, wird im Laufe der Entwicklung von zwei Seiten her angegriffen, in Gegnerschaft gegen untätige, schwelgende Reiche, und in Gegnerschaft gegen Gelderwerb, Geldreichtum, Neureichtum, der die Ursprungsformen der *Polis* sprengt und ihre Lebensart in verschiedener Richtung korrumpiert.

Armut, von Homer[42] über Hesiod[43] bis Tukydides[44] als etwas dargestellt, was durch individuelle Anstrengung überwunden werden kann und soll, ist im 4. Jahrhundert eindeutig zu einem gesellschaftlichen Problem geworden, erscheint als etwas Degradierendes, wird von den Besitzenden verachtet, als Massenerscheinung gefurchtet. Der Gegensatz von Armut und Reichtum zerreisst die *Polis*.[45] Nur durch gemeinschaftliche Anstrengungen, so scheint es, konnen diese Verhältnisse noch überwunden werden. Eine frühe Ausnahme in dem Optimismus der herrschenden Klasse über den möglichen Erfolg individueller Anstrengungen haben Solon und Peisistratos gemacht, die die Verknechtung und Verarmung des Bauern durch staatliche Eingriffe

37. ARISTOTELES, *Politika*, 1252 b 30.

38. Platon, *Politeia*, 2. Buch, 372 E.

39. ARISTOTELES, *Nikomachische Ethik*, 10. Buch, 1178 b 32–34, 1179 a 14–16.

40. ARISTOTELES, *Politika*, 1256 b 26–30.

41. ARISTOTELES, *Politika*, 1257a–1258b.

42. *Ilias* XII, 433–435.

43. HESIODOS, *Erga* 306–310, 394–404.

44. THUKYDIDES, I, 70, 8–9.

45. Platon über die Spaltung der *Polis* in Arm und Reich, *Politeia*, 4. Buch, 422 E–423 A, über die verhängnisvollen Folgen der Armut, *Politeia*, 4. Buch, 422 A, *Nomoi* 11. Buch, 919 B–C, Platons Verachtung des grossen Haufens, des »ochlos«, *Politeia* 4. Buch, 431 C, die Furcht vor Landaufteilungen, Schuldenstreichungen, überhaupt vor dem bewaffneten Volk, *Politeia* 8. Buch, 556 C–E, 565 E–566 A.

zeitweise aufhielten. Der bei Aristophanes glossierte Ruf nach Gemeineigentum[46] lässt erkennen, dass die verarmten Bürger selbst – ebenso wie schon zu Zeiten Solons – an drastiche staatliche Massnahmen dachten. Platon will in seinen Zukunftsplänen die Arbeitsteilung und die Trennung der Klassen mit erstaunlichen Mitteln der Gewalt und des Mythos – auf der Basis des Gemeineigentums – festhalten, gleichzeitig die Masse der freien städtischen Armen aus der Welt seiner *Polis* hinaustreiben.[47] Aristoteles ist in dieser Richtung vorsichtiger, skeptischer, für die Unvermeidlichkeit der wachsenden Privatisierung des Eigentums auf jener Entwicklungsstufe aufgeschlossener. In ausdrücklicher Polemik gegen Platon lehnt er das Gemeineigentum, auch eine Gleichheit des Besitzes ab.[48] Den Verarmten möchte er von Staats wegen eine private Basis für den Neuanfang geben.[49]

In der Polis hat sich eine zwiefache *Arbeitsteilung* durchgesetzt, die fachliche und die organisatorische. Aristoteles erkennt in der fachlichen Arbeitsteilung, die nicht innerhalb der Ökonomie Halt gemacht hat, sondern sich auch in Militär, Politik und Kunst durchzusetzen begann, zwei Probleme. Das erste ist die Notwendigkeit der Fachausbildung, das zweite sind die möglichen negativen Folgen der Spezialisierung, durch die der Mensch verkümmert.[50]

Mit der organisatorischen Arbeitsteilung bilden sich die *Abhängigkeitsverhaltnisse* heraus, eines fördert das andere.[51] Von der *Odyssee* an bis hin zu Aristoteles finden wir zwei Abhängigkeitsverhältnisse in der dichterischen, gesetzgeberischen, philosophischen Diskussion: den Tagelöhner,[52] als historische Form des freien Arbeiters, und den Sklaven. Eine eindringende, heute noch fruchtbare Analyse der gemeinsamen Natur[53] und der Unterschiede[54] der beiden Verhältnisse gibt Aristoteles an verschiedenen Stellen seiner Schrift über Politik. Er geht davon aus, dass der Mensch, wenn er Anweisungen eines anderen ausführt, zum Instrument des Anweisenden wird.[55] Der Sklave wird es ganz und gar, der Freie nur insofern und solange er durch die Anweisung gebunden ist. Der Freie kann sich der Anweisung aus eigener Entscheidung unterwerfen, als Bürger, der seine Bürgeraufgaben auf diese Weise erfüllt, und im einem anderen Falle oder in einem höheren

46. ARISTOPHANES, *Ekklesiazusai.*
47. PLATON, *Nomoi*, 5. Buch, 735 E, 736 A.
48. ARISTOTELES, *Politika*, 2. Buch, 1263 a 22–25, 1263 b 15–29, 1266 b 24–38.
49. ARISTOTELES, *Politika*, 1320 a 36–39, 1320 b 1–2.
50. ARISTOTELES, *Politika*, 8. Buch.
51. ARISTOTELES, *Politika*, 1. Buch, 1252 a 31–34.
52. *Odyssee* 17/223–228, 18/356–363.
53. ARISTOTELES, *Politika*, 1278 a 10–13, 1337 b 11–15, 1337 b 18–21.
54. ARISTOTELES, *Politika*, 1252a, b, 1255 b, 1278 a, 11–13, 1258 b, 1260 a, b.
55. ARISTOTELES, *Politika*, 1253 b, 30.

Alter selbst Anweisungen zu geben.[56] Dieser Form echter Demokratie gibt Aristoteles allerdings nur in der Politik, in dem Verhältnis der Hausherren untereinander eine Chance. Die Ökonomie, die Hauswirtschaft, erscheint ihm in ihrer inneren Struktur auf den Beziehungen Herr *(despotēs)* und Knecht *(doulos)* aufgebaut.[57] Der arme Freie kann die Anweisung unter ökonomischem Druck ausführen, um des notwendigen Gelderwerbs willen, der sein Handeln bestimmt.[58] In diese letzte Gruppe fallen auch die Söldner. Der Sklave gehört für Aristoteles zur *Oikonomikē*, zur Hauswirtschaft, er gehört seinem Herrn mit Haut und Haaren, mit Arbeit und »Freizeit«.[59] Sein Verhalten ist vom Herrn her regiert, seine »Ethik« des Fleisses unter der Mässigkeit[60] vom Interesse und vom pädagogischen Geschick des Herrn Bestimmt. Der Tagelöhner gehört in den Kreis der *chrematistike*,[61] des Erwerbs, insbesondere des Gelderwerbs, und Aristoteles erkennt keine »Ethik« des Gelderwerbenden, obgleich sie sich aus den Notwendigkeiten, die sein Handeln bestimmen, herausholen liesse. Aber die *chrematistike*, damit auch der Tagelöhner – wie Thukydides schon erkannte, auch der Söldner[62] – sprengen die ökonomischen und daher auch die ethischen Gesetze der *Polis*. Es erscheint interessant, dass Aristoteles von der Ablösung der Sklaven durch Maschinen träumt,[63] aber nicht von einer Ablösung des Sklaven durch den freien Lohnarbeiter. Das erste mag ihm mit der *Polis* vereinbar erscheinen, das zweite erscheint ihm unvereinbar. Auch Aristoteles bejaht noch den Sklavenraubkrieg als Mittel der Ökonomie.[64] Er tut es, obgleich einige Sophisten vor ihm des Recht der Sklaverei bereits angezweifelt haben und den der menschlichen Natur nicht entsprechenden Gewaltcharakter des Verhältnisses anprangerten.[65] Auch bei Aristophanes finden wir eine komödiantische Blosstellung der Sklavereiverhältnisse, ihres zufalligen und gewaltmassigen Charakters.[66] Die Frage, warum ein so überragender Denker wie Aristoteles in diesem Punkte hinter bereits errungene

56. ARISTOTELES, *Politika*, 1261 b 4–5, 1277 b 7–13, 1325 b 7–10.

57. ARISTOTELES, *Politika*, 1252 a 30–35.

58. ARISTOTELES, *Politika*, 1278 a, 1337 b 11–15, 18–21.

59. ARISTOTELES, *Politika*, 1254 a 12–13, 1255 b.

60. ARISTOTELES, *Politika*, 1260 a 35–36.

61. ARISTOTELES, *Politika*, 1258 b.

62. THUKYDIDES, I 121, VII 57.

63. ARISTOTELES, *Politika*, 1253 b 30–35, 1254 a 1.

64. ARISTOTELES, *Politika*, 1256 b 23–26.

65. ANTIPHON, *Oxych. Pap.* XI n. 1364 Hunt (auch bei DIELS, *Vorsokratiker*, II 2 (Nachtrag XXXIII frg. B. cob. 2, 10 ff. – politisch noch wichtiger die Bemerkung in XENOPHON, *Hellenica*, über Tendenzen, Sklaven das Bürgerrecht zu geben (XENOPHON, *Hell.* II 3, 48).

66. ARISTOPHANES, *Batrachoi*, 9, 10, 25–33, 107, 115, 159–160, 190–192, 195, 196, 286–287, 304–317, 490–533, 597–620, 643–664, 746.

Erkenntnisse wieder zurückgegangen ist, habe ich mir vorgelegt. Aristoteles denkt in vielem freier als Platon, in dessen Utopie vom gerechten Staat, mit Vorstellungen eines strengen Kastenwesens verbunden, auch die Sklaverei ihren Platz behalten kann.[67] Die Frage in Bezug auf die Gedankengange des Aristoteles möchte ich wie folgt zu beantworten versuchen: zur Zeit des Aristophanes und zur Blütezeit der Sophistik befand sich die *Polis* Athen in einer ökonomischen und politischen Krise, die die bestehenden Verhältnisse fraglich erscheinen liess und in der materielle und geistige Anstrengungen zur praktischen Überwindung der Krise opportun erschienen; Aristoteles hing mit allen Gefühlen zwar auch an der *Polis*, schaute dabei aber zurück, und vor ihm lag die Entstehung des Hellenismus, eine neuartige Periode, auch eine neue Periode der Sklaverei. Die vorhande Tendenzen, das unmittelbare Knechtschaftsverhältnis der Sklaverei durch die zur Lohnarbeit ausgesuchten Sklaven mit der *chrematistike*, mit Geldwesen und Warenwirtschaft zu vereinigen, wie das in der pseudoxenophoneischen *Politeia* angedeutet wird, sind in den grossen philosophischen Systemen nicht beachtet worden und haben sich nicht durchgesetzt.

Für das ökonomische Denken des Griechen als Polisbürger ist eine bestimmte Auffassung über *Arbeit und Musse* durchaus charakteristisch. Die notwendige Arbeit, die Mühe, die Unrast wird nur als Mittel betrachtet, nicht als Selbstzweck. Aristoteles hat diese Auffassung als letzter der grossen klassischen Denker gültig formuliert.[68] Die notwendigen Anstrengungen dienen dem Politen dazu, Frieden, das Schöne, Freiheit von Knechtschaft und Freiheit zu schöpferischer Tätigkeit zu erlangen, kurz, das Ziel ist die Musse. Auch des Ziel kriegerischer Anstrengungen ist für den Bürger der Friede, ein Friede in Freiheit. Es kann allerdings, wie wir eben gesehen haben, das Ziel des Krieges die Verknechtung des anderen Menschen sein, auf dessen Rücken der Sieger Musse geniesst. Doch ist, von dieser unmenschlichen und vergänglichen Basis abgesehen, das Lob der freien schöpferischen Tätigkeit, in der Aristoteles den Menschen mit einer Art ehrfurchtigen Staunens dem Gotte ähnlich sieht,[69] von zeitlosem Wert, von Gültigkeit, solange Menschen überhaupt sinnvoll leben können. Mit der Bejahung der freien Musse lehnt Aristoteles auch die Fesseln ab, die Platon den Bürgern seines utopischen Staatswesens um dessen unveränderlichen stabilen Bestandes willen im Denken und im künstlerischen Gestalten anlegen wollte.[70]

67. PLATON, *Politeia*, 4. Buch, 413 C, 433 D.

68. ARISTOTELES, *Nikomachische Ethik*, 1177 b 4–6, *Politika* 1333 a, 30–36, vgl. E. CH. WELSKOPF, *Die Musse als Problem im Alten Hellas* (Berlin: 1962).

69. ARISTOTELES, *Nikomachische Ethik*, 1177 a, 32–34, 1177 b 1, 21–25, 31–34, 1178 a, 1–8.

70. PLATON, *Politeia*, 4. Buch, 424 C–D, 2. Buch 378 C, *Nomoi*, 7. Buch, 799 B, 10. Buch, 908 D–E, 909 A, *Politeia* 7. Buch, 532 A, 539 A–C, *Nomoi* 12. Buch, 942 B.

Die Musse, das Spielen menschlicher Kräfte in Forschung und Kunst, menschlicher Gefühle in der Freundschaft, ist eine Keimzelle der Veränderung und des Fortschritts auf allen Gebieten, wie Platon[71] erkennt, und sie ist den Tyrannen daher verhasst, wie Aristoteles[72] darlegt. Dem Sklaven ist freie Musse nach einem griechischen Sprichwort nicht gegönnt.[73] Eine zweite Gruppe, nicht Sklave, sondern Bürger, zu einem Teil reiche Bürger, hat die Musse in der *chrematistike* verloren. Diese Menschen sind die Knechte des ruhelosen Strebens nach sich mehrendem Reichtum geworden, sie haben keine zeitlose Freiheit mehr als Ziel.[74] Wiederum andere, Knechte der Sinnenlust, gehen dadurch schöpferischer Musse, endlich auch der Freiheit überhaupt verlustig.[75] Aristoteles war selbst noch »Knecht« in seinem Denken da, wo er Bestehendes durchaus erhalten und von dem ihm Liebgeworden nicht Abschied nehmen wollte, wie es die harte Aufgabe des Wissenschaftlers ist. Aber sein Genius dringt doch an einigen Stellen durch das historiche Wesen der Polisökonomie zu Wertungen und Erkenntnissen hindurch, die sich fortpflanzen konnten.

Es ist bisher wenig beachtet worden, wie griechische Praktiker und Philosophen neben der Analyse der polisökonomischen Beziehungen schon begonnen haben, die *Methoden der Betriebsführung* zu durchdenken. Die Gutswirtschaft des Odysseus stützt sich auf die Mitarbeit des willigen Manager-Sklaven, der – sein schweres Geschick als etwas Unabänderliches tragend – Trost in der Arbeit und in einer menschlichen Beziehung zum Hausherrn sucht. In den Regionen darunter herrscht die einfache Gewalt.[76] Der Bauer Hesiod argumentiert in bezug auf Knecht und Magd nach ökonomischrationalen, rein rechenhaften Erwägungen,[77] ebenso wie in bezug auf das Vieh. Der Knecht, den der Bauer annimmt, soll um die vierzig Jahre alt sein und sich bei der Arbeit nach keinem anderen umsehen; die Magd soll keinem Säugling haben; solche Umstände behindern die Arbeitsfähigkeit. Bei Xenophon[78] sind solche rationalen Regeln zu einem System der psycho-

71. PLATON, *Politeia*, 4. Buch, 424 C–E, *Nomoi*, 7. Buch, 797 A.

72. ARISTOTELES, *Politika*, 1313 a, 36–41, 1313 b, 1–21.

73. ARISTOTELES, *Politika*, 1334 a, 20–21, 1280 a, 32–34, *Oikonomika*, 1344 b 8.

74. PLATON, *Nomoi*, 8. Buch, 831 C–E; ARISTOTELES, *Politika*, 1. Buch, 1257 b, 40–41, 1258 a, 1–10, *Nikomachische Ethik*, 10. Buch, 1173 a, 29–31, 32–34, 1174 b 9.

75. *Odyssee* 15/415–491, 14/5–15.

76. *Odyssee* 20/105–110.

77. HESIODOS, *Erga* 441–446, 436–440, 450–452, 557–559, 602–603, 604.

78. XENOPHON, *Oikonomikos*. Xenophon bespricht in dieser in Dialogform gegebenen Betriebswirtschaftstheorie nur die Gutswirtschaft mit Sklaven. Er gebraucht die Bezeichnungen »*oiketēs*, *ergatēs* und *doulos*«. Im Zusammenhäng mit den empfohlenen Leitungsmethoden kann es sich in allen Fällen nur um Sklaven handeln, auch bei dem »*epitropos*« und der »tamia«. Über freie Gutsarbeiter spricht Xenophon im *Oikonomikos* überhaupt nicht.

logischen Betriebsführung ausgearbeitet. Die in Form eines sokratischen Dialogs gegebenen Ratschlage für den Gutsherrn halte ich für ursprüngliche Gedankengänge des Xenophon. Er knüpt an seine Erfahrungen als Söldnerführer[79] und an seine Erfahrungen als Reiter[80] an. Bei den Sklaven, die auf dem Gute arbeiten, kann ein eigenes Interesse an der Arbeit, von deren Früchten ihnen der Herr nur eine ihm angemessen erscheinende Ration zuteilt, nicht vorausgesetzt werden.[81] Die Sklaven müssen, obgleich Menschen, mit Belohnung und Strafe wie ein Tier gelenkt werden.[82] Nicht bei jedem Menschen werden diese Methoden Erfolg haben. Solche, die trinken, gern lange schlafen, sich heftig verlieben, sind nicht für die Wirtschaft geeignet.[83] Selbst wenn der Herr den letzten den geliebten Menschen wegnimmt, nützt dies nichts, denn auch der Schmerz macht sie zu guter Arbeit untauglich. Brauchbar sind die auf materielle Vorteile, auf den Magen, eingestellten Menschen[84] und die ehrgeizigen Menschen.[85] Bei diesen beiden Typen wirkt das, was der Herr zu bieten hat: besseres Essen, bessere Kleidung, mehr Bewegungsfreiheit für den auf materielle Vorteile Bedachten, Auszeichnung und achtungsvollere Behandlung für den Ehrgeizigen.[86] Den ehrgeizigen Sklaven, denen die Anerkennung des Herrn wichtiger ist als besseres Esses, will Xenophon begegnen wie *kalous k'agathous*.[87] Der Manager-Sklave soll sachverständig sein, wissen, was, wann, wie gearbeitet werden muss, befehlen können und zugleich dienstwillig sein. Das letzte ist das Entscheidende, denn seine übrigen Fähigkeiten nützen gar nichts, wenn der Betreffende nicht bereit ist, die Interessen seines Herrn zu den seinen zu machen. Er muss gut behandelt und beschenkt werden; sein Verhältnis zum Herrn vergleicht Xenophon nicht dem des Haustiers; er zieht den Vergleich mit dem Verhältnis der Menschen zu den Göttern, denen der Mensch wohlgesinnt ist, wenn sie ihm Gutes widerfahren lassen.[88] Die Schaffnerin[89] soll wenig schlafen, wenig essen, nicht trinken, nicht lieben, ein gutes Gedächtnis haben, um Ordnung zu halten. Dann kann sie an Leid und Freud der Familie teilhaben und einen

79. XENOPHON, *Oik.* 5/14 und 20.

80. XENOPHON, *Oik.* 12/20.

81. XENOPHON, *Oik.* 1/16–17, 10/10–11.

82. XENOPHON, *Oik.* 5/14–16, 7/41–42, 11/23, 12/15–16, 19, 20, 14/9, 21/10. Die gut arbeitenden Sklaven würden nur mit Unwillen sehen, dass ein schlecht arbeitender das Gleiche erhält, 13/11.

83. XENOPHON, *Oik.* 12/11–14.

84. XENOPHON, *Oik.* 13/9.

85. XENOPHON, *Oik.* 13/9.

86. XENOPHON, *Oik.* 13/10, 14/9–10.

87. XENOPHON, *Oik.* 14/9–10, 15/1, 15/5, 21/9.

88. XENOPHON, *Oik.* 12/5–7.

89. XENOPHON, *Oik.* 9/11–12.

materiellen Antiel am Gedeihen des Gutes erhalten. Sklaven und Sklavinnen[90] sollen nur mit Erlaubnis des Herrn verkehren und Kinder zeugen, nicht um die Kinderzahl zu kontrollieren, sondern damit sich nicht die jenigen Sklaven und Sklavinnen zusammenfinden, die gemeinsam geneigt sein könnten, das nach Meinung des Herrn Böse zu tun. Grossen Wert legt Xenophon auf strenge Ordnung, die den Sklaven auch daran hindert, etwas heimlich zu tun.[92] Er will die Strafen systematisiert wissen. Gesetze[92] in denen auf Diebstahl die Todesstrafe stand – konnen vom Herrn auf seine Sklavenschaft angewandt werden. Der Herr ist Richter, der Sklave soll auch gehört werden. Auf Schmeichler möge der Herr nicht achten.[93] Sklaven bedürfen angenehmer Hoffnung, mehr noch als andere Menschen, um auszuhalten.[94] Dem entspricht der Ratschlag des Aristoteles, den Sklaven die Freilassung zu verspechen.[95] Kranke Sklaven sollen nach Auffassung Xenophons gepflegt werden; sie werden sich später dafür dankbar erweisen.[96] Was der kluge Sklavenhalter nach Xenophons Meinung erreichen konnte, war eine willige, angespannte, kontinuierliche Arbeit.[97] Das »Auge des Herrn«,[98] die Tüchtigkeit des Gutsherrn,[99] entscheidet über Erfolg und Misserfolg. Über willige Menschen zu herrschen, sei göttlich.[100] Es gebe aber Güter, wo die Sklaven wie die Gefesselten gehalten werden und doch entfliehen wollten. Wem die Götter die Qualen des Tantalus zugedacht haben, den verurteilen sie, über unwillig Gehorchende den Tyrannen zu spielen.[101] Xenophon[102] deutet im Vergleich mit dem Verhalten von Söldnern an, dass Untergebene aufsässig werden können, sich sogar ihrer Opposition rühmen und den Herrn hassen. Das Rezept, einen solchen Widerstand gar nicht erst aufkommen zu lassen, will Xenophon mit seinem Ratschlägen geben.

Die Analyse des Xenophon über die psychologische Betriebsführung in einem landwirtschaftlichen Sklavenbetrieb ist die einzige, die wir als systematische Analyse aus der Antike besitzen. Etwas Ähnliches für einen Gewer-

90. XENOPHON, *Oik.* 9/5–6.
91. XENOPHON, *Oik.* 8 und 21/10.
92. XENOPHON, *Oik.* 14/5–8. Xenophon spricht hier von »basilikoi nomoi«, die gegen die Sklaven angewandt werden.
93. XENOPHON, *Oik.* 13/12.
94. XENOPHON, *Oik.* 5/16.
95. ARISTOTELES, *Politika*, 1330 a, 32–33.
96. XENOPHON, *Oik.* 7/37.
97. XENOPHON, *Oik.* 20/16–17, 21/9.
98. XENOPHON, *Oik.* 12/20.
99. XENOPHON, *Oik.* 12/19.
100. XENOPHON, *Oik.* 3/4, 21/12.
101. XENOPHON, *Oik.* 3/4, 21/12.
102. XENOPHON, *Oik.* 21/3–4.

bebetrieb gibt es nicht, und wir wissen z.B. nicht, warum die Sklaven in den laurischen Silberbergwerken so eifrig und so gut gearbeitet haben, bis es in der Zeit des dekeleischen Krieges zu der grossen Sklavenflucht und in römischer Zeit, als diese Bergwerke schon aufgelassen wurden, zur Beteiligung am Aufstand kam. Von anderen Autoren erfahren wir, dass – wie Platon schreibt[103] – Sklaven ein schwieriges Besitztum waren, und nur durch die vereinte Macht der bewaffneten Herrn in Schach gehalten werden konnten, dass es wichtig war, die Solidarität der Sklaven dadurch zu verhindern, dass der Herr – wie z.B. Aristoteles[104] empfiehlt – Sklaven verschiedener Nationalität zusammenkaufte. Aristoteles hält ein freundschaftliches Verhältnis zwischen einem Griechen als Herrn und einem Barbaren als Sklaven für möglich; er will die Erziehung des Menschen, die in seinen Gedanken und politischen Hoffnungen eine zentrale Stellung einnimmt, auch auf den Sklaven ausdehnen und polemisiert gegen diejenigen, die den Sklaven nur Befehle erteilen. Möglicherweise ist damit auch Platon gemeint, der Sklaven nicht beachtet wissen will.[105] Zwischen Griechen als Herr und Sklave kann nach seinem Erfahrungen allerdings keine Freundschaft herrschen; Penesten und Heiloten seien aufsässig und dünkelhaft.[106] Über die üblichen rohen Prügelstrafen erfahren wir einiges aus Aristophanes »Fröschen«,[107] vom Schmerz des Betroffenen beim Versklavungsakt und vom Sklavenelend schon bei Homer.[108] Als Sklaven, so meint Aristoteles (und mit ihm später Varro), soll man sich keine mutigen Menschen aussuchen, allerdings empfiehlt Varro, der nicht von Bedientensklaven, sondern von Landwirtschaft spricht, auch nicht etwa ängstliche Typen zu wählen, die für die schwere Arbeit, auch für die nicht ungefährliche Hirenarbeit, kaum brauchbar gewesen sein dürften.[109] Alles in allem wissen wir aus unseren archäologischen Funden, dass Sklaven in den antiken *poleis* in der Töpferei, im Bergwerk, im Bauwesen, qualitativ gut gearbeitet haben. Von den Schwierigkeiten in der griechischen Landwirtschaft des 4. Jahrhunderts erfahren wir eben durch die Ratschläge des Xenophon einiges. Da ich mir zur Aufgabe gesetzt habe, über die Gedanken und Theorien zu sprechen, ist hier nicht der Ort, auf die historische Entwicklung der Sklaverei und ihre ökonomische Bedeutung weiter einzugehen. Es ist aber klar, dass die griechischen Denker sich mit der Sklaverei als Problem beschäftigten, weil sie zu einem sozial-

103. PLATON, *Politeia*, 9. Buch, 578 E–579 A, *Nomoi* 6. Buch, 777 B.
104. ARISTOTELES, *Politika*, 1330 a, 26–27.
105. PLATON, *Politeia* 8. Buch, 549 A.
106. ARISTOTELES, *Politika*, 1264 a 34–36, 1269 a 37–39, 1255 b 13–15.
107. ARISTOPHANES, *Batrachoi*, 644–690.
108. *Ilias* VI 450, 454–461, *Odyssee* 8/523–530.
109. ARISTOTELES, *Politika* 1330 a 26–27; VARRO, *De rerum rusticarum* I 17.

ökonomischen Problem der Polis geworden war. Untersuchungen über Tagelöhnerarbeit im Betrieb gibt es nicht als zusammenhängende Darstellung. Die Schwierigkeiten, die der Betrieb mit unsteter Arbeit haben konnte, werden in der Odyssee angedeutet.[110] Aristoteles spricht, wie schon dargelegt, den für Lohn Arbeitenden die Arbeitsethik ab; sie scheinen ihm in den Kreislauf der *chrematistike* geraten zu sein, in der gleichen Weise wie Feldherr und Arzt, wenn sie nur noch für Geld arbeiten, und systematische Erwagungen über Lohnabstufungen und ihre Wirkung, die hier hätten weiterführen können, finden wir nirgends. Nur das Feilschen der Feldherrn und Geldgeber um die Entlohnung der Söldner deutet an, dass die Lohnzahlung und ihre Höhe von Einfluss sein konnten.[111] Xenophon hält aber den Charakter der Leitungstätigkeit und der menschlichen Beziehungen in einer kooperierenden Gruppe, ganz gleich, ob es sich um eine militärische Truppe, eine Flottenmannschaft oder eine arbeitende Gruppe in der Landwirtschaft handelt, für ausschlaggebend für den erstrebten Erfolg und für wichtiger noch als die materielle Ausrüstung oder die physische Kraft.[112] Damit werden nicht nur eine entscheidende Seite der Betriebsführung in der Antike, sondern die Bedeutung der Formen der Leitung und Mitwirkung überhaupt erfasst und als eine Kernfrage der Ökonomie unter jeglichen Verhältnissen erkannt. Dass Xenophon dabei den Menschen, der ausreichend ernährt und bekleidet sein möchte, noch wie ein dressurfähiges Tier berechnet, ist die Grenze seines Denkens wie seines Verhaltens. In der unbestreitbaren Effektivität solcher Leitungsmethoden liegt die ganze Tragik des Verknechteten, der seinen natürlichen menschlich berechtigten Anspruch auf ein erträgliches Leben nur noch im Gehorsam gegen den Herrn verwirklichen kann. Dass Xenophon überhaupt die Bedeutung menschlichen Verhaltens im Betrieb und die Methoden der Psychologie dabei systematisch erfasst, steht als eine einmalige Leistung in der Antike vor uns. Neben der Familie war die *Oikonomia*, das Verhältnis von *despotēs* und *doulos*, wie Aristoteles zu beginn seiner politischen Studien darlegt, die Basis der *Polis*.[113]

Die Griechen der antiken Welt sind nicht nur grosse Philosophen sondern auch grosse Psychologen gewesen, die schon in ihren Mythen die vergebliche Arbeit als furchtbare Marter für den Menschen begriffen, Arbeit als Qual und als Trost des Sklaven erkannten, Einsicht in die Möglichkeit hatten, Menschen zu manipulieren, von der Ablösung der Sklavenarbeit durch Maschinen träumten und die frei gewählte Tätigkeit als Inhalt der Musse,

110. *Odyssee* 17/223–228, 18/356–363.

111. THUKYDIDES I 121, III 17, VI 31, VII 57, VIII 29, 83–84; XENOPHON, *Hellenika* I 1, I 5, II 1.

112. XENOPHON, *Oikonomikos*, 5/14, 12/19, 20, 21/11.

113. ARISTOTELES, *Politika*, 1252 a 30–35.

damit als Sinn des Lebens eines freien Menschen priesen. Sie waren die Philosophen und Psychologen der *Polis*, ihres eigenen grossartigen und widerspruchsreichen, zu jener Zeit voranführenden praktischen Werkes. Zu ökonomisch revolutionierenden Gedanken fanden sie in diesem Umkreis, der den praktischen Fortschritt bis zu demokratischen Beziehungen der aktuellen und potentiellen Sklavenhalter untereinander erlaubte, den gedanklichen Fortschritt bis zur Erkenntnis der Unmenschlichkeit des Sklavereiverhältnisses und der Hoffnung auf Maschinen offen hielt, die Diskussion um das ursprüngliche Gemeineigentum und das vordringende Privateigentum nicht zur Ruhe kommen liess, die Armut als ein gesellschaftliches Problem offenbar machte, die a-menschliche Gesetzmässigkeit eines verselbständigten, vom Gemeinwesen unabhängig werdenden Geld- und Kapitalkreislaufs verdeutlichte und die Betriebsatmosphäre als Verantwortungsphäre des Betriebsleiters auch im psychologischen Sinne erkennen liess. Die praktische und philosophische Schöpferkraft dieses kleinen Völkes in einer besonderen Konstellation der historischen Entwicklung überrascht uns immer wieder.

Die Griechen haben ihre eigene Welt vom 8. bis zum 4. Jahrhundert revolutioniert und heute noch gültige Werte und Erkenntnisse gewonnen; als die Möglichkeiten der einmal gewählten polit-ökonomischen Form ausgeschöpft waren, sind sie keine Revolutionäre, sondern Untertanen, zu einem Teil selbst aus Freien Sklaven geworden, und das gilt für alle ihre Klassen; für die Sklaven, die flüchteten, aber (mit Ausnahme der Heiloten) nicht aufstanden, für den *Demos*, der seine Rechte und Renten nicht mit Sklaven und *Metoiken* teilen wollte, für die Grundbesitzer und Kaufleute, die Bundesgenossen und *Metoiken* ausnutzten, bis sie selbst unterworfen wurden, und diese Situation wirkte sich auch auf die Philosophen aus, die sich, um mit Platon zu sprechen, bei dem Unwetter der Poliskrise unterzustellen begannen,[114] und nicht mehr für eine Überzeugung starben wie Sokrates. Es wäre falsch, mit den Römern über die *Graeculi* zu richten oder zu spotten. Die Geschichte hat gezeigt, dass die von den Griechen in ihrer klassischen Periode geschaffenen spezifisch antiken Verhältnisse noch für einige Jahrhunderte Tragkraft hatten und produktiv waren, wenn auch die Griechen selbst nicht mehr der Riese Atlas sein konnten, der sie trug. Nicht nur in den Leistungen der klassischen Zeit der *Polis* war dauernd Gültiges enthalten, auch als Untertanen, selbst als Sklaven haben die Griechen der hellenistischen, römischen und byzantinischen Zeit noch wissenschaftlich fruchtbar gewirkt und das kulturelle Leben der Sieger durch ihre Anregung befruchtet, auch in den ökonomischen Theorien, zu denen ich nicht nur die Philosophie der notwendigen Arbeit sondern auch die der schöpferisch angewandten freien Zeit, der Musse, rechne.

114. PLATON, *Politeia*, 6. Buch, 496 D–E, 497 A.

IZA BIEZUNSKA MALOWIST

L'OPINION QUE LES ANCIENS AVAIENT DU TRAVAIL SERVILE

Dans cet exposé, j'aborde un sujet dont la littérature moderne n'a que fort rarement tenu compte. Les publications consacrées à l'esclavage antique, dont le nombre s'est considérablement accru au cours des dernières années, traitent du travail servile, du rendement de ce travail et souvent aussi de l'opinion que les Grecs et les Romains avaient en général de l'esclavage et des esclaves. Mais ce n'est pas souvent qu'on y tente de discerner ce que les Anciens pensaient de la valeur économique du travail servile.

Il me semble que cette lacune de la littérature moderne est due à deux raisons. Premièrement, plusieurs historiens sont d'avis que les Anciens, qui n'ont pas élaboré de théories économiques n'avaient pas de notions économiques générales et ne s'y intéressaient guère. Les traités économiques anciens, qui se sont conservés jusqu'aujourd'hui, contiennent surtout des conseils pratiques et des descriptions de systèmes économiques existants, se rapportant en premier lieu à l'agriculture, à l'exception des πόροι de Xénophon et des traités économiques d'Aristote et de ses disciples. Si on accepte cette opinion, c'est-à-dire, si on admet que les Anciens ne traitaient les problèmes économiques que d'une façon empirique, on étudie surtout leur vie économique sans chercher à connaître les notions dont découlaient leurs méthodes, ou qui se formaient en conséquence de l'emploi de ces méthodes.

Deuxièmement, les sources ne nous donnent que fort peu d'informations sur la façon dont les Anciens jugeaient les questions qui sont à la base de tous les traités économiques modernes. On y parle naturellement du travail, bon ou mauvais, des esclaves, mais ce ne sont le plus souvent que des généralités. C'est pourquoi les travaux modernes traitant de ce sujet, comme par exemple l'article de Robert Schlaifer, intitulé «Greek Theories of Slavery from Homer to Aristotle»[1], tiennent compte avant tout de l'opinion que les Anciens avaient de l'esclavage en tant qu'institution, du travail manuel, et ainsi de suite. Or, d'après moi, le silence des sources anciennes au sujet de la valeur du travail servile, et aussi le manque de données précises lorsqu'il est question du rendement de ce travail, ne prouvent nullement que les Anciens n'avaient pas de notions économiques et ne s'intéressaient pas à

1. *Harvard Studies in Classical Philology, XLVII* (1936), pp. 165–204, réimprimé dans *Slavery in Classical Antiquity: Views and Controversies*, M. I. Finley, ed. (Cambridge: 1960), pp. 93–132.

l'économie dans le sens moderne de ce terme. Traitant du progrès technique dans l'agriculture à la fin de la république romaine[2], mon jeune collègue, M. Kolendo, a tenté, avec succès me semble-t-il, de démontrer que les Romains se rendaient parfaitement compte du coût de la production et que le calcul économique relatif au coût de la main-d'œuvre, tant libre que servile, ne leur était pas inconnu. Pour reconstituer les éléments de leur pensée économique, nous devons cependant procéder inversement à ce que nous faisons actuellement. Il convient non seulement de réunir toutes les informations dispersées dans des sources très diverses, mais aussi d'étudier les procédés employés par les Anciens pour y retrouver petit à petit les notions qui servaient de base à leur économie.

Pour que les résultats de ces recherches soient aussi satisfaisants que possible, il serait indiqué d'analyser en détail toutes les sources littéraires et d'étudier en même temps l'organisation du travail servile en Grèce et à Rome.

Je n'ai pas la prétention de vous présenter dans cette communication de tels résultats. Je voudrais plutôt suggérer dans ce domaine quelques problèmes qui pourraient servir de thème à une discussion. Je m'abstiendrai d'analyser les constatations bien connues et citées maintes fois où les Anciens, par exemple Columelle et Pline l'Ancien, expriment le mépris qu'ils ont pour le travail servile. Ce même mépris, nous le retrouvons également dans la comédie antique. La littérature moderne a accentué plus d'une fois ces opinions des Anciens qui confirment la thèse de l'historiographie moderne d'après laquelle le travail servile était préjudiciable à l'économie et freinait dans l'Antiquité le progrès technique. En admettant cette thèse de l'historiographie moderne, surtout de l'historiographie marxiste, je voudrais introduire ici une distinction. Les Anciens continuaient à utiliser la main-d'œuvre servile même dans les périodes où ils se rendaient déjà compte de ses défauts. Il est probable qu'ils étaient tellement accoutumés à l'esclavage qu'il était pour eux une institution naturelle, immuable. On n'avait en général une opinion négative des esclaves et de leur travail que dans les périodes où cette institution devenait anachronique et où on s'efforçait, même inconsciemment, d'y remédier. On a depuis fort longtemps remarqué que les discussions concernant les questions économiques ne commençaient que dans les périodes de crise, et presque jamais dans les périodes de prospérité.

Dans les pays de l'Antiquité, l'esclavage était très différencié. Les dernières

2. J. KOLENDO, *Postep techniczny a problem sily roboczej w rolnictwie starozytnej Italii* [Le progrès technique et le problème de la main-d'œuvre dans l'agriculture de l'Italie antique] (Warszawa: 1968).

discussions sur l'esclavage dans les pays de l'Orient et aussi en Grèce et dans l'empire romain[3], prouvent de plus en plus clairement que l'économie servile, dans le sens précis de ce terme, n'existait que dans quelques pays de l'Antiquité. Lorsqu'on introduisait dans ces pays, parfois lentement et parfois assez brusquement, l'économie servile, on le faisait évidemment parce qu'elle semblait être avantageuse. En laissant de côté les opinions négatives, ou plutôt tardives, sur l'esclavage, je voudrais attirer l'attention sur quelques informations que nous pouvons trouver dans nos sources et qui nous permettent d'avoir une idée de la valeur que le travail servile avait pour les Anciens.

Outre les traités relatifs à l'agriculture où on parle beaucoup des esclaves, nous avons d'autres sources qui les décrivent assez minutieusement. Ces informations, nous les trouvons en effet dans la comédie antique, surtout dans la comédie de Ménandre et de Plaute. Mais en général il n'y est question que d'esclaves domestiques et on n'en dit le plus souvent que du mal. Le travail des esclaves domestiques n'est cependant pas un trait spécifique de l'Antiquité, les esclaves domestiques ayant existé également au Moyen Age, et si les Anciens critiquaient leur travail, la société bourgeoise, elle aussi ne manque pas de critiquer ses domestiques. Dans mes remarques je me baserai donc sur les informations concernant le travail servile agricole en le comparant avec l'organisation du travail des esclaves domestiques. Malheureusement, nous ne disposons pas de données sur la façon dont on appréciait le travail des esclaves employés dans l'industrie aussi bien en Grèce que dans le monde romain.

Dans l'*Oikonomikos*, un des premiers traités sur l'agriculture, Xénophon n'exprime pas son opinion sur la valeur du travail servile comme l'ont fait Columelle et Pline l'Ancien. Ce que Ischomachos présente à Socrate, ce ne sont que des conseils pratiques qui indiquent comment il convient de procéder pour obtenir un bon travail des esclaves.

L'esclave doit avant tout apprendre un métier, il doit être capable d'accomplir la tâche qui sera la sienne dans la maison de son maître ou dans sa propriété. Xénophon parle à plusieurs reprises de l'éducation de l'esclave; Socrate (Xénophon, *Oikonomikos*, 10) explique à son interlocuteur que pour avoir de bons cultivateurs, il faut former à cet effet non pas des enfants esclaves, mais en tout cas des esclaves suffisamment jeunes pour être capables d'apprendre.

3. Comparer, par exemple, J. CHESNEAUX, «Le mode de production asiatique: une nouvelle étape de la discussion», *Eirene, III* (1964), pp. 131–146; *La Pensée* (avril 1964); J. PECIRKA, «Von der asiatischen Produktionsweise zur marxistischen Analyse der frühen Klassengesellschaften», *Eirene, VI* (1967), pp. 141–174; J.-P. VERNANT, «Remarques sur la lutte de classe dans la Grèce ancienne», *Eirene*, IV (1965), pp. 5–19;

En présentant à Socrate les conversations sur l'organisation du travail domestique qu'il avait eues avec sa femme Ichomache (*Oikonomikos*, 41), il consacre une attention particulière aux tâches de la maîtresse de maison qui consistent à se charger de l'éducation des esclaves, par exemple, à apprendre à une esclave à travailler la laine, à une autre à être une bonne intendante. Grâce à la découverte dans les papyrus[4] des contrats d'apprentissage et aux travaux de Mohler et de Clarence Forbes,[5] nous savons que les Anciens s'occupaient de leurs esclaves: en témoignent incidemment les textes des 4ᵉ et 3ᵉ siècles avant notre ère, l'*Économique* du Ps-Aristote, les textes de Philodème et des écrivains romains. Nos connaissances sont meilleures pour le système d'éducation des esclaves impériaux à Rome. Les tâches que ceux-ci accomplissaient dépassaient de beaucoup les devoirs des esclaves dans une maison privée, même dans la grande maison d'un noble romain. Ils étaient plutôt des fonctionnaires de l'administration d'État et ils devaient évidemment être éduqués à cet effet. Il me semble cependant que la *familia* impériale avait, bien que dans d'autres dimensions, les traits de la familia des grands seigneurs romains, de tous les gens riches possédant plusieurs esclaves. Il s'agissait d'apprendre un métier à l'esclave et celui-ci devait se spécialiser suivant les tâches qu'il aurait à accomplir à la maison ou dans les champs. Ce n'est pas seulement Xénophon qui parle de cette spécialisation indispensable à l'esclave. Columelle, dans le chapitre 9 du livre premier de son traité, consacre plusieurs lignes pour expliquer que chaque esclave devrait avoir une tâche à accomplir (I, 9, § 6):

«Sed et illud conseo, ne confundantum opera familiæ, sic ut omnes omnis exequantur. Nam id minime conducit agricolæ, seu quia nemo suum proprium aliquod esse opus credit, seu quia cum enisus est, non suo sed communi officio proficit ideoque labori multum se subtrahit. Nec tamen viritim malefactor deprehenditur, quod fit a multis. Propter quod separandi sunt aratores a vinitoribus et vinitores ab aratoribus iique a mediastinis.»

Ce même Columelle, dans le livre XI (ch. 1, § 8), parle des devoirs d'un *vilicus* et souligne que celui-ci devrait avant tout savoir quelles tâches il doit confier aux différents esclaves. «Qualitas itaque cuiusque rei consideranda est.» Chaque travail exige d'autres qualités de celui qui doit l'accomplir. Le *vilicus* doit connaître les possibilités des ouvriers, et il ne peut confier une tâche qu'à celui qui a les qualités physiques requises pour l'accomplir.

Nos sources contiennent aussi des informations indirectes sur la spécialisation des esclaves employés dans l'industrie. Nous savons grâce aux orateurs

4. Comparer A. ZAMBON, *Aegyptus* t. XV, (1935), pp. 1–66.

5. CLARENCE A. FORBES, «Education and training of Slaves», *Proceedings of the American Philology Association, LXXXVI* (1955), pp. 321–360.

athéniens qu'il y avait à Athènes des équipes serviles spécialisées pour certains métiers. N. Lauffer a démontré dans son livre sur les esclaves travaillant dans les mines de Laurion[6] que les esclaves spécialisés pour une industrie faisaient partie d'un atelier et, en général, lorsque cet atelier était vendu, la vente englobait également l'équipe servile.

Nous connaissons aussi, et même en détail, la spécialisation des esclaves domestiques, une spécialisation qui nous semble parfois ridicule, surtout dans les grandes maisons romaines. Dans la nouvelle comédie athénienne on peut déjà remarquer des traits de la spécialisation des esclaves domestiques, bien que le premier rôle y soit joué par un esclave qui sait tout et fait tout pour son maître. Mais ce sont les sources romaines, surtout celles qui datent de la période impériale, qui nous montrent toute la complexité de la maison romaine de ce temps. En lisant Sénèque, Juvénal et aussi les inscriptions sur les monuments funéraires des esclaves et des affranchis, nous commençons à comprendre ce que faisaient les centaines d'esclaves dans la *familia urbana*. Il convient également de ne pas oublier que dans l'Antiquité, certains articles n'étaient pas fournis par l'artisanat et l'industrie, mais devaient être fabriqués dans la maison. Une grande maison avait donc besoin d'un personnel beaucoup plus nombreux que dans les périodes ultérieures. Cette circonstance n'explique cependant pas la grande spécialisation des esclaves dont certains, par exemple, avaient pour seule tâche de découper la volaille, alors que d'autres ne devaient que verser à boire. Il me semble que cette spécialisation très poussée du travail servile, aussi bien dans l'agriculture que dans la maison du propriétaire, nous donne un aperçu de ce que les Anciens pensaient du travail servile.

Il ne fait pas de doute que les Anciens considéraient que ce travail devait être bien surveillé, cette opinion étant formulée aussi bien par Ischomaque de Xénophon que par Columelle et d'autres *scriptores rei rusticae* (Florentinus, *Geop.* II, 45, 3). Dans le texte de Columelle cité ci-dessus, la recommandation de donner à chaque esclave une tâche particulière avait pour but de pouvoir contrôler plus facilement si celui-ci l'avait accomplie. Xénophon et Columelle en parlent également lorsqu'ils caractérisent un bon gérant, un *vilicus*. La nécessité de surveiller le travail des esclaves était due au fait – et les Anciens s'en rendaient parfaitement compte – que ces esclaves ne travaillaient pas pour eux-mêmes et qu'ils n'étaient pas intéressés dans les effets de leur travail.

Comment inciter les esclaves à travailler plus consciencieusement, à mieux accomplir leurs tâches? Voilà une question qui se répète bien souvent dans tous les textes traitant du travail des esclaves.

6. S. LAUFFER, «Die Bergwerksklaven von Laureion. I: Arbeits- und Betriebsverhältnisse», dans *Rechtsstellung* (Wiesbaden: 1956), *passim* (p. 87 surtout).

Ischomaque y consacre un passage très caractéristique. En parlant du dressage des animaux, des chiens en particulier, il dit (XIII, 8, 9):

«. . . lorsqu'ils sont dociles, on leur donne quelque chose dont ils ont envie, s'ils ne font pas attention, on les châtie. Quant aux hommes, il est possible de les rendre plus obéissants rien qu'en usant de la parole, en leur montrant que leur intérêt est d'obéir; pour les esclaves, la méthode d'éducation qui semble particulièrement convenir pour les bêtes est un très bon moyen pour leur apprendre à obéir. Si en flattant leurs appétits tu satisfais leur estomac, tu pourras en tirer beaucoup. Mais les natures qui ont de l'amour-propre sont aiguillonnées par les compliments, tout comme d'autres ont envie de nourriture et de boisson . . . Quant à ceux dont j'apprends qu'ils sont honnêtes, non seulement parce qu'ils y sont incités par les avantages que leur procure l'honnêteté, mais parce qu'ils désirent recevoir des compliments de moi, ceux-là je les traite désormais en hommes libres, je ne me contente pas de les enrichir, mais je les honore comme des hommes de bien.»[7]

Dans un autre passage bien connu (*Oikonomikos*, IX, 5), Ischomaque parle de la permission de fonder une famille comme récompense pour ceux qui travaillent bien. Le même motif – comment éveiller l'intérêt des esclaves pour leur travail – se retrouve chez les *scriptores rei rusticœ* dans différents passages. Ce thème est traité surtout là où l'on parle du comportement des propriétaires envers leurs esclaves. Nous y retrouvons des observations semblables à celles d'Ischomaque; les auteurs romains reprennent d'ailleurs partiellement le texte de Xénophon. Nous y trouvons deux méthodes de stimuler le travail des esclaves. La première est fondée sur un système de diverses récompenses matérielles, la seconde l'était sur la psychologie et consiste à louer les esclaves, à leur donner l'impression qu'on leur demande conseil, qu'on apprécie leur opinion, qu'ils décident partiellement de leur travail, etc. Tout ceci prouve, à mon avis, que les Anciens réfléchissaient sur la valeur du travail servile et cherchaient des méthodes qui leur auraient permis d'obtenir un meilleur rendement de ce travail. Il me semble que la spécialisation souvent très étroite du travail des esclaves était une de ces méthodes. Lorsque les stimulants suffisamment forts font défaut, les gens ne sont pas enclins à faire un effort mental en plus, de l'effort physique qu'on exige d'eux, c'est-à-dire, s'ils ont différentes choses à faire, ils n'ont guère envie de faire un effort pour organiser, même d'une façon rudimentaire, leur travail. Non seulement les Anciens avaient recours aux méthodes stimulant le travail des esclaves, mais ils s'efforçaient aussi de simplifier leurs tâches en multipliant leur nombre. Dans la période où la main-d'œuvre était à bon marché, ce n'était probablement pas un problème économique.

7. Je cite la traduction de P. CHANTRAINE, *Xénophon*, *Économique* (Paris: 1939).

V

CONSUMPTION AND DISTRIBUTION OF INCOME

INTRODUCTORY NOTE

As organized by Withold Kula and Emmanuel Le Roy Ladurie this section held three sessions, the first on the Transition from Subsistence Economy, the other two on analyses of the Distribution of Real Income to Various Classes and Various Uses in Different Periods.

The following Communications have already been published elsewhere:

E. Ashtor, "Essai sur l'alimentation des diverses classes sociales dans l'Orient médiéval: vie matérielle et comportements biologiques, Bulletin No. 16", *Annales (Economies – Sociétés – Civilisations), XXIII*, 4 (1968), pp. 1017–1053;

Pierre Couperie et Emmanuel Le Roy Ladurie, "Les loyers parisiens de la fin du Moyen Age au 18e siècle", *Annales, XXV*, 4 (1970), 1002–1019.

Joseph Goy, "Dîmes, rendements, état des récoltes et revenu agricole réel", *Studi Storici* (Istituto Gramsci), *IX* (July–December 1968), pp. 794–811;

Alice Jones, "La fortune privée en Pennsylvanie, New Jersey, Delaware, 1774", *Annales XXIV*, 2 (1969), pp. 235–249;

Alice Jones, "Wealth estimates for the American middle colonies, 1774", *Economic Development and Cultural Change* (Chicago University Press), *XVIII*, 4, (July 1970, Supplement), Part 2;

M. Baulant, "Le salaire des ouvriers du bâtiment à Paris de 1400 à 1726", *Annales, XXVI*, 2 (1971), pp. 436–483.

F. C. L.

INTRODUCTORY NOTE

As organized by Witold Kula and Emmanuel Le Roy Ladurie this section held three sessions, the first on the Transition from Subsistence Economy, the other two on questions of the Distribution of Real Income to Various Classes and Various Types in Different Periods.

The following Communications have already been published elsewhere:

L. Ashton, "Essai sur l'alimentation des diverses classes sociales dans l'Europe [illegible] individuelle: matériaux et comportements biologiques", Bulletin No. 15, *Annales Économies, Sociétés, Civilisations*, XVIII, 6 (1963), pp. 1017-1053.

Pierre Couperie et Emmanuel Le Roy Ladurie, "Le mouvement des loyers parisiens de la fin du Moyen Age au 18e siècle", *Annales*, XXV, 4 (1970), 1002-1023.

Joseph Goy, "Dîmes, rendements et coût des récoltes et revenu agricole [illegible]", *Studi Storici* [illegible] (December 1968), pp. 794-811.

Alice Jones, "La fortune privée en Pennsylvanie, New Jersey, Delaware 1774", *Annales XXIV*, 2 (1969), pp. 235-249.

Alice Jones, "Wealth estimates for the American middle colonies, 1774", *Economic Development and Cultural Change* (Chicago University Press), XVIII, 4 (July 1970), Supplement, Part II.

[illegible], "Le salaire des ouvriers du bâtiment à Paris de [illegible]", *[illegible]*, pp. 418-423.

PART I
TRANSITIONS FROM SUBSISTENCE ECONOMY

PHYLLIS DEANE

THE TIMING OF THE TRANSITION IN WESTERN EUROPE AND ITS SETTLEMENTS OVERSEAS

The recent extensive interest in the field of applied economics that is directed toward problems of economic development for countries at a very early stage has stimulated interest in the early phases of growth of today's developed countries. Development economists look to the economic historians, for example, to explain the ways in which yesterday's developing countries began to evolve the institutions and techniques which facilitate economic growth. The beginnings of what is sometimes called modern economic growth (a sustained, self-perpetuating process of growth) are usually dated from the 18th century and associated with the English Industrial Revolution. It is evident, however, that before the end of the 17th century western European states such as England, Holland, and France had achieved levels of economic organization and of product per capita that were already higher than those currently reached by the poorer countries of Africa or Asia. A good deal of commercial development had occurred before industrialization had gathered sufficient momentum to generate a process of economic growth that was strong enough to weather a continuing increase in population.

In particular, of course, most of western Europe had effectively made the transition from the subsistence stage of development – where the characteristic unit of production is the self-sufficient family dependent for its essential consumption on its own joint product – long before the 18th century. When Gregory King drew up his table of English families and incomes at the end of the 17th century the division of labor was already well under way. Besides soldiers and sailors, for example, he distinguished merchants, shopkeepers,

artisans, clergymen, civil servants, lawyers, and other professional persons. The producers who received the greater part of their incomes from subsistence activity must have fallen within the category of cottagers and paupers, which, according to King's estimate, accounted for under 5.5% of national income and less than a quarter of total population. A century or so later when Colquhoun drew up what was intended to be a comparable list of incomes for England and Wales, the subsistence producer seems to have disappeared, for Colquhoun distinguishes no cottager class as such.

By contrast, in some of today's underdeveloped countries a majority of the population is engaged in directly meeting the subsistence needs of their immediate families, and most of their agricultural output is of this kind. Estimates made for Nigeria in 1950, for example, put crops grown primarily for domestic use at about 60% of all crops produced and about 45% of gross domestic product.[1] Except where there are important export crops, production for sale is sporadic and comparatively unimportant. Even in regions where cash crops are relatively widespread and yield a significant proportion of total income, the subsistence farmer has a different pattern of behavior from the commercial farmer who produces, with the aid of wage labor, an output destined for the market rather than for domestic consumption. For the subsistence farmer maintenance of a customary quality of life takes precedence over considerations of economic gain. Productive behavior is shaped more by social than by economic motives, and labor, for example, performs in a social role rather than as a factor of production. The relationship of the worker to the unit's decision maker is a relationship of a member of a family to the head of that family, and the rights and obligations of the worker, even the nature of his economic return, are determined by social rather than economic factors. Above the pure subsistence level, of course, when some division of labor between families is possible, economic relationships become more complex, and some peasant farmers will develop patterns of behavior shaped more by the opportunities of profit in the market place than by their families' housekeeping requirements. The transition from subsistence to commercial patterns of behavior in agriculture constitutes a crucial and apparently difficult stage in the change to a modern economic system.

What does this transition involve? First and foremost, it involves the achievement of a level of productivity sufficient to provide a predictable surplus above the subsistence minimum. Agricultural economists have tried to measure this minimum in present-day circumstances and, by converting all crops to a wheat equivalent, to establish values for purposes of inter-

1. P. OKIGBO, in L. H. SAMUELS, ed., *African Studies in Income and Wealth* (London: 1963).

national comparison. If we assume that the bare physiological requirements of a human being have not changed radically through time, this figure may also give us some kind of rough measuring rod for intertemporal comparisons. Clark and Haswell have calculated, for example, that the true subsistence minimum range between 245 and 290 kilograms of wheat equivalent per person per year; including a minimum requirement for textile fibres and varying with climate and body weights.[2] At this level of output practically every member of the labor force is engaged primarily in agricultural activities and the basic requirements of clothing, shelter, and agricultural implements have to be produced largely by the families consuming them. As production rises it becomes possible to exchange agricultural products for imports from other regions or to allow certain individuals to specialize as full-time craftsmen.

When per capita production reaches an annual average of 400 kilogram wheat equivalents per person, according to these calculations, the community is typically selling a substantial part of the agricultural product. At 500 units it becomes worth maintaining draft animals to supplement human muscle power although, unless there is sufficient free land to provide good grazing, the animals will have to be fed largely on straw bran and other by-products plus perhaps a little grain in the busy season. "It is only beyond the productivity figure of 750 units that there is enough grain to spare for regular feeding to livestock, particularly to pigs and poultry who cannot digest cellulose as cattle do but require concentrated food in the form of grain or roots as we do. It is at this stage that the cultivator should decide that the feeding of grain to livestock is worthwhile. The characteristic economy of western European and North American agriculture has now begun."[3]

The interesting question, of course, is how and when did the transition actually take place in western Europe and America? The answer is not a simple one because it differs significantly from one country to another, and for even the best documented areas the story is sketchy and inconclusive. For western Europe we need to go back to the Middle Ages, a period for which the surviving records are fragmentary and patchy, to find an answer. Interpreting these records and exploiting new sources is a task for specialized researchers in each country, and the task has barely begun. For those seeking the elements of a more general picture of economic development – either to give a broader perspective to research in depth through local primary sources

2. COLIN CLARK, M. R. HASWELL, *The Economics of Subsistence Agriculture* (New York:. 1964). The authors base their calculation on estimates made by de Vries and submitted to the World Population Conference in Rome, 1954.

3. *Ibid.*, p. 53.

or to compare with the changes emerging (or failing to emerge) in today's developing countries – Professor Duby's brilliant synthesis, *Rural Economy and Country Life in the Medieval West*,[4] provides thought-provoking material. What can we deduce from it about the way medieval western Europe made the transition from the subsistence to the commercial stage of economic development?

Western Europe in the early Middle Ages, as described by Duby, was a world in which life was very close to the subsistence minimum. Apart from some ancient Roman cities and a few new townships, the towns of the 8th and 9th centuries were "minute centres of population each numbering at most a few hundred permanent inhabitants and deeply immersed in the life of the surrounding countryside . . . All their inhabitants, from the very richest bishops and even the king himself to the few specialists, Jewish and Christian, who conducted long distance trade, remained first and foremost countrymen whose whole life was dominated by the rhythm of the agricultural seasons, who depended for their existence on the produce of the soil and who drew directly from it their whole worldly wealth".[5] Grain production generally was insufficient, and constant poverty was the way of life of the majority. Population growth was obstructed by man's inability to expand his cultivated acreage due to the prevailing level of technology. Duby has estimated that population on the light, easily worked valley soils was already as dense as it was to be on the eve of the Industrial Revolution in the 18th century. Farmers were, however, imprisoned in these areas by the relatively fragile and primitive character of their agricultural implements. Not until the tools with which they worked the land began to be made of material more robust than wood was it possible to colonize the heavy, wet, forested lands. Meanwhile, until the light lands were fully settled, any innovation that economized human effort – the use of a wheeled cart to carry heavy loads or a watermill to grind corn – would have some effect in raising the physical capacity of the available labor force and would extend the acreage that could be cultivated by the average family.

Even at this stage the distribution of wealth was unequal; not all members of the medieval community lived in poverty. But the way of life of the owners of the large demesnes was also more a form of housekeeping than of productive enterprise. They, too, were essentially subsistence producers. Typically, in the manorial economy of the 9th and 10th centuries, the smaller peasant holdings left their owners with some slack capacity in the form of labor time,

4. GEORGES DUBY, *Rural Economy and Country Life in the Medieval West* (Columbia: 1968).

5. *Ibid.*, p. 5.

and the larger holdings left them with slack in the form of animal power which the peasants were expected, as a condition of tenancy, to put at the disposal of the demesne farm. Sometimes the lord would claim dues in kind to supplement the produce of the demesne farm, and the wealthier nobles, owners of several demesnes, would often peregrinate from one farm to another, taking their whole households in train and staying in each long enough to eat up the accumulated surplus before passing on. This system permitted the nobility, both temporal and pastoral, to live in idleness and abundance and to maintain a large following of personal retainers. Like the poorest tenants on their own estates, they aimed at supplying all their household needs from their own property. The differences were that their households were very large and that their concept of "needs" was a broad one.

Given a stagnant population on a moving frontier of unsettled land, there was no obvious reason why this consumer-oriented pattern of behavior should become a trade-oriented pattern. There was a certain amount of money passing in taxation to the royal exchequer and circulating among and even within demesnes, but the rural community had very little need for money as such. At the same time there were a number of factors combating an effort to increase productivity, even for those who were aware of more effective techniques or who could gain access to larger acreages. As far as the peasant was concerned, his incentive to expand output above the subsistence minimum was effectively limited by the fact that the manorial system was designed to divert his surplus to the lord's household. If he did succeed, for example, in extending his arable holding and reorganizing it so as to bring draft cattle and a more efficient plow into operation, he could expect to find his animals commandeered for the demesne farm in busy seasons though the burden of maintaining them in slack seasons fell on his own highly vulnerable small holding. As far as the lord was concerned, he had no desire to see his tenants' holdings expand into his own game preserves which provided him with two essential features of the standard of living of a noble household: venison and sport.

Nevertheless, even in these highly self-sufficient communities, there were signs of a shift to a more commercial set of values in the early Middle Ages. Money was found to be a convenience if not a necessity. As a store of value it was an insurance against the vagaries of the weather, for it could bring food from areas where the harvest was less affected. It permitted landowners to widen their range of consumption goods to include commodities not available on the demesne farm. Under the circumstances, the lords found it more and more convenient to impose money fines on their tenants for infringement of the customary laws, and the tenants were gradually forced to find ways of earning cash. Small weekly markets began to appear in the

countryside. Landowners began to encourage their stewards to engage in commerce with the demesne surpluses. The fact that harvests were highly variable and that the mass of the population produced close to the margin of destitution influenced those who could expect a surplus in normal years to accumulate their surplus in order to maintain their own standard of life and preserve their tenants when the harvest was bad. According to Duby, "everything leads us to believe that it was the excess production of the great demesnes which in the 9th century underpinned the growth of trade, the development along the rivers of port settlement and merchant communities, and the activities of the small groups of specialist in exchange, the only men in whom the spirit of pure gain had been kindled".[6]

In the end, however, it was probably the pressures set up by an expanding population that impelled the first effective break in the self-sufficiency of the manorial economy. The villages were already overpopulated by the 10th century. In the 11th, 12th and 13th centuries there was a great burst of land reclamation which brought a widespread extension of the arable and a relatively high level of prosperity. Duby distinguishes two phases in this reclamation. The first occurred when the peasants took the initiative by carving out new fields from the woodland fringes of the villages' arable lands or, less frequently, by moving out into the wilderness and setting up new settlements of their own when the lords tolerated or failed to control the surreptitious advance. The second phase followed when the lords themselves took the initiative in extending the arable lands or putting colonists into the wilderness. This represented a significant change in the attitudes of the large landowners and was reflected in an acceleration of the reclamation movement that took place in the first half of the 12th century. Reclamation required capital. When the lords were ready to dip into their treasure chests to add to the numbers of their subjects and extend the areas of their rented tenancies, they were, in effect, ready to invest in agricultural production. At the same time "settlement by dispersed habitation and thus by enclosure profoundly modified the economic position of a farm. The old collective economy, which by communal usage and the periodic construction and destruction of temporary enclosures enabled individual cultivation, and communal stock rearing to alternate on the arable portions was replaced by an individualistic agrarian system."[7]

A widespread and pervasive change in attitudes on the part both of the manorial landlord and of his tenants appears to have taken place in western Europe in the 11th, 12th and 13th centuries. The mechanism of change may

6. DUBY, *Ibid.*, p. 46.

7. *Ibid.*, p. 85.

have differed substantially among countries and even among different regions within the same country. Commercial activity was still highly decentralized, but the network of markets and fairs and small townships thickened and expanded in response to the rising volume of trade. Duby estimates that the large-scale trade in cereals reached its culminating point throughout Europe about 1300 by which time even manors of modest size were geared to produce for the markets.[8] At the same time vineyards and forests in districts that were increasingly remote from town centers began to respond to the opportunities opened up by merchants and their money. Improvements in technology, stimulated by the increased demands for food to feed a growing population and to exchange in regular markets, absorbed a rise in yields. As population standards of living and purchasing power grew, the demand for the products of specialized craftsmen began to expand. The lords, who had customarily depended on the rural families on their estates to meet their household needs for manufactured goods, began to demand labor services for the demesne farm or money dues instead of dues in kind.

When the land reclamation movement reached the frontiers, yields began to deteriorate, and holdings began to be fragmented under the continued pressure of population. The fact that it was possible for specialized craftsmen to earn money from trade encouraged more peasant families to specialize in the production of goods for the market and added fresh momentum to the commercialization of the rural areas. The fragmentation of holdings also provided the demesne farm with a willing supply of labor at low money wages and encouraged the more fortunate or more astute peasants and the smaller landlords to farm for profit. All this, of course, contributed to a widening of the inequality of income distribution and a reduction in the traditional economic, social, and political stability. "Prosperous, nearly all its wasteland cleared, teeming with labourers and covered with growing crops, the countryside of Europe on the brink of the 14th century was really over populated and was burdened with a growing number of peasants in a condition of semi-starvation."[9]

Although the catastrophes that hit this vulnerable economy in the 14th century reduced the absolute level of trade, population, and output everywhere, there was no going back to the traditional self-sufficient rural community. The pressures exerted by rising wages and falling prices caused direct demesne cultivation and large-scale agricultural enterprise to contract in favor of peasant tenants who were less vulnerable to the squeeze on profits. But well-to-do peasants with an eye on the local market were able to accumu-

8. DUBY, *Ibid.*, p. 136.
9. *Ibid.*, p. 286.

late wealth and keep up the level of agricultural production, and urban capitalists could buy themselves country estates. While the traditional owners of the manorial demesne struggled with the problem of rural depopulation and carried the costs of war and harvest failures, the townsmen invested selectively in the more progressive peasants.[10] In western Europe (though not in the eastern part) the manorial system lost its ancient significance in the 14th and 15th centuries, and the great estates became enterprises, changed hands, and were carved up and reassembled under new management. "They were no longer a patrimony to be handed on from father to son and to be ordered by immemorial custom, but anonymous possessions to be exploited by a contract. A climate of opinion was thus created and in many places accepted, in which law replaced tradition and profit and loss transformed the ancient way of life."[11]

This, then, is an outline of the way in which the traditional consumer-oriented rural economy of western Europe appears to have been transformed into the modern market-oriented economy. More detailed research at the local level is needed to confirm or amend this picture for particular regions and to establish the precise mechanism and chronology of the process. For most western European countries it would appear that crucial changes in producers' attitudes began to take place in the 12th and 13th centuries and were accelerated by the crisis of the 14th century.

What of the New World – the newly settled areas in America and Australia? Did these regions begin with the values and behavior of a commercialized community, or did they go through a period in which the motivations of a subsistence economic system were an important limitation on growth? The answer again differs from one country to another. Generally, however, the overseas settlements of Europe were distinctive in three main respects:

1. Since the inhabitants had migrated from lands in which the turning point in the transition from subsistence to commercial patterns of economic behavior had taken place some generations before, they had a strong commercial tradition.

2. Because of the circumstances of their original foundation most of the settlements began with a close economic tie to their native country. Until the inhabitants learned the practice of agriculture in the new environment they depended on the home country for most of the necessities of life. If the financial support for the settlement came from a trading corporation

10. DUBY, *Ibid.*, p. 357.

11. L. GENICOT, "Crisis from the middle ages to modern times", in M. M. POSTAN, H. J. HABAKKUK, eds., *Cambridge Economic History of Europe* (Cambridge: 2nd ed. 1966–1967), pp. 740–741.

the settlers were expected from the outset to orient their economic activities to an overseas market and to supply raw materials and buy finished goods from the mother country. If they were refugees from political or religious persecution, however, the reverse was true, and they were often determined to cut themselves off from the homeland as completely as possible.

3. The newly settled areas were also distinctive because they had access to virtually unlimited land resources and were almost invariably short of labor. If they had access to capital, either through loans and investments from abroad or from funds brought by immigrants, it was possible to set up sizable enterprises and to compensate for the shortage of labor by importing fresh immigrants, sometimes as slaves. Where the settlers were short of capital the amount of land they could cultivate depended on the physical capacity of the settler's own family, and these circumstances were conducive to the establishment of units of production that were primarily subsistence units.

In practice, however, it was only in exceptionally remote areas, such as in regions with an appreciable indigenous population that managed to stay largely aloof from the immigrants, that whole communities of primarily subsistence producers appeared in the New World. Stuart Bruchey, when writing about colonial America – the area that was eventually to become the United States – points out that in the 17th century complete self-sufficiency was rare and generally a matter of degree. "In the main, it was only to be found in hilly and mountainous regions, especially along the stony ridges of New England and on the most inaccessible reaches of the frontier. Farmers constantly sought a marketable product, not only to exchange for such indispensable articles as ammunition and salt, but to better their standards of living. Relatively few farm families must have remained untouched by commercial intercourse, even if only that made possible by the visits of wandering peddlers to remote hamlets."[12] On the other hand, even as late as 1830 many farmers who grew cash crops were highly self-sufficient, meeting their own needs for both food and household manufactures. Similarly, in parts of Argentina, particularly in the regions of the northwestern interior, the bulk of agricultural production by small farmers was for subsistence purposes, and the needs of other groups, such as the laborers in the silver mines and of the overseas trade, were met by large plantations. Some of these communities of the interior are still predominantly subsistence producers.

Apart from the small pockets of subsistence activity – in regions relatively inaccessible to the world's main trade routes or where an indigenous labor

12. STUART BRUCHEY, *The Roots of American Economic Growth, 1607–1861* (New York: 1965), pp. 36–37.

force followed its ancient traditions – the New World seems to have been endowed from the initial European settlement with patterns of behavior characteristic of a modern open economy. The act of settlement itself had finally disrupted the traditional forms of economic and social organization, and although a small minority of farmers chose or were forced to contain their output within a high degree of self-sufficiency, most settlers were effectively integrated into an exchange economy.

WITHOLD KULA

LES FERMES PAYSANNES EN POLOGNE AU 18e SIÈCLE AVAIENT-ELLES UN CARACTÈRE DE FERMES AUTARCIQUES?

La recherche ne connaît pas de fermes autarciques à l'état pur, où la famille paysanne vit dans un isolement économique complet, ne produisant que ce qui est nécessaire pour l'autoconsommation et la rénovation des aptitudes productives de la ferme, et ne consommant que ce qu'elle produit. La ferme autarcique idéale n'est qu'une structure conceptuelle, utile pour l'analyse, une limite vers laquelle s'achemine dans certains cas l'état réel des choses sans jamais l'atteindre. Ce n'est pas une réalité qui peut être confirmée empiriquement.

En consacrant ces considérations aux problèmes de l'économie de subsistance dans la campagne polonaise des temps modernes, surtout au 18e siècle, c'est justement à cette limite que nous pensons, mais non à elle seule. Nous pensons aussi à la tendance perceptible dans l'activité économique des manoirs, à dégrader les fermes paysannes jusqu'au niveau de cette limite. Nous pensons ensuite à la hiérarchie des buts perceptible dans le comportement économique des paysans, hiérarchie où les buts liés avec l'autoconsommation l'emportent sur les buts liés avec le marché. Enfin, nous prenons en considération le fait que dans certaines situations, (pendant les années de disette), les fermes paysannes prouvent qu'elles peuvent pour quelque temps (il est vrai que ce n'est que pour quelque temps), se retirer comme un escargot dans sa coquille et renoncer à tout rapport avec le marché donc, autrement dit, peuvent atteindre passagèrement cette limite.

Notre analyse, fragmentaire et plutôt inachevée, s'appuie cette fois surtout sur deux catégories de sources: premièrement sur les instructions données par les grands propriétaires fonciers aux administrateurs de leurs domaines, et qui montrent les fins que poursuivait la grande propriété foncière et les méthodes qu'elle adoptait volontiers pour les atteindre;[1] deuxièmement, sur les requêtes et suppliques adressées par les paysans des domaines de l'archevêque de Gniezno au primat, ou plutôt à ses administrateurs, contre les torts et préjudices dont ils souffraient.[2]

1. B. BARANOWSKI *et al.*, eds., *Instructions économiques destinées aux administrateurs de grands domaines nobiliaires, 17e–19e siècles* (Wrocław: 1958), t. I, p. 749; (Wrocław: 1963), t. II, p. 499. Citées dans la suite du texte comme *Instructions.*

2. J. LESKIEWICZ, J. MICHALSKI, eds., *Suppliques des paysans des domaines de l'archevêque M. Poniatowski, primat de Pologne* (Varsovie: 1954), p. 607. Citées dans la suite texte comme *Suppliques.*

Nous n'avons pas l'intention de généraliser des conclusions basées sur une base documentaire aussi étroite. Il est sûr que les tendances dont on parlera dans cette étude ne sont pas représentatives pour toutes les régions du pays, ni pour toutes les catégories de biens fonciers et de fermes paysannes. L'image qui y est présentée n'est qu'un des composants qui forment la réalité multiforme sociale et économique de la campagne polonaise du 18e siècle. Nous sommes convaincus cependant que c'est un composant de grande importance.

Donner à la ferme paysanne le caractère d'une ferme autarcique, et surtout veiller à ce que son étendue ne soit pas plus grande, ni plus petite aussi, qu'il ne faut pour lui garder ce caractère, voilà la tendance continuelle du manoir. Déjà vers la moitié du 16e siècle A. Gostomski écrivait: «... le paysan doit être pourvu d'autant de terre, pour que, si l'année est bonne et s'il est bon travailleur, il ne doive pas acheter son pain.»[3] Deux cent vingt ans plus tard un auteur ayant beaucoup de bienveillance pour les paysans, l'abbé Kluk, écrivait dans son manuel d'agronomie: «Il faut donner à un serf assez de terre pour qu'il puisse subsister avec sa femme et ses enfants, et avoir quelque argent pour pourvoir aux besoins immédiats de la ferme, à moins qu'il ne puisse y pourvoir sur les lieux (c'est-à-dire au moyen des produits de sa ferme) en fait de prairies, du bois de chauffage, du bois pour fabriquer des ustensils de ménage, etc.»[4] Enfin, une instruction pour les administrateurs des domaines des Zamoyski datant de 1798 spécifie: «... la prospérité des paysans dépend en premier lieu de ceci, que chacun d'eux doit avoir assez de terre pour le nourrir, lui et sa famille», ce qui est suivi d'instructions préconisant la défense de partager les successions et l'opposition à la formation de fermes trop petites.[5]

Cela ne veut pas dire cependant que les tendances du manoir visaient à un nivellement complet des fermes paysannes. Pour satisfaire sa demande, le manoir avait besoin d'au moins deux catégories de fermes paysannes, car il avait besoin de deux catégories de travail de corvée: la corvée à pied, pour laquelle le paysan arrivait les mains vides (pour battre le blé, abattre du bois, etc.), et la corvée à bête de trait, effectuée par le paysan avec ses instruments agricoles (charrue, herse), et ses bêtes de trait (chevaux ou bœufs). Les fermes fournissant la corvée à pied pouvaient être petites, mais celles suppléant les corvées à bête de trait devaient être grandes, car elles devaient nourrir non seulement la famille du paysan mais aussi ses bêtes, ce qui

3. A. GOSTOMSKI, *Gospodarstwo* [L'Economie rurale] (Wrocław: 1951), p. 21.
4. K. KLUK, *O rolnictwie...* [Sur l'agriculture...] (Wrocław: 1954), p. 85.
5. *Instructions*, t. II, p. 46.

n'était pas peu de chose, surtout s'il s'agissait de bœufs. En théorie cependant, les deux catégories de fermes, aussi bien grandes que petites, étaient et devaient être, conformément aux intentions du manoir: des fermes de subsistance.

Si cet état de choses, désirable pour le manoir, était réalisé, il en résultait que le niveau économique de ferme autarcique, niveau, en principe, dans chaque cas le même, était atteint par certaines familles paysannes avec relativement peu d'effort, tandis que pour d'autres familles cet effort était énorme (travail très dur à l'entretien des bêtes, corvées beaucoup plus encombrantes).

Dans la comptabilité manoriale, on acceptait d'habitude une journée de corvée à bête de trait comme équivalent de deux journées de corvée à pied. En réalité, d'après l'évaluation des deux parties, le manoir et le village, elle valait encore plus. «Dans toute la Pologne, une journée de corvée à bête de trait vaut plus que deux journées à pied» écrivent les inspecteurs des domaines royaux en 1789.[6]

Le manoir désirait donc avoir des fermes paysannes de deux catégories. Dans toutes les deux, elles ne devaient être ni trop grandes ni trop petites, c'est-à-dire qu'elles devaient avoir l'étendue nécessaire pour fournir au manoir la main-d'œuvre dont il avait besoin, dans certains cas à pied, dans d'autres avec les bêtes; en même temps, elles devaient assurer la subsistance de la famille paysanne. La famille paysanne devait cependant gagner cette subsistance au moyen d'une travail très dur dans sa ferme et de prestations très pénibles (corvées à bête de trait); dans d'autres cas elle l'obtenait à force de travail beaucoup plus léger à la ferme et de prestations beaucoup moins exténuantes (corvées à pied).

Le résultat, le seul possible dans ces conditions, était que les paysans fuyaient les grandes fermes. Il est vrai, que des milliers de grandes fermes paysannes fournissant aux manoirs la corvée à bête de trait ont toujours existé dans tout le pays. Mais, en même temps, nous avons des quantités innombrables de renseignements certifiant que les paysans ne voulaient pas échanger leur petites fermes contre de plus grandes que leur proposait le manoir. Il arrivait souvent aussi que les paysans ayant de grandes fermes les négligeaient, cultivaient une partie seulement de leurs champs, soignaient mal leurs bêtes de trait pour éviter la corvée à bête de trait, même au prix d'une réduction de leur terre par le manoir. Les paysans en parlaient souvent eux-mêmes dans leurs requêtes. Cet état de choses perçait aussi dans les instructions pour le personnel des grandes propriétés foncières. Ces ten-

6. A. FALNIOWSKA-GRADOWSKA, I. RYCHLIKOWA, eds., *Inspection des domaines royaux de la voïvodie de Cracovie* (Varsovie: 1962), p. 133.

dances des paysans y étaient qualifiées de danger qu'il fallait contrecarrer. Ainsi, l'instruction datant du début du 19e siècle, pour l'intendant du domaine de Bazalia, lui ordonne de veiller «à ce que les serfs ne passent pas de terres à corvées à bêtes de trait dans des terres à corvées à pied.»[7]

En nous basant sur la quantité des mentions à ce sujet, nous pouvons dire que la méthode adoptée le plus souvent pour se soustraire à l'obligation des corvées à bête de trait consistait simplement à laisser dépérir les bêtes. Vers 1800, l'instruction pour l'intendant du domaine de Bazalia lui enjoint de s'opposer "à ce que les serfs se débarrassent de leurs bêtes de trait".[8] En 1767, l'instruction pour l'intendant du domaine de Boćki dit: «Il arrive que chez les paysans serfs il n'y a ni bonne volonté, ni sincérité, en ce qui concerne le travail pour leurs maîtres. Ils ont d'habitude deux ou trois vaches, mais pas une seule bête de trait, cheval ou bœuf, en évitant de cette façon l'obligation de la corvée à bête de trait. Si l'œil de Monsieur l'Intendant découvrait une telle fourberie, il faut leur recommander d'échanger leurs vaches contre des bœufs et des taureaux.»[9]

L'instruction donnée à l'intendant du domaine d'Endrychowce (1759) lui enjoint de prendre aux paysans leurs vaches, ne laissant qu'une seule pour nourrir la famille, et de leur donner en échange des bœufs de trait.[10] On trouve des directives presque identiques dans l'instruction à l'usage de l'intendant du domaine de Buczemla (1757–1759).[11] En 1786, dans le domaine de Nieborów, l'instruction prescrit le fouet pour les paysans qui se permettaient de vendre de jeunes taureaux, bons pour le travail.[12] On pourrait continuer cette liste à perpétuité.

Indépendamment de la fréquence des cas pareils parmi les paysans, cette question est essentielle au point de vue de la macro-économie. Dans l'agriculture, les bêtes de trait sont un élément essentiel du processus de production. Dans le système agricole basé sur le manoir et la corvée, le manoir ne possédait presque jamais de bêtes de trait. Ces bêtes devaient appartenir aux paysans, c'étaient eux qui devaient les nourrir et s'occuper le leur reproduction, tenant en conséquence dans leurs mains l'élément essentiel, la condition *sine qua non* de la production agricole polonaise considérée comme un tout, y compris la production du manoir. En théorie, cela ne présentait aucun danger pour le manoir. Le paysan – bon gré, mal gré – devait soigner ses bêtes, puisqu'il les employait non seulement pour les travaux de corvée,

7. *Instructions*, t. I, p. 250.
8. *Ibid.*, p. 241.
9. *Ibid.*, p. 365.
10. *Ibid.*, p. 404.
11. *Ibid.*, p. 487.
12. *Ibid.*, t. II, p. 326–327.

mais, un autre jour, il s'en servait pour cultiver son champ. Les cas que nous venons de citer, de paysans qui se débarrassaient de leurs bêtes de trait, sont donc une manifestation d'un phénomène extrêmement dangereux pour le manoir, ainsi que pour l'économie nationale considérée comme un tout. Des témoignages nombreux prouvent que les propriétaires fonciers le craignaient aussi.

Les paysans illettrés ne tenaient pas de livres de comptes. Nous n'avons donc pas et nous n'aurons jamais de documents qui nous expliquent le calcul paysan. Nous pouvons seulement tirer des conclusions indirectes, basées sur l'interprétation du comportement des paysans.

Que signifie donc cette aversion des paysans pour les grandes fermes?

Il y a deux explications qui se présentent *a priori:* d'abord, l'hypothèse formulée ci-dessus: qu'une ferme relativement grande assurait à la famille paysanne, au prix d'un travail très dur, un niveau d'existence pas plus élevé que celui qu'atteignait une famille paysanne dans une petite ferme et demandant beaucoup moins d'effort. Deuxièmement, la supposition selon laquelle une grande ferme, possédant des bêtes de trait, offrait à la famille paysanne un niveau d'existence plus élevé que dans une petite ferme, mais le temps, économisé dans le cas d'un passage d'une grande ferme dans une petite, pouvait cependant être employé par la famille paysanne d'une façon beaucoup plus utile, dans l'agriculture ou autre part.

Un arpent formant une seule grande ferme fournissait au manoir moins de journées de travail que le même arpent divisé entre quatre familles paysannes. Le manoir avait dans ce cas davantage de journées de travail, mais il perdait, entièrement ou partiellement, les journées de travail le plus précieux: celles de corvée à bête de trait. Le paysan, de son côté, ne mesurait pas le nombre des journées de travail qu'il devait fournir au manoir par rapport à l'étendue de sa ferme mais par rapport à la solde entre le potentiel de travail dont disposait la famille paysanne et les besoins de la ferme. Cette solde était parfois plus avantageuse dans les petites fermes qui, quoique proportionnellement plus chargées que les grandes, assuraient aux paysans une vie moins difficile.

Que pouvait faire le paysan avec cet excédent de main-d'œuvre, la sienne et celle de sa famille? Comment pouvait-il l'utiliser?

Assurément, il pouvait travailler davantage à sa ferme, donner plus de soins à ses champs, les cultiver mieux. Vu les petites dimensions de la ferme, un surplus de travail par unité d'étendue pouvait donner des récoltes relativement élevées. Il pouvait essayer d'élargir l'assortiment des produits de son jardin, l'élevage de bétail, de volaille, etc.

Il va sans dire, des témoignages nombreux le prouvent, qu'il pouvait

tâcher d'agrandir (de façon légale ou illégale) l'étendue cultivée de sa ferme, à d'autres conditions que celles du servage. C'est là une question très sérieuse, qui demande une explication.

Une augmentation illégale du terrain cultivé se faisait au moyen d'un procédé du laboureur, qui, en labourant son champ, y ajoutait clandestinement de la terre appartenant à la ferme voisine, abandonnée pour le moment. On appliquait le même procédé aux terres en friche, quelquefois on abattait des arbres dans les terrains voisins, on défrichait les clairières dans les bois, etc. Le profit qu'en tirait le paysan était indiscutable: si la terre qu'il possédait officiellement suffisait pour la subsistance d'une famille paysanne, le terrain qu'il accaparait en plus lui fournissait des produits qu'il pouvait vendre au marché. Le manoir s'efforçait de contrecarrer ces comportements. Il arrivait que pendant un certain temps ils étaient traités avec indulgence, mais, de temps à autre, d'habitude à l'occasion de l'arpentage des champs, le manoir reprenait soigneusement tout le surplus de terrain excédant les inventaires antérieurs.[13] Dans certains cas, rares du reste, le manoir ne reprenait pas les excédents de terrain, mais confirmait l'accroissement de la ferme et augmentait les prestations, ce qui faisait que tout revenait au même.

Il est intéressant que l'accroissement du terrain cultivé par une famille paysanne était souvent effectué légalement: le manoir donnait au paysan possédant une ferme le droit d'en cultiver aussi une autre, pour le moment "vide". Le paysan l'acceptait, à condition cependant que pour ce terrain additionnel il ne ferait pas de travaux de corvée, mais il paierait une redevance en argent. Du point de vue du manoir, l'affaire était bonne: il valait mieux avoir d'une terre en friche quelque argent, que n'en avoir rien du tout. D'autre part le paysan n'acceptait jamais de corvée de ce supplément à sa ferme. Pour lui, la transaction n'était intéressante que dans le cas où il pouvait employer son excédent de main-d'œuvre familiale pour améliorer sa situation. Il pouvait cependant accepter de payer. La ferme qu'il possédati lui assurait la subsistance. Les produits du terrain additionnel pouvaient donc être vendus au marché, et une partie de l'argent tiré de cette source pouvait être employée pour payer la redevance. Comme nous l'avons déjà dit pour le manoir, la transaction était avantageuse, tant que les cas de ce genre n'étaient pas trop nombreux, car alors la possibilité de cultiver les champs du manoir devenait douteuse, à cause du manque du travail de corvée. Si le manoir effectuait donc des transactions de ce genre, et il le faisait souvent, ce n'était que pour un certain temps, jusqu'au moment trouver pour la ferme abandonnée un fermier capable de fournir tout les

13. Un nombre infini de renseignements à ce sujet: voir par exemple, les *Suppliques*, pp. 219, 223, 267–268, 356, 555, 53, 86, 162, 265, 168, 230–231, 296, 300, 352, 407, 506.

travaux de corvée. Pour le moment il préférait tirer de cette terre quelques sous plutôt que rien.

Comme nous l'avons vu, il arrivait que souvent des grandes fermes, chargées de corvées à bêtes de trait, n'attiraient pas les paysans. Elles n'assuraient pas un niveau d'existence plus élevé que les petites, tout en demandant beaucoup plus de travail et d'effort. Mais une grande ferme, formée de deux parties tenues a titre différent, chargée de corvées sur une moitié seulement de son étendue, et souvent rien que de corvées à pied, était, au contraire, très attrayante. Non seulement parce qu'elle donnait un produit total net plus élevé, mais parce qu'elle permettait d'atteindre un produit qui se laissait commercialiser. Même une petite quantité de produits vendables au marché signifiait pour la famille paysanne des changements essentiels: elle lui donnait accès à des marchandises impossibles à produire à la ferme.

Mais les phénomènes de ce genre ébranlaient la conception de la ferme paysanne en tant que parcelle autarcique et de reproduction, isolée du monde qui l'entoure.

C'est pourquoi le manoir ne favorisait pas le contact du paysan avec le marché.

Il y a une multitude d'interdictions empêchant les paysans de vendre au marché leur bétail de trait,[14] ce qui est, comme nous l'avons reconnu compréhensible. Mais souvent on interdisait aux paysans de vendre aussi d'autres articles; par exemple: pour le blé,[15] dans le cas où le paysan avait du blé à vendre, il devait le vendre au manoir qui tirait la part du lion de ses revenus en exportant ce blé vers Gdańsk; pour le bois,[16] dans le cas où il fallait protéger les forêts contre les paysans; pour le houblon,[17] dans le cas où la demande de la brasserie seigneuriale était énorme. En général, la meilleure chose c'est que les paysans n'aillent point à la ville ni au marché. Le personnel subalterne de l'administration du domaine doit observer ces courses et en informer le manoir.

La méthode la plus importante et la plus efficace de séparer le paysan du marché consistait à ne pas le laisser produire au-dessus des besoins de la subsistance. Comme il ne serait pas raisonnable non plus que la ferme ne puisse pourvoir à la subsistance de la famille paysanne, on a créé la politique du nivellement. Dans l'instruction du domaine Opatów, datant de 1770, on lit: «La surface du village n'est ni proprement mesurée ni partagée, ce qui fait que les uns ont trop peu de terre, pendant que d'autres ont trop

14. *Instructions*, t. I, p. 241; t. II, p. 453.
15. *Ibid.*, t. I, p. 403. *Suppliques*, p. 365.
16. *Instructions*, t. II, p. 319. *Suppliques*, p. 510.
17. *Suppliques*, p. 366.

de terre. Comme ils travaillent tous autant, les uns comme les autres, ils se querellent. On va ordonner un arpentage et on enverra des gens pour le faire.»[18]

Aux efforts des paysans cherchant à sortir de l'isolement et à se mettre en rapport avec le marché, le manoir répondait par une tendance à maintenir par force le caractère exclusivement autarcique des fermes paysannes.

Examinons maintenant l'attitude des paysans envers l'argent et le travail. N'ayant pas, nous le répétons, la possibilité d'observer directement ce qui se passait dans une ferme paysanne, nous devons baser nos conclusions sur l'observation du comportement des paysans, de leurs demandes, de leurs requêtes et de leurs plaintes.

Comme on le sait, un village de serfs devait suppléer au manoir, outre la main-d'œuvre, certaines prestations en nature. Elles étaient différentes dans chaque village; d'habitude elles consistaient cependant d'un peu de blé, généralement de l'avoine, de la volaille, des œufs, quelquefois des fromages, souvent du filé de lin, etc. En comparaison avec les corvées, ces prestations n'étaient pas grandes; néanmoins, elles causaient souvent des litiges. Du point de vue de leur genèse, ces prestations étaient destinées à pourvoir aux besoins de la table seigneuriale (le manoir évitait tout genre d'élevage, qui demanderait un nombre plus grand de travailleurs salariés.) Quant à l'élevage des chevaux et le fourrage pour les chevaux de selle, il faudrait élargir la culture de l'avoine (et le manoir voulait réserver autant de terre que possible pour la culture des céréales commerciales et de rapport, donc autres que l'avoine). Si le village appartenait cependant à un grand domaine, sans manoir à proximité (ce qui arrivait de plus en plus souvent, par suite de la concentration des biens fonciers entre les mains de la noblesse riche, possédant de nombreux villages), il est clair qu'il était plus avantageux pour les maîtres d'échanger de petites prestations variées contre de l'argent comptant. Mais l'opposition acharnée du village contre les échanges de ce genre[19] est un symptôme extrêmement fréquent. Évidemment, des cas contraires arrivaient aussi, quelquefois les paysans désiraient ardemment échanger les petites prestations en nature contre un paiement global en argent.[20] Des mentions sur des cas pareils sont très rares, ce qui n'a pas beaucoup d'importance, car ces cas pouvaient résulter de circonstances purement accidentelles.

18. *Instructions*, t. I, p. 573. Voir I. T. BARANOWSKI, *Wies i folwark* [Village et manoir] (Varsovie: 1914). Passage sur le domaine de Pulawy.

19. *Suppliques*, pp. 20–21, 31, 34–35, 39, 50–51, 53–54, 60–61, 65, 76, 87, 91, 96, 99, 102–103, 107, 116, 122, 124, 128–129, 137, 139, 146, 151–152, 158, 191, 204, 214, 216, 224, 237–238, 240, 245, 262, 264, 274, 276, 283, 307, 309, 353, 359, 398, 403, 423, 474.

20. *Ibid.*, pp. 78, 329, 332, 333.

Pour nos considérations, il suffit de constater que, souvent, les paysans préféraient donner des produits de leur ferme que payer.

S'il en était ainsi, en effet, cela prouve ou que l'on avait demandé aux paysans des montants dépassant ceux qu'ils pouvaient obtenir au marché pour le produit en question (mais, dans ce cas, les paysans protestaient non contre l'échange des prestations contre un payement, mais contre la somme trop élevée de ce payement: cela arrivait, mais rarement); ou bien, c'est que leurs rapports avec le marché sont faibles, la petite ville la plus rapprochée est encore loin, ils n'y vont que rarement, le voyage prend beaucoup de temps. Dans sa réponse à la requête des paysans du grand domaine de Tum, qui se plaignent de ce qu'on leur demande de l'argent au lieu de prestations, le preneur à bail de ce domaine assure «qu'il accepte les prestations en nature des pauvres, et que ce n'est que quelquefois qu'il prend de l'argent aux riches».[21] Les explications de ce genre sont nombreuses. Un paysan pauvre dans ce cas c'est celui qui a peu de contact avec le marché. Il lui est plus facile de «donner» que de «payer».

Quelquefois aussi, il lui est plus facile de travailler que de payer. Commençons par des questions de moindre importance. Par exemple, on rencontre des cas où les paysans qui n'ont pas encore payé leurs impôts, ou qui ont des dettes à l'auberge du village, préfèrent travailler pour faire face à ces dettes arriérées, que les payer.[22] D'autres fois, l'on entend que le manoir exige qu'un paysan, qui n'a pas accompli ses corvées à cause d'une maladie, les paie en argent, mais le paysan préfère les rendre en travail, une fois rétabli.[23] La question de la corvée comme telle est la plus importante et éveille le plus de controverses.

Il va sans dire que pour la majorité écrasante des paysans polonais la corvée était une charge des plus accablantes. C'est elle qui causait le plus grand nombre de litiges, et des plus violents, entre le manoir et les paysans. La corvée était aussi une charge qui soulignait le plus explicitement la dépendance personnelle – physique – du paysan. Elle était exécutée sous peine du fouet. De nombreux textes suggèrent qu'en Pologne avant les partages le mot «liberté» voulait dire «liberté – délivrance – de la corvée». On disait des bourgeois de petites villes, des paysans colons ou censitaires, qu'ils sont «libres», justement parce qu'ils n'étaient pas obligés de travailler au profit du noble. On dirait donc, que la perspective de se libérer de la corvée en la remplaçant par le cens devait être pour les paysans infiniment attrayante.

Mais la question n'est pas si simple. Il est vrai, qu'il y a des cas nombreux

21. *Ibid.*, pp. 398.
22. *Ibid.*, p. 240.
23. *Ibid.*, p. 203.

de paysans demandant de payer le cens au lieu de la corvée.[24] Il n'y a rien d'étonnant, vu le caractère excessivement accablant de la corvée. Pour un paysan sujet à la corvée, toute possibilité de s'y soustraire semble attrayante. D'habitude, les paysans désirent le cens, et même le réclament, en acceptant volontiers les conditions que le manoir leur propose. Fréquemment néanmoins la situation change vite quand vient le moment de payer.

Le plus souvent, les paysans se plaignent de ce que le cens est trop élevé.[25] On pourrait considérer ces plaintes comme outrées et mal fondées, si elles n'étaient confirmées maintes fois par les administrateurs des domaines, qui disent souvent que l'obligation de payer le cens ruine les paysans.[26] On nous dit que les paysans, pour payer le cens, contractaient des dettes[27] sans perspectives raisonnables de les payer, que leurs champs restaient vides, car le blé de semence a été vendu pour payer le cens, que les paysans plus pauvres contractaient des dettes chez leurs voisins plus riches, acceptant par là un rapport de dépendance envers eux. Fréquemment, ces dettes devaient être remboursées en travail, ce qui fait que le pauvre censitaire, n'ayant plus de corvées à effectuer dans les champs du noble, travaillait en corvée dans le champ d'un voisin plus riche que lui. Dans quelques cas extrêmes, le village demande le retour à la corvée.[28]

Un phénomène plus fréquent, c'est le partage du village en deux parties: la minorité aisée qui veut maintenir le cens, et la majorité pauvre qui veut revenir à la corvée. On s'en étonne, mais au premier moment seulement.

Si la ferme paysanne était en effet, comme le voulait le manoir, une ferme d'autarcique, elle n'avait pas d'excédent de marchandises, mais disposait d'un excédent de main-d'œuvre. Elle pouvait, bien que ce soit pénible tant au point de vue social que psychologique, fournir au manoir un nombre déterminé de journées de corvée, mais elle n'avait rien à vendre pour payer le cens avec l'argent ainsi obtenu. Le changement de la corvée en cens était possible, et même avantageux, mais seulement pour les fermes qui, de façon ou d'autre, contrairement au désir du manoir, avaient des possibilités productives dépassant la subsistance. Ces fermes exigeaient plus de travail, la corvée était donc pour elles particulièrement encombrante, mais elles avaient des excédents de marchandises à vendre, et elles pouvaient employer une partie de l'argent ainsi obtenu pour payer le cens.

Une conclusion que suggèrent tous ces exemples, c'est que, pour une

24. Par exemple *ibid.*, pp. 288, 337–338, 347, 349, 374, 433, 458, 472, 485, 487, 499, 502, 509, 516, 523, 540.

25. Par exemple *ibid.*, pp. 105–106, 121–122, 124–125, 176, 217–218, 285–286, 489–490.

26. Par exemple *ibid.*, pp. 156, 239, 411, 420, 489–490.

27. Par exemple *ibid.*, pp. 473, 477, 483, 488–489.

28. Par exemple *ibid.*, pp. 171, 278–279.

grande partie de la population paysanne, les prestations en nature ou en travail étaient préférables aux prestations en argent. Il n'en pouvait pas être autrement, si, comme nous l'avons vu, le manoir tendait à maintenir les fermes paysannes au niveau de parcelles d'autarciques et de reproduction. Il n'y arrivait pas toujours. Contrairement à son désir, une partie des fermes paysannes étaient plus petites, et les autres plus grandes, que ne le demandait le caractère d'une ferme de autarcique. Et seulement la catégorie dépassant les besoins de subsistance pouvait préférer de payer le cens en argent, que d'accomplir des prestations en nature ou de travailler en corvée.

Nous avons donc vu que, d'abord, le manoir s'efforce d'avoir des fermes paysannes pas trop petites, mais pas trop grandes non plus, pour pourvoir aux besoins de subsistance et de reproduction, en coupant de ce fait les rapports du paysan avec le marché. Ensuite, que les paysans s'efforcent fréquemment d'établir ces rapports. Enfin, que les paysans ne veulent pas (nous avons vu pourquoi) employer l'argent gagné au marché pour se libérer de la corvée et payer le cens. Quelle est la réaction du manoir?

Ne pouvant pas prévenir de façon suffisamment efficace tout contact du paysan avec le marché, n'arrivant pas à empêcher le paysan de se procurer, de temps en temps, de telle ou autre façon un peu d'argent, la grande propriété foncière polonaise a organisé un appareil de drainage excellent et parfaitement efficace. On ne peut qu'admirer la perfection de cet appareil, qui cependant n'a pas été «inventé», mais qui est le résultat des efforts spontanés de toute la classe de grands propriétaires fonciers et la fleur de leurs essais empiriques graduellement perfectionnés.

La pompe qui drainait l'argent des paysans et le déversait dans la caisse des maîtres était l'auberge du village, appartenant au manoir, et munie du droit de vente à caractère de monopole, en premier lieu des spiritueux (bière et eau-de-vie) et aussi, quoique pas toujours, d'autres articles comme le sel, les harengs, et la quincaillerie. Naturellement c'étaient les spiritueux qui étaient la pièce de résistance. La bière qui jouait alors un rôle de premier ordre dans l'alimentation, non seulement comme boisson, mais mangée à chaud avec addition du fromage et du pain comme soupe, était un aliment de tous les jours. Le rôle de l'eau-de-vie était beaucoup plus compliqué. Elle était sans nul doute un des peu nombreux articles de luxe dont on ne pouvait se passer à aucun moment quelque peu solennel. En même temps elle était un aliment pour ces sous-alimentés. Elle coûtait cher mais elle était hautement calorifique et des calculs d'essai suggèrent que le prix d'une calorie en forme d'eau-de-vie n'était nullement élevé. Il est vrai que les calo-

29. Par exemple *ibid.*, pp. 17, 20, 34, 166, 502, 510, 516, 335.

ries ne suffisent pas pour faire vivre un homme, qu'il lui faut encore des vitamines, des protéines, parmi les autres éléments nutritifs. Mais l'organisme humain est muni d'un dispositif d'alarme qui l'avertit du danger immédiatement et de façon explicite seulement dans le cas du manque des calories. S'il s'agit du manque de vitamines ou de protéines, le dispositif d'alarme devient très lent et incompréhensible. Il faut des mois et même des années du manque des vitamines ou des protéines avant qu'un homme ne s'en aperçoive, à la suite d'une fatigue morbide, de la perte de ses dents, ou de ses cheveux, etc. C'est un signal non seulement lent, mais peu compréhensible: l'homme ne sait pas pourquoi il perd ses dents, ou ses cheveux, pourquoi il est fatigué. Seulement dans le cas du manque de calories, seulement à l'appel du «ventre-tyran» dont parle Homère, l'organisme humain réagit par un symptôme prompt et explicite: la faim. Et alors tout lui est bon qui peut assouvir sa faim en lui fournissant des calories. Cette assertion est, cela va sans dire, banale, mais elle n'est pas appréciée à sa juste valeur. Elle peut contribuer quelque peu à l'explication de la genèse de l'alcoolisme paysan.

Le monopole de la vente aux paysans de la bière et de l'eau-de-vie était donc une espèce d'impôt sur la consommation. Comme c'était un monopole, les prix pouvaient être élevés et l'impôt l'était aussi.

Les documents concernant l'histoire de la campagne polonaise abondent en incidents liés avec l'auberge du village. Le propriétaire du domaine ordonne à l'administrateur de veiller à ce que l'auberge locale ne manque jamais d'eau-de-vie.[30] Les administrateurs doivent aussi veiller à ce que les paysans ne boivent pas dans d'autres auberges que celle du domaine.[31] Un paysan qui boit à une auberge de la ville est puni du fouet.[32] Si le manoir à côté de la corvée embauchait encore ses serfs pour des travaux obligatoires contre paiement, toujour inférieur aux salaires pratiqués dans les louées «libres», les comptes étaient souvent réglés au moyen de bons réalisables à l'auberge.[33] Comme l'auberge locale seule acceptait ces bons, il était sûr que l'argent gagné ne serait pas depensé en dehors du domaine. Une autre méthode appliquée souvent était l'usage dit «tonneau sec»: l'obligation de payer pour un tonneau même si son contenu n'a pas été bu.[34] Cet usage était appliqué comme châtiment pour avoir bu à une auberge autre que celle du village, ou pour n'avoir pas assez bu à l'occasion de fêtes religieuses ou des

30. *Instructions*, II, p. 316.

31. *Ibid.*, I. I, pp. 519, 657.

32. *Suppliques*, pp. 38, 253.

33. *Ibid.*, pp. 262, 310, 311.

34. On établissait souvent des «normes» obligatoires. *Ibid.*, pp. 32, 35, 45, 72, 83, 117, 186, 188–189, 262, 274, 278, 283, 355, 500–501, 508, 539.

solennités de famille (baptêmes, noces, enterrements).[35] Il paraît que la «norme» obligatoire à l'occasion d'une noce était si élevée que beaucoup de jeunes gens préféraient s'abstenir du mariage.[36]

Comme nous l'avons mentionné, l'auberge avait souvent le monopole de la vente aux paysans d'autres articles: sel, harengs, quincaillerie. La bière et l'eau-de-vie pouvaient être produites par le paysan lui-même, à sa ferme, ce qui fait qu'une inspection permanente du manoir s'efforçait d'y parer. Avec le sel, les harengs, la quincaillerie, la question était plus simple: le paysan ne pouvait pas les produire chez lui, à domicile.

Le monopole de la vente du sel était un autre impôt général sur la consommation, infligé par les nobles à leurs serfs. On ne peut pas vivre sans sel, d'autant plus dans le cas où manquent des graisses, le sel est l'unique assaisonnement. C'est spécialement impossible pendant les nombreux jours de maigre. Enfin, le sel est indispensable pour conserver la viande, produit de prix. Le sel permet de prolonger la durée de la viande et la période de sa consommation. Ce monopole aussi était donc imaginé avec beaucoup d'astuce. Il permettait à la noblesse (qui de plus avait le droit d'acheter du sel d'Etat à vil prix) de frapper d'impôt chaque repas paysan.[37]

L'obligation qu'avaient les paysans d'acheter à l'ànberge aussi des harengs (surtout pendant la Semaine Sainte, pour défendre les âmes chrétiennes contre la tentation d'enfreindre le jeûne)[38] était une invention moins importante, mais non moins ingénieuse.

La vente aux paysans de menus articles de quincaillerie par l'intermédiaire de l'auberge[39] se trouvait à un niveau plus élevé encore d'habilité fiscale.

De la bière, de l'eau-de-vie, des harengs et quelques clous, c'était l'assortiment essential des achats paysans.

Grâce à ce mécanisme les revenus que le manoir tirait de son auberge étaient énormes, et pendant tout le 18e siècle elle tendait à augmenter encore. «La brasserie, et la distillerie ... c'est l'âme même des revenus nets», lisons-nous dans une instruction à l'administrateur du domaine de Nieborów datant de 1783.

Récapitulons. La noblesse veut donner aux fermes paysannes un caractère de fermes autarciques. Grandes ou petites, elles doivent être toutes ni plus

35. *Ibid.*, pp. 25, 28, 43, 51, 62, 253–255, 257, 262, 511.
36. *Ibid.*, pp. 252, 255, 260.
37. *Ibid.*, pp. 63, 137, 356, 442, 476, 521–522.
38. *Ibid.*, pp. 25, 77, 79, 83, 182, 188–189, 356, 512.
39. *Instructions*, t. II, p. 316.
40. *Ibid.*, t. II, p. 305.

grandes ni plus petites qu'il ne le faut pour recréer leur capacité productive et assurer la subsistance de la famille paysanne.

Les paysans s'efforcent d'obtenir de telle ou autre façon des excédants de marchandises leur rendant possible l'accès au marché: la vente, et ensuite, l'achat. Ils tâchent de l'atteindre en essayant d'augmenter de façon légale ou illégale l'étendue de leurs fermes et en tendant à diversifier leur production.

Placé face à face avec ce phénomène, le manoir répond par l'établissement d'un dispositif de drainage extrêmement ingénieux. Si les paysans, malgré tous les obstacles, arrivent à avoir de temps à autre quelque argent, qu'ils le dépensent de façon à le faire revenir à la caisse seigneuriale. Des sommes énormes y revenaient de cette façon, mais nous ne pourrons jamais calculer la partie qu'elles faisaient des rentrées obtenues par les paysans au marché.

Telles étaient les péripéties de la lutte sourde et latente entre la noblesse et les paysans pour le caractère «de subsistance» de la ferme paysanne.

SUPPLEMENT TO PART I
COMMUNICATIONS ON SUBSISTENCE ECONOMIES

G. G. KITOVSKY

THE IMPACT OF GROWING RURAL CAPITALISM ON SUBSISTENCE PEASANT ECONOMIES

In a subsistence economy production is aimed toward meeting the basic needs of a given economic unit, including personal consumption of the primary producers themselves and members of their immediate families. Production here is unchanging and no actual savings are made through distributing the created product. The subsistence economy is characterized by an extremely low level of production force development which unavoidably becomes a basis of economic stagnation.

Subsistence economies versus different stages of social and economic development

Thus, the subsistence economy does not represent any special form of production related to a specific kind of property. Therefore, throughout history, subsistence economies have appeared as a component of the economic structure in diverse periods, and at different stages of economic growth. Poorly developed commodity-monetary relations favor the existence of subsistence economies. Therefore, as a socio-economic category, they are more typical of the precapitalist era though they are also found at different stages of capitalist development under certain conditions.

From the historical view three basic groups of subsistence economies may be distinguished:

1. Subsistence economies in primitive and early class societies. In the contemporary period these are peasant economies within the framework of backward tribal societies in the remote periphery of tropical Africa, Latin America, southern and southeastern Asia, some nomadic tribes of northern Africa, and the Near and Middle East. Subsistence economies of this type are actually non-market economies.

2. Subsistence economies in precapitalist-type class societies. In ancient and feudal societies this group consisted of rural and artisan economies from which the current exploitive elements extracted the entire surplus product. This type of subsistence economy may exist in the presence of either a poorly or a relatively well-developed degree of commodity circulation. In the latter case, a portion of the product made within the economy of the primary producer acquires an exchange value outside the economy, through the hands of an intermediary – the owner of the means of production. Subsistence economies of this type are still found in the countries of the "third world", mainly in the form of sharecropping.

3. The third type of subsistence economy exists within the sphere of small-scale commodity production. At best, their scope allows them to meet requirements of personal consumption by the workers and to maintain the elements of constant capital.

Subsistence economies, under the impact of economic, social, and political factors, were replaced by economies where savings and capital formation crowned the entire process of production. The latter, as is well known, was the economic foundation for the development of civilization. Thus, subsistence economies cannot be regarded as a special type of production relationship. They are a rather specific composition of economic units, based on diverse types of ownership. Subsistence economies, as a component of a given economic structure, interact with other component elements – *uklads* (economic sectors). An *uklad* is assumed to be the sum total of production forms of the same type, based on similar forms of ownership – in the framework of the given economic and social entity. These relationships and the ways in which different economic sectors interact with one another are of great interest to the student of economic history.

Peasant subsistence economies as part of the small-scale commodity sector

The limits of this paper prohibit a full examination of subsistence economies as part of the system of developing commercialized agriculture and rural capitalism in the countries of southern Asia. In assessing economic phenomena, it is essential to consider the stage of economic and social development through which these countries are passing. They are in a transitional stage of historical development: evolution from one socio-economic structure to another, such as from feudal or colonial-feudal society to bourgeois, has not yet been completed. This determines the multi-sectoral composition of their economic structures. A distinctive feature here, as compared to classical European development, is that the various stages of capitalistic evolution meet and partly overlap one another while passing from simple cooperation and manufacturing to state capitalism and the large corporate

sector. The process of extremely prolonged and incomplete capitalistic transformation in these countries resulted in a hypertrophic role of lower forms of capital such as trading and usury. Primary accumulation of capital assumes a self-sufficient character, thus distorting the process of capital formation.

Under these conditions basic social and economic evolution in agriculture in developing countries can be described as gradual transition of feudally oppressed tenants and members of patriarchal rural communities into peasants who as petty land-owners form the small-scale commodity sector in agriculture. This is the main line of development. It is considerably accelerated by structural land reforms in these countries.

Yet the complexity of this process lies in the fact that there is another process occurring simultaneously – property and social differentiation of the peasantry – that did not present a picture of social uniformity even in the earlier stages of economic growth. Thus, subsistence peasant economies appear in the small-scale commodity sector both from the depths of the preceding social and economic structure and as a product of bourgeois development. Nevertheless, in spite of these genetic differences, the status of both groups of subsistence economies within the contemporary economic structure of these countries is the same.

Subsistence peasant economies and the process of capital formation

This type is found in from 40% to 60% of the total number of peasant economies in the countries of south and southeastern Asia. Of great interest are the results of a sample survey of rural households undertaken in 1961 by the National Council of Applied Economic Research (New Delhi, India). It showed that 55.84% of all enumerated households had no savings in 1959–1960. Since agriculture and rural handicraft continue as the basic sphere of material production in these countries (by employment and share in the national income), the high proportion of subsistence economies in the small-scale commodity peasant sector reduces the general rate of savings and capital formation.

Subsistence peasant economies and the market

It would be a mistake to assume that subsistence peasant economies are isolated economic units that are not associated with the market. On the contrary, they are part and parcel of the rural commodity economy. In the first place, their ties with the market are determined by the very type of agriculture in which they engage – the production of cash crops such as tobacco, cotton, sugar cane, and so on. Secondly, the need to satisfy production and personal requirements compels the owner of a "noneconomic"

farm to use part of his food crop harvest (mostly grains) for exchange. Therefore, the role of subsistence economies in maintaining the farm produce market in these countries should not be underestimated. In the 1950s in India, for example, this type of economy provided one-third of all the marketed food grains. The produce put on the market by these economies by no means represents marketable surplus in the general sense. Such so-called "marketable surplus" is often sacrificed at the cost of reducing the consumption of the producer and his family. Indirect evidence of this is that even in bountiful years, the delivery of grain to the market (even with good marketing prospects) was not greater. But personal consumption by the families in this group of economies did increase. In this way, subsistence economies exert a depressing influence on the farm produce market.

Pauperization and proletarianization

The grievous situation of primary producers engaged in this type of economy is well known. A study of the budgets of these groups shows that the personal consumption of this part of the peasantry is lower than the historically evolved *mean* cost of labor in agriculture in these countries.

It is important to note that a considerable part of subsistence peasant economies comprises the group of agricultural laborers with land. Population census data for the 1950–1960s in these countries, as well as the results of other sample surveys, show that nearly one-half of all the gainfully employed agricultural population regularly works as hired farm hands; and, again, about one-half of the entire group of agricultural laborers owns or leases tiny land plots. The bulk of these hired laborers is engaged not more than one-half or two-thirds of the normal working time. They make up an endless source of cheap labor, while representing one of the forms of rural overpopulation in these countries. In this way the formation of the labor market in these countries has a direct bearing on the situation of the group of subsistence economies.

Subsistence peasant economies as an object of primary accumulation

The proletarianization of most small peasant economies is a natural and irreversible phenomenon, accompanying the capitalist transformation of developing countries. The processes of pauperization and proletarianization go on in the face of desperate efforts by the members of subsistence economies to increase production and create a "marketable surplus" at the cost of reducing their own consumption and through enormous expenditure of labour per unit of produce.

The opportunities for accumulation through agriculture in these countries are extremely limited by trading and usurious capital. So, the conditions for

marketing produce and obtaining credit in developing countries are the worst for this group of economies. Exploitation by trading and usurious elements is the most important source of primary formation of capital by the growing rural bourgeoisie. It is only natural, therefore, that *cooperation* is the primary problem in deciding the fate of the huge sector of subsistence peasant economies in developing countries.

J. G. DA SILVA

AU PORTUGAL: CONDITIONS, PROPORTIONS ET STABILITÉ DE L'AUTOCONSOMMATION

Dans le Nord, en pays conquis, colonisé, on encouragea le peuplement; au sud du Tage, la maison royale, les ordres, les barons s'approprièrent des domaines qu'exploitaient les petits fermiers. Le royaume garda cette dualité: propriété rurale très morcelée, population dense dans le Nord et le centre, propriété et habitat concentrés, population en diminution dans le Sud. Le mouvement démographique s'insère dans celui qui est visible sur l'ensemble de la péninsule.

D'un passé d'échanges actifs, le royaume hérita la monnaie frappée; de fortes migrations de la main-d'œuvre ont été renforcées par l'attraction des villes privilégiées, mais également par la violence que prit au 14e siècle dans les campagnes l'exploitation seigneuriale. Après de premiers essais décevants d'exportation de produits naturels, les ordres, la maison royale, sont passés à la recherche de produits extérieurs, à exploiter en régime de monopole. La concentration de la propriété s'aggravait, et n'était pas suivie par l'exploitation des terres; les trafics privilégiés d'outre-mer détournaient définitivement les esprits de l'investissement et du profit. Aucun capital n'était engagé dans l'économie; les majorats l'engloutissaient. La propriété foncière, sa justification, domina les esprits jusqu'au 19e siècle, ceux des aînés, ceux des cadets. Le commerce était pour ces derniers une activité intermédiaire, fondée sur l'accaparement, le privilège et la spéculation, menant à l'acquisition de domaines. Les entreprises familiales des Portugais ne pouvaient pas résister à la concurrence des entreprises anglaises et néerlandaises, fortement centralisées. Le defrichement même débouchait sur la création de majorats et la concentration de la propriété, enfin, sur la chute de la production. Les jacqueries accompagnèrent la concentration de la propriété, surtout après les invasions napoléoniennes. Les seigneurs de la terre, «libéraux» ou «traditionalistes», protégeaient et exploitaient le «banditisme». Là où la demande de la main d'œuvre existait, elle était saisonnière. Avant et après 1820, c'étaient surtout les petits exploitants-propriétaires et les métiers qui s'opposaient occasionnellement à l'ordre établi. La dépréciation de la monnaie courante, particulièrement sensible pour les petites coupures de papiermonnaie, finissaient par ronger profits et salaires. Entreprises, commerce, métiers, n'avaient qu'un rôle modeste, au rang de l'accaparement, du courtage, de fabrications indignes de concurrencer la production étrangère.

Seule issue, l'émigration. Ni l'aspiration des profits ni celle d'avantages salariaux n'avaient lieu de se manifester. Les grands centres, surtout Lisbonne, n'ont pas créé les conditions d'exploitation de la force de travail concentrée, ils ont seulement soulevé des problèmes de ravitaillement et les ont érigés au rang de problèmes nationaux. Les deux thèmes de l'économie politique portugaise, de l'histoire, ont été l'importation, nécessaire, de céréales pour les villes, l'utilisation de l'or et des flux de capitaux alimentés par les émigrants: utilisation soit pour l'équilibre de la balance des paiements, soit pour la spéculation sur les changes.

La paysannerie ne participait pas aux monopoles. Elle était sous la coupe d'intérêts locaux, de forces rétrogrades de toute sorte, qui ensemble menaient à l'exclusion du pays des cadets tant qu'ils n'avaient pas acquis des propriétés foncières, et des paysans. Le cloisonnement des groupes et des régions, l'analphabétisme, la non préparation technique, en étaient la conséquence. La routine s'installa et dura jusqu'à ce jour. L'enseignement rural semble devoir être repris *ab initio*, pour faire face aux exigences récentes de mobilité de la main d'œuvre. Ces cloisonnements, les vieilles structures, étaient utilisés par les accapareurs et les spéculateurs. La population rurale était bel et bien exclue du pays. Cette exclusion se traduit entre autres par l'errance à laquelle se voit condamnée la paysannerie, et qui contribue à maintenir l'équilibre, compte tenu de la forte natalité. Qui, en tout cas, par l'émigration à l'étranger, réduit efficacement le gonflement des villes, et la densité montante, mais condamne elle aussi le développement. L'émigration suffit à expliquer la stabilité des *terms of trade* défavorables. Ce sont les colonies et les envois d'or des émigrants qui payent le déficit chronique.

La consommation est supérieure à la production, celle-ci n'assure que la subsistance, soit l'autoconsommation et quelques échanges d'excédents, et les exportations minimes et stables. Les échanges intérieurs ne proviennent pas d'une production nouvellement organisée, en développement ou, moins encore, en croissance. La variable significative dans la création et l'utilisation du produit intérieur brut, est la variable démographique. La part du travail dans le revenu national est faible et presque stable; la consommation moyenne atteint à peine les exigences en calories mais comporte de graves déséquilibres. En principe, la correction des déséquilibres devrait pouvoir faire élever le revenu agricole. Les chiffres dont on dispose, et l'expérience des dernières années, montrent que cela n'est pas prévisible. Ils témoignent de la médiocrité des échanges intérieurs, de leur stabilité depuis des siècles. Autant que les hommes, la terre est nourrie presque exclusivement de végétaux. Les productions caractéristiques de systèmes de cultures pauvres et trop subordonnées aux conditions naturelles, sont les plus dynamiques, et les plus sensibles aux conditions de marché.

Phénomène historique, l'efficacité de l'économie est dominée par des persistances: l'émigration, la baisse de la natalité, la très lente «amélioration» du régime alimentaire, la généralisation plus lente encore de dépenses ostentatoires en biens durables importés; ces persistances maintiennent la part de l'autoconsommation. Le problème est historique, mais l'histoire est la perspective nécessaire à des recherches qui doivent être interdisciplinaires pour être efficaces.

O. J. FIRESTONE

CANADA'S SUBSISTENCE ECONOMY BEFORE 1860

This is a summary of a larger study which examined the structure, performance, and functioning of the Canadian economy during the first half of the 19th century; the forces that characterize what Rostow has called the "traditional society"; and the factors that led the colonies that were to join as Canada to the next stage, "the preconditions for take-off".

In particular, the study deals with the question of whether and to what extent the Canadian economy in the pre-Confederation period was predominantly subsistence or if it was fairly well advanced along the road to a predominantly exchange economy. Alternatively, an attempt is made to answer the question of whether both systems were in existence, with the former delaying the forces of economic progress and the latter acting as a counterbalance, in fact preparing the ground for future rapid economic development.

With this diverse pattern of economic development, the character of growth varied for different regions depending on whether the economic life was dominated by staple exports or whether it was an area of settlement which was largely self-sustaining. This diversity makes it difficult to generalize about stages of economic growth. Still, certain broad conclusions can be offered to indicate the many types of dualism in Canadian economic development. Some of the findings are:

1. *Population.* In the mid 19th century, Canada was inhabited by about 2.5 million people, a little less than one-third French-speaking. The bulk of the remainder were immigrants from the British Isles or their descendants and were English-speaking. Some 2.4 million lived in the central and eastern part of the northern half of the continent; Upper Canada (Ontario), 952,000; Lower Canada (Quebec), 890,000; and the Maritimes (Nova Scotia, New Brunswick, and Prince Edward Island), 537,000. Fewer than 100,000 people lived in western Canada where huge regions were almost entirely unsettled and in great part unexplored. (This excludes Newfoundland with a population of about 100,000, which was the last of the British North American regions to join Canada in 1949.)

2. *Social infrastructure.* The northern half of North America was British, including Lower Canada, which had been wrested from the French in 1763.

Although administered from Westminster in London, local administration and financial responsibility began to be entrusted to the settlers of Lower Canada and their political leaders during the first half of the 19th century. While some British administrators showed a great deal of understanding and tried to place emphasis on local initiative and enterprise, political discontent and rivalry and some administrators who were either autocratic, incompetent, or both, were in part responsible for the lack of an adequate social infrastructure and effective machinery of government, both essential in facilitating the economic development of the northern half of the American continent. It was not until 1867 that the colonies obtained their independence from Britain by peaceful means and joined in confederation as an independent nation.

3. *Gross national product and labor force*. The gross national product of the British North American colonies in 1851 is estimated at $169 million, the labor force at 723,000, and persons employed at 694,000. Per capita gross national product is placed at $68 and, per person working, $244. The region was a net importer and the deficit on current account is estimated at $13 million, about 7.5% of the gross national product. In part, this was due to the fact that the region had to draw on outside sources of capital to a large extent. Consumer expenditures would be on the order of $150 million, equivalent to approximately $60 per capita and $370 per household with the size of the family between 1851 and 1860 being much larger than at any other time. Government expenditures on goods and services, estimated at $7 million, were less than 4% of the total.

4. *Capital formation*. Rough estimates of the proportion of net capital formation to net national product are 5.8% in 1851 and 5.2% in 1860. These rates of capital formation would place the British North American colonies in the category of countries that devote a comparatively small proportion of their output to capital investment, a situation that Rostow takes as one of the tests of the pre-takeoff society. The possibility exists that the ratio was greater in the 1840s, characterized by a surge of settlement, mostly in Upper Canada, and by canal building which was at its height.

5. *Structure of industry*. In 1851, about 70% of the work force was employed in primary industries, contributing 47% to the net value included in gross national product; 12% in manufacturing industries contributing 18%; 3% in construction contributing 4%; and 15% in service industries contributing 19%; with the balance of 12% in net value added comprising an adjustment item to arrive at gross national product at market prices including rent,

indirect taxes less subsidies, net investment income, and so on. The low productivity of the agricultural sector in relation to other sectors can be illustrated by the fact that the net value added per person working in agriculture amounting to $143 was less than one-half of manufacturing, $369, or of tertiary industries, $314. Possibly the differentials between the sectors may have been less than is indicated above because of inadequate allowance for land improvements in the value of agricultural activity that occupied a good deal of the time of the new agricultural settlers.

6. *Economic progress.* Of the five British North American colonies, Upper Canada experienced the most rapid population growth between 1821 and 1851, at an annual compound rate of 6.7%. Lower Canada, although starting from a bigger base, had the slowest rate of population growth, 2.6%. The Maritimes expanded at an intermediate rate of 3.5%. Other indicators of economic progress, such as the process of urbanization, land under cultivation, agricultural activity, number of industrial establishments, and volume of merchandise exported and imported, support this pattern of differentials in rates of economic growth.

7. *Economics of pioneering.* During the first half of the 19th century, raw land was in abundant supply in most British North American colonies. The first scarcities appeared in Lower Canada in the 1820s because of land speculation. The problem facing the settlers was how to save labor which was a scarce resource. They did not have the choice of replacing labor with equipment, partly because they lacked the capital and partly because they were either unaware or only inadequately aware of the productive potential that new advances in technology offered, a situation that changed fairly quickly after 1850, particularly in Upper Canada. There was also the problem of the traditionalism of the habitant farmer who was slow to accept such basic agricultural innovations as crop rotation and the use of fertilizer.

Most of the time the colonies were unable to increase the production of goods and services at a sufficient rate to create adequate surpluses that could be exchanged against goods and services obtainable from other countries and to increase their domestic savings to a level which would enable them to utilize the savings in productive private investment and the build-up of urgently needed social capital. Of course, a great deal of capital formation was taking place in the form of the new settlers' direct efforts toward land improvements, construction of houses and barns, and the like. Of the latter, transportation facilities were the most urgently needed to provide links for sources of production with markets at costs which would not prohibit competitive sales and purchases. The main economic problems facing the

pioneering society during the first half of the 19th century were inadequate capital resources available to the timber industry and to new settlers, low agricultural and industrial productivity, uncertainty and periodic collapse of export markets, lack of an adequate system of exchange encompassing the whole region, and absence of a viable political system.

8. *Agriculture in rapid and slow growth regions*. Differences in agricultural achievements between Upper and Lower Canada illustrate one of the key reasons for slow economic growth in the latter region as compared with the former. In 1851 the average farm under cultivation in both Upper and Lower Canada comprised 37 acres. But the size of the average occupied farm including uncultivated land was larger in Upper Canada, 99.4 acres as against 84.7 acres in Lower Canada, offering a greater potential for resource exploitation to the inhabitants of the former colony. Upper Canada used somewhat more advanced farming technology and agricultural machinery than Lower Canada (still very primitive before 1850, including use of the wooden plow) and also had more and better quality livestock, as the following averages per farm indicate: horses, 2.0 and 1.6; oxen, 1.9 and 1.2; cows, 5.5 and 4.0; sheep, 9.7 and 6.8; and swine, 5.7 and 2.7. Output per acre in Upper Canada exceeded that of Lower Canada by between one-quarter and one-third, and in the case of the major cash crop, wheat, the difference was two-fifths. One of the substantial reasons for such a differential was the fact that a good deal of land in Lower Canada had been settled for a long time and was approaching exhaustion. Upper Canada also exceeded Lower Canada in terms of output per domestic animal: pounds of butter per cow, 54 as against 33; pounds of homemade cheese per cow, 12 as against 3; and pounds of wool per sheep, 2.8 as against 2.2. Greater skill in animal husbandry was one of the reasons for these differentials.

9. *Capital-output ratio*. The value of capital investment per person employed in agriculture in Lower Canada in 1851 amounted to £285.8.0 as against £326.15.0 in Upper Canada, a difference of about 15%. The corresponding values of output per person employed in agriculture were £41.5.0 and £51.0.0, a difference of about 25%. (The £ was valued at approximately $4 at that time.) Fuller and more effective utilization of capital in Upper Canada is indicated by the fact that the capital-output ratio in this part of the country was 6.3 to 1 as against 6.9 to 1 for Lower Canada.

10. *Simplicity and scale of manufacturing*. Manufacturing operations in the first half of the 19th century involved rather simple procedures carried out in small quarters operated by the owners, usually assisted by one to three

helpers. Cottage industries were also fairly common in those days. A large proportion of consumer goods was produced by the people who consumed them. Somewhat larger operations were carried out in a few sectors including flour and grist mills, saw mills, and shipbuilding. On the whole, the use of machinery and equipment was minimal and the scale of operations was small, with the average industrial establishment in Upper Canada employing 2.3 hired hands in 1851 in addition to the owner of the establishment and members of his immediate family. By 1861, this average had risen 5.3. It compares with an average of 4.3 hands for Lower Canada. (A comparable figure for 1851 is not available.) The smaller scale of manufacturing operations in that colony as compared to those of Upper Canada was another factor contributing to differentials in productivity between the two regions, thus affecting both levels of income per capita and rates of economic growth.

11. *Differences in educational opportunities.* The attitude of the French Canadian rural population toward permitting their children to go to school was traditional in the sense that they attached a lower priority to learning as compared to having these children help with farm chores. Further, lower per capita income was a factor inhibiting financial support for a public school system. In 1851, about 40% of children between 6 and 15 years attended school in Lower Canada as against 60% in Upper Canada. Separation between church and school came much later in Lower Canada than in Upper Canada which affected the school curriculum and the type of training, in turn resulting in young people in Lower Canada having fewer opportunities for economic advancement than did young people in other parts of British North America.

12. *Differences in transportation development.* Two main features characterize the changing role of transportation in economic development during the first half of the 19th century. One was change in the production pattern as the colonies moved from reliance on staples that could be transported by using unimproved waterways, namely furs and timber, to the new staple, wheat, which required more elaborate means of transportation. The other was change in transportation technology, as the costly canal system began to become obsolete by the time it was completed in 1848, with the coming of the railways. Further, the iron steamship was replacing the wooden sailing vessel, many of which had been built in the British North American colonies, particularly Lower Canada and New Brunswick. A large number of these ships had been operated by residents of these colonies. Not only did a thriving industry come to an end, but the significant foreign exchange earnings of residents in the colonies using Canadian ships were substantially

reduced as few of the shipowners succeeded in converting their commercial fleets to steamships, though the Cunard Steamship Company of Nova Scotia was one of the pioneers of steam. Since the canal system was not large enough to accommodate the newer and bigger ocean-going vessels, railways linking the interior with maritime ports became the most economic means of transportation after 1850.

As for the building of roads, progress in Upper Canada was more extensive than in Lower Canada. After one-half century of very inadequate road construction, the only good road available in the 1840s in Lower Canada linked Montreal with Quebec, and these two cities were already supplied with an economic transportation link, the St. Lawrence, which could be used in the open-water season. There were also other river systems that served the transportation requirements of Lower Canada such as the Richelieu and Ottawa rivers. By contrast, Upper Canada built a number of colonization roads in the 1830s and by 1841 had nearly 6,000 miles of roads throughout the region, permitting a growing number of stagecoaches to travel over them and to provide a regular service. Thus, Upper Canada had a more effective transportation system linking sources of supply with markets than did Lower Canada, and this contributed to greater market orientation of the population in the former colony than was the case in the latter territory.

13. *Attitude toward work and entrepreneurial spirit*. Contemporary accounts repeatedly emphasize that, compared with English Canadians, "French Canadians were not that pushing, enterprising people, who by dint of strong exertions seek to amass wealth". Lower Canada, particularly the rural areas, where 88% of the population was living, was described as largely self-sufficient, with the habitant for the most part traditional in his outlook, hesitant to innovate and to take risks. The situation was quite different in Upper Canada. Here, most of the population had come from Britain and America. They were progress conscious and were already imbued with ideas of change and advancement, in contrast with the ancestors of the habitant population who had come a century or more earlier to the shores of North America from a France which at that time had not arrived at take-off. In the early days the new settlers found it necessary to rely largely on their own efforts. But as soon as they cleared the land, built homes and barns, and became self-sufficient in supplying most of the products for a basic livelihood, they endeavored to produce surpluses which they could sell. Hence, these settlers were much more market-oriented than the habitant in Lower Canada. As soon as they were able to build up savings, they invested them in equipment, better quality domestic animals, and larger landholdings. Hence, they were both more innovative as well as far-sighted than their

more conservative and hidebound confrères in the rural parts of Lower Canada.

14. *Self-sufficiency versus exchange economy.* The habitant distrusted the merchant class which resided largely in the two large cities, Montreal and Quebec, and he relied heavily on his own production and on cooperative efforts. Hence, the rural economy of Lower Canada was largely a noncash economy during the first half of the 19th century. In Upper Canada, the merchant population was more widely distributed, not only in the 23 cities and towns that had sprung up in this colony by 1850, but also in the rural hinterland. Here the shopkeepers, and grist and flour millers acted as a link between the local population in the hinterland and the market economies of the urban areas, both as sellers and buyers and as providers of a flow of cash and credit, coupled with barter exchange, particularly in the backwoods. Generally speaking, the population of Upper Canada and of the new settlements of Lower Canada was largely exchange-oriented in both urban and rural areas (usually after a time lapse in the case of new settlements), while during this period the bulk of the population of Lower Canada, the habitants, was predominantly self-sufficient, relying only to a minor extent on cash transactions. Structural changes had a good deal to do with the orientation towards self-sufficiency and an exchange economy. What was taking place in the British North American colonies during the first half of the 19th century, a trend more pronounced in Upper Canada than in Lower Canada, was not so much a shift of agriculture and trade (including the large outward-oriented commerce carried on out of Montreal and Quebec) to manufacturing and service industries, but from self-sufficient agriculture to cash crop agriculture and, to some extent, forest exploitation. The building of social overhead capital was of great significance in this connection.

15. *French and English Canada; economic implications.* Put in its briefest form, available evidence supports the claim that French Canadian settlers, the majority of whom lived in Lower Canada, were tradition-minded, largely self-supporting, subsistence oriented, and inward-looking. In part, this can be explained by their cultural background and the experiences of their forefathers who had come from an earlier France to the shores of a rugged country with a bountiful but hostile nature. In part, it can be explained by the lack of exposure to economic and social progress that was taking place elsewhere, thus not permitting the demonstration effect to have much influence on the way of life of French Canadians, particularly those living in rural areas, and their material aspirations. These factors contributed to a lessening of the rate of economic progress reflected in a slower increase of

real gross national product per capita. This development supports the claim that Lower Canada has been a factor contributing to a slower rate of economic growth of the country as a whole, as compared with what it would have been had the attitudes of French Canadians been similar to the more dynamic and materialistically oriented motivation of the people in the rest of the British North American colonies whose attitudes toward economic aspirations were similar to those of the people living in the United States. But such an assessment overlooks the political and social contributions of French Canadians to the development of Canada. These contributions have important economic implications ranging all the way from a strong drive for self-determination and democratization of institutons to assisting materially in the transformation of a loose association of British colonies to a national entity, Canada, as a result of Confederation in 1867, thus laying a foundation for a political, economic, and social framework and a will to succeed, essential for the country to speed on the road of the "take-off".

16. *French and English Canada; noneconomic implications.* French Canadians always placed emphasis on cultural and spiritual values. As their society became more affluent, they achieved a greater balance between economic and noneconomic pursuits. But in this case, cultural and spiritual values come first, and affluence followed, with the opposite trend indicated for the English-speaking parts of Canada. Hence, both parts of Canadian society were striving for balanced human progress, though the routes they took varied. To the extent that "non dollar-chasing" activities increase leisure time and constitute part of human progress, French Canadians have taken a leading part in bringing about a transformation of the Canadian way of life.

17. *Dualism in Canadian economic development.* The dualism in Canadian economic development has many aspects. It includes areas of progression and areas of retrogression. It encompasses conflicts with both positive and negative connotations. Dualism in the first half of the 19th century meant adaptation for the settlers who had come mainly from the British Isles to the northern part of North America and a new way of life in a pioneering society which necessitated learning to get along with French Canadian settlers who had preceded them by a century or more. This new land bred a new type of people. Old traditions were discarded in some regions sooner than in others, or they were modified to make survival in a pioneering society possible. People grew in stature, not only in physical terms as is common in a northern country but also in spirit – evolving a sense of self-reliance, individualism, and independence which led to nationhood and further political, economic, and social progress thereafter.

During the period 1800 to 1850, the people of the British North American colonies had consolidated their position as members of a market-oriented and outward-looking society (they had always been part of the European commercial system). Even though they were largely self-sufficient, they played an important role by consolidating ownership of territory, control of routes giving access to the hinterland, providing manpower and provisioning the staple trades. But by the end of the first half of the 19th century the pattern of international trade was beginning to change with a great expansion of commercial relations with the United States and with the growth of local industries, partly associated with the great export staples, and partly to meet the growing demands of the local population for consumer goods. Still the population labored to some extent under the handicaps of traditional beliefs and lack of political vision, factors which inhibited and delayed arrival of the stage of continued and sustained economic growth.

18. *"Traditional" society; applicability of concept to early Canadian development.* The keypoint of the "traditional" society, according to Rostow, is "that a ceiling existed on the level of attainable output per head". The reasons for low productivity were many including absence of or inadequate participation in technological progress, heavy reliance on subsistence existence and scant relations with the commercial system, devotion of a large proportion of resources to marginal agriculture, rudimentary secondary industries of a simple household or shop type, a low ratio of net capital formation to net national product, lack of enterprise and risk-taking, and an ineffective political system. Rostow seems to have some doubts as to whether the concept of the "traditional" society applies to a small number of countries which owe their origin to British colonizing efforts: the United States, Australia, New Zealand, and Canada (the latter developed partially as the result of French colonizing efforts). This study confirms the legitimacy of this doubt. Canada, one of the frontiers of the developing European economy, did not go through the phase of self-initiated growth which Rostow visualizes as a society moves from the "traditional" stage to the "take-off" stage.

The economic development of Canada in the colonial period was subject to the impulses of the growth processes that were underway in Europe. The rate of economic growth and its character in the British North American colonies was determined not so much by internal forces as it was by the development and decline of European markets, by the emergence of new technology in Europe and later in the United States, and by the surge of labor and capital coming to this country from Europe and the United States. The only truly traditional society consisted of the original Indian

and Eskimo populations with whom Europeans came into contact when they arrived on Canada's shores, and later when they settled. The French Canadian habitant population living in the rural areas was a semitraditional society. But even this group, many of whom were themselves adventurers, found that the traditional pattern of life was necessarily modified by the North American environment and by the fact that from the beginning of the first settlements, the habitant had at least a marginal relationship with the staple export industries, furs at first, wheat and timber later. As far as the rest of the population in Canada was concerned, in many cases they had come to the shores of this country because of economic and political pressures. Many of them were people of initiative and enterprise who brought many recent technological and commercial ideas, as well as the more sophisticated living habits prevalent in the countries from which they had come. They maintained contact with the commercial community across the Atlantic and with the big cities of the rapidly growing country to the south. While in the earlier part of the 19th century the French Canadian population exceeded English Canadian in numbers, in the latter part of the first half of this century the situation was reversed.

One of the main reasons supporting the claim that the concept of the "traditional" society as put forward by Rostow does not apply to Canada is that with the advent of the Europeans Canada became involved in the international commercial system. It is true that trade with the Indians was mostly on a barter basis and that a large part of the collection of wheat and lumber for export involved transactions in kind rather than cash. Still, most of these transactions were geared to export markets and ultimately involved cash transactions in a commercial economy governed by the price system. In short, while there were some elements in the early Canadian economic development that are related to Rostow's concept of the "traditional" society, the overwhelming number of characteristics support the view that the economic growth of the British North American colonies was more geared to what happened abroad than to domestically originated stimuli. Indeed, Canada has moved gradually over the years from almost complete dependence on export trade (which was characteristic of the early stages of economic development after the coming of the Europeans) toward a general strengthening of internal economic forces and toward increasing the importance of the domestic sector of the economy, as compared with the export sector, accompanied by structural changes, with secondary and tertiary industries assuming a much greater role in the growth process.

PART II: REAL INCOME

E. LE ROY LADURIE

SUR QUELQUES TYPES DE REVENUS RÉELS (16ᵉ–18ᵉ SIÈCLES)

Il est malaisé pour un historien même éclairé par les travaux de nombreux spécialistes, de donner en quelques pages, des indications valables sur l'ensemble d'un sujet aussi vaste que la distribution du revenu réel et consommation du 16ᵉ au 18ᵉ siècle. Je me concentrerai donc, dans ce rapport, sur quelques points saillants, et je laisserai, dans le sujet, d'immenses zones d'ombre. Mon exposé, d'autre part, sera principalement centré sur les données qui touchent de plus près à mon expérience personnelle en tant qu'historien des sociétés agraires, en tant qu'historien aussi des communautés ecclésiastiques à longues séries de revenus.

J'envisagerai notamment, comme approches possibles et méthodologiques du sujet, l'étude, principalement diachronique, des types suivants de revenus réels: le revenu agricole; les dîmes; la rente foncière; et les salaires.

Mon rapport sera essentiellement «français». Je confesse volontiers que c'est faire preuve de ce provincialisme insulaire dont on accuse parfois les historiens de mon pays. Mais, puisqu'il s'agit avant tout de problèmes méthodologiques, l'inconvénient de mon «nationalisme» sera moins grave: les méthodes évoquées dans cet exposé peuvent en effet être confrontées, appliquées ou récusées en fonction de l'expérience des participants d'autres nations. Même géographiquement limitée, la méthodologie se prête aisément au comparatisme.

Le revenu agricole; les rendements

Revenu agricole réel: les techniques les plus sophistiquées, quant à l'étude de cette variable, reposent sur l'utilisation des séries de dîmes. Nous y reviendrons. Il convient cependant de s'arrêter sur une méthode très simple et désormais fameuse. Elle a l'avantage d'ouvrir de larges perspectives sur cette composante essentielle du revenu agricole qu'est le revenu céréalier. Elle se comporte comme un bon témoin, pour diagnostiquer la croissance éventuelle de ce revenu. Elle permet en outre d'éclairer, au terme d'une première étape, par prospections sommaires et illuminantes, les périodes reculées et les régions jusque-là mal connues: je veux parler ici de l'histoire du rendement à la semence du'ont illustré les travaux de Slicher van Bath.

La base d'une telle étude, en effet, demeure constituée, c'est évident, par les beaux articles parus dans *A.A.G. Bijdragen*. Pourtant, ces articles sont plus qu'une somme de résultats acquis: ils constituent, pour les membres de notre section, une invitation à la recherche active. Le fait est spécialement net pour la France, du Moyen Age aux 17e et 18e siècles, où les données proposées par le maître hollandais sont simplement des pierres d'attente: elles ne permettent pas de préjuger la configuration finale de l'édifice, que mettront un jour sur pied les recherches exhaustives qui s'imposent à nous.

Entrons très brièvement dans quelques détails nécessaires à cet exposé méthodologique: pour le 9e siècle, point initial de sa série française, Slicher van Bath ne nous propose qu'une seule donnée, judicieusement fixée à 2,7 pour 1 (2,7 grains récoltés pour 1 semé). Pour les 10e et 11e siècles, rien. Pour le 12e siècle, nous sommes mis en présence en tout et pour tout de quelques données toutes clunisiennes, toutes localisées en Bourgogne, et relatives à de mauvaises récoltes. Leur représentativité nationale et séculaire est donc extrêmement faible. Et fâcheusement, leur dispersion statistique est très forte. Trois d'entre elles donnent entre 2 et 2,5 pour 1. Les autres sont à 4 pour 1; et davantage pour les céréales secondaires. Soit tout bonnement, ce rendement de 4 pour 1 qui est tellement typique des textes sur la «petite culture» en France, du Moyen Age au 18e siècle, dans les pays situés hors des régions limoneuses. Il serait bien hasardeux, en utilisant ces seules données, de tracer, fût-ce en pointillé, la «courbe», fût-elle limitée à un seul segment, qui montrerait les «progrès de la céréaliculture française» entre le 9e et le 12e siècle.

Mais poursuivons ce rapide examen. Deux cents années passent. Nous sautons de Cluny (Bourgogne, 12e siècle, petite culture, 4 pour 1) à Saint-Omer, Béthune et Douai au 14e siècle, où nous rencontrons d'entrée de jeu les merveilleux rendements des limons du Nord, 8, 10, 12 pour 1, qui sont une constante dans ces régions, dès qu'on les connaît bien, du 14e au 18e siècle. De tels chiffres ne laissent pas présager une croissance; bien au contraire, ils annoncent la stabilité, dans la très longue durée de l'Ancien Régime. Cependant, le 14e siècle français tel qu'il est vu par Slicher van Bath, est excessivement contrasté: des limons du Nord, nous passons aux zones provençales où nous retrouvons en 1338, le rendement coutumier de 4 pour 1, général dans ces régions jusqu'au début du 18e siècle. Rien ne permet d'affirmer que ce niveau méditerranéen de 4 pour 1 soit en progrès sur les siècles passés, ou en retrait sur les progrès à venir, fort hypothétiques, de l'âge «moderne». Quant au troisième chiffre indiqué par Slicher van Bath pour le 14e siècle, et qui concerne Ouges près de Dijon, l'auteur[1] qui le propose, ne l'a obtenu qu'au terme de calculs excessivement alambiqués,

1. ODILE MARTIN-LORBER, «Une communauté d'habitants dans la seigneurie de Cîteaux», *Annales de Bourgogne* (1958), p. 13.

qui le font sauter du 14ᵉ au 17ᵉ siècle et vice versa. Si le chiffre s'avère valable, il faut le considérer comme un très bon rendement, double de celui qu'on observera en moyenne dans la même région au 17ᵉ siècle. Cette donnée mediévale, en tout cas, ne peut pas être considerée comme un point bas, sur une pente qui deviendrait par la suite ascendante.

Le 15ᵉ siècle français, tel qu'il est envisagé dans les tables statistiques de «Yield ratios»[2], nous introduit, une fois de plus, à des terroirs qui sont sans précédents, même régionaux, dans la série: Neubourg, Grésivaudan, Lauragais. Parmi ces trois groupes, les deux derniers (données nord-alpines et toulousaines) «collent» bien, avec ce qu'on sait des rendements céréaliers, en très longue durée dans la France du Sud: 4 pour 1, 5 pour 1 dans les bonnes terres, comme diront encore un et deux siècles plus tard, Olivier de Serres et John Locke. Là aussi donc impression de stabilité multiséculaire. Cette impression est probable, quoique documentairement fragile du 14ᵉ au 15ᵉ siècle (comparer *supra*, les rendements provençaux en 1338). Elle est solidement fondée du 15ᵉ au 17ᵉ siècle.

Quant au rendement du Neubourg en Normandie (au début du 15ᵉ siècle), il est incroyablement bas à 3,2 pour 1 quant au froment, et moins encore quant aux céréales secondaires. Incroyablement bas, surtout quand on songe à ces merveilleuses terres du Neubourg, à ces limons sans cailloux, étalés sur un mètre d'épaisseur, et qui sont «les plus beaux de l'Europe». Il ne s'ensuit pas de là pourtant, que ces chiffres neubourgeois du Moyen Age soient contestables, *of dubious value*. Ils sont au contraire parmi les mieux établis qu'on possède, quant à ce genre de données, pour la France médiévale. Et ils méritent toute la créance qu'on peut accorder généralement à l'excellent livre de Plaisse. Comment dans ces conditions peut-on expliquer qu'ils soient si déprimés? Les raisons probables sont-elles à chercher dans la conjoncture politique et démographique? Un fait est certain, de ce point de vue: le Neubourg des années 1400 était terriblement éprouvé par la dépopulation, ce fruit des pestes et des guerres anglaises largement commencées. Il peut s'agir, dans ces conditions, au Neubourg, d'une période et d'une situation exceptionnelle. On peut imaginer que les paysans neubourgeois de ce temps-là, devenus rares, vendant peu, facilement nourris, ne se soucient guère de pousser la production jusqu'au maximum des possibilités technologiques de l'époque. Hypothèse? Bien sûr. Mais vérifiée, elle aiderait à rendre compte de l'aberration neubourgeoise: il est en effet constant, qu'à la même époque (1411) on rencontre auprès de Paris[3] un rendement de 8

2. B. H. SLICHER VAN BATH, «Yield Ratios», *A.A.G. Bijdragen*, *X* (1963).

3. G. FOURQUIN, *Les Campagnes de la région parisienne à la fin du Moyen Age* (Paris: 1964), p. 79. Voir aussi l'article récent de GUY FOURQUIN, «Les débuts du fermage», *Etudes rurales*, *XXII–XXIV* (1966), notamment pp. 30–31.

pour 1, qui lui est déjà dans la norme sans cesse attestée aux siècles suivants, des pays de la grande culture céréalière.

Passons au 16e siècle: Haut-Poitou et Provence entrent (ou rentrent) en scène. En Haut-Poitou, on récolte au temps de François 1er, 4 à 5 pour 1, soit l'habituel rendement des pays médiocres de petite agriculture, attesté, désormais, nous l'avons vu, depuis des centaines d'années. En revanche, les chiffres de Basse-Provence empruntés par Slicher van Bath à P.-A. Février appellent la discussion. L'auteur des «Yield ratios» donne la table qui suit:

Basse-Provence, 1540

Villes	Yield Ratio	Villes	Yield Ratio
Apt	3,0–4,0	Taradeau	7,0
Draguignan	3,0–4,0	Villepey	7,0 (fréquemment 10,0 et 12,0)
Forcalquier	3,0–4,0		
Grasse	3,0–4,0		
Caussols, Alpes-Maritimes	5,0	Palaison	10,0
Brovès, Var	7,0	Roquebrune	10,0
Roque-Esclapon	7,0	Vallée de la Siagne	10,0

Ces rendements (de 7 à 10 pour 1, en majorité) paraissent tout simplement magnifiques. Ils étonnent même quiconque connaît les archives agricoles du Midi français. Non pas qu'ils soient invraisemblables, en tant que performances locales. Mais ils sont surprenants, dans la mesure où, par leur fréquence, ils tendent à porter très haut le seuil des moyennes régionales. Aussi avons-nous consulté la source originelle, en l'occurence un article de P.-A. Février paru en 1958.[4] Nous avons immédiatement constaté que le tableau ci-dessus n'était pas homogène; d'une part, il met en cause des vigueries, circonscriptions et régions entières qui comportent des centaines de villages: ainsi les vigueries d'Aix, d'Apt, de Forcalquier, de Grasse, ou le rendement moyen est très normalement de 3 ou 4 pour 1. Et d'autre part, le tableau en question présente (sur le même plan que les vigueries), des villages isolés, comme Palaison et Brovès. Pour des raisons diverses (fertilité du sol, ou fantaisie d'un scribe), le rendement de ces villages est astronomique (7 à 10 pour 1) par rapport aux conditions générales des régions méditerranéennes à cette époque. C'est uniquement la prise en considération de ces

4. P.-A. FÉVRIER, «Sur la vie agricole en Basse-Provence», *Bull. Philologique et Hist. du com. des trav. hist. et scientif.* (1958–1959), p. 302.

rendements astronomiques, et leur intégration telle quelle, à une moyenne «nationale» squelettique, qui fait bondir les rendements de la «France» entre 1450 et 1550, de 5 pour 1 à 7 pour 1.

Brovès et Palaison, qui n'ont même pas vocation pour représenter la Provence, doivent *a fortiori* être sagement pondérés quand il s'agit de bâtir une vision nationale représentative. Qu'il s'agisse des pondérations géographiques, ou des calculs de moyenne, le «grand bond en avant» de 2 pour 1 (pendant la Renaissance) ne résiste pas à un examen attentif. Puisqu'il est seulement le fait de quelques villages provençaux, totalement isolés, par rapport même à la seule Provence.

Conclusion sur ce point: toute la courbe en pointillé de Slicher van Bath, qui suggère prudemment une magnifique ascension des rendements en France du 9e au 16e–17e siècles, repose en fait:

1. Sur l'inclusion de quelques rendements très faibles de l'ordre de 2 pour 1 début de la courbe: un cas au 9e siècle; deux cas isolés en mauvaise année au 12e siècle.

2. Sur la prise en considération de records extrêmes en Provence au 16e siècle, et en Bourgogne, Bas-Languedoc et France en général, au 17e siècle (en ce qui concerne cette dernière période, un rendement de 15 pour 1, que Vauban considère comme absolument exceptionnel est pris en compte par Slicher van Bath dans sa moyenne française du 17e siècle, laquelle s'en trouve automatiquement gonflée).

Une critique attentive des textes et des sources permet de remettre à leur juste place, qui est marginale, ces cas extrêmes. Les rendements communs, quant à eux, apparaissent plutôt comme stabilisés du Moyen Age au 17e siècle: cette stabilisation se situant à un peu plus de 5 pour 1 dans les bonnes terres limoneuses du Nord, et à moins de 5 pour 1, dans le Midi. D'une façon générale, les rendements français *moyens* de 6,9 et 6,8 pour 1 que propose Slicher van Bath pour la période 1500–1700 et qui marquent le culmen de l'escalade multiséculaire, paraissent nettement gonflés. Ils sont valables sans doute pour les meilleures régions de la grande culture nordique, mais ils ne sont guère représentatifs quant à la majorité de l'agriculture française, celle qui se cramponne au 4 pour 1. Au 18e siècle, du reste, tout s'éclaire de ce point de vue: les bases du calcul deviennent beaucoup plus larges et Slicher van Bath peut désormais tabler sur des dizaines et même sur des centaines de données, et non plus sur quelques unités comme c'était le cas dans les siècles précédents. Du coup les moyennes des rendements tombent. Non pas parce que l'agriculture régresse, mais parce que les fondements statistiques deviennent tout à coup représentatifs. Finalement, la vague de croissance triomphale qu'impliquerait pour le revenu céréalier, les données de «Yield ratios» est davantage un mirage chiffré, qu'une réalité de l'histoire.

Plus rigoureuse que les méthodes de Slicher van Bath et de Toutain, est la technique qu'a mise au point Morineau dans un ouvrage à paraître sous peu. Morineau récuse à la fois le second de ces auteurs, qui se base sur des estimations nationales et aussi le premier, qui tente de parvenir du premier coup aux réalités nationales en se fondant sur les rendements locaux. «La Nation», dit Morineau, «ne peut être atteinte que morceau par morceau». Partisan d'une vision régionale, cet auteur d'autre part procède en fonction de la méthode régressive, chère à Marc Bloch. Au lieu de partir du 9e ou du 12e siècle, dont les données sont peu sûres, Morineau propose de dérouler le film à l'envers. Il commence donc par la fin; et il part de l'excellente statistique française de 1840. D'emblée, celle-ci propose, grossièrement, une division en deux blocs du territoire national. Les gros rendements (15 hectolitres à l'hectare) sont au nord d'une ligne Longwy-Les-Sables-d'Olonne. Les bas rendements (moins de 10 hectolitres à l'hectare) sont au centre de la France, et au sud, dans le Midi. La majorité du territoire, en l'absence d'une révolution agricole véritable, stagne encore en 1840, dans les rendements de la «phase A» (termes qui dans les terminologie et périodisation de Slicher van Bath, équivalent à un niveau des rendements dépassé dès la fin du Moyen Age). Ces contrastes régionaux s'expliquent aisément, et pour une bonne part, du fait des conditions naturelles. D'emblée paraît exclue, dans la perspective ouverte par Morineau, l'hypothèse d'une forte croissance de la productivité céréalière, croissance qui serait un facteur décisif pour l'augmentation du revenu agricole, au cours des siècles qui précèdent 1840. Il n'y a pas en France de révolution agricole, au sens vraiment révolutionnaire de ce terme, avant Louis-Philippe.

Ensuite, seconde phase de l'exposé de Morineau, survient la phase de l'histoire proprement régressive, du *flashback*. C'est à propos du Hainaut que notre auteur, en ce domaine, obtient les résultats les plus spectaculaires. En 1840, les arrondissements de Valenciennes et d'Avesne récoltent de 19 à 21 hectolitres à l'hectare: c'est très beau pour l'époque. Un siècle ou un siècle et demi plus tôt, d'après les comptes des subdélégués des Intendants (1698–1750), les rendements d'alors (qui fluctuaient entre 15 et 25 hectolitres à l'hectare) étaient déjà tout aussi élevés qu'au 19e siècle. Il n'y a donc pas, dans le cas de cette province, et dans la période qui va de 1700 à 1840, progression réelle d'une productivité, mais stabilité d'une agriculture, sur la base d'une réussite ancienne. Or, et c'est là que les choses deviennent passionnantes pour un historien de la longue durée, ce succès était acquis depuis très longtemps. Morineau utilise des terroirs (Qarouble et Onnaing, 150 hectares environ), dont il possède à la fois les dîmes, les récoltes et les surfaces, et il établit sans doute possible que les rendements très élevés de la période 1698–1740 étaient déjà acquis en 1407–1440. Et qu'on les retrouve,

avec des hauts et des bas, mais sans changement durable, dans toute la période intermédiaire. Puis notre auteur, qui utilise constamment ces différents types de sources (évaluations multiples des administrateurs, comptes de dîmes, et comptes de domaines à base territoriale bien connue) étend progressivement ses conclusions à d'autres régions. Vérifiée en Hainaut, la parité des rendements du 18e siècle, avec ceux du 19e siècle jusque vers 1840–1850, se retrouve en pays de Caux, Picardie, Vexin, en Brie probablement, et enfin en Ile-de-France; dans cette dernière région, les rendements des 13e, 15e, et 16e siècles (d'après Budé, et aussi, ajouterai-je d'après les recherches de Fourquin) égalent déjà ceux, élevés, du 18e et de la première moitié du 19e siècles. En Lorraine, semblablement, «les rendements du 18e siècle sont ceux de l'ancienne agriculture». Il en serait de même en Bretagne (à propos de laquelle, une fois n'est pas coutume, Morineau me paraît suggérer plutôt que démontrer sa thèse). Les Deux-Sèvres, la Franche-Comté, sont stables elles aussi, quant au critère qui nous préoccupe, du 18e siècle à 1840. Sur le Languedoc, Morineau pousse peut-être un peu loin sa doctrine paradoxale, passionnante et généralement véridique: j'admets volontiers, avec lui qu'en cette province la «fourchette» des rendements raisonnables est restée à peu près la même aux 17e, 18e, et 19e siècles jusque vers 1850; il me paraît cependant plausible de suggérer qu'à *l'intérieur* de cette fourchette, la productivité du blé s'est élevée, depuis les années 1676–1685 (peut-être particulièrement déprimées), jusqu'aux années 1730–1820, dans les domaines bien gérés qui entourent Béziers. La hausse en question ferait monter le rendement depuis 4 pour 1, initialement, jusqu'à 5 pour 1 environ. Il ne s'agit pas là dans mon esprit, d'un indice de «révolution agricole», mais simplement d'un de ces progrès modestes et lilliputiens, qui, par l'accumulation de leurs effets, ont peu à peu permis aux agriculteurs de briser le carcan de l'économie de pauvreté.

Mais peu importe cette polémique minuscule sur le Languedoc, l'essentiel des thèses de Morineau reste suggestif, contredisant certaines des idées reçues sur la «croissance du 18e siècle» ou sur la «révolution agricole». Le fait capital, c'est que le monde des paysans de France apparaît, du 15e siècle à 1840, comme un univers de productivité stabilisé, qu'il s'agisse du produit à la semence ou du produit à l'hectare. C'est un univers malthusien, au sens large de ce terme, et dans lequel les paysans, ouvriers ou tenanciers, qui vivent de leur travail, sont en butte à un danger de paupérisation, en cas de pullulement démographique. En effet, si des hommes dont le nombre s'accroît (au kilomètre carré) doivent se partager un revenu réel stabilisé (à l'hectare), il s'ensuit pour ces hommes et pour leurs descendants des possibilités graduelles de réduction du revenu réel individuel; et aussi, notons-le, des possibilités de chômage: le produit brut (à l'hectare) ayant tendance à

rester invariable, il va de soi, en effet, que le nombre de jours de travail disponibles par hectare pour un travailleur donné aura tendance à décroître, si l'offre de bras disponibles, elle, augmente dans le même intervalle de temps.

Un autre point, c'est que les revenus de type parasitaire ou rentier, dans la mesure où ils sont prélevés sur une production stable, auront tendance, s'ils augmentent, à induire eux aussi une paupérisation du travailleur productif, dont ils compriment nécessairement la part déjà chétive, du simple fait de leur croissance aux dépens d'un produit brut immobile. Nous nous souviendrons de ces possibilités, en étudiant maintenant d'autres types de revenus.

Le revenu agricole: les dîmes

Nous avons en effet traité, jusqu'ici, des sources qui renseignent directement sur la formation du revenu réel, global. Maintenant, venons-en à diverses catégories de revenus réels, susceptibles d'être étudiés par les historiens, aux 16e, 17e, et 18e siècles.

Vient d'abord la dîme, aux multiples significations; par l'un de ses aspects, elle comporte un revenu global, et elle informe directement sur la production et sur la conjoncture. Mais d'un autre point de vue, elle constitue un revenu particularisé, catégoriel, et qui concerne un groupe social bien tranché: le clergé (ou bien dans certains cas, si la dîme est inféodée, elle concerne le seigneur laïc qui l'a accaparée); mais dans ce dernier cas, et comme toujours quand les titulaires d'une redevance sont des individus périssables, et non pas des communautés éternelles, on ne dispose pas de longues séries documentaires relatives aux dîmes laïcisées. Des séries historiographiquement exploitables de dîmes «étatisées» devraient peut-être exister néanmoins en Hongrie, où c'est l'Etat, paraît-il qui, a certaines époques, accapara pour, lui-même, la dîme cléricale.

Dans cette perspective, et pour revenir au clergé, beaucoup dépend du genre et de la qualité des documents qui nous conservent le chiffre des dîmes. Dans bien des fonds d'archives (en France, série G, ou quelquefois série H, dans les archives départementales), on découvre des séries de dîmes qui se prolongent sur plusieurs siècles, grâce à la continuité merveilleuse des paperasseries cléricales. Il est courant, dans ce domaine, de travailler sur un siècle; il n'est pas rare d'obtenir des données qui se suivent sur deux ou trois cents ans, ou même davantage (15e–18e siècles). Les lacunes sont fâcheuses. Elles n'empêchent pas, sauf cas extrême, de constituer des séries, «avec des trous», et néanmoins parlantes.

La chronologie n'est pas tout. Quelle est par ailleurs la structure du document décimal? Commençons, à ce propos, par le meilleur type possible de source (mais on sait par avance que ce genre de document idéal est rare:

les hommes d'autrefois ne travaillaient pas pour les historiens). Le cas rêvé, c'est quand on possède à la fois, pour un lieu et pour une année donnée, le produit en nature P de la dîme; le taux T de celle-ci (1/18e, ou 1/12e ou 1/13e etc.); et enfin son assiette territoriale A. Dans ce cas on obtient facilement le rendement à l'hectare R: $R = \frac{P}{A} \times \frac{1}{T}$

Mais, je le répète, ce cas souhaitable est relativement rare. Enumérons d'autres éventualités, moins riches mais plus fréquentes:

1. En général on ne connaît pas le montant total de la dîme brute (sauf si les prêtres lèvent directement celle-ci, et s'ils en inscrivent de but en blanc, année par année, le produit changeant, dans leurs comptes). Bien souvent, l'historien doit se contenter de connaître la rente ou produit net P′ de la dîme. En effet, le fermier, par définition, ampute le produit brut P que donnerait normalement la dîme, puisqu'il conserve par devers lui un profit ou bénéfice B, qui constitue la rémunération de ses peines. On a donc: $P' = P - B$.

Le produit brut P de la dîme demeure donc, en l'absence de comptabilité conservée des fermiers, dans 99 % des cas, inconnu du chercheur d'aujourd'hui.

En dépit de ces deux inconnues (P et B), il y a de fortes chances pour que, au long d'une série d'années 1, 2, 3, 4, 5, ... n, ce produit net P′, seul connu, (soit P′ 1, P′ 2, P′ 3 ... P′ n) évolue parallèlement au produit brut P. En effet, dans beaucoup de cas,[5] le bail de la dîme n'est passé que quelques jours avant les récoltes. Il est signé au terme d'une tournée générale du terroir visé, les candidats fermiers et les prêtres décimateurs (chanoines ou représentants d'un évèque ou chanoine etc.) faisant ensemble le tour des champs, vignes, ou olivettes à dîmes, pour se donner une idée de la récolte imminente (des «fruits pendants»).

Il est donc évident que le fermier, quel que soit le profit personnel qu'il escompte, se détermine au vu de la récolte; et que la quantité ou «*rente*», ou produit net P′ de grains ou de vin qu'il s'engage à livrer au titre de son bail, et une fois son *profit* personnel déduit, est dans une certaine mesure proportionnelle à la récolte escomptée. En gros, les quantités livrables P′, stipulées par les baux successifs d'année en année, varient comme les quantités dîmables P, et à travers celles-ci comme les récoltes. Notons qu'il peut s'agir en effet de quantités livrables (dans ce cas on les trouvera inscrites aux archives des notaires, dans les registres des tabellions du clergé; ou bien du côté des prêtres, dans les recueils de baux que les organismes ecclésiastiques

5. Comparer P. WOLFF, *Commerce et marchands de Toulouse* (Paris: 1954); E. LE ROY LADURIE, *Les Paysans de Languedoc* (Paris: 1966).

constituent pour leur documentation personnelle); mais d'autre part, l'historien peut tomber par le hasard des documents, sur les quantités effectivement livrées aux prêtres par les fermiers décimaux (dans ce cas, il rencontrera celles-ci dans les comptabilités, par exemple dans les comptes des chapitres des cathédrales).

2. Dans certains cas, le fermier, au terme de son inspection préliminaire des récoltes, mentionnée ci-dessus, propose de payer la rente décimale au moyen d'une somme en argent. Il faut déflater cette dernière (par exemple grâce au prix du blé) afin de se faire une idée, année par année, de la marche du produit en nature.

3. Enfin, assez souvent, surtout dans le Nord de la France, et notamment au 18e siècle, la dîme est affermée à plus d'un an: à 3, 6, et quelquefois hélas 9 années. Néanmoins au fil des décennies, la courbe d'une telle dîme (en nature, ou bien déflatée par l'historien, si elle est en argent) demeure influencée, surtout si la durée du bail ne dépasse pas 6 ans, par les tendances de la production d'année commune. Et de toute façon, ce genre de dîme «pluri-annuelle» demeure un merveilleux témoin de la conjoncture et aussi, dans sa spécificité, un indicateur du revenu clérical.

Mais il faut en venir à des résultats concrets et prendre l'exemple des dîmes que nous connaissons en France, du 16e au 18e siècle. Qu'indiquent-elles?

Au point de vue de la formation du revenu réel (production), elles témoignent tout comme les études de Morineau, de la stagnation ou de la paresse de la production agricole au 16e siècle. Du moins en général, car il y a des exceptions, notamment pour certaines dîmes d'Alsace.

Au 17e siècle, elles situent, dans mon pays, les tournants dramatiques de la conjuncture agricole: alors que la baisse des prix par exemple, pourrait faire croire que la conjoncture s'effondre dès 1630–1640 (prix métalliques) ou dès 1650–1660 (prix nominaux), les dîmes elles, indiquent clairement, au moins dans le Midi, que le revenu agricole réel n'est tombé qu'au cours du dernier quart du 17e siècle. En revanche, et conformément à ce qu'on pouvait attendre, les dîmes d'Alsace, et aussi à un moindre degré, celles de Bourgogne et de l'extrême-nord français, soulignent la catastrophe que représente pour ces régions particulières la guerre de Trente Ans.

En même temps, les dîmes témoignent sur le revenu du clergé. Dans certain cas, au moment de la guerre de religion (1560–1595 en gros), le simple examen de leurs courbes permet de conclure à une grève perlée des décimables, qui ruine et qui saigne à blanc la fortune des prêtres. Inversement la montée des dîmes de toutes sortes entre 1600–1680 dénonce l'enrichissement rapide du clergé français, et fournit le contre-point matériel du siècle des Saints. D'une façon générale la longue stagnation du revenu décimal

même à travers les soubresauts impressionnants mais momentanés, de 1500 à 1789, témoigne sur le caractère massif mais inerte de la fortune de l'Eglise, par comparaison avec les tendances ascendantes des revenus réels de la bourgeoisie non agricole.

La rente foncière

En dépit de certaines similitudes, le problème de la rente foncière diffère de celui de la dîme. On les a pourtant quelquefois confondus. Daniel Zolla, voici bien longtemps, avait étudié par chiffres précis et concepts vagues le «revenu» agricole, sans qu'on sût très bien s'il s'agissait de la rente, de la dîme ou d'autre chose. (En fait, il avait utilisé, tels quels, sans les décomposer, les chiffres globaux qui concernaient les encaissements annuels dont bénéficiaient de grandes communautés ecclésiastiques. Résultat: son étude, certes utile, n'est valable qu'au niveau d'une conjoncture globale sans plus.)

De ce même point de vue, le livre récent de Robert Mandrou, suscite de ma part un désaccord sur un point qui à vrai dire est tout à fait mineur: Mandrou englobe en effet, sous le nom de rente féodale, des redevances aussi différentes que les droits seigneuriaux (supprimés sans rémission depuis la Révolution française); et d'autre part le fermage á court terme (3, 6, ou 9 ans), qui subsiste toujours en 1967, et qui caractérise, comme l'a montré Marx, une phase originelle d'agriculture capitaliste.

Ces confusions toujours possibles sur les problèmes de la rente du sol montrent l'importance de bonnes études typologiques, qui ventilent parmi les revenus de type ancien, la part des différentes catégories. Citons comme un modèle du genre l'article récent de Daniel Roche.[6] Roche montre que dans un groupe de domaines des Condé, situés dans la région parisienne, la rente foncière proprement dite (issue de la location des terres par corps de fermes ou par parcelles isolées) représente 69 % du revenu total issu du groupe en question (dont 58 % pour les corps de ferme, et 11 % pour les parcelles isolées); par ailleurs, les moulins à vent et à eau font 19 % de ce même total; les droits seigneuriaux proprement dits 12 % seulement. Or, cette fortune foncière elle-même (autrement dit le «groupe de domaines» précité) ne contribue que pour part à former les revenus des Condé. Le reste de ces revenus, pour près de la moitié (49 %), provient de la faveur royale, distribuée comme une manne, sous forme de pensions courtisanesques attribuées à cette grande famille. Dans ces conditions, le revenu proprement seigneurial ou féodal compte peu (moins de 10 %) en face du pactole d'origine foncière ou royale. Les principaux agents, grâce auxquels sont redistribuées

6. «La fortune et les revenus des princes de Condé à l'aube du XIXe siècle», *Rev. d'histoire mod. et cont.* (juillet–septembre 1967), p. 236.

à la classe nobiliaire les richesses extraites du pur travail paysan, ne sont pas les structures seigneuriales et féodales, vieillies et peu efficaces; mais bel et bien, le capitalisme agraire et la ponction fiscale.

L'étude de la rente foncière et de son évolution comme revenu réel est donc capitale pour une compréhension du train de vie nobiliaire. Mais elle intéresse aussi, par-delà le groupe des aristocrates, tout l'ensemble des propriétaires fonciers, nobles ou bourgeois, dans la mesure ou ceux-ci sont assez importants pour «se payer le luxe» d'avoir un fermier, qui leur assure, dans l'intervalle chronologique des baux de 3, 6, ou 9 années, le versement et la sécurité d'un loyer stable. L'exemple stimulant qu'a donné Daniel Roche démontre simplement, à ce propos, la nécessité de séparer, pour y voir clair, les revenus fournis par le fermage rural d'une part, et d'autre part, les autres types de revenus (droits seigneuriaux, dîmes, péages etc.) qui pour telle ou telle raison, peuvent confluer avec cette rente foncière, dans l'escarcelle de tel ou tel propriétaire foncier. Goubert et Baehrel, par exemple, ont réalisé en finesse des analyses de ce genre: ils ont montré comment les baux des fermes montaient au cours des deux premiers tiers du 17e siècle. Personnellement, j'ai proposé, dans *Les Paysans de Languedoc*, une chronologie de la rente foncière, versée en nature ou bien quand elle est en argent, déflatée: cette chronologie implique stagnation au 16e siècle, montée au 17e jusque vers 1675, baisse ou palier ensuite.

Récemment, nous avons entrepris, en commun avec Madame Veyrassat-Herren, un travail du même genre sur les rentes foncières dans la France du Nord. Autour de Paris, nous sommes tombés sur les fonds de l'abbaye de Saint-Denis, conservés aux Archives nationales.[7] Nous avons noté les divers revenus correspondant au concept de rente foncière: qu'ils soient théoriques, c'est-à-dire connus par les baux; ou réels, c'est-à-dire enrégistrés par la comptabilité abbatiale comme prestations effectivement versées. Deux types de séries se sont immédiatement dégagés de ces notations. D'une part les baux globaux qui intéressent à la fois, et en bloc, les fermes, les terres, les seigneuries, les dîmes; et d'autre part, les actes de location qui concernent des parcelles de terre isolées. Quant au premier groupe, celui des «baux globaux», ils nous permettent, quand nous les graphiquons sur une longue durée, de préciser les inflexions chronologiques de la conjoncture. Mais il n'est guère possible, en s'appuyant sur ces documents trop synthétiques, d'aller plus loin, et d'individualiser un revenu bien particularisé, comme est par exemple la rente foncière. En revanche, dès qu'il s'agit de parcelles de terres isolées, tout devient plus simple, plus fin. Il n'y a plus de risque d'interférence avec un autre type de revenu (tel que dîme, droits seigneuriaux),

7. *A.N.S.* 2372 a S 2386.

différent de la rente foncière. Il devient facile étant donné la surface de chaque parcelle, et son loyer, de calculer, dans le cas de chaque bail, un chiffre de rente foncière à l'arpent. Ce dernier type de revenu, simple et unitaire, peut alors être suivi, pour une région donnée, sur des milliers de parcelles, et sur un siècle ou davantage. C'est une opération de ce genre que nous avons tentée sur les pièces de terre isolées, données à bail par l'abbaye de Saint-Denis.

Comme les loyers à l'arpent, calculés dans les conditions que je viens d'indiquer, étaient originellement exprimés en livres tournois, nous les avons «déflatés», autrement dit évalués en valeur réelle, en déterminant pour chaque période quinquennalle successive, leur valeur en froment. Ce calcul d'un équivalent-grain a été rendu possible, grâce à la mise au point toute récente de la série triséculaire des prix du blé parisien (1431–1788), mise au point par Madame M. Baulant. Résultats: «La rente foncière déflatée (calculée en sacs de grains) monte irrésistiblement au 17 siècle, à partir de 1600–1610. Puis c'est un plafond, mais pas encore un déclin en 1680–1690. On peut admettre qu'en valeur réelle, cette rente a un peu plus que doublé en ces quatre-vingts années. Un léger déclin s'instaure après 1690. Le 18e siècle est en palier jusque vers 1670, date où une hausse moderée de la rente se fait sentir.»[8]

Ces tendances, ainsi décrites, suscitent quelques remarques qui peuvent être d'intérêt général pour notre congrés: (1) Du point de vue du revenu réel des propriétaires fonciers, d'abord. Celui-ci est en considérable progression pendant la première et majeure partie du 17e siècle. Au temps de Louis XIII, et du début du règne de Louis XIV, les détenteurs de la rente foncière – noblesse, clergé, bourgeoisie propriétaire – ne sont pas à plaindre; et l'on s'explique aisément la faveur dont jouissent les investissement consacrés à l'achat des terres, durant toute cette phase. (2) Du point de vue de la conjoncture, cette courbe confirme ce qu'on peut tirer de Baehrel et d'autres ouvrages. En tant que tel, le concept de crise du 17e siècle, si longtemps et si utilement populaire chez les historiens, doit être révisé puisque, si crise il y a, elle ne se déchaîne vraiment, dans ce cas précis, qu'au cours des deux ou trois dernières décennies du siècle en question.

Les salaires

L'étude du salaire, depuis Thorold Rogers, est traditionnellement l'une des branches fondamentales de l'histoire du «revenu réel». La méthode consacrée, dont les résultats sont considérables, repose sur la mise en

8. B. VEYRASSAT-HERREN, E. LE ROY LADURIE, «La rente foncière à Paris au XVIIe siècle», *Annales, E.S.C.* (1968).

évidence d'un salaire determiné (maçon, charpentier, etc.) bien représenté, sous forme de notations annuelles, dans les archives de longue durée des communautés religieuses ou hospitalières (les seules dont les registres permettent sur plusieurs siècles d'assurer la continuité d'une recherche). Une fois les séries constituées, l'historien les déflate, en s'aidant d'une courbe des prix du blé ou du drap, ou encore d'un indice du coût de la vie. Et il lit aisément sur la courbe pluriséculaire ainsi déflatée l'histoire du revenu ouvrier. Cette méthode a atteint en quelque sorte son point de perfection dans les articles célèbres de Phelps Brown et Sheila Hopkins, qui ont mis en évidence, avec plus de force encore que leurs prédécesseurs, les grandes phases du devenir salarial (en relation avec les périodes de pression et de dépression démographiques). Soit: niveau de vie relativement élevé au 15e siècle; paupérisation durable, mais non sans fluctuations, à partir du 16e siècle inclusivement; récupération enfin du niveau de vie bas-médiéval au 19e siècle.

Dans la mesure où les travaux de Brown et Hopkins représentent à la fois un achèvement et un apogée, il peut être utile d'indiquer ici d'autres voies possibles qui permettent d'aller au-delà (cet «au-delà» n'impliquant du reste de notre part aucune tentative de dépréciation par rapport à Brown et Hopkins; mais simplement consolidation et réévaluation).

Et d'abord, parmi les voies possibles: aller au salaire *en nature*. Les détracteurs des études salariales ont l'objection facile: celles-ci, disent-ils, laissent de côté les salariés innombrables qui sont rémunérés en nourriture, logement, habit etc.; et les mêmes ajoutent volontiers dans cette perspective, qu'en étudiant le salaire en argent, on prend seulement contact avec une minorité du monde ouvrier d'autrefois, celle qui est rémunérée selon des critères modernes, et monétaires.

Mais cette objection n'a rien d'insurmontable: il suffit en effet de trouver dans les archives de longues séries de salaires en nature. Personnellement j'ai eu la chance, à force d'archives, de détecter deux types de salaires non monétaires:[9] 1. des salaires de moissonneurs et de dépiqueurs (en pourcentages des gerbes ou des grains qu'ils manipulent); 2. des gages de valets de ferme (en pain, vin, «pitance», et argent de poche).

Les deux types de séries, sises près de Narbonne, s'étendent chronologiquement de 1480 à 1650. Or, elles confirment les conclusions de Brown et Hopkins. Il y a bien paupérisation, au 16e siècle, chez ces ouvriers languedociens payés en nature, tout comme chez leurs collègues payés en argent.

Cette concordance ne concerne encore qu'un nombre trop restreint de séries en nature. Il est donc à souhaiter que d'autres historiens produisent eux aussi des diagrammes de salaires non monétaires; on testera ainsi la validité des

9. Comparer LE ROY LADURIE, *Les paysans de Languedoc*, *op. cit.*

conclusions qu'ont proposées Hamilton, Brown et Hopkins, Abel, et d'autres, tous ces historiens dont les études ne concernent que le groupe minoritaire des ouvriers payés en argent.

A l'heure présente, c'est précisément dans ce dernier domaine (salaires-argent) qu'un certain renouvellement historiographique s'est récemment fait sentir. Et par exemple, la thèse classique de la paupérisation au 16e siècle a été quelque peu bousculée par les travaux de jeunes historiens: Bartholomé Bennassar,[10] qui a récemment compulsé à Valladolid les dossiers des prix et salaires en 1500 et 1600, aboutit à des conclusions plus nuancées que celles d'Hamilton. L'appauvrissement salarial, que celui-ci lisait sur ses courbes hispaniques, n'est pas aussi universel qu'on le croyait. A Valladolid, il semble bien que les salariés parviennent dans l'ensemble à maintenir, en dépit de retards fréquents, leur niveau de vie au 16e siècle: les salaires de Valladolid, privilégiés il est vrai par la présence de la Cour espagnole, s'accrochent à la courbe des prix et réussissent à ne pas se laisser distancer par celle-ci (c'est du reste la même constatation qu'a faite Pierre Vilar à propos de la Catalogne au 18e siècle. Là aussi, le salaire n'est pas, bien loin de là, le paria de l'expansion).

Pour Anvers, H. Van der Wee, parvient à des conclusions analogues, également pour le 16e siècle. Cet historien, dans un travail en tous points admirable de précision et de sureté, constate que le salarié anversois sait «se défendre» aux temps de la Renaissance et des grandes luttes religieuses: les phases de paupérisation ne durent pas, l'inflation des salaires très vite rattrape celle des prix. Il n'y a pas d'appauvrissement long du travailleur, entre 1400 et 1600.

Sur un point de procédure pourtant, ces belles analyses de Van der Wee[11] me paraissent appeler la discussion. L'historien belge déflate ses salaires, par un calcul de leur équivalence en grain, beurre et drap. En second lieu, il procède à l'ajustement des chiffres ainsi obtenus. Van der Wee considère en effet à juste titre que le salaire journalier du «maçon» ou de l'«ouvrier agricole» n'est pas tout; et qu'il faut encore savoir, si l'on veut connaître le revenu réel du «maçon», combien de jours celui-ci travaille dans l'année: beaucoup de jours (quasi-plein emploi), ou peu de jours (chômage partiel). L'auteur de *The Antwerp market*, utilise donc un indice d'emploi tiré des comptabilités communautaires, ecclésiastiques ou laïques de Liège et d'Anvers:[12] cet indice est proportionnel aux dépenses consenties par ces communautés, pour les frais de construction et de reconstruction de leurs bâtiments.

10. *Valladolid au siècle d'or*, pp. 293 ff.
11. *The Growth of the Antwerp Market*, t. II, pp. 539 ff., et t. III, p. 90.
12. *Ibid.*, t. I, p. 539.

Van der Wee estime en effet, avec raison que, si ces dépenses, déflatées en valeur réelle, augmentent, c'est le signe évident que l'emploi lui-même s'accroît et vice versa. Mais objection possible: ne faudrait-il pas aussi, dans ce cas, et en toute rigueur, utiliser concurremment un coefficient démographique? En effet, si d'une part l'emploi distribué par les trésoriers des communautés en veine de construction s'accroît, mais si d'autre part (et par hypothèse pure) la population ouvrière d'Anvers et de Liège augmente aussi, au même rythme, du fait de l'essor démographique bien connu du 16e siècle, on risque de se retrouver, du point de vue du travailleur individuel qui pose sa candidature à l'embauche, devant une opération blanche! Dans ce cas en effet, le nombre global de journées-travail effectuées en un an, par l'ensemble de la population travailleuse augmente; mais non pas le nombre de journées-travail accomplies dans une année donnée par un travailleur donné: puisque les candidats à l'embauche sont de plus en plus nombreux. C'est donc à tort qu'on aurait affecté le salaire individuel du maçon d'un coefficient d'emploi relatif lui à une situation collective. De toute façon, il me semble que toute pondération des salaires journaliers par l'emploi implique que soient prises en considération: (1) l'offre d'emploi en fonction des dépenses et investissements des particuliers et communautés (selon la méthode Van der Wee); (2) la demande d'emploi, en fonction de la pression démographique, et de la plus ou moins grande abondance de bras disponibles.

Finalement, la vieille thèse de la paupérisation ouvrière au 16e siècle ne se porte pas si mal que cela! Madame Baulant vient de donner à cette idée une nouvelle actualité: par une étude scrupuleuse des prix du blé, et des salaires parisiens entre 1450 et 1789, étude qui rend tout à fait caducs les chiffres vieillis de d'Avenel, cette historienne démontre, que les gages déflatés du manœuvre du bâtiment parisien, après un apogée vers 1440–1498, sont définitivement et grièvement dégradés par la suite, au 16e siècle.

Telles sont quelques-unes des réflexions que suscite de ma part, le problème de la distribution et de l'évolution des revenus réels dans l'Ancien Régime. J'ai seulement traité ici quelques grands types de revenus, global ou catégoriels; et j'ai laissé entièrement de côté le problème des budgets de consommations sur lesquels on trouvera d'intéressantes indications dans quelques travaux récents.[13]

13. Comparer l'enquête des *Annales* et R. MANDROU, «Le ravitaillement d'une ville dans la ville: la ration alimentaire – l'Assistance publique (1820–1870)», *Jahrbüchern für national Ökonomie und Statistik* (1966).

Bibliographie Supplémentaire

ABEL, W., *Agrar Krisen und Agrar Konjonktur* (Hambourg-Berlin: 1966).

D'AVENEL, G., *Histoire de la propriété ... et des prix (1200–1800)* (Paris: 1894).

BAEHREL, R. *Une croissance, la Basse-Provence rurale* (Paris: 1961).

BAULANT, M., «Le prix du blé à Paris (1450–1789)», *Annales (E.S.C.)*, 1968.

BAULANT, M., «Le salaire du manœuvre à Paris (15e–18e siècle)», étude non publiée (comparer résumé dans ce volume).

BROWN, E. H. PHELPS, et HOPKINS, S., «Seven centuries of building wages», *Economica* (1955, 1957, 1959).

DAUMARD, A., *Maisons de Paris et propriétaires parisiens au 19e siècle* (Paris: 1965).

GOUBERT, P., *Beauvais et le Beauvaisis au 17e siècle* (Paris: 1960).

HAMILTON, E., *American Treasure and the Price Revolution in Spain* (Cambridge: 1936).

MANDROU, R., *La France aux 17e et 18e siècles* (Paris: 1967).

PLAISSE, A., *La Baronnie du Neubourg* (Paris: 1961).

ROGERS, I. E. T., *A History of Agriculture ...* (Oxford: 1866–1900).

ROGERS, I. E. T., *Six Centuries of Work and Wages* (Londres: 1894).

VAUBAN, *Projet d'une dîme royale* (Paris: éd. 1933).

VILAR, P., *La Catalogne dans l'Espagne moderne* (Paris: 1962).

ZOLLA, D. «Les variations du revenu et du prix des terres en France aux 17e et 18e siècles», *Annales de l'Ecole libre des Sciences politiques* (1893).

LANCE E. DAVIS and ROBERT E. GALLMAN

THE SHARE OF SAVINGS AND INVESTMENT IN GROSS NATIONAL PRODUCT DURING THE 19th CENTURY IN THE U.S.A.

According to available measurements, the share of gross capital formation (less inventory changes) in U.S. real gross national product rose from a level of roughly one-tenth in the late 1830s and early 1840s to about one-quarter in the last 15 years of the 19th century. The movement also appears in the somewhat less complete current price series, although it is not quite so pronounced (Table 1). Virtually the same results are obtained if capital formation and national product are measured without regard for net changes in claims against foreigners, since the latter is a very small (generally negative) component of the aggregates throughout the period of study.[1]

Neither the time period over which the share increased nor the magnitude of the increase, however, can be established with certainty and exactness from these direct measurements alone. Evidence relating to the capital stock implies that the peak post-Civil War share may have been achieved as early as the decade of the 1880s and that it may have constituted nearer one-fifth than one-fourth of real gross national product (see Appendix). The increase may also have begun prior to the period for which we have reliable direct measurements. Gross investment, less changes in inventories and net claims on foreigners, constituted about 10% of real product in the decade 1834–1843.[2] The sketchy evidence available indicates that the average value of this share could not have been as high in the years 1800–1840.[3] Conse-

1. ROBERT E. GALLMAN, "Gross National Product in the United States, 1834–1909", in *Studies in Income and Wealth* (New York: 1966), Vol. 30, p. 11, Table 3, cols. 1 and 3.

2. *Ibid.*, col. 3.

3. The bases for this judgment are as follows. In 1840 the value of the fixed reproducible capital stock was equal to the value of gross national product (Table 9, col. 2, line 1). In that year product was apparently close to the long-term growth path. (RAYMOND W. GOLDSMITH, "Long period growth in income and product, 1839–1960", in RALPH ANDREANO, *New Views on American Economic Development* (Cambridge, Mass.: 1965), p. 358.) Thus, if the ratio of capital to output in 1840 was typical of the ratio experienced in earlier years lying near the long-term growth path, then the share of *net* investment in product must have typically equalled the rate of growth of real product. David has recently estimated that real product (1840 prices) grew at a rate of something under 4.5% in the years 1800

quently, the fraction of real gross product devoted to investment must have been increasing prior to the mid-1830s. It is possible to say, then, that the investment proportion *at least* doubled during the 19th century and that the increase took place over a period of *at least* four decades. In all likelihood, the true increase was both greater and of longer duration.

The preceding remarks relate to capital formation exclusive of investment in inventories and in the preparation of agricultural land, both of which must have been important in 19th century America. Real farm investment in clearing land, erecting split-rail fences, and building log and sod cabins and sheds seems to have been nearly equal in value to all other U.S. investment in equipment and structures in the 1834–1843 decade.[4] Land clearing was taking place chiefly in forested areas, and each new acre obtained was dearly bought. When the westward surge broke into the prairie and, sub-

through 1840. (PAUL A. DAVID, "The growth of real product in the United States before 1840: new evidence and controlled conjectures", *The Journal of Economic History, XXVII, 2* (June, 1967), p. 155.) In our opinion, the estimate is somewhat too high, but an average rate of 4% is probably not excessive. Thus, on these assumptions the share of net investment in real product ran around 4% in the years between 1800 and 1840.

An alternative calculation yields roughly the same result. From David's work one can obtain estimates of real product (1840 prices) for 1800, 1810, 1820, 1830, and 1840, and, thus, an approximation of average annual product for the full period. An approximation of average net investment can be obtained by dividing the increment in the real depreciable capital stock, 1805–1840, by 35, the number of years lying between the terminal dates. The depreciable stock in 1805, expressed in 1840 prices, can be derived by deflating Goldsmith's estimate (RAYMOND W. GOLDSMITH, "The growth of reproducible wealth of the United States of America from 1805 to 1950", in *Income and Wealth, Series II* (Baltimore, Md.: 1952), p. 306) by the Warren and Pearson building materials price index, shifted to the base 1840. (U.S. Bureau of the Census, *Historical Statistics of the United States, Colonial Times to 1957* (Washington, D.C.: 1960, series E-8), p. 115). The ultimate results achieved by the alternative procedure imply a net investment share slightly less than 4%. The check is very close, then, especially since the deflation procedure followed in making the alternative estimate probably results in an underestimate of average net investment.

Leaving changes in claims against foreigners out of account, the share of gross investment in product is the sum of the shares of net investment and capital consumption. For gross investment to reach the level of 10% in the years before 1840 requires that capital consumption equal 6% of product. With a capital/output ratio of unity, capital consumption on the average would have to amount to 6% of the capital stock which implies an average life expectancy of capital of under 17 years. The capital stock was heavily weighted with structures, and assuming a longevity of 50 years for structures and 15 years for equipment, the average longevity of capital must have run over 40 years. Thus, a 6% rate of capital consumption implies an average age of capital of over 23 years. However, this is impossible if capital and output were growing at the rate of 4% per year. Thus, capital consumption must have run less than 6%, and gross investment less than 10 % of product.

4. GALLMAN, *loc. cit.*, Table 4, p. 15.

TABLE 1

Shares of capital formation (ex inventory changes) in gross national product, current prices and prices of 1860, United States of America, 1834–1843 through 1899–1908, two alternatives (%)

Decades	Current Prices		Prices of 1860	
	Alternative I	Alternative II	Alternative I	Alternative II
	(1)	(2)	(3)	(4)
1834–1843			9	9
1839–1848	11[a]	12[a]	11	12
1844–1853			13	14
1849–1858	13[b]	14[b]	14	15
1854–1863				
1859–1868				
1864–1873				
1869–1878	17	18	22	23
1874–1883	17	18	21	22
1879–1888	19	19	22	22
1884–1893	21	20	26	24
1889–1898	22	20	28	26
1894–1903	21	20	27	25
1899–1908	21		28	

[a] Computed from data for the three years 1839, 1844, 1849.
[b] Computed from data for the three years 1849, 1854, 1859.

Sources: Cols. 1 & 3: ROBERT E. GALLMAN, "Gross national product in the United States, 1834–1909" in Volume 30 of *Studies in Income and Wealth* (New York and London: National Bureau of Economic Research, 1966) Table A-1, p. 26, and Table A-3, p. 34.
Cols. 2 & 4: Col. 1 & Col. 3 adjusted according to data in Table 1 of ROBERT E. GALLMAN and THOMAS J. WEISS, "The service industries in the 19th Century," to be published in *Studies in Income and Wealth*. The Gallman–Weiss paper provides new and more reliable estimates relating to the service sector, not available when the estimates in Clos. 1 & 3 were prepared.

sequently, the plains, input per acre improved fell sharply. By the decade 1849–1858 real farm capital formation of this type was probably about one-quarter as important as other forms of fixed investment; by 1869–1878, about one-ninth as important; and by 1899–1908, only about one-one hundredth as important. Data on inventory investments are much more hazardous. Such as they are, they suggest that changes in inventories accounted for between 7 and 12% of total real investment, the share drifting downward with the passage of time (Table 2).

TABLE 2

Shares of capital formation (comprehensive definition), in gross national product, current prices and prices of 1860, United States of America, 1834–1843 through 1894–1903 (%)

Decades	Current prices		Prices of 1860	
	Excl. changes in inventories	Incl. changes in inventories	Excl. changes in inventories	Incl. changes in inventories
	(1)	(2)	(3)	(4)
1834–1843			16	
1839–1848	14[a]	16[a]	14	16
1844–1853			15	
1849–1858	16[b]	19[b]	17	20
1854–1863				
1859–1868				
1864–1873				
1869–1878	20	20	25	27
1874–1883	19		23	
1879–1888	20	22	23	25
1884–1893	20		24	
1889–1898	21	22	26	28
1894–1903	20		25	

[a] Computed from data for the three years 1839, 1844, 1849.

[b] Computed from data for the three years 1849, 1854, 1859.

Sources: Data underlying Cols. 2 & 4 of Table 1 adjusted to take into account the contributions to income and capital formation of the following: Improvements to farm land made with farm construction materials, home manufacturing, and changes in the value of inventories (Cols. 2 & 4 only). See GALLMAN, "Gross national product...," pp. 35, 71–76 and ROBERT E. GALLMAN, "Social Distribution of Wealth in the United States of America", paper delivered to the Congress of the International Economic History Association, Munich, 1965, Appendix Table I. Changes in inventories were computed from decennial estimates of the value of inventories. They are relatively weak, for various reasons described in the cited sources.

Aggregate investment of all types – including inventory changes and preparation of agricultural land – composed between 16 and 20% of real gross national product before the Civil War and 25 to 28% after the war (Table 2, Col. 4). There is a mild suggestion of an increase during the prewar decades, which is difficult to evaluate in view of the crudity of the evidence, and a very pronounced advance between 1849–1858 and 1869–1878. The latter draws attention to the possibility that the events of the Civil War had important bearing on the investment proportion. One should not place undue

emphasis on this possibility, however, in view of the evidence of pronounced changes in the composition of capital formation before the war and, in particular, the growing fraction of real product devoted to investment in structures and equipment. We will return to this subject subsequently.

Regardless of the immediate causes and the timing of the increase in the investment proportion, the movement should be regarded as a secular one. That is, it was not a temporary change, reflecting simply the distortions of war, a business cycle, or a long swing. It is too pronounced, and the new investment level attained is too persistent to admit such an interpretation. The share rose by well over half its original value between 1839–1848 and 1869–1878, and the new level was maintained at least to the end of the century (Table 2, Col. 4). The increase, it should be added, appears to have been obtained from the proceeds of economic growth. Real consumption per capita rose regularly and markedly from 1834–1843 until 1899–1908, when it was more than twice its original value.[5] There was even a moderate increase between 1849–1858 and 1869–1878, a period that included the Civil War. Real consumption per capita in the latter decade was almost 8% larger than in the former decade.

The preceding paragraphs describe as much of the record as we have been able to assemble. We must now turn to a consideration of the forces that produced the secular rise in the investment proportion. It is useful to begin by distinguishing between the demand and supply factors. The period with which we are dealing was one of rapid growth and pronounced structural change. One may conceive of the growth process as generating, on the one hand, demands that entail a rising investment share and, on the other, new patterns of saving. The two aspects of change are interrelated, of course, but our problem can be simplified if we initially treat each separately. We begin with the supply side. Limits of space and competence require us to restrict attention to domestic elements of supply and demand, which in any case appear to have been of overwhelming importance as far as aggregates are concerned.

Domestic elements of supply

Long ago, Karl Marx asserted the "need" for original accumulation in the process of modern growth. Among Marxians the doctrine is almost an

5. Computed from *ibid.*, Table A-2, Panel B, Col. 5, p. 27, and *Historical Statistics*, Series A-2 (1839, 1844, etc.):

1834–43	$ 85	1869–78	$ 114	1889–1898	$ 152
1839–48	88	1874–83	135	1894–1903	168
1844–53	99	1879–88	149	1899–1908	190
1849–58	106	1884–93	150		

article of faith, although there has been some variance in opinion about the sources of accumulation. To some, profits earned in trade and commerce have seemed crucial; to others, the redistribution of income arising from pre-industrial price inflations is critical. Non-Marxian economists have also found the accumulation approach appealing. For example, in the recent past W. W. Rostow has made an increase in the savings rate a necessary condition for the "take-off"; W. Arthur Lewis has argued that an increase in the net savings rate to a level of about 12% is needed if an underdeveloped country is to industrialize; and Alexander Gerschenkron, while denying that original accumulation must come from the private sector, has argued that an increase is a requirement of growth.[6]

Not every economist has been convinced of the necessity of a rise in the savings/income ratio. Simon Kuznets has been a prominent doubter, although he has argued that the U.S. ratio probably did rise in the last third of the 19th century.[7] Phyllis Dean has shown that Great Britain reached the magic 12% only very late in the process of industrialization.[8] This paper does not appraise the "necessity" of an increase in the savings/income ratio in the sense in which the term is used by Marx. But, hopefully, the evidence we have assembled will contribute to an understanding of the forces at work in the American case and provide an addition to the stock of data against which generalizations can be tested.

Both Raymond Goldsmith and Simon Kuznets have concluded from their studies of the savings and investment processes that while demand considerations determine the profile of the stream of investment goods, it is savings decisions that in the long run account for the total size of that stream.[9] If savings decisions were indeed fundamental in the 19th century, one should find some evidence of a change in savings decisions or in the composition of the savings group during the period in question. On the other hand, if savings were not controlling, then the observed increase in the investment proportion must be only a response (that is, a shift along a given savings curve) to an autonomous increase in investment demand. Unfortunately, it is not possible to adduce evidence directly on changes in savers'

6. W. W. ROSTOW, *The Stages of Economic Growth, A Non-Communist Manifesto* (Cambridge: 1960); W. ARTHUR LEWIS, *The Theory of Economic Growth* (Homewood, Ill.: 1955); ALEXANDER GERSCHENKRON, *Economic Backwardness in Historical Perspective, A Book of Essays* (Cambridge, Mass.: 1962).

7. SIMON KUZNETS, *Capital in the American Economy* (National Bureau of Economic Research; Princeton, N.J.: 1961).

8. P. DEANE, ARTHUR COLE, *British Economic Growth 1688–1959* (Cambridge: 1962).

9. RAYMOND W. GOLDSMITH, *A Study of Saving in the United States* (Princeton, N.J.: 1955–1956) and SIMON KUZNETS, *op. cit.*

utility functions, and, therefore, we cannot settle the question with finality. However, some changes in the composition of the saving group did occur. These appear to be consistent with an upward shift in the savings function. In order to explain changes in weights we distinguish three savings sectors:

1. Corporations;
2. Governments;
3. Natural persons.

1. *Corporate savings.* Over the past sixty years (the period covered by Goldsmith's work), corporations have accounted for about one-fifth of total savings, but their savings/income ratio, while subject to short-term variations, has been fairly stable over the long run. The ratio has been, however, substantially higher than that of the unincorporated sector. During the decades between 1830–1880, it appears that the corporate sector grew both absolutely and in relation to the rest of the economy. This growth was a product of the shift from agricultural to non-agricultural activity, of the increase in average business size as the market area increased from local to national, and to changes in the legal structure that made it easier to incorporate. A priori, therefore, one might suppose that corporate savings contributed to the increase in the aggregate savings/income ratio.

Even on a theoretical level, however, this conclusion does not necessarily follow. The increase in corporate activity is merely a reflection of the decline in the proportion of activity carried on by farms and other unincorporated businesses. The aggregate savings ratio should have grown, therefore, only if the corporate sector's propensity to save was higher than that of the businesses it replaced. On this point the experience of the more recent past may not be an infallible guide.

The data on the 19th century are very poor, but some estimate of the growth of the corporate sector may be gleaned from the work of G. Heberton Evans.[10] If one makes some drastic assumptions about the representativeness of Evans' sample and about the life expectancy of his new corporations, it appears that, at most, the number of corporations in the United States increased about fifteenfold between the mid-thirties and the mid-seventies (Table 3). If these corporations had saved at the rates of their 20th century descendants, their growth would have been responsible for a large portion of the shift in the savings function.

Our knowledge of corporate behavior is very meager, but work on the New England cotton textile industry by Lance Davis and H. Louis Stettler

10. G. HEBERTON EVANS, *Business Incorporation in the U.S. 1800–1943* (New York: 1948).

TABLE 3

Estimates of the number of U.S. corporations, 1830–1875

Year	Alternative I[a]	Alternative II[b]	Year	Alternative I[a]	Alternative II[b]
1830	5,256	2,115	1855	25,085	13,157
1835	7,315	3,358	1860	30,313	13,626
1840	10,555	5,299	1865	39,874	14,789
1845	11,928	4,613	1870	61,089	30,776
1850	16,687	6,132	1875	84,313	44,839

[a] Assumes a corporate life expectancy of 20 years.
[b] Assumes a corporate life expectancy of 10 years.
Source: Estimated from G. H. EVANS, *Business Incorporation in the U.S. 1800–1943* (New York: National Bureau of Economic Research, Inc., 1948).

and by Paul McGouldrick all suggest that the industry saved very little.[11] Moreover, McGouldrick, in a careful comparison of the New England textile industry with other contemporary manufacturing industries, concludes that its behavior may well be typical of absentee-owned manufacturing corporations of the period. For the forty-year period from 1836 to 1875, textile savings averaged about 4%, and while subject to great year-to-year variations, were negative about as often as they were positive (Table 4). Moreover, there was no trend toward increased savings; if any trend existed, it was probably in the other direction.

Utilizing a national index based on Evans' incorporation sample and assuming that all corporations were as large and as profitable as the New England cotton textile firms in McGouldrick's sample (and both of these assumptions clearly greatly overstate the importance of the corporate sector), it appears that the entire corporate sector could not have accounted for more than one-third of gross capital formation. Of course because of the rapid depreciation of producers' durables *vis-à-vis* structures, the corporate sector constituted a much smaller proportion of net savings[12] (Table 5).

11. LANCE E. DAVIS, H. LOUIS STETTLER, III, "The New England textile industry, 1825–1860: trends and fluctuations", in DOROTHY S. BRADY, ed., *Output, Employment, and Productivity in the United States After 1800, Studies in Income and Wealth* (New York: 1966), Vol. 30; PAUL F. MCGOULDRICK, "New England textiles in the 19th century; profits and investment", in *Harvard Economic Studies* (Cambridge, Mass.: 1968), Vol. 131.

12. The Evans sample is heavily weighted toward New England and middle Atlantic states where one would expect the majority of the corporate activity to have been located. The index, however, assumes that national corporate activity is proportional to population alone. As for the New England cotton textile mills, they were clearly the manufacturing giants of the period, and no other firms matched their size.

TABLE 4

Ratios of net savings to profits, New England cotton textile firms (Baker Sample), 1836–1840 through 1871–75

Year	%	Year	%
1836–1840	20.3	1856–1860	8.7
1841–1845	17.9	1861–1865	3.8
1846–1850	—13.6	1866–1870	—18.7
1851–1855	0.3	1871–1875	13.3

Source: PAUL F. MCGOULDRICK, "New England textiles in the 19th century; profits and investment", *Harvard Economic Studies* (Cambridge, Mass.: 1968), Vol. 131.

TABLE 5

Estimated U.S. corporate savings, 1836–1843 through 1869–1875

	$ Millions		Percent of gross capital formation	
Year	Alternative I[a]	Alternative II[b]	Alternative I[a]	Alternative II[b]
1836–1843	70.9	39.1	35.4	19.5
1839–1848	80.4	44.2	43.0	23.6
1844–1853	99.4	58.3	38.7	22.7
1849–1858	—221.1	—104.7	67.3	21.5
1854–1863	583.1	220.2		
1859–1868	216.2	100.5		
1864–1873	38.9	159.6		
1869–1875	—11.1	10.9		

[a] Assumes a corporate life expectancy of 20 years.
[b] Assumes a corporate life expectancy of 10 years.
Source: A national index was used based on the incorporation sample of G. H. EVANS, *Business Incorporation in the U.S., 1800–1943*. The estimates are based on the assumption that all U.S. corporations were as large and had the same propensity as the New England textile mills recorded in Table 4.

Moreover, there appears to be little trend in their contribution to the stream of savings. The growth of the sector is offset by the decline in retentions and by the growth of national income.

While manufacturing may not account, therefore, for the shift in the aggregate savings/income ratio, growth in the corporate transport sector

TABLE 6

Ratios of gross savings to profits, railroads in 11 New England and Middle Atlantic states, 1830–1859

Year	%	Year	%
1830–1834	69	1845–1849	69
1835–1839	31	1850–1854	48
1840–1844	43	1855–1859	64

Source: HENRI V. POOR, *History of the Railroads and Canals of the United States*, Vol. 1 (New York: J. H. Schultz & Co., 1860).

(although certainly a small part of aggregate activity) does appear to explain at least a small portion of that shift. Evidence from that sector suggests that corporate savings were quite high, and although there does not appear to have been any particular trend, the increasing share of transport in the nation's output ought to have increased the aggregate savings/income ratio (Table 6). An examination of the savings behavior of the railroads in eleven New England and Middle Atlantic states shows, for example, that gross savings averaged about 50% of profits in every decade from 1830 to 1860 and, although the ratio was subject to considerable year-to-year variation, it did not average less than 30% in any half-decade period. Although the gross savings/income ratio appears to have been substantial, net savings were much smaller. In fact, the figures (unreliable as they are) suggest that after adjustment for capital consumption, the savings were negative in every semi-decade period from 1830 to 1860. Thus, while the transport sector could have accounted for some of the increase in the gross ratio, it appears that the corporate sector was not responsible for much, if any, increase in the net savings proportion.

2. *Government savings.* Although the data are quite inadequate, it appears that changes in the behavior or relative size of the government sector cannot account for a substantial portion of the increased saving share. There is literally no information on local governments, but enough data exist to provide some feeling for behavior at the state and federal levels. Moreover, although local governments were undoubtedly quite important, their period of great relative growth occurred in the twenty-five years after 1875, not in the period which concerns us here.

In the case of the federal government, there appears to have been little trend in the proportion of expenditures devoted to capital formation (Table

7). Over the 1831–1880 period capital formation seems to have accounted for no more than 8% of income in any sub-period and frequently accounted for no more than one-half that amount. Moreover, a substantial portion of even this small amount was probably financed by borrowing, and, if changes in debt are subtracted, savings appear to have been negative at least half the time. Not only were the ratios small, but there seems to have been little trend or change in the relative importance of the federal government in the economy. The highest savings rates are found in the latter 1830s, and the ratio of government expenditures on goods and services to gross national product was largely unchanged over the entire period, if the Civil War years are excluded.[13] In the war years, of course, while the relative importance of the government increased dramatically, the government was a heavy net dissaver. If anything, therefore, the federal government's activities should have caused the national savings/income ratio to decline.

The data for state finance are even sketchier, but those that do exist indicate that the states' savings propensities were no higher than the federal government's and that they also showed little trend over the period. Exclud-

TABLE 7

U.S. government savings, 1831–1880

Year	Receipts ($Million)	Savings ($Million)	Ratio of savings to receipts (%)
1831–1835	151.4	9.6	6.3
1836–1840	153.1	11.7	7.6
1841–1845	104.4	4.3	4.1
1846–1850	165.8	5.5	3.3
1851–1855	302.9	13.4	4.4
1856–1860	298.2	21.8	7.3
1870	396.0	8.4	2.1
1875	284.0	17.9	6.3
1880	333.5	13.3	4.0

Sources: 1831–1860 from DAVIS R. EDVAY, *Financial History of the United States* (New York: Longmans, Green, 1915).

1870–1880 from JOHN B. LEGLER, *Regional Distribution of Federal Receipts and Expenditures in the Nineteenth Century: A Quantitative Study* (Doctoral Dissertation, Purdue University, 1967).

13. That ratio ranged between 1.5 and 1.7 % in 1839, 1849, 1859, and the 1869–1878 decade.

ing the 1830s, the most generous estimate of investment would not encompass more than 5% of income. In addition, state expenditures do not appear to have increased as a fraction of national income. During the 1830s and early 1840s the expenditures on capital items did increase, but in almost every instance the increases were offset by borrowing.[14]

Any analysis of the role of local government must rest on guesswork. During the years in question the major local investment activities were road building and school construction. These activities continued throughout the period, but investment in them does not appear to have increased more rapidly than national income.

3. *Personal savings*. If the surmises that we have formulated from the evidence on the corporate and government sectors are correct, the rise in the savings propensity must have been rooted in the personal savings sector. Although it is not possible to measure directly the effect of changes in individual savers' utility functions, it is possible to examine certain developments which, by changing the composition of the saving group, could shift the aggregate personal savings function.

In *Study of Savings* Goldsmith has shown the impact of a number of structural shifts on the savings/income ratio during the 20th century. If these forces were at work in an earlier period, they should have had some effect on the ratio. In addition, some factors that Goldsmith has found unimportant appear to have had significance in the past. As a warning then, when we leave Goldsmith's evidence and move into the 19th century, the data weaken, and the discussion becomes much more impressionistic than one might wish.

For the past several decades, farmers have tended to save more than non-farmers and, as a result, the shift from farm to non-farm activity has contributed to the decline in the ratio of personal savings to personal income. On the other hand, for the first sixteen years of the period studied by Goldsmith (1897–1913), the structural shift produced the opposite effect. At that time, the farm sector, because of its heavy borrowing, yielded very small net savings. In fact, while non-farm persons saved over 12%, the farm sector's savings ratio was only 2.7%. If these ratios had held during the period from 1830 to 1880, the intersectoral shift out of agriculture would have increased the personal savings ratio.

However, it is not likely that they did hold; the early 20th century farm

14. LANCE E. DAVIS, JOHN B. LEGLER, "The Goverment in the American Economy 1815–1902. A Quantitative Study", *The Journal of Economic History*, *XXVI* (December, 1966).

savings ratios were low due to the ability of the farm sector to borrow, but such borrowing is the product not only of demand but also of a well-developed capital market. Such a market did not exist in 1880, let alone 1830, although there was almost certainly some development over that period.

An examination of the capital formation rates for agriculture in the 1897–1913 period indicates that, unlike the more recent past, *investment* rates in that sector did not differ much from *savings* ratios elsewhere in the economy (they were about 13% versus 12% in the non-agricultural sectors). Moreover, as we have noted previously, there appears to have been some decline in the capital demands of agriculture in the decades between the 1830s and the 1870s. In the early 19th century the most resource-consuming investment activity was land clearing, but the need for such investment declined as settlement moved out of the forested land and into the Great Plains. By the middle of the century, the lands that were being opened differed very little in this respect from the lands that were added to production in the first years of Goldsmith's period. If, therefore, farmers and non-farmers saved similar proportions at the beginning of the period, the reduction in demand for capital to underwrite land clearing, coupled with the greater availability of external finance, may have moved the farm sector gradually from a high savings position toward the low savings rate that characterized the sector in the early 20th century. In this case the redistribution of the nation's labor force from agricultural to non-agricultural activities ought to have increased the aggregate savings propensity, but not by much. If, on the other hand, the farmers saved more than non-farmers in the period of high capital demand, both the reduction in capital demands that followed the opening of the prairies and the shift out of agriculture (at least in those years when the savings rates in agriculture lay above those in the non-agricultural sectors) would have tended to cause a fall in the aggregate savings/income ratio. On balance, it appears that the former rather than the latter description best represents the situation in the United States in the middle decades of the 19th century.

A second cause of the decline in the savings/income ratio in the more recent past has been the shift from employer to employee status. Although we have no information on the timing of this trend, the growth of the corporate form during the middle decades of the 19th century suggests that, even in that period, there was probably a declining proportion of individual entrepreneurs in the nation's labor force. Recently, since employers tend to save more than employees, this movement has led to a decline in the savings ratio; however, this has not always been the case, even during the relatively short period covered by Goldsmith's study. In fact, during the pre-World War I era unincorporated businesses saved only about one-half as much as

individuals. If these differentials are reflections of those prevailing in the 19th century, the shift toward employee status would also have contributed to the observed rise in the aggregate savings ratio.

Of more importance was the dramatic change in the age structure of the population. Over the five decades from 1830 to 1880, the median age of the population rose from just over 17 years to just under 21, and the proportion of males in the forty to sixty age group rose from 9 to over 15%.[15] While we know nothing of the relationship between age and savings in the 19th century, Goldsmith's work on the more recent past indicates that persons under twenty save practically nothing; the highest savings rates are found in the forty to sixty-five age group. If these tendencies prevailed in the 19th century (and there is no reason to assume that they did not), then the shift in age structure from the young toward the middle-aged group should have increased the average savings/income ratio.

Finally, changes in the distribution of income could have altered the ratio. All the work that has been done on savings suggests that the savings/income ratio is highly correlated with income in the cross section. As a result, if income became more unevenly distributed in the middle decades of the 19th century, one would expect this change to lead to a higher aggregate savings/income proportion. The Civil War years were marked by a very rapid price inflation, and it is often assumed that the inflation led to a redistribution from low-income wage earners toward high-income profit recipients. This view of the Civil War fits in well with the timing of the savings proportion advance shown in Table 2. However, recent work on price changes tends to discredit the idea that they altered the income distribution importantly during this period.[16] On the other hand, the rather sketchy evidence on the *wealth* distribution does suggest that the share of wealth held by the very rich probably rose between the 1840–1860 decades and 1890.[17] No final judgment can be made at this time, but the possibility remains that changes in the size distribution of income did operate to raise the savings rate.

This enumeration of the changes within the economy that have had an effect on the savings/income ratio in the recent past need not list the changes for an earlier period. Foremost among the features of the 19th century economy that appear to have had an important effect on savings at

15. *Historical Statistics*, Series A-34, 79–82 (male), 86.

16. See RALPH ANDREANO, ed., *The Economic Impact of the American Civil War* (Cambridge, Mass.: 1967), pp. 11–30, 198–200.

17. See ROBERT E. GALLMAN, "Social distribution of wealth in the United States, 1834–1909", paper delivered at the Congress of International Economic History Association; "Trends in the size distribution of wealth in the 19th century: some speculations", to be published in *Studies in Income and Wealth, op. cit.*

that time, but which Goldsmith did not find important in the 20th century, were the absolute and relative growths of financial intermediation.

Between 1830 and 1880 the size, number, and spatial distribution of financial intermediaries increased substantially. The number of commercial banks grew as free banking legislation was adopted by most states in the north and west, and the National Banking Act opened an alternative route for obtaining charters, even in states with very rigid banking laws. In 1830 the only important non-bank intermediaries were the mutual savings bank, and although they still held that position in 1880, they had been approached in aggregate size by the life insurance companies. Moreover, the life insurance companies, their growth underwritten by the innovation of tontine and industrial insurance (to say nothing of hard-sell techniques), were active throughout the country and not, like the mutual savings banks, restricted to the northeast.

While population was increasing less than threefold, the assets of banks rose over sevenfold and those of mutual savings banks more than one hundred times. Moreover, the assets of mutual life insurance companies, which were zero at the beginning of the period, were more than half the size of those of the savings banks by the end of the period. While growth of intermediation in the south probably trailed the remainder of the country, by 1880 the western frontiers were served by a fairly sophisticated group of local intermediaries. At the same time, the local markets were gradually being integrated by the penetration of the commercial paper market at the short end and by the intermediaries that were developing to serve the long end.

Theory tells us that the direct effects of intermediation ought to lower market interest rates but that these reductions should be coupled with increases in net rates to savers and reductions in the cost of borrowing to the capital-using firms. From the saver's viewpoint, the interposition of an intermediary should reduce his search costs and therefore increase his net return. At the same time, by purchasing indirect securities, the saver should reduce the variance of his return. He is, after all, buying a claim on a portfolio of investments and gets the same insurance that he could accomplish by personally holding a similarly diversified portfolio. What we know about the behavior of savers suggests that most small savers are primarily concerned with safety, and this trait may have been particularly characteristic of the unsophisticated savers of the 19th century. If they were "risk avoiders", the insurance benefits from intermediation ought to have tended to increase the savings/income ratio. Finally, by substituting known secondary securities for largely unknown primary issues, the new intermediaries should have reduced the uncertainty discounts of the potential savers and increased their net (after discount) returns. Therefore, the direct effect of increased inter-

mediation on cost, variance, and uncertainty should have been sufficient to increase savings.

However, because one of the effects of intermediation is increased spatial and industrial mobility of funds, there should also have been some secondary effects on savings. The impact of these effects on the savings/income ratio, however, is less certain. An increase in mobility aids the movement of finance to sectors yielding the highest returns and therefore provides the most productive capital stock. Since, however, this mobility tends to raise interest rates in surplus capital sectors and reduce interest rates in deficit capital areas, the effect on total savings will depend on the relative interest elasticities of the demand and supply for capital in each sector. If the demand for capital in the deficit sector is relatively more elastic and the supply of capital in that sector is relatively more inelastic than demand and supply in the surplus region, the volume of savings will tend to increase. If, however, the reverse is true, the tendency will be toward a reduction in savings.

Although *a priori* one cannot establish these relative elasticities with certainty, there is a strong likelihood that in the context of American development the transfer of finance from deficit to surplus areas increased the volume of savings. It is a fact that the deficit capital areas were in the newly developing regions and industries. Such sectors were probably marked by a wide range of potentially profitable investment alternatives and therefore probably had fairly elastic investment demand schedules. At the same time, much of the saving was done by persons directly involved in the enterprises, and, given the usual ownership responses, one would suppose that the supplies of savings were relatively inelastic. After all, the amount of leisure that a farmer devotes to land clearing is probably not very sensitive to changes in the interest rate. In the developed sectors that were producing surplus capital, however, one would suppose that there would be a narrower range of profitable alternatives and that savings would be less attached to particular enterprises. Overall, therefore, it appears that the growth of intermediation probably did increase the savings/income ratio and in fact may have been one of the most important determinants of the 1830–1880 shift.[18]

Domestic sources of demand for capital

The preceding section touches incidentally on the demand for capital. We now turn our full attention to that subject. We restrict our account to domestic sources of demand and for analytical purposes will treat the

18. Richard E. Sylla's dissertation ("The American capital market, 1846–1914", Harvard University, August, 1968), which was not available to us when this section was written, generally supports our position. However, Sylla places more emphasis than we have on the effects of the Civil War on capital markets.

economy as closed. Data limitations require us to deal chiefly with investment in equipment and construction, which we will refer to hereafter as "depreciable capital". We are interested in forces that operate from the demand side and tend to raise the share of investment in real (constant price) product.

The demand for capital is in some measure a function of the existing capital stock. Even in a system in which no growth is taking place and the ratio of depreciable capital to output is unchanging, investment will be required to offset capital consumption. The share of gross investment in the national product will depend on the ratio of depreciable capital to output, the longevity of capital, the age distribution of the capital stock, and the manner in which time and use combine to reduce the value of elements of the capital stock. For example, if each piece of capital loses an equal amount of real value in each year of life and if the age distribution of the stock is not unduly distorted, the share of capital consumption in real product will tend toward the value of the depreciable capital-output ratio multiplied by the reciprocal of the average remaining life expectancy of capital (the latter dependent on the longevity of capital and the age distribution of the stock). Thus, if the capital/output ratio is 2 and the average remaining life expectancy of capital is 40 years, gross capital formation (consumption) will take roughly 5% of the gross national product.

Once growth is introduced the picture changes. Growth is likely to be accompanied by net investment. If the capital/output ratio remains fixed, the share of net investment in product will equal the rate of growth of product times the capital/output ratio. At the same time, the share of capital consumption in product is likely to be altered, even if net investment is an exact replica of the existing capital stock. The increment of depreciable capital must differ from the pre-existing depreciable stock in at least one respect. It is new and it consequently has a longer remaining life. Thus, other things being equal, net investment initially will tend to raise the remaining life expectancy of the capital stock and reduce the share of capital consumption in product. The higher the rate of net investment in depreciable capital, the more the life expectancy of the capital stock will rise. On the other hand, a decline from a high to a low rate of net investment will tend to reduce the remaining life expectancy of the stock and raise the share of capital consumption in product. In some measure, then, changes in the rate of growth of output will tend to generate compensatory movements in the shares of capital consumption and net investment in product.

Growth will introduce still other relevant changes. It typically involves shifts in the relative importance of the various industrial sectors. If the longevity of capital or the capital/output ratio varies from one sector (region, industry, etc.) to another, growth will alter the average longevity of

capital and the average capital/output ratio of the economy. Additionally, both of these variables may change as a consequence of improvements in productive methods or shifts in relative factor prices (the latter dependent in part on supply side changes).

The preceding discussion identifies five proximate determinants of the share of gross domestic investment in real gross product, each operating from the side of demand. First, there is the age structure of the depreciable capital stock which, together with the longevity of the stock and the depreciable capital/output ratio, establishes the share of capital consumption in real product. Second, there is the rate of growth of real product which, together with the capital/output ratio, establishes the share of net investment in product. (Additionally, the rate of growth and the depreciable capital/output ratio affect the age structure of the depreciable capital stock.) The other three determinants are, of course, the longevity of capital, the total capital/output ratio, and the depreciable capital/output ratio. With sufficient data it should be possible to allocate the responsibility for the observed rise in the U.S. investment share among these determinants. A procedure very similar to the index number procedure can be used in which the values of all determinants but one are held constant. The selected determinant is allowed to assume in turn each of the values it held historically, and the share of investment in product is computed at each relevant date.

For example, suppose that we are interested exclusively in the share of depreciable investment in real gross product. One of the determinants of gross domestic investments – the total capital/output ratio – drops out, and we are left with only four to manipulate. Suppose that the impact of changes in the depreciable capital/output ratio on the share of investment in product is to be investigated. The age structure and longevity of capital are fixed at some relevant values – perhaps the averages for the full period under study, and the average ratio of capital consumption to the depreciable capital stock can thus be readily computed. Multiplying this ratio by the depreciable capital/output ratio at each relevant date yields estimates of the share of capital consumption in real product. Changes in the share from one date to the next are produced entirely by changes in the depreciable capital/output ratio. In the same way it is possible to fix the rate of growth of real product at some value – perhaps the average for the full period – and estimate the share of net investment in real product at each relevant date by multiplying the true depreciable capital/output ratio by the average rate of growth of real product. The changes in the share across time reflect the effects of changes in the depreciable capital/output ratio alone. Summing up the estimates of the shares of net investment and capital consumption at

each date yields estimates of the share of gross investment in gross real product. An inspection of these estimates will show whether or not the depreciable capital/output ratio operated to raise the share of gross investment in real product across time. The impacts of the other determinants can be established in the same way.

Estimates of the type proposed do not, of course, represent measurements of the proceeds of historical events. They are constructs, identical in nature to price and output index numbers, and the only statements that can be made about them are conditional. They are useful in that they can direct attention to the important aspects of a problem, just as do the price index numbers which can be used to distinguish between the price and so-called real elements of an advance in the value of output (also a construct) and, thus, to guide analysis of the change.

The available data relating to the 19th century U.S. economy do not allow a full empirical analysis along the lines described above. First, the evidence on inventory investment is weak and, therefore, attention must be restricted to depreciable capital. Second, the only firm information we have bearing on the longevity of depreciable capital relates to the distribution of capital between equipment (short-lived) and the products of the construction industry (long-lived). It is necessary to assign a fixed longevity to capital in each of these categories. Changes in the measured longevity of the full stock, then, reflect only changes in the distribution of the stock between equipment and the products of the construction industry. Third, although the existing investment flow series can be used to throw some light on the question of the age structure of the capital stock, the necessary calculations are quite burdensome, and the insights that could be achieved of limited value. Therefore, we make no effort to compute the effects on investment demand of changes in the age structure of capital. Additionally, for computational simplicity, we assume that the age structure was undistorted at all times so that the ratio of capital consumption to the depreciable capital stock can be estimated as the reciprocal of the average life expectancy of depreciable capital.

None of these matters is of very great importance. The impacts of the chief demand factors can be captured in a quantitative analysis (see Table 8). The results of the analysis are very clear. The principal factor accounting for the rise in the share of gross investment in real product is the depreciable capital/output ratio (Table 8, Line *3c*), which increased markedly over the period in question (Table 9, Col. 4). Changes in the rate of growth of output, operating alone, tended to not increase the investment share at all (Table 8, Line *1c*). The average longevity of the depreciable capital stock did not change importantly until after 1869. Thereafter it drifted downward, exerting a modest upward pressure on the share of capital consumption in product

TABLE 8

U.S. domestic determinants of the share of gross depreciable capital formation in real gross national product, 1839–1899

Determinants	Computed shares of investment in product (%)						
	1839	1849	1859	1869	1879	1889	1899
1. Rate of growth of real product							
a. Net investment	4.5[a]	8.9[a]	6.8[b]	5.6[c]	8.9[a]	4.7[a]	7.3[a]
b. Capital consumption	4.5	4.5	4.5	4.5	4.5	4.5	4.5
c. Gross investment	9.0	13.4	11.3	10.1	13.4	9.2	11.8
2. Longevity of capital							
a. Net investment	6.2	6.2	6.2	6.2	6.2	6.2	6.2
b. Capital consumption	4.4	4.3	4.4	4.5	4.8	5.1	5.3
c. Gross investment	10.6	10.5	10.6	10.7	11.0	11.3	11.5
3. Depreciable capital/output ratio							
a. Net investment	3.3	4.5	6.6	7.4	7.0	8.6	9.0
b. Capital consumption	2.4	3.3	4.8	5.4	5.1	6.3	6.6
c. Gross investment	5.7	7.8	11.4	12.8	12.1	14.9	15.6

[a] Decade centered roughly on specified date; for example 1834–43 is centered on 1839.

[b] Decade 1849–59.

[c] Decade 1869–79.

N.B.: The reader may find some difficulty reconciling the numbers in this table with those in Table 1. For example, the share of gross investment in product was 9% in the decade 1834–43, according to Table 1. A few calculations will show that the assumptions underlying Table 12 imply a "historical" share of only 4.8% for the year 1839, which falls in the middle of that decade. (The capital/output ratio is .8, according to Table 9; the rate of growth is 3%; and the ratio of capital consumption to the capital stock is just under 3%: .03×.8/.03×.08: 0.048.) The disparity does not reflect a historical difference between circumstances in the year 1839 and the decade 1834–43, since the computational procedures used to produce Table 8 make no allowances of this kind and, indeed, depend on output data for the full decade. The disparity arises, at least in part, because the computational procedures make no allowance for the effect on net investment of a change in the capital/output ratio *across the decade 1834–43.* The omission, of course, is entirely proper in the present context (See Appendix.)

Sources: The rates of growth used in computing line *1a* were derived from the annual series underlying GALLMAN, "Gross national product..." Table A-1. No adjustments of the kind carried out in Tables 1 and 2 were possible. Lines *2a* and *3a* were calculated by use of an average annual rate of growth of 4.1%, computed from GALLMAN, "Gross national product...", Table A-1. The compound interest formula was applied to data for the decades 1834–1843 and 1894–1903. The longevity of capital was estimated from data

underlying ROBERT E. GALLMAN and EDWARD S. HOWLE, "The capital stock of the United States, 1840–1900", (mimeographed). It was based on the assumption that equipment had a life of 15 years and structures 50 years. Equipment was assumed to be five years old, on the average, at all times and structures, 10 years old. From the above evidence, the life expectancy of capital at each date, 1840–1900, and an average for all dates were computed. The average (33.3 years) underlies the estimates in lines *1b* and *3b*. The single year estimates were used in computing line *2b*. Lines *3a* and *3b* depend upon estimates of the depreciable capital/output ratio taken from Table 9, Col. 3 (1860, 1870) and Col. 4 (all other years). A ratio of 1.5 underlies the estimates in lines *1a–c* and *2a–c*.

(Table 8, Line *2c*). The effects of the capital/output ratio were of overwhelming importance. Holding the values of all the other determinants constant, the rise in the depreciable capital/output ratio alone almost triples the share of gross investment in product.

What forces operated to raise the depreciable capital/output ratio over time? Did they flow directly from the process of industrialization? The aspect of industrialization that is reflected most clearly in the quantitative record is the changing relative importance of industry and agriculture.

TABLE 9

Ratios of capital to U.S. gross national product, current prices and prices of 1860, 1840–1900

	Current prices		Prices of 1860	
	Annual estimates		Annual estimates	Decade averages*
	Capital stock incl. land and inventories	Depreciable capital	Depreciable capital	Depreciable Capital
1840	3.0	1.0	.8	.8
1850	3.3	1.3	1.2	1.1
1860	3.9	1.6	1.6	
1870	3.7	1.6	1.8	
1880	3.8	1.8	1.8	1.7
1890	4.6	2.2	2.2	2.1
1900	4.4	2.3	2.3	2.2

* The capital stock figures are annual estimates for the years 1840, 1850, etc. GNP estimates are decade averages for 1834–1843, 1844–1853, etc.

Sources: *Gross national product:* Data underlying Table 1, Cols. 2 and 4. Capital stock: Data underlying GALLMAN, "Social distribution...", Appendix Table A-1 and data from GALLMAN and HOWLE, "The capital stock of the United States, 1840–1900" (mimeo.). Further explanation of the latter score is found in note to table 8.

In the American case, real income generated in mining and manufacturing was about one-fourth the value of real income generated in agriculture in 1839. Between 1839 and the end of the century the former grew much faster than the latter. By 1899 industrial income was almost double agricultural income. However, the direct and immediate effects of this structural shift tended to reduce, not raise, the aggregate depreciable capital/output ratio. The direct investment demands of industry were small, relative to output (Table 10). Had the process of industrialization involved nothing more than the shift in relative importance of agriculture and industry, the capital/output ratio would have fallen across time, and with it, the share of investment in gross product. It is true, of course, that the industrial ratio rose markedly after the Civil War (Table 10, Col. 2), and thus developments *within* industry did operate in the direction of raising the investment share. But the peak ratio achieved by the sector (in 1900) was well below both the national and agricultural ratios – indeed, below the national and agricultural ratios registered for forty years previously.[19] Thus, the chief proximate causes of the rise in the national capital/output ratio must be sought outside the industrial sector. We must consider, then, the capital/output ratios of the non-industrial sectors.

The available evidence is assembled in Table 10. Unfortunately, it is defective for a variety of reasons. First, the estimates of income underlying the sectoral ratios can be regarded only as approximately accurate. The data for the non-commodity sector are particularly weak (see the notes to Table 10). Second, we need ratios computed from real (constant price) magnitudes, but the table contains only current price data. It is true that at the level of the national aggregates the trends in the current and constant price ratios are not dissimilar (compare Cols. 2 and 3 of Table 9), but we have no guarantee that the same is true at the sectoral level. Indeed, Tostlebe's estimates demonstrate that in agriculture the real capital/output ratio drifted downward after 1870, whereas our current price figures (Table 10, Col. 1) moved in the opposite direction. On the other hand, the evidence assembled by Creamer and Borenstein shows that the real capital/output ratio for industry did rise from 1870 to the turn of the century, following the path of our current price figures (Table 10, Col. 2).[20]

Finally, we are interested exclusively in long-term trends; therefore, we require capital/output ratios that are not sensitive to short-run fluctuations.

19. Compare Table 10, Col. 2, with Table 9, Col. 2 and Table 10, Col. 1. The data in the two tables are not entirely comparable, since the output measures underlying Table 9 are gross, those underlying Table 10, net. The difference is relatively unimportant in the present context.

20. See KUZNETS, *op. cit.*, p. 205, Table 28, line 7; p. 209, Table 30, Col. 3.

TABLE 10

Ratios of depreciable capital to net income originating, by U.S. industrial sectors, current prices, 1840–1900

	Agriculture	Mining & Manufacturing	Non-commodity Production*
1840	1.2	.9	1.2
1850	1.6	.9	1.6
1860	1.7	.9	2.1
1870	1.5	1.0	2.3
1880	1.6	1.2	2.4
1890	1.9	1.3	2.8
1900	2.1	1.5	2.8

* Includes construction and a few other commodity producing industries of minor significance.

N.B.: The data in this table are of relatively low quality. The source notes and the sources should be carefully examined by anyone proposing to use them.

Sources: ROBERT E. GALLMAN and EDWARD S. HOWLE, "Trends in the Composition of the American Economy since 1840", Table VII (manuscript). The data underlying Col. 3 were adjusted along the lines described in the notes to Table 1, Cols. 2 and 4. General procedure is as follows: Income originating in agriculture and industry (mining and manufacturing) was extrapolated from the 20th century on estimates of value added. National income was similarly extrapolated on estimates of gross national product. Income originating in the non-commodity producing sector was taken as a residual. This residual was then adjusted, as indicated above. The adjustment is not entirely appropriate, since it rests on evidence relating exclusively to the service sector, which accounts for most, but not all, of the income generated by the non-commodity producing sector. Capital and gross national product data were taken from the sources cited in previous tables. Estimates of value added in agriculture and industry rest on the series contained in ROBERT E. GALLMAN, "Commodity Output, 1839–1899", *Studies in Income and Wealth*, Vol. 24.

Short-term influences can be eliminated (or at least minimized) by computing ratios from income estimate averages, of, for example, ten-year intervals. But, unfortunately, we do not have sufficient data to carry out such calculations and must, therefore, depend on annual estimates. At the level of national aggregates the problem does not appears to be serious (compare Cols. 3 and 4 of Table 9). But, once again, we have no guarantee that it is not serious at the sectoral level. For example, the ratio for agriculture in Table 10 rises from 1.2 to 1.6 between 1840 and 1850, but crops were relatively poor in the year represented by the income estimate underlying the 1850 ratio. It is possible, then, that the movement of the ratio from 1840 to 1850 reflects short-run results, but not long-run phenomena.

Although the data contained in Table 10 gives only limited insights into the problems in which we are interested, they do provide some insights. First, the relative levels of the ratios relevant to the three sectors of agriculture, mining and manufacturing and non-commodity production can be properly judged from the evidence of Table 10. The ratio in non-commodity production was typically the highest of the three; the ratio in industry, the lowest. As noted previously, the growing relative importance of industry tended to depress the national ratio. However, structural change during the period probably also increased the share of non-commodity production in the national product. This development helped to raise the national ratio.[21]

One cannot be as confident that the data of Table 10 accurately describe the long-term *changes* in the sectoral ratios. Nonetheless, the very pronounced upward movement of the noncommodity sector ratio (Table 10, Col. 3) cannot be ignored. The sector is, of course, exceptionally heterogeneous. It is composed of industries, such as the railroads in which the capital/output ratio is extremely high, and others, such as personal services, in which the ratio is negligible. Between 1840 and 1900 the composition of the sector was changing, the former group of industries gaining in importance at the expense of the latter. The effect was that the sectoral ratio was raised.[22]

Two components of the sector – railroads and non-farm residences – are of special interest. Income generated by the two grew very rapidly after 1840. In addition, growth was closely connected with industrialization, and the capital/output ratio associated with each was exceptionally high – several times as high as the average sectoral ratio. These components appear to have been crucially important in determining both the level and the change of the sectoral ratio over time, and thus they must have borne a significant share of responsibility for the increase of the ratio of capital to national product.[23]

21. For example, see ROBERT E. GALLMAN, THOMAS J. WEISS, "The service industries in the 19th century", to be published in *Studies in Income and Wealth*. They show that value added by the services industries (current prices) increased faster between 1839 and 1899 than did value added by commodity production.

22. For example, value added by railroads and nonfarm residences (current prices) accounted for about 7 % of value added by the service sector in 1839; 11 % in 1849; 17 % in 1859; 24 % in 1869; 25 % in 1879; 28 % in 1889; and 25 % in 1899. (Computed from data underlying Gallman and Weiss, Appendix, Table 1. The Gallman–Weiss table includes value added by farm residences, deducted from the data for purposes of the present calculations.)

23. For example, the ratio of depreciable capital, less railroad and non-farm residential capital, to GNP, less value added by railroads and nonfarm residences, is as follows:

1840	.7	1880	1.0
1850	.9	1890	1.2
1860	1.0	1900	1.4
1870	1.0		

We must once again draw attention to the fact that our analysis of factors responsible for the measured rise in the real (constant price) national capital/output ratio rests on data that are relatively weak and not entirely appropriate from a conceptual view. Nonetheless, the conclusions derived seem at least tentatively acceptable. In summary, the national ratio seems to have been importantly influenced by the changing industrial composition of output. The growing weight of industry in output exerted a direct downward pressure on the ratio. However, the indirect effects of industrial growth were quite different. Industrialization was accompanied by an increase in non-farm housing and railroad construction, which considerably helped to raise the ratio. Additionally, the industrial ratio rose over time, and there may have been similar developments within some components of the non-commodity sector and possibly even within agriculture. However, the principal responsibility for the increase in the national capital/output ratio and the share of capital formation in product probably lies with the railroads and with nonfarm housing.

Conclusions

We have formed three principal conclusions. The share of gross savings and investment in gross national product rose markedly across the middle decades of the 19th century. On the side of savings, the chief explanatory factor appears to be the development of financial intermediation; on the side of investment demand, the growth of the transportation sector, particularly railroads and non-farm housing. Were the developments on the supply and demand sides directly related? The answer seems clear enough, although exposition of the detailed nature of the association requires a competence we cannot now muster. The nature of investment in railroads and non-farm housing differs in at least two relevant ways from forms of investment typical of the early decades of the century. Thus, the objects sought by railroad promoters of the middle decades of the 19th century called for coordinated investments on a grand scale. While a farmer of modest means, newly arrived in Illinois, in the late 1830s might find the creation of a farm within his own physical powers (and those of his family) and financial resources, no single investor could build a rail line designed to carry the crops of the northwest to the ports of the northeast, and few could finance alone the more modest projects of the 1840s and 1850s, such as those linking cities within the eastern regions.

Second, investment in railroads and non-farm housing tends to be made in lump sums. The Illinois farmer of the 1830s could go about his investment piecemeal, clearing a little land and building a log hut for himself and his family, adding to both his land and his buildings as his time and income

permitted. A New England manufacturer or shipper of the same period might begin on a similarly small scale, financed by family and friends, and expand his business out of reinvested earnings. But a manufacturing worker moving to the city typically did not have the options of the Illinois farmer. He could not build his home from materials freely available and add to it at his leisure. The opportunity to start small and add to the business gradually was less generally available to the railroad promoter than to the manufacturer or shipper.

Thus, one supposes that the development of financial intermediation was linked with investment in transportation and non-farm housing. (Presumably there were connections as well with the expansion of scale in the manufacturing sector, which was taking place over part of the period.) Compared with the resources of individual promoters, the investment projects called for capital formation in relatively large units – units that had to be completed before the projects would generate income. Railroads and housing were also capital intensive in the 19th century in the sense that the capital/labor ratios were high. Since a substantial part of income earned consisted of property income, the high capital/output ratios in these activities should be interpreted in this light. The ratios were high chiefly because the inputs into the activities were mainly property. This point is important because we have found that the principal factor operating from the demand side to raise the investment proportion was the increase in the aggregate capital/output ratio. That is, it was not the magnitude of the *individual units* of railroad and housing investment, nor even their lumpiness, that operated to drive up the investment proportion, but rather the size of the capital/output ratios in these activities, taken together with the large volume of *aggregate* investment in them. Analytically, at least, the two aspects of railroad and housing investment that bear on the savings proportion and the development of intermediation are separable. Historically, of course, they are not, in the American case. What one would like to know is to what extent the historical event is unique and how greatly it reflects processes about which we can generalize – even "necessities" of the kind touched on early in this paper. It seems fair enough to say that substantial investments in transportation and non-farm housing generally accompany industrialization and that, therefore, pressures on both the system of intermediation and on the savings proportion are likely to arise. But the magnitude, timing, and ultimate effects of these pressures must surely depend upon the unique circumstances of each experience – the climate and physical setting, the underlying cultural choices, the economic structure, capital stock, system of intermediation, level of performance, savings propensities created in previous history, the relative importance of international trade and the foreign

resources available, the technical options open, etc. It is one of the tasks of economic history to assemble a record from which one may begin to distinguish the systematic and to judge to what extent the results of systematic forces are formed by unique historical circumstances. Surely this is a chief object of the present sessions and one we hope the findings of this paper may modestly advance.

Appendix

This paper makes use of estimates of investment flows and capital stocks. Common sources and consistent methods were employed to produce the stock and flow series relating to inventory investment and to canal and railroad improvements. For example, the value of the stock of improvements used in railroading was derived from the annual investment series, following perpetual inventory methods of estimation. However, in the cases of all other (non-railroad, non-canal) components of fixed reproducible capital, the stock and flow series rest on different sources. Thus, we have two independent lines of evidence bearing on American investment in the 19th century. The purpose of this note is to show how consistent the aggregative results derived from these two lines of evidence are.

The stock and flow series have a very clear conceptual link. If the series are consistent, it should be possible to cumulate the investment flows across time and achieve stock totals at bench mark dates that are identical with the independent stock estimates. Two difficulties stand in the way of an entirely satisfactory reconciliation of this type. First, we do not have annual flow estimates for all of the necessary years. The constant price series do not begin before 1834 and, additionally, we lack figures for the years from 1860 through 1868. The current price series are even less complete. Second, we do not have certain knowledge of the longevity of the various types of reproducible fixed capital, and such knowledge is required to produce stock totals following the perpetual inventory method.

Despite these difficulties, it is possible to obtain some notion of the degree of consistency of the constant price stock and flow series. First, reasonable assumptions concerning the longevity of capital and the average age of capital at various dates should be made, and then these assumptions, together with the annual new investment series, can be used to generate approximations of perpetual inventory estimates. Several estimates of this type are expressed in Table A-1 as ratios of the relevant independent capital stock figures. (See the notes to the table for procedural details.) The data provide very strong evidence that the stock and flow series relating to manufactured producers' durables (equipment) are indeed consistent. The ratios in lines *1a* and *1b* are typically close to unity. Even more impressive, the

TABLE A-1
Ratios of cumulated investment flows to estimated capital stocks, 1860 prices, 1840–1900

	1840	1850	1860	1870	1880	1890	1900
1. Manufactured producers' durables							
a. Net investment flows, variant A	–	.92	.85	–	–	.97	.97
b. Net investment flows, variant B	–	1.00	.92	–	1.05	1.05	1.09
c. Gross investment flows over 6 years	.83	.80	.73	–	.73	.81	.75
2. Real estate improvements, exclusive of railroads and canals							
a. Net investment flows, variant A	–	1.13	1.18	–	1.68	1.01	1.74
b. Net investment flows, variant B	–	1.13	1.21	–	1.68	1.20	1.75
c. Net investment flows, variant C	–	.95	.93	–	1.32	.81	1.26
d. Net investment flows, variant D	–	.95	.92	–	1.32	.87	1.26

N.B.: This table is taken from a paper ("The Structure of U.S. Wealth in the 19th Century") delivered by Robert E. Gallman and Edward S. Howle at the 1966 meeting of the Southern Economic Association.

Sources: Capital stocks: ROBERT E. GALLMAN and EDWARD S. HOWLE, "Fixed Reproducible Capital in the United States, 1840–1900", mimeographed.

Investment flows: Derived from worksheets underlying ROBERT E. GALLMAN, "Gross National Product, 1834–1909". The annual data available are expressed only in 1860 prices and cover the years 1834–59 and 1869–99.

Line *1a:* Derived entirely from annual investment flows, on the assumption of an average life of 15 years.

Line *1b:* Same as line 1a, except that the annual flows are summed over only 10 years and are added to one-third of the stock in existence at the beginning of each decade. The procedure, which allows the calculation of a ratio for 1880, gives somewhat too much weight to the stocks in existence at the beginning of each decade, which explains why the ratios in this line are higher than those in the first line.

Line *2a:* Improvements are assigned a 50-year life. The average age of the stock in 1840 is assumed to be 10 years. The cumulations are adjusted to the level of the stock measurements at the beginning of each new decade without altering the age composition of the

cumulations. The 10-year gap in the data between 1859 and 1869 is passed by carrying the stock of 1860, properly depreciated, to 1870, subtracting the result from the 1870 stock estimate, and assigning an average life of 3 years to this residual.

Line *2b:* Same as line 2a, except that the cumulations are carried across two decades (1840–60, 1870–90, 1880–1900) without adjustment to the level of the measured stock.

Line *2c:* Same as line 2a, except that improvements are assigned a 25-year life.

Line *2d:* Same as line 2b, except that improvements are assigned a 25-year life.

ratios do not change much from one date to the next. A stronger verification of the stock and flow estimates could hardly be imagined.

At first glance the ratios in section 2 of the table seem to show that the stock and flow series relating to improvements are less consistent. However, it is necessary to bear in mind that the chance of error in the perpetual inventory estimates grows with the longevity of the relevant capital type. Improvements are much longer lived than are manufactured producers' durables. Consequently, the chances of obtaining results in section 2 equal to those in section 1 would be, *a priori*, remote, even if the degree of consistency between stock and flow series were, in fact, similar in both cases. With this in mind, the results recorded in section 2 seem not altogether bad. In particular, the ratios in lines *2b* and *d,* which rest on boundary assumptions regarding longevity, lie on either side of unity in the years 1850, 1860, and 1890 and do not vary much from one year to the next. On the whole, these ratios suggest that the two series are consistent at least in that the degree of inconsistency is relatively unimportant.

The ratios for the years 1880 and 1900 are more troublesome. They indicate that the perpetual inventory methods generate stocks about half again as large, on the average, as the direct stock estimates. There are three possible explanations for this result. First, in deriving the perpetual inventory estimates we may have underestimated capital consumption. It is doubtful, however, that this explanation is entirely satisfactory. Second, it is possible that the direct estimates of the capital stocks are in error. On the other hand, the direct estimates of the capital stocks may be correct, and the estimates of gross investment flows across the decades of the 1870s and 1890s may be too large.

If the third explanation is the correct one, then the estimates contained in Table 1 overstate the share of gross investment in gross national product across the decades 1869–1878 and 1889–1898, since these figures depend upon the investment flow series. How serious a matter is this? An answer is simple enough to obtain. Estimates of net investment throughout the decades of the 1870s and 1890s can be derived (by subtraction) from the capital stock series underlying Table A-1. According to the evidence of the table, perpetual inventory procedures generate net investment flows across

these decades that are very much larger – indeed, larger by amounts equal to roughly 50% of the direct stock estimates of 1880 and 1900. With this information and the gross investment flow series it is possible to compute for each decade the ratio of gross investment to net investment. The ratio, multiplied by the increment in the capital stock, gives the value of gross investment necessary to produce the increment in the capital stock. A little thought will show that the procedure, in fact, *understates* the gross investment flow implicit in the capital stock increment. But from our point of view the understatement poses no problem, since we are interested in establishing the *maximum* error to which the estimates in Table 1 in our text are subject.

For convenience, we will now speak of the gross investment series derived in the manner described above as the "adjusted" series. We want to compute the share of adjusted gross investment in gross national product in the decades 1869–1878 and 1889–1898. We begin by assuming that average "adjusted" gross investment throughout the 1869–1878 (1889–1898) decade is identical with average gross investment throughout the decade of the 1870s (1890s). Next, since the adjusted investment series is lower than the original series, it is necessary to reduce the gross national product estimates (adjusted gross national product) by an equal amount. It is now possible to compute the share of adjusted gross investment in adjusted gross national product across the decades of 1869–1878 and 1889–1898. The results are as follows (for comparative purposes, we include in the tabulation the investment shares for other decades, as well as the original Table 1 shares):

	Estimates from Table 1 Alternative II	Adjusted estimates		Estimates from Table 1 Alternative II	Adjusted estimates
1834–1843	9	9	1869–1878	23	20
1839–1848	12	12	1879–1888	22	22
1844–1853	14	14			
1849–1858	15	15	1889–1898	26	22

The effect of the adjustment, it will be seen, is quite moderate. We conclude, then, that for the analytical ends pursued in this paper, the two lines of evidence relating to U.S. investment yield essentially similar results.

SUPPLEMENT TO PART II
COMMUNICATIONS ON REAL INCOME

HERMAN VAN DER WEE

REAL WAGE INCOME DURING THE ANCIEN RÉGIME IN THE LIGHT OF ECONOMIC GROWTH

*METHODOLOGICAL AND STATISTICAL PROBLEMS**

A thorough analysis of labor income leads to two important conclusions. During the Ancien Régime hired labor represented a partial, often essential, income, element to the important mass of craftsmen who made up the bulk of the urban and rural lower middle class. Moreover, wage labor was an essential income portion to the numerous group of semi-skilled and unskilled workers who represented the lower strata of population.

Problems relative to the critique of sources and publications

Bookkeeping accounts on a micro level are the chief sources of Ancien Régime wage data; they are, however, very heterogeneous, necessitating a careful critique of sources. First, wage data should be representative from an *economic* point of view; they should refer to currency wages that constitute an essential portion of income, at a level chiefly determined by physical and qualitative productivity, and by demand and supply in the labor market. Moreover, wages should be representative from a *statistical* point of view; the frequency of data and continuity of a series of sources should be adequate, unity of place, unity of time (if daily wages) or of measurement (if piece wages), labor performance, and labor category should be rigidly homogeneous.

* For a more detailed discussion of this problem see "Die Geschichte der Löhne und das wirtschaftliches Wachstum", in the series *Kölner Vorträge, gehalten im Seminar für Wirtschafts und Sozialgeschichte der Universität zu Köln herausgegeben von professor Dr. H. Kellenbenz*. We wish to thank Mr. Van de Plas for his kind help in the translation of the text.

The *prosopographic* method can be applied to source research to isolate representative wages from a mass of non-representative data.[1] From a comparison of qualitative and quantitative information on individual workers and individual labor performances (a useful place for computer methods), it becomes possible to exclude an important number of *systematic* errors so that, in computing annual averages, the *law of large numbers* can apply in a pure fashion.

In practice it is extremely difficult to include all qualitative information in the publication of source material, and yet only research during the collection of data can qualify one to proceed on to a justified elimination of the mass of untypical data. I consequently propose that researchers, when publishing wage data, should limit themselves to "purified" frequency tables, preceded by a detailed explanation of methods used and selections made.[2] Moreover, they should construct only one frequency table per labor category for each town or homogeneous rural district; it should be understood that frequency figures originating in the various institutions would be recorded in each case separately in the table, marked with a specific symbol for each institution (a distinction between summer and winter wages should be included).[3]

Real wage income as an indicator of productivity

In modern growth theory real wage income is considered as a significant productivity indicator. On the basis of this growth model Fourastié and Grandamy[4] computed a real price series from the Middle Ages to the present that gave an index of the marginal productivity of labor in the annual ratio between current wheat prices and current money wages for several European countries. Care must be taken to keep real wages representative of labor productivity. Unfortunately, the modern growth model cannot be applied to the primitive economy of the Ancien Régime since it assumes interchangeability among the "labor, land, and capital" production factors, and a

1. For a more detailed discussion on the proposed prosopographic method: H. VAN DER WEE, "Prix et salaires: introduction méthodologique", *Cahiers d'Histoire des Prix*, publiés par le Centre Interuniversitaire pour l'Histoire des Prix et Salaires en Belgique (Louvain: 1956), pp. 32–40; H. VAN DER WEE, *The Growth of the Antwerp Market and the European Economy: Fourteenth–Sixteenth Centuries* (Louvain: 1963), Vol. 1, pp. 38–51, 138–150.

2. H. VAN DER WEE, "Problèmes de statistique historique", *Revue Belge de Philologie et d'Histoire* (1968–1969).

3. For a concrete application of the proposed method see VAN DER WEE, *The Growth of the Antwerp Market*, *op. cit.*, Vol. 1, pp. 333–456.

4. J. FOURASTIÉ, and R. GRANDAMY, "Osservazioni sui Prezzi Salariali dei Cereali e la Produttivita del Lavoro agricolo in Europa dal XV al XX Secolo", *Rivista Storia Italiana* (June 1966), pp. 422–430.

tendency toward their intensive employment in the production process. Both these conditions were not always satisfied in the past. Therefore, the index of marginal productivity of labor cannot be applied as a representative index of total economic growth in west European history before the Industrial Revolution.

Wages, however, could be used in growth analysis in another way. Wages are an important auxiliary instrument for examination of the earning capacity of enterprises, and such profit comparisons in time or in space provide *indirect* information about the evolution of capital and growth processes. For the analysis of earning capacity, total revenue of some farm enterprises, computed on the basis of preserved micro-accounts, could be considered. Family income originating from the farm can be derived after deduction of allowances for home-produced seed, for purchase costs of equipment and supplies, for depreciation of equipment, for wages, rent, and interest. This will yield the net revenue of the agricultural enterprise if wages, rent, and interest are ascribed respectively to personal work performed, use of own land, and use of own invested capital.

Another way to use wages as an indirectly useful instrument for productivity and growth research is in the evaluation of qualitative productivity of labor. During the Ancien Régime productivity gains in the production process were not confined to physical returns on a per labor-hour input basis since the increase of economic return was of more importance. Through differentiation of production and refinement of labor techniques in agriculture and manufacturing, the quality of output increased substantially. Important qualitative productivity gains were realized in higher qualitative output per working-hour input. In industry such gains were primarily determined by an increase in the number of highly skilled workers (at the expense of the unskilled and semi-skilled group), and by an expansion of the specialized and differentiated industrial sector. This constituted a kind of "technological gap" between one region and the rest of Europe. Within the boundaries of a demographically industrial stable region (for example, Flanders, Brabant, and Hainaut during the late Middle Ages and early modern times), where the supplies of labor and subsistence food products were almost equal, a comparative study of real or even nominal wages of skilled workers per city or per region could indicate "qualitative" productivity growth differences per city or regions.[5]

5. For the concrete elaboration of this example of interurban comparison see: H. VAN DER WEE, "Das Phänomen des Wachstums und der Stagnation in Lichte der Antwerpener und südniederlandischen Wirtschaft des 16. Jahrhunderts", *Vierteljahrschrift für Sozial- und Wirtschaftsgeschichte*, *LIV*, *2* (July 1967), pp. 213–232 and 247 (Graph No. 1).

Real wage income as an indicator of welfare

Due to the primitive technological structure the capital factor is not directly and significantly associated with agricultural and industrial growth during the Ancien Régime. Still, in both sectors an important increase in gross national product and even in per capita productivity occurred. The physical growth of per capita product was due chiefly to the absorption of an important disguised unemployment existing in the towns and particularly in the countryside among the more progressive farmers, who were prepared to adopt new intensive cultivation methods or to integrate an industrial subsidiary activity into their farm enterprise. On the economic or qualitative level growth of per capita product was chiefly due to the accelerated widening of the group of highly skilled craftsmen or to the introduction of new agricultural crops.

In this model of growth an essentially dynamic role is performed by income, as characterized by its increasing *level* and by a tendency toward a more equal *distribution*. Income leveling gives rise to income effects that drive employment and per capita output by a cumulative broadening of demand for nonessential food products and manufactured items. The weight that we give income leveling diverts the center of growth dynamics during the Ancien Régime to middle class income. How might this income be quantitatively derived in a justified fashion?

A vague method of computing disposable income of independent enterprises in agriculture, commerce, and industry consists of a graphic or mathematical comparison of producers' prices with the sum of production costs and fiscal charges. Weighted coefficients (eventually applicable to the average of producers' prices) and details of production costs and fiscal charges, are to be excerpted qualitatively from the micro-accounts. The main disadvantage of this method is that it does not account for the influence of productivity on revenue, nor for the consumption and income resulting from eventual subsidiary activities. The use of parameters to account for these corrections seems to increase the arbitrary character of comparisons.

A second method to approach approximate disposable revenue consists of the selection of typical welfare components. In the case of agriculture, for example, development of livestock, of technical equipment, and of indebtedness (per output unit or per homogeneous group of production units) may be considered. In the case of craftsmen's shops, the evolution of real estate and other real assets of a homogeneous group of enterprises may be relevant. We applied this method successfully to Brabant.[6]

6. VAN DER WEE, *The Growth of the Antwerp Market*, *op. cit.*, vol. I, pp. 493–496 ("Money debts and debts in kind, yearly due to the poor relief of Lier by a large group of peasants"); p. 508 ("Yearly statistics of livestock of 45 farms, belonging to the Abbey of Tongerlo in Brabant").

A third method consists of calculating the purchasing power of *revenue*. In the case of a farm, for example, a weighted index of agricultural producers' prices could be compared with a weighted index of retail prices which considers the real consumption pattern of farm families when it is directed towards the market. A similar method may be applied to urban as well as rural independent industrial enterprises. Finally, it may also be incorporated into a study of real wage income. This provides better guarantees of a more accurate reflection of reality. Since wages alone are considered on the assumption that they constitute an essential element of disposable income, one gets a clear-cut revenue datum that refers to a homogeneous group of lower middle class members or unskilled workers. We have already applied this method in relation to wage income in Brabant[7], but this application requires some additional explanation (see Appendix).

In addition, two problems had to be considered. First, piece-wage series, if used, had to be converted into daily wages. Second, yearly nominal disposable income was adjusted by an *index of employment* in the building industry, based on yearly building expenditures of a whole series of urban establishments in Brabant (at constant prices). The highest figure of mobile median averages over 11 years has been considered as representative of the full employment situation equal to 270 working days (195 in summer and 75 in winter). Lower median averages were adapted downward in proportion for the construction of the employment index.

This calculation method accounts only for interdecade or long-term tendencies in employment. Interdecade or long-term population growth should of course be considered, since a growing tendency in building activity may indeed miss its increasing effects on per capita employment and consequently on per capita income if this increased activity is spread over a larger number of construction workers.[8] A parameter of interdecade or long-term demographic development should therefore be added to the building activity index. This parameter, however, will be in a rigid proportional relation to population growth only to the extent that there exists a rigid proportionality between the increase in construction workers and the growth of the total actively employed population. This was not the case in Antwerp during the 15th and 16th centuries, where active population growth especially benefited the sectors of services and highly skilled industry. Therefore we did not include this parameter in our calculations.

Instead of concentrating the calculations upon interdecade or long-term employment tendencies, one might also analyze the short-term swings in

7. *Ibid.*, Vol. III, p. 92 (Graph No. 40).

8. I wish to thank Prof. Dr. E. Le Roy Ladurie very much for the penetrating remarks he made in his report on this part of my communication.

building activity. To discard *accidental* extreme fluctuations, moving averages over three years could be calculated from a series of annual index averages, such as were obtained from an analysis of building expenditures at constant prices of the various urban institutions in Brabant (see above). Cyclical reality would be calculated on the basis of these shifting averages over three years: the highest figure obtained would then be considered to represent a full-employment situation equal to 270 working days (195 in summer and 75 in winter). Lower figures would be adapted downward. Here, only the demographic evolution should be taken into account, since short-term labor migration significantly influences the supply of labor.

Eventually, depending on available information, a productivity deflator also could be used (by way of changes through time in the ratios between skilled and unskilled labor in the construction industry). We, however, made no use of such a deflator, in the absence of concrete indications of significant productivity gains in the building industry during the period.

Once disposable nominal yearly income had been computed and adjusted in this way, and the consumption package was established through use of the preserved micro-budgets, one could determine the income necessary to provide one year's subsistence to a typical craftsman family consisting of five members (father, mother, and three children under 12 years of age). This package was converted to monetary terms by means of current annual prices.

The residual percentage margin which resulted from an annual comparison of the two series reflected the percentage of disposable income available for purchase of nonessential food products and industrial manufactured items. We considered this percentage as an approximate welfare index for the wage-earner category. The consumption package in terms of both absolute annual money values and trend figures (interquartile mobile medians over 11 years) could be compared with disposable adjusted nominal yearly income expressed respectively in short-term or long-term figures, so that the development of wage earners' welfare could be followed up from a *short run* as well as a *long run* point of view.

Appendix

1. Nominal wage income per annum (assuming full employment):

$$Y_t^* = 195\ W_s + 75\ W_w \tag{1}$$

2. Employment index:

$$B_t = \frac{1}{n} \sum_{c=1}^{n} a_c E_c \tag{2}$$

$$E_c = \sum_{i=1}^{mc} b_{ic}E_{ic} \tag{3}$$

$$N_t = \frac{B_t}{B_{max}} \tag{4}$$

$$B_t = \frac{\frac{1}{n}\left\{a_{c'} \sum_{i'=1}^{x} b_{i'}IE_{i'} + a_{c''} \sum_{i''=1}^{y} b_{i''}IE_{i''} + \ldots\right.}{P_tD_t}$$

3. Nominal wage income per annum adjusted for employment:

$$Y_t^{**} = (195W_s + 75W_w) \cdot N_t \tag{5}$$

4. Index of adjusted discretionary wage income per annum:

$$Y_t^{***} = \frac{Y_t^{**} - \sum_{p=1}^{q} P_qQ_p}{Y_t^{**}} \tag{6}$$

$$Y_t^{***} = 1 - \frac{\sum_{p=1}^{q} P_qQ_p}{Y_t^{***}} \tag{7}$$

Key

B_{max} = maximum index of yearly average expenditure on building (new building and repairs) by urban institutions in Brabant (at constant prices and with a constant number of workers) (See text, p. 322)

B_t = index of average expenditures on building (new building and repairs) by urban institutions in Brabant (at constant prices and with a constant number of workers)

E_c = index of average expenditure on building a given Brabant city in a given year at constant prices and with a constant number of workers

E_{ic} = index of expenditure by a given institution on building in a given Brabant city in a given year at constant prices and with a constant number of workers

P_p = prices in a given year

Q_p = quantities of food products essential to subsistence, consumed in a given year

W_s = daily wages in summer in a given year

W_w = daily wages in winter in a given year

a_c = weighting coefficient, based on the importance of population of the Brabant cities considered

b_{ic} = weighting coefficient based on the importance of patrimony of the institutions considered in a given Brabant city

c = subscript for cities in Brabant

i = subscript for institutions in the cities of Brabant

m_c = number of institutions in city c

n = number of cities considered

p = subscript for food products essential to subsistence, based on family budget information of the period (bread, cheese, meat, fish, butter, peas)

q = number of subsistence goods consumed.

ANDREJ WYCZAŃSKI

LES ASPECTS SOCIAUX DE LA RECHERCHE SUR LA CONSOMMATION ALIMENTAIRE À L'ÉPOQUE PRÉSTATISTIQUE

La recherche sur la consommation alimentaire aux 16ᵉ et 17ᵉ siècles constitue depuis quelques années l'objet d'un intérêt croissant, surtout depuis l'enquête des *Annales* de 1960 à 1964. Il me semble pourtant que les résultats obtenus soient plus fructueux à la condition que la recherche future soit plus concentrée sur la consommation populaire d'autrefois, tandis que les travaux déjà accomplis s'occupent presque toujours de l'alimentation d'un groupe un peu isolé et spécifique, dont l'alimentation ne ressemble pas à celle des autres groupes plus larges de la population du pays.

Pour vérifier cette conclusion je voudrais présenter certaines différences visibles entre l'alimentation noble et l'alimentation populaire, considérant la première comme celle de la noblesse riche ou de la cour royale, et la seconde comme celle du personnel des réserves *(folwarki)*, pareille à l'alimentation des masses paysannes. Notre analyse est basée sur nos propres recherches concernant l'histoire économique de la Pologne aux 16ᵉ et 17ᵉ siècles.

Or, aux 16ᵉ et 17ᵉ siècles les différences sociales de l'alimentation sont en général plus grandes que celles provoquées par les différences régionales et même chronologiques. La consommation considérée comme paysanne et celle qui correspond approximativement aux habitudes alimentaires des gentilhommes au 16ᵉ siècle sont différentes dans tous leurs éléments comparatifs, comme le niveau, la composition en produits, la valeur monétaire et enfin la composition nutritive. Le niveau paysan représente quelques 3 500 calories par personne par jour, celui d'un gentilhomme au-dessus de 5 000 calories (avec un gaspillage probable). Le second mange beaucoup plus de pain blanc, de viande, de poissons, de beurre et il boit deux fois plus de bière. Comme supplément on voit les épices (poivre et safran surtout), parfois l'huile, les prunes hongroises, le riz, enfin pour les fêtes le vin et peut-être l'eau de vie. En général les produits consommés par un gentilhomme représentent une qualité meilleure et ils sont plus variés.

La valeur monétaire de l'alimentation quotidienne d'un gentilhomme représente environ 230 % de la valeur de l'alimentation paysanne. L'emploi de l'unité comparable, à savoir 1 000 calories, diminue cette différence de la valeur monétaire, mais malgré cette réduction chaque 1 000 calories consommées par un gentilhomme coûte 50% de plus que la même quantité con-

sommée par un paysan. Enfin la composition des éléments nutritifs présente, elle aussi, une différence bien visible. Le pourcentage des protides monte de 10 % à 14 % dans l'alimentation d'un gentilhomme, des lipides de 6 % à 8 %, tandis que le pourcentage des glucides tombe légèrement.

La consommation alimentaire correspond dans son aspect social à la position d'un gentilhomme de l'époque, et c'est encore quelque chose de modeste en comparaison avec la consommation de la cour royale ou d'un noble riche. A un niveau supérieur (vers 6 000 calories) la différence, provoquée par une dépense plus grande peut-être, consiste en une grande consommation de pain blanc, de viande, de poisson. Il y a aussi des produits étrangers qui participent largement dans cette consommation, comme le riz, l'huile, les épices (poivre, saffran), sucre, raisin, les fruits méridionaux, le vin. La qualité meilleure concerne aussi les produits du pays, enrichis par le gibier, les fruits frais, secs et confis, enfin le homard.

La haute qualité des vivres provoque la montée des frais de l'alimentation. Si 1 000 calories mangées par un gentilhomme vers 1542 représentaient la valeur de 0,12 groszy, la même quantité consommé par un grand noble ou par la cour royale représentait la valeur de 0,19 à 0,30 groszy. La richesse des produits et la qualité provoque aussi le changement de la composition nutritive. La participation des protides monte encore (19 %), des lipides aussi (12 %), le pourcentage des glucides tombe et il présente 69 % contre 78 % dans le groupe précédent.

La présentation raccourcie des différences sociales dans le domaine de la consommation alimentaire d'autrefois semble permettre de tirer les conclusions suivantes:

D'abord, la consommation alimentaire aux 16e et 17e siècles correspond assez exactement à la structure sociale de la population.

Ensuite, la consommation alimentaire observée à la cour royale ou dans les maisons des nobles est presque complètement différente de celle qu'on trouve dans la situation des masses populaires du pays.

L'étude sur l'alimentation populaire semble conduire vers des conclusions plus larges. Nous ne voulons pas proposer ici la recherche autonome de la consommation alimentaire populaire comme l'objet unique, mais comme le sujet principal, en continuant la recherche sur l'alimentation des autres groupes sociaux, comme tâche intéressante et nécessaire. L'étude de la consommation alimentaire populaire correspondant aux réalités concernant la majorité de la population du pays, pourra permettre de profiter des résultats pour des buts scientifiques plus larges, à savoir:

1. La reconstitution des besoins alimentaires du pays à l'époque est possible à partir de la connaissance de l'alimentation populaire. La tâche n'est pas facile, mais elle est faisable et les résultats sont assez probables. Mais la

multiplication simple ne suffit pas. Il est nécéssaire de faire au moins deux types de corrections: l'une pour les différences sociales dans l'alimentation, l'autre pour les différences démographiques, c'est-à-dire pour la consommation réduite des enfants.

2. Le commerce extérieur est en général mieux connu dans la recherche historique. Cette connaissance permet d'ajouter des quantités exportées des produits alimentaires et de soustraire les quantités importées, la calculation qui conduit vers l'établissement du volume de la production alimentaire nette du pays. La production alimentaire nette nous présente aussi le volume de la production agricole dans sa partie majeure, c'est-à-dire celle consacrée à la consommation par les gens, sans la nourriture des animaux et sans la semance.

3. Dans cette situation l'évaluation de la production agricole brute devient aussi possible. A l'aide du coefficient de la récolte *(yield ratio)* nous pouvons chercher le volume approximatif de la production végétale, surtout céréalière, comme l'étude de l'élevage peut nous aider à évaluer la production animale.

4. Nous savons que dans les premiers siècles de l'époque moderne c'est l'agriculture qui dominait dans l'économie de tous les pays et que c'est la production agraire dans le sens large qui créait la partie dominante du revenu national. Pour l'évaluer, il reste surtout deux problèmes à résoudre: à savoir, trouver les prix qui doivent être bien documentés comme aussi réprésentatifs, ce qui est une tâche relativement facile, et évaluer cette partie du revenu national, qui est formée par les gens qui travaillaient en dehors de l'agriculture. Ce dernier problème est très difficile, les solutions possibles ne sont pas entièrement satisfaisantes, mais l'erreur d'évaluation reste relativement insignifiante. L'établissement de grandeur approximative du revenu national dans cette situation est une action dangereuse, mais possible, et peut-être fructueuse.

YASUSHI TODA

AN INTERCOUNTRY COMPARISON OF THE CONSUMPTION LEVELS OF INDUSTRIAL WORKERS' FAMILIES

Russia 1913 – U.S.A. 1901

This paper attempts to compare the level and pattern of personal consumption of Russian industrial workers in 1913 with that of comparable workers in the United States in 1901. This study has two purposes. First, to present a reliable estimate for the indexes of consumption to compare these two countries: one index representing the ratio of per capita consumption expenditures in terms of the retail prices of Russia, the other index representing that ratio in terms of the retail prices of the United States. Second, to find the theoretical significance of using these two indexes.

Data on Russia in 1913 and the United States in 1901

I obtained most of the information concerning the level and pattern of consumption from two household budget surveys: the survey conducted by Prokopovich in 1908 of 570 workers in St. Petersburg,[1] and the report of the U.S. Department of Labor and Commerce in 1901 on 11,156 "normal" families in U.S. cities.[2] Having excluded savings and transfer payments, I established the total consumption level and divided it into 11 categories on the basis of the classification method used in the United Nations national income account. The consumption thus estimated consists of both the financial expenditures and incomes in kind (free meals and free housing) of individual families, but not free public services.

Shortcomings of Russian budgetary data required three additional corrections. First, since the sample size of the budget survey is small, I calculated a national average consumption level through estimation of the cross-sectional consumption function and the national average of industrial workers' annual earnings reported by the State Factory Inspectors.[3] Second, this survey has an upward bias, representing more high wage earners than low. To correct this bias and find the proper number of families belonging to

1. S. N. PROKOPOVICH, *Biudzety Peterburgskikh Rabochikh* (St. Petersburg: 1909).

2. Department of Commerce and Labor, "Cost of Living and Prices of Food", in *Eighteenth Annual Report of the Commissioner of Labor (1903)* (Washington: 1904).

3. Ministerstvo Torgovli i Promyshlennosti, Otdel Promyshlennosti, *Svod Otchetov Fablichnykh Inspektorov za 1908 god;* A. G. RASHIN, *Formilovanie Rabochego Klassa Rossii* (Moscow: 1958).

each income bracket in the cross-sectional data, I used the distribution of industrial workers according to their daily wage earnings.[4] Third, the families' size and number of breadwinners was adjusted to the national average by making use of the results of the first population census in 1897 and the subsequent changes in the size and composition of workers' families.[5]

After making these corrections on the Russian data, I calculated the per capita consumption expenditures on 11 groups of goods and services in Russia and the U.S. by estimating the expenditure functions on individual commodity groups for each country. Weighted regressions in double-log form, with the total consumption per capita as an explanatory variable, were used in this estimation. The U.S. functions take the family size as an additional explanatory variable.

To construct the cost of living index between the two countries, I compared the average retail prices of 66 individual goods and services for Russia in 1913 and for the U.S. in 1901.[6] The ratios of Russian prices to U.S. prices were calculated for each of the commodity groups with the intragroup expenditure patterns of each of the two countries as weights. Then I estimated the price ratios for all the goods and services with the intergroup expenditure patterns of the two countries as weights. Based on these price ratios and the per capita consumption expenditures of the two countries, I calculated two ratios of the per capita consumption of Russia relative to the U.S. for each group and the total, one ratio measured with Russian prices, the other with U.S. prices.

Thus far I have been concerned only with comparison of personal expenditures and income in kind. To narrow the gap between the concepts of personal expenditure and personal welfare, I also took into account public

4. Tsentral'noe Statisticheskoe Upravlenie, *Trudy*, Tom. 7, Vypusk 1, *Statisticheskoe Sbornik za 1913–1917 gg.* (Moscow: 1921).

5. RASHIN, *op. cit.*, N. A. TROINITSKII, (ed.), *Raspredelenie Naselenia po Vidam Glavnykh Zaniatii i Vozrastnym Gruppam po Otdel'nym Raionam* (St. Petersburg: 1905), Tom. 1–4, Tablitsa 20.

6. Board of Trade, Great Britain, *Cost of Living in American Towns* (London: 1911); Bureau of Labor, Department of Commerce and Labor, *Retail Prices, 1890 to October 1912* (Washington: 1912); Bureau of Labor Statistics, Department of Labor, *Bulletin*, No. 334 "Retail Prices, 1913 to December 1922" (Washington: 1923); Department of Commerce and Labor, *op. cit.;* Kon'iunkturnyi Institut, *Biulleten'*, No. 5–6 (Moscow: 1928); Petrogradskaia Gorodskaia Uprava, Statisticheskoe Otdelenie, *Kratkii Svod Statisticheskikh Dannykh po Gorodu Petrogradu za 1913—1914 gg.* (St. Petersburg: 1914); S. G. STRUMILIN, *Ocherki Ekonomicheskoi Istorii Rossii* (Moscow: 1960); Tsentral'noe Statisticheskoe Upravlenie, *Statistika Truda*, No. 4–5, 1926; Tsentral'noe Statisticheskoe Upravlenie, Otdel Statistiki Vnutrennei Torgovli, *Trudy*, Tom. 32, Vypusk 1, 1926; Tsentral'noe Statisticheskoe Upravlenie, Otdel Statistiki Vnutrennei Torgovli, *Dvidzenie Tsen na Glavnye Predmety Potreblenia* (Moscow: 1923–1926).

expenditure on education by estimating this expenditure plus the individuals' payments of tuition fees at the primary and secondary school levels for the two countries. I used the ratio of teachers' salaries and the estimated purchasing power parity of consumer goods and services as an approximation to the factor cost index of educational services. The data for my estimation are limited to the schools in Moscow and 50 major cities of the U.S. from 1912 to 1913.[7]

Results of the comparison between Russia and the United States

Per capita consumption of Russia in 1913 relative to that of the United States in 1901 is presented in Table 1. Russian consumption amounts to 63% of that of the United States when U.S. prices are used in constructing the "quantity" index. It amounts to 34% of U.S. consumption when Russian prices are used. With regard to individual commodity groups, Russian consumption was higher than that of the U.S. for two areas: grain products and miscellaneous services (church services, trade-union fees, school tuition fees, and so on). In regard to total food and beverages (alcoholic and non-alcoholic), Russian consumption relative to the United States is above the range between the two ratios of total consumption. On the other hand, the Russian consumption relative to that of the United States is below the range of total consumption for six groups: tobacco, clothing and other personal effects, housing rent, fuel and light, transportation and communication, recreation and entertainment.

Theoretical implications of my Russia–United States comparison

Tables 2 and 3 attempt to shed some light on the theoretical implications of using two "quantity" indexes in the comparison of the consumption levels of two countries. In those tables, $\bar{x}_i^R$ and $\underline{x}_i^R$ represent per capita "quantities" of the i-th commodity group which the average U.S. consumer would have used had he faced Russian price structure and had his income undergone the compensated change corresponding to the shift from U.S. to Russian price structure; $\bar{x}_i^R$ denoting the per capita consumption of the i-th commodity group at the point of over-compensated change in income, $\underline{x}_i^R$ denoting that at the point of under-compensated change in income (see

7. Bureau of Census, Department of Commerce, *1957 Census of Government, IV, 3, Historical Summary of Government Finances in the U.S.* (Washington, 1959); Ministerstvo Narodnogo Prosveshchenia, *Podgotovitel'nye Raboty po Vvedeniu Vceobshchego Obuchenia v. Rossii*, Vypusk vos'moi (St. Petersburg: 1914); Moskovskoe Gorodskoe Upravlenie, *Sovremennoe Khoziaistvo Goroda Moskvy, 1913*, pod redaktsiei I. A. Vernera (Moscow: 1913); U. S. Commissioner of Education, *Report of the Commissioner of Education for the Year Ended June 30, 1913* (Washington: 1914), Vol. 2.

TABLE 1

*Per capita consumption of Russia in 1913 relative to the U.S. in 1901**
(with U.S. consumption as 100)

	In terms of U.S. prices in 1901 %	In terms of Russian prices in 1913 %
Food	98	67
Grain products	561	437
Meats, poultry, fish, and dairy products	52	41
Other foods	34	29
Beverages	98	83
Tobacco	15	14
Clothing and other personal effects	26	21
Housing rent	16	16
Fuel and light	22	18
Household goods and operations	61	41
Personal care and health expenses	64	26
Transportation and communication	15	13
Recreation and entertainment	20	14
Miscellaneous services	175	263
Total personal consumption	63	34
Primary and secondary school education (at factor costs, including public expenditures) in 1912–13.	30	22

* *U.S. consumption is rated as 100%.*

reference 8 for the definition.). Similarly, $\bar{x}_i^A$ and $\underline{x}_i^A$ represent the per capita quantities consumed by the average Russian worker's family at the points of over- and under-compensated change in income due to the shift of price structure from Russia to the U.S. I obtained expenditures at the four points of compensated change in income from the two countries' average consumption levels, cross-sectional expenditure functions, and the price ratios of individual commodity groups.

In Table 2, I present two additional indexes of per capita consumption; the second index measuring the difference of Russian consumption from

8. P. A. SAMUELSON, "Consumption Theorems in terms of Overcompensation rather than Indifference Comparisons", *Economica* (February, 1953).

TABLE 2

Estimation of Four Indexes of Consumption, Russia in 1913 Relative to the U.S. in 1901

Index comparing the observation point of Russia with the point of over-compensated change in income of the U.S.(*)	$\frac{\sum p^R x^R}{\sum p^R \bar{x}^R}$	34.38
Index comparing the observation point of Russia with the point of under-compensated change in income of the U.S.	$\frac{\sum p^R x^R}{\sum p^R \underline{x}^R}$	57.67
Index comparing the point of under-compensated change in income of Russia with the U.S. observation point	$\frac{\sum p^A \underline{x}^A}{\sum p^A x^A}$	36.42
Index comparing the point of over-compensated change in income of Russia with the U.S. observation point. *	$\frac{\sum p^A \bar{x}^A}{\sum p^A x^A}$	63.16

* The same as the index of total personal consumption in Table 1.

the consumption of the United States at the point of under-compensated change in U.S. income due to the shift of U.S. prices to Russian structure, and the third index measuring the difference of the U.S. consumption from the Russian consumption at the point of under-compensated change in Russian income due to the shift of its prices to the U.S. structure. The first and fourth indexes are the same as the indexes of total consumption of Table 1. The first index, that of total consumption in terms of Russian prices, theoretically means the measurement of the difference between the Russian observation point and the point of over-compensated change in U.S. consumption along the Russian expansion path. Similarly, the fourth index measures the distance along the U.S. expansion path between the U.S. observation point and the point of over-compensated change in income of Russia.

According to Professor Hicks,[9] the difference between the two indexes of total consumption in Table 1 can be broken down into two terms: the substitution effect and income effect, namely

9. J. R. HICKS, *A Revision of Demand Theory* (Oxford: 1956), Chap. 19.

$$(\sum p^A x^R / \sum p^A x^A) - (\sum p^R x^R / \sum p^R x^A) = \frac{\sum p^A (x^R - x^{*A})}{\sum p^A x^A} - \frac{\sum p^R (x^R - x^{*A})}{\sum p^R x^A} +$$

$$+ \frac{\sum p^R (x^A - x^{*A})}{\sum p^R x^A} - \frac{\sum p^A (x^A - x^{*A})}{\sum p^A x^A}$$

$$= S^R + I^A$$

where the substitution effect S^R measures with the prices of two countries (Russian p^R and the U.S. p^A) the distance between the observation point of Russia (x^R) and the point of exact compensated change in its income due to the shift of price structure to the U.S. (x^{*A}). The income effect I^A, on the other hand, measures with the prices of two countries the distance along the U.S. expansion path between the U.S. observational point (x^A) and the point of exact compensated change in Russian income.

Similarly, the difference between the reciprocals of the two indexes of total consumption in Table 1 can be broken down into two effects: the substitution effect S^A at the U.S. income level and the income effect I^R along Russia's expansion path. In Table 3, I approximated the point of exact compensated change in income by estimating the points of over- and under-compensated change in income and broke down the difference in the consumption indexes into the substitution effect and the income effect.

I have three purposes in estimating the two additional indexes in Table 2 and the income and substitution effects in Table 3. First, to determine whether the income effect is positive or negative. The positive income effect in index numbers is equivalent to the situation where the prices of goods in Russia relative to the United States are negatively correlated to the per capita consumption of those goods in Russia relative to the United States *along an expansion path* (namely, x^R relative to x^{*A}, and x^{*R} relative to x^A). In other words, this situation describes a general tendency such that the higher the price of an item in Russia relative to the United States, the wider the gap between per capita consumption of that item in the two countries when consumers in both countries face the same price structure. This hypothesis of a negative correlation is closely related to Professor Gerschenkron's hypothesis of a negative correlation in index numbers,[10] but my hypothesis is more restrictive than Gerschenkron's. As can be seen in Table 3, the income effects I^R and I^A are both positive. This conforms to my finding that the comparison of personal consumption in the United States

10. ALEXANDER GERSCHENKRON, assisted by ALEXANDER ERLICH, *A Dollar Index of Soviet Machinery Output* (Santa Monica: 1951).

TABLE 3

Estimation of the substitution effect and the income effect in index numbers

(I) The substitution effect at Russian income level (S^R) and the income effect along the U.S. expansion path (I^A).

	With the point of undercompensated change in income of Russia as the dividing point.	With the point of overcompensated change in income of Russia as the dividing point.
	%	%
S^R	26.74	27.06
I^A	2.04	1.72
S^R+I^A	28.78	28.78

(II) The substitution effect at the U.S. income level (S^A) and the income effect along the Russian expansion path (I^R).

	With the point of undercompensated change in income of the U.S. as the dividing point.	With the point of overcompensated change in income of the U.S. as the dividing point.
	%	%
S^A	117.48	11.62
I^R	15.05	120.91
S^A+I^R	132.53	132.53

with western European countries revealed mostly the positive income effects.[11]

Second, there is a theoretical point remaining in the discussion of index numbers. The controversy in the 1920s and the 1930s made it clear that the per capita consumption of a low-income country relative to a high-income country using the prices of the former as weights (34% in Tables 1 and 2) was the lower limit of the true index number under the price structure of the low-income country. On the other hand, the consumption of Russia relative to the United States in terms of U.S. prices (63% in Tables 1 and 2) is the upper limit to the true index number under the U.S. prices. There are two true indexes, each of which has only one boundary, either upper or lower, and the boundary is open for each index in the opposite direction.

11. YASUSHI TODA, *The International Comparison of Consumption. Studies in Index Number Theory and Measurement* (Ph.D. thesis in progress at Harvard University).

Some participants in the controversy rightly pointed out that the open end could be filled by finding the two points of under-compensated change in income.

As I proved elsewhere,[12] in order to find the upper and lower limits of two true indexes one need not estimate the two points of under-compensated change in income provided that the income effect in index numbers is positive. Because the positive income effect is a sufficient condition to insure that an index number of the Laspeyre type will be greater than both true indexes, and that an index number of the Paache type will be smaller than both true indexes. My estimation of the income effects I^R and I^A are both positive. Hence, the conventional index number in terms of Russian prices (34%) is smaller and the conventional index number in terms of the U.S. prices (63%) is greater than the true indexes; therefore the true index in terms of Russian prices is somewhere between 34% and 58% and the true index in terms of U.S. prices is somewhere between 36% and 63%.

My third purpose is to test the extent to which the tastes of Russian workers and U.S. workers are similar. This test cannot be performed without bypassing the empirically insoluble problem of interpersonal welfare comparison and assuming naively that the 1940 Hicks criteria for the measurement of national income are still valid. The crucial weakness of these criteria is of course that they are based on the revealed preference of an individual consumer and not a group of people. Another minor limitation of the criteria is that they are powerless if the per capita income levels of two countries are so different that the one is higher than the other no matter which prices are used as weights for the "quantity" indexes. My extension of the 1940 Hicks criteria suggests that the hypothesis of similar tastes between two nations should be rejected if the expenditure at the point of under-compensated change in income turns out to be greater than the expenditure at the point of over-compensated change in income. In other words, the criterion for the rejection of that hypothesis is

$$\sum p^R x^A = \sum p^R \bar{x}^R < \sum p^R \underline{x}^R \text{ and/or } \sum p^A x^R = \sum p^A \bar{x}^A < \sum p^A x^A.$$

This is equivalent to saying that in Table 2 the first index number is greater than the second index number and/or the third is greater than the fourth. However, my estimations in Table 2 show the opposite case. Therefore, based on my criteria one cannot reject the hypothesis of similarity of tastes between Russian and U.S. workers' families, although of course this by no means implies that their tastes are identical.

12. *Ibid.*

V. LYIBIMOVA

PERSONAL CONSUMPTION IN DEVELOPED CAPITALIST COUNTRIES

Global studies of the dynamics of the volume and structure of personal consumption are needed to understand the changes taking place today in reproduction, to analyze problems of national income and accumulation, and for economic forecasting and programming. Moreover, an examination of personal consumption is of sociological significance in studying the condition of the working people. Of greatest interest is the evolution of consumption in the last 20 years, a period marked by a relatively high level of employment and wages. Discussion of a longer period is not suitable as the subject of this paper (except for a few categories) because several decades ago many modern goods and services were not available.

The expansion of personal consumption, especially evident since the mid-1950s, has given rise to numerous theories of the "single industrial society" that develops as a "consumption society". Here, ideally, class differences are obliterated and the intrinsic contradictions of capitalism are abolished, including the contradictions between expanding production and the lagging effective demand of the masses. However, an attentive and unbiased study of the dynamics and structure of personal consumption shows that the acuity of this contradiction has by no means diminished. The marketing of huge quantities of new goods is counteracted by the "incomes policy" (a restraint on growth in consumption by the freezing of wages). The sale of consumer goods remains one of the most difficult of tasks even with extensive use of consumer credit, without which the sale of new articles, especially durable goods, would be impossible. Consumption retains its class nature in that there are major differences in quantity and quality of goods and services.

The growth of personal consumption is explained by numerous economic, political, and psychological factors. Deep shifts in the pattern of social production are taking place under the impact of the scientific and technological revolution. Ultimately, these shifts are displayed in the flow of new goods to the market, which must be introduced into the consumers' daily lives. Without expansion of the mass consumption of these new goods, the general rates of scientific and technological progress would be slowed. This, in view of the competition between the two world systems, implies a serious loss for capitalism, which it seeks to avoid at all costs. Objective factors impel the capitalists: the growth of class struggle forces them to raise wages

and extend the social security system, and at the same time compel them to introduce technical innovation at an increasing rate to compensate for and surpass the rise in wages by higher productivity and efficiency of labor. In turn, these processes bring about an expansion and change in the needs of the working people because the increased labor power gives rise to demand for a bigger volume and wider range of goods and services.

Consumption depends directly upon the level of total wages and social benefits, the situation in the labor market, the level of unemployment, the size of taxes, and the dynamics of prices. These factors are influenced not only by the economic situation but also by shifts in the structure of society.

An increase in the number of employees helps to raise the general volume of personal consumption. However, as they join the overwhelming majority of the gainfully occupied population, the social basis of the working-class movement is extended. This eventually facilitates the success of the workers' struggle to improve their living standard. Growth of wages, accompanied by relatively high employment and widespread use of consumer credit stimulates a rise in personal consumption of broad sections of the population. The psychological factors, too, "keeping up with the Joneses", "being in style", "maintaining social standing" have acquired considerable significance.

An increase in personal consumption, and structural shifts expressed through a drop in the share of income expended for food and an increase in the share expended for transportation, housing, durable consumer goods, holidays and recreation, and medical service are common for all developed countries.

There are noticeable distinctions in the dynamics of these expenditures in separate countries, dependent on the standard of living, climate, and national customs. These changes are also evident in analyzing family budgets; for example, in the United States, Britain, and Belgium the percentage of income spent on food dropped in 15 years from 30% to 24–27%, while in Japan it reaches 40% and in Italy almost 50% of the total income.

Transportation expenditures in family budgets are rising due to increasing purchase and resulting upkeep of automobiles and motorcycles, while expenditures for public transportation are decreasing. In the United States only 14% of the total transportation outlay is allocated to public transportation, although not less than 21 to 23% of the total transportation budget is spent on public systems in western Europe. There are major differences by countries also regarding the quantity of durable goods available.

The class and social differences in consumption within each country are even more considerable. They refute the theory of the "single industrial society" and the "consumption society". Customarily, the lower the family income, the bigger the share of the budget spent for food, while its quality

remains inferior and the variety is poor. For example, in the United States in 1961 high-income families spent 19% of their total income for food, and low-income families, 30%; in terms of money, however, the former families spent five times as much. Class differences are even sharper in expenditures for housing, personal service, and recreation. Yet these expenditures are becoming increasingly necessary to maintain the energies of the workers under the pressure of economic life.

Class differences in educational expenditure are so great that it is difficult to make any comparison. Also, budgets of workers' families show a distinct lag in expenditures for cultural needs, especially for the theater, books, cinema, and so on, which is explained not only by economic but also by social and psychological factors.

All developed countries have backward areas and chronically depressed sectors. Working people who live in "depressed areas" or are connected with backward sectors benefit little from general growth in personal consumption. Moreover, discriminatory wages for women and young people and many other unfavorable factors (low pension levels, low unemployment relief, etc.), also impede the development of personal consumption. The workers' purchasing power is adversely affected by contradictory economic policies that tend to act against wage and social benefit increases and suppress measures for regulation of living costs. In a number of countries taxes are rising almost continuously, due largely to mounting military expenditures. As a result, the personal purchasing power of the majority of the population does not rise as rapidly as might be expected from the growth in industrial output and labor productivity.

An analysis of budgets of factory and office workers shows that little money is allotted for the purchase of many articles, especially durable goods. Thus, purchases are made primarily on credit. The development of consumer credit greatly helped to extend the range of goods bought by the working man. At the same time consumer credit created a debt that gravely affects the condition of families of factory and office workers in periods of economic recessions, drops in earnings and job loss, and also influenced the functioning of the whole credit system.

On the whole, the scope and range of the material and social needs of the working people have grown substantially and the evolution of their consumption increasingly affects the general scale of personal consumption. The conversion of new needs into ordinary, traditional ones would not have been as swift had there been no energetic struggle by the working people to improve their living standard. Moreover, their demands increasingly go beyond the pure "consumer" bounds and call for deep structural democratic reforms in economic and political life.

VI

LAND OCCUPATION, SETTLEMENT AND "FRONTIERS"

INTRODUCTORY NOTE

Alvaro Jara accepted on the urgent plea of the Executive Committee to organize discussion of this topic along the general lines laid down by the committee. For a broad view of the problems involved, four sessions were scheduled. The first included both the definition of the theme by Alvaro Jara himself and consideration of medieval frontiers lead by M. M. Postan. The pertinent paper presented by Reyna Pastor de Togneri, "Poblamento, frontera y estructura agraria en Castilla la Nueva (1085–1230)", was published in *Cuadernos de Historia de España, XLVII–XLVIII* (Buenos Aires: 1968), pp. 171–255. Although the session produced no general report on the medieval period, Charles Verlinden's general report, the first of the geographical treatments here presented, points out some links that make the study of medieval frontiers pertinent to understanding those of the New World. More specialized studies of "frontiers" in South America have been shaped into a volume entitled *Tierras nuevas* published by the Colegio di Mexico.[1] Another session was scheduled for consideration of land policies and frontiers in the United States under the leadership of Robert W. Fogel who gave a preliminary report of a study he is now publishing jointly with Jack L. Rutner under the title "The Efficiency Effects of Federal Land Policy, 1850–1900: A Report on Some Provisional Findings", in Aydelotte, Bogue, Fogel, eds., *The Dimensions of Quantitative Research in History* (Princeton, N.J.: 1972).

1. I found it catalogued under the entry "International Economic History Congress, 4th, Bloomington, Indiana, 1968. *Tierras Nuevas: expansión territorial y ocupación del suelo en, America (siglos xvi–xix)*, ed. Alvaro Jara (Mexico: 1969). After Alvaro Jara's Introduction the chapters are: Rolando Mellafe: "Frontera Agraria: El caso del Virreinato Peruano en el siglo xvi"; Enrique Florescano: "Colonización, ocupación del suelo y *frontiera* en el norte de Nueva España, 1521–1750"; Tulio Helperin Donghi: "La expansión de la frontiera de Buenos Aires (1810–1852)"; Ezequiel Gallo: "Ocupación de tierras y colonización agrícola en Santa Fe (1870–1895)"; Roberto Cortés Conde: "Patrones de asentamiento y explotactión agropecuaria en los nuevos territorios argentinos (1890–1910)"; Germán Carrera Damas: "Sobres el alcance e el significado de las políticas agrarias en Venezuela durante el siglo xix".

The wide ranging treatment of the theme was completed by the studies of New Zealand and of eastern Europe which follow.

F.C.L.

ALVARO JARA

OCCUPATION DU SOL, PEUPLEMENT ET FRONTIÈRE: DÉFINITION DU THÈME

J'avais reçu pour mission d'organiser l'une des commissions du Congrès; l'idée de ce rôle ne venait pas de moi, d'autres en ayant déjà imaginé les grandes lignes. Mon intervention s'est donc limitée, d'abord à suggérer un thème de discussion et de travail, ensuite à dégager un certain nombre de considérations.

Un point de départ s'imposait: les conceptions de Turner qui fourniraient, en quelque sorte, la toile de fond de nos discussions.

En revanche, j'ai estimé, pour ma part, que la diversité des situations et des événements présentés dans les communications émanant de notre commission serait une source d'idées neuves et un champ de possibilités. Selon nous, la variété des exemples est éminemment fructueuse quand elle reflète la diversité des époques et des continents. Un tel propos requérait de multiples collaborations; si elles m'ont fait défaut, je tenterai néanmoins de faire saisir ici toute la richesse du thème envisagé. Il serait vain de vouloir trouver dans les cas étudiés par notre commission toutes les modalités du problème, mais l'éventail que nous offrons est déjà riche d'exemples.

Nous disons donc occupation du sol, peuplement et frontière, avec ou sans guillemets. Idées déjà suggestives en soi, toutes les trois, sans aucun doute; mais jusqu'à quel point chacune d'elles, prise isolément, peut-elle suffire à interpréter le passé, à en rendre compte par la seule vertu de ce cas précis?

Ces concepts, ne conviendrait-il pas de les replacer à l'intérieur d'un système, de certaines structures, de certains milieux physiques? Ne dépendent-ils pas étroitement d'un milieu humain donné?

En les isolant l'une de l'autre, comme sources de la connaissance, ne risquons-nous pas d'ignorer l'essence même de chaque réalité? Jusqu'à quel point peut-on courir le risque d'altérer l'ordre des questions?

Peuplement, occupation du sol, mais dans quel type de société? Ou par quel type de société? Faut-il poser les deux questions à la fois? Ou encore en intervertir l'ordre?

Pourquoi ce concept de frontière est-il si riche de sens, pourquoi donne-t-il

lieu à tant d'interprétations? C'est que ses modalités sont aussi diverses que la réalité elle-même.

Mais où commence l'analyse? Ces questions doivent-elles être entendues *stricto sensu*, faut-il s'arrêter au nom même de notre commission ou, au contraire, n'y voir que le signe augmentatif d'une réalité historique plus importante?

Et les limites de cette analyse? Faut-il, là encore, s'arrêter aux concepts proposés ou embrasser toute une société dont ceux-ci ne reflètent que des aspects particuliers?

Pour mieux aborder un problème, il convient de le diviser, de le partager en fractions. Mais, ne l'oublions jamais, chaque fraction n'est qu'un secteur de la vérité et ne nous livre, pour cela, qu'une image génératrice de déformations dangereuses si l'on omet de l'ajuster aux autres pour ne la considérer qu'isolément: on risque de ne voir le tout qu'à travers la partie. Avec peuplement, occupation du sol et frontière, il peut en être de même si nous tentons de leur accorder un sens qui dépasse leur signification.

Ces idées mettent l'accent sur la dynamique d'un processus, le caractérisent à un moment précis, en expriment les constantes ou les aspects les plus visibles; elles peuvent donc être prioritaires dans l'essai d'interprétations, mais il ne faut pas renoncer à une recherche qui mettrait en avant l'analyse des structures mêmes de la société.

Turner nous parle d'une frontière du trafiquant: c'est le trafiquant en fourrures de l'Amérique du Nord, mais c'est aussi le symbole véritable de toute une époque. C'est un élément visible, caractéristique d'une société, mais il n'est pas toute cette société, pour autant qu'il la symbolise. Symbolisation n'est pas définition, ceci ne suffit pas à satisfaire notre curiosité historique.

En ce lieu et à cette époque, le commerce en fourrures a été généralisé. Les pèlerins de Plymouth, comme les explorations des terres vierges dans différentes colonies de la Nouvelle-Angleterre, furent conduits par les trafiquants. La frontière du trafiquant est fluide, mobile, pleine d'agilité, dynamique; c'est un véritable agent de développement et de croissance. Mais, compte tenu de la prudence à observer devant les vicissitudes de l'économie européenne au 17e siècle, que signifierait cette frontière du trafiquant, une fois isolée d'un capitalisme européen en formation? On ne peut concevoir une frontière sans appui, comme il n'est pas possible, non plus, de dédaigner le problème des structures de colonisation, ni les caractéristiques des éléments qui jouent un rôle dans l'expansion. Nous percevons le trafiquant, les fourrures, mais il y a derrière cela tout un système, sans lequel ils n'auraient pas de raison d'être: réseau de navigation, marché européen, genre de vie et moyens de pourvoir aux nécessités.

Il est beaucoup plus facile pour nous de préciser et de schématiser ces idées par un exemple pris dans notre histoire: c'est un type de frontière dans le cadre général de l'Amérique espagnole et qui se rapporte au territoire du Chili, durant les 16e et 17e siècles.

En Amérique espagnole: la frontière militaire du Chili

L'exemple de l'Amérique espagnole nous convainc de cette nécessité de prise en considération des antécédents historiques en fonction de ces trois données: peuplement, occupation du sol et frontière. Dans notre cas, l'occupation du sol et le peuplement sont déterminés par les caractéristiques seigneuriales de la conquête, du financement privé de l'entreprise guerrière espagnole, du système annexe des prix et rétributions aux conquérants, aussi par les caractéristiques sociales du substrat indigène, qui présente des nuances particulières et singulières pour chaque région de l'Amérique.

Cet ensemble d'affirmations exige quelques arguments explicatifs. L'entreprise espagnole de conquête, l'ost indienne *(la hueste indiana)*, était un type d'entreprise privée, dont le fonctionnement dans le cadre américain était réglé par l'Etat. Le système privé de la conquête contribua à donner forme à la société hispano-indigène, lui conférant ses caractères originaux, d'une durée plusieurs fois séculaire. Le moteur, l'élément dynamique de l'expansion provient du jeu des investissements particuliers dans les entreprises conquérantes, qui recherchaient, naturellement, la récupération rapide du capital investi. Le rythme de la conquête, l'avance géographique, était déterminés par le plus ou moins grand succès des entreprises, au fur et à mesure que l'occupation de riches territoires permettait la formation de nouvelles fortunes et donnait la possibilité de faire ainsi de nouveaux bonds; les moyens en étaient extraits du riche milieu américain lui-même.

De plus, il faut remarquer le caractère dominant de l'expansion espagnole: son aspect seigneurial. Financement privé, mais avec un sens seigneurial très fort, qui donnera à la société un visage de longue durée.

Ce sens seigneurial chercha et trouva ses chemins de réalisation matérielle dans le système de prix accordé à l'effort conquérant. Le système de prix était conditionné, d'une part, par les possibilités offertes par le territoire américain, et de l'autre, par les conceptions de l'Etat espagnol et de ses sujets conquérants.

Chaque individu de l'entreprise de conquête voulait devenir seigneur, construire dans le Nouveau Monde ce qui dans sa terre d'origine n'avait pas été possible. Il recherchait, suivant cette aspiration, la possession de terres en quantité suffisante, à la mesure de ses ambitions. Pourrions-nous considérer le système seigneurial comme une institution étrangère à la possession de la terre, mieux encore, à la grande propriété foncière? En même temps,

que signifie cette possession sans celle des bras pour la travailler? Toute position sociale élevée a besoin d'une base matérielle qui le soutient.

Or, la grâce de terres *(merced de tierras)*, titre royal donnant droit à la possession, reçut un corollaire indispensable dans les institutions qui réglaient le caractère obligatoire des prestations indigènes de travail pour les conquérants, et, en général, pour la société espagnole.

Nous ferons allusion à cette forme de tutelle des indiens appelé en espagnol *encomienda de indios*. Elle fut conçue, dans la théorie juridique, comme une cession en faveur d'un espagnol, l'*encomendero*, des tributs que ces nouveaux sujets indigènes devaient au roi. Dans la pratique, la nouvelle institution signifia en plus du tribut, la prestation de services personnels, de travail forcé pour le bénéficiaire des largesses octroyées par la Couronne.

Par la possession de terres jointe au travail forcé des indiens, la base matérielle de la seigneurie trouva sa forme et se perfectionna, jusqu'à devenir, quantitativement, un trait distinctif de la nouvelle société américaine.

Cependant, le militaire victorieux ainsi rétribué pour ses efforts et ses investissements privés dans la conquête, ne devenait pas seulement un entrepreneur agricole. La conception coloniale de la vie, comme la soif européenne de métaux précieux, l'amenèrent à diversifier ses activités et à témoigner un vif intérêt pour les richesses du sous-sol. En outre, il disposait de la main-d'œuvre nécessaire pour le faire, au moins dans la plupart des cas.

Nous ne pourrions continuer cette explication sans faire ici une petite parenthèse. Il faut distinguer des nuances, pourtant décisives, dans le deuxième élément formateur de la société coloniale américaine: le substrat social indigène.

Nous croyons que plusieurs différences observables en Amérique entre les diverses régions dans les phénomènes de peuplement, d'occupation du sol et aussi de frontière, ont leurs racines dans les modalités particulières de la ou des sociétés indigènes trouvées là par les Espagnols, à leur arrivée. Les phénomènes de très longue durée nous apparaissent beaucoup plus cohérents si nous en cherchons l'explication dans le substrat social indigène, cette deuxième composante de la société coloniale.

Il s'agit, à notre avis, du degré de développement économique et social atteint par les sociétés indigènes dans leur évolution pré-hispanique. Si nous pouvions évaluer d'une manière plus précise les divers éléments qui composent une société, probablement pourrait-on établir ainsi, par différenciations, les distances respectives qui séparaient les conquérants espagnols de chacun de ces groupes indigènes soumis par eux. Il deviendrait clair que, pour chaque cas, la distance était différente, plus grande ou plus petite, selon le degré de développement atteint par les indigènes. Et donc, cette distance représentait pour le conquérant la possibilité plus ou moins grande, et quel-

quefois aussi l'impossibilité, de tirer parti du produit de la force de travail autochtone.

Le niveau de productivité atteint au Mexique dominé par les Aztèques, rendait possible l'entrée à Tenochtitlan d'une énorme quantité de produits divers, expression du tribut imposé à chacune des régions soumises à cette domination. Ce haut niveau de rendement signifiait un excédent de production par tête, susceptible d'être utilisé pour n'importe quel groupe ayant la force militaire suffisante pour s'imposer. Il signifiait aussi l'habitude d'une servitude de travail et tout un ordre social du travail: c'est l'Indien sédentaire, enraciné à la terre, au sein d'une organisation économique et politique très complexe.

A l'inverse, l'Indien selvicole, le nomade en général chasseur, pêcheur ou encore au stade de la cueillette, possédait-il une productivité très basse, voire individuellement insuffisante. La possibilité de son assimilation dans un système de production différent s'avérait incompréhensible. Le saut dans le vide qu'il lui fallait effectuer pour réduire la distance entre son degré de développement et celui d'un groupe conquérant nécessairement plus avancé, était fréquemment insurmontable. Il se produisait une rupture. Il n'y avait pas de continuité possible.

Le cas des Incas au Pérou présente beaucoup de ressemblances avec le cas méxicain. Il faut cultiver les terres de l'Inca, les terres du Soleil pour les prêtres, celles de sa propre communauté *(ayllu)*. Il faut maintenir les chemins, les ponts, les communications, bâtir d'énormes constructions de pierre. Tout cela représente une productivité sociale élevée, mais au sein d'un équilibre et d'une exploitation rationnelle des ressources et possibilités effectives de travail de chaque individu composant la société Inca.

Dans cette zone de développement économique et social supérieur, le pouvoir espagnol s'implanta avec plus de facilité et de rapidité; il fut vite suivi d'effet. Le remplacement de l'ancienne couche dirigeante, problème politique en apparence, avait une signification économique profonde. Il s'agissait d'une nouvelle domination, avec un autre style et un autre rythme d'exploitation, beaucoup plus intensive et colorée d'un individualisme qui était la négation de l'ancien équilibre et la négation aussi du sens de conservation des forces socialement productives. Il tendait au bénéfice à court terme, au retour rapide de l'investissement fait dans l'entreprise de conquête, il était l'absence de prévision. La chute verticale de la population indigène dans toute l'Amérique espagnole pendant le 16e siècle est la meilleure démonstration de cette affirmation. Le capital humain fut gaspillé, détruit, réduit dans une proportion que des recherches récentes estiment voisine de 90 % dans certaines régions.

La seigneurie européenne, transmise d'une génération à l'autre, avait

acquis la sagesse d'apprécier ses sujets en tant que la base de son soutien, en tant que forces productives, indispensables à sa stabilité. Dans l'Amérique espagnole tout semblait être de trop et être éternel au moment de la conquête. L'épreuve de la dure réalité des années suivantes devait faire payer cher une pareille erreur.

Toutes ces considérations nous ont conduits à approcher l'exemple chilien. Il manque encore un autre élément d'intérêt dans le panorama américain. Il s'agit du système militaire imposé par les modalités de la conquête. C'est le système privé de la guerre, résultant d'une des institutions déjà mentionnées: l'*encomienda* (tutelle et tribut). Selon le titre de chaque grâce ou merci de cette sorte on exigeait du bénéficiaire (l'*encomendero*) le service militaire avec armes et chevaux pour le cas où il serait appelé à la guerre par le représentant de l'autorité royale. C'était la façon de créer un réseau de sécurité, un réseau de pouvoir militaire, en perpétuant le système privé employé dans la conquête, sans grever les caisses de l'Etat par les dépenses inhérentes au maintien d'une armée, comme celle du roi en Flandre.

Plus le développement économique et social du substrat indigène était grand, plus grande aussi était la stabilité du nouvel ordre imposé par la conquête. Une distance modique entre les deux systèmes facilitait le fonctionnement économique des nouvelles formes de domination. Mais, quand la conquête fut exercée sur des groupes indigènes moins avancés en ce domaine, les difficultés commencèrent. Et nous sommes arrivés au cas chilien.

Dans le territoire du Chili, en ce qui concerne sa partie septentrionale, la conquête inca avait précédé d'environ 75 ans la pénétration espagnole. C'était là un temps suffisant pour transformer les habitudes, les mentalités. On ne doit pas oublier le système inca de colonisation massive *(mitimaes)*, capable d'incorporer les nouvelles populations soumises aux habitudes, usages de travail et du tribut qui étaient celles de l'Empire, tout cela dans une période relativement courte, et en tenant compte de la distance relativement petite entre les deux systèmes.

La domination inca dans le territoire chilien resta effective jusqu'à la rivière appelé Maule, et son influence arriva jusqu'à un autre fleuve, le Bío-Bío. Il nous semble que les limites géographiques de cette domination espagnole effective ne sont, en aucune manière, le fruit d'un hasard quelconque. Dans le Nord et dans le centre, il s'agissait des groupes indigènes de productivité plus élevée, ce qui explique la facilité du remplacement de l'ancienne domination par une autre. Ces Indiens avaient acquis des habitudes de travail et de production excédentaires par tête, ce qui assurait aux nouveaux maîtres une rentabilité en accord avec leurs aspirations. La résistance des Indiens à la conquête espagnole fut fort dure, mais ils se soumirent et travaillèrent pour les nouveaux venus.

En échange, dans la zone située au sud du Bío-Bío, où l'influence inca n'avait pu pénétrer, les conquérants espagnols éprouvèrent à leur tour, les plus grandes difficultés. Il s'agissait de groupes indigènes sans cohésion entre eux, sauf pour la défense commune. Leur agriculture était à ses débuts, la productivité était très faible, et pendant une partie de l'année les Indiens étaient obligés de chasser et de pêcher pour compléter leur alimentation.

Imposer à ces groupes indigènes le travail systématique de l'exploitation minière ou de l'agriculture était quelque chose de trop éloignée de leur conceptions. D'autre part, la domination seigneuriale espagnole était de densité réduite; elle était donc, par définition, instable. Elle n'était pas massive ni placée à côté de la population indigène: elle n'en était, au contraire, qu'une superstructure, sans intégration véritable. Sa durée, dans de telles conditions, ne dépendait que de ses capacités militaires pour maintenir l'occupation. Mais la puissance militaire exige des dépenses continues, des équipements, et tout dépend ainsi des possibilités de revenus.

La précarité de la domination espagnole dans la zone Sud contraste donc avec la stabilité existant dans la zone centrale. Il reste hors de doute que la relation entre l'une et l'autre est en rapport avec les caractéristiques du substrat social indigène.

Dans la zone Sud, bien qu'ayant fondé plusieurs villes et réparti les Indiens en *encomiendas*, les Espagnols n'arrivaient pas à les incorporer de façon permanente dans leur entreprises économiques. L'Indien qui n'a pas des liens solides avec la terre prendra plus facilement la fuite; ce sera difficile de le fixer dans un territoire, difficile aussi de la faire produire. Pour lui, la liberté est dans ses armes, elles lui permettent d'échapper à la domination et à l'imposition d'un système de travail qui lui est impossible de comprendre. Il devient alors un «Indien de guerre», un Indien en état de rébellion.

Les charges militaires supportées par les seigneurs vont s'alourdir, leurs ambitions de conquérants vont connaître une mise à l'épreuve particulièrement dure. Le territoire occupé primitivement par ces Indiens de très bas niveau économique et social, devient une zone de guerre fluide, une véritable frontière militaire, où prédomine la guerre privée, bien dans le style colonial espagnol.

Pendant tout le 16e siècle, l'Etat espagnol prétendit ignorer cette dangereuse situation. Il était défendu de gaspiller les revenus royaux au bénéfice des conquérants et de leurs descendants, forcés d'assurer seuls la sécurité du territoire.

Cependant, en 1598, la situation devait faire face à une crise de structure. La plus grande des insurrections araucanes jusqu'alors allait changer totalement l'ordre des choses. Les villes espagnoles au sud du Bío-Bío furent détruites, rasées, et toute la domination espagnole sembla ébranlée jusque

dans ses fondements. Le système privé de la guerre, malgré quelques secours sporadiques jusqu'à cette date, apparut comme incapable de maintenir le territoire sous contrôle.

A partir de ces événements, la Couronne se vit forcée d'établir un budget annuel de la guerre pour l'entretien de l'armée au Chili; ce budget était alimenté par les revenus tirés du Pérou, ceux du Chili étant tout à fait insuffisants. Le Bío-Bío marqua la frontière et le territoire indien libre restera indépendant jusqu'au 19e siècle.

L'objet essentiel des guerres privées avait été l'entrée des Indiens au service des seigneurs. Quand la frontière devint affairs d'Etat, grâce à cette nouvelle armée, de style plus moderne et européen, fondée sur le recrutement de volontaires avec versement d'une solde en argent, alors les buts de la guerre se modifièrent eux aussi.

Il est exact qu'auparavant les combattants espagnols avaient essayé de réduire leurs dépenses de guerre en condamnant à l'esclavage les prisonniers indiens, bien que ce procédé fût illégal. Dès la création de cette nouvelle armée royale permanente, un arrêt vint officialiser l'esclavage des «Indiens de guerre»; ce fut d'ailleurs la meilleure compensation trouvée à de maigres salaires que cette chasse systématique à l'esclave indigène qu'on exportait vers la zone centrale du Chili et même jusqu'au Pérou.

Ces razzias d'esclaves donnèrent le ton à la guerre durant tout le 17e siècle.

Le Sud du Chili resta une frontière, mais il est clair que sa signification changea du tout au tout. Il ne fait pas de doute non plus que la société coloniale a subi elle-même de grandes transformations.

Le secteur seigneurial de toute une région a dû avouer son incapacité de maintenir la domination sur un territoire qui, vu ses caractéristiques, s'avérait impossible à assimiler aux formes européennes de production. L'Etat espagnol, responsable en définitive de la domination, même pour des raisons stratégiques, dut, lui aussi, modifier sa ligne de conduite, payer les dépenses de la guerre, changer totalement sa manière. Du point de vue géographique, la frontière reste la même, mais, en tant que frontière, elle a subi une transformation totale.

Nous avons commencé cet exposé en essayant de cerner les concepts d'occupation du sol et de frontière, en les subordonnant, dans notre analyse, à la structure de la société dans laquelle ils se développèrent. Nous n'avons, en aucune manière, la prétention d'arriver à une définition. Tout au plus, celle de tenter une esquisse. Ce que nous avons voulu, par cet exemple qui nous est assez familier, c'est seulement contribuer à dégager une définition. Il ne nous appartient pas de la formuler; c'est plutôt de la discussion qui va s'engager qu'elle aura des chances de sortir.

GEOGRAPHIC VIEWS

CHARLES VERLINDEN

AMÉRIQUE

Il était initialement entendu que la division géographique ou la géographie différentielle du sujet traité dans cette section ferait l'objet d'un seul rapport. Il a ensuite été décidé qu'on séparerait le Moyen Age européen de l'Amérique. Méthodologiquement je crois que c'est une erreur. Quoi qu'il en soit, même en me limitant aux Amériques, je serai amené à tenir compte de précédents médiévaux.

Ce n'était assurément pas l'intention de Frederick Jackson Turner lorsqu'à l'âge de trente-deux ans il lança, en 1893, sa brillante théorie au meeting de l'American Historical Association à Chicago. Bien que sa pensée dut beaucoup à celle de Loria, ce *Middle Westerner* ne songeait guère à l'Europe. Pour lui il n'y avait qu'une frontière et elle était linéaire. C'était celle qui avait été poussée continuellement vers l'ouest des Etats-Unis en mettant à la disposition des pionniers, successivement dans l'espace et dans le temps, des parcelles de terres à occuper gratuitement à condition d'en expulser ou d'en détruire préalablement les propriétaires indigènes.

Pourtant il est évident qu'il y avait eu, sur le territoire même des futurs Etats-Unis, plusieurs autres frontières antérieures et géographiquement orientées dans un sens complètement différent. Alors que le *Middle West* était encore totalement inconnu aux paysans des petites colonies anglaises de la Nouvelle-Angleterre ou même aux planteurs des établissements agricoles beaucoup plus étendus de Virginie, de Caroline ou de Géorgie, des Français avaient depuis le 17e siècle pénétré, au départ du Canada, dans la vallée du Mississipi en traversant le Wisconsin. Mieux encore, déjà au tout premier début du 17e siècle, avant la fondation du plus ancien établissement urbain anglais sur la côte atlantique, les Espagnols, au départ du Mexique, avaient déjà poussé si avant leur «frontière» dans le Sud-Ouest des futurs

Etats-Unis qu'ils y fondèrent en 1607 l'actuelle capitale du Nouveau-Mexique, Santa Fe. Aujourd'hui encore la plaza mayor, toute espagnole, de Santa Fe apparaît comme un centre de rayonnement d'une économie de «frontière», mais cette frontière, contrairement à ce que suggérerait la formulation de Turner, ne présentait aucun caractère linéaire. Ses mouvements n'évoquent pas l'image de tranches chronologiques et spatiales successives, mais plutôt d'un noyau atomique entouré de ses électrons, ou plus simplement d'un morceau de tissu parsemé de taches d'huiles faisant auréole. Bien entendu, des phénomènes analogues auraient pu se constater au départ de la Floride espagnole et, plus tard, en Californie. Ces frontières plus anciennes, nord-sud et sud-nord, ont été absorbées plus tard, mais non réellement ou entièrement effacées, par le grand mouvement turnérien est-ouest. Il y a donc ici des mouvements opposés et successifs tant dans le temps que dans l'espace. De plus il est certain que les divers *backgrounds* européens d'origine médiévale, projetés à l'époque des diverses colonisations sur les «frontières» en taches d'huile, ont joué un rôle dans l'élaboration des diverses formes d'occupation du sol, rôle dont l'importance n'échappait pas encore entièrement à Turner, mais s'estompa chez ses épigones jusqu'au moment où fut posée la question: «*Frontier? Frontier of what?*»

Voilà donc, je crois, une première série de complications de la notion et de l'image de frontière dont il faut tenir compte dans une étude de la différenciation géographique des types d'occupation des zones où un nouveau peuplement se superpose à un ancien ou avance dans le vide humain.

Il y en a eu bien d'autres. Voyons si, à force de les analyser, nous n'arriverons pas à substituer à l'image ancienne, une autre image, plus neuve et peut-être plus exacte, de la frontière.

Et d'abord de quoi part la «frontière»? Il est évident qu'au début de la conquête par l'homme blanc espagnol ou portugais le point de départ est la métropole, et il en a été de même, plus tard, pour l'homme blanc anglais, français, hollandais, suédois, avec cette différence que, lors de la seconde vague, surtout protestante, de colonisation, les colons s'inséraient dans un ensemble hétérogène déjà entamé sur d'autres points, le long d'autres côtes, et créaient ainsi une nouvelle série de frontières.

Dans le monde insulaire de la mer des Caraïbes la notion de frontière ne me semble pas tout d'abord jouer partout également en matière d'occupation du sol. Dans les petites Antilles et même à Española, tremplin pour la conquête et l'occupation de plus de la moitié du double continent, il est difficile de parler de frontière, car il s'agit de prise de possession globale, ou presque, aussi longtemps que l'exploitation ne fut conçue que sous forme de ce que l'on a appelé il y a plus d'un siècle *Raubwirtschaft*. Il faut tenir compte aussi, en ce qui concerne Española-Haïti, du chiffre très bas de la population pré-

colombienne qu'une étude critique récente du *repartimiento* de Rodrigo de Alburquerque de 1514 m'a permis de fixer entre 55 000 et 60 000 individus. Ici ne jouent initialement ni la nécessité de la mise en valeur agricole puisque l'alimentation des petits noyaux de colons venait en grande partie de la métropole, ni la profondeur de l'espace au départ des côtes, ni la densité humaine indigène préalable. Bien entendu, cette constatation n'a pas de valeur absolue et Colomb déjà reçut l'autorisation de répartir des terres, mais plus encore de la main'd'œuvre indigène.

A Cuba le spectacle est fort différent car, à l'échelle du temps, cette grande île apparaissait presque comme un continent. Des procédés d'occupation relevant entièrement d'une mentalité de frontière jouent ici un grand rôle, entre autres en ce qui concerne les *estancias* de bétail circulaires au départ d'un arbre ou d'un mât marqué d'une croix et appelé *bramadero*, parce que le bétail qu'on y attachait mugissait d'ennui et d'impatience. Le rayon, on le sait, était tracé par un cavalier qui parcourait une ou deux lieues suivant les cas et marquait ainsi le cercle.

Mais revenons à d'autres cas de lignes d'eau-frontières. Qu'elles soient océaniques ou fluviales, l'important est qu'elles constituent ou une arrivée et un relai maritimes pour un départ essentiellement par voie de terre ou une voie de pénétration à l'intérieur des terres, à la fois dans le sens du cours d'eau et perpendiculairement ou, dans un stade ultérieur, parallèlement à celui-ci. Je prendrai ici deux exemples maritimes, l'un portugais au Brésil, l'autre hollandais en Guyane, et un exemple fluvial français au Canada.

La plus ancienne donation d'une *capitania* au Brésil est celle de Pernambouc en faveur de Duarte Coelho, le 10 mars 1534. Le concédant est Jean III de Portugal. Il s'agit de *povoar a minha costa e terra do Brasil*. Coelho reçoit soixante lieues de côte en propriété héréditaire. Les limites sont deux cours d'eau, ce qui souligne l'importance des voies de pénétration fluviales, même au départ d'une «frontière» côtière. Vers le *sertão*, l'intérieur des terres, la limite est vague: *Tanto quanto podere entrar e for da minha conquista*, dit le roi. Dans le *sertão* le capitaine-donataire a le droit de fonder des villes et des villages, mais ils doivent être éloignés les uns des autres d'au moins six lieues afin qu'ils puissent compter au moins trois lieues en rayon de *termo* ou de district, qui ne peut leur être enlevé qu'après autorisation royale et ce pour fonder d'autres villes ou villages. Frontière en tache d'huile, donc, au départ de la côte atlantique. Les concessions faites par le capitaine revêtent une forme féodale de tradition médiévale avec hommage et rente récognitive, comme dans la métropole. De même le capitaine détient des droits banaux, mais lui-même doit des droits au roi et la dîme à l'Ordre du Christ. A l'intérieur de sa capitanie, le capitaine possède un *morgado* ou majorat pour lequel il ne doit rien au roi, mais bien à l'Ordre du Christ.

Voici un cas hollandais, postérieur de près d'un siècle et demi, pour la côte Nord de l'Amérique du Sud. En 1669 les dirigeants de la Compagnie des Indes occidentales signèrent avec un noble allemand, le comte de Hanau, un accord conditionnel pour la création d'un fief sur la côte de Cayenne. Il y était stipulé que le comte devrait l'hommage féodal pour cette terre et qu'elle serait soumise au droit de relief, en cas de décès du vassal. Les directeurs demandent immédiatement l'approbation des Etats Généraux. Le fief était extrêmement étendu puisqu'il était prévu qu'il pourrait avoir trente milles de côte et pourrait s'étendre jusqu'à cent milles à l'intérieur des terres ou même plus loin, si le comte disposait d'assez de monde pour la mise en valeur. Frontière vague donc comme au Brésil. Endéans les douze ans la zone côtière devrait être réellement exploitée, sous peine de retour à la Compagnie des terres non valorisées dans ce délai. Le comte de Hanau obtenait tous les droits régaliens, ainsi que la basse justice qu'il devait rendre au nom des Etats Généraux. Il était redevable du service militaire pour son fief. L'hérédité lui était garantie, de même que le droit de sous-inféodation. La Compagnie stipulait même qu'elle remplirait le rôle de cour féodale pour le cas où le comte serait en conflit avec ses vassaux, arrière-vassaux par conséquent de la Compagnie. Ces derniers devaient l'hommage tout comme le vassal direct, et étaient, comme lui, soumis au paiement de droits de relief. Le comte de Hanau pouvait organiser le gouvernement, la législation, la justice de son fief comme il l'entendait, pourvu que le contrat féodo-vassalique passé avec la compagnie fût observé et que celle-ci fût tenue au courant. Le contrat que nous venons d'analyser n'a pas été suivi d'effet, mais il montre bien que c'étaient des conceptions nettement féodales qui présidaient à la répartition des terres coloniales hollandaises. En somme, l'influence de la féodalité est ici plus clairement perceptible encore que dans les colonies espagnoles ou portugaises, ce qui n'étonnera guère si l'on songe que les deux pays ibériques n'ont pas connu eux-mêmes une féodalité aussi élaborée que les Etats de l'Europe du Nord-Ouest.

Au Canada, les seigneuries étaient d'étendue très variable, les unes ne couvrant que quelques arpents, les autres s'étendant sur plusieurs milliers de milles carrés, mais au début toutes s'appuyaient à un cours d'eau, de façon à rendre les communications plus aisées, le pays étant couvert de forêts et les routes faisant défaut. Chaque seigneur prêtait un serment de fidélité et devait l'hommage soit directement au roi, soit à la Compagnie dont il dépendait. Il était obligé d'établir un aveu et dénombrement de son fief, c'est-à-dire une déclaration de l'étendue de l'exploitation avec l'énumération des tenanciers. A chaque transfert de seigneurie, sauf dans le cas de transmission en ligne directe, le seigneur versait au suzerain un an de revenus. Après 1663, ce fut un cinquième de la valeur marchande des terres qui dut

être acquitté. La Compagnie, comme plus tard le roi, se réservait lors des concessions certaines servitudes de droit public. Chaque seigneurie pouvait, par exemple, être contrainte de céder les emplacements nécessaires pour l'édification de fortifications ou l'établissement de chaussées. Le roi s'est également réservé, comme dans les colonies d'autres nations, la régale des mines, ainsi que le droit de faire couper du bois pour la construction des navires de la flotte. Les seigneurs avaient l'habitude de destiner une fraction de leurs fiefs à leur usage personnel pour y élever leur résidence et l'exploiter en faire-valoir direct. Le reste était divisé en lots accordés aux censitaires. Un lot avait généralement trois arpents de largeur sur quarante de profondeur, c'est-à-dire environ deux cents mètres sur deux mille cinq cents, soit cinquante hectares. Le censitaire devait des cens et rentes très minimes: 123 sols par an. Il était soumis aussi au vieux droit français des lods et ventes, soit un douzième de la valeur marchande à chaque aliénation à titre onéreux. De légères redevances en nature venaient s'y ajouter: un chapon gras par arpent de largeur et une assez petite quantité de céréales. Enfin des prestations de travail (les anciennes corvées) d'un ou de deux jours devaient encore être acquittées, tandis que le seigneur avait seul le droit d'exploiter les éventuels gisements miniers de la terre sous réserve des monopoles régaliens. Les banalités rencontrées déjà dans les colonies portugaises, se présentent au Canada sous la forme de l'obligation pour le censitaire de faire moudre son grain au moulin du seigneur en lui abandonnant la quatorzième part.

L'intendant Jean Talon fut dans la seconde moitié du 17e siècle l'un des principaux propagateurs du système seigneurial. A cette époque des officiers reçurent assez bien de fiefs, comportant des obligations militaires pour la défense contre les Indiens, ce qui prouve que les seigneuries gardaient leur caractère d'établissements de frontière. Leurs censitaires étaient généralement d'anciens soldats. En outre, l'obligation de résidence effective et de mise en valeur réelle est étendue pendant cette période par l'adjonction aux contrats de la clause dite de feu et lieu. Ces pratiques nouvelles eurent les meilleures suites pour le développement de la colonisation. Comme en France, les redevances dues par les tenanciers aux seigneurs se payaient à la Saint-Martin. Le 11 novembre les censitaires se rendaient à la résidence du seigneur avec leurs chapons et les quelques pièces de cuivre qu'ils avaient à verser. Les maisons, les granges et les étables s'élevaient près des cours d'eau d'où partaient les parcelles longues et étroites des tenanciers. Ces lots étaient entourés de palissades, de sorte que le paysage offrait un aspect régulier et même riant à cause de la couleur généralement blanche des habitations. En 1712, il y avait au Canada quatre-vingt-onze seigneuries dont nous connaissons fort bien la situation exacte et les limites grâce à un relevé très soigneux établi par l'ingénieur Gédéon de Catalogne. Ce régime était féodal, mais

il l'était évidemment à la façon de France avec ses aveux et dénombrements, ses lods et ventes et bien d'autres traits directement inspirés des institutions de même nom nées en France au cours du Moyen Age. Ici également, comme dans les colonies espagnoles, portugaises et néerlandaises, c'est la tradition médiévale de l'Ancien Monde qui continue dans le Nouveau. Elle continua même tellement bien que les Anglais, après l'annexion consécutive au traité de Paris de 1763, maintinrent, on le sait, le système des concessions en fief et seigneurie qui n'a complètement disparu qu'au milieu du 19e siècle.

L'Amérique espagnole continentale permet d'observer une variété considérable de types de frontières dans leur relation avec l'occupation du sol. Il y a d'abord les nombreuses frontières en tache d'huile qui se constituèrent autour des villes nées, les unes dans les Etats précolombiens au détriment des villes indigènes, les autres le long de routes soit précoloniales, soit nouvelles. Ce fut une politique constante de la Couronne de resserrer les colons espagnols dans les villes, mais ce résultat ne fut que très partiellement atteint. A la fin de la période coloniale il y avait plus d'Espagnols et de Créoles à la campagne, c'est-à-dire dans les haciendas et dans les ranchos, que dans les villes. Ces exploitations ont comme point de départ les *mercedes de tierra* concédées par le roi. Chaque *vecino* recevait un terrain à bâtir en ville et des parcelles généralement peu étendues dans les environs immédiats, comme potagers, jardins et prairies pour quelques têtes de bétail. Ces parcelles sont les *conucos* des îles, les *chacras* du continent. L'élevage en grand se pratiquait plus loin de la ville, dans les haciendas, *estancias* ou *hatos*. L'unité de mesure était ici la *peonía* ou concession de soldat d'infanterie datant de la Reconquista médiévale et variant de région à région. Sous Philippe II c'est un lopin de 50 pieds sur 100 et en plus un champ de 100 fanègues (soit 6,50 hectares) pour les céréales. La *caballería* comportait le double en fait de terrain à bâtir en ville et le quintuple à la campagne. Au Mexique on ne concéda que des *caballerías* de quelque 43 hectares. Toutes ces tenures se sont développées d'abord autour des villes et, en quelque sorte et en schématisant, concentriquement.

Mais la Couronne possédait aussi toutes les terres en friche qui s'étendaient autour des frontières en tache d'huile des noyaux urbains. Au 17e siècle elle se mit à les vendre, soudant ensemble, dans les zones déjà occupées sporadiquement, les établissements antérieurs. On empiétait ainsi fréquemment sur des communautés indigènes, ce qui entraînait des complications de toute nature en matière de propriété, de déplacement et même d'asservissement de la main-d'œuvre indienne, mais, en tout cas, soudait ensemble des «taches d'huiles» précédemment séparées. Les *composiciones de tierras* devaient, en effet, dans l'esprit de l'administration centrale, remédier aux

irrégularités et aux occupations sans titre qui, néanmoins, demeurèrent innombrables jusqu'à la fin l'ère coloniale.

On sait que les *estancias* dont la possession ne conférait d'abord qu'un droit de faire paître du bétail se transformèrent en propriétés tout comme les *caballerías*, de sorte que ces deux termes n'eurent plus que la valeur d'unités de mesure qui, au Mexique, furent respectivement de 780 et 43 hectares. La réunion d'un certain nombre de ces unités constitua les immenses haciendas dont le plein développement marque le 18ᵉ siècle. Il est clair que la constitution de ces domaines fit dans beaucoup de cas reculer ou disparaître des frontières antérieures, mais également qu'elle fut pour les communautés indigènes une menace constante. Ailleurs, le grand propriétaire put peser de telle façon sur les petits qu'il les transforma, au 18ᵉ siècle également, en *inquilinos* comme au Chili.

Au Brésil les «petites frontières» rayonnant autour de noyaux urbains n'ont pas l'importance que nous avons observée en Amérique espagnole. Au départ d'une terre conférée par le capitaine-donataire et où avait d'abord été construite une maison forte, le concessionnaire faisait reculer la forêt en établissant des *roças* par brûlis pour les cultures vivrières comme le manioc, tandis que les *fazendas* étaient les terres groupées autour de la *casa grande* du propriétaire d'une plantation sucrière *(senhor de engenho)*. L'élevage de son côté déplaça les frontières dans les savanes du Nord-Est et les plaines du Sud, au départ de São Paulo.

Un facteur qui fit reculer les frontières et dont nous n'avons pas encore tenu expressément compte est l'accroissement progressif du marché colonial. Si dans les îles de la mer des Caraïbes les tributs en nature des Indiens, des *encomiendas* suffirent d'abord à l'entretien des Européens qui, donc, n'éprouvèrent pas initialement le besoin de créer des entreprises agricoles propres empiétant au-delà des frontières déjà atteintes, la situation changea complètement par suite du développement du peuplement blanc et partant de la colonisation. De même, à partir de 1575 environ l'économie agraire du Chili se développe continuellement en fonction de l'accroissement du marché colonial péruvien et la frontière recula vers des zones préalablement non appropriées par les colons.

Les centres miniers ont exercé une action dont le rapport avec la dynamique des frontières est évident. Le lien entre l'élevage massif et le développement de l'exploitation minière est souligné par de multiples exemples et il est clair que les frontières ont bougé de ce fait au bénéfice de l'espace colonisé. Dans certains cas, et notamment au Mexique, des populations indigènes peu fixées ont dû reculer pour faire place aux exploitants miniers et surtout aux troupeaux des éleveurs. Autour du Potosí, et beaucoup plus bas, d'innombrables *chacras*, tant espagnoles qu'indigènes, ont vécu en ravitail-

lant la grosse ville minière. Des zones aussi éloignées que celle d'Arica sur le Pacifique ou de Tucumán dans l'Argentine actuelle ont vu reculer des «frontières» partielles par suite des besoins du marché du Potosí. Des *estancias* de moutons et de bœufs ont empiété sur la sauvagerie au Paraguay et sur les rives du Rio de la Plata parce que le Potosí était trop haut et trop peu fertile. Ici encore il s'agit d'une frontière en tache d'huile autour d'un noyau urbain, mais la tache d'huile s'étend progressivement du Pacifique à l'Atlantique.

Les cultures nouvelles introduites par les Européens ont joué un rôle essentiel dans la dynamique des frontières partielles. Les vallées péruviennes, perpendiculaires, ou presque, à la côte, ont été gagnées par la vigne, depuis celle de Lima jusqu'à celles de Nazca, Ica et Pisco, ou même Arequipa. Dans certains cas il s'agissait de vieilles zones de civilisation précolombienne où les conditions de propriété, de peuplement, de structure sociale furent profondément modifiées; dans d'autres tout, ou presque, était neuf. La région de Mendoza livrait du vin et de l'eau de vie, de Cordoba à Buenos Aires. Comment les limites de la mise en valeur des terres, et donc les frontières, n'y auraient-elles pas changé de ce fait, et comment les ordres de Philippe II et de Philippe III interdisant l'extension et même le maintien des vignobles y auraient-ils été obéis?

Les changements dans la production ont eu une importance capitale pour le recul de la nature non exploitée et donc des frontières. Lorsqu'à Haïti la production de l'or diminue vers 1520–1530, la canne à sucre entame fortement les bois et la savanne, et la frontière qui, dans l'île, n'avait guère eu de sens jusque-là en acquiert un qu'elle conservera jusque vers 1580, lorsque les limites, alors possibles, du rendement auront été atteintes. Au Mexique le sucre a causé la main-mise de la culture extensive dans la dépression de Cuernavaca, la *tierra caliente* du Michoacan, le sud de la Nouvelle Galice et quelques autres régions. Il en fut de même au Pérou autour de Ayacucho et Santa Cruz de la Sierra, de même qu'au Paraguay autour d'Asunción. En Equateur, autour de Guayaquil, et sur la côte vénézuélienne le cacao eut des effets analogues. Ailleurs ce fut le tabac, que l'exploitation en fût capitaliste comme au Venezuela ou confinée dans de petites propriétés comme à Cuba. Dans les vallées andines à l'est de Cuzco les plantations de coca donnèrent lieu à la fois à des phénomènes de mise en valeur nouvelle et de travail forcé des Indiens de la montagne dont la mortalité s'accrut terriblement par suite de leur transplantation ainsi que du changement de climat et de pression. Au Guatemala c'est l'indigo qui fit reculer la forêt.

La multiplicité des types de frontière s'affirme aussi par le fait que l'homme n'a pas été seul à les déplacer. L'animal également a joué un rôle capital. Déjà Fernandez de Oviedo était frappé du fait que les bovidés se multipli-

aient infiniment plus que dans la métropole. Le Nouveau Monde fut le théâtre d'une sorte de miracle biologique du bovidé et aussi, dans certaines zones, du cheval. Le bétail sans maître ou *ganado cimarrón* attirait d'abord les chasseurs, puis les éleveurs blancs ou métis. Il faisait reculer ou détruisait souvent les cultures indigènes, mais sa multiplication pléthorique faisait à tel point baisser les prix de la viande que seul l'élevage dans d'énormes exploitations demeura rentable. D'où de nouveaux reculs des frontières. Ainsi l'élevage devint au Mexique central et septentrional, dans les llanos du Venezuela et dans les pampas d'Argentine l'aspect les plus dynamique de la main-mise européenne, à côté de l'exploitation minière. Ces deux facteurs furent les moteurs essentiels de la progression des frontières en tache d'huile et du rétrécissement des espaces non entamés. Au Brésil, et principalement au Piauí, l'élevage exerça une action analogue, mais la poussée du sucre et, jusqu'à un certain point et plus tard, du coton fut autrement importante dans l'ensemble du pays.

Il y a eu aussi des frontières de l'esclavage. Au début de la conquête cette frontière était sur le rivage des terres nouvellement abordées, mais dès les premiers contacts de Colomb avec les Indiens de la zone caraïbe une distinction s'est imposée entre ceux qui étaient, comme il le dit dans sa lettre à Santangel de février 1493, *muy dispuestos* à la soumission et ceux qui résistaient. C'est vers ceux-ci que reculait la «frontière» de l'esclavage, car les *encomenderos* n'avaient pas le droit de traiter leurs Indiens en esclaves. La royauté voulait intégrer les *Indios de paz* dans la société chrétienne et dès 1503 elle s'efforce d'obtenir ce résultat par l'emploi du *requerimiento*, non théologique et différent de celui rédigé par Palacios Rubios dix ans plus tard. Si le *requerimiento* n'est pas suivi d'effet, la réduction en esclavage des indigènes qui seront faits prisonniers au cours des hostilités est considérée comme légitime, ce qui, toutefois, ne veut pas dire qu'après soumission l'ensemble de la population pourra être asservi. En Amérique espagnole, comme en Espagne pendant les derniers siècles de la Reconquista médiévale, l'esclavage sera donc un phénomène de «frontières», c'est-à-dire de régions contiguës aux populations non encore soumises. Il est évident, toutefois, que, comme en Espagne, des esclaves en provenance de ces régions pouvaient se répandre par la traite à l'intérieur de l'Empire espagnol d'Amérique, mais à mesure que les zones non soumises disparaissent et que l'ensemble des populations indigènes est intégré à l'Empire, l'esclavage indigène, suite de la guerre de frontière, s'amenuise pour disparaître enfin totalement. La «frontière» où l'esclavage a subsisté le plus longtemps est celle du Chili où, encore en 1608, la légalité de la réduction en servitude des prisonniers araucans est reconnue. Il est vrai que les Araucans libres rendaient la pareille aux Espagnols. Il est, en outre, curieux d'observer qu'il a existé dans ces régions un esclavage

temporaire des jeunes indigènes jusqu'à leur vingtième année, «*como se hizo con los moriscos del Reino de Granada*», dit le mandement qui en permet l'asservissement. Mais la conversion entraîne l'affranchissement, ce qui est un progrès par rapport à l'esclavage médiéval. Les ventes forcées d'enfants indigènes par leurs parents sont également connues dans ces parages et l'achat par les Espagnols doit encore être expressément défendu en 1697. Ainsi, dans le Sud du Chili, la guerre latente contre les indigènes continue à alimenter l'esclavage même après qu'en 1680 la *Recopilación de Indias* (III,4,9) eût proclamé: «*Que no se puede hacer, ni se haga guerra a los indios de ninguna provincia para que reciban la santa fé católica y nos den la obediencia.*»

La «frontière» chilienne a donné lieu, on le sait, à de remarquables études récentes, d'une part de Jara sur les aspects militaires dans leurs rapports avec la structure sociale, d'autre part de Borde et Góngora en matière d'évolution de la propriété rurale dans une région voisine d'un grand centre urbain d'où la «frontière» rayonne: la vallée du Puangue. Dans cette dernière étude la méthode cartographique est tout à fait remarquable et mérite d'être recommandée comme modèle. Il faudrait que toutes les «frontières» latino-américaines puissent être étudiées cartographiquement. C'est le principal moyen de traiter de façon rigoureuse de l'occupation du sol, mais il est clair que ce travail ne peut être entrepris d'abord qu'à une échelle relativement locale ou, au plus, régionale.

Terminons ce rapport par un retour à la théorie «classique», celle de Turner pour les Etats-Unis. Cela nous permettra de rappeler quelques aspects sur lesquels nous avons dû passer trop vite pour certaines frontières d'Amérique latine, où d'ailleurs ils n'existent pas toujours dans la même mesure, ni sous les mêmes conditions. D'après le census américain l'existence d'une zone de terres inoccupées dans la progression vers l'ouest cesse vers 1887. Cependant l'attribution de terres et l'occupation du sol continuent largement par après. De même au Canada, de même dans la pampa, dans les zones de l'Etat de São Paulo où le café est en expansion, dans le Paraná. Il s'agit d'un phénomène de résorption des frontières en tache d'huile derrière la ligne, plus ou moins continue, de l'avance globale qui efface les frontières partielles. C'est un phénomène de tous les temps. En avant de la ligne d'occupation et d'appropriation ou *farmer's frontier* s'étend une zone plus ou moins boisée, peu peuplée par des groupes indigènes presque sans agriculture. Là ont déjà pénétré les éleveurs de bétail. Cela se passe dans le *Far West* vers 1860, dans la pampa plus tard, et au Mexique en plein 16e siècle, en concomitance avec les progrès de l'exploitation minière. Cette frontière du bétail est d'abord fort mobile, car le bétail n'est accompagné que par des cow-boys ou des gauchos. Ce n'est qu'après que viennent les ranchos fermés

qui la fixent beaucoup plus. Ceux-ci seront ensuite poussés en avant par la frontière agricole. Cela aussi est un phénomène de tous les temps. Pas nécessairement de tous les lieux, car au Canada et aux Etats-Unis le bétail, dans bien des régions, est remplacé ou du moins précédé, par le trappeur qui, dans le premier cas, donne naissance au groupe particulier des métis canadiens-français.

Pas de frontières linéaires uniques donc, mais seulement des frontières en tache d'huile tant que l'évolution est en cours. En tache d'huile sont les frontières minières de l'or, partout dans l'Ouest américain à partir de 1849, de l'argent au Colorado en 1860, au Mexique ou au Pérou au 16e siècle. Dans le rattachement à l'ensemble des zones occupées, dans le glissement et la soudure des frontières en taches d'huile, en progression continue, les *trails* d'abord, les routes ensuite, plus tard les chemins de fer jouent un rôle essentiel. D'où constitution de marchés nouveaux, de réservoirs nouveaux de matières premières, de transformations sociales, tous facteurs plus aisément perceptibles au 19e siècle qu'aux siècles coloniaux, mais dont l'étude dans la période d'indépendance éclaire les évolutions antérieures.

L'image à laquelle nous aboutissons est donc celle d'un rapprochement continuel des frontières partielles en tache d'huile et de leur glissement d'ensemble sur le vecteur temps jusqu'à constitution finale d'une ligne, généralement un obstacle naturel qui se révèle infranchissable dans la conjoncture technologique régnant au moment où il est atteint. En somme, et ceci réduit à bien peu de chose l'image turnérienne, la frontière linéaire est atteinte lorsqu'il n'y a plus d'économie, ni de société de frontière.

FRÉDÉRIC MAURO

CYCLE DE L'OR ET CYCLE DU CAFÉ AU BRÉSIL

La vieille dénomination de «cycles» pour désigner les grands mouvements séculaires de l'histoire économique brésilienne, cette domination d'un produit moteur sur l'ensemble de l'économie est particulièrement intéressante à étudier dans l'état actuel de la théorie de la croissance, à un moment où les spécialistes s'interrogent sur le rôle des déséquilibres et la stratégie du développement. Mais chaque cycle agit à sa façon. Comparons seulement or et café.

Ressemblances

Sous beaucoup d'aspects, les deux cycles se ressemblent et s'opposent au cycle du bois ou de l'industrialisation, à la fois dans le cadre, les modalités, les conséquences.

Dans le cadre. On est frappé par la similitude du cadre géographique: les deux cycles sont des cycles du *sertão* colonisé par le *bandeirante* qui se transforme en *mineiro* pour l'or puis à l'époque du café en nouveau *bandeirante*, ou pionnier du café. Les cadres politico-économiques sont aussi très semblables. Les deux cycles se sont développés à partir de crises profondes des structures, complétées ou compliquées par des politiques de libre échange; l'un et l'autre à des époques de prépondérance politique et économique de l'Angleterre.

Dans les modalités. Le système de distribution des terres, le régime d'occupation du sol, les abus qui en résultent ont beaucoup de ressemblances. La main-d'œuvre est formée d'esclaves, sauf lors du «second cycle» du café après 1888, dans l'Etat de São Paulo. Mais à ce moment la pression de la main'd'œuvre noire libérée sur le marché du travail maintient les salaires et la condition des colons libres à un niveau assez bas, proche de celui des anciens esclaves. Le capital nécessaire au démarrage et au fonctionnement de l'exploitation minière ou caféière est beaucoup moins important que celui nécessaire à l'exploitation sucrière: ce sont des activités plus «démocratiques» que le sucre. Enfin chaque produit dominant est accompagné de produits secondaires; chaque cycle principal est entouré de cycles auxiliaires qui complètent le système économique et assurent son fonctionnement.

Dans les conséquences. Sur le plan économique la phase A, la phase de prospérité du cycle, a un peu les mêmes «effets amont» par une forte demande de biens d'équipement, de tentatives d'industrialisation, de créa-

tion d'un réseau routier, de développement d'une agriculture capable de ravitailler la population productrice. La phase A provoque aussi les mêmes «effets aval»: création d'un réseau urbain, accroissement de la population, augmentation de la demande sur le marché, due à l'augmentation du revenu global. Même dans le cas de l'or, cette augmentation entraîne une inflation, car si l'offre extérieure peut compléter l'offre intérieure, la confiance dans les promesses du sous-sol est si grande que les prospecteurs n'hésitent pas à emprunter, et comme leurs espoirs peuvent être déçus, les faillites et les endettements ne sont pas rares. Effets maléfiques, donc. Mais aussi effets bénéfiques. La nouvelle production transforme la région et, par le phénomène des «économies externes», la dote d'une infrastructure qui ne servira pas seulement à cette production mais à toute la vie économique et sociale. Bien plus, elle stimule toute l'économie du pays.

La phase B elle aussi a des effets amont: d'abord coup d'arrêt aux fournitures de biens d'équipement. Mais bientôt l'économie profite du vide laissé par la chute de l'or et du café, par les capitaux disponibles, par la main-d'œuvre utilisable. Le reflux de la production entraîne aussi celui du trafic routier ou maritime, de l'immigration interne et externe et provoque même une immigration au moins interne. Seules les régions de gros rendement conservent leur population active. Il faut y ajouter les effets «aval». Malgré la chute de la production et des exportations, les besoins de la population et la consommation subsistent dans une large mesure, maintenant les importations à un haut niveau. Le décalage exportations-importations, c'est-à-dire le déficit de la balance commerciale, accentue encore l'inflation déjà prèsente dans la période de prospérité. Enfin la chute de l'or et celle du café ont provoqué une industrialisation: celle de Pombal au Portugal, celle de Vargas au Brésil. L'industrialisation est un des cycles de substitution possible lorsque s'effondre la «mono-activité» dominante. Il y a là une différence avec l'Empire espagnol, où la chute de la production de l'argent n'a pas engendré, semble-t-il, un cycle industriel.

Sur le plan politique et culturel, les phases A ont permis un brillant développement social et culturel (art baroque, urbanisme carioque, etc...) tandis que les phases B sont génératrices de troubles: alors se développe une littérature de malaise, romantique, satirique ou révolutionnaire.

Différences

Elles existent aussi, à la fois dans le cadre, les modalités et les conséquences des deux cycles.

Dans le cadre. D'un côté une Amérique encore coloniale, de l'autre un Brésil déjà indépendant politiquement, d'un côté une Angleterre pré-industrielle dominant le commerce brésilien par l'intermédiaire du Portugal,

de l'autre une Angleterre industrialisée gouvernant directement le commerce du Brésil. Il faut ajouter à cela la différence due à la poussée démographique (moins d'un million d'habitants vers 1700, peut-être quatre millions quand débute le cycle du café). De plus les distances se sont bien raccourcies en 150 ans, grâce aux progrès de la navigation maritime et à l'invention des chemins de fer.

Dans les modalités. Le cycle de l'or n'a pas connu les deux périodes traversées par le cycle du café, les deux cycles du café. Les facteurs de production présentent des différences. La main-d'œuvre libre a remplacé l'esclavage dans le second cycle du café et l'armée de réserve des anciens esclaves n'a fait baisser les salaires que jusqu'à la guerre de 1914 qui a épongé une partie de la main-d'œuvre disponible. La terre ne joue pas le même rôle dans les deux cas et l'exploitation de l'or n'épuise pas les sols. Les machines peuvent être assez modestes au départ dans l'un et l'autre cas; mais rapidement l'économie caféière s'est mécanisée: d'abord pour le transport, ensuite pour la préparation du café. Les entrepreneurs sont assez différents. Les mineurs sont des *novi homines*. Le planteur de café s'est trouvé très vite être un homme d'affaires expérimenté. Dans la zone pionnière de l'Etat de São Paulo, le *leader* est audacieux mais plein d'une expérience qu'il transmet à ses enfants, maintenant ainsi ces dynasties du café qui avaient si bien commencé dans la province de Rio.

La géographie de l'expansion a été très différente à l'époque de l'or et à celle du café. Dans le premier cas, les zones d'exploitation ont formé très vite comme une nébuleuse aux contours mal définis, avec des taches plus épaisses que d'autres, avec des vides aussi. Le réseau urbain, mal hiérarchisé, représente les points d'épaisseur ou de densité maximum. Au contraire l'expansion du café s'est faite selon un front pionnier ou une frange pionnière, traçant à l'avance le réseau urbain nécessaire à l'occupation de la région.

Dans les conséquences. Les effets amonts de la phase A sont assez différents dans l'un et l'autre cycle. L'agriculture de ravitaillement a entraîné dans le Minas la création de grandes *fazendas* prospères et autonomes, tandis que dans la zone caféière chaque planteur a cultivé lui-même ce dont il avait besoin, ou en a laissé le soin à de pauvres *agregados* installés chez lui à titre précaire, ou aux *sitiantes*, qui occupent près de chez lui les terres les plus légères et les plus pauvres. Les achats à l'extérieur sont aussi plus considérables à l'époque du café qu'à celle de l'or, car les transports sont plus considérables et la révolution industrielle offre plus de possibilités aux acheteurs.

Les effets aval de la phase A présentent aussi des différences. Le marché de l'or est un *seller's market*. Celui du café est un *buyer's market*. Mais celui-ci a permis des investissements que n'a pas rendus possibles le cycle de l'or.

L'inflation n'a jamais atteint sous le cycle de l'or la même gravité que sous le cycle du café. La phase B, la crise de l'or, ont entraîné un développement de l'agriculture de substitution (coton, riz, sucre, tabac, élevage, etc.) et un processus inflationniste. Dans le cas du café, au lieu d'un cycle industriel dont la crise provoque un développement agricole (et accessoirement industriel dans la métropole), nous avons un cycle agricole dont la crise provoque une industrialisation. Les crises sont de types différents.

Conclusion

Les ressemblances l'emportent pourtant sur les différences. Mais de l'or au café un double progrès, marqué par l'indépendance politique, une économie plus massive engageant mieux les masses et les capitaux, profitant de la suppression de l'esclavage. Avec l'aide de la guerre mondiale, l'industrialisation, progrès suprême, en est sortie.

J. D. GOULD

LAND SETTLEMENT AND LAND USE IN NEW ZEALAND

Throughout most of New Zealand's development the changing pattern of pastoral activity exerted a dominant influence on the structure of the economy. However, in the middle decades of the 19th century, especially before 1840, New Zealand's economic destiny was by no means clear. This early period might be characterized as a "search for a staple". Whales and seals, kauri gum and flax, grain and potatoes (to supply Victorian gold diggers' needs in the 1850s), and gold in the 1860s were successive major exports. Each of these staples fostered a distinctive style of economic and social life, and each brought about a different frontier economy, some of which have left their mark on present-day society.

Even during the period dominated by pastoral farming the impact of the rural frontier on the rest of the economy varied. A useful chronological subdivision of New Zealand's history is one which distinguished between the physical frontier and the technological frontier. The physical frontier ended when most of the currently occupied land was being farmed (the early 20th century). The on-going technological frontier has been responsible for a continuing rise in the quantity and quality of livestock production over the last 60 years.

This distinction is clarified in Table 1 which presents data on the occupied area, the livestock population expressed in conceptual "stock units", and the carrying capacity per acre. Column 3 shows the area of "sown grasses", that is, of land sown with imported grasses after clearing and reclamation. Such modification of indigenous cover was the biggest contribution to increased livestock production during the first 60 years of British dominion. Column 4 shows a recalculation of the occupied area with a multiplier reflecting a rough estimate of the superiority of these imported grasses applied to the area of sown grasses. Column 6, which shows carrying capacity in stock units per land unit, clearly demonstrates the importance of increased productivity in the 20th century. This finding would be greatly strengthened if consideration were given to improved livestock quality (for example, butterfat content in milk), which is also characteristic of the present century.

The concept of a technological frontier in 20th century New Zealand reflects the fact that a substantial part of the research behind the impressive performance of present-day pastoral farming has been carried out here. Moreover, casual inspection of the statistics strongly suggests that the perform-

TABLE 1*

Year	Stock units (in thousands)	Occupied area (in thousands Acres)	Sown grasses (in thousands Acres)	Land units	Carrying capacity: Occupied areas (=½)	Carrying capacity: Land units (=¼)
1871	13,566.8	22,775	776	24,304	0.60	0.56
1881	19,492.3	26,702	3,557	33,709	0.72	0.58
1891	26,060.8	31,712	6,966	45,435	0.82	0.57
1901	31,692.0	34,912	11,082	56,744	0.91	0.56
1911	42,180.5	40,238	14,215	68,242	1.05	0.62
1921	48,632.4	43,547	15,912	74,894	1.12	0.65
1931	61,313.0	43,240	17,254	77,230	1.42	0.79
1941	66,444.0	42,888	17,738	77,832	1.55	0.85
1951	72,046.4	43,157	18,224	79,058	1.67	0.91
1961	94,632.9	43,667	19,017	81,130	2.17	1.17
1965	102,223.0	43,498	19,433	81,781	2.35	1.25

* 1 stock unit = 1 sheep = 1/7 head of cattle = 1/10 horse.
1 land unit = 1 acre *not* under sown grasses = approx. 1/3 acre under sown grasses.

ance of the average farmer in New Zealand is closer to that of the best, and certainly to what is technically feasible, in most other countries. However, in the 19th century the small and predominantly foreign-born population naturally imported most of its techniques, machinery, and initial livestock. Broadly speaking, the extensive pastoralism of the 1850s was imported wholesale from New South Wales; the wheat farming bonanza of the 1870s and 1880s was the product of American binders and reapers; and the nascent dairy industry at the end of the century was based on the techniques and institutions of Wisconsin and Scandinavia. Given the opportunity for such technological borrowing, New Zealand had a comparatively great advantage in pastoral farming; until recently the market seems to have been a much smaller determinant of the pattern of land use than the interaction of changing technology with the natural endowment of soil, climate, and the availability of land.

When the white man's interest in New Zealand was first aroused in the late 18th century, there were perhaps one-fifth or one-quarter of a million Maoris living there. The treaty of Waitangi (May, 1840) guaranteed the Maoris possession of their land and conferred the sole right of purchasing it on the Crown, a restriction which was removed for some 30 years begin-

ning in 1862. In the South Island this restriction had little effect on the pace of European settlement, as there were few Maoris and virtually the whole island was quickly purchased. However, in the North Island, increasing Maori resistance to the rapid take-over of land generated a land hunger, especially in the west and north, which brought about racial strife and warfare and considerably retarded settlement in these areas.

Despite the great complexity of the land laws, especially during the period of provincial government, the appetite of the settlers for land and the facts of economics and geography generally triumphed easily over theory in determining the pattern of landholding and land use. Even in Canterbury, which came closest to an attempt to implement Wakefield's theories, the "sufficient price" was soon circumvented by squatters occupying huge pastoral runs in the back country. Also, 19th century land laws generally made it easy for the settler to homestead his land. The reversion, in some degree ideologically inspired, to leasing Crown lands in the 1890s was a short-lived, incomplete experiment; in any event, the bulk of New Zealand's best land had already been homesteaded before 1892.

The mode of European land acquisition in the 19th century resulted in a classical problem of fragmented titles on remaining Maori land (now less than 4 million acres). The Act of 1865, establishing a Native Land Court, lmposed on the Maoris the culturally alien system of individual ownership in order to facilitate the acquisition and defense of titles by European purchasers. In the 19th century the dangers of this anthropologically blind enactment were masked by the continued decline of the Maori population, but in the present century the great demographic resurgence of the Maori people and the general practice of divisible inheritance have led to the problem of fragmentation of titles. At the same time, the Maori view of land is still culturally quite different from that of the European, and these circumstances have combined to make it difficult to increase the productivity of Maori land. The classic solutions – consolidation of titles, compulsory purchase of "uneconomic" interests, and merging of adjacent titles to permit farming by an incorporated body – have all been tried, but none has been completely successful, and only the last has proved reasonably consistent with the cultural and emotional significance of land to the Maori. This, then, is a third frontier, one that calls as urgently for the services of the anthropologist as for those of the axman or the research scientist.

J. V. POLISENSKY

THE FRONTIER IN THE ECONOMIC HISTORY OF CENTRAL EUROPE

In the last ten years Frederic J. Turner's theory of the American frontier has been applied to new geographic areas (as by Owen Lattimore to China and by Spanish medievalists to the Reconquista region) and in the clarification of some problems of socio-economic development of modern society (as in the "second industrial revolution" by Sidney Pollard).

In central Europe, corresponding approximately to present-day Czechoslovakia, Austria, and Hungary, the frontier (in Turner's sense) ceased to exist with the establishment of the feudal order in the 13th century. Documentation existing for old "Upper Hungary" – today's Slovakia – shows convincingly that the northward movement from one river system to another did strengthen the feudal society. This was not the case, however, with the "Military Frontier" in the south of present-day Hungary and northern Yugoslavia, which served mostly as a *cordon sanitaire* against the Turks. Nevertheless, the frontier areas (border areas would be perhaps a better term), dividing and binding together the centuries-old areas of Bohemia and Bavaria (southern Germany) or Moravia and Upper Hungary, were important from the economic, social, and even ethnic points of view. It must be stressed, however, that a frontier region means a community of people living in an area where two political, social, and economic systems are in contact with one another. It is important to stress, too, that the people forming this community must become aware that they differ from their neighbors. This awareness of "being different" is sometimes based on reality, and sometimes on illusion. We can trace it back as far as the 17th century in the case of the eastern Moravian shepherds (Wallachians) and the western Bohemian frontiersmen (the Chodove in the surroundings of the town of Domazlice-Taus). The economic foundation of these communities usually formed the basis for the feeling of population differentiation. However, economic factors do not act alone or directly. On the contrary, they assume influence under specific conditions (such as stress or severe challenge) and through the social, religious, and ethnic structures.

The second method of utilizing the frontier theory to better understand some concrete economic processes begins to yield results in the 16th to 17th centuries, that is, from the time documentation starts in the former state, provincial, district, patrimonial, and private archives. In practice, the best results can be expected whenever it is possible to tap some important problem

exactly through frontier conditions and their analysis. For example, two such problems are: was the Czech liberal historian J. Pekar right when he spoke of the vitality of the Bohemian south in the 14th century as giving impetus to the Hussite revolution of the 15th century, and ultimately explaining the defeat of the Bohemian revolt of 1618–1620 by the essential weakness of northern Bohemia? Was R. Schreiber right when he said that Bohemian commerce was, until 1620, concentrated along the Elbe river toward the Catholic south of Europe? In both cases it is possible to make comparative analyses of the two frontier (border) regions. The Pekar thesis is contradicted by the fact that the north of Bohemia, the Bohemian "Netherlands", was by no means economically weak. Actually, it was Bohemia's most economically progressive region, at least from the latter half of the 16th century. On the other hand, purely economic links always bound southern Bohemia to the salt mines and iron works of Upper Austria and Bavaria. Since the Bohemian south was in a position of inferiority, the Hussite revolution was unexpected according to Pekar's reasoning. On the other hand, the revolt against the Hapsburgs was, for most contemporary historians, a logical attempt to solve the Bohemian sociopolitical crisis. Also, an analysis of Bohemian society shows that both in the 15th and 17th centuries, the majority of the politically active class was distributed throughout the economically strongest area, the central region.

A critical analysis of the customs registers of the closing decades of the 16th century and beyond seems to prove that Schreiber's thesis represents an impermissible simplification. Richard Rowlands (Verstegen) was correct in 1576 when, in his *Post of the World*, he stressed the importance of the trade routes that passed through Bohemia from west to northeast and from northwest to southeast. In fact, it was not the Elbe commerce, but the overland trade between Nuremberg-Prague-Wroclaw and Danzig on one hand, and Leipzig-Prague-Vienna on the other that were of vital importance. Gradually during the 18th century the orientation toward Leipzig and Hamburg began to dominate all attempts by the Viennese government to turn the flow of Bohemian linen and glass towards Trieste in the south. Even the register of the so-called pardon tax, paid as a turnover tax by the Jewish community of Prague in 1685–1687, strengthens this argument.

The polarity of the northern and southern Bohemian borderlands reached its first peak in the years 1621–1634 when Wallenstein was trying to safeguard the economic welfare of his Dukedom of Friedland, while his antagonist, the Spaniard Marradas, completely failed to build a similar domain in the more backward south. Another peak appears during the 1848–1849 period in the questionnaires of the Industrial Union for Bohemia and in the discussions of the German-speaking bourgeois political clubs at Teplice

(Teplitz) and Cheb (Eger) concerning the economic Anschluss of Bohemia to the Zollverein. While the south, including Prague and Brno (Brunn), was safely oriented toward Vienna and refused an economic alliance with German states, the leading Czech and German bourgeois politicians favored it – unless they felt that their particular constituents were economically weak.

We can conclude, in agreement with W. H. B. Court, that economic history must try to achieve a global, integral presentation of historical reality. The practical application of the frontier theory in the economic development of central Europe inevitably leads to the demand for interdisciplinary research, to the attempt at an integral history, and a combination of micro- and macroanalysis.

FERDO GESTRIN

SLOVENIA FROM THE 16th TO THE BEGINNING OF THE 20th CENTURY

By the beginning of the 16th century the process of colonization of Slovenia had come to a close. Since that time, the area of farmland has not essentially increased in Slovenia; only some small-scale clearing was possible. The settlement make-up of the Slovene countryside (and for that matter of the whole Slovene territory) was definitely fashioned by that time, and the number of villages and settlements did not change essentially from that time on. A large portion of the peasant population was dependent on income from nonagricultural undertakings. By the end of colonization most towns were already in existence, although industrial development did not give rise to the growth of new urban settlements until the second half of the 19th century. Political dependence, economic pressure, social inferiority which was only gradually overcome by the middle of the 19th century as a nationally conscious middle class began to arise among the Slovenes, and the historical developments referred to above, were the limitations that constrained the development of the Slovene nation.

First period of development

The period from the 16th century to the 20th century (1918) must be divided into three parts. The period to the middle of the 18th century was characterized by a slow growth, within the framework of the feudal system, in the level of agricultural technique and production and in the level of the exchange-of-goods-for-money economy, which the Slovene provinces had reached by the close of the Middle Ages. Throughout this period agricultural production was, by and large, handled on the basis of three-course rotation except for the two-course rotation used in the coastal region. In addition, there was an ever-growing tendency to extend the cultivation cycle from three to four years (such as with buckwheat). From the beginning of the 16th century Indian corn was beginning to be raised extensively instead of other cereal crops, and by the second half of the 18th century the potato was introduced to Slovenia. Other, even more important, alterations were brought about primarily as a result of economic development, the increase in the peasant population, and economic and social stratification in the countryside. Thus, for example, until the close of the 17th century attempts were still made to develop arable land by forest clearing. In addition, crops

that gave better returns were replacing less productive crops, and agricultural output increased. Extensive livestock raising was closely connected with this agricultural development. Lesser alterations also occurred in livestock raising, yielding an ultimate increase over medieval times.

With agricultural reforms came new distribution of land by individual agricultural branches. In the middle of the 18th century, land in Carniola and Carinthia was distributed as follows: fields and gardens 15 %, meadows 17 %, pastures 25 %, forests 40 %, and wasteland 3 %. In Styria the percentage of meadows and pastures was somewhat smaller, with fields and forests constituting greater percentages of the land. In addition, considerable changes took place in the size of holdings in the countryside. Old medieval holdings were split intosmaller units such as halves, quarters, eights, and later even sixteenths. Although their number was decreasing slowly, numerous cottages were being established (in the 16th century and again in the first half of the 18th century, the number of cottages grew quite rapidly). There were places in which the number of cottagers surpassed villagers who earned their living exclusively by farming. In addition to cottagers people who owned no land *(Rucksassen)* and a small class of entirely free people *(Freisassen)* began to appear on the demesnes of feudal lords and the farmsteads of well-to-do peasants.

Another result of the agricultural changes of this period was the increase in the number of peasant units. Villages became larger, but there was little change in their layout. In the countryside the population figure – in contrast to the town population – had essentially grown and had reached 830,000 at the close of this period. A relatively large section of the peasant population made its living from non-agrarian activities in the countryside itself, since medieval restrictions on commerce and crafts were being slackened during the commercializing of the demesnes. In towns the limitations were still stoutly maintained.

Second period

The second period, the 100 years from the middle of the 18th to the middle of the 19th century, represented a major turning point for the Slovene territories. This period was marked by agricultural revolution and the end of feudalism, and by the spread of manufacturing production and the beginning of Industrial Revolution.

As physiocratism became popular (by about 1770), the agricultural revolution was beginning to spread across the country. State authorities played an important role in this general effort toward reform. They were instigating and supporting changes in the agricultural system through various measures intended to curtail the lords' power over their peasants

and to abolish the farming system inherited from the Middle Ages (for instance) *Robothpatent*, *Leibeigenschaftpatent*, etc. The practice of allowing a portion of the arable land to lie fallow was being gradually abandoned, and new crops were being grown extensively. A more advanced crop rotation was introduced, and the transition from extensive pasture livestock breeding to intensive barn livestock breeding was being made. Greater attention was paid to the breeding of cattle and horses, which was becoming quite important due to the increasing demands for draft and pack animals. Hog breeding had not yet attained its later significance. Goat raising was being abandoned and forests were beginning to be utilized along more rational lines.

This change in the economic structure was reflected in the appearance of the Slovene countryside. The farm houses were larger and were divided into several separate rooms. Farm outbuildings such as barns for livestock and for storage of grain and fodder began to appear. Wooden structures soon gave way to brick, and erection of wooden structures was forbidden by law by the middle of the 18th century.

The agricultural revolution had several effects on utilization of the cultivated land. During the agricultural revolution, almost all arable land was cultivated. Further expansion was implemented by growing stubble field crops. In an effort to expand arable land the state also initiated the first large-scale land reclamation projects. The agricultural revolution also effected a change in the distribution of land among the various branches of farming, and there was a considerable shift in the overall distribution of the various crops with wheat and rye output increasing. Redistribution of holdings made considerable headway everywhere in the Slovene territory except Carinthia. By this second period (again except in Carinthia) tiny holdings with cottages occupied by day laborers generally were more evident than the old undivided farms. In the face of such a land ownership structure a large portion of the rural population (estimated by the end of this period at 89 % of the total population of Slovene territory) was unable to make its living exclusively by agricultural production. It was during this period that the employment of the rural population in nonagricultural production soared to its peak. However, the countryside began to strain under the burden of overpopulation and witnessed the first signs of an emigration wave. Forced to seek employment elsewhere, people began to invade the towns. The flight of the rural population into the towns had been continuing steadily ever since the passing of the Personal Liberty Act.

At the end of this second period the social structure of the Slovene territories began to display rather clear features of a capitalist society in which feudal relations had become absolutely superfluous. The peasant's demand to become the true owner of the land he cultivated had obtained a concrete

basis, and with the 1848 Revolution feudalism was definitely eliminated in the Empire.

Third period

The third period in Slovene development comprised the 70 years preceding the downfall of the Austro-Hungarian Empire and the foundation of the Yugoslav national state. It was a period during which the economic structure of the country was profoundly altered and during which capitalism became definitely predominant. The landholding reform *(Grundentlastung)*, one of the few lasting boons of the 1848 Revolution, not only did away with feudal restrictions on Slovene territory but also brought about fundamental changes in the agricultural structure of the country. The peasants became the actual owners of land that previously had not been cultivated directly by the landlords (in the Austrian part of Slovene provinces this constituted 95% of the land, and in Prekmurje, 75%). The landholding reform, of course, did not affect the *mezzadria* system in the *Goriska brda* and in the Slovene part of Istra. With the landholding reform individual farming definitely became the major form of agriculture. There remained only a few vestiges of the former, community-bound farm economy, such as the common pasture. This reform, nevertheless, gave rise to the creation of large estates for the former feudal lords (334 large estates were formed in Carniola whose areas sometimes exceeded 1,000 hectares, a great portion of which was forest). Much more important, however, was that the countryside was rapidly losing its immediate contact with the nonagricultural branches of the economy due to the Industrial Revolution. The character of the Slovene countryside became much more agricultural than it had been previously.

In addition, a large part of the rural population lost some portion of extra income or even its entire means of subsistence. The peasants also suffered under the pressure of foreign competition. Owing to these and numerous other unfavorable circumstances such as fragmentation of land and high taxes, the Slovene peasantry was in a poor position. This trend assumed alarming dimensions in the 1870s. Since the slowly growing industry on Slovene territory was unable to offer work to the surplus rural labor and to the expropriated peasants, people began to migrate to towns and foreign countries. A direct consequence of this migration was a considerable lag in the growth of the Slovene population in comparison to that of Europe in general and the Empire in particular. It has been estimated that in the period from 1850 to 1910, 300,000–350,000 people emigrated from the territory covered by the present-day People's Republic of Slovenia. This figure represented about 55% of the total natural increase.

It is true, however, that throughout this third period farming was increas-

ing, and backwardness was disappearing. Great progress was made in wine and fruit growing, but the best vineyards were in the hands of great landowners. Livestock raising was improved. Throughout this period forest exploitation was, as a rule, extensive. By this time wooden houses had disappeared almost entirely from the countryside, and toward the close of this period tile roofs became increasingly predominant. Only farm buildings were still thatched. Farmers began to wear ready-made clothing, and homemade apparel began to disappear. Villages located near towns were either becoming increasingly urban or were incorporated into the nearby urban districts.

The total amount of arable land remained practically unchanged during this period, but its distribution among the various agricultural branches was considerably altered. The main cultivated areas, such as fields, gardens, and vineyards, increased considerably during the time from the implementation of the landholding reform to the close of the third period, growing from 17.7% in 1870 to 21.23% in 1910. Pastures began to decrease at that time, and in 1870 and 1910 the ratio between pastures and forests was 23.9% to 41.1% and 17.97% to 43.96%, respectively. Better and more intensive soil utilization developed in areas in which single crops were grown.

In spite of the growth of agriculture, the position of the Slovene peasant was becoming steadily worse. The increase in agricultural production could not offset the loss of income following the landholding reform, and the peasants began to accumulate debts. In the period from 1868 to 1893 in Carniola alone, 10,190 holdings (almost one-seventh of the total) were put up at auction. Thus, peasant holdings became increasingly insecure, and economic and social stratification in the countryside continued at an ever faster rate. The ownership pattern so characteristic of modern Slovene territory was evident by the close of this period. In 1902 small holdings were definitely predominant; more than one-half of the total number of peasants (57.3%) owned tiny or small holdings (up to 5 hectares of land) on which they led a precarious existence.

With these conditions the growth of the Slovene nation was naturally stunted. Under Austrian pressure the Slovenes were beginning, by the middle of the 19th century, to lose again their national footholds in Carinthia and Styria, and the northern ethnic boundary gradually receded southward (north of Celovec, around Beljak, in the Apace Valley). Leaders of the Slovene national movement began to realize that Slovene independence could be attained only by a union with other Yugoslav nations. The final solution was the sovereign state of Serbs, Croats, and Slovenes – Yugoslavia – founded on the ruins of the Austro-Hungarian Empire. With the foundation of Yugoslavia, the Slovene nation found new possibilities for auspicious future development.

LÁSZLÓ MAKKAI

HUNGARY UNDER TURKISH RULE

Since the frontier concept seems to be applied in a general, broad sense, I suggest that we return to Frederick Jackson Turner's thesis as a common starting point for our discussion. Fundamentally, the question is whether or not free forms of land occupation and settlement necessarily lead to free economic and social conditions. The well-known Elkins–McKitrick model reinterprets Turner's frontier concept as "frontier situation – the rise of conditions rendering impossible a prior structure of leadership". In line with this reinterpretation I will refer to "frontier-situation" not simply "frontier". Social changes are not a direct consequence of crossing a border; such changes appear only if factors which have restrained or actually oppressed the development of certain trends on one side of the border lose their strength on the other side.

Frontier situations, however, may also arise when the frontier moves but not the people, that is, when a ruling class loses its domination over a territory. A classical example is offered by the liberation of the Balkan peoples from Turkish rule. Since political and economic power of the local landlords had been swept away by the Turkish conquest, when the conquerors were ousted without the establishment of new settlements, a period of frontier situation arose. Its consequence – as it is known – was the rise of the so-called peasant democracies of the Balkans.

Of course, North American farmer democracy and Balkan peasant democracy are not identical phenomena. In the first case the frontier situation came about in the foreground of a country where the Industrial Revolution had been rapidly evolving, while in the second case it was established in a fundamentally pre-industrial territory. The agricultural technology and the methods of the North American farmer and, as a consequence, his propensities are those of a capitalist entrepreneur from the beginning. In contrast, the Balkan ploughman with his primitive farming techniques had remained a medieval peasant in his way of thinking as well, until the waves of the Industrial Revolution reached the Balkans, and began to modernize the society.

The fact, however, that neither the North American farmer nor the Balkan peasant became neolithic peasants with a primitive communal system, makes it perfectly clear that a frontier situation is in no way a tabula rasa untouched

by previous economic and political developments. Rather, a frontier situation releases latent social forces facilitating the development of immanent tendencies. Consequently, a frontier situation in itself does not open new ways of development but makes them easier to accept.

This might be proved by the whole history of European land occupation and settlement. The first frontier situation came into being with the great agricultural expansion in western Europe between the 10th and 13th centuries. Peasants provided with heavy ploughs and practicing the three-field system marched out to extirpate forests and to drain fens. The conquest of new arable land proved to be a source of freedom: the serf became a free tenant. These advantages of the frontier situation were guaranteed not merely by privileges obtained from the landlords but also by general economic development, and by new relations between town and village which were the preconditions of the capitalistic development in agriculture. In areas where urbanization was weak and no new methods of economic development were initiated, the advantages of the frontier situation faded as in the case of the Spanish *Reconquista* and in that of medieval German colonization leading to the famous second serfdom. Nor did the special frontier situation of peasant-soldiers such as the Russian cossacks and the Hungarian *hajdús* prove to be a hotbed of capitalism in agriculture because of the general backwardness of the economic life.

Nevertheless, even these abortive cases of frontier situation left lasting traces as illustrated by the example of the Hungarian territories occupied by the Turks during the 16th and 17th centuries. The Hungarian landlords fled to the northern parts of the country which were to survive as the Hungarian Kingdom under Hapsburg rule. However, a true frontier situation did not exist since, although the ruling class had changed, the peasant stock remained static. A peculiar form of frontier situation book shape when the Hungarian power apparatus, confined to the other side of the political border, actually intervened in the life of the territory occupied by the Turks. Due to the balance of military power relations, the Turks were bound to accept this intervention in certain institutional forms. Since the Turks could not stop Hungarian taxing enforced by warriors from the border castles, a system whereby each party was to collect only one half of the taxes from the peasants was established. Eventually, instead of Turkish or Hungarian tax collectors operating within the occupied territories, the peasants themselves were allowed to take their tax to the Turkish and Hungarian castles. This strange Turkish-Hungarian "condominium" became, in fact, a sort of peasant autonomy.

In this confusion of public authorities Hungarian landlords and Turkish pashas had no choice but to allow Hungarian peasantry of the frontier zone

to set up their well-armed defensive organization, called peasant county, against robber gangs. The peasant county established a system of meetings; at such occasions judgments were pronounced against robbers and, in cases of public morality, decisions were made as well. The often repeated limiting measures, chiefly prohibitions against intervention in feudal possessory rights, show of themselves that the peasant county was more independent than thought necessary by Hungarian as well as Turkish state powers.

Those, however, who made the most use of the possibilities of the frontier situation were not the inhabitants of the villages but of the market towns. Peasants by legal status, but burghers by economic activity, they specialized in stock breeding and wine production and carried on extensive foreign trade at a time when the price revolution increased the value of agricultural goods. What was denied to the peasant county by Hungarian and Turkish authorities was gained in the wealthy market towns: the right of independent jurisdiction. Moreover, the courts of the market towns practically ensured their exclusive sphere of jurisdiction not only in their own territories but gradually as the judicial forums for the surrounding villages, too. The market town offered a market, labor, and shelter to peasants who acknowledged the burgher-oligarchy as their natural leaders and judges.

The cultural life of the territories under Turkish occupation was also directed by the market towns. Both the Swiss trend of the Reformation, suggesting democratic church institutions, and the later Puritan movement, inspired by English Puritanism, started in market towns, where the Hungarian landlords could not intervene in religious fights, and Turks did not wish to do so. "In affairs of faith and salvation we have nothing to do with earthly powers", announced the common confession of the Reformed of the Turkish Occupation, in an attempt to sanction spiritually the earthly autonomy of the market towns.

The frontier stituation ceased at the end of the 17th century with the defeat of the Turkish invaders and with the restoration of the Hungarian feudal system. But one and one-half centuries of relative freedom left their traces. The peasant of the Great Hungarian Plain was loath to assume the bondage of serfdom. In the course of the ensuing conflicts of another 150 years, it was proved that a frontier situation once brought into being becomes an ineradicable condition of further historical development.

ÁGNES R. VÁRKONYI

UNGARN NACH DER TÜRKENZEIT

Das Korreferat behandelt die Frage, welche Faktoren für die Gesellschaftsordnung bestimmend gelten, als im Ostmitteleuropa des 17.–18. Jahrhunderts ein unbewohntes und verwildertes Gebiet angesiedelt und wiederbebaut werden soll.

Besprochen wird ein zentrales Gebiet Ungarns, das sich fast auf die Hälfte des Landes erstreckt – teils Tiefebene, teils Hügelland, ehemals die fruchtbarsten Gegenden – und das 150 Jahre lang den Türken unterworfen, zum Schauplatz von Feldzügen und Schlachten wurde.

Am Ende des 17. Jahrhunderts, als die europäischen Streitkräfte unter dem Oberbefehl des Kaisers – der zugleich auch König von Ungarn war – die Türken aus dem Lande verdrängten, wurde dieses Gebiet in einem vollkommen verwüsteten Zustand mit den anderen Teilen Ungarns wiedervereinigt. Demnach wurde die Grenze, die bisher das von den Türken besetzte Gebiet von den königlich beherrschten Landesteilen Ungarns trennte, zur Grenzlinie zwischen verwilderten und bebauten Feldern, zwischen menschenleeren und dichtbewohnten Gegenden.

1690–1780 erfolgt die Neuansiedlung des wiedererworbenen Gebietes. Das verödete Land verwandelt sich zur Kulturlandschaft, allmählich entsteht das Netz der Dörfer und ein Verwaltungssystem wird ausgebaut. Das wiederangesiedelte Gebiet wird zum organischen Teil des Landes und entwickelt sich mit der Zeit zur wichtingsten Basis der ungarischen Agrarproduktion. Dieser Vorgang spielt sich im Laufe von hundert Jahren, in drei Phasen ab.

Die erste Phase ist von der dynamischen, spontanen Ansiedlung gekennzeichnet. Leibeigene aus den dichtbewohnten Berggegenden und Grenzgebieten des Landes, bzw. aus den Nachbarländern, und die nach Beendigung der Kriege ihre Existenz einbüssenden Soldaten strömten in das menschenleere Land. Sie flüchteten von ihren früheren Wohnorten, um sich den gutsherrlichen Verpflichtungen und den Staatssteuern zu entziehen.

Dort, woher sie flüchteten, herrschte der Feudalismus in seiner osteuropäischen Gattung; die Bauern lebten in zweiter Leibeigenschaft, in den Fesseln der Erbuntertänigkeit. In den von der Türken befreiten Gebieten gab es im Augenblick der Zurückeroberung keine Gutsherren, nur einige Marktflecken, wo viele freien Bauern mit frisch unternehmendem Geist in

traditioneller Selbstverwaltung lebten. Das neue Verwaltungssystem konnte hier nur sehr langsam und mit grossen Schwierigkeiten vordringen.

Die zweite Phase wird von den organisierten Ansiedlungsaktionen der Gutsherren gekennzeichnet. Die Grundbesitze wurden nämlich in diesem Gebiet vom Kaiser und König als Herrengüter and die getreuen Magnaten oder an Gläubiger und Hoflieferanten geschenkt. Die neuen Gutsbesitzer trachteten meistens, die Schenkgüter so bald wie möglich loszuwerden. Diese Herrengüter wechselten also ihre Besitzer eine beträchtliche Zeit hindurch dauernd, bis sie schliesslich in die Hände einer kleinen Anzahl unternehmungslustiger Gutsherren gelangen. So entstanden hier Riesengüter – Latifundien –, deren grösstes Problem der Mangel an Arbeitskräften war. Den schwierig auswertbaren Angaben gemäss, die die Landeskonskription von 1715–1720 bietet, mag die Gesamtbevölkerung des Landes auf 3,5 bis 4,5 Millionen zu schätzen sein. Die territoriale Verteilung dieser Bevölkerung war jedoch auch nach der ersten Ansiedlungsphase noch sehr ungleichmässig. In den neuangesiedelten Gebieten lebten durchschnittlich 7–10 Personen per Quadratkilometer; dagegen brauchten die Wirtschaftsbetriebe der Leibeigenen 18–22, die herrschaftlichen Eigenwirtschaften – die sogenannten Gutsländereien – 25–28 Personen pro Quadratkilometer.

Die Bevölkerung des Landes genügte also nicht zur Ansiedlung der neuen Gebiete. Deshalb mussten die Gutsherren ausländische Ansiedler werben. Ihre Beauftragten – Populationskommissare – warben Ansiedler aus verschiedenen Provinzen Mitteleuropas (Niederösterreich, Böhmen und Mähren, Bayern, Württenberg-Baden, Elsass-Lothringen, Schwarzwald, Hannover usw.). Den Ansiedlern wurden in ihren neuen Wohnorten verschiedene Begünstigungen von Seiten der Gutsherren vertragsmässig gesichert.

In der dritten Phase wurde die Leitung des Siedlungsprozesses von der Staatsmacht übernommen. Da in Ungarn nur die Leibeigenen Steuerpflichtig waren, stand es im Interesse des Staates, über möglichst viele und wohlhabende Kontribuenten zu verfügen. Die Staatsmacht unterstützte die Ansiedler, um die Siedlungsverhältnisse der südlichen, bisher unbewohnten und unbebauten Gebiete zu stabilisieren.

Als das Ansiedlungswerk am Ende des 18. Jahrhunderts vollendet war, zählte die Gesamtbevölkerung des Landes schon 8,5 Millionen. Die Begünstigung der neuen Ansiedler war aber zu dieser Zeit schon eingeschränkt, und mit dem Fortschritt der Impopulation verschwanden auch die Unterschiede zwischen den freizügigen und den unter gutsherrschaftlicher Macht lebenden Untertanen. In der Gesellschaftsstruktur erfolgten also keine wesentlichen Änderungen, obgleich die Ansiedler von der Absicht geleitet waren, sich der Leibeigenschaft zu entheben.

Im weiteren befasst sich das Korreferat mit der Frage, warum sich in den

wiedereroberten Gebieten die gleiche Gattung des Feudalismus entwickelt hat, die auch in den anderen Teilen des Landes herrschte. Es wird das Problem untersucht, welch eine Rolle die wirtschaftlichen und technischen Gegebenheiten, die Lokal- und Fernmarktverhältnisse, sowie die Agrarbaumethoden in der Ausbildung der Gesellschaftsordnung spielten, mit der Konklusion, dass der Überschuss an unbebautem Boden an sich noch nicht genügt, um die antifeudalen Tendenzen einer freien Lebensform zu stärken.

Schliesslich analysiert das Korreferat den Umgebungsfaktor, d. h. die Wirkung der regionalen Einheit, der die neuangesiedelten Landesteile Ungarns eingegliedert wurden. Diese ist Mitteleuropa. Die Tatsache, dass es in den neuangesiedelten Gebieten Ungarns nicht zur Entwicklung demokratischen Charakters kam, und sich eine Ausbreitung und Verstärkung der feudalen Ordnung abspielte, ist den wirtschaftlichen und gesellschaftlichen Verhältnissen Mitteleuropas zuzuschreiben.

M. R. MANTRAN

PROBLÈMES ÉCONOMIQUES DANS L'EMPIRE OTTOMAN

La conquête de l'Europe balkanique par les Turcs ottomans à partir du milieu du 14e siècle n'a pas, dans les premiers temps, bouleversé les structures économiques locales. Bien que les Ottomans aient mis rapidement en place une administration destinée à leur procurer des soldats, de l'argent et des produits agricoles (ou miniers le cas échéant), très souvent les anciens seigneurs ont été maintenus, parfois de leur plein gré, afin de ne pas créer de solution de continuité dans la gestion des régions conquises.

Par la suite, ou bien ces seigneurs se sont pleinement ralliés aux Ottomans et se sont convertis à l'Islam, ou bien ils ont été remplacés par des Turcs. Ce mouvement de turquification et d'islamisation a été accentué par des transferts de populations: des Grecs, généralement, étant envoyés en Asie Mineure, tandis que des Turcs d'Anatolie étaient envoyés en Europe orientale.

Les terres concédées *(tímár, ziyamet)*, l'étaient à titre precaire, tout au moins à l'origine et tant que le gouvernement central eut assez d'autorité, c'est-à-dire jusqu'au 16e siècle. Cependant assez vite la notion d'hérédité des terres concédées a prévalu, ce qui a entraîné la constitution d'une aristocratie soit d'origine locale, soit d'origine turque.

Dans les provinces arabes orientales de l'Empire, l'implantation turque a été très réduite, les Turcs n'étant représentés que par de hauts fonctionnaires civils et par des militaires. Les terres sont demeurées la propriété des possesseurs arabes ou arabisés (les Mamelouks) ralliés aux Ottomans et qui ont constitué une classe sociale privilégiée.

En Europe comme au Proche-Orient, le maintien sur place des éléments autochtones les plus importants a, dans une certaine mesure, préservé la permanence d'un sentiment national qui s'est exprimé à partir du moment où les Turcs ont perdu la suprématie militaire. Mais jusque-là, l'administration turque, organisée avec beaucoup de soin et d'efficacité, a pu assurer au bénéfice des dirigeants de Constantinople une mainmise politique, militaire et économique sur les régions conquises.